3|2000

Iring Fetscher

Neugier und Furcht

*Versuch, mein Leben
zu verstehen*

Hoffmann und Campe

Die Deutsche Bibliothek – CIP-Einheitsaufnahme
Fetscher, Iring: Neugier und Furcht:
Versuch, mein Leben zu verstehen / Iring Fetscher.
– 1. Aufl. – Hamburg: Hoffmann und Campe, 1995
ISBN 3-455-11079-7

Copyright © 1995 by Hoffmann und Campe Verlag, Hamburg
Schutzumschlag: Rambow van de Sand
Satz: Dörlemann Satz, Lemförde
Druck und Bindung: Ebner, Ulm
Printed in Germany

Inhalt

Vorwort	9

Verträumte Kindheit und Jugend

Marbach am Neckar	15
Dresden	17
Als ängstlicher Außenseiter in der Volksschule	20
Im König-Georg-Gymnasium	28
Ich entdecke den Sport	42
Abitur und Berufswahl	44
Dolmetscherschule Jorns	51

Berufsziel: Offizier

Bei der Artillerie-Ersatz-Abteilung 24 in Altenburg	55
Auf dem Weg nach Osten	62
Langsamer Vormarsch der bespannten Truppe hinter den vorauseilenden Panzerverbänden	75
Lehrgang an der Artillerie-Waffenschule in Jüterbog	88
Noch einmal Altenburg	99
Mit einem neuaufgestellten Regiment in den Niederlanden und in Belgien	103
Zum zweitenmal in der Ukraine	120
Versetzung an die Nordfront	134
Feuertaufe	139
Verwundung und Heimaturlaub	149
Potsdam	162
Wieder an der Nordfront	169
Der Rückzug beginnt	182

Die Niederlage zeichnet sich ab

Verteidigung der estnischen Inseln Moon und Ösel 189
Ostpreußen während der letzten Monate des Krieges 198
Beim Pfarrer von Anglitten 211
Rückzug oder Flucht? 213
Im Kessel von Heiligenbeil 220
Auf der Frischen Nehrung 223

Kriegsende, Gefangenschaft und Heimkehr

Kopenhagen, die unzerstörte Stadt 236
Vordingborg und Fakse-Ladeplads 246
Abtransport ins Kriegsgefangenenlager Heide 258
Entlassen 260
In Memoriam Rainer Fetscher 265
Über Heidelberg nach Tübingen 290
Sinnsuche 295
Endlich Dresden 299

Unruhe des Herzens und des Geistes

Weniger an Medizin als an Philosophie interessiert 303
Friedenswoche in Bad Pyrmont 308
Internationale Ferienkurse in Bad Teinach
   und Tübingen 316
Der Entschluß zur Konversion 326
Die Toten des Krieges und der innere Frieden 333
Kloster Beuron 335
»Befreiung« und Freiheit 341
Die Währungsreform 349
Das Tor zur Welt öffnet sich: Port Cros 351
Als Stipendiat in Frankreich: Soisy-sur-Seine und Paris 358
Alexandre Kojève – Stalins Hegel? 377
Dank an Frankreich 389

Weichenstellung für die Zukunft

Als Assistent bei Eduard Spranger 393
Marxismusstudien 408
Besuch in Jena 419
Vom Jenenser Abschiedsball zum Briefwechsel mit Irene 423

Im Studentischen Arbeitskreis für Politik 430
Feierliche Verabschiedung der Landesregierung
  von Südwürttemberg-Hohenzollern 433
Herausgabe eines Fragments aus dem Nachlaß des
  Grafen Paul Yorck von Wartenburg 438
Nachdenkliche philosophische Zeitkritik 442

ZWISCHEN SOZIALPHILOSOPHIE UND
POLITIKWISSENSCHAFT

Tübingen hat sich verändert 449
Entschluß zur Habilitation für das neue Fach
  Politikwissenschaft 456
Antrittsvorlesung 464
Berufung an die Johann-Wolfgang-Goethe-Universität
  in Frankfurt am Main 470

*Elisabeth
gewidmet mit Dank für
Kritik und Ermunterung*

Vorwort

Niemand hat ein völlig wahrheitsgemäßes Bild seiner eigenen Vergangenheit. Gewiß, wir erinnern uns. Episoden unseres Lebens bleiben lange in unserem Gedächtnis haften, und wir glauben – in etwa – den Weg zu kennen, der uns zu dem hat werden lassen, der wir heute sind. Aber diese Erinnerungen sind mit vielen »Verschönerungen« versehen, die unser Gewissen beruhigen sollen und Tatsachen verschleiern, von denen wir nichts mehr wissen wollen. Schmerzliches, das uns zugestoßen ist, haben wir meist weniger vergessen als Schmerz, den wir bewußt oder gedankenlos anderen zugefügt haben. Die Auswahl, die unser Gedächtnis vornimmt, erfolgt stets zu unseren Gunsten, wenn wir uns auch noch so sehr um Ehrlichkeit bemühen. Friedrich Nietzsche hat diesen Verdrängungsmechanismus exakt beschrieben: »Das habe ich getan, sagt mein Gedächtnis. Das kann ich nicht getan haben, sagt mein Stolz und bleibt unerbittlich. Endlich gibt das Gedächtnis nach.«
Vieles Unangenehme und Peinliche verschwindet so nach und nach aus unserem Bewußtsein, und es bedarf erheblicher Anstrengungen und der Lektüre von Aufzeichnungen, um es wieder hervorzuholen. Was die Psychoanalyse aus unserem Unbewußten zutage fördert, ist oft schmerzlich für den Patienten, der sich deshalb dagegen wehrt. Aber auch wer nur in seinen Tagebuchaufzeichnungen und Briefen aus längst vergangenen Jahren blättert, ist nicht immer angenehm überrascht. Oft genug hat er Mühe, zu verstehen und zuzugeben, daß, der das einst geschrieben hat, »er selbst« ist oder doch einmal »war«.
Wer im Jahr 1922 in Deutschland geboren wurde, muß Glück gehabt haben, um heute noch am Leben zu sein. Er wird sich – wenngleich nur schwach – an die »Machtergreifung«, an den Reichs-

tagsbrand und den »Tag von Potsdam« erinnern, vor allem aber an den Krieg, an seine Verbrechen und Schrecken sowie an das Leiden von Freund und Feind. Es ist jetzt gerade ein halbes Jahrhundert her, seit das Morden an den Fronten und in den Konzentrationslagern zu Ende ging, seit die Bombennächte in den Großstädten Trümmerlandschaften und verzweifelte Überlebende zurückließen. Heute wissen wir sehr viel mehr über das Ausmaß des Grauens, aber die Zahl der Augenzeugen wird von Jahr zu Jahr kleiner. Ein Grund unter anderen, um den Versuch zu wagen, aus dem »tiefen Brunnen der Vergangenheit« heraufzuholen, was ich miterlebt und mit angesehen habe. Dabei will ich mich nicht schonen, sondern auch das Erschrecken eingestehen, das mich beim Lesen mancher eigener Aufzeichnungen aus den Tagen des Krieges überfiel.

Ich nenne dieses Buch »Versuch, mein Leben zu verstehen«, weil es den über Siebzigjährigen doch einige Anstrengung kostet, sich in das Fühlen und Denken des Achtzehnjährigen hineinzuversetzen und nachzuempfinden, was ihn dazu bewog, sich als Bewerber für die aktive Offizierslaufbahn zu melden. Es fällt mir heute sehr viel leichter, den verträumten kleinen Jungen zu verstehen, der in die elegante Tigerin »Wanda« im Dresdner Zoo verliebt war, als den ehrgeizigen Offizier, der sich nach Kriegsauszeichnungen sehnte. Weniger Mühe macht es mir, den Weg nachzuvollziehen, der mich – unter dem Einfluß vernünftiger Vorgesetzter – zum entschiedenen Kritiker der deutschen Kriegführung im Osten werden ließ. Nicht ganz so einfach vermag ich zu begreifen, wie meine große Liebe zu russischen und ukrainischen Menschen mit der Teilnahme am Krieg gegen sie vereinbar war. Erst von dem Schock an, den die Nachricht vom Tod meines Vaters in mir auslöste, kann ich mich mit meiner Entwicklung identifizieren. SS-Leute hatten ihn am 8. Mai 1945 in den Trümmern Dresdens erschossen.

Auch wenn ich zwischen 1945 und 1956 noch manche »Umwege« vom begeisterten Hegel-Marxisten und Leser eines Georg Lukács zum Anwalt einer pluralistischen sozialen Demokratie gegangen bin, kann ich diese doch besser nachvollziehen als die Kehrtwendung vom ehrgeizigen Artillerieleutnant zum demokratischen Kriegsgegner. Arnold Zweig hat einen seiner Romane »Erziehung vor Verdun« genannt; ich könnte nicht so einfach von einer »Erziehung vor Leningrad« oder »auf Ösel« sprechen, aber die Erfahrung des Krieges im

Osten und das Wissen um Naziverbrechen in den besetzten Gebieten haben auf mich gewiß auch »erzieherisch« eingewirkt.

Von diesen Verbrechen habe ich während des Krieges nur zweimal gehört, ohne jedoch selbst Augenzeuge zu sein. Bis zuletzt nahm ich – wie viele – an, daß die Wehrmacht mit diesen Greueltaten nichts zu tun habe. Das Schicksal hat mir aber auch erspart, in einer Zwangslage zwischen selbstmörderischer Befehlsverweigerung und der Ausführung eines verbrecherischen Befehls entscheiden zu müssen. Erst im Rückblick ist mir bewußt geworden, wie leicht ich – 1942 als Ortskommandant in einem ukrainischen Dorf – den Befehl zur »Aufspürung« von Juden und deren Abschiebung hätte erhalten können. Auch insofern hatte ich einfach nur Glück.

Überhaupt hat während des Krieges der Zufall so oft für mich eine Rolle gespielt, daß ich es kaum aufzuzählen vermag. Zum letztenmal, als ich mit einem kleinen Rest meiner Einheit auf der Frischen Nehrung nur noch darauf wartete, in sowjetische Gefangenschaft zu geraten oder vorher umzukommen. Statt dessen fand ich mich auf einem Schiff der Hamburg-Afrika-Linie wieder, das mich nach Kopenhagen brachte, wo ich – noch frei – das Kriegsende mitten unter den jubelnden Dänen erlebte. Die Illusionen meiner ehrgeizigen Offizierszeit hatte ich längst hinter mir gelassen. Seit Stalingrad und vollends seit dem Scheitern des Putsches vom 20. Juli 1944 war mir bewußt, daß nur die totale Niederlage den Krieg beenden würde. Zwanzig Jahre nach Kriegsende fand ich als Titel eines Zeitungsartikels die Formel für den 8. Mai 1945: Es war »der Tag der Niederlage, die unsere Befreiung war«. Zunächst war freilich die Erleichterung über das Ende des Tötens größer als das Bewußtsein der Befreiung vom Nationalsozialismus.

Häufig bin ich gefragt worden: »Wie konnten Sie sich als Sohn eines von den Nazis aus seinem Beruf Vertriebenen nur freiwillig zur Wehrmacht melden? Was hat Ihr Vater dazu gesagt?« Die einfachste Antwort, die aber nur die halbe Wahrheit wäre, würde lauten: Nachdem die Auswanderung mißlungen war und wir in Deutschland blieben, hatte ich nur die Wahl zwischen einer späteren Einberufung zu Arbeitsdienst und Wehrmacht und der freiwilligen Meldung zu einer Einheit, die mir mehr als andere zusagte. Als begeisterter Reiter wäre ich gern Kavallerist geworden, doch die Kavallerieregimenter waren inzwischen motorisiert; allein bei der »leichten bespannten Feldartillerie« gab es noch genügend Reitpferde. Ehrlicherweise sollte ich aber hinzufügen, daß ich auch von dem »Glanz« des Offiziersdaseins geblendet war und »Ruhm und Ehre« zu gewinnen dachte. Es hat ein, zwei Jahre gedauert, bis mir diese Illusion verging.

Die Tatsache, daß ich die sadistischen Schikanen in der Garnison wie die Zeit an der Front heil überstanden habe, verdankte ich auch meiner guten körperlichen Verfassung, die ich durch Training im Langstreckenlauf und Schwimmen erzielt hatte, und meiner Fähigkeit – wenn immer Zeit dazu war –, in die Welt der Literatur, Philosophie und Geschichte zu entfliehen. Bücher wurden mir während des Krieges zur zweiten Heimat und halfen mir, sowohl brutale Vorgesetzte als auch vulgäre Kameraden zu ertragen.

Eines Tages schrieb mir mein Vater, er habe erfahren, daß in meiner »Beurteilung« auf der Artillerie-Waffenschule in Jüterbog unter anderem der Tadel »geistig hochmütig« stand. Das könnte eine Reaktion auf meine extensive Lektüre gewesen sein.

Der Widerspruch zwischen dem nachdenklichen Leser von Spinoza und Mendelssohn oder auch deutscher Mystiker und dem ehrgeizigen jungen Offizier läßt sich nicht auflösen. Schon früh tröstete ich mich deshalb mit den Versen, die Conrad Ferdinand Meyer Ulrich von Hutten in den Mund gelegt hat: »Ich bin kein ausgeklügelt Buch, ich bin ein Mensch mit seinem Widerspruch.«

Sosehr jeder dazu neigt, sein Leben und seine Entwicklung als sinnvolles Ganzes zu begreifen, sowenig kann ich das von dem meinen behaupten. Der ängstliche und schüchterne Knabe, der sportbegeisterte, Nietzsche lesende Jugendliche, der ehrgeizige Offizier, der nachdenklich gewordene Einheitsführer, der überzeugte Antinazi und Demokrat – sie sind ebenso viele Aspekte meines Ichs, die einander abgelöst haben. Von fast allen mag ein Stück davon in mir zurückgeblieben sein. Alle muß ich als Teile meiner widerspruchsvollen Entwicklung akzeptieren. Es gibt keinen anderen Weg, »um mein Leben zu verstehen«.

Das schrittweise Hineinwachsen in die Welt der aufgeklärten, freiheitlichen Zivilisation des Westens wurde mir durch frühe Kontakte mit der französischen Kultur, die in Tübingen durch eine geistig anregende Besatzungspolitik ermöglicht wurden, erleichtert. Schon früh konnte ich das besiegte und zerstörte Deutschland verlassen, um herrliche Ferienwochen in Südfrankreich zu verbringen und wenig später als Stipendiat der französischen Regierung in Paris Literatur, Theologie und Philosophie des Nachbarlandes kennenzulernen. Die enge Freundschaft mit französischen und englischen Jugendlichen ließ keinen Augenblick das Gefühl aufkommen, als »Paria« unter den übrigen Europäern leben zu müssen, so deutlich mir auch zugleich die Mitverantwortung für das, was bis 1945 Deutsche verbrochen hatten, bewußt war.

Um aus der Geschichte – der Geistesgeschichte wie der politischen – zu lernen, wie es zu den Verbrechen der Nazizeit kommen konnte, nahm ich ein Studium der Philosophie auf. Das Motto, unter das mein Vater sein Leben gestellt hatte, »Verantwortungsbewußte Menschenliebe«, hatte mich anfangs zum Studium der Medizin motiviert, aber bald spürte ich, daß meine Fähigkeiten und Neigungen auf anderen Gebieten lagen. Gegen Pauschalurteile, die einen geraden Weg von Luther über Fichte und Nietzsche zum Nationalsozialismus sehen wollten, suchte ich zu einer differenzierteren Bewertung dieser Denker zu gelangen. Wenn man sie zu »Wegbereitern« der Nazis machte, tat man diesen zweifellos eine unverdiente Ehre an. Namentlich an Hegel und an dessen Kritik durch den frühen Marx begann ich ein angemesseneres Bild der spezifischen Tradition emanzipatorischen Denkens bürgerlicher Deutscher zu gewinnen. Erst nach der Niederlage der Demokratie in der Revolution von 1848 setzten jener Niedergang freiheitlichen Denkens und jene unehrliche auftrumpfende Überheblichkeit eines zugleich unterwürfigen Bürgertums ein, das Heinrich Mann im »Untertan« karikiert und Nietzsche in der Gestalt des »Bildungsphilisters« erkannt hat. Aus einer Mischung von brennendem Neid und Selbsthaß war schon früh ein ungewöhnlich radikaler Antisemitismus entstanden, der, seine christlichen Ursprünge weit hinter sich lassend, im Zeitalter des Darwinismus rassistisch sich zu artikulieren begann, lange bevor die Nazis die Macht ergriffen. So kam ich auf dem Umweg über Philosophiegeschichte und politisch-soziale Geschichte sowie Soziologie schließlich zur Politikwissenschaft. Vielleicht wäre ich ohne den Zweiten Weltkrieg und das Dritte Reich ein verträumter Denker oder ein besinnlicher Autor geworden, vielleicht auch ein stiller Gelehrter, der sich in verstaubte Texte verkriecht.

Frankfurt am Main, 8. Mai 1995　　　　　　　　　　Iring Fetscher

»Wenn man nur an sich denkt, kann man nicht glauben, daß man Irrtümer begeht, und kommt also nicht weiter. Darum muß man an jene denken, die nach einem weiterarbeiten. Nur so verhindert man, daß etwas fertig wird.«

»Beobachte deine Stimme, wenn du deine Fehler entschuldigst mit den Fehlern anderer. Ist sie nicht recht hart? Zu den größten Sätzen gehört der Satz: ›Ich schäme mich‹. Beinahe jede Stimme, diesen Satz aussprechend, ist gut.«

(Bertolt Brecht)

Verträumte Kindheit und Jugend

Marbach am Neckar

Soweit ich zurückdenken kann, ist mir bewußt gewesen, daß ich »als Schwabe« in Marbach am Neckar geboren bin. Meine Mutter, die in derselben Kleinstadt zur Welt gekommen war, hat es mir immer wieder »eingebleut« und mir klargemacht, wie stolz ich darauf sein müsse. Zwar wurde ich, kaum zwei Monate alt, nach Dresden »entführt«, wo mein Vater inzwischen Assistent am Hygienischen Institut der Technischen Hochschule geworden war, aber im Unterschied zu meinen beiden in Dresden geborenen Geschwistern blieb ich immer »Schwabe«. Wer Friedrich Schiller war und daß sein endlos langes Gedicht »Die Glocke« von allen Schulkindern in Marbach auswendig gelernt werden mußte, hat mir früh imponiert. Auch sprach meine Mutter, wenn sie mit einer ihrer Schulfreundinnen oder der gleichfalls aus Württemberg stammenden Frau eines Kollegen meines Vaters telefonierte, »reinstes Schwäbisch«, das mir noch heute in den Ohren klingt. Mein Vater konnte dagegen seine Wiener Herkunft – trotz gepflegten Schuldeutschs – nie ganz verleugnen.

Als ich viele Jahrzehnte später meiner Frau einmal Marbach am Neckar zeigte, war sie doch ziemlich enttäuscht. So klein hatte sie sich die Geburtsstadt des großen Schiller nicht vorgestellt; sein Geburtshaus war übrigens viel kleiner als meines.

Immerhin verdankte meine Mutter ihrem Geburtsort nicht nur eine gründliche Kenntnis der Schillerschen Werke, sondern auch die Bekanntschaft mit ausländischen Gelehrten, die im »Hotel Post«, das ihren Eltern gehörte, abstiegen, um im »Schiller-National-Museum« Archivalien zu studieren. Von einem französischen Germanisten –

ich meine, er hieß Fauconnet – hat sie mir als Kind noch oft erzählt. Er muß ihr großen Eindruck gemacht haben.

Meine Großmutter mütterlicherseits, die früh verwitwet war, habe ich noch einige Male gesehen. Sie hatte das Hotel nach dem Tod ihres Mannes verkauft und das Geld dann in der Inflation verloren. Danach lebte sie eine Zeitlang in einem kleinen Mietshaus, in dem auch ich das Licht der Welt erblickte. Später zog sie in ein Altersheim in Ludwigsburg und zuletzt in Schwäbisch Hall, wo Nichten und Neffen in ihrer Nähe waren.

Als wir in Dresden eine etwas geräumigere Wohnung hatten, konnte sie uns einmal besuchen. Fotos zeigen sie in ihrem schwarzen Kleid, das sie seit dem Tod ihres Mannes stets getragen hat, und mit traurigen Zügen. Da mir als Fünfjährigem so alte Menschen noch nie begegnet waren, fragte ich erstaunt: »Warum hat Großmama denn solche Striche im Gesicht?« Ich meinte damit die zahlreichen Falten und Fältchen, die mich verwundert und erschreckt hatten. Gern hätte unsere Großmutter ihren Enkel ein wenig verwöhnt, aber meine Mutter achtete streng darauf, daß ihrer Erziehung nicht geschadet wurde. Das erste Wort der Großmutter, an das ich mich erinnere, lautete »Ha no!« – »Ha no, man wird doch noch lieb zu dem Buben sein dürfe«, könnte der Satz gelautet haben, der mit diesem Ausruf begann.

Die Eltern und Geschwister meines Vaters, die in Wien und München lebten, sollte ich erst viel später kennenlernen. Mein Großvater, seit vielen Jahren von seiner Frau getrennt, war bis 1914 Generaldirektor der österreichischen Auer, Gesellschaft für Nordeuropa in St. Petersburg, gewesen; bei Kriegsausbruch mußte er fliehen und kam über Schweden und Dänemark zuletzt nach Reutlingen, wo er noch einmal eine Arbeit als Direktor in einer Fabrik aufnahm, da die aus Rußland mitgebrachten Rubelscheine inzwischen wertlos geworden waren. Mein Bruder und ich haben noch viele Jahre lang mit diesen schönen und großen russischen Nonvaleurs Kaufmann gespielt, bis sie irgendwann einmal verlorengingen.

Auch wenn mein Großvater – wie in einer Dissertation aus der DDR stand – »Konzern-Manager« gewesen war, hatte er doch nur wenig Freude an seinem Beruf. Der einzige Ratschlag, den er meinen Eltern für mich mitgab, lautete: »Um Gottes willen, laßt ihn nicht Kaufmann werden!« Nach seinem Tod fand man in seiner Hinterlassenschaft massenweise deutsche und fremdsprachige »schöne Literatur«. Galsworthy scheint einer seiner Lieblingsautoren gewesen zu sein. Außer Englisch hatte sich Großvater Emil Fetscher auch spanische, französische, russische und dänische Sprachkenntnisse angeeignet. Eine gewisse Sprachbegabung könnte ich von ihm »geerbt« haben.

Meine Mutter rechnete es sich als ihr Verdienst an, meinen Vater mit seiner Mutter versöhnt zu haben. Nach der Trennung der Eltern waren nämlich die Kinder aus der ersten Ehe meiner Großmutter auf deren Seite und die aus der zweiten Ehe auf die Seite des Vaters getreten. Ihre Betreuung übernahm eine Schwester der Großmutter – Tante Paula –, die so dick war, daß ich mich immer fragte, wie sie in die Wohnung hineingekommen war, in der wir sie besuchten. Meine kindliche Phantasie malte sich aus, daß sie schon da war, bevor das Haus »um sie herum« gebaut wurde. Auf dem Umweg über die »Kinder«, die in Wien sich wieder etwas näherkamen, erhielt dann mein Großvater auch wieder Nachricht von seiner Frau. Eine Scheidung war im katholischen Österreich nicht möglich, aber praktisch lebten meine Großeltern wie Geschiedene. 1933 sind sie kurz nacheinander – die Großmutter in Wien, der Großvater in Straubing im Krankenhaus der Barmherzigen Brüder – gestorben. So hat Emil Fetscher wenigstens nicht miterleben müssen, wie sein geliebter Sohn von den Nazis aus seiner wissenschaftlichen Arbeit verdrängt wurde. In seinem letzten Brief an meinen Vater machte sich Emil Fetscher wie die meisten bürgerlichen Zeitgenossen Illusionen hinsichtlich der gemäßigten Entwicklung des neuen Regimes und erwähnte eine »staatsmännische Rede« Hitlers.

Dresden

Meine lebendige – vermutlich durch Erzählungen der Eltern aufgefrischte – Erinnerung reicht nur bis Dresden zurück. Die innere Unruhe meiner Mutter und das Bedürfnis nach schrittweiser Verbesserung der Wohnung ließen uns innerhalb der Stadt so oft umziehen, daß ich schließlich beinahe in allen Stadtteilen gelebt habe. Unsere erste Wohnung, zwei Zimmer zur Untermiete bei der Malerin Elisabeth Andräe in der Fürstenstraße, kenne ich nur aus Erzählungen. Dunkel meine ich mich daran erinnern zu können, daß ein Motorrad mit Beiwagen Milch vom Gut Mohorn bei Dresden vorbeibrachte, die für mich bestimmt war. Die nächste Wohnung – auf der Josefstraße in Strehlen – lag im obersten Stockwerk des Hauses eines Hochschullehrers. Eine alte Fotografie zeigt mich in einem Gitterbett nackt auf dem Balkon in der Sonne stehend. Damals war ich schon dem Torfmullbettchen entwachsen, in das mich meine Mutter, irgendwelchen progressiven Vorschlägen folgend, zuvor gelegt hatte. Ein bis zwei Jahre darauf zogen wir ans äußerste Nordende der Stadt in ein Haus auf der Weinbergstraße, dessen Grundstück direkt an den Wald grenzte. Ich bilde mir ein, damals gesehen zu haben, daß mein Vater »sicherheitshalber« eine Pistole auf seinem Nachttisch liegen hatte. Vielleicht war das aber auch nur der Wunschtraum eines kindlichen Phantasten, der durch eine Theateraufführung nach Erich Kästners »Emil und die Detektive« verunsichert worden war. Einmal meinte ich mitten in der Nacht deutlich zu hören, wie ein Einbrecher die Türe aufsägte. Es stellte sich aber heraus, daß ich nur das Schnarchen meines Vaters mißdeutet hatte.

Die Inflation habe ich nicht bewußt »mitbekommen«, aber mit den inzwischen wertlos gewordenen Scheinen konnte ich – ebenso wie mit den großväterlichen Rubeln – schön Kaufmann spielen. Daß der Stadtteil, in dem wir jetzt wohnten, »Wilder Mann« hieß, regte mich nicht wenig auf.

Vom Kindergarten, den ich ohne viel Begeisterung besuchte, ist mir nur noch das »vogelartige« Kleid der Kindergärtnerin im Gedächtnis, die angestrengt versuchte, ständig Fröhlichkeit zu verbreiten. Weit mehr Spaß hatte ich am Spiel auf der fast verkehrslosen Straße. Vor allem Bau- und Straßenarbeiten faszinierten mich, und oft kam ich mit Wagenschmiere oder Teer verschmutzt nach Hause. Einmal setzte ich mich in ein Auto; doch da ich die – damals noch außen angebrachte – Handbremse gelöst hatte, begann das Fahrzeug die ziemlich abschüssige Straße hinabzurollen. Zum Glück sprang ein Straßenarbeiter herbei und brachte das Auto zum Stehen. Ich war selbst so sehr erschrocken und verängstigt, daß meine Eltern auf eine zusätzliche Bestrafung verzichteten.

Einmal trug ich zu erheblicher Aufregung bei. Meine Eltern hatten mich – vorsichtig und »kindgerecht« – darüber aufgeklärt, woher die Kinder kommen. Mütter »tragen sie unterm Herzen, dort wachsen sie heran, bis sie zur Welt kommen«, so ungefähr hatte sich meine Mutter ausgedrückt. Weitere Informationen, wie man sie heute zuweilen schon Kleinkindern erteilt, hielt meine Mutter wohl nicht für sinnvoll, und ich hätte auch kaum etwas damit anfangen können. Eines der Nachbarkinder erzählte mir jedoch eines Tages, daß der Storch die kleinen Kinder bringe und daß diese unumstößliche Wahrheit von seinen Eltern stamme, also nicht bezweifelt werden könne. Weinend lief ich nach Hause und rief: »Einer von euch beiden lügt, ich möchte wissen, was wahr ist!« Unter tunlicher Schonung des Nachbarkindes und dessen Eltern wurde ich schließlich davon überzeugt, daß meine aufgeklärteren Eltern der Wahrheit näher und glaubhafter seien als Eltern, die ihren Kindern Ammenmärchen erzählen.

Am 2. Februar 1927 wurde mein Bruder Gernot geboren. Da die größere Familie nun ein Zimmer mehr benötigte, zogen wir nach Striessen in die Wormser Straße 8. Von dort aus kam ich auch in die Volksschule am Fiedlerplatz, der zu Fuß in etwa zehn Minuten erreichbar war. Im ersten Stock des Hauses wohnte die Witwe eines Oberlandesgerichtsrates, deren Sohn Kurt in meinem Alter war und auf die gleiche Schule ging. Unterm Dach vermietete eine nette alte Dame, die meinen drolligen kleinen Bruder später ins Herz schloß, Zimmer an distinguierte Pensionsgäste. Unter ihnen eine angehende Konzertsängerin, Marielouise von Willisen, die ich ganz von ferne anhimmelte, und eine Frau von Jess. Die nette alte Vermieterin und ihre Pensionsgäste gehörten zum »personalen Umfeld« von uns Kindern. Dagegen war der Hauswirt – ein wortkarger und geiziger Pommer, der im Garten Hühner und Ziegen hielt – für uns eher eine »feindliche Macht«.

Als einmal ein Trupp uniformierter SA-Leute vor dem Haus vorbeimarschierte, rief ihnen mein Bruder lauthals zu: »Ihr bösen, bösen Kommunister!« Die alten Damen im Dachgeschoß hatten ihm vermutlich von den »bösen Kommunisten« erzählt, und diese SA-Leute entsprachen mit ihrem wilden Gesang so ziemlich dem Bild, das er sich von jenen gemacht hatte. Zum Glück haben die SA-Leute diese kindliche Verwechslung nicht zur Kenntnis genommen.

Daß politische Unruhe im Lande war, konnte man vor allem an den unterschiedlichen Fahnen erkennen, die aus vielen Fenstern hingen. In unserem relativ proletarischen Stadtteil überwogen Fahnen mit den drei Pfeilen der »Eisernen Front« – von SPD, Gewerkschaften, Arbeitersportvereinen – und Reichsbanner; dazwischen sah man aber auch schon Hakenkreuzfahnen. In den wohlhabenderen Vierteln tauchten die schwarz-weiß-rote Fahne und die Reichskriegsflagge auf, die von Stahlhelm-Mitgliedern bevorzugt wurde.

Als am 3. Oktober 1930 Gustav Stresemann starb, herrschte in vielen bürgerlichen Familien und auch bei uns Trauer. Hoffnungen auf eine Stabilisierung der demokratischen Gesellschaft und definitive Versöhnung mit den Gegnern im Ersten Weltkrieg schienen mit ihm begraben zu werden.

Mich hat freilich der Tod des letzten sächsischen Königs Friedrich August II. (1932) weit mehr beeindruckt. Vom Fenster der Praxis eines befreundeten Arztes auf der Prager Straße aus konnte ich den langen Trauerzug mit ansehen, an dem Reichspräsident von Hindenburg sowie zahlreiche Fürstlichkeiten und Angehörige des katholischen Hauses Wettin teilnahmen. In vielen Schaufenstern sah man zwischen den ausgestellten Waren Bilder des Königs mit einem Trauerflor; und Geschäfte, die einmal Hoflieferanten gewesen waren, machten wieder vermehrt auf diese Auszeichnung aufmerksam. Der König war beliebt gewesen und hatte sächsisches Selbstbewußtsein auch gegenüber der preußischen Reichsregierung und dem schneidigen Kaiser Wilhelm II. bewiesen. Man kolportierte viele, meist sympathische Anekdoten, am häufigsten seine kopfschüttelnde Bemerkung angesichts einer jubelnden Menge, die dem abgedankten König Ovationen darbrachte: »Ihr seid mir aber mal scheene Rebubliganer!« Auch durch seinen sächsischen Akzent blieb der »Geenich« dem Volke nah.

Als ängstlicher Außenseiter in der Volksschule

Das Schulgebäude am Fiedlerplatz roch – wie viele Schulen damals – penetrant nach einem ranzigen Öl, mit dem die Fußböden bearbeitet wurden. Auf einem Klassenfoto mit dem gutmütigen Lehrer Richter erscheine ich als in sich gekehrtes Kind. Hinter mir stand eine Reihe von mächtig großen und starken Jungen, denen ich weder körperlich noch seelisch gewachsen war. Schönschreiben und Turnen brachte uns ein anderer Lehrer bei, in dem ich bald eine Art »Feind« erblickte. Mir fiel Schönschreiben ebenso schwer wie korrekte Orthographie. Als einer meiner Söhne mit der Rechtschreibung Probleme hatte, nannte man das »Legasthenie«. Ich behauptete aber – zu seiner und meiner Verteidigung –, derartige Schwierigkeiten rührten daher, daß manche Kinder frühzeitig die – hier unangebrachte – Frage »warum?« stellen, diese Schwäche also ein Anzeichen früh erwachter intellektueller Neugier sei. Dunkel kann ich mich daran erinnern, daß ich zum Beispiel nicht einsehen wollte, warum Vogel mit »V«, dessen Federn aber mit »F« geschrieben werden und »Fliegen« wiederum mit »F«. Das »V« des Vogels fiel also aus dem Rahmen und konnte nicht rational erklärt werden, ebensowenig wie die unterschiedliche Schreibung von »einbleuen« und »blauem Auge«! Solche Dinge müsse man eben einfach »lernen«, wurde mir gesagt, aber das leuchtete mir nicht ein. Da ich auch im Geräteturnen nicht besonders tüchtig war, fragte mich unser Schreib- und Turnlehrer eines Tages, womit ich denn später mein Brot verdienen wolle, da ich offenbar zu nichts taugte. Zusammen mit den rauhbeinigen – meist ein bis zwei Jahre älteren – Mitschülern machte dieser Lehrer mir die Schule verhaßt.

Mein Vater hatte schließlich ein Einsehen und sorgte dafür, daß ich auf die »Versuchsschule« des Pädagogischen Instituts kam, an der er als Schularzt und Dozent für die Lehramtskandidaten tätig war. In Sachsen war die Ausbildung der Volksschullehrer nach der Revolution an die Hochschulen verlegt worden, eine Maßnahme, die von den Nazis wieder zurückgenommen wurde. Der Klassenlehrer an der neuen Schule hieß Borsch, und die Atmosphäre war – wie das Gebäude selbst – weit erfreulicher und moderner. An den Wänden des Schulzimmers hingen nicht – wie am Fiedlerplatz – altmodische Reproduktionen von Märchenbildern, sondern solche von Franz Marcs »Turm der blauen Pferde« und große Wandbilder, die wir gemeinsam in der Zeichenstunde angefertigt hatten.

Daß es auch an dieser Schule zu keinen freundschaftlichen Kontakten mit meinen Kameraden kam, dürfte an den negativen Erfahrungen im ersten Schuljahr und vielleicht an der großen Entfernung zwischen dieser Schule und der elterlichen Wohnung gelegen haben. Die meisten Mitschüler kamen vermutlich aus der näheren Umgebung des Pädagogischen Instituts auf der Teplitzer Straße im Süden der Stadt. Mein Schulweg führte mich jetzt mit der Straßenbahn Linie 4 durch die ganze Stadt, und dann hatte ich noch einen längeren Fußmarsch vor mir, vorbei an einem geheimnisvollen Grundstück, auf dem ein Schild mit der Aufschrift »Vorsicht, Fußangeln und Selbstschüsse!« stand. Das letzte Wegstück ging steil bergan und machte mir, wenn ich wieder einmal spät dran war, ziemliche Mühe. Ohne ganz zu begreifen, wie mir geschah, war ich von ferne in einen bildschönen Mitschüler namens Roland Außendorf verliebt, der jeden Tag mit einem Auto abgeholt wurde. Sein sanftes, rundes (mädchenhaftes) Gesicht und die Ponyfrisur sehe ich noch deutlich vor mir. Ich habe nie ein Wort mit ihm gewechselt, und erst sehr viel später hörte ich einmal, daß er seinerseits eines meiner früheren kindlichen Gedichte bewundert habe, die ich anstatt eines Aufsatzes in die Schule mitgebracht hatte. Wie viele meiner Altersgenossen ist er im Krieg gefallen.

Obgleich ich mich in dieser »Versuchsschule« wohler fühlte als in der Schule am Fiedlerplatz, erschienen mir die meisten Mitschüler auch hier als fremd und bedrohlich. Einmal liefen einige von ihnen hinter mir her, als ich den Berg hinab zu »meiner« Straßenbahn rannte. Mit letzter Kraft, so meinte ich, hätte ich mich gerade noch in den bereitstehenden Wagen der Linie 4 vor meinen »Verfolgern« retten können. In einer Mischung aus kindlicher Angst und Größenwahn murmelte ich vor mich hin: »Vater, vergib ihnen, denn sie wissen nicht, was sie tun!«

Während meines zweiten Grundschuljahres schrieb ein Pädagogikstudent einen »Bericht« über »das Kind Iring Fetscher«, den ich viele Jahre später – als Erwachsener – zu lesen bekam. Dort steht unter anderem: »Vier dreiviertel: Im Kindergarten ist I. scheu und ängstlich ... Sechs: Leicht erregbare Minderwertigkeitsgefühle ... I. neigt zur Selbst-Unterschätzung, die er nicht durch Reden oder Derbheit verdeckt. Er bekennt einfach. Er braucht Ermunterung ...« Woher diese Minderwertigkeitsgefühle kamen, war dem »Analytiker« nicht ganz klar. Jedenfalls könnten sie keinesfalls von einer »Verzärtelung« herrühren, da meine Mutter nach der Maxime Gertrud Bäumers verfahre, »Knaben müssen gewagt werden«. Ebensowenig komme Organminderwertigkeit oder herzlose Erziehung in Frage. Der Student hatte offenbar Alfred Adler gelesen. Auch an der Stellung in der Geschwisterreihe könne es nicht gut liegen, da die ersten Anzeichen ja schon vor der Geburt des Bruders aufgetreten seien. »Hauptgrund ... (sei) vermutlich die Konstitution und die mit ihr verbundene introvertierte Haltung.« Das war wiederum eine Kategorie aus den Schriften von Ernst Kretschmer.

Die Selbstbeherrschung, die mir der Autor attestierte, führte er auf die Erziehung meiner Mutter zurück. »In einer Balgerei mit seinem Freund Eberhard (Scholl) unterlag er, weinte bitterlich darüber und lief zu seiner Mutter. Die Worte: ›Mein Sohn will doch ein starker Mann werden!‹ zwangen ihn, nicht mehr zu weinen.« Eberhard, ein sportlicher Junge etwa in meinem Alter, imponierte mir nicht nur durch seine Stärke, sondern vor allem dadurch, daß er einen kleinen Finger seiner linken Hand – wenn auch nur aus Versehen – selbst mit einem Beil abgehackt hatte. Der gut vernarbte Stumpf erschien mir wie ein Zeichen gewalttätiger Überlegenheit.

Natürlich habe ich später vor allem die Abschnitte dieses »Beobachtungstagebuches« mit Freude gelesen, in denen dem Achtjährigen positive Charaktereigenschaften zugeschrieben wurden. Etwa die folgende: »Zur Charakterisierung seiner Stellung zu seinem Ich gehört die Selbstlosigkeit. Beispiele hierfür: Iring ist krank und liegt im Bett, bekommt von einer Dame im Hause drei Pralinen. Iring schenkt eine seiner Mutter, die andere seinem Freund und will die dritte mit mir teilen. Seinen letzten Zwieback will er mir geben und ißt ihn nur mit, wenn wir ihn teilen.« Die gleiche Selbstlosigkeit zeige sich auch »in der von Herrn Professor« – mein Vater war 1928 außerordentlicher Professor geworden – »so bezeichneten ›kommunistischen Idee‹ Irings: ›Ich denke mir, daß alles, was ich wünsche, geschehen muß. Das wünsche ich aber nicht für mich, sondern für die Menschen.‹ Die ideale Gesellschaft, die sich der Achtjährige ausmalte, sah etwa wie folgt aus: ›Alle jetzigen Häuser müßten weg und dafür andere dasein. Eine große Straße mittendurch, mit einer Straßenbahn und lauter gelben Wagen, damit alle gleich sind. Alle Leute haben die gleichen Wohnungen, dann gibt es keinen Zank. Alle haben Telefon, und wenn sie einen Wagen brauchen, dann telefonieren sie in eine große Halle, und der Wagen kommt und wartet vor dem Haus. Mitten in den Häusern ist ein Zimmer, in das bringt jeder das Geld, das er nicht braucht, und davon bekommen die Armen. Verschenken darf aber keiner etwas, denn sonst gibt es Unordnung ...‹ Ähnliche soziale Gedanken tauchen beim Anblick des Schlosses Pillnitz auf: ›Der Fürst hätte lieber mehrere Häuser für die Armen bauen sollen. Er selbst hätte gut in einer Wohnung wie wir wohnen können.«"

Diese Berichte muß ich als wirklichkeitsgetreu ansehen, auch wenn die Erklärungen vermutlich zu schmeichelhaft für mich waren. Ich fühlte mich in diesen Jahren schwach, einsam und – außer von meinen Eltern – wenig geliebt. Die Geschenke, die dem Studenten so großen Eindruck machten, waren wohl Versuche, die Zuneigung anderer zu gewinnen.

Tatsächlich hatte ich permanent Angst, gehänselt zu werden. Während des zweiten oder dritten Schuljahres hatte ich in der Klasse einmal mein Wasser nicht halten können und war deshalb von meinen Mitschülern verspottet worden. Vermutlich hatte ich nicht gewagt, mich zu melden und um die Erlaubnis »auszutreten« zu bitten. Ich schämte mich, sagte aber daheim nichts. Aber noch schlimmer war etwas anderes für mich. Meine Mutter, »für alles Moderne und Gesunde« empfänglich, hatte mir als »Halter« für lange Wollstrümpfe, die ich im Winter tragen mußte, eine Art »Gestell« gekauft, weil die üblichen Gummibänder die Durchblutung behinderten und gesundheitsschädlich seien. Wenn wir eine Turnstunde hatten, gab ich mir stets große Mühe, dieses »wenig jungengemäße« Kleidungsstück vor den Augen der Mitschüler zu verbergen. Es gelang mir aber nicht immer, und so gab es noch einmal Anlaß für kränkenden Spott.

Im Rückblick erscheint mir meine Schulzeit – selbst die in der »Versuchsschule« – als qualvoll. Nicht einmal an die Ausflüge in Dresdens schöne Umgebung habe ich eine erfreuliche Erinnerung. Mein Hang zur Verträumtheit wurde durch häufige Erkrankungen verstärkt, die vermutlich psychosomatischen Ursprungs waren. Sie erlaubten mir, daheim zu bleiben, und verschafften mir obendrein den »Gewinn« vermehrter Anteilnahme von Eltern und Bekannten.

Der Lehrerstudent Günther Sittel, aus dessen Aufzeichnungen ich zitiert habe, half mir durch seine häufigen Besuche. Ihn nahm ich nicht als Lehrerautorität wahr, sondern eher als älteren Kameraden. Seine Berichte enthalten vermutlich authentische Äußerungen von mir. Aufschlußreich erscheint mir zum Beispiel in einem Gespräch, das er mit mir führte, um herauszufinden, wie meine Einstellung zu dem fünf Jahre jüngeren Bruder war: »Als ich neulich I. fragte, ob er sich freue, daß er ein Brüderchen habe, sagt er: ›Nein, der nützt mir ja nichts, mit dem kann man ja noch nicht spielen.‹ Ich meine, ob Du Dich freust, daß Du überhaupt einen Bruder hast? ›No ja, das schon! Das einzige, wo ich ihn gern habe, ist, wenn wir Wanda spielen.‹ Der große Tiger im Zoo heißt Wanda. Sie stellen dann Stühle hintereinander und kriechen unter ihnen durch. Das soll der Laufgang sein. Wenn Gernot eigentlich auch der Kleine ist, kann er im Spiel doch ruhig einmal die große Wanda sein.«

Neben der Tigerin Wanda interessierten mich im Zoo vor allem noch die Schimpansen, die, wie Menschen gekleidet, Roller und radfahren konnten. Auch die Elefanten mochte ich, obgleich mich einer mit seinem Rüssel voller Wasser einmal arg naß gespritzt hatte. Fast alle Kinder fühlen sich von Tieren angezogen, weil deren Unterlegenheit gegenüber Erwachsenen sie über die eigene hinwegtröstet. Zootiere sind für sie Wesen, denen es ähnlich ergeht wie ihnen selbst.

Ein Klassenlehrer im zweiten Schuljahr notierte: »F. ist ein ... zeitweise verträumtes Kind, einsichtsvoll, trotz lebhafter Verkehrsweise einspännerisch ...« So ähnlich habe ich mich auch selbst in Erinnerung, und Klassenfotos lassen etwas von dieser Haltung erkennen.

Nachdenklichkeiten des Siebenjährigen notierte auch meine Mutter. So hatte ich auf ihre Bemerkung, sie werde nur ein Minütchen wegbleiben, geantwortet: »Mama, du bist ja eine Zauberin, wenn du eine Minute verkürzen kannst!« Als ich ihr Zimmer verließ und sie klagte, daß sie nun »ganz allein« sei, hätte ich schon als Fünfjähriger einmal erwidert: »Du kannst ja gar nicht allein sein, der liebe Gott ist doch immer da!«

Zusammenfassend lautet das Urteil des »Beobachtungstagebuchs«: »I.s Einstellung ist theoretisch und kritisch«, er »ist rasch ermüdbar, starke Minderwertigkeitsgefühle und Introversion« fallen auf. Als Resultat einer über sechs Monate anhaltenden Beobachtung muß ich das ernst nehmen.

Stolz war ich damals auf ein paar kleine Gedichte, zu denen mich meine Mutter immer wieder ermuntert hat. Später habe ich einige davon bei Freunden und Verwandten wieder eingesammelt und sie aufbewahrt. Es dauerte viele Jahre, bis ich einsah, daß ich jedenfalls kein lyrischer Dichter sei.

Der Psychiater Ernst Kretschmer begann einmal einen Vortrag über Goethes Dichtung mit dem Satz: »Dichten ist bekanntlich eine

Pubertätsfunktion, die bei einigen Personen bis ins hohe Alter anhält.« Mit sieben Jahren war ich zwar noch nicht pubeszent, aber Eisenbahnfahren – genauer: das Geräusch beim Überfahren der im Winter durch die Zusammenziehung der Schienen größer gewordenen Lücken zwischen ihnen, das man noch im Halbschlaf hört – klang mir wie »Von Bux bis Bux-te-Berne...« im Ohr. Der Dresdner Bahnhof inspirierte mich zu den folgenden lautmalerischen Versen:

> Tsch, tsch, tsch – der Zug fährt ein,
> Keiner will der Letzte sein.
> R-rrr – der Karren kommt,
> Alle Leute steigen ein:
> Fort, nur fort nach Mühlenheim.
> In der Stadt wird ausgestiegen,
> Und der Schaffner klappt im Nu
> Alle, alle Türen zu.

Unfreiwillig komisch klingen dagegen die gereimten Neujahrswünsche, die ich 1930 meinen Eltern überreichte:

> Liebe Eltern:
> Ich wünsche Euch zum neuen Jahr
> Viel Glück und Segen – wunderbar:
> Im Beutel stets viel Geld –
> Ja fast die ganze Welt.
> Im Jahr recht wenig Jammer,
> Genügend Speise in der Kammer.
> Im Frühling Vogelsang,
> Den Winter nicht zu lang.
> Eltern und Kinder immer gesund:
> Nicht einmal: Fäule im Mund.

Der Zwang, einen passenden Reim zu finden, hat hier dem Sinnzusammenhang immer wieder Streiche gespielt.

Während Günther Sittel meinte, ich befände mich noch gänzlich im »Märchenalter«, sprechen diese Gedichte sowie einige Verse aus einem Weihnachtsgedicht über die Flucht von Maria und Josef nach Ägypten eher dafür, daß ich inzwischen in die »realistische Phase« der kindlichen Entwicklung eingetreten war. Das Gedicht, an das sich Roland Außendorf noch viele Jahre später erinnerte, enthielt gegen Ende die folgende realistische Beschreibung: »Herr Rodes« –

wie ich Herodes irrtümlich nannte – trachtete dem Jesusknaben nach dem Leben, daher der Aufbruch nach Ägypten:

> Der Weg dorthin war sehr beschwerlich,
> Denn zu essen hatten sie nur einen Fisch.
> Doch Gott half ihnen auch da genug,
> Und voll Datteln fanden sie einen Krug.
> In einer Höhle schliefen sie zur Nacht:
> So wird das Übernachten ohne Geld gemacht.

Namentlich diese letzte Zeile soll angeblich Roland im Gedächtnis geblieben sein.

Für mich selbst waren Gedichte ein Mittel, mein schwach entwikkeltes Selbstbewußtsein zu stärken. Die lobenden Ermunterungen meiner Mutter, wenn ich ihr wieder einmal ein kleines Gedicht – meist in abenteuerlicher Orthographie – vorlegte, taten mir wohl.

Während der vierjährigen Volksschulzeit war ich durchweg ein verträumtes, oft auch unaufmerksames Kind. Meine Interessen lagen anderswo. Ich spielte gern allein mit meinem Ankerbaukasten oder einer uralten aufziehbaren Eisenbahn, die ich von Geheimrat Karl Woermann geschenkt bekommen hatte. Sport, der mir später einmal wichtig wurde, spielte in dieser Zeit keine Rolle. Geräteturnen haßte ich, zumal ich anerkennen mußte, wie gut andere im Unterschied zu mir mit Reck und Barren umzugehen wußten.

Junge Menschen von heute können sich einen Tageslauf ohne Fernsehen vermutlich kaum vorstellen. Auch Radio hörte ich erst sehr viel später – gelegentlich. Wenn ich nicht irre, hatte ich auch noch keine Filme gesehen, bevor ich auf die Höhere Schule kam. Lediglich an den Besuch einer Theatervorstellung nach Kästners »Emil und die Detektive« erinnere ich mich dunkel; das war – wie schon erwähnt – sogar noch vor meiner Einschulung.

Zu den fortschrittlichen Lehrmethoden am Pädagogischen Institut gehörte etwas, das man heute vermutlich »Projektbezogenen Unterricht« nennen würde. Mehrere Wochen lang beschäftigten wir uns zum Beispiel einmal mit dem Thema USA: Wir malten oder klebten mit Buntpapier Wolkenkratzer, zeichneten Indianer und rechneten mit Rothäuten oder Dollarbeträgen. Kurz, alles stand im Zeichen »Amerikas«. Meine Mutter schrieb in einem Brief an eine Schulfreundin, ich hätte leider den »Zweck« dieses Vorgehens von

Anfang an durchschaut und erklärt: »Die wollen uns doch bloß davon ablenken, daß wir alles mögliche Langweilige lernen müssen.« Amerika, so schien es mir, war nur das Vehikel, um uns für die Schularbeit zu begeistern. Immerhin sehe ich noch in Gedanken die große Wandfläche vor mir, die wir Schulkinder gemeinsam mit einem Panorama von Manhattan beklebt hatten.

Im König-Georg-Gymnasium

Im Frühjahr 1932 bestand ich die – relativ leichte – Aufnahmeprüfung des König-Georg-Gymnasiums. An diesem Reformgymnasium konnten die Schüler zu Beginn der Oberstufe zwischen einem altsprachlichen, neusprachlichen und mathematisch-naturwissenschaftlichen Zweig wählen. Dieses Modell galt als besonders liberal und modern. Der Kontakt der Schule zu den Schülereltern wurde durch sogenannte »Kunsterziehungsabende«, die zusätzlich zu den üblichen Elternabenden abgehalten wurden, verstärkt. An diesen Kunsterziehungsabenden sprach meist Will Grohmann, der die bedeutende Sammlung moderner Kunst der Dresdner Industriellengattin Ida Bienert betreute und nach dem Krieg zur Prominenz zählte. Namentlich der Zeichen- und Kunstunterricht an dieser Schule war der Moderne gegenüber aufgeschlossen, was meiner Vorliebe für Franz Marc entgegenkam.

Wir waren inzwischen von der Wormser Straße 8 in die Schubertstraße 4 in Blasewitz umgezogen, wo wir den ersten Stock bewohnten. Von da aus war der Fußweg zum Fiedlerplatz – vorbei an meiner ersten Volksschule zum »KGG« – kaum zehn Minuten. Bis zur »Machtergreifung«, vermutlich sogar bis zum Ermächtigungsgesetz am 23. März 1933, trugen die Schüler des KGG stolz ihre Schülermützen in den Farben »Grau-Weiß-Grün«, zu denen es auch eine eigene Schulhymne gab. Im Zuge der äußerlichen Egalisierung wurden diese Schülermützen – wie an anderen Dresdner Gymnasien – dann durch die Nazis abgeschafft. Als Zeichen des »Standesdünkels« widersprachen sie dem Geist der »nationalsozialistischen Weltanschauung« und dem Prinzip der »Volksgemeinschaft«.

Es war wohl meine Mutter, die schon bald nach meinem Übergang aufs Gymnasium dafür sorgte, daß ich von einem Pfadfinderführer der »Ringgemeinschaft Deutscher Pfadfinder« »gekeilt« wurde. Meine Begeisterung für die Streifzüge durch die Dresdner Heide am Samstagnachmittag hielten sich in Grenzen. Ohne energische Nachhilfe von seiten meiner Mutter, die einen »richtigen Jungen« aus mir machen wollte, wäre ich kaum hingegangen. Allmählich freundete ich mich aber mit der Kameradschaft unter Gleichaltrigen (meist auch Gymnasiasten aus unserem Stadtteil) an und sang sogar (trotz meiner geringen musikalischen Begabung) die Landsknechts- und Soldatenlieder mit, die wir auf dem Marsch anstimmten. Wir trafen uns in Loschwitz an der Endhaltestelle der Straßenbahn und trabten dann – mehr oder minder schnell – den schmalen Fußweg, genannt »die Prattleite«, den Berg zum Weißen Hirsch hinauf. »Geländespiele«, die später ganz ähnlich auch vom »Jungvolk« der »Hitlerjugend« veranstaltet wurden, bestanden zum Beispiel in »Reiterkämpfen«: Je ein kleinerer Junge wurde von einem stärkeren, größeren auf die Schulter genommen und bekam die Aufgabe, dem »gegnerischen Reiter« ein Wollband, das die Reiter um den linken Arm gebunden hatten, abzureißen. Damit war dieser Gegner »erledigt«. Am Ende wurden die »Besiegten« gezählt. Wer am meisten »Verluste« hatte, mußte sich als »geschlagen« bekennen.

Gelegentlich kam es auch zu ernsteren Raufereien mit Pfadfindern anderer Bünde; vermutlich kirchlich oder politisch orientierte. Ich kann mich daran jedoch nicht mehr genau erinnern.

Meine Zugehörigkeit zum Pfadfinderbund führte mich nach zwei Jahren schließlich zum Jungvolk. Zuvor waren alle nichtnationalsozialistischen Jugendverbände zur »Großdeutschen Jugend« unter dem Ehrenvorsitz des deutschnationalen Admirals von Trotha vereinigt worden. Der Versuch, auf diese Weise eine von den Nazis unabhängige Jugendorganisation aufrechtzuerhalten, mußte jedoch scheitern. Die neue Führung wollte die Jugend ganz unter ihre Kontrolle bringen. »Wer die Jugend hat, der hat die Zukunft!« lautete ein Schlagwort, das damals überall zu hören war. »Die Ringgemeinschaft deutscher Pfadfinder« war nicht parteipolitisch orientiert; darüber hinaus war sie der weltweiten Pfadfinderbewegung, die der britische Ex-General Baden-Powell ins Leben gerufen hatte, verbunden. Dennoch stellte auch dieser Verband eine »Brücke« dar, auf der zahlreiche Jugendliche fast lautlos in die Hitlerjugend »überführt« werden konnten. »Widerstand« wurde höchstens insofern eine Zeitlang geleistet, als man versuchte, die Zusammensetzung der alten Pfadfindereinheit unter dem neuen Namen aufrechtzuerhalten. Schließlich wurde das »Fähnlein Forcade« (so nannte sich unsere Einheit nach einem alten preußischen Regiment) aufgelöst, weil es »ständisch« nicht genügend gemischt sei und damit dem Volksgemeinschaftsprinzip zuwiderlaufe.

Eine Anzahl der ehemaligen Pfadfinderführer blieb als Führer im Jungvolk. Da ich jedoch keine Führerambitionen gezeigt hatte (sosehr mir die »Affenschaukeln«, die Kennzeichen der Führer, imponierten), wurde ich 14jährig in die Hitlerjugend überstellt. Ich meldete mich aber bald zur »Marine-HJ«, die den Vorzug hatte, weniger nazistische Indoktrination, dafür aber Ausbildung im Pullen, Spleissen und Knoten sowie in Schiffahrtskunde zu bieten. Aber das war das einzig Positive dabei.

Die »Hausaufgaben«, die uns gestellt wurden – das Anfertigen eines »schönen Heftes« mit Zeichnungen –, vermochten mich wenig zu begeistern. Das Morse- und Flaggenalphabet sollte ich nie richtig erlernen. Im Sommer 1937 fuhr ich mit der Dresdner Marine-HJ an die Ostsee, wo nicht weit vom Marine-Ehrenmal in Laboe ein großes Zeltlager errichtet wurde. Ganz unbeeindruckt scheint mich die Marinebegeisterung nicht gelassen zu haben, auch wenn meine Erinnerung daran stark verblaßt ist. In meiner »Gedichtsammlung« fand ich jedenfalls dutzendweise Marinegedichte, die vom stürmischen Meer, von Seenot und von der Notwendigkeit der Seefahrt »künden«. Etwas früher hatte ich während eines Aufenthalts mit meinen Eltern in Rügenwaldermünde den Untergang des Segelschulschiffs »Gorch Fock« miterlebt und ihn in einem Gedicht »besungen«.

Noch während ich »offiziell« der Marine-HJ angehörte, nahm ich Reitunterricht bei einem Reitlehrer in Dresden-Neustadt, und wenig später ließ ich mich von der Marine- zur Reiter-HJ »überweisen«. Hier machte mir der Dienst weit mehr Freude. Neben dem Reiten gab es Unterricht über »Pferde- und Hufbeschlagslehre« sowie über Pferdekrankheiten. An Indoktrination kann ich mich auch hier nicht erinnern. Unser »Reitlehrer« war ein Kavallerieoffizier im Ruhestand, mit dessen Hilfe wir auch das Reiterabzeichen erwerben konnten.

Ich bin etwas vorausgeeilt. Die ersten Jahre auf dem KGG waren für mich kaum erfreulicher als die Zeit auf der Volksschule. Die Zeugnisse waren in der Quarta so schlecht, daß ich gerade noch »ordentlich« versetzt werden konnte. Namentlich Kurzschrift und Rechtschreibung machten mir Mühe.

Den »Umschwung« von 1933 erlebten wir als Elfjährige noch als etwas, das uns nur sehr von fern anging. Monate später wurde mir freilich klar, daß es einen auch persönlich tangieren konnte, auch wenn ich keineswegs begriff, was um uns herum politisch geschah. Bezeichnend ist folgende Begebenheit. Da Vater bereits 1934 von der Hochschule verwiesen wurde, fürchteten mein Bruder und ich – nicht ohne Grund –, daß es ein weit bescheideneres Weihnachtsfest geben werde als bisher. So beschlossen wir, selbst dafür zu sorgen, daß unter dem Weihnachtsbaum schöne Geschenke lagen, wobei wir – in aller Unbefangenheit natürlich – vor allem an uns selbst dachten. Mit Hilfe von alten Kartons und Buntpapier bauten wir eine Anzahl großer Fabrikgebäude zusammen, die einen imposanten Eindruck machten, vor allem dann, wenn man sie nicht zu genau unter die Lupe nahm.

Einmal auf den Geschmack gekommen, nützten wir die Wochen danach, als wir beide mit Masern im Bett lagen, zur Anfertigung zahlreicher Autos aus überklebten Streichholzschachteln und »gründeten« eine eigene Firma, der wir den Namen »SEMA« gaben – ausgeschrieben: Seppel-Max-Aktiengesellschaft. Etwas eckig sahen unsere Autos zwar aus, aber damals waren ja auch die »richtigen« Autos noch nicht durchweg stromlinienförmig gestylt. Unseren Vater stellten wir als »Werbechef« an; und in dieser Eigenschaft verfaßte er denn auch einen kleinen Prospekt mit zahlreichen patentierten Waren, die wir – als Firma – auf den Markt werfen wollten. Das »Unternehmer«-Spiel machte uns weit mehr Spaß als das mit gekauftem Spielzeug. Ich weiß nicht mehr genau, wie lange wir an diesem Rollenspiel festgehalten haben, jedenfalls dürfte es einige Monate gedauert haben. Was wir da praktizierten, war eine erste gelungene Flucht aus der befürchteten Armut in die imaginäre »große Welt«.

Im Klassenverband begegneten wir den durch die Machtergreifung hervorgerufenen Veränderungen als intellektuell gerade erwachende Schüler zunehmend mit Ironie. Namentlich ein Lehrer, der sich durch besonders begeistertes Engagement für moderne – abstrakte – Kunst ausgezeichnet hatte, vollzog plötzlich eine Wendung um 180 Grad. Während wir bis 1934 auf großen Zeichenblöcken (für die das KGG in der ganzen Stadt berühmt war) frei und phantasievoll malen durften (auch mit Temperafarben), galt es nun auf einmal, Kernsprüche des »Führers« oder aus der Edda in gotischer Schönschrift zu kopieren. Die Phantasie hatte dem Nachzeichnen von Blumen und der Herstellung einer systematischen Farbskala zu weichen. Wenn wir nicht gemerkt hätten, wie verbissen unser Studienrat Schiller seinen neuen Kurs verfolgte, hätten wir annehmen können, er wolle die Kunstauffassung der Nazis ironisch kommentieren. Offenbar fühlte sich dieser Mann, gerade weil er zuvor für die jetzt verpönte abstrakte moderne Kunst und für Bauhaus-Architektur eingetreten war, verpflichtet, seinen »Anschluß« an die »neue Zeit« besonders nachdrücklich zu unterstreichen. Solche Lehrer verloren in dieser »Wendezeit« bei uns alle Achtung. Dagegen taten uns die Kompromißler eher leid, die anfangs noch den Versuch machten, durch den Beitritt zum »Stahlhelm« (der »Frontorganisation« der Deutschnationalen, die Bundesgenossen der Nazis waren) sich vor der Vereinnahmung durch die Nazis zu bewahren. Noch ehe das Jahr 1933 zu Ende war, mußten sie aufgeben.

Unser Oberstudiendirektor Dr. Köhler wurde abgelöst, durfte aber als Lehrer (mit dem alten Gehalt) weiter an unserer Schule unterrichten. Der neue Oberstudiendirektor Dr. Arno Kretschmar versuchte die Lehrerschaft und die Schüler im Geiste des »Dritten Reiches« auf Vordermann zu bringen. Wir machten uns heimlich über ihn lustig. So karikierte eine von mir entworfene »Neue Schulordnung« die Tendenz zur Steigerung der Disziplin durch Verschärfung der Strafandrohung.

Als eine Art »Politischer Kommissar« fungierte der ehrgeizige junge Mathematiklehrer Dr. Otto Hochsteiner. Sein offizieller Titel war »Schulzellenobmann«. Als ich hörte, daß er nach Kriegsende unter der sowjetischen Militärverwaltung eine Zeitlang als Straßenkehrer arbeiten mußte, empfand ich das als gerecht. Mindestens zwei meiner ehemaligen Schulkameraden hätten gewiß ebenso gedacht. Hochsteiner tat unter anderem »Dienst« während der Übertragung von Führerreden, die wir gemeinsam in der Aula der Schule hören mußten. Er saß mit einem Opernglas »bewaffnet« auf der Empore und beobachtete die Reaktionen der verdächtigen Schüler. Ich hatte insofern noch Glück, als er mir lediglich »völlig irres Lachen während der Rede des Reichspropagandaministers Dr. Goebbels« vorwarf. Dabei war ich keineswegs der einzige unter den sächsischen Zuhörern, der über die Formulierung »Sie sitzen in Turnhallen und Aulen« lachen mußte. »Aulen« waren in sächsischer Umgangssprache die Resultate kräftigen Ausspuckens. Wir fanden es einfach komisch, daß wir darin sitzen sollten; den Plural der Schul-Aula kannten wir noch nicht. Zwei Freunde von mir hatte Dr. Hochsteiner so sehr gepeinigt, daß sie sich an ihm rächten, indem sie mehrfach die Luft aus den Reifen seines Fahrrads abließen und schließlich einen Reifen mit zahlreichen Nadelstichen unbrauchbar machten. Der »eigentliche Täter« mußte von der Schule abgehen. Ihm schickte Dr. Hochsteiner seine Verdammungsurteile hinterher und prophezeite, er werde von Stufe zu Stufe bis zum Verbrechertum absinken. Der andere wurde wegen bloßer »Mittäterschaft« (er hatte »Schmiere gestanden«) mit dem Consilium abeundi – der Androhung, beim nächsten Mal von der Schule ausgeschlossen zu werden – bedacht. Dieser zweite »Straftäter«, Joachim Lindner, ist im letzten Kriegsjahr umgekommen. Er war extrem kurzsichtig und hätte eigentlich nicht eingezogen werden dürfen.

Der stramme Oberstudiendirektor Kretschmar, so erfuhr ich nach der Rückkehr aus der Kriegsgefangenschaft, hat sich nach dem Einmarsch der Roten Armee von der Blasewitzer Elbbrücke »Das blaue Wunder« zu Tode gestürzt. Im Jahresbericht 1938/39 ist eine geradezu typische Rede nachzulesen, die dieser Oberstudiendirektor anläßlich des Austauschs eines Gemäldes im Ehrenschrein für die Gefallenen des Weltkrieges 1914 bis 1918 gehalten hat. Ursprünglich hing dort ein Bild, das – im Stile von George Grosz – das Grauen der Materialschlacht eindrucksvoll wiedergab. Ein derartiges Bild paßte aber nicht mehr in die »neue Zeit«, die junge Menschen abermals auf einen Krieg vorbereiten und den »Heldentod« glorifizieren sollte. Das alte Ehrenmal sei daher – so der Redner – »viel bekrittelt worden«. Eltern hätten sich »aufs tiefste betroffen von ihm gewandt, ja bald habe auch Spott und freches Wort sich hervorgewagt«. Es sei damals »eine kranke Zeit« gewesen. »Als die Zeit aber dann genas, als der Führer unserem Volke die Wehrhoheit wiedergab, als wir alle sehend wurden und erkannten, daß auch für unsere 125 Toten das Wort gilt ›Und ihr habt doch gesiegt‹, da stand es bei mir fest, daß nichts unversucht bleiben durfte, um das Bild inmitten unseres Ehrenmals durch ein anderes zu ersetzen; jenes Bild, das nur vom Sterben sprach, durch ein anderes, das darüber hinaus das Hohelied singt von der Kameradschaft unserer Gefallenen, von ihrer Pflichttreue, ihrem Aushalten bis zum Letzten, trotz des Leidens und Sterbens, das sie umgab ...« Mit einem langen Zitat von Walter Flex und dem »Gelöbnis, ihrem (dem der Gefallenen) Vorbild nachzueifern, wenn einst wie damals das Vaterland uns rufen sollte«, endete die Ansprache. »Unter den Klängen des Hohenfriedberger Marsches wurde der neue Ehrenschrein geöffnet. Nach dem Sieg Heil auf den Führer traten wir weg.« So endet der offizielle Bericht. Seit 1933 – vor der Auswechslung der Bilder – war der Ehrenschrein geschlossen geblieben. Das Grauen des Weltkrieges sollte niemandem mehr realistisch vor Augen treten. Als der Jahresbericht im Druck erschien, waren die ersten Mitschüler bereits gefallen.

Unter unseren Lehrern waren zwar nicht die Ungeheuer, die Bertolt Brecht in seinen »Flüchtlingsgesprächen« beschreibt, aber doch höchst unterschiedliche, teils zu Spott verführende, teils auch gefürchtete Originale. Am deutlichsten erinnere ich mich an Professor Schäfer, der uns in Latein und Religionskunde unterrichtete. Ein kleines, drahtiges Männchen mit einer schneidend scharfen Stimme und einem unüberhörbaren sächsischen Einschlag besonders dann, wenn er seinen Spott über die christliche Dogmatik ausgoß. Er kam mir immer wie ein verspäteter Aufklärer des 18. Jahrhunderts vor. Seine Infragestellung der Trinitätslehre ist mir noch immer im Ohr: »So ein Unsinn, so ein Nonsens: Drei in einem – man stelle sich das einmal konkret vor! Und das sollen vernünftige Menschen glauben?« Das war kein Religionsunterricht, sondern Religionskunde. Als dann etwa 1935 ausdrücklich auch die »germanische Religion« mit ihren Göttern Wotan, Fricka, Baldur und wie sie alle hießen zum Gegenstand des Unterrichts gemacht werden sollte, dosierte unser kleiner Professor seinen Spott so geschickt, daß auch ein Gestapo-Spitzel ihm nichts hätte anhaben können. Jedenfalls wagte er gelegentlich Seitenblicke auf die griechischen und römischen Götter, die ihm offenbar weit besser vertraut waren. Mir sind die germanischen Götter deshalb unvergeßlich und verhaßt, weil ich eines Tages wegen Unaufmerksamkeit und Sprechens während des Unterrichts eine zehnseitige Strafarbeit über Walhalla und die germanischen Götter schreiben mußte.

Im Unterschied zu Professor Schäfer, den wir respektierten, auch wenn sein Spitzname »der kleine Muck« das nicht erkennen ließ, trieben wir mit dem Englischlehrer Wogner unseren Schabernack. Bevor er den Klassenraum betrat, verbrannten einmal ein paar Mutige Gummibänder und Haare, so daß der Raum unerträglich stank. Auf die Frage Wogners, woher dieser stechende Geruch komme, wiesen wir auf die Entlüftungsanlage und behaupteten, das stamme »von der Chemie«. Als daraufhin die Fenster geöffnet wurden, stand mein Freund Lindner auf und erklärte: »Herr Studienrat, ich mache Sie verantwortlich, wenn ich mir eine Lungenentzündung hole.« Daraufhin wurden die Fenster wieder geschlossen. Nachdem wir so ein gut Teil der Stunde hingebracht hatten, begann die Lektüre irgendeines englischen Textes. Als ein Schüler offensichtlich ein Wort falsch aussprach, behaupteten wir einhellig, das Wort müsse gerade so ausgesprochen werden, bis endlich der gute Studienrat selbst unsicher wurde und murmelte: »Da muß ich doch mal meinen Engländer fragen.« Als er dann in der nächsten Stunde triumphierend zurückkam und betonte, daß er mit seiner Aussprache recht gehabt habe, behaupteten wir schamlos, gerade sie hätten wir ja gegen ihn betont. Dem armen Mann war nicht zu helfen! Sein Spitzname lautete übrigens »Hinnebin«, weil er einmal in typischem Sächsisch gesagt hatte: »Wenn ich hinne bin, müssen die Fenster geschlossen sein.«

Gefürchtet und gehaßt war eigentlich nur der intelligente Mathematiklehrer und »Schulzellenobmann« Dr. Otto Hochsteiner, den ich schon erwähnt habe. Das Gerücht ging, daß Dr. Hochsteiner eigentlich Universitätsprofessor habe werden wollen, aber an der Habilitation gescheitert sei. Nun ließ er vielleicht seine Ressentiments an uns aus.

Die gegenseitige Feindseligkeit, die Dr. Hochsteiner und ich füreinander empfanden, hatte immerhin die positive Folge, daß ich mich so sehr um gute Leistungen im Fach Mathematik und Geometrie bemühte, daß er mir »nichts anhaben« konnte.

Zwei Lehrer haben mich während der letzten Schuljahre nachhaltig beeindruckt: der Geschichtslehrer, Studienrat Klaus Weidenkaff (Spitzname: »Kaffer«), und der Deutschlehrer Moritz Durach. Für die Behandlung der »neusten Zeit«, die Periode von der Reichsgründung 1871 bis zur Gegenwart, fehlten »zugelassene« Schulbücher. Aus diesem Grunde diktierte uns Dr. Weidenkaff in knappen Worten die wichtigsten Fakten und Zusammenhänge und erläuterte sie anschließend. Dabei konzentrierte er sich keineswegs auf die üblichen Geschichtsdaten oder die Namen der regierenden Herrschaften, sondern behandelte in mehreren Stunden z. B. die Geschichte der Sozialgesetzgebung, von Kaiser Wilhelm und seinem Minister Graf Posadowsky-Wehner angefangen bis zur weit weniger eindrucksvollen der Nazis. Ohne ein Wort der offenen Kritik relativierte er auf diese Weise die angeblich so neuartigen sozialen »Errungenschaften« des »Dritten Reiches«. Sicher war Dr. Weidenkaff eher deutschnational, jedenfalls konservativ, aber seine Distanz gegenüber den Nazis war unverkennbar. Er war geschickt genug, um sich keine denunzierbaren Blößen zu geben, denn man konnte nie wissen, ob nicht ein Schüler sich insgeheim als Spitzel betätigte. Außerdem war der Sohn von Dr. Hochsteiner in unserer Klasse.

Noch bleibender war der Eindruck, den Moritz Durach, unser Deutsch- und Klassenlehrer, auf mich machte. Auch er war eher konservativ und obendrein als langjähriger Vertrauenslehrer des VDA (Verein für das Volkstum im Ausland) ideologisch sozusagen positiv »ausgewiesen«. Das verschaffte ihm vermutlich die Freiheit, im Unterricht, bei der Formulierung und Beurteilung von »Besinnungsaufsätzen« und im Schullandheim, wenn er zwei Wochen lang allein mit uns war, großzügig und tolerant zu sein, auch wenn wir manchmal über die (offiziellen) Stränge schlugen. Während wir bei einem anderen Deutschlehrer pedantische Analysen von Dramen (zum Glück allerdings nur unbedeutenden wie Gottfried Körners »Zryni«) anfertigen mußten, brachte Moritz Durach uns große Dichtung einfühlsam näher. Nur sein Kollege Professor Georg Dost – der ihn einmal vertrat – vermochte uns ähnlich zu begeistern. Er trug zum Beispiel mit schauspielerischem Talent Rilkes »Cornett« vor, und wir lauschten andächtig. Bei Moritz Durach lasen wir Keller, Meyer, Storm und andere Prosaautoren, aber auch die klassischen Dramen von Schiller und Goethe. Der eigentlich vorgesehene Unterricht im Mittelhochdeutschen mußte – nach wenigen Wochen – wieder abgebrochen werden, weil das Reichserziehungsministerium festgestellt hatte, daß die beiden Verfasser unseres ausgezeichneten

Lehrbuches, Rosenhagen und Salomon, offenbar »nichtarisch« waren. Wir haben damals – soweit wir den Zusammenhang begriffen – über dieses »Eigentor« der Nazis insgeheim gelacht. Es wäre aber gelogen, wenn ich behaupten würde, wir wären traurig über diesen Verlust an Unterrichtsstoff gewesen.

Erst bei den Aufsatzthemen von Moritz Durach konnte ich mich auszeichnen. Ich las damals – zusammen mit einem Schulfreund – Friedrich Nietzsche und eignete mir – ohne es zu merken – dessen hochfahrenden, rhythmischen Stil an. Durach nahm's nicht übel. Das Thema »Was liegt an Büchern?« kommentierte ich ganz im Stile des Nietzscheschen Aphorismus aus dem »Antichrist«: »... zum Glück sind Bücher für die allermeisten bloß Literatur«, und zeichnete die Karikatur eines weltfremden Büchernarren. Das Thema »Freundschaft-Kameradschaft« behandelte ich im Sinne einer totalen Abwertung der Kameradschaft, die auf bloß zufälligem äußeren Zusammensein und auf Zwang beruhe, während ein frei gewählter Freund einem wirklich nahestehe. Freundschaft, so führte ich aus, sei eine echte personale Beziehung, Kameradschaft eine phrasenhafte Umschreibung erzwungener Gemeinschaft. Durach nahm an dieser vehementen Wertung keinen Anstoß und gab mir die beste Note. Auch die anderen Themen, die Moritz Durach uns während des vorletzten Schuljahrs stellte, sprachen mich an: »Wer stark ist, dem geziemt die Freundlichkeit« und »Dichtung ist Wahrheit«.

Offenbar waren die Lehrer damals (1938/39) durchaus noch frei in der Wahl von Aufsatzthemen. Die Deutschlehrer der beiden Parallelklassen lagen viel eindeutiger auf der »offiziellen Linie«. In zwei Klassen wurde als erstes Thema »Die Tugend des Gehorsams und die Kunst des Befehlens« behandelt und dann »Im Kriege schützen wir nicht, was wir mit den feindlichen Völkern gemeinsam haben, sondern was uns von allen Völkern unterscheidet« (Wilhelm Raabe).

Weit mehr Freiheit als während des übrigen Schuljahres genossen wir während der Aufenthalte im Schullandheim, das in Geising, nahe der tschechoslowakischen Grenze, lag. Jedes Jahr – 1936, 1937 und 1938 – konnte ich dort einen satirischen Beitrag zum »bunten Abend« leisten, ohne daß die unüberhörbare kritische Tendenz beanstandet worden wäre. Moritz Durach nahm uns erfolgreich in Schutz. 1936 verfaßte ich eine phantasievoll übertriebene »neue Schulordnung«, die mein Freund Joachim Lindner – in vorgeblich angeheitertem Zustand – verlas. In der Präambel wird die Hoffnung ausgesprochen, »daß diese neue Schulordnung die Disziplin noch weiter auf die Spitze treibt als bisher«. Der Verfasser unterschrieb mit dem imitierten Siegel des Oberstudiendirektors und zeichnete als »ein oberzackscher Stadtschulrat in Untersklavenwalde«. Die 15 Paragraphen, die folgten, karikieren vor allem die zu Beginn eines Halbjahrs üblichen Fahnenappelle, die hier tagtäglich angesetzt waren. Ständig fanden »erhebende Feiern« statt, und die Schulämter wurden im Sinne der antikisierend-römisch-germanischen Nomenklatura verändert: Studienräte sollten künftig »Unter-Haupt- und Ober-Kohorten-Bildungswarte« heißen, der Oberstudiendirektor »Reichsinnengeneral-Schul-Statthalter«. Erheblich verschärft – bis zum Irrsinn – wurden auch die üblichen Schulstrafen von »Eintragung ins Klassenbuch« (statt dessen »Spießrutenlaufen«) bis zum Consilium abeundi («lebenslängliche Zwangsarbeit«). Abschließend merkt der Paragraph 13 an: »Wer lebend die Schule durchläuft, wird enorm geehrt.« Das Ganze endet mit einem Kommentar – im Stile von Goebbels –: »Bei Verkündigung der Neuen Schulordnung in Untersklavenwalde dankte die berauscht-begeisterte, tiefinnerst von dem gewaltigen Geschehen ergriffene Menge durch minutenlange, sich immer wieder erneuernde Beifallsstürme ...« Vermutlich machte einigen Mitschülern vor allem die Erwähnung der Lehrer-Spitznamen: »Iwan der Schreckliche«, »Schiefhals«, »Kleiner Muck«, »Hinnebin«, Vergnügen. Jedenfalls erhielt ich weder einen offiziellen Tadel, noch hat mich jemand denunziert.

Im Jahr darauf führten meine Freunde ein »Satyrspiel« auf, in dem die damals übliche Sammelpflicht von allerlei Abfällen in eine antike Umwelt zurückprojiziert wurde. Im »Prolog« wird deutlich gemacht, daß es sich um eine Allegorie handelt:

> Also schieben oder ziehn wir –
> das ist klar,
> was damals gleichgelaufen war,
> manche sagen's kurz: die schnellen,
> tiefen, klaren Parallelen.

Die Personen des Dramoletts sind ein Oberpriester (vermutlich Professor Schäfer), der Konsul, sein Erster Minister, ein Rat sowie Sklaven und ein Bote. Bissige Kommentare macht der »Kapellmeister« – unser Musiklehrer, der in der Tat gelegentlich ironische Anmerkungen zu den auf nazistisch umgedichteten Liedern der Arbeiterbewegung wagte. Der Priester: »Heute hat befohlen – des Konsuls Sonnenglanz.« Kapellmeister (beiseite): »Der Teufel soll ihn holen – mitsamt dem Mummenschanz.« Priester: »In allen Dörfern dröhnet ja seiner Ehre Ruhm. Weh dem, wer da noch höhnet! Gelobt das Sklaventum!« Es folgen Ausführungen zum vorgeschriebenen Isis-Kult. Am Ende stellt der Priester fest: »Nur Herr ist noch da und Zwerg«, und der Kapellmeister kommentiert:

> Wo ist sie, die Kultur?
> Was hilft denn da noch Streben?
> Von Geist – ja keine Spur!

Der etwas zweideutige Priester spricht im nächsten Auftritt zwei herumstehende Sklaven an und warnt sie zeitgemäß:

> Ich ermahne Euch noch einmal:
> Redet nicht so laut,
> auch Wände haben Ohren –
> so spricht die schlaue Haut.

Ein Sklave kommentiert (leise):

> Was heißt denn da noch geben –
> Sonst geht's uns ja ans Leben,
> Denn überall und jederzeit,
> steht ja Polizei bereit.

Schließlich faßt der Kapellmeister das Ergebnis zusammen:

> Und diese Feier möcht' beenden
> Ich mit einem Spruch von Blut:
> Wenn auch der Geist zerstreuet ist –
> So sind die Knochen doch gesammelt.

Im Sommer 1938 wurden wir an der deutsch-tschechoslowakischen Grenze Zeugen der angeblich so schrecklichen Verfolgung der Sudetendeutschen. Wir konnten beobachten, wie zahlreiche Männer ohne jede Kontrolle die Grenze passierten. Der tschechoslowakische Grenzbeamte kehrte ihnen bewußt den Rücken zu. Ich erinnere mich noch gut, wie einem Mann plötzlich einfiel, daß er seinen Rasierapparat daheim zurückgelassen habe. Er kehrte um, um dieses wichtige Utensil zu holen. Von Behinderung des Grenzverkehrs war nichts zu spüren. Das mag an anderen Stellen anders gewesen sein, hier – in Zinnwald – jedenfalls spielte sich die »Flucht« recht gemütlich ab. Durch unseren VDA-Beauftragten Durach wußten wir, wie viele »Deutschstämmige« in diesem Vielvölkerstaat lebten, aber niemand dachte damals schon daran, daß einmal die mehrheitlich von Deutschen bewohnten Grenzgebiete abgetreten werden sollten, erst recht nicht, daß nur wenige Monate später »Böhmen und Mähren« zum »Reichsprotektorat« gemacht und gewaltsam dem Deutschen Reich einverleibt werden würden.

Am 8. August 1938 wurde ein »Mischspiel« aufgeführt, das ich auf der Grundlage von Hans Sachs' »Der Roßdieb von Fünfing« geschrieben hatte. Inzwischen hatte ich im Dresdner Schauspielhaus Shakespeare-Stücke gesehen und mich vor allem für seine Narren begeistert. Ich ließ daher den Prolog von einer Närrin sprechen:

> Denn ach, die übrigen Figuren
> Sind dem verehrten Publikum so fremd.
> Was ich sagen soll – hab' ich vergessen,
> Und was ich weiß, das dürfte ich nicht sagen:
> Wir spielen hier im Ernst, was andre spielerisch Leben nennen,
> Nach. Wir tuen das in Wahrheit: Lügen,
> Was andere in Wahrheit tun.
> Kurzum von jeglicher Natur ist alles hier vereint:
> Nur daß die Welt, die sonsten seiend scheint,
> Hier einmal scheinend ist. Und jeder schwört darauf,
> wie ihr ja wißt, daß echter Schein der Wahrheit näher ist.

Das Stück spielt zur Zeit der Reformation. Ein kluger Bauer, ein Roßdieb und zwei dumme Ratsherren sowie die Frau des Diebes, Barbara (die Närrin), geraten – nach Hans Sachs – in komische Situationen und führen doppeldeutige Dialoge.

Köpfle: Da verstehst du die Evangelischen aber schlecht: Sie wollen die Herrschaft, die Bevormundung durch die alte Kirche lösen. Sie wollen uns frei machen!

Stöffel: Es wäre aber besser, alles bliebe beim alten. Das heißt, es wird sowieso so bleiben. Und lieber müh' ich mich sicher, als ungewiß froh zu sein.

Köpfle: Nein, es wird nichts so bleiben! Alle reißt der Strom mit fort. Deutsch sein wird heißen protestantisch sein, zu protestieren gegen alles Unrecht, das uns widerfährt, gegen die Herrschaft der italienischen Idee ...

In meinem Manuskript sind diese Stellen mit Bleistift durchgestrichen. Vermutlich schienen sie meinen Freunden und mir doch etwas zu deutlich. Die »italienische Idee« war natürlich eine Umschreibung für den aus Italien kommenden Faschismus. Aus der Besetzungsliste entnehme ich, daß ich mir selbst die Rolle des Köpfle vorbehalten hatte, mein Freund Joachim Lindner spielte den Stöffel, den Roßdieb Tullo Kurt Schenkel und seine Frau Barbara Theodor (Teddi) Herrschel.

Im vorletzten Auftritt lockt Köpfle dem schlauen Roßdieb ein paar kluge Sprüche heraus: »Was meint ihr zum Reich?«

Tullo: Es ist so reich, wie ich eben arm bin, solange der reich ist, der geistig arm ist ...

Köpfle: Was meint Ihr denn, wer sollte herrschen?

Tullo: Nun der, der's kann, der nur glaubt, es ein wenig zu können. Glaubt einer, er könne alles, dann ist es schon faul – meistens kann er dann nämlich nichts.

Köpfle: Selten sah ich einen närrischeren Weisen – oder ist es nur ein weiser Narr?

Natürlich bestand der Landschulaufenthalt nicht nur aus dem bunten Abend, der meistens am vorletzten Tag stattfand. Es gab Nachtwanderungen und im Winter Skifahrten. Vor allem aber waren wir während der gesamten Zeit mit unserem Lieblingslehrer Moritz Durach zusammen, der uns großzügig gewähren ließ. Der Komfort war – von heute aus gesehen – eher mäßig. Wir schliefen etwa zu zehnt in großen Räumen mit doppelstöckigen Betten, wuschen uns – so ähnlich wie später beim Militär – in einem Duschraum mit Dutzenden von Waschbecken und mußten beim Betreten des Hauses die schweren Wanderschuhe gegen Haus- oder Turnschuhe eintauschen. Gelegentlich wurden wir auch zu Gartenarbeiten oder zum Sägen von Kaminholz eingeteilt. Natürlich hatten immer ein paar von uns Küchendienst, denn das Ehepaar, das das Heim betreute, konnte keineswegs allein für 20 und mehr Gäste sorgen. Aber auch abgesehen von den bunten Abenden taten uns diese Aufenthalte wohl, Freundschaften wurden gefestigt, und wo keine Freundschaften möglich waren, lernte man wenigstens, einander zu tolerieren. Theodor Herrschel und ich durften 1938 sogar mit unseren Motorrädern ins Landschulheim kommen und fuhren – bei größeren Ausflügen per Bus – der Klasse einsam voraus.

Ich entdecke den Sport

Geräteturnen machte mir – ich erwähnte es schon – wenig Spaß. Abgesehen vom Klettern am Seil hielt ich mich für ungeschickt, und das Verdammungsurteil des ersten Turnlehrers in der Volksschule wirkte noch lange nach. Die Einstellung zu den häßlich so genannten »Leibesübungen« wurde erst anders, als wir – meist nachmittags – verschiedene Disziplinen der Leichtathletik kennenlernten. In der Pubertät »verwandelte« ich mich von einem zarten und anfälligen Knaben in einen stämmigen Burschen. Entsprechend fiel mir Kugelstoßen am leichtesten. Durch energisches Training wurde ich später auch zu einem tüchtigen 10 000-Meter-Läufer. Als (auf Wunsch Hitlers) in den Schulen das Boxen eingeführt wurde, erwies ich mich als erfolgreicher »Mittelschwergewichtler«. Im Wettkampf der Dresdner Schulen unterlag ich allerdings einem Schüler der Horst-Wessel-Schule (einer Berufsschule), der – als Schmied mit gestähltem Bizeps – mir eindeutig überlegen war. Ich trug eine gebrochene Nase davon. Der Ringrichter brach den Kampf in der dritten Runde ab, weil wir beide uns kaum noch zu decken vermochten. Meinem Gegner schwoll das eine Auge an, und ich schleppte mich blutend mühsam auf das Fahrrad gestützt zur nahe gelegenen Praxis meines Vaters, der mich rasch versorgte und meiner Mutter telefonisch Nachricht gab.

Bei diesem Wettkampf habe ich erstmals die »Blutrünstigkeit« der »Masse« kennengelernt. Die Turnhalle des Kreuz-Gymnasiums war voll mit Erwachsenen, zum Teil wohl auch Arbeitslosen, die auf eine Sensation erpicht waren. Mein Kampf war der letzte, und bis dahin war noch niemand zu Boden gegangen. Auch die Belehrung durch den Ringrichter, K.o.-Siege seien bei Jugendboxkämpfen nicht zulässig, beruhigte die Zuschauer nicht. Sie hätten mich nur zu gerne am Boden gesehen.

Mein Vater nahm meine Verletzung zum Anlaß, um in einer Eingabe an das Stadtschulamt Boxkämpfe zwischen Berufsschülern und den in der Regel weniger muskulösen Gymnasiasten als gesundheitsgefährdend zu qualifizieren und ein Verbot derartiger Begegnungen anzuregen. Ich weiß nicht, ob er, da er bei den Nazibehörden ja keineswegs Persona grata war, Erfolg damit gehabt hat. Trotz meiner verunzierten Nase war ich stolz auf mich: Mein Name stand damals zum ersten Mal in den Zeitungen.

Die Freude an Leichtathletik und Boxen wurde nur durch die am Reiten noch übertroffen. Das Zentrum meiner Interessen aber blieb »literarisch-philosophisch«. Allerdings änderte sich der Schwerpunkt meiner außerschulischen Lektüre. War ich als 14- bis 15jähriger von der indischen Philosophie und von der deutschen Mystik fasziniert gewesen – einmal hatte ich sogar eine Art Erzählgedicht vom Weg eines indischen Fürsten in die Einsamkeit des mönchischen Lebens versucht –, so begann ich nun »nüchterne« Texte vorzuziehen. Die Brücke von der indischen Philosophie (und Schopenhauers »Aphorismen zur Lebensweisheit«) zu Spengler, von Seeckt und Sachbüchern zur Politik Englands bildete Nietzsche. Natürlich waren mein Freund Joachim Lindner und ich einige Zeit lang Nietzsche förmlich verfallen. Besonders zog uns sein arroganter und elitärer Ton an, den wir meinten, uns aneignen zu dürfen.

Um unsere »klassische« Bildung zu dokumentieren, übersetzten wir einen Nietzsche-Text sogar in (schlechtes) Latein:

> Et palus in anima eorum est
> et vae si palus spiritum habere volet ...

Zwar ist es mir nicht gelungen, diesen Text (deutsch) bei Nietzsche nachzuweisen, aber ich bin sicher, daß wir zumindest überzeugt davon waren, daß er seinem Denken entsprach.

Doch ich wollte nur die »Begleiterscheinungen« meiner Hinwendung zum Sport erwähnen. Aus Aufzeichnungen und Gedichten, die ich damals machte, geht deutlich hervor, daß die sportlichen Anstrengungen mit einem plötzlich ergriffenen neuen Lebensziel zusammenhingen. Zwar war ich mir nicht ganz sicher, ob ich nun schon »ein Mann« sei, aber auf die wache Sensibilität der früheren Jahre blickte ich jetzt zuweilen eher mit Herablassung zurück. An die Stelle eines Primats des »Fühlens« trat ein Primat des »Willens«. Der Erwerb von Sport- und Reiterabzeichen wurde mir ebenso wichtig wie das »Meistern« fremder Sprachen. Meine Mutter hatte mir oft meinen »Mangel an Ehrgeiz« vorgehalten, und ich erwiderte, daß ich weder Ehre für wichtig noch Geiz für eine positive Eigenschaft hielte. Jetzt entwickelte ich selbst – ohne es mir deutlich bewußt zu machen – erheblichen Ehrgeiz, der sich auch auf das Abitur bezog.

Abitur und Berufswahl

Zur Vorbereitung darauf gehörte unvermeidlich auch die Tanzstunde, die von einigen Eltern zusammen mit den Eltern der Abiturientinnen einer Mädchenschule organisiert wurde. Unser Kurs begann im Herbst 1938 – in einer Zeit, als sich die Kriegsgefahr zwar schon abzeichnete, aber äußerlich alles noch friedlich war. Doch die Wirklichkeit holte uns bald ein:

Am 9. November 1938 brannten in fast allen deutschen Städten die Synagogen, wurden jüdische Geschäfte und Wohnungen zerstört und geplündert. Die straff organisierten Gewaltakte – meist von SA in Zivil ausgeführt – waren angeblich die »spontane Reaktion« der Bevölkerung auf den Anschlag eines jungen Juden auf den Attaché der deutschen Botschaft in Paris, vom Rath. Ich erinnere mich noch gut an die Wut meines Vaters angesichts der dreisten Behauptung des Reichspropagandaministers, das »Volk« sei spontan gegen Synagogen vorgegangen, als ob nicht selbst der Dümmste sich fragen mußte, wie es kam, daß die »Volkswut« sich überall und gleichzeitig in ähnlicher Weise artikulierte. In Dresden wurde unter anderem die von Semper gebaute denkmalgeschützte Synagoge ein Raub der Flammen. Die Feuerwehr wurde, wie anderswo auch, am Löschen gehindert. Der Zynismus, der darin bestand, die überlebenden Opfer dieses Pogroms auch noch mit einer Sondersteuer von einer Milliarde Reichsmark zu belasten und die Versicherungszahlungen (auf deren korrekter Ausführung die Versicherungsgesellschaften bestanden) vom Reich einzuziehen, wurde selbst uns Jugendlichen bewußt.

Eine »Ballzeitung«, die ich zusammen mit meinem Schulfreund Rolf Stelzer (der zuletzt Gesandter der Bundesrepublik in Moskau war und sich dort aus Verzweiflung getötet hat) herausgab, zeigt aber kaum Spuren jener schrecklichen Wochen und Monate. Zwar interessierte ich mich – ebenso wie der andere »Motorrad-Fan« Teddi Herrschel – damals noch kaum für Mädchen; angeblich habe ich sogar meine Tanzstundendame gegen ein geringes Entgelt »getauscht«; dennoch beschäftigten uns die »naheliegenden« Dinge – Schule, Abitur, Sport und Tanzstunde – mehr als die »große Politik«. Lediglich in einigen Formulierungen spiegelt sich die »Zeitgenossenschaft«. So erinnere ich mich zum Beispiel an eine eindrucksvolle (und verlogene) Graphik, die beweisen sollte, wie schwach und gering bewaffnet das Deutsche Reich gegenüber dem »waffenstarrenden Ausland« sei. Daraus wurde in der »Ballzeitung« ein Artikel »Wie die anderen rüsten«, in dem von der Ballvorbereitung der jungen Damen berichtet wird, die Pulver (Puder), Eisen (Brennscheren) und andere »Maßnahmen« (von Ballkleidern) zur Vorbereitung auf den 14. Januar, den Tag, an dem der »Konflikt« ausbrechen soll, treffen.

Ebenso ironisch ist der folgende Artikel über die Festnahme eines jugendlichen Lyrikers, der in Tharandt (wo eine Ballstundentänzerin wohnte) erfolgt sei, weil der »Betreffende« sich nicht im Besitz des »Kulturkammerausweises (Fachgruppe Liebeslyrik)« befand.

Auch die folgende ironisch exaltierte Rezension erscheint mir im Rückblick eher als »harmlos«, obgleich wir seinerzeit ziemlich stolz auf unseren kritischen Mut waren: »Die Schule der Empfindsamkeit – oder 1000 Wege zum deutschen Gefühl«. Aus dem Inhalt verdient insbesondere die Ausführung über »teutsche Minne« Beachtung. »Hehrer Jüngling und holde Maid« heißt das Kapitel, das aus den Quellen urdeutscher Liebe schöpft und damit den Weg in eine bessere Zukunft weist.

> Im Waffentanze erfolge die Kürung
> Hehrstolzer Jüngling – erkämpfe Dein Weib!

Dr. Rep-Tiel in den »Damlischer Neusten« bemerkte zu Recht: »Mit solch markigen Worten hat man lange nicht mehr zu uns gesprochen.«

Als am Morgen des 1. September 1939 die ersten Radiomeldungen über den schon seit einiger Zeit erwarteten Angriff auf Polen berichteten, brach meine Mutter in heftiges Schluchzen aus. Die Nachricht, daß es nur wenig deutsche Verluste gegeben habe, konnte sie nicht beruhigen. Sie trauerte genauso um die getöteten Polen.

Meine Eltern erinnerten sich deutlich daran, wie anders die »Stimmung« im August 1914 bei »Ausbruch« des Ersten Weltkrieges gewesen war. Damals wurde der Beginn der Kämpfe geradezu als »Erleichterung« empfunden, wie ein Gewitter, das endlich die schwüle Atmosphäre zu reinigen beginnt. Diesmal waren die Menschen wie erstarrt, viele hatten den zahlreichen Friedensbeteuerungen Hitlers geglaubt und erinnerten sich seiner wiederholten Versicherungen, daß »Deutschland nunmehr keine territorialen Forderungen in Europa mehr« habe. Die Bevölkerung nahm den Krieg hin, weil sie zu schweigendem Gehorsam »erzogen« worden war, aber von »Kriegsbegeisterung« wie 1914 war nichts zu spüren. Allerdings kam dann – wenig später – selbst unter Nazigegnern eine gewisse Bewunderung für die raschen Erfolge der Wehrmacht auf, eine Bewunderung, die auch unter Offizieren, die den Krieg aus realistischer Einschätzung der Lage ablehnten, Nachdenklichkeit auslöste.

Mein Vater, dessen unerschütterlicher Optimismus hinsichtlich der (allerdings nicht sogleich zu erwartenden) Niederlage der Nazis meine Mutter wie mich tief beeindruckte, mußte sich immer wieder die resignierten Äußerungen meiner Mutter anhören: »Du wirst sehen, auch das geht ihm noch durch.« Bis München hatte sie recht behalten. Jetzt endlich war die Geduld der Westmächte, die Polens Integrität garantiert hatten, erschöpft. Der Krieg war da.

Zwei Mitschüler wurden noch vor dem Abitur eingezogen. Einer – als kriegsfreiwilliger Offiziersbewerber – fiel in den ersten Kriegstagen. Der andere nahm – vermutlich als Angehöriger eines »Einsatzkommandos« – an den Erschießungen von Juden und Angehörigen der polnischen Elite teil und berichtete darüber an einen Mitschüler. Manchmal sei es schon schwer – vor allem, wenn unter den wehrlosen Zivilisten schöne junge Mädchen seien –, aber am Abend bekomme man genügend Alkohol und entspannende Filme vorgesetzt, so daß man es »aushalten« könne. So etwa lautete sein Brief an uns. Wir wollten es kaum glauben und mußten doch ernst nehmen, was dieser Mitschüler, der als überzeugter Nazi bekannt war, so offen gestand. Wie viele andere tröstete ich mich damals – und noch später – damit, daß ja »die Wehrmacht mit diesen Dingen zum Glück nichts zu tun habe«.

Im Oktober 1939 begann ich »politische Situationsberichte« zu schreiben, die offenbar zumindest teilweise auch auf ausländische Zeitungen (man konnte in der Landesbibliothek im »Japanischen

Palais« zu Dresden noch immer den »Manchester Guardian«, die »Neue Zürcher Zeitung« und andere ausländische Tageszeitungen lesen) und Rundfunksender zurückgehen. Im Oktober 1939 ist von einem »zweiten Abkommen mit dem Reich« die Rede, auf Grund dessen die Sowjetunion sich Handlungsfreiheit gegenüber den baltischen Staaten, Finnland »und vielleicht noch anderen uns unbekannten Gebieten« habe geben lassen. Italien sei um die »Lokalisierung des Konflikts« bemüht. Im November 1939 heißt es: »Eine Entscheidung im Westen werde auf dem Umweg über Neutrale versucht werden. Lediglich Mangel an Brennstoff habe bis jetzt einen Großeinsatz der Luftwaffe verhindert und eine Offensive zu Land« hinausgezögert. »Das sind im wesentlichen die über die vermutlichen deutschen Absichten umlaufenden Gerüchte. Sicher anzunehmen sei jedoch, daß eine Offensive – wenn auch keine unmittelbar bevorstehende – von uns (!) aus beginnen werde.«

Es folgen ein Überblick über die wirtschaftliche Lage und der Hinweis auf die Aufhebung des Waffenembargos durch die US-Regierung. Die Bedingungen, daß für den Transport amerikanischen Kriegsmaterials keine US-Schiffe benützt werden dürften und die Lieferungen innerhalb von 30 Tagen zu bezahlen seien, schlösse das Deutsche Reich von solchen Lieferungen praktisch aus. Es handle sich also um »eine einseitige Unterstützung der Alliierten, verbunden mit der Bestrebung, die USA aus dem Konflikt herauszuhalten«.

Der sowjetisch-finnische Krieg zeichnete sich deutlich ab. Die Westmächte schienen bereit, Finnland zu helfen.

Zur Innenpolitik notierte ich: »Disziplin und Kampfbegeisterung bemerkenswert schwach, bis auf die Truppen, die am Siegeszug durch Polen teilgenommen haben. Im Protektorat ist es zu Unruhen gekommen, die aber ohne weiteres mit Hilfe der SS unterdrückt wurden.« Das Attentat vom Raths und das Pogrom werden nur kurz erwähnt. In Dresden seien u. a. »25 Juden verhaftet worden«.

Im Dezember versuchte ich mir einen Überblick über die Erfolge des U-Boot-Krieges zu verschaffen. Trotz der relativ hohen Verluste der britischen und französischen Flotte sei der Prozentsatz der versenkten Schiffe – einschließlich der vermutlich versenkten – für Großbritannien 2,69 Prozent, für Frankreich 2,70 Prozent, während nach eigenen Angaben 4,0 Prozent deutsche Schiffe verlorengingen, nach britischen sogar 5,55 Prozent. Solche Prozentzahlen wurden natürlich in deutschen Zeitungen nicht veröffentlicht.

Das außenpolitische Hauptereignis war der sowjetisch-finnische Krieg, wobei sich auf finnischer Seite eine erheblich größere Widerstandskraft offenbarte, als anzunehmen war. Die Stimmung der russischen Truppen sei nach neutralen und finnischen Berichten schlecht. Englische Zeitungen behaupteten, in Garnisonen der Roten Armee seien Unruhen ausgebrochen. Schweden habe einen Oberstkommandierenden ernannt – eine Maßnahme, die nur bei »drohender Kriegsgefahr« getroffen werde. »In den deutschen Kriegsarbeitsbedingungen sind einige Erleichterungen geschaffen worden, die vielleicht unter dem Druck eines stillen Streiks erfolgt sind.«

Über die »Politische Lage Mitte Februar 1940« vermerkte ich: »Zu Lande Belagerungszustand im Westen, zur See Kaperkrieg, zu dem nur globale Versenkungsziffern angegeben werden.« Eine Berechnung der Prozentsätze wie im Dezemberbericht erschien mir daher nicht möglich. Intensiver beschäftigten mich angebliche Fronterweiterungspläne. »Vermutungen: Die Möglichkeit bestünde, daß Deutschland unter Umgehung der französischen und belgischen Grenzbefestigungen über die Niederlande nach Belgien und Frankreich einzubrechen sucht, um so einen entscheidenden Sieg über Frankreich zu erzwingen.« So ganz falsch lag ich damit nicht.

Ferner: »Gerüchte über Pläne der Alliierten, Deutschland über Finnland anzugreifen oder auch über die Türkei die Ölfelder der Sowjetunion zu erreichen und dadurch (!) das Deutsche Reich von sowjetischen Öllieferungen abzuschneiden und zugleich die sowjetische Wirtschaft (vor allem auch die von Traktoren abhängige Landwirtschaft) zu schwächen.« Zum Finnlandkrieg wird vermerkt, »daß Schweden und Dänemark Finnland durch Freiwillige und Arbeiter unterstützen, die Finnland die Einziehung von weiteren Soldaten ermöglichen. England, Frankreich und Italien (??) senden Kriegsmaterial. Italienische Lieferungen, die über Saßnitz–Trelleborg nach Schweden gehen sollten, wurden zurückgeschickt und dann über Frankreich nach Schweden gebracht.«

Die Auslandspresse berichtete auch über Friedensbemühungen Roosevelts und Pius XII.: »Sondierungsreisen des US-Sonderbotschafters Sumner Wells nach Berlin, Paris, London und Rom.«

In meinen Aufzeichnungen finde ich wiederholt Überlegungen zur Berufswahl. »Ideales Ziel« scheint mir – nach dem Vorbild Ernst Woermanns – die diplomatische Laufbahn gewesen zu sein. An zweiter Stelle: Berufsoffizier. Wenn ich meine Entwicklung bis etwa 1937/38 rekapituliere, so überrascht mich das im nachhinein. Zuvor hatte ich eher an eine literarische oder wissenschaftliche Tätigkeit gedacht, jedenfalls nicht an eine politische oder militärische. Gelegentlich war aber auch von einem Medizinstudium die Rede.

Interessant ist, daß am 25. Januar 1940 die Schwester von Ernst Woermann (die zum Entsetzen ihres Bruders an »Hitler glaubte«) mich darauf aufmerksam machte, »daß ein Diplomat stets nur ausführendes Organ und daher dem Willen der jeweiligen Regierung völlig unterworfen sei«. Die von mir bewunderte Freundin meiner Mutter, Frau Dr. jur. Agnes Martens-Edelmann, riet vom Studium der Rechtswissenschaften ab, wenn ich nicht Diplomat werden wolle.

Einige Wochen später gab dann Ernst Woermann den Ausschlag. Er meinte, da ich ein rechtswissenschaftliches Studium im Krieg doch nicht würde abschließen können, wäre es besser, mich um die Zulassung als aktiver Offiziersbewerber zu bemühen, um später eventuell über die Funktionen eines Militärattachés in den Auswärtigen Dienst »überzugehen«.

Am 3. Februar folgt ein Bericht über das schriftliche Abitur: »Im deutschen Aufsatz ›Deutschland muß leben – und wenn wir sterben müssen‹. Und das für Schüler, die bereits den ersten Klassenkameraden verloren haben. Meine Mutter tobt. (...) Will Grohmann rät zur Konsularlaufbahn. (...) Vater wird vielleicht eingezogen.«

Zu den Bemühungen um ein möglichst realistisches und rationales Bild der sozialen und politischen Umwelt gehört auch ein kleiner englischer Vortrag, den ich am 18. Dezember 1939 in der Schule gehalten habe. Einleitend erklärte ich, warum das Thema lediglich »The British Foreign Office« laute und nicht – wie ursprünglich vorgesehen – »The Government of the United Kingdom«, ein Thema, das für einen halbstündigen Vortrag einfach zu umfassend sei. Offenbar auf der Grundlage eines britischen Buches begann ich meine Darstellung mit einem Rückblick auf die Entwicklung des Regierungssystems und die Herausbildung von Ministerien sowie die zunehmend unabhängige Position der »permanent undersecretaries« (seit 1906), die auch bei einem Wechsel der regierenden

Partei im Amt blieben und damit »a valuable element of permanency in a democratically governed state« seien. Es folgte eine Übersicht über die Abteilungen des »F. O.«, die mit dem Hinweis auf das jetzt – während des Krieges – wieder gegründete »Ministry of Blockade« endet. Kein Wort der Herabsetzung oder Kritik an dem Außenministerium eines Landes, mit dem sich das Deutsche Reich damals im Krieg befand! Es wurde von unserem Englischlehrer wohl auch nicht erwartet. Die »division of work« erfolge im wesentlichen nach geographischen Gesichtspunkten, doch verhindere »common sense«, daß dieses Einteilungsprinzip »absolut« gelte. So gibt es z. B. ein »Communication Department«, ein »Consular Department« und ein »Central Department«. Wenn ich heute als Lehrer einen solchen Vortrag zu beurteilen hätte, würde ich auf das Fehlen jedes Hinweises auf die Beziehungen zwischen Parlament und Außenministerium sowie auf die Problematik der Unabhängigkeit der »permanent undersecretaries« aufmerksam machen und hier einen Schwerpunkt der Darstellung gesetzt haben wollen.

Völlig unpolitisch war ein anderer englischer Vortrag über das Leben von Mark Twain, dessen Bücher über Tom Sawyer und Huckleberry Finn wir damals alle gelesen hatten. Mit einem gewissen Amüsement dürfte unser Lehrer gehört haben, Mark Twain sei »one of the foremost American philosophers of his days«, während die Behauptung, er sei »the world's most famous humorist of any day«, wohl eher Zustimmung gefunden haben dürfte.

Ich erwähne nur diese beiden Vorträge, um zu zeigen, daß selbst 1939/40 noch durchaus sachlich und positiv über einen Aspekt des britischen Regierungssystems gesprochen werden konnte. Darauf, daß in der Landesbibliothek auch ausländische Tageszeitungen öffentlich zugänglich waren, habe ich ja schon hingewiesen.

Dort, in der Landesbibliothek, fand ich auch das erste französische politische Buch, das einen großen Eindruck auf mich machte: Elie Halévys »L'Ere des Tyrannies« (1936). Thema dieses kleinen, aus Halévys Nachlaß von Raymond Aron und Etienne Mantoux herausgegebenen Bandes war in erster Linie das Sowjetsystem. Die Beschreibung paßte aber auch sehr gut auf das nationalsozialistische Deutschland. Natürlich erinnere ich mich nicht mehr genau an die Details der Argumentation dieses bedeutenden Liberalen, den ein Biograph Arons das »Verbindungsglied zwischen Alexis de Tocqueville und Aron« genannt hat. Völlig überzeugte mich aber die Unterscheidung zwischen Diktatur und Tyrannis, auf der Halévy bestand. Eine Diktatur ist (oder war im alten Rom) verfassungsmäßig auf eine begrenzte Zeit beschränkt, während die Tyrannis unumschränkt und total ist. Stalins Herrschaft in der Sowjetunion wie die Naziherrschaft in Deutschland waren offenbar »Tyranneien«. Merkwürdigerweise hat mich auch diese frühe Erkenntnis nicht davon abgehalten, mich freiwillig als Offiziersbewerber zu melden.

Ein im Mai 1940 französisch (fehlerhaft genug) verfaßter Lebenslauf stellt apodiktisch fest: »Plus jeune je voulais devenir un grand poète parce q'il m'etait pas difficile de produire des poèmes assez médiocres comme je les dois juger aujourd'hui – ... maintenant je veux faire le fonctionnaire du Service étranger supérieur ou l'officier – c'est à dire ou bien la carrière diplomatique ou militaire. D'abord je veux me présenter pour l'octobre prochain comme aspirant au grade d'officier.«

Es entbehrt nicht einer gewissen Komik, daß diese Äußerung in der Sprache eines der Länder verfaßt ist, mit denen Deutschland sich damals bereits offiziell im Krieg befand. Im selben Leitzordner, aus dem ich diese Stellen meines Lebenslaufs zitiert habe, finden sich auch Abschriften von französischen Gedichten, die ich damals besonders liebte: Bérangers »Adieux de Marie Stuart«, Victor Hugos »Quant nous habitions tous ensemble« und Chateaubriands »Le Montagnard Emigré«. Das Gedicht Victor Hugos habe ich oft vor mich hingesagt, am liebsten hatte ich die zweite Strophe:

> Elle avait dix ans et moi trente,
> J'étais pour elle l'univers.
> Oh, comme l'herbe est odorante
> Sous les arbres profonds et verts ...

Dolmetscherschule Jorns

Die Entscheidung dürfte im März 1940, an meinem 18. Geburtstag, gefallen sein: »Ich werde aktiver Offizier. Das hat den großen Vorteil, daß ich die Truppengattung selbst wählen kann.«

Mein Vater nützte, indem er mich darin bestärkte, geschickt meine Liebe zu Pferden aus. Ich meldete mich zur bespannten, leichten Feldartillerie. Der Zulassung ging eine Eignungsprüfung voraus, die sowohl die körperliche Fitneß (unter anderem durch möglichst viele Klimmzüge) als auch die intellektuelle und moralische Kapazität »maß«. Dabei stellte sich heraus, daß ich durchaus technisch begabt war, was ich bis dahin nicht ahnte. In kürzester Zeit konnte ich aus verschiedenen Teilen ein Zählwerk zusammensetzen. Da ich jedoch keinesfalls zu einer motorisierten Truppe oder zu den Pionieren wollte, stellte ich mich in dem anschließenden Gespräch mit dem Heerespsychologen unwissend. Auf die Frage »Was machen Sie, wenn Ihr Motorrad nicht anspringen will?« antwortete ich: »Dann schiebe ich's zur nächsten Tankstelle oder Reparaturwerkstatt.« Das genügte, um mich eher für die bespannte Feldartillerie tauglich erscheinen zu lassen.

Kurz vor dem 20. April wurde ich auf die Kreisleitung der NSDAP bestellt, wo mir die Aufnahme in die »Partei« nahegelegt wurde. Da ich inzwischen bereits als Offiziersbewerber angenommen worden war, fiel es mir leicht, dieses »Angebot« abzulehnen. Die noch immer gültige Bestimmung der Weimarer Verfassung schloß für Angehörige des Militärs jede Parteizugehörigkeit aus. Erst nach dem Attentat auf Hitler am 20. Juli 1944 wurde diese Bestimmung aufgehoben.

Da die Einziehung zur Artillerie-Ersatz-Abteilung 24 in Altenburg erst im Oktober erfolgen sollte, nützte ich die Zeit bis dahin, um auf einer privaten Dolmetscherschule meine Französischkenntnisse zu verbessern, Russisch zu lernen und obendrein Schreibmaschinen- und Stenographiekurse zu belegen, die »dazugehörten«. Wir »Jungen« waren eine kleine Minderheit unter meist sehr schönen Mädchen. Außer dem Russischlehrer waren alle Lehrkräfte weiblich. Besonders amüsant war die Stenographie- und Maschinenschreiblehrerin. Wir lernten »Schnellschrift« – eine Weiterführung der »Einheitskurzschrift« mit vielen zusätzlichen Kürzeln für die damals gebräuchlichsten Wörter. Ich erinnere mich noch gut an das lange Wort »Reichspropagandaministerium«, das in Kurzschrift »Opa-Mum« hieß, wie die ältere Dame uns verschmitzt lächelnd einprägte.

Zumeist saß eine Prinzessin Reuß mir gegenüber, für die ich – heimlich – schwärmte. Ich habe mindestens ein Gedicht für sie und auf sie gemacht, aber nie versucht, sie anzusprechen – nicht nur, weil sie von einer Art »Hofdame« zur Schule gebracht und abgeholt wurde, sondern auch, weil ich einfach viel zu schüchtern war.

Am meisten begeisterte ich mich für Russisch. Um den Unterricht bei »Jorns« zu ergänzen, nahm ich Privatstunden bei Frau Dr. Agnes Martens-Edelmann, die bis 1933 zusammen mit meiner Mutter ehrenamtlich eine Rechtsberatungsstelle für Frauen organisiert hatte und Quäkerin war. Sie las mit mir einfache Kurzerzählungen von Tolstoi und kleine Gedichte, die ich auswendig lernte. Außerdem vermittelte sie mir einen gleichaltrigen Konversationspartner: Wladimir von Skalon, dessen Vater der letzte russische »Gouverneur« von Warschau gewesen war. In der relativ kurzen Zeit des »deutsch-sowjetischen« Bündnisses (1939-1941) gab der Langenscheidt-Verlag mehrere kleine Bücher mit russischen Geschichten heraus, die, mit Aussprachehilfen und einem Wörterverzeichnis versehen, eine willkommene Hilfe waren. Zum Abschluß meiner Privatstundenzeit bei Frau Edelmann schenkte sie mir eine antiquarische russische Grammatik, die ich treu aufbewahrt habe. Am Ende einer kaum halbjährigen Schulzeit konnte ich mich einigermaßen russisch verständigen, was mir später – im Rußlandfeldzug – gut zustatten kam.

Daß ich in der Jorns-Schule auch Schreibmaschinenschreiben (zehn Finger blind) lernte, sollte mir beim Militär gelegentliche Abkommandierungen »auf die Schreibstube« verschaffen, während meine Kameraden noch auf dem nassen und kalten Kasernenhof exerzieren mußten. Das Einüben des Maschinenschreibens erfolgte übrigens mit Musik. Beim Abschluß war ich einer der Schnellsten, wenn auch nicht der »Fehlerfreiste«.

Im Frühsommer 1940 fasse ich in einem Bericht »Die politische und militärische Entwicklung« seit März zusammen.

Die Besetzung Dänemarks, »das keinen Widerstand leistete«, und Norwegens, »wo örtlicher Widerstand durch norwegische Truppen geleistet« wurde, sei zum Zwecke der Sicherung »der Erzzufuhr aus Schweden« und eines »näher gelegenen Abflugplatzes gegen England erfolgt«. »Eine englische Division wurde in Mittelnorwegen (Trondheim) geschlagen und zog sich auf ihre Transportschifffe zurück. Der norwegische Oberbefehlshaber war bei ihr. (...) Am 10. Mai begann das Vorgehen gegen Belgien und die Niederlande, wobei die Wehrmacht erstmals auf scharfen und erbitterten Widerstand stieß. England hat Island militärisch besetzt, um wenigstens dort Deutschland zuvorzukommen. (...) Roosevelt hat erklärt, daß ihn der Protest der niederländischen Königin aufs tiefste beeindruckt habe. Die Flotte der USA, die bei Hawaii stationiert ist, kann als Sicherung der niederländischen Besitzungen im Stillen Ozean gegenüber Japan angesehen werden.«

Der Bericht endete mit einer Reihe von offenen Fragen: »Ob der Krieg auf den Balkan übergreift? Ob Italien sich am Krieg beteiligt? Ob die USA neutral beiben? Was Rußland zu tun gedenkt?« Der letzte Satz stellt eine erstaunlich zutreffende Diagnose: »Ein schneller Sieg ist Deutschlands Hoffnung. Ein langer Krieg sein allmähliches Verderben.« Dennoch zögerte ich nicht, Soldat zu werden und mich an diesem äußerst riskanten »Unternehmen« zu beteiligen.

Merkwürdig berührt mich heute, daß zwischen diesen Blättern mit nüchternen Berichten sowie Verzeichnissen der Angehörigen des diplomatischen Corps Gedichte stehen, die eine ganz andere Person zum Autor zu haben scheinen. Vielleicht ist es auch nur das Stück Weichheit und Sentimentalität, das auch der »Nüchternste« braucht, oder ein Rest von jener Sensibilität, die ich während der Jahre seit 1938/39 zu unterdrücken suchte.

Wenig später lautet eine Notiz im Tagebuch: »Seit drei Tagen stürze ich mich nun wieder in die Arbeit und erdrücke mit Freuden (!) alles, was Besonderes und Seltsames in mir aufkommt. Leben will ich – und schnell und stark leben mit allen Fasern meines Körpers und meines Geistes, dann kann ich auch wieder einmal aufatmen und nachdenken. Aufatmen ist so schön. Das mechanische Lernen liebe ich nicht, aber den Rausch der Arbeit, jene glänzende, alte Erfindung unserer Schwäche, unserer Mittel, Fragen zu vergessen, diesen Rausch liebe ich. Ein nüchterner Rausch ist das, so mag es manchem scheinen, aber er läßt uns – wie alle Räusche – alles um uns vergessen.«

Als eine Art Selbstdiagnose heißt es am 30. April: »Sehr stark bin ich ein Wollender geworden. Wer will, fühlt nur seinen Willen – aber doch kommen dann wieder Zeiten, wo ich schwach mich Gefühlen preisgebe, die da kommen – von irgendwoher.«

Solche Widersprüche zwischen nüchterner Analyse, der Betonung des Willens und der Selbstdisziplin auf der einen Seite und dem Eingestehen von Schwäche und Empfindsamkeit auf der anderen, helfen mir, den Menschen zu verstehen, der ich einmal war und der mir heute oft so fremd und unbegreiflich erscheint.

Berufsziel: Offizier

Bei der Artillerie-Ersatz-Abteilung 24 in Altenburg

Am 25. Oktober 1940 wurde ich als »OB« – als Offiziersbewerber – zur Artillerie-Ersatz-Abteilung 24 nach Altenburg in Thüringen eingezogen. Die Kasernen und Stallgebäude auf einer Anhöhe nördlich der Stadt wurden für ein halbes Jahr meine »Heimat«. Als »Fahnenjunker« wurden wir 16 Offiziersbewerber zunächst auf die Batterien aufgeteilt und mit den anderen Rekruten von älteren Unteroffizieren und Wachtmeistern ausgebildet und gequält.

Daß wir uns freiwillig, vor der »normalen« Zeit der Einberufung, gemeldet hatten, hielten unsere älteren Kameraden für schiere Dummheit. Noch schockierender war die »Behandlung«, die uns die Ausbilder zuteil werden ließen. Als Offiziersbewerber hatten wir noch mehr unter den Schikanen zu leiden, die für die traditionelle Ausbildung im »Fußdienst« im deutschen Heer typisch waren. Ich hielt die oft harten und beleidigenden Äußerungen der Unteroffiziere vermutlich dadurch besser aus, daß ich mir deren vulgäre »Sprache« als ein spezifisches Idiom bewußt machte.

Die meisten Äußerungen waren gewalttätig und obszön, eine Sprache, die für mich völlig neu war. Wer zum Beispiel bei den obligatorischen Liegestützen schlappmachte, von dem hieß es: »...wohl am Wochenende zentnerschwere Weiber gestemmt?« Und wer sich sonst irgendwie ungeschickt anstellte, mußte auf das Dach eines Geräteschuppens steigen und von dort mit lauter Stimme verkünden: »Ich bin das größte Rindvieh des Jahrhunderts« oder ähnliche herabsetzende Formulierungen für sich gebrauchen. Mir selbst fiel besonders schwer, den Karabiner vorschriftsmäßig zu handhaben. Oft kam ich etwas zu spät, wenn unsere Gruppe »Gewehr über« oder

»Präsentiert das Gewehr« auszuführen hatte. Gewöhnlich mußten dann alle nachexerzieren, um auf diese Weise den »solidarischen Druck« der Kameraden auf das »schwarze Schaf« zu erhöhen. Wenn ich mich richtig erinnere, verhielten sich die meisten Kameraden aber freundschaftlicher, als den Unteroffizieren erwünscht war.

Die Tatsache, daß wir eine berittene und bespannte Truppe waren, hatte den erheblichen Nachteil eines um eine Stunde früheren Wekkens. Auch wer gerade keinen Stalldienst hatte, mußte so früh – um 5.30 Uhr – auf den Beinen sein, während die Infanteristen in der alten Kaserne auf der anderen Straßenseite noch schlafen durften. Dennoch waren der Pferdestall und die Reitbahn für mich ein Ort der Erholung. Durch meine frühere Ausbildung nicht nur im Reiten, sondern auch im Fahren sowie in »Hufbeschlagslehre und Pferdekrankheitskunde« brauchte ich nichts Neues zu lernen, und als guter Reiter bekam ich gewöhnlich beim Reitunterricht die »Tête«.

Den anstrengenden Fußdienst überstand ich auf Grund meiner durch regelmäßige Morgenläufe erzielten guten Kondition mühelos. Der eine oder andere Offiziersbewerber machte aber nach zwei Stunden Exerzieren schlapp und mußte aufs Krankenrevier gebracht werden.

Unter den 16 Fahnenjunkern waren vier »von Adel«. Die besondere Aufmerksamkeit der Ausbilder zog »Baron Kunz von Brunn, genannt von Kauffungen« auf sich. Der im Adel ja nicht ungewöhnliche Doppelname veranlaßte einen Wachtmeister zu der Frage: »Können Sie sich nicht entscheiden, wie Sie heißen? Brunn oder Kauffungen?« Da er hierauf nur noch einmal den vollständigen Namen als Antwort erhielt, drohte der Wachtmeister damit, den armen Offiziersbewerber zweimal zum Stalldienst einzuteilen – einmal als von Brunn und einmal als von Kauffungen. Ich weiß nicht mehr, wie dieser Streit ausgegangen ist, hatte aber den Eindruck, daß unser Kamerad der aggressiven Bosheit dieses Wachtmeisters nicht gewachsen war. Er murmelte nur leise: »Das ist albern.«

Nach drei Wochen erhielten wir zum erstenmal »Ausgang« und kurz darauf »Urlaub«. Mein Kontakt mit dem Elternhaus war nach wie vor sehr eng. Meine Eltern haben mich sogar zwei- oder dreimal in Altenburg besucht und brachten mit, worum ich sie in meinen Briefen gebeten hatte: Kleidungsstücke oder Lebensmittel wie Kuchen, Traubenzucker, Schokolade (soweit vorhanden) und Obst.

Von Mitte Dezember an wurden wir Fahnenjunker täglich drei Stunden lang von einem jungen Leutnant »betreut«, der unser »Fähnrichsvater« war. Auch wenn Leutnant Fischer keineswegs »lasch« mit uns umging, fühlten wir uns von ihm doch weniger benachteiligt und unterdrückt als von den Unteroffizieren. Später ist mir bewußt geworden, woher die stille Wut der Wachtmeister und Unteroffiziere kam, die uns so genüßlich schikanierten. Sie wußten nämlich, daß die meisten von uns in wenig mehr als einem Jahr als ihre Vorgesetzten zur Ersatztruppe zurückkehren würden, obgleich wir doch so viel jünger waren als sie. Nur der Hauptwachtmeister (der »Spieß« in der Soldatensprache) kam uns etwas freundlicher entgegen. Er hat uns denn auch, als wir im März 1942 als Leutnants von der Waffenschule zurückkamen, herzlich begrüßt – stolz darauf, an unserer Ausbildung mitgewirkt zu haben.

Der theoretische Dienst – die Ausbildung im Kartenlesen, der Umgang mit der »l.F.H. 18« (der leichten Feldhaubitze 18) – kam im Grunde dem Erlernen einer neuen Sprache gleich. Witzig fand ich die Bezeichnung für den Verschluß dieses Geschützes: »Schub-Hebel-Flachkeil-Verschluß«, sowie die Definition der »Seelenachse«, die nichts mit dem menschlichen Gemüt zu tun hat, sondern »eine gedachte Linie durch die Mitte des Geschützrohres« ist. Die Reglementierung der militärischen Sprache machte aber nicht bei der waffentechnischen Seite halt, sondern bezog sich ebenso auf das Exerzieren und die »möglichst vollständige *regelkonforme* Beherrschung des Körpers«. Sogar hierzu mußten Definitionen gelernt werden; zum Beispiel: »In der Grundstellung steht der Mann still, der Blick geht frei geradeaus, die Arme hängen *zwanglos*(!) herab, Hände am Oberschenkel, Mittelfinger längs der Hosennaht, die Füße bilden nicht ganz einen rechten Winkel« usw.

Bei der Durchsicht meiner Briefe an die Eltern und meines »Jahresrückblicks« fällt mir auf, wie wenig ich die militärischen Ereignisse des Herbstes 1940 und der ersten Hälfte 1941 zur Kenntnis nahm. Wir empfanden offenbar die Zeit als ruhig und fürchteten törichter Weise nur, nicht mehr »richtig zum Einsatz zu kommen«. Der eine oder andere spielte sogar mit dem Gedanken, sich zu den Fallschirmjägern oder sonst einer riskanteren Truppe zu melden. Für mich war die Liebe zu den Pferden ausschlaggebend, so daß ich der Artillerie treu blieb.

Ich weiß nicht mehr genau, ob es schon in diesem ersten Jahr meines Militärdienstes oder später war, als mein Vater mir sagte: »Du hast dir also das Töten zum Berufsziel gemacht, während meine Aufgabe als Arzt darin besteht, Leben zu erhalten!« Wenn ich mich recht erinnere, habe ich darauf lachend geantwortet: »Das ist ein typisch zivilistisches Mißverständnis.« Viel Gescheiteres hätte ich vermutlich auch nicht vorbringen können. Mein Vater war weise genug, um diesen jugendlichen Unsinn mit einem ironischen Lächeln zu quittieren. Später, nach Beginn des Rußlandfeldzuges, hielt ich mich dann an die Zielsetzung »Kampf dem Bolschewismus«, wodurch ich meine Liebe zum russischen Volk wie zu seiner Literatur mit dem Krieg glaubte vereinbaren zu können.

Das halbe Jahr in Altenburg haben meine Kameraden und ich überwiegend als eine Zeit anstrengenden Dienstes und fröhlichen Feierns empfunden. Die kleine Residenz- und Garnisonsstadt war sehr »soldatenfreundlich«, und da keine besonders verlustreichen Kämpfe in diese Zeit fielen, wurden mehrfach kleine Bälle – richtiger wohl Tanzereien – veranstaltet. Dabei spielte für uns eine wichtige Rolle, daß in Altenburg das »freiadlige Magdalenenstift« im Wittumspalais des Schlosses untergebracht war und wir unter den »Stiftskindern« anmutige und »standesgemäße« junge Tänzerinnen fanden. Einmal wurden wir von einer Klasse des Gymnasiums eingeladen, der auch »Stiftskinder« angehörten. Da die Ausbildung im Internat von den Nazis – im Sinne der Herstellung der »Volksgemeinschaft« – aufgehoben worden war, mußten die Stiftskinder in die öffentliche Schule gehen, wurden allerdings von Lehrerinnen des Stifts hingebracht und dort wieder abgeholt. Ich erinnere mich auch daran, einmal einen Trupp »Stiftskinder« gesehen zu haben, der von zwei »Teachern« – eine vor, eine hinter dem Trupp – »spazierengeführt« wurde. Erst der BDM-Dienst und die Tatsache, daß ein oder zwei Stiftskinder BDM-Führerinnen waren, trugen zu einer begrenzten Öffnung der sonst fest verschlossenen Tore des Stifts bei.

Leider zerschlug sich der Plan, mit den Schülerinnen der beiden höheren Klassen gemeinsam eine Art Tanzunterricht für Fahnenjunker zu veranstalten. Schuld daran war unser »Fähnrichsvater«, der bei einem ersten Probetänzchen den schrecklichen Fauxpas beging, die »Pröpstin« Niekisch von Roseneck durch den Fahnenjunker von Lemke zum Tanz auffordern zu lassen. Die autoritäre Pröpstin klaschte daraufhin in die Hände, die Stiftskinder standen auf und verließen den Saal. Natürlich waren weder wir noch die jungen Damen mit dieser »Wendung des Schicksals« zufrieden.

Irgendwann machte ich bei einer Einladung in einem der wohlhabenderen Bürgerhäuser der Stadt die Bekanntschaft mit Heilwig v. Raven, die mir besonders gut gefiel. In der Folge konnte ich sie – durch Vermittlung einer Gutsbesitzerin, die in der Nähe wohnte – noch öfter sehen und sie auch einmal zu ihrem Onkel Börries von Münchhausen nach Windischleuba begleiten. Zunächst schrieb ich ihr aber einen dankbaren Brief ins Stift, den die Pröpstin – als Zensorin – prompt zu lesen bekam, was eine Standpauke für Heilwig zur Folge hatte. Sie gab mir dann eine »Ziviladresse« in der Stadt, so daß die »unerlaubte Korrespondenz« heimlich weitergeführt werden konnte.

Das Gut des Freiherrn von Poellnitz in Oberlödla war – mit und ohne Heilwig – an vielen Sonntagen mein Besuchsziel. Gelegentlich wurde ich auch mit einem Zweispänner abgeholt, den ich dann – als gelernter Fahrer vom Bock (nach »Achenbach«) – selbst kutschieren durfte. Als ich einmal mit diesem »Zivilfahrzeug« innerhalb des Kasernenbereichs galoppierte, wurde ich von unserem Batterieoffizier (oder war es der Fähnrichsvater?) erkannt und zur Rede gestellt. Da es sich aber um ein »Zivilfahrzeug mit Zivilpferden« handelte, konnte er mir nichts anhaben, und obendrein erntete ich Bewunderung für mein »forsches Fahren«.

Anfang 1941 fand das lang geplante »Kasinofest« statt, zu dem wir leider die »Stiftskinder« nicht einladen konnten. In Ermangelung einer vorzeigbaren ortsansässigen Freundin bat ich meine Mutter, mir eine »Tanzpartnerin« aus Dresden zu besorgen. Eine Schulfreundin von Jorns' Dolmetscherschule war mit den Vorbereitungen ihrer Reise – ich glaube nach Belgrad – beschäftigt und hatte keine Zeit. So brachte meine Mutter Käthe Sch.-W. mit, eine Nachbarin, die von einem Gut in Braunschweigischen stammte und sich sehr wacker mit diesem »blinden Rendezvous« abfand.

Bei der Vorbereitung des Festes durfte ich mich wieder einmal als »Dichter« betätigen, wobei mir unser Fähnrichsvater half. Jeder Fahnenjunker, aber auch der Fähnrichsvater sollte mit einem Vers bedacht werden, der charakteristische Züge des »Helden« herausarbeitete. Tagelang schrieb ich Paarreime folgender Güte:

> Doch hinterher sitz dann beim Glase
> Maßlos vergnügt die ganze Blase,
> Und bei Trinken, Knobeln, Essen
> Wird alle Mühsal rasch vergessen.

Zumindest für mich hat sich die Mühe gelohnt, denn meine dichterischen Ergüsse wurden nachdrücklich und ausgiebig beklatscht.

Zum Kasinofest durften wir – soweit wir vom Bock fahren konnten – eingeladene »Honoratioren« und sonstige Gäste mit Kutschen abholen. Bei dieser Gelegenheit wurde ich – wie ich in meinem Tagebuch zufrieden anmerkte – »von zwei Schupos versehentlich ehrfurchtsvoll gegrüßt«. Es gab Sekt und Likör, und ich wagte sogar, die Frau des Generalleutnants von Studnitz zum Tanz aufzufordern, um deren hübsche Tochter ich mich – vergebens – bemühte. Am nächsten Tage zeigte ich Käthe Sch.-W. voll Stolz »meine« Pferde, auch die von mir gerittene Trakehnerstute Olive.

Die Hoffnung, nach dem Kasinofest, auf dem wir ja unter lauter Vorgesetzten beinahe »gleichberechtigt« gewesen waren, würde der Dienst weniger hart werden, sollte sich als Irrtum erweisen. Wenn wir aber klagten, wurde uns erzählt, daß früher die Fahnenjunker unvergleichlich schärfer »herangenommen« worden seien. Es wurden Einzelheiten berichtet, bei denen einen das kalte Grauen ankam. Unser Fähnrichsvater wie sein Nachfolger, so hieß es, seien einst von Lt. Essecke »erzogen« worden. Aber offenbar, so ließ man uns wissen, sei inzwischen die »Verweichlichung« weit fortgeschritten. Nach zwei, drei Stunden mit Dauerlauf, Paradeschritt, Gewehrgriffen, Hinlegen, Liegestützen, Gasraum mit Gasmaske betreten usw. war der Fußdienst meist »schon« beendet. Mitten im Winter waren wir aber dabei reichlich durchgeschwitzt und dringend »waschbedürftig«. Oft hieß es dann: »In zehn Minuten im Ausgehanzug und mit sauberen Fingernägeln vor dem Offizierskasino antreten!«

Bei einem unserer letzten anstrengenden Fußdienste durften vier Kameraden vorher wegtreten, und dann begann ein geradezu höllisch strapaziöses Laufen, Klettern, Springen, Robben, so daß uns nicht nur Hören und Sehen, sondern auch so ziemlich alles Fühlen verlorenging. In Strömen rann der Schweiß aus allen Poren. Die weißen Drillichhosen, die wir eigens hatten anziehen müssen, waren dort, wo sie nicht das mehr oder minder zerschundene Fleisch durchsehen ließen, schwärzlich braun gefärbt ...

Wie wir allmählich zu ahnen begannen, war das der »Auftakt« zu unserer ersten »Beförderung«. Wir erhielten den Gefreitenwinkel, den wir unverzüglich annähen und in der Stadt spazierenführen durften. In meinem Jahresbericht notierte ich: »Überall trafen wir alte Bekannte und Freundinnen und bemühten uns, ihnen die Bedeutung unseres neuen Rangs klarzumachen. Ich glaube, sie haben die große Ehre, Gefreiter zu sein, nicht so recht zu würdigen vermocht.« Trotz dieses leicht ironischen Untertons hat mir dieser erste »militärische Erfolg« damals offenbar wirklich Freude bereitet.

Durch die Beförderung ermutigt und angeregt durch ein Stiftskind, beschlossen wir, der Pröpstin einen Streich zu spielen. Die kleine von Lüttichau hatte uns darüber informiert, was passiert, wenn einer der Väter (oder eine Mutter) eines Stiftskindes anruft: Zuerst geht eine diensthabende Lehrerin ans Telefon, dann holt sie, wenn der Anrufer genügend glaubwürdig und angesehen ist, die Pröpstin. Unser Stiftskind kehrte ins Stift zurück (das sie als BDM-Führerin auch abends verlassen durfte) und teilte ihren Kameradinnen mit, daß Punkt Mitternacht ein Anruf erfolgen würde, der die ehrwürdige und strenge Pröpstin aus dem Bett holen sollte. Alle Stiftskinder würden sich über diesen kleinen Streich, den wir der gefürchteten »Knatsch« – so der Spitzname der Herrscherin über die Stiftskinder – spielen wollten, freuen. Ich wurde meiner Wortgewandtheit wegen dazu ausersehen, von einer Telefonzelle aus das Gespräch zu führen. Ich meldete mich bei der wachhabenden Lehrerin als Graf von Posadowsky-Wehner, der mir vom Geschichtsunterricht her als preußischer Staatssekretär des Inneren in Erinnerung war, und verlangte die Frau Pröpstin Niekisch von Roseneck zu sprechen. Nach geraumer Zeit meldete sich »Knatsch« wirklich. Jetzt war ich freilich – umgeben von den lachenden Gesichtern meiner Kameraden – mit meiner Beherrschung am Ende, so daß es mir schwerfiel, den nötigen Ernst für das Gespräch mit der Dame aufzubringen. Kaum hatte ich erklärt, ich legte Wert darauf, das Stift einmal zu besichtigen, um festzustellen, ob es für eine Nichte von mir der geeignete Aufenthaltsort sei, als mich die energische Knatsch fragte: »Wie alt sind Sie eigentlich?« Ich konnte nur noch antworten: »Aber erlauben Sie, ich bin eine ergraute Exzellenz!« Damit war aber unser Gespräch auch schon beendet.

Am nächsten Morgen vertraute ich alles haarklein unserem verständnisvollen Fähnrichsvater an – eine Vorsichtsmaßnahme, die sich als »nützlich« erweisen sollte. Leutnant Fischer wurde nämlich wenig später zum General bestellt. Als er vom Rapport zurückkam, erzählte er uns: Die Leiterin einer hiesigen Mädchenerziehungsanstalt habe, wie der General erfahren hatte, beim Regimentskommandeur anfragen lassen, ob sich unter den Fahnenjunkern ein Graf Posadowsky befinde. Unser Leutnant habe, wie er sagte, das ruhigen Gewissens verneinen können. Weiter habe sich die Dame ausbedungen, man möge doch künftig nächtliche Ruhestörungen unterlassen. Dieser »offizielle Anruf« trug aber nur noch zur Steigerung unserer Zufriedenheit mit dem gelungenen Streich bei. Unser Fähnrichsvater hat mir, dem falschen Grafen Posadowsky, diese Angelegenheit keineswegs nachgetragen; sie entsprach vermutlich ziemlich genau seiner Vorstellung von der altersgemäßen Frechheit eines Fahnenjunkers.

Von Dezember 1941 an waren wir Fahnenjunker als »Stubenälteste« oder »Stubenältesten-Stellvertreter« gleichsam »Vorgesetze« der übrigen Rekruten, die samt und sonders älter waren als wir. »Ältester«, das hieß: verantwortlich für Sauberkeit und Ordnung in der Stube, für pünktliches Erscheinen zum Dienst, für gerechte Aufteilung der Frühstücksrationen usw. Für die Verteilung »erfand« ich ein »Verfahren«, das eine möglichst gleichmäßige Berücksichtigung aller acht oder zehn Stubenangehörigen sicherstellen sollte: Ich ließ reihum einen anderen die Aufteilung der Magarine und des Kunsthonigs vornehmen und ordnete an, daß der jeweils Teilende sich sein Stück als letzter nehmen durfte. Damit, so meine Annahme, war er an Gerechtigkeit maximal interessiert, denn er würde ja sonst voraussichtlich das kleinste Stück bekommen.

Auf dem Weg nach Osten

Anfang Mai 1941 wurden wir, zwölf »Fahnenjunker-Gefreite«, in Begleitung unseres Fähnrichsvaters von Altenburg aus nach Osten zum »aktiven Regiment« in Marsch gesetzt. Wir waren alle froh, die strapaziösen und wenig »ruhmreichen« Tage auf dem Kasernenhof und im Übungsgelände hinter uns zu haben, und meinten, auch Aussagen älterer »Gedienter« zufolge, bei der aktiven Truppe einen in jeder Hinsicht interessanteren und weniger aufreibenden Dienst erwarten zu können. Wir wurden frisch eingekleidet und erhielten zwei unsinnig schwere lederne Packtaschen für unser künftiges Pferd, Gasmasken, Brotbeutel, Feldflaschen und was sonst noch zur »feldmarschmäßigen« Ausrüstung eines Soldaten bei der »bespannten Feldartillerie« gehörte. Jedenfalls hatten wir hart zu schleppen.

Die Reise ging – zufällig – über Dresden, wo meine Eltern und ein Vetter meiner Mutter uns am Neustädter Bahnhof begrüßten und mit Zusatzverpflegung versorgten. Onkel Richard, der erwähnte Vetter, war angesichts seiner Leibesfülle nicht mehr zu einer bespannten Einheit, sondern zu einem Lkw-Nachschubbataillon kommandiert und konnte durch seine kollegialen Verbindungen für uns zwölf zwei Extraabteile in dem Zug »beschlagnahmen«, der uns über Breslau und Kattowitz zunächst nach Krakau brachte.

Von der schönen alten polnischen Residenzstadt haben wir bei dieser Gelegenheit, müde, wie wir waren, und bei trübem Wetter, nur wenig wahrgenommen. Auf den Straßen sah man zahlreiche Juden, die mit einem großen Zionsstern auf dem Rücken »gebrandmarkt« waren. Klapperdürre Droschkengäule standen an Haltestellen, und dick eingemummte Kutscher mit verwitterten Gesichtern warteten in gelassener Ruhe und Ergebenheit auf nur selten eintreffende Kundschaft. Ein kühles Nachtlager fanden wir in einer alten Schule, die als sogenannte »Frontsammelstelle« diente. Immerhin wurde auch warmes Essen ausgegeben. Und so setzten wir uns alle hin, um unseren Angehörigen – obgleich das eigentlich verboten war – mitzuteilen, daß wir den ersten Abschnitt unserer Reise gut hinter uns gebracht hatten.

Abends bummelten wir durch die Stadt und staunten über die ungewohnte Lichterfülle; hier, weitab von den britischen und französischen Flughäfen, war mit Luftangriffen nicht zu rechnen. Die Preise für die einfachsten Waren schienen mir erschreckend hoch. Von der Schönheit der Altstadt ahnten wir immerhin etwas, aber die armselige Stimmung, die alles überlagerte, blieb bedrückend.

Als wir am Morgen rechtzeitig zur fahrplanmäßigen Abfahrt des für uns vorgesehenen Zuges zum Bahnhof kamen, erfuhren wir, daß er zwei Stunden Verspätung hatte. Ein Freund und ich nutzten die Zeit, um uns von einem ungemein tüchtigen Friseur (Frisjer) rasieren und einen eleganteren Haarschnitt verpassen zu lassen. In meinem Tagebuch schildere ich die Erfahrung dieser luxuriösen Prozedur wie folgt: »Stellte man das Ansinnen ›Rasieren!‹, so wurden einem nicht nur die Bartstoppeln völlig beseitigt, sondern danach setzte auch noch ein Klopfen, Streichen, Walzen, Brühen, Kühlen, Ölen und Fetten des Gesichts ein, daß es nur so seine Art hatte – so daß man schließlich nicht nur dankbar, sondern auch wie erlöst von dieser Verschönerungskur wegging.«

Die Fahrt durch die eintönige Landschaft Mittelpolens war eine neue Erfahrung für mich. Wir sahen Dörfer mit niedrigen, oft strohgedeckten Katen und einem ärmlichen kleinen Kirchlein. Ab und zu, in der Ferne, ahnte man die Ausläufer der Karpaten.

Unser nächstes Ziel hieß »Waldlager Mielec«, das in vielerlei Hinsicht einer großen Kaserne unter behelfsmäßig verschlechterten baulichen Bedingungen glich. Noch ehe wir das Lager erreicht hatten, drang uns eine unangenehm laute Stimme ans Ohr, die gerade Befehle zu einem Appell erteilte. Eine Baracke wurde uns als Nachtlager angewiesen. Kohlen mußte man aus ein Kilometer Entfernung holen. Der Abort hatte noch kein Dach. Und am nächsten Morgen fühlten wir uns Eisklötzen ähnlicher als Vaterlandsverteidigern, die zur »Besichtigung durch den Herrn Regimentskommandeur Oberstleutnant Guth« antreten sollten. Nachdem die üblichen Ermahnungen an die aus der Heimat kommenden Soldaten – und insbesondere an die Fahnenjunker – ergangen waren, wurden wir auf die Batterien des Artillerieregiments 24 verteilt, was für einige von uns eine abermalige Reise von 60 Kilometern zur Folge hatte.

Ein Umsteigebahnhof unterwegs erlaubte uns, ein typisches polnisches Kleinstädtchen anzusehen. An einer schnurgeraden Straße standen – in erheblichem Abstand – meist einstöckige, schlichte Bauernhäuser mit ungepflegten Gärten. In der Nähe des Marktplatzes rückten die Häuser zu Reihen zusammen und enthielten kleine Lädchen, für deren Waren wir jedoch kaum Bedarf hatten. Mitten auf dem weiträumigen Marktplatz stand das steinerne Rathaus. Auch in diesem Kleinstädtchen sahen wir viele durch den »Stern« gebrandmarkte Juden, die zu meiner Beschämung meist demutsvoll vor uns die Mütze zogen.

Damals war mir vermutlich noch nicht bewußt, daß diese Haltung die Folge vergangener und neuer, drohender Verfolgungen war. Trotzdem hätte ich zumindest den Bericht des Schulkameraden, der während des Polenfeldzuges an der Erschießung von Juden teilgenommen hatte, in Erinnerung haben müssen. In meinem Tagebuch, das, daheim geschrieben, sonst kaum »Selbstzensur« vornimmt, fehlt aber jeder Hinweis auf ein Verständnis für diese Haltung vieler – meist übrigens älterer – Juden.

Hingegen fiel mir eine hochaufgerichtete jüngere Frau auf, die offenbar der »polnischen Oberschicht« angehörte. Der Vermerk, daß Angehörige dieser Schicht nur »zum wenigsten noch in Polen leben«, läßt sich vielleicht als Folge einer über ausländische Rundfunksender erhältlichen Information deuten. Später erfuhr ich von einem Balten, dessen Eltern in den »Warthegau« umgesiedelt werden sollten, daß im Zuge der »Germanisierung« Polens die einheimische Oberschicht durch Deutsche ersetzt werden sollte. Seine Eltern hatten sich freilich geweigert, den polnischen Standesgenossen ihren Besitz wegzunehmen, und es vorgezogen, als einfache Bürger – Opfer des deutsch-sowjetischen Abkommens – in Berlin zu leben.

In Rudnik – noch immer 20 Kilometer von unserem Ziel entfernt – mußten wir erneut übernachten. Da der nächste Tag ein Sonntag war, durften wir etwas verweilen, und ich ging am Morgen mit ein paar zum Militärdienst entlassenen Rüstungsarbeitern in die Kirche. Wie verwandelt wirkte das kleine Dorf an diesem Feiertag: »Sauber, weißgewaschen, intakt waren die Kleidungsstücke der Männer, bunt und malerisch die Gewänder der Frauen. Fast alle trugen buntbestickte Kopftücher und Schals. An den Füßen hatten die sonst fast immer barfuß Gehenden festes Schuhwerk, und auch die Gesichter wirkten feiertäglich heiter. Ein *sonntäglicher* Anblick, wie wir ihn daheim kaum noch zu sehen gewohnt sind.«

Ein Lkw der II. Abteilung des Regiments, dem wir zugeteilt waren, brachte uns zum Standort. Von dort mußte ich, belastet mit den schweren ledernen Satteltaschen, freilich noch vier Kilometer zu Fuß zurücklegen, um meine Batterie zu erreichen, die in dem verlassenen Dorf Jata Unterkunft bezogen hatte. Als »Fahnenjunker« erhielt ich den Auftrag, die Neuangekommenen beim Batteriechef zu melden. Zur Begrüßung wurde ich dafür verantwortlich gemacht, daß einer der Soldaten den linken oberen Taschenknopf seines Waffenrocks nicht geschlossen hatte. Unser Altenburger Wachtmeister pflegte in einem solchen Fall von »Lungenentzündung« und »böswilliger Wehrkraftzersetzung« zu sprechen. Sehr viel milder war der Ton auch hier nicht.

Aus dem Bericht über meine bisherige Ausbildung schloß der Batteriechef, daß ich jetzt erst einmal als Fahrer ausgebildet werden müsse. Ein Offizier habe einfach von der Pike auf alle Verrichtungen seiner Leute aus eigner Erfahrung zu kennen! Nun saß ich zwar gern zu Pferde, aber die kräftigen Zugpferde, die im Sechsergespann unsere »l.F.H. 18« vorwärts bewegten, waren mir weniger willkommen. Die beiden mir zugewiesenen Gäule waren von dem langen Marsch, den die Einheit hinter sich hatte, noch erheblich geschwächt, und so galt es vor allem, für gutes Futter zu sorgen (was bei der berittenen und bespannten Truppe im allgemeinen auch »Mundraub« im Interesse der Pferde einschloß).

Die »Unterkunft«, die ich zusammen mit den ehemaligen Rüstungsarbeitern bezog, war ein verlassenes und halbverfallenes Bauernhaus, dessen »bester Teil« aus einem der riesigen östlichen Öfen bestand, die wir später in der Ukraine und in Rußland immer wieder bewundern sollten. Diese Öfen sind, so notierte ich damals, »am ehesten mit einem zusammengesetzten Gebäude zu vergleichen, das einen etwas niedrigeren Anbau hat. Einen Teil nimmt der Kochherd ein, mit einem Kamin darüber, hinter diesem öffnet sich oft ein großes, je nach Wohlhabenheit ausgebautes Backloch, während unter dem Herd noch Platz für einen kleinen Raum ist, in dem ein paar Hühner, Gänse oder Enten zum Brüten oder zur Mast untergebracht sein können. Hühner und Gänse, das lernt man hier in Polen, sind im wörtlichen Sinne ›Haustiere‹, nicht nur weil sie zum Haus gehören, sondern auch weil sie – gemeinsam mit den Menschen – das Haus ›bewohnen‹. Auf dem höheren Teil des bis zu ein Viertel des Wohnraums umfassenden Ofens liegen Samen – zum Beispiel Maiskolben – zum Trocknen. Andere Spielarten des osteuropäischen Großofens dienen allein der Wärmung und werden – namentlich von älteren Personen – auch als wunderbar warme Schlafstatt benutzt.«

Nachdem einer der begabten Handwerker von den ehemaligen Rüstungsarbeitern die fehlende Herdplatte ergänzt und aus einem Lattenzaun eine Art breites Bett für vier bis fünf Personen »gebaut« hatte, fühlten wir uns in »unserem Haus« ganz wohl. Wasser mußten wir aus einem – an die Ziehbrunnen der ungarischen Pußta erinnernden – Brunnen holen. Der Regimentsarzt hatte uns aber dringend davor gewarnt, es unabgekocht zu trinken.

Die eigentliche »Last« meines Daseins als Fahrer begann, als mir die beiden dürren Pferde Quelle und Rheinland zusammen mit schlecht gepflegtem schwarzem Leder und rostigem Zaumzeug zugeteilt wurden. Für das Leder mußte ich einen erheblichen Teil meiner Schuhcreme verwenden, und das Zaumzeug verlangte wiederholte Bearbeitung mit Sandpapier. Als schlichter Gefreiter und Spitzenfahrer war ich – nach der ungeschriebenen Hierarchie des Sechsergespanns – dem Stangenfahrer zu kleinen Dienstleistungen verpflichtet. »Unter mir« stand oder saß vielmehr nur noch der beklagenswerte »Mittelfahrer«. Der Stangenfahrer erwartete in erster Linie von mir, daß ich das Futter für seine kräftigen Gäule (als Stangenpferde wurden stets die kräftigsten gewählt) mitbrachte – Hafer, Heu und Stroh, das der »Futtermeister« (»Futtrich« genannt) zu festgelegten Stunden ausgab. Ein paar Wochen lang bestand unser Dienst fast ausschließlich aus Füttern, Putzen und Appellen, da sich Mensch und Tier noch immer von einem 300 Kilometer langen Eilmarsch erholen mußten. Nur gelegentlich wurden kleine »Einsatzübungen« anberaumt, die meist sehr früh am Morgen begannen und bei denen ich meine »Fahrkünste« demonstrieren sollte. Zwar hatte ich schon 1939 auf der »Reit- und Fahrschule« in Gotha, die der »Reichsnährstand« betrieb, das »Fahren vom Bock« nach der Methode des »Freiherrn von Achenbach« gelernt und sogar eine gute Note dafür bekommen, aber jetzt ging es ja um das »Fahren vom Sattel« und obendrein um Sechsergespanne, die wir in Gotha nicht kennengelernt hatten.

Da ich annehme, daß diese Art der Beweglichmachung von Wagen oder Geschützen heute kaum mehr bekannt ist, sind vielleicht ein paar erklärende Worte angebracht. Die an einer Protze mit Munition hängende Haubitze wurde von sechs Pferden gezogen; dabei saßen auf den linken Pferden jeweils die »Fahrer«, während die rechts gehenden »Handpferde« durch Zuruf und eine »Fahrpeitsche« animiert wurden. Die Deichsel der Protze reichte nur bis zur Höhe des Stangenpferdes. Die Schwierigkeiten des »richtigen Fahrens« bestanden in erster Linie im Bewältigen von Kurven oder Wendungen. Der Spitzenreiter mußte sehr weit ausholen, um zu verhindern, daß die Deichsel zur Seite gedrückt wurde oder – wie es durch mein Ungeschick auch wirklich einmal passiert ist – brach. Schlechte Straßen oder Wegverhältnisse – Matsch, Schlamm, tiefer

Schnee oder dergleichen – verlangten ein möglichst gleichmäßiges Ziehen aller sechs Pferde, deren vereinte Anstrengung allein imstande war, Protze und Geschütz vorwärtszubewegen. Mehr als einmal sind – auf dem Vormarsch – Geschütze im Schlamm oder beim Versuch einer Bachdurchfahrt steckengeblieben. In diesen Fällen mußte dann ein zweites Sechsergespann hinzugezogen und das Gefährt – unter erheblichem Stimmaufwand von daneben gehenden Fahrern und Unteroffizieren – wieder flottgemacht werden. Noch katastrophaler war es natürlich, wenn ein Fahrzeug oder ein Geschütz umkippte und dann mit kombinierter Pferde- und Menschenkraft wieder auf die Räder gestellt werden mußte.

Aus dem Angedeuteten mag deutlich geworden sein, daß gute Reitkenntnisse keineswegs ausreichen, um auch nur ein halbwegs »brauchbarer« Fahrer zu sein. Als Spitzenfahrer steckte »man« zudem in der Regel allen Tadel ein, während der im Dienst ergraute Stangenfahrer für Lob »zuständig« war. Da natürlich jeder Kanonier wußte, daß ich als Fahnenjunker zur Einheit gekommen war, mußte ich zur Kritik auch noch den Spott ertragen und die höhnischen Anmerkungen: »... und das will ein Fahnenjunker sein.«

Weit besser ging es mir, wenn unser »Chef« eine Unterrichtsstunde abhielt und ich meine frischen Kenntnisse aus der Garnison und aus eifrigem Studium der »Heeresdienstvorschriften« für Artillerietaktik und ähnliches nutzen konnte. Bei Abteilungsübungen traf ich meine Leidensgefährten aus den anderen Batterien, die – genau wie ich – als Spitzenfahrer Dienst taten und nicht weniger darüber klagten. Fast hätten wir »alle Liebe zum Pferd« verloren.

In unangenehmer – oder genauer gesagt: »gemischter« – Erinnerung ist mir ein »offizieller Saufabend« der Offiziere, zu dem wir Fahnenjunker geladen waren. Erhebliche Mengen Bier, das ich ohnehin nie besonders mochte, wurden durch süße Liköre in ihrer berauschenden Wirkung verstärkt. Und nachdem der Abteilungskommandeur sich zurückgezogen hatte, verwandelte sich der Abend in ein »Gelage«. Ein Batteriechef mußte gegen Mitternacht »nach Hause gebracht« werden, da er vor dem Fest bereits die Beförderung eines Oberwachtmeisters mitgefeiert hatte. Unser Batterieführer ermahnte mich, »daß Sie mir ja nicht vor mir abhauen!« Dann befahl irgendein Oberleutnant: »Alle Fahnenjunker auf den Ofen!« Noch einigermaßen nüchtern, gelang uns die Kletterpartie. Sinn dieser

»Verbannung« war aber offenbar, uns auf diese Weise zum »ehrlichen« Konsum aller hinaufgereichten Liköre oder Schnäpse zu zwingen. Auch ich begann den Raum »unter mir« verschwommen wahrzunehmen, und als ich versuchte, ein leeres Likörglas auf das hellschimmernde Tablett einer eben vorbeikommenden Ordonnanz abzusetzen, stellte sich heraus, daß ich die Kavität eines Reserveoffiziers erwischt hatte, der berechtigte Klagen erhob.

Jedesmal wenn einer meiner Vorgesetzten das Haus verließ, begleitete ich ihn ein Stück und benützte diese Gelegenheit, um einen Stuhl ins Freie zu bringen. Am Ende der anstrengenden Feier hatte ich für unser untermöbliertes Haus vier Stühle »gesammelt« und ein weißes Tuch dazu, das uns als Tischdecke dienen sollte. Durch diese »Mitbringsel« stieg ich deutlich in der Achtung meiner Kameraden, die sich durch ihr handwerkliches Geschick bisher größere Verdienste um den Hausstand erworben hatten.

Das Dorf, das uns als Ortsunterkunft diente, war – wie schon bemerkt – von seinen Einwohnern verlassen worden. Die Vorgänger unserer Einheit dürften es »geräumt« haben. Das Nachbardorf war jedoch bewohnt, und die meisten aus »unserem« Dorf lebten dort bei ihren Verwandten. Ein Sudetendeutscher unter meinen Kameraden kam mit seinem Tschechisch einigermaßen zurecht, und gelegentlich konnte ich auch meine Russischkenntnisse nützen. Nach einiger Zeit entwickelte sich ein ziemlich reger »Handelsverkehr«. Meist kamen Polen, die früher unser Dorf bewohnt hatten, zu Besuch und boten Eier und Butter im Tausch gegen Zigaretten und Pfeifentabak an. Das übliche Tauschverhältnis war zwei Zigaretten für ein Ei und eine Packung Tabak für ein Stück Butter. Wir Nichtraucher waren natürlich im Vorteil, da uns sechs Zigaretten pro Tag »zustanden«. Um an mehr und andere Nahrungsmittel zu kommen, wagten einige Kanoniere auch die Bezahlung mit Wehrmachtsdecken oder Unterwäsche. Natürlich war das als »Verschleuderung von Heeresgut« strafbar. Meist blieb es jedoch bei strengen Ermahnungen.

Was die erste polnische Gans kostete, die unsere »Hausgemeinschaft« »einkaufte«, kann ich nicht mehr sagen. Jedenfalls brachten diese »Handelsgeschäfte« und der Kontakt mit der beunruhigten, aber meist freundlichen Bevölkerung etwas Abwechslung in unseren Tagesablauf, der sich lediglich durch die provisorischen Wohnverhältnisse vom Garnisonsdienst daheim unterschied.

Mit dieser beschaulichen Ruhe war es jedoch vorbei, als eines Tages Gerüchte über eine bevorstehende »Verlegung« auftauchten und die phantasievollsten neuen »Einsatzorte« vom Nordkap bis nach Gibraltar genannt wurden. Schließlich marschierten und ritten wir noch einmal fast 300 Kilometer, bis an die neue Ostgrenze Polens, wie sie 1939 zwischen dem »Dritten Reich« und der Sowjetunion vereinbart worden war.

Unterwegs sah ich das erste Mal russisch-orthodoxe Kirchen und ein schönes orthodoxes Kloster. Dicht an der Grenze bezogen wir eine Feuerstellung, die bereits von unseren »Vorgängern« gut ausgebaut worden war. Geräuschlos und unsichtbar sollte sich die »Ablösung« vollziehen. Am nächsten Tag war meine Leidenszeit als Spitzenfahrer zu Ende.

In der neuen Umgebung bestand meine »Nebentätigkeit« in der Beschaffung von zusätzlichen Nahrungsmitteln. Hier, weiter im Osten, konnte ich mich oft mit meinem schlichten Russisch verständigen. Ängstlich wurde ich von den Einwohnern immer wieder gefragt: »Wird es bald Krieg geben?« Wir wußten es ebensowenig wie die Bevölkerung, aber jeder, der Augen und Ohren offenhielt, konnte die ungeheure Massierung von Truppen an der polnischen Ostgrenze kaum anders deuten denn als Vorbereitung auf einen bevorstehenden deutschen Angriff.

Mein Dienst hatte sich inzwischen geändert. Als zweiter Beobachter wurde ich auf »B-Stelle« (Beobachtungsstelle) geschickt, die uns, ebenfalls vorzüglich eingerichtet, getarnt und geschützt, übergeben worden war. Mit Scherenfernrohr und Doppelglas konnten wir von hier aus weit ins »Feindesland« hineinblicken, obgleich wir ja »offiziell« noch immer freundschaftliche Beziehungen zur Sowjetunion unterhielten. Auf beiden Seiten der Grenze – vor allem aber auf der östlichen – standen in Abständen von wenigen Kilometern Wachtürme, die jede Bewegung weit besser »kontrollieren« konnten als die getarnten, in die Erde eingegrabenen B-Stellen.

Unsere Meldungen waren ziemlich langweilig: »Auf der Straße von X nach Y, 7.30 Uhr, zwei Lkw – vermutlich mit Baumaterial« oder »Lebhafte Bautätigkeit bei Höhe 107«, »Keine besonderen Vorkommnisse – die ganze Nacht über völlige Ruhe, keine Leuchtkugeln«. Es passierte einfach nichts. Dafür waren bereits eine ganze Reihe »Sperrfeuer« auf der Karte eingezeichnet und entsprechend berechnet, die jederzeit – im Fall eines unerwarteten Angriffs – hätten ausgelöst werden können. Die Zeit des Wartens unmittelbar an der Grenze wurde uns lang.

Wieder tauchten Gerüchte auf. Diesmal waren sie womöglich noch abenteuerlicher als in den Wochen zuvor. Es hieß: Die deutschen Truppen sollen durch den Süden der Sowjetunion bis an die Nordgrenze Indiens transportiert werden, um von dort aus England an seiner empfindlichsten Stelle zu treffen. Eventuell werde ja die indische Bevölkerung ihren deutschen Befreiern zu Hilfe kommen. Nach dem Krieg habe ich von Heimkehrern gehört, daß dieses Gerücht an den verschiedensten Stellen der Tausende von Kilometern langen Ostfront aufgetaucht war, so daß es ziemlich naheliegt, eine bewußte »Desinformation« des Goebbels-Ministeriums als »Quelle« hierfür anzunehmen.

Solange wir Ruhe hatten, machte ich in meiner »Freizeit« – das heißt, wenn ich nicht B-Stellen-Dienst hatte – Ausritte in die Umgebung. Inzwischen stand mir ja ein Reitpferd zur Verfügung, und ich konnte größere Entfernungen zurücklegen. Ein Dorf namens Przoeorsk fiel durch seine wohlhabende Sauberkeit auf. Einige Bewohner waren Ukrainer, die mein Russisch verstanden. Ein junges Mädchen zeigte mir voller Stolz sein Schulbuch mit deutschen Übersetzungsarbeiten. Mein Freund aber wurde ein Pope, der sich als gebürtiger Russe unter der ukrainischen Bevölkerung nicht ganz wohl fühlte. Er half mir beim Einkauf von Lebensmitteln für meine Batterie und erwies sich als vorzüglicher Gastgeber und Schachpartner. Seine Frau – Popen sind ja in der Regel verheiratet – war eine ausgezeichnete Köchin, die feine »Petersburger Küche« zubereitete und stolz darauf war. Wann immer ich kam, wurde mir irgendein Leckerbissen vorgesetzt – Piroggen, Pfannkuchen, Borschtsch und anderes mehr. Als ich mich einmal wieder herzlich bedankte, meinte der gütige alte Priester: »Ich will Sie gern so behandeln wie einen Sohn; vielleicht, daß dann in weiter Ferne – ich habe keine Ahnung, wo – meinem Sohn ein ähnlicher väterlicher Freund behilflich sein wird.« Seit Jahren hatte er von seinem Sohn, der irgendwo in der Sowjetunion lebte und arbeitete, keine Nachricht mehr erhalten, und er traute sich nicht, an dessen letzte Adresse Nachrichten zu schicken, weil man ja nie wissen konnte, ob dem jungen Mann die Abstammung von einem Popen nicht als belastend angerechnet werden würde. Auf Wunsch unseres Hauptwachtmeisters vermittelte der freundliche Pope einmal sogar den Ankauf einer Hammelkeule von 30 Kilogramm, die in unserer Feldküche verschwand.

Für die »Besatzung« der B-Stelle gelang es mir, eine schöne Gans zu erstehen. Es stellte sich jedoch heraus, daß wir rauhen Krieger außerstande waren, das Tier zu töten, so daß wir einen Bauern bitten mußten, es für uns zu tun. Auch beim Rupfen und Ausnehmen der Gans mußten wir »heimische Hilfe« in Anspruch nehmen; nur die Kartoffelpuffer brachten meine Kameraden selbst zustande.

Die Aversion, eine Gans zu töten, bei Männern, die todbringende Geschütze zu bedienen oder auch durch ihre Befehle deren Geschosse »auszulösen« gewohnt waren, machte mich nachdenklich. Der Gegensatz zwischen der Unfähigkeit, auch nur eine Gans zu töten, und der tagtäglichen Gewohnheit, als Artillerist todbringende Geschosse ins Feindesland zu befördern, läßt sich als Folge der »Abstraktheit« dieser Art von Tötung erklären. Artilleristen sind ja nur durch zahlreiche »Zwischenglieder« mit dem Vernichtungsprozeß verbunden.

Als ich viel später Hegels »System der Sittlichkeit« las, fiel mir eine Stelle auf, an der er davon spricht, daß »das Schießgewehr die Erfindung des allgemeinen, indifferenten, unpersönlichen Todes« sei, von dem es in seiner »Geschichtsphilosophie« heißt, daß er persönliche Haßgefühle beim Töten überflüssig macht. Abstrakt Denken, so Hegels These, ist charakteristisch für ungebildete und unreife Menschen. Mit Jugendlichen, so meine Folgerung, kann »man« deshalb leichter moderne Kriege veranstalten, weil sie konkrete und komplexe Zusammenhänge noch nicht zu erfassen vermögen.

Auch wenn unsere Stellung jetzt schon direkt an der Grenze lag, sollten wir – vor dem Überfall auf die Sowjetunion – noch einmal umziehen. Die tieferen Gründe dafür wird wohl kein Militärwissenschaftler erklären können. Vielleicht sollte verhindert werden, daß wir es uns zu gemütlich machten und an die Kohabitation mit einer freundlichen Bevölkerung gewöhnten. Zunächst ging die Abteilung bei Rogozno in Bereitstellung. Kaum dort angekommen, wurde ich zum Batteriechef befohlen, der mir mitteilte, daß mein Dienst als Fahrer nunmehr zu Ende sei und ich ab sofort als »Unteroffiziers-Diensttuer« und Geschützführer eingesetzt würde. Auch wenn meine Fahrkünste nicht gerade überwältigend seien, müsse ich doch noch die anderen Aufgaben eines Artilleristen kennenlernen.

Diese Ernennung rettete mich zum Glück vor einer peinlichen Aufdeckung der Tatsache, daß ich meine blecherne Erkennungsmarke irgendwo verloren hatte. Ein »Unteroffiziers-Diensttuer« wurde in der Regel in dieser Hinsicht nicht mehr kontrolliert.

Das Dorf, in dem wir jetzt untergebracht waren, soll ursprünglich von Deutschen besiedelt gewesen sein. Jedenfalls trugen die meisten Familien den Namen Bender. Sie hatten sich mit der polnischen Bevölkerung vermischt und auch deren Bräuche und Sitten angenommen. Angeblich stammten die Benders aus Süddeutschland, was die Vermischung mit der katholischen polnischen Bevölkerung erleichtert haben könnte. Jedenfalls war von einem – angeblich vorhandenen – »Deutschtum« nicht mehr viel zu spüren. Nur die Großväter konnten zum Teil – wohl aus der österreichisch-ungarischen Zeit – noch ein wenig Deutsch. Erst jetzt wurde ihren Enkeln in der Schule wieder deutscher Sprachunterricht erteilt.

Um diesen Dorfbewohnern das »Deutschtum wiederzubringen«, waren einige BDM-Führerinnen angereist, die dabei waren, ein »Volkstänzchen« zu veranstalten, das allerdings durch unsere Landser bald in eine lockere Soldatenlustbarkeit verwandelt wurde. Hilflos stand eine BDM-Führerin dabei, während unsere Soldaten die vorgesehenen Volkslieder durch moderne Jazzmusik aus einem irgendwo aufgetriebenen Grammophon ersetzten. Hier trafen offenbar zwei Welten aufeinander.

Zufällig erinnere ich mich noch genau, daß ich am 20. oder 21. Juni eine Flasche »Veuve Clicquot« vom Fourier ergattert und vorsorglich im kühlen Keller eines Bauernhauses versteckt hatte. Ich kann nur hoffen, daß die braven Bauersleute die Flasche entdeckt und sich zu Gemüte geführt haben, denn der plötzlich eintreffende »Einsatzbefehl« ließ mir keine Zeit mehr, die Flasche zu holen. Ein paar Tage zuvor war ich angewiesen worden, den Unteroffizieren und Offizieren der Abteilung Unterricht im Lesen der russischen Druckschrift zu erteilen, damit sie die Ortsnamen auf den anschließend verteilten Karten wenigstens einigermaßen entziffern konnten. Ein paar Worte der russischen Umgangssprache fügte ich hinzu, weiß aber nicht, ob davon viel hängengeblieben ist.

Am Sonnabend, dem 21. Juni 1940, nachmittags gegen fünf Uhr, ertönte auf einmal der Befehl: »Die gesamte Batterie vor den Geschützen antreten!« Unteroffiziere wurden ausgeschickt, um die

Zivilbevölkerung aus der näheren Umgebung zu verdrängen. Immer höher wuchs unsere Spannung. Endlich erbrach der Batteriechef einen verschlossenen Umschlag, auf dem vermutlich »geheime Kommandosache« stand, und las uns einen Aufruf Hitlers vor, der den Beginn des Feldzugs gegen die Sowjetunion für die frühen Morgenstunden des kommenden Tages ankündigte. Es gibt also Krieg, sagten wir uns, und diesmal werden wir dabeisein.

Hatten wir das nicht alle seit langem erwartet? Hatten wir es nicht sogar – wenn auch ohne recht zu wissen, was das bedeutete – erhofft? Das lange Warten, die quälende Ungewißheit waren zu Ende. Wir »jungen Soldaten«, die im Unterschied zu den meisten älteren noch keinen Feldzug »miterlebt« hatten, waren natürlich sehr aufgeregt. Im ganzen war die Stimmung jedoch eher »gelassen«. Erst in der Dunkelheit der Nacht bezogen wir unsere Feuerstellung in unmittelbarer Grenznähe. Das mir zugewiesene Geschützführerpferd hatte einen empfindlichen Satteldruck und war zudem höchst »nervös«. Als ich meine Geschützstellung gerade besichtigt hatte und wieder aufsitzen wollte, um den Geschützzug einzuweisen, warf sich die Stute Margot – vom Schmerz des Satteldrucks veranlaßt – zu Boden, sprang wieder auf und schleppte mich, der ich mit den dicken Kommißreitstiefeln am linken Steigbügel hing, ein ganzes Stück mit. Zum Glück riß der Steigbügelriemen dann, und ich blieb auf dem Waldboden liegen. Als ich – etwas hinkend – zur Feuerstellung zurückkam, stand Margot, als ob nichts geschehen wäre, brav da; ich saß auf und ließ das Geschütz einfahren. Die Tatsache, daß ich in der Aufregung einen anderen Einfahrtweg nahm, als der Batterieoffizier befohlen hatte, brachte mir noch einige Flüche ein. Vor allem aber war mein Fuß so geschwollen, daß ich ein paar Tage »fahrend« statt reitend zubringen mußte.

Punkt drei Uhr Ortszeit ging die erste Salve unserer Batterie (und wohl auch der anderen Batterien) los. Der Überfall kam für die sowjetischen Truppen völlig überraschend. Noch am 22. Juni 1941 war ein langer Güterzug mit Erdöl an der Grenze eingetroffen. Selbst als junger, unerfahrener Soldat wunderte ich mich über die Ahnungslosigkeit der Roten-Armee-Führung. Inzwischen weiß man ja, daß es vor allem Stalin war, der alle Warnungen aus England, von dem Spion Sorge und von deutschen Überläufern in den Wind geschlagen hatte. Am 23. Juni begann meine »Fronterfahrung«.

*Langsamer Vormarsch der bespannten Truppe
hinter den vorauseilenden Panzerverbänden*

Wenige Tage vor dem 23. Juni, an dem der Angriff auf die Sowjetunion begann, war mir klargeworden, daß es nun bald »ernst« werden würde. Wir erhielten einen ganzen Packen Landkarten, die bis weit in die Sowjetunion hinein, ja bis ans Schwarze Meer reichten. Mit einem angeblichen »Durchmarsch« oder »Durchzug« in Richtung auf die indische Nordgrenze konnte das nichts zu tun haben. Vorsichtig umschrieb ich in einem Brief an meinen Vater, daß ich bald »noch mehr Gelegenheit zur Nützung meiner speziellen Sprachkenntnisse erhalten würde«.

Kaum hatte unsere Batterie drei Gruppen abgefeuert, da hieß es auch schon: »Fertigmachen zum Stellungswechsel nach vorwärts!« Nur mit Mühe schwang ich mich mit meinem geschwollenen Fuß aufs Pferd. Bei Belsec fuhren wir über die Grenze. Am Postenhaus hinter der zerbrochenen Schranke sah ich den ersten Toten, einen sowjetischen Grenzsoldaten. Die Ortschaft war unheimlich still. Nur da und dort konnte man hinter einem Fenster ein verstohlenes Gesicht ausmachen, das staunend auf die fremden Soldaten blickte. Nahe beim Bahnhof standen großkalibrige Eisenbahngeschütze, die ihre schweren Granaten weit ins sowjetische Hinterland sandten. Erschreckt zuckten unsere Pferde zusammen, sobald der laute Mündungsknall an ihre Ohren drang; unruhig zackelten sie und bedurften begütigender Worte, um vorwärtszugehen.

Die sowjetischen Grenztruppen setzten uns zunächst kaum Widerstand entgegen. Schon nach wenigen Tagen sollte sich das jedoch ändern, und unsere Infanterie wurde in heftige Gefechte verwickelt.

Unsere nächste Feuerstellung lag an einem Bach, hinter einem sanften Hügel. Als ich vom Pferd stieg, stellte sich heraus, daß ich kaum noch gehen konnte, und der Batterieführer schickte mich zusammen mit den Protzen und Munitionsfahrzeugen zurück zur Protzenstellung. Pferde und Fahrer, Feldküche und Hauptwachtmeister waren in einem kleinen Dorf untergekommen. Am Ortsrand sah ich die ersten deutschen Soldatengräber: drei Birkenkreuze, an denen die Stahlhelme und Tafeln mit den Namen der Gefallenen hingen.

Humpelnd schleppte ich mich in ein Bauernhaus, ließ mir etwas Wasser geben und suchte mich einigermaßen zu säubern. Der Regimentsarzt kam vorbei und meinte, in zwei Tagen würde ich wieder »einsatzfähig« sein.

Dann begann ich mich im Ort umzusehen. Ein größeres Steingebäude mit dem Sowjetstern über dem Eingang hielt ich für das »Parteihaus«. Die Tür stand offen. Links ging es zu einem größeren Versammlungsraum, der mit Porträts von Lenin und Stalin dekoriert war. Auf dem Fußboden lagen Teile der Tageszeitung »Prawda« herum, die von unseren Landsern gern als Zigarettenpapier benutzt wurde. Im übrigen war der Raum leer. Auf der rechten Seite war eine Tür mit einem gewaltigen Vorhängeschloß davor. Es war unmöglich, ohne Gewalt dort einzudringen; auch mit Hilfe eines kräftigen älteren Fahrers gelang es mir nicht. Nun hatte ich aber beim Lauschen an der Tür ein höchst verdächtiges Ticken vernommen und war sofort überzeugt, daß die abziehenden Rotarmisten hier eine Höllenmaschine installiert hatten, die in Bälde Tod und Verderben über die in der Nähe lagernden deutschen Truppen bringen würde. Insgeheim malte ich mir schon aus, welch unermeßliches Verdienst ich mir um die Rettung meiner Kameraden erwerben könnte, wenn es mir gelänge, die »Höllenmaschine« rechtzeitig zu entschärfen. Durch unser lautes Bemühen um das obstinate Schloß herbeigelockt, meldete sich schließlich ein ortsansässiger Ukrainer und bot an, es mit seinem Schlüssel zu öffnen. Entschuldigend und bittend stellte er sich dann hinter seinen Ladentisch, über dem eine große, ruhig tickende Uhr die Tageszeit zeigte: Es war halb drei. Beschämt und enttäuscht wollte ich schon abziehen, als mir einfiel, daß wir in Polen ständig Mangel an Streichhölzern gehabt hatten. Ich kaufte also zehn Packungen und humpelte dann zu meinen Kameraden zurück. Mein Zufallserwerb erwies sich als Hit – nicht nur des Nutzens wegen. Auf den Schachteln war nämlich das Sowjetemblem und die übliche Losung »Proletarii swech stran sojedinaitjes!« (Proletarier aller Länder, vereinigt Euch!) aufgedruckt. Und da jeder ein solches Souvenir haben wollte, wurde ich gebeten, möglichst viele Zündholzschachteln einzukaufen. Als ich wenig später zu »meinem« Laden zurückkehrte, drängten sich dort Soldaten einer benachbarten Einheit herum, die wahllos alles an sich rafften, was sie selbst gebrauchen oder nach Hause schicken konnten. Zum erstenmal erlebte ich den Rausch hemmungslosen Plünderns aus unmittelbarer Nähe. Ich wandte mich hilfesuchend an einen Wachtmeister und bat ihn, dem kriegsrechtswidrigen Tun Einhalt zu gebieten, aber er lachte nur und sagte in reinstem Bairisch: »Machen's, daß Sie wegkommen, mei Leit san am Plündern!« Im übrigen war er damit beschäftigt, mit seiner Pistole die eindringende Dorfbevölkerung auf Distanz zu halten, die offenbar die Gelegenheit zu einem »Gratis-Einkauf« gleichfalls zu nutzen suchte. Auch mein Appell an einen jungen Leutnant blieb wirkungslos, so daß ich dem verängstigten ukrainischen Lagerverwalter, der sich hilfesuchend an mich gewandt hatte, nicht beistehen konnte. Schließlich holte ich die gewünschten Streichhölzer und nahm für mein Tagebuch ein paar Hefte und Bleistifte mit – die ich aber zur Erheiterung meiner Landsleute mit ein paar Scheinen bezahlte.

Dieses Ereignis war meine erste Begegnung mit der Aufhebung der Befolgung all der strengen Regeln der Haager Landkriegsordnung, die man uns im Unterricht für Fahnenjunker noch kurz zuvor beigebracht hatte. Dabei war immer großer Wert auf die Unterscheidung zwischen legaler Requirierung und illegaler Plünderung gelegt worden. Requiriert werden durfte lediglich das, was für die Einsatzfähigkeit der Truppe unbedingt notwendig war – also Nahrungsmittel bei mangelnder Versorgung durch den regulären Nachschub, Socken, Fußlappen, Schuhe bei Fehlen ausreichenden Ersatzes für defekte Socken und Stiefel usw. In keinem Fall war aber die Wegnahme von Kinderkleidung und Kinderschuhen zulässig, wie ich das an diesem Tag beobachtete. Auch andere Berichte bestätigten mir später den Eindruck, daß die Haager Landkriegsordnung (wie die Normen der Genfer Konvention vom Roten Kreuz) von der Wehrmacht im Westen zwar im allgemeinen noch befolgt wurde, im Osten aber praktisch aufgehoben war. Wenn ich nicht irre, hatte das niemand ausdrücklich deklariert, aber die Soldaten spürten bald, daß sie für Plünderungen, Vergewaltigungen und andere Straftaten in der UdSSR keine Sanktionen zu befürchten hatten.

Dieses »Mei Leit san am Plündern« ist mir noch lange in den Ohren geblieben. Der Krieg wurde im Osten nach anderen Regeln geführt, wozu vermutlich die Nazipropaganda beigetragen hatte, die ständig nur vom »sowjetischen« und »russischen Untermenschen« sprach. Einige Zeit später suchte das Oberkommando des Heeres gegenzusteuern, indem es eine kleine Broschüre aus der Feder Edwin Erich Dwingers verteilen ließ, der ganz gewiß kein Freund der

Sowjets war; aber wenigstens wandte sich die Schrift gegen die Herabwürdigung der russischen Bevölkerung, indem sie eindeutig gegen die These von den »Untermenschen« Stellung bezog.

Meine eigene Einstellung war von einem überzeugten Antikommunismus einerseits und von meiner großen Liebe zu den russischen Menschen andererseits geprägt. Ich schätzte ihre Literatur, ihre Musik, ihre Wesensart, und das galt natürlich auch für die Ukrainer, zumal mein Russischlehrer in Dresden selbst Ukrainer gewesen war. So bedauerte ich denn auch, nichts für den verängstigten Lagerverwalter tun zu können, zumal ich ja obendrein durch die Öffnung des Ladens mit schuld an der nachfolgenden Plünderung war.

Am nächsten Morgen wurde ein weiterer Stellungswechsel befohlen, diesmal aber – ausnahmsweise – nach rückwärts. Kurz darauf eroberte die Infanterie die vorübergehend verlorene alte Stellung zurück. Wir hatten durch Artilleriefeuer den Gegenangriff unterstützt und wurden dann aus diesem Abschnitt herausgezogen, um zu unserer Division zurückzukehren, von der wir zu Beginn des Angriffs abkommandiert worden waren. Eine Zeitlang marschierten und ritten wir quer zur Front auf sandigen und hügeligen Wegen, vorbei an brennenden Dörfern, die ein grauenhaftes Bild der Zerstörung boten. Von den meisten Häusern standen nur noch die großen Öfen und die Schornsteine; Wände und das hölzerne Gebälk waren verkohlt oder verbrannt. Nur hier und da huschten vereinzelt Gestalten durch die Nacht. Hühner liefen herrenlos umher und wurden oft genug von hungrigen Landsern eingefangen und geschlachtet.

Das uns als Quartier zugewiesene Dorf stand in hellen Flammen. Wir mußten weiterziehen, um endlich eine bewohnbare Ortschaft zu finden. Den Weg wies uns dabei der »Eisbär«, das Erkennungszeichen der 24. Division, deren Kommandeur ich nur einmal von ferne gesehen habe, den die älteren Soldaten aber voller Ehrfurcht »den Eisgrauen« nannten. Zuweilen las man auch den Namen des Generals von Tettau auf einem Schild.

Unsere nächste Feuerstellung – jetzt bei der eigenen Division – lag wieder an einem Bach. Hohe Kiefern bildeten einen guten Schutz vor Luftaufklärung, und in der Nähe befand sich ein verlassenes größeres Militärlager, das offensichtlich einen höheren Stab der Roten Armee beherbergt hatte. Neugierig, wie ich war, beschloß ich, das Lager genauer zu besichtigen. Es war – für sowjetische Verhältnisse – komfortabel eingerichtet: mit eisernen Bettgestellen, Tischen und Bänken sowie einer großen Kantine mit Schanktischen. Räume mit – allerdings vorsorglich zerstörten – Funkanlagen, Bekleidungs- und Verpflegungskammern usw. ließen auf einen Armee- oder Korpsstab mit Nachschublager schließen. Unsere Landser fanden sogar eine Menge tiefschwarzer Schokolade. Mir hatte es die beachtlich umfangreiche Bibliothek angetan. Unter den Büchern entdeckte ich finnisch-russische und russisch-finnische Wörterbücher, ungarisch-russische Wörterbücher, aber keine deutsch-russischen; die waren von der Truppe vermutlich mitgenommen worden. Dienstvorschriften und Werke über Strategien und Taktik – auch Ausgaben von Clausewitz und Schlieffen – deuteten einen relativ hohen Stand militärwissenschaftlicher Kenntnisse an.

Aus Schriften über Artillerietaktik erfuhr ich, daß die Rote Armee weit konsequenter als die Wehrmacht das Prinzip der konzentrierten Feuerzusammenfassung mehrerer Regimenter vorsah. Zu diesem Zwecke gab es ganze Artilleriedivisionen, während in der Wehrmacht die größte Artillerieeinheit das Regiment war. Auf diese Weise waren große Feuerzusammenfassungen leichter und effektiver zu organisieren. Umgekehrt konnten auch Abschnitte, an denen aus topographischen Gründen weder Angriffe zu erwarten noch eigene Vorstöße möglich waren, mit weit geringeren artilleristischen Mitteln ausgestattet werden. Die Artilleriedivision schickte in solchen Fällen nur eine Abteilung zur Unterstützung einer Infanteriedivision oder einer Brigade. Bei uns war jede Infanteriedivision mit einem Artillerieregiment »ausgestattet«. Um divisionsübergreifend eine Feuerzusammenfassung zu befehlen, waren komplizierte Umwege von Regimentsstab über Divisionsstab A zu Divisionsstab B und dann wieder »herunter« zu Regimentsstab B notwendig.

Ich nahm einen kleinen Band zur neuesten sowjetischen Geschichte mit. Später fand ich in neuerrichteten Schulen Geschichtsbücher, in denen bereits der deutsch-sowjetische Pakt erwähnt und eine gemeinsame Parade der Roten Armee und der Wehrmacht in Ostpolen abgebildet war. Die sowjetischen Schulbehörden hatten den deutsch-sowjetischen Vertrag offenbar außerordentlich ernst genommen und nicht damit gerechnet, daß er schon nach zwei Jahren durch einen mörderischen Krieg verletzt werden würde. Eine ähnlich radikale »Korrektur« der damaligen deutschen Schulbücher zur Geschichte war mir nicht bekannt. Am ehesten deutete noch ein Heft aus der »Schriftenreihe der deutschen Hochschule für Politik« aus dem Jahr 1939 in diese Richtung, das die Frage »Ist eine Entwicklung der Sowjetunion zum nationalen Sozialismus möglich?« vorsichtig offenließ, freilich auch nicht eindeutig bejahte. Ich zitiere den Titel aus dem Gedächtnis, da ich das kleine Heft verloren habe und mich an den Verfasser nicht mehr erinnere.

In unserer neuen Feuerstellung hatten wir die ersten Verluste. Eine Granate schlug ein, bevor die Kanoniere sich genügend verschanzt hatten. Ein Schwerverwundeter starb auf dem Weg ins Feldlazarett, zwei Leichtverwundete konnten in die Heimat fahren. Damals sprach man im allgemeinen noch nicht vom »Heimatschuß«, den sich viele Soldaten später wenigstens insgeheim wünschten.

Als wir endlich wieder weiterzogen, kamen wir durch einen Wald westlich der Stadt Rawa Ruskaja, in dem offenbar kurz zuvor heftige Infanteriegefechte stattgefunden hatten. Rechts und links der Straße lagen – oft ineinander verschlungen und übereinanderliegend – sowjetische und deutsche Gefallene, dazwischen Berge von Waffen und Munition sowie Ausrüstungsgegenstände, die die Rote Armee auf ihrer Flucht zurückgelassen hatte. Ängstlich schnaubten die Pferde, denen der Geruch der in Verwesung übergehenden Toten in die Nüstern stieg. Die Rotarmisten, die hier erbittert gekämpft hatten, dürften zu den Insassen des Lagers gehört haben, das ich so gründlich »inspiziert« hatte.

In den folgenden Wochen blieb unsere bespannte Truppe weit hinter den rasch vorankommenden motorisierten Kampfeinheiten zurück. Die Panzergruppe von Kleist stieß erfolgreich in Richtung Winniza und Kiew vor, und wir zottelten mit ermüdeten und überlasteten Pferden hinterher. Da die sowjetische Luftwaffe noch ziemlich selten am Himmel auftauchte, konnten wir jetzt auch tagsüber marschieren. Um die Pferde zu schonen, mußten die meisten Berittenen absitzen und ihre Pferde führen. Zuletzt mußten sogar die Fahrer vom Sattel ihre Tiere entlasten. In der großen Hitze des Tages und angesichts unzulänglichen Futters wurden viele Pferde krank oder fielen ganz aus. Die sandigen, nach kurzen Gewitterregen oft auch schlammigen Wege erschwerten die »Arbeit« der Zugpferde. Ein »Trost« war nur, daß nach schweren Regenfällen auch die Motorräder nicht mehr weiterkamen. Häufig mußte ein mächtiges Krad, auf einem Panjewagen liegend, von braven kleinen Gäulen gezogen werden, während der Fahrer mühsam nebenherschritt.

Sobald wir abends ins Quartier einrückten, erhielt ich meist den Auftrag – zusammen mit einem Oberwachtmeister –, in der Umgebung Hafer, Kartoffeln oder andere Lebensmittel für Pferd und Mensch zu besorgen. Da die Truppe diese Dinge brauchte, handelte es sich um reguläre »Requisitionen«. Aber obendrein erhielt ich kleine Scheckhefte mit »Kreditkassenscheinen« in Reichsmark, mit denen ich zum Beispiel Panjepferde bezahlen sollte; der übliche Preis war 500 RM. Auf die Frage allerdings, wann und wo »man« für dieses Geld etwas kaufen könne, wußte ich kaum eine befriedigende Antwort. Deutsche Propagandasender hatten der ukrainischen Bevölkerung – wie sich herausstellte – großartige Versprechungen gemacht, die anfangs auch geglaubt wurden. So war es denn im allgemeinen nicht schwer, ein paar Zentner Hafer, Gerste, Kartoffeln und sogar eine Menge schöne, große Weizenbrote einzukaufen. Eier und süßen Likör (Allasch) schenkten uns die Westukrainer, die – zu Unrecht – glaubten, daß wir gekommen seien, um sie von der ungeliebten zweijährigen sowjetischen Herrschaft zu befreien. Als schließlich immer mehr Pferde tot umfielen, waren wir genötigt, aus den Sechserzügen Achterzüge zu machen und mit den robusten kleinen Russenpferdchen vorliebzunehmen.

Zuweilen kam ich als erster deutscher Soldat in ein Dorf, das abseits der »Rollbahn«, der Vormarschstraße, von den Panzerverbänden wie der Infanterie einfach »liegengelassen« worden war. Zu unserer größten Verwunderung trafen wir wiederholt auf »Ehrenpforten« mit Aufschriften: »Wir grüßen das deutsche Heer und seinen Führer!« Weiter im Osten kam einmal sogar ein alter Mann auf mich zu, der ganz gerührt sagte: »Wir haben mehr als 20 Jahre auf euch, auf solche wie ihr, gewartet – das heißt, solche wie ich«, fügte er hinzu und blickte auf seine Tochter, die offenbar, vom Komsomol begeistert, die »neue Zeit« begrüßt hatte.

In einem anderen Dorf begegnete ich einem jungen Popen, der etwas Deutsch verstand und deutsche Bücher las – seltsamerweise ausgerechnet eine deutsche Übersetzung von Charles Dickens. Die Kirche war zwar verschlossen, aber der liebenswürdige Pope ließ uns durch seine Haushälterin das prachtvolle (unzerstörte) Innere mit dem großen Ikonostas, der dreitürigen Bilderwand zwischen Gemeinde und Altarraum in orthodoxen Kirchen, und zahlreichen alten Handschriften in Kirchenslawisch zeigen.

Sosehr Pferd und Mann unter den Schwierigkeiten des Vormarschs bei Hitze oder Gewitterregen zu leiden hatten, so gab es gelegentlich doch auch wieder erholsame Pausen. Wiederholt kamen wir an Seen vorbei und konnten die abgeschirrten Pferde zum »Baden« ins Wasser reiten, bis es so tief war, daß sie zu schwimmen begannen und wir, vom Rücken herunterrutschend, uns an der Mähne festhielten und mitziehen ließen.

Auch wenn die Westukraine erst zwei Jahre zur Sowjetunion gehörte, sah man doch schon viele moderne ländliche Schulen, deren Lehrmittelsammlungen mich überraschten: Nicht nur Landkarten und Globen, auch Chemieapparate, Präparate von Tierföten und anderes Lehrmaterial wären in gleicher Fülle und Qualität in Schulen auf dem flachen Lande in Deutschland kaum zu finden gewesen; auch Bücher für den Fremdsprachenunterricht. So hielt ich es nicht für ausgeschlossen, daß – zugleich mit der neuen Herrschaftsordnung und der Unterdrückung insbesondere auch der polnischen Minderheiten – für die Schulbildung der Dorfjugend der »Anschluß« an die Sowjetunion auch Fortschritte gebracht hatte.

Im übrigen festigte sich der Eindruck von der relativ hohen Qualität ländlicher Schulen auch im alten sowjetischen Staatsgebiet, in das wir allmählich vordrangen. Szenen, wie ich sie einmal in einem größeren Dorf erlebte, waren später – im Landesinneren – freilich nicht mehr denkbar. Als ich – russisch, leider nicht ukrainisch – nach dem Starosta (ukrainisch »Wuid«) gefragt hatte, wurden wir – ein Oberwachtmeister, zwei oder drei Soldaten und ich – in einen größeren Versammlungssaal gebeten, in dem schon ein erheblicher Teil der Bevölkerung wartete. Kaum hatten wir den Saal betreten, da schlug uns ein »dreifaches Hoch auf die deutsche Wehrmacht und ihren Führer« entgegen. Mit seltsamen Gefühlen standen wir da, inmitten einer fremden, merkwürdig begeisterten Menschenmasse, deren unbegreiflicher Jubel uns galt, die wir nur gekommen waren, um Hafer, Gerste, Kartoffeln, Eier, Brot usw. von ihnen zu »kaufen« – für ein Geld, an dessen Kaufkraft wir selber nicht zu glauben vermochten. In diesem Dorf wurden uns die besten Pferde geradezu aufgedrängt. Der »Wuid« ließ alle vorhandenen Pferde auf dem Dorfplatz aufstellen und lud uns dann dazu ein, die uns am besten zusagenden auszuwählen. Wir zogen mit so vielen Pferden zu unserer Einheit zurück, daß wir ein paar Jungen aus dem Dorf bitten mußten, als Reiter mit uns zu kommen. In einem Panjewagen brachten wir unserer Einheit darüber hinaus noch einige Krüge mit Honig, Körbe mit Weißbrot und Flaschen mit süßem Likör. Von einer Eskorte von zehn wilden jugendlichen Reitern begleitet.

In einigen Dörfern spürten wir übrigens die innige Feindschaft zwischen der ukrainischen Mehrheit und der kleinen polnischen Minderheit. Offenbar waren die geplanten Umsiedlungen von Polen noch nicht abgeschlossen. Wiederholt wurden wir von Ukrainern dazu aufgefordert, unsere Hafervorräte doch bei diesem oder jenem Bauern einzutreiben. Fast stets stellte sich dann heraus, daß es sich um einen polnischen Besitz handelte. Es war uns kaum möglich, die darin liegende Ungerechtigkeit zu durchschauen und die unvermeidlichen Lasten der Requirierung »gleichmäßig«, das heißt proportional, auf die ethnischen Gruppen zu verteilen. Erst im Rückblick ist mir manchmal klargeworden, daß wir uns zum Werkzeug nationalistischer Ressentiments hatten machen lassen.

Anfangs hielt ich einen Teil der von deutschen Propagandasendern verbreiteten »Nachrichten« auch für zutreffend, deutsche Waren würden alsbald angeliefert und die Kreditkassenscheine dort als Zahlungsmittel angenommen werden. Allmählich wurde jedoch klar, daß an eine Erfüllung dieser Versprechungen nicht zu denken war, ja, daß nicht einmal der Wille dazu bestand. Das Verhalten der später eingesetzten »Zivilverwaltung« für die Ostgebiete führte schließlich zu einer definitiven Ernüchterung der anfangs so hoffnungsfrohen westukrainischen und der übrigen ukrainischen Bevölkerung. Die sowjetische Propaganda, die von »faschistischen Eindringlingen« und »Landräubern« sprach, hatte bald weit mehr Plausibilität als die vorausgegangene deutsche. Es dürfte aber noch etwa ein Jahr gedauert haben, ehe die ersten ukrainischen Partisanen ihren Kampf »hinter den deutschen Linien« begannen.

Jetzt, da wir relativ weit hinter der rasch voranstürmenden Truppe herzogen, sahen wir kaum noch Gefallene, nur abgeschossene sowjetische Panzer säumten die »Rollbahn«, meist Kampfpanzer älterer Bauart, die, groß und unbeweglich, der deutschen Pak unterlegen waren. Das sollte sich ändern, als die weit wendigeren T 34 in größeren Mengen an die Front kamen und in den Kampf eingriffen.

In diesen Wochen bestand der Krieg für uns vor allem in langen Märschen und im Leiden an dem mehr und mehr dahinsiechenden Pferdebestand. Als letzter Geschützführer mußte ich schließlich auch mein Restpferd abgeben – und wie ein »gewöhnlicher Infanterist« zu Fuß gehen. Viele Fahrzeuge wurden jetzt von acht oder zehn kleinen Russenpferdchen statt von sechs deutschen Warmblütern gezogen. Die Batterien machten einen eher desolaten Eindruck. Nur die vierte, vollmotorisierte Abteilung mit ihren schweren 15-cm-Feldhaubitzen (s.F.H. 18) konnte sich noch sehen lassen.

Erst viel später kam ich auf den Gedanken, daß mein Vater im vollen Bewußtsein der begrenzten Rolle bespannter Artillerieeinheiten im modernen Bewegungskrieg mir zu dieser Truppe geraten hatte. Jedenfalls entgingen wir beim Vormarsch manchen Gefahren einfach nur deshalb, weil wir zu spät kamen, um in die Kämpfe eingreifen zu können. Komischerweise waren meine kleinen »Einkaufsreisen« noch am ehesten einem echten Fronteinsatz vergleichbar, weil wir gelegentlich recht nah an die aktuelle Hauptkampflinie herankamen, um Dörfer aufzuspüren, die – durch Zufall – vom Krieg verschont geblieben waren und eher »Vorräte« für unsere Pferde versprachen. Wir wurden vor Heckenschützen gewarnt, kamen aber stets unbehelligt zurück.

Die Grenze zwischen den »neu« zur Sowjetunion hinzugekommenen (von den Nazis an Stalin »verschenkten«) polnischen Ostgebieten zur »alten« Ukraine war am deutlichsten durch die große Zahl der Sowchosen und Kolchosen erkennbar, denen wir von da an begegneten. Die vielen kleinen Bauernhöfe, die es in der Westukraine noch gab, verschwanden ganz, und riesige Gebiete mit reinen Monokulturen beherrschten buchstäblich das Feld. Einmal kamen wir an einer Sowchose vorbei, die sich auf Flachs und Bienenzucht »spezialisiert« hatte, ein andermal lasen wir schon auf der Karte »Sowchose Schweine«. Die zentralen Gebäude der Sowchosen und Kolchosen unterschieden sich nur wenig voneinander. Riesige Ställe, Getreidesilos, Schuppen und Gebäude für das Großgerät – wie Mähdrescher, Traktoren, Eggen, Vielscharenpflüge usw. – bildeten den »Kernbestand«; dazu kamen die Verwaltungsgebäude. In den meisten Fällen hatte die abziehende Rote Armee offenbar genügend Zeit gehabt, um das Vieh wegzuführen; das Ackergerät war beschädigt oder zerstört, in einigen Fällen auch in einem nahe gelegenen See versenkt worden. So »gut« es eben ging, hatten die Sowjets das Prinzip der »verbrannten Erde« befolgt, das schon während Napoleons Rußlandfeldzug praktiziert worden war. Dagegen waren die kleinen Bauernhäuser, in denen die Familien der Kolchosniki und Sowchosarbeiter zu wohnen pflegten, meist noch intakt, und auch der geringe Bestand an »Privatvieh« war oft noch vorhanden. Alle wehrfähigen Männer waren natürlich verschwunden, wohl auch diejenigen, die als Kolchosleiter oder Verwalter bis dahin unentbehrlich gewesen waren. In einigen Fällen hatte ich den Eindruck, daß sich die zurückgebliebenen älteren Männer und Frauen vor unserer Ankunft Teile der zentralen Kolchoseinrichtung, vielleicht auch Vieh, noch rasch angeeignet hatten. In den großen Kolchosställen herrschte jedenfalls, wenn wir eintrafen, völlige Leere.

Der Unterschied in der Einstellung der Bevölkerung zur eingedrungenen Wehrmacht wurde um so deutlicher, je weiter nach Osten wir kamen. Im alten sowjetischen Staatsgebiet galten wir nicht mehr als Befreier. Als eine der wenigen Ausnahmen ist mir ein alter Mann in Erinnerung, der voller Stolz von seinem Dienst in der zaristischen Armee erzählte. Die »alte Zeit« begegnete uns in den westukrainischen (wie zuvor in den polnischen) Bauernhäusern dagegen noch oft in Gestalt vergilbter Fotos von jungen Männern in österreichisch-ungarischer oder auch zaristischer Uniform. Einige mochten die längst verstorbenen Groß- und Urgroßväter der jetzt hier lebenden Menschen gewesen sein, andere auch Jugendbildnisse der Greise, die uns meist freundlich begrüßten. Diese kleinen gerahmten Fotos nahmen sich in den Räumen dieser ärmlichen Hütten, die oft so aussahen, als hätte sich hier seit Jahrhunderten nichts verändert, merkwürdig aus. Der übrige Zimmerschmuck bestand zumeist aus ein oder zwei Ikonen, die manchmal mit »Rutschniki« (bunt bestickten Tüchern) verziert in einer Ecke hingen – das russische und ukrainische Äquivalent des bayerischen »Herrgottswinkels«. Mir fiel auf, daß diese Ikonenecke auch in den meisten Bauernhäusern der »alten« Sowjetunion nicht fehlten. Mochten die jungen Leute nicht mehr viel vom Glauben ihrer Väter wissen, so hielten doch die älteren Frauen – wenn nötig insgeheim – an ihm fest.

In Orten, deren Kirchen erhalten waren, ermöglichten die deutschen Truppen in der Regel, soweit sich ein Pope einfand, die Wiederaufnahme des oft seit Jahren untersagten Gottesdienstes. So erlebte ich einmal, wie ganze Scharen sonntäglich geschmückter Frauen und die wenigen zurückgebliebenen, meist sehr alten Männer zum Gottesdienst in eine schöne alte Holzkirche zogen, aus der alsbald der feierliche Gesang der Gemeinde ertönte. Sobald wir die Grenze von der Westukraine zum alten Sowjetgebiet überschritten hatten, kam es jedoch nur noch selten vor, daß die Kirchen intakt waren und, wie der sowjetische Ausdruck lautete, »arbeiten« konnten. Viele wurden als Materiallager oder als Getreidespeicher des Kolchos oder der Sowchose benützt und waren obendrein auch noch baufällig, was für die gelagerten Geräte und Saaten kaum gut sein konnte.

Anfang August – wir waren gerade wieder einmal mühselig im Vormarsch begriffen – erhielt ich plötzlich den Befehl: »Sie sind mit sofortiger Wirkung zum Ersatztruppenteil, Kommando Waffenschule der Artillerie in Jüterbog, versetzt und haben sich unverzüglich dorthin auf den Weg zu machen.« Ehe ich mich auf die Suche nach einem Transportmittel »nach rückwärts« aufmachte, gab mir der Batteriechef noch eine Reihe guter Ratschläge mit auf den Weg. Inzwischen waren noch Fahnenjunker der anderen Abteilungen dazugestoßen. Doch da alle Einheiten ständig »unterwegs« waren, brauchten wir zwei volle Tage, um die Qu-Abteilung der Division zu finden, die uns Wehrmachtsfahrscheine ausstellen sollte, die aber auch nur dann einen »Sinn« hatten, wenn wir zu einem in Betrieb befindlichen Bahnhof gelangten. In Uman, einer Stadt, die eben erst von deutschen Truppen eingenommen worden war, stießen wir auf den Divisionsstab. Lastwagen brachten uns dann von Ort zu Ort, bis wir nach abermals zwei Tagen endlich – ich glaube, es war in Winniza – die Eisenbahn erreichten, mit der es über Lemberg allmählich westwärts ging. In Lemberg konnten wir die schmutzigen Güterwaggons, die Munition oder Pferde an die Front befördert hatten, endlich mit Personenabteilen dritter Klasse vertauschen, die uns jetzt als Inbegriff gehobenen Komforts erschienen.

Im Zug trafen wir zwei polnische Soldaten, die 1939 eingezogen, aber als unzuverlässige »Volksdeutsche« sofort an die damalige Ostgrenze des Landes gebracht worden und in sowjetische Kriegsgefangenschaft geraten waren. Das Vordringen der deutschen Streitkräfte hatte sie befreit, und nun strebten sie ihrer Heimat Posen zu, zu der seit Kriegsbeginn jeder Kontakt abgebrochen war. Ich frage mich heute, wie es ihnen wohl nach der Befreiung Polens im Jahr 1945 ergangen sein mag? Sie hatten für ihre polnische Heimat gekämpft und jedenfalls in sowjetischer Gefangenschaft – im Lager Schitomir – gelitten, aber 1945 waren sie als »Volksdeutsche« abermals unerwünscht und mußten vermutlich ihre posnische Heimat verlassen.

Die Abkommandierung zur Waffenschule in Jüterbog noch vor Beginn des schlimmen Kriegswinters 1941/42 bedeutete für uns Fahnenjunker des Jahrgangs 1940 ein noch gar nicht erkanntes Glück. Auf diese Weise blieb uns der schrecklichste Kriegswinter mit seiner extremen Kälte und der höchst unzulänglichen Winterausrüstung erspart. Als wir ein Jahr später zur Fronttruppe zurückkehrten, waren wir die einzigen, die ohne jene merkwürdige »Winterauszeichnung« waren, die die Landser zutreffend und bitter »Gefrierfleischorden« genannt haben.

Draußen vor den Fenstern unseres Zuges glitten die Felder Schlesiens und schließlich Sachsens und Thüringens an uns vorüber. Alles schien uns ungewöhnlich klein. Wir hatten uns an die weiten Horizonte des Ostens gewöhnt und wurden uns allmählich der Enge unserer zentraleuropäischen Heimat bewußt. Je länger die Anstrengungen und die Ängste des kurzen Feldzugs, den wir mitgemacht hatten, hinter uns lagen, um so mehr drängte sich die Erinnerung an die Großartigkeit der Landschaft mit ihren schier endlosen Feldern, breiten Strömen und dichten Wäldern vor, und mir schien es fast so, als hätte ich noch nie Natur so intensiv wahrgenommen. Aber auch an die Menschen, denen ich in Polen und in der Ukraine begegnet war, dachte ich voller Dankbarkeit zurück. Sie hatten – so paradox es klingen mag und so schief unsere Lage als Eindringlinge ihnen gegenüber auch war – uns, jedenfalls aber mir, ein Stück warmer Menschlichkeit inmitten von Angst, Not und Elend vorgelebt.

In meiner noch immer unersättlichen Neugier wäre ich nicht ungern mit dem Regiment gen Osten gezogen, um endlich die ukrainische Hauptstadt Kiew kennenzulernen, aber der heilsame Befehl der obersten Heeresleitung schickte den Offiziersnachwuchs erst einmal zur weiteren Ausbildung nach Hause. In Altenburg erfuhr ich, daß ich seit dem 1. Juli zum »Fahnenjunker-Unteroffizier« befördert worden war. Nach einem kurzen Urlaub im Dresdner Elternhaus erfolgte der »Dienstantritt« in Jüterbog.

Lehrgang an der Artillerie-Waffenschule in Jüterbog

Die Welt, in die wir »Fahnenjunker-Unteroffiziere« in Jüterbog eintauchten, unterschied sich nicht nur von dem eher »abenteuerlichen« Dienst bei der Fronttruppe, sondern auch ganz erheblich von unserer Garnisonszeit in Altenburg. Schon die Einteilung in »Hörsäle«, an deren Spitze ein »Hörsaalleiter« stand, erinnerte eher an eine Fachhochschule. Vielleicht hätte man die Institution am angemessensten als eine Kreuzung zwischen Kadettenanstalt und Hochschule bezeichnen können.

Unser Dienst bestand zu mehr als der Hälfte aus Unterricht. Der »Rest« verteilte sich auf »Rahmenübungen« im Gelände, Scharfschießen auf Übungsplätzen der näheren Umgebung und auf intensiven Sport. Das Reiten kam für meinen Geschmack viel zu kurz. Unser Sportlehrer war der ausgezeichnete Pädagoge und ehemalige Olympiasieger im Hammerwerfen Blask. Ich erinnere mich noch gut an die »Tricks«, mit denen er uns zu äußerster Kraftanstrengung motivierte. Wenn wir von Übungen nach Befehl schon völlig erschöpft zu sein glaubten, setzte er Wettkämpfe und Ballspiele an, in denen Teamgeist und Ehrgeiz geweckt wurden. Das Training in Jüterbog hat sicher dazu beigetragen, daß ich die kommenden Strapazen im Ostfeldzug einigermaßen gesund überstand.

Die wichtigste »Bezugsperson« war natürlich unser Hörsaalleiter, ein stämmiger schwäbischer Hauptmann, der uns die Grundzüge der Artillerietaktik beibrachte. Mein Vater schrieb mir Anfang Januar 1942: »Im übrigen meine ich, daß Deine Chance jetzt eigentlich kommt, da nun die Verstandesleistung stärker hervortreten kann.«

Und in der Tat hatte ich Freude an der rationalen Argumentation und an dem disziplinierten Denken, das generell von Taktik und Strategie gefordert wird. Gelegentlich fiel auch ein Blick auf historische Schulbeispiele, aber namentlich die Artillerietaktik basierte auf »modernen« Einsichten. Natürlich entwickelte sich bei mir auch ein kindlicher Stolz auf »meine« Waffengattung, der auf dem Wissen um bedeutende Artilleristen von Napoleon bis zum letzten Chef des großen Generalstabs Halder beruhte. Zu den leitenden Prinzipien der Artillerietaktik gehörte die Konzentration der Feuerkraft auf Stellen, an denen ein gegnerischer Angriff erwartet oder ein eigner Vorstoß geplant wurde. Die Organisation der Landstreitkräfte nach Divisionen, zu denen je ein Artillerieregiment gehört, das aus vier Abteilungen – drei »leichten« und einer »schweren« – besteht, war für eine massive Zusammenfassung von Feuerkraft, wie bereits (S. 79) erwähnt, jedoch nicht besonders günstig. In der Praxis wurden daher wiederholt Regimenter oder Abteilungen aus dem Verband einer Division »herausgelöst« und einer anderen, die in einem schweren Abwehrkampf stand oder einen Angriff zu unterstützen hatte, unterstellt. Solche »Unterstellungen« hatten aber organisatorische Probleme zur Folge und waren der weit flexibleren Organisation der Roten Armee oft unterlegen. Im übrigen hatte die sowjetische Militärtechnik gegenüber der unseren den Vorteil, daß unseren 10,5-cm-Haubitzen solche mit 12,2-cm-Kaliber und erheblich größerer Reichweite gegenüberstanden: den 15 cm schweren Haubitzen solche mit 17,2 cm.

Wie schon bei der Ausbildung in Altenburg hatte ich auch eine spielerische Freude an der exakten und formalisierten Sprache, mit der zum Beispiel ein Regimentsbefehl abgefaßt werden mußte. Dem Prinzip der preußisch-deutschen Auftragstaktik entsprechend, wurde jeder niedrigeren Einheit zunächst die Aufgabe der jeweils höheren mitgeteilt und ihr dann exakt gesagt, welche Funktion ihr – in diesem größeren Rahmen – zufiel. Diese Art der Befehlsgebung ließ den Führern der jeweils niedrigeren Einheit einen gewissen Spielraum, der es ihnen erlaubte, »sinngemäß« von Details der Befehle abzuweichen, um den Zweck der übergeordneten Einheit optimal zu realisieren. Ein Befehl konnte daher zum Beispiel wie folgt aussehen: »Die 24. Infanteriedivision verteidigt im Rahmen des IV. Armeekorps die Linie zwischen Schitomir und Winniza. Sie nützt die vorhandenen geographischen Bedingungen für die genaue Anlage der Verteidigungsgräben usw. aus. Dem Artillerieregiment 24 kommt in diesem Zusammenhang die Unterstützung – insbesondere – des X. Infanterieregiments zu, das etwa 10 km nördlich und 5 km südlich von Berditschew die Front hält. Zum Zweck der möglichst raschen Verstärkung wird eine Abteilung der leichten und eine Batterie der schweren Abteilung etwa 15 km westlich von Berditschew in Bereitschaft gehalten. Die Straße von Schitomir nach Winniza ist nach Möglichkeit zu halten, darf aber auf keinen Fall durchgehend in Feindeshand fallen. Der Divisionsstab befindet sich in X, der Stab des Artillerieregiments in Y, Hauptverbandsplatz in Z. Die Abteilungen sind auf Zusammenarbeit mit den Infanterieregimentern anzuweisen. B-Stellen in Nachbarschaft der vorgeschobenen Kompaniegefechtsständen ...«

Entscheidend für einen solchen »Auftragsbefehl« war das Offenlassen von Details und die Information über den Auftrag der »höheren« Einheit – hier der Division, unter Umständen auch des Armeekorps. Ich erinnere mich unter anderem deshalb so genau an diese »Grundprinzipien« der deutschen Auftragstaktik, weil ich später wiederholt miterlebt habe, wie die Oberste Heeresleitung – zuweilen sogar Hitler selbst – *direkt* – unter Überspringung der dazwischenliegenden Einheiten – in eine Division oder gar ein Regiment »hineinbefohlen« hat. Auf der Waffenschule aber war diese Art der detaillierten und unflexiblen Befehlsgebung als Kennzeichen der taktisch unterlegenen französischen Heeresführung bezeichnet und kritisiert worden.

Bei den Rahmenübungen, zu denen wir auf einen Truppenübungsplatz gefahren wurden, »durften« wir reihum die Aufgaben von Abteilungskommandeuren, Regimentskommandeuren oder auch von Adjutanten und Generalstabsoffizieren übernehmen. Verständlich, daß wir Neunzehnjährigen an einem solchen »wirklichkeitsnahen« Spiel (allerdings ohne real anwesende Soldaten) Freude hatten.

Das »Scharfschießen« fand auf einem weiten Gelände statt, das durch hölzerne Dorfkulissen und Kirchtürme in eine Art Filmlandschaft verwandelt worden war. Hier kam es darauf an, durch exakte Berechnung der Entfernung und der Windgeschwindigkeit die Ziele mit möglichst wenigen Probeschüssen zu treffen. Kirchtürme dienten im allgemeinen dazu, mit einem Einzelgeschütz »Maß« zu nehmen, indem man eine in der Luft explodierende Granate mit Zeitzünder möglichst genau über der Spitze des Turms zur Detonation brachte. Im übrigen galt das bis zum Überdruß eingeübte »Prinzip«: zu weit – zu kurz – Treffer. Als ich später, vor Leningrad in einem Bunker sitzend, selbst »Objekt« dieses »Einschießverfahrens« war, wußte ich – zum Glück –, daß man besser nicht auf den dritten – meist treffenden – Einschlag wartet, sondern schon nach dem zweiten freiwillig das unter Beschuß genommene Ziel räumt. Die Artilleristen hüben und drüben sprachen sozusagen die gleiche (brutale, aber »rationale«) Sprache.

Während ich in Altenburg viele Kontakte zur Stadt und ihrer »Zivilbevölkerung« gehabt hatte, blieb mir und meinen Kameraden die Kleinstadt Jüterbog ziemlich fremd. Allein an die merkwürdige Inschrift an einem Stadttor erinnere ich mich noch genau: Über einer gewaltigen mit Stacheln besetzten Keule konnte man lesen: »Wer seinen Kindern gibt das Brot und leidet nachher selber Not – den schlag man mit der Keule tot!« Es waren offenbar barbarische Zeiten, als man so mit allzu gütigen Eltern verfuhr!

Eines Tages erhielt ich einen Brief von meinem Vater, der – vielleicht durch General Olbricht – etwas über meine Beurteilung durch die Vorgesetzten in Jüterbog erfahren hatte. Sowenig er mit meiner »Berufswahl« einverstanden gewesen war, sosehr suchte er mir jetzt durch diese – illegale – Mitteilung zu helfen: »Man urteilt über Dich ungefähr so: Wenn er mehr Disziplin, auch geistige, hätte, würde er zu den Besten zählen. Pünktlichkeit läßt zu wünschen übrig. Manchmal hat man den Eindruck eines gewissen geistigen Hochmuts. Mir schien an der Kritik besonders die Disziplin sehr zutreffend. Solche Dinge erkennt man z. B. auch aus der Art der Briefbeantwortung. Ich gewann den Eindruck, daß es bei Dir nicht sicher ist, ob Du das Kursziel erreichst, wenn nicht die Frage der Disziplin bei Dir in positivem Sinne gelöst wird. Verfalle nicht in den Fehler pennälerhafter Betriebsamkeit, vermeide alle Schwülstigkeit des Ausdrucks. Knapp, nüchtern, sachlich, ständig auf Draht, korrekt in der Arbeit! (...) Woher ich alles weiß, braucht Dich nicht zu kümmern. Daß ich es weiß, halte ich für nützlich. Ich versuche auch, Deine Bewertung korrigieren zu helfen. Frag nicht weiter. Wenn Du irgendwelche Zweifel oder Schwierigkeiten hast, schreib mir in die Praxis.«

Der Brief ist undatiert, dürfte aber um den 10. November 1941 herum geschrieben worden sein. Mein Vater riet mir, das Blatt zu verbrennen. Ich habe es aber – sorglos, wie ich damals war – aufbewahrt. Am 17. November bedankte ich mich für die hilfreiche Information. Die kritische Beurteilung traf mich aber ziemlich unerwartet, da ich nicht zu denen gehörte, die von den Ausbildungsoffizieren ausdrücklich ermahnt worden waren, sich mehr Mühe zu geben. Jedenfalls nahm ich an, »ich würde wenigstens zum Durchschnitt zählen«, wie ich meinem Vater zurückschrieb. Lediglich für den »geistigen Hochmut« fand ich eine plausible Erklärung: »Ich müßte ...

manchmal ziemlich kleinmütig sein, um nicht hochmütig zu werden. Neulich erzählte ich unserem Ausbildungsoffizier einiges über die Gründgenssche ›Faust‹-Aufführung, die ich in Berlin gesehen hatte. Der Mephisto schien mir wenigstens zum Teil etwas manieriert gegeben. Darauf meint er, was ist denn das für ein komischer Begriff? Ich erklärte Manier und Manierismus, von dessen Existenz er jedoch keine Ahnung hatte. Vielleicht hat mir das die Beurteilung ›geistig hochmütig‹ eingetragen.«

Im selben Brief erklärte ich meine Zufriedenheit mit dem anspruchsvollen Bild des idealen Offiziers, das uns in Jüterbog »beigebracht« wurde. Es sei mir »höchst sympathisch und befriedigend, wenn nur die Wirklichkeit diesem Ideal ein wenig näher käme und nicht allein von wenigen vorbildlichen Offizieren verkörpert würde«. Ich jedenfalls, so fügte ich selbstbewußt hinzu, werde versuchen, diesem »Ideal möglichst nahe zu kommen«.

Einen bleibenden Eindruck, der mir noch lange danach immer wieder Anlaß zum Nachdenken gab, machte eine »Abschiedsrede« des Kommandeurs der Waffenschule, Oberst (später General) Martin Lattmann. Thema der Rede war im Grunde Pflicht und Ehre eines anständigen Soldaten. Als negatives Beispiel für unanständiges, eines »Offiziers unwürdigen« Verhaltens nannte er das einiger Mitglieder seines Regimentsstabes während des Polenfeldzuges. Da habe es nämlich Erschießungen von Zivilisten – auch von Frauen und Kindern – gegeben, die Gott sei Dank nicht von Angehörigen des Heeres, sondern von SS vorgenommen worden seien. Einige Offiziere seines Stabes hätten jedoch in schamloser Weise dabei zugesehen. Dieses »Zusehen«, meinte Oberst Lattmann, sei eines »deutschen Offiziers unwürdig«. Später überlegte ich, ob denn das bloße Wegsehen eigentlich bereits ausreiche, um die Würde des deutschen Offiziers zu bewahren? Trotz dieser offensichtlichen Halbheit gehörte damals (1942) schon einiger Mut dazu, um überhaupt auf derartige (streng geheimgehaltene) Ereignisse hinzuweisen. Ich war daher auch nicht erstaunt, als ich später erfuhr, daß General Lattmann – nach der Katastrophe von Stalingrad, die der »Oberste Befehlshaber der Wehrmacht« zu verantworten hatte – dem »Nationalkomitee Freies Deutschland« beigetreten war, das die sowjetische Führung organisiert hatte, um konservative deutsche Patrioten für die Propaganda zur Beendigung des Krieges zu gewinnen.

Von Jüterbog aus konnte ich wiederholt Unterstaatssekretär Woermann besuchen, der im Tiergartenviertel wohnte. Im Erdgeschoß las ich an der Klingel »von Seeckt«, im ersten Stock war die geräumige Junggesellenbleibe Woermanns. In der Regel ließ mich Ernst Woermann vom Anhalter Bahnhof abholen, und manchmal hatte er sogar eine Theater- oder Konzertkarte für mich bereit.

Ich weiß nicht genau, ob ich schon 1941 oder erst später bei Gelegenheit eines allein eingenommenen Frühstücks in einer Art Tagebuch blätterte, das der Unterstaatssekretär vielleicht sogar absichtlich liegengelassen hatte. Es enthielt Aufzeichnungen aus dem Jahr 1939, wenige Wochen vor dem Angriff auf Polen. Der deutsche und der italienische Außenminister waren sich nicht einig über die Auswirkungen des geplanten Krieges auf die britische Regierung. Ribbentrop, der einige Zeit als wenig erfolgreicher Botschafter in London gewesen war, die Engländer jedoch zu kennen glaubte (übrigens schätzte er sie ähnlich falsch ein wie der damalige US-Botschafter Joseph Kennedy), wettete eine Kiste Sekt (vermutlich seiner Hausmarke Henkell trocken), daß die Briten zwar laut protestieren, aber keinen Finger rühren würden, um den Polen beizustehen. Graf Ciano war – wie sich herausstellte, zu Recht – der gegenteiligen Meinung. Ich erschrak nicht wenig über die Leichtfertigkeit, mit der hier zwei führende Politiker Krieg – genauer gesagt: Weltkrieg – zum Gegenstand einer Sekt-Wette unter »Gentlemen« gemacht hatten.

Ernst Woermann kannte Ribbentrop persönlich ganz gut, da er seinerzeit (im August 1936) den unerfahrenen Außenseiter als Gesandter nach London begleitet hatte. Meinen Eltern erzählte er eine kleine Anekdote von der Zeremonie anläßlich der Überreichung des Beglaubigungsschreibens an den britischen König. Ribbentrop stellte sich aufrecht vor den König hin und erhob die Hand zum »deutschen Gruß«; Woermann verneigte sich korrekt, worauf seine Majestät nur kurz anmerkte: »Sie sind vermutlich Berufsdiplomat.« Ob der selbstbewußte Nazibotschafter die ironische Spitze überhaupt gespürt hat, die in dieser Bemerkung steckte, ist fraglich.

Ein weiteres Mitglied der deutschen Botschaft in London, Carl-Erdmann Fürst Pückler, hat 1938 ein kleines Bändchen »Einflußreiche Engländer« veröffentlicht und es dem inzwischen zum Reichsminister des Auswärtigen aufgestiegenen Joachim von Ribbentrop »... in Erinnerung an die Londoner Jahre 1936/37« gewidmet. Ich hatte das Buch schon als Schüler gelesen und namentlich die Einleitung über das »Idealbild« des Gentleman als eine Art nachträgliche Unterweisung für den hohen Vorgesetzten verstanden. An dieses Buch, das mir Ernst Woermann 1938 oder 1939 zum Geburtstag geschenkt hatte, mußte ich damals denken. Aus der amüsanten Einleitung Fürst Pücklers über das »Idealbild« des Gentleman hätte Botschafter von Ribbentrop leicht lernen können, wie man sich erfolgreich auf dem diplomatischen Parkett bewegt.

Beim Wiederlesen fiel mir zum Beispiel die folgende Passage ins Auge: »Eines steht fest und ist für die Erkenntnis der politischen Seele Englands fast noch wichtiger als der Begriff des Gentleman, eine englische Eigenschaft, in der auch dieser einige seiner Wurzeln hat, eine *Eigenschaft, die wir im Privatleben nicht schätzen, die aber in einem politisch weisen Volk bewußt als Tugend gepflegt wird: das Mißtrauen.*« In der Innenpolitik der römischen Republik habe das Mißtrauen eine ähnliche Rolle gespielt wie im heutigen England. »Es gilt als die politische Urtugend, aus der ein System geworden ist, ganz anders als in Deutschland, wo von jeher gerade die auf Vertrauen beruhende Treue geübt und gefeiert wird.« Dieses tiefsitzende Mißtrauen habe zur Folge, daß jeder Engländer, auch der Abgeordnete des Parlaments, der »Zauberkraft eines guten Redners« von vornherein mißtraut, so daß umgekehrt auch noch der brillanteste Rhetor alles daransetzen muß, nicht als solcher »aufzufallen«. Jedes Mittel sei hierzu angebracht – notfalls sogar ein künstliches Stottern. Vor allem aber müsse ein politischer Redner jeden Anschein der Selbstgewißheit und Überzeugung vermeiden und durch humoristische Formulierungen das Unterhaus zum Lachen bringen. Nur leicht übertreibend, was natürlich ein Gentleman nie dürfe, meint Fürst Pückler, ein Gentleman sollte »nie den Anschein erwecken, als wüßte er etwas«; er dürfe höchstens sagen, »sein einfacher und durchaus mittelmäßiger Verstand führe ihn dazu zu glauben, daß es sich so oder so verhalte ...« Diese Zurückhaltung habe dazu geführt, daß es »unmöglich ist, in England zu sagen ›Ich bin krank‹, ›Ich habe keine Zeit‹ oder ›Es regnet‹. Es heißt: ›Ich fürchte, ich bin krank.‹ – ›Ich fürchte, ich habe keine Zeit.‹ – ›Ich glaube, es regnet.‹ Ganz entsprechend dürfe der Unterhausabgeordnete ›nur fürchten, glauben, zur Debatte stellen; sich fragen, ob nicht oder doch, obgleich er eigentlich nichts davon wisse, nur darauf aufmerksam machen wolle, ob nicht vielleicht ...‹« All diese vorsichtigen und frageförmigen Umschreibungen hätten aber nichts mit wirklicher Unsicherheit zu tun, sondern seien lediglich Formen einer zur Gewohnheit gewordenen *Höflichkeit* im Umgang unter Gentlemen. Eine »direkte Behauptung« sei einfach »unschicklich«.

Fanatische Überzeugungen, wie sie in Deutschland zu jeder Parteirede der Naziführer gehörten, mußten aus diesem Grunde für einen Engländer schockierend sein. Wer dieses kleine Buch einigermaßen aufmerksam las, konnte kaum umhin, an den Kontrast dieser Beschreibung eines Ideals zur Großsprecherei der führenden Männer des »Dritten Reiches« erinnert zu werden. Der Humor, heißt es wenige Seiten weiter, »dient in England der Erhaltung dessen, was man als die wertvollste Grundlage des englischen Lebens, der englischen Weltanschauung betrachtet: der *Scheu vor allem Extremen*«. »Wo immer sich große Leidenschaft, Pathos, Glauben an Alleinseligmachendes, Übertreibung zeigt, schaltet sich sofort der Humor ein und führt das Extreme auf normales Maß zurück ...«

Wenn man bedenkt, daß dieses Buch ein Jahr vor Beginn des Krieges von einem deutschen Diplomaten veröffentlicht wurde, kann man auch die beinahe warnenden Sätze kaum übersehen, in denen Fürst Pückler davon spricht, daß »in *kritischen Zeiten*« die Engländer »eine überraschende *politische Einmütigkeit*« entwickeln, für die es eine Vielzahl von komplizierten Erklärungen gebe, die aber einfach bedeute, daß die »verborgenen Antennen« im Herzen jedes Engländers auf ein »SOS«, das ein Mitglied der politischen Klasse sendet, hören und »wie durch ein Wunder ... aus ihrer Alltagsgleichgültigkeit« erwachen. Winston Churchills Rede, in der er von »Blut, Schweiß und Tränen« sprach und das Land auf einen langen und schweren Kampf einstimmte, hatte genau diese Wirkung!

Im übrigen ist auch das knappe Bild von Churchill, das Pückler in diesem Buch entwirft, trotz der Hinweise auf die Sprunghaftigkeit und Unberechenbarkeit des großen Mannes voller anerkennender Bewunderung. Er wird nicht nur als der gegenwärtig »beste Redner des Unterhauses« apostrophiert, sondern auch als ein von »tiefem Mißtrauen gegen Deutschland« beseelter, ehrgeiziger Politiker, von dem »der verdiente Admiral Sir Roger Keynes« im März 1938 anläßlich der Unterhausdebatte über den »Anschluß« Österreichs gesagt habe: »Könnte sich der Premierminister jetzt der Dienste seines ehrenwerten Freundes, des Mitglieds für Epping (Winston Churchill), versichern, der klaren Blick, Voraussicht, Energie, Entschlossenheit und Schwung wie auch große Kenntnis und Erfahrung in allen Fragen der Kriegsvorbereitung und -führung besitzt? Seine Erfahrung und Kenntnis sind unvergleichlich. *Wenn er seine Hand für die große Aufrüstung liehe* (...), so würde eine Welle der Erleichterung über das Land dahingehen.« Ein Jahr später wurde Churchill wieder – wie schon während des Ersten Weltkrieges – Erster Lord der Admiralität und im Mai 1940 endlich Premierminister. Ribbentrops Glauben an die pazifistische Dekadenz Englands hatte sich als Irrtum herausgestellt. Vielleicht hätte ihn eine genauere Lektüre des ihm gewidmeten Buches rechtzeitig eines Besseren belehrt.

Doch zurück zu meiner »Existenz« als ehrgeiziger Fahnenjunker-Unteroffizier. Eine Faust-Inszenierung durch Gründgens habe ich schon erwähnt. Ein anderes Mal erhielt ich die Einladung zu einem Konzert der Berliner Philharmonie. »Leider«, meinte Ernst Woermann, »dirigiert diesmal nicht Wilhelm Furtwängler, sondern ein junger Protegé von Göring, dessen Namen Ihnen vermutlich noch unbekannt ist: Herbert von Karajan.«

In der Pause stellte mich Ernst Woermann einem älteren Admiral vor, der mir freundlich die Hand schüttelte. Auch sein Name sagte mir damals nichts. Es war Admiral Wilhelm Canaris. Woermann deutete an, daß er zu den wichtigsten Männern in der obersten Wehrmachtsführung zähle. Unter den anderen Namen, die er damals erwähnte, war der General Walter Warlimont und natürlich der – in der Truppe eher mit Verachtung genannte – Generaloberst Keitel. Ich kann mich nicht mehr genau erinnern, von wem ich zum erstenmal den »Spitznamen« »Lakeitel« hörte, es ist aber durchaus möglich, daß Woermann ihn kannte und vorsichtig benutzte.

Ernst Woermann wurde 1943 gleichzeitig mit seinem direkten Vorgesetzten, dem Staatssekretär Ernst von Weizsäcker, aus der Zentrale der deutschen Außenpolitik entfernt und als Botschafter ins japanisch beherrschte China geschickt, auf einen Posten, den er nur mit Hilfe eines U-Bootes erreichen konnte. Ernst von Weizsäcker ging als Botschafter am Heiligen Stuhl nach Rom.

Als 1934 der letzte frei gewählte Reichspräsident Paul von Hindenburg gestorben war, hieß es, er habe in seinem »politischen

Testament« ersucht, das Heer und das Auswärtige Amt »intakt« zu lassen. Jedenfalls sollte es in der Tat noch einige Jahre dauern, bis diese beiden Institutionen von engagierten Nazis »übernommen« wurden. Einen Abschluß fand diese »Gleichschaltung« erst nach dem mißlungenen Attentat vom 20. Juli 1944, als Heinrich Himmler zum Oberbefehlshaber des Ersatzheeres gemacht und eine große Anzahl verdienter höherer militärischer Führer hingerichtet oder – wie Rommel – zum Selbstmord gezwungen wurde.

Aber damit greife ich den Ereignissen weit voraus. Im Winter 1941/42 hatten wir von all diesen Dingen keine Ahnung, und auch die Rolle von Admiral Canaris war mir natürlich unbekannt.

Am 1. Februar 1942 wurde ein Teil unseres Lehrgangs zum Fahnenjunker-Wachtmeister, der Rest zum Leutnant ernannt. Ich gehörte zur zweiten Kategorie – und verdankte diesen »Erfolg« vermutlich dem Ratschlag meines Vaters. Zum Glück gehörte ich aber nicht zur »Spitzengruppe« der Absolventen der Waffenschule, denn sie hatte die Ehre, *direkt* zum aktiven Regiment, das vor Sewastopol lag, abkommandiert zu werden. Meine Qualifikation reichte nach Einschätzung meiner Vorgesetzten zunächst nur zum Garnisonsdienst aus. Später sollte ich dann zu einer Neuaufstellung versetzt werden.

Ich kann mich nicht mehr genau erinnern, ob ich über diese »Zurückstellung« traurig war, vermute es aber. Der Sohn einer ehrgeizigen Offizierswitwe, mit der meine Eltern bekannt waren, betrachtete seine »Zurückstellung« als eine Art Katastrophe. Um so glücklicher waren natürlich meine Eltern, denn noch einmal ein paar Monate Altenburg, das bedeutete, daß sie ihren Sohn in der Nähe und in relativer Sicherheit wußten. Die nur zum Wachtmeister Beförderten kamen übrigens auch sofort an die Front. Ich hatte also – zurückblickend – das große Privileg, zu der kleinen Gruppe zu gehören, die einstweilen »in der sicheren Heimat« blieb. Da zu dieser Zeit die Luftangriffe auf deutsche Städte noch nicht voll im Gange waren und Altenburg auch kein besonders attraktives Ziel bot, konnte man wirklich von »relativer Sicherheit« sprechen. Im übrigen war es von Altenburg aus leicht möglich, die Wochenenden daheim zu verbringen. Ein paarmal haben mich auch meine Eltern dort besucht. Obendrein lockte das gastfreundliche Gut des Freiherrn von Poellnitz.

Bevor wir aber an die Front oder zum Ersatztruppenteil entlassen wurden, »durften« wir im Berliner Sportpalast noch einer »Führerrede« beiwohnen. Dort trafen wir junge Leutnants aller anderen Waffengattungen und Wehrmachtteile. Eine gewisse Verwunderung löste die Anordnung aus, wir sollten den Dienstanzug mit Koppel, aber ohne Pistolentasche anlegen. Vielleicht wurde diese Anordnung mit der Enge der Autobusse »gerechtfertigt«, die uns zum Sportpalast brachten. Aber der eine oder andere dürfte sich schon gefragt haben, wozu diese offensichtliche Vorsichtsmaßnahme dienen sollte. Hatte der »Führer« vielleicht gar Angst vor seinen jungen Offizieren? Ich erinnere mich noch, daß wir auf einer Empore im Rücken der Würdenträger saßen und vermutlich mit einer »normalen« Pistole ohnehin nicht viel Schaden hätten anrichten können. An einem langen Tisch saßen nebeneinander Reichsmarschall Hermann Göring, dessen rote Stiefel ebenso im Lampenlicht leuchteten wie sein riesiger Marschallstab, Generaloberst Keitel, Großadmiral Raeder und – vermutlich – Generaloberst Fromm, der damals das Ersatzheer befehligte. Erst etwas später traf Adolf Hitler ein, von den Anwesenden mit frenetischen Ovationen begrüßt. An den Inhalt seiner Rede kann ich mich nicht mehr erinnern. Vermutlich schärfte uns Hitler noch einmal seine Idee ein, daß es um einen »Kampf auf Leben und Tod« gegen den »Weltfeind Nummer eins, den Bolschewismus«, gehe. Es ist denkbar, daß antisemitische Ausfälle in dieser Rede unterblieben, aber ich kann mich irren.

Ein paar Wochen zuvor hatte ein professioneller Propagandaredner des OKW, General Graf Stillfried, unsere Zukunft ausgemalt und die Versicherung abgegeben, daß wir noch lang genug und oft genug zum »Fronteinsatz« kommen würden. Wir sollten aber ja nicht glauben, nach wenigen Jahren als Zivilisten in die Heimat zurückkehren zu können – das sagte er auch zu den Reserveoffiziersanwärtern unter uns –, vielmehr müßten wir höchstwahrscheinlich unser restliches Leben als »Wehrbauern« irgendwo im Osten, vermutlich am Ural, verbringen. »Eingeborene Arbeitskräfte« würden uns dort zu Diensten stehen, und wir hätten die ehrenvolle Aufgabe, Europa vor dem Ansturm asiatischer Barbaren zu schützen. Von den Japanern war übrigens in diesem Zusammenhang keine Rede. In einem Brief, der sich auf meine Mitteilung über Graf Stillfried bezieht, meinte mein Vater, »der Graf scheint keine Ahnung zu haben ... Man sollte ihn ... zur Truppe schicken.«

Noch einmal Altenburg

Dem glücklichen Zufall, daß ich zur zweiten Gruppe der frischbeförderten Leutnants gehörte, hatte ich es zu verdanken, daß mir noch einmal vier Monate geruhsamen Garnisonslebens gewährt wurden, in einer Zeit, da der Feldzug im Osten schon die ersten Opfer unter den jungen Absolventen meines Jahrgangs der Waffenschulen gefordert hatte. Mein »aktives Regiment« nahm an den Kämpfen vor Sewastopol teil, und fast jeden Tag erhielten wir Nachricht vom Tod oder von schwerer Verwundung ehemaliger Jüterboger »Hörsaalgefährten«. Der einzige freilich, dem ich mich persönlich etwas näher angeschlossen hatte, Hans-Wolf Haunhorst, blieb unversehrt und ist mir nach dem Krieg als Journalist und Redenschreiber für eine der demokratischen Parteien in Bonn gelegentlich wieder begegnet.

Im Rückblick vermag ich mein Leben und meine »Stimmung« während dieser zweiten Garnisonszeit nur schwer zu »verstehen«. Der schreckliche Winterkrieg hatte zahlreiche unerwartete Rückschläge gebracht. Meine eigene frühere Einsicht, daß nur ein rascher Sieg der Wehrmacht Erfolg bringen könne und ein langdauernder Kampf zur sicheren Niederlage führen müsse, schien vergessen. Ich stürzte mich ins Vergnügen und genoß ziemlich ungerührt das angenehme Leben in dem soldatenfreundlichen Kleinstädtchen. Dabei hatte ich auf Grund der häufigen Wochenendurlaube in dieser Zeit weit mehr Kontakt mit dem Elternhaus und hörte dort genügend offene Worte, um den verbrecherischen Charakter des Regimes, dem ich als Soldat diente, erkennen zu können. Ich war so oberflächlich stolz und zufrieden wie nie mehr in meinem Leben.

Als Leutnant des Heeres meinte ich genügend Abstand von den »braunen Massen« zu haben und zu einer Kategorie von Menschen zu gehören, die für die Verfolgung der Juden und die Unterdrückung politischer Kritik nicht »verantwortlich« war. Ich freute mich meiner eleganten Uniform, die ein Patient meines Vaters für mich aus erstklassigem Stoff geschneidert hatte, dekorierte meine ordenlose Brust mit dem Sport- und dem Reitersportabzeichen und genierte mich nicht, gelegentlich ein Monokel zu tragen, was ich für den Gipfel distinguierter Vornehmheit hielt.

Mein Vater dürfte dies alles mit einer Mischung von Verwunderung und Ironie mit angesehen haben. Dabei hatte er mir durch die

Information über meine Beurteilung und womöglich auch noch durch direkte Kontakte insgeheim mehr geholfen, als mir damals bewußt war.

Die Aufgaben, die mich in Altenburg erwarteten, waren mir wohlbekannt. Ich hatte Rekruten so auszubilden, wie ich kaum ein Jahr zuvor selbst ausgebildet worden war. Eine Zeitlang wurden mir die Offiziersbewerber anvertraut, so daß ich eine Art »Fähnrichsvater« war. An »nationalen Feiertagen« hatte ich eine Einheit zur Parade auf den Marktplatz zu führen und stand dort – mit gezogenem Säbel grüßend – neben den ausgewählten Kanonieren, die das Gewehr zu präsentieren hatten. Das alles empfand ich – zu Recht – eher als ein »Spiel«, von dessen Wert ich allerdings offenbar überzeugt war. Zum Glück mußte ich jetzt nicht mehr »Gewehrgriffe klopfen«, so daß meine Unfähigkeit auf diesem Gebiet nicht mehr zutage treten konnte.

Die Honoratiorenfamilien der Stadt luden uns junge Leutnants gelegentlich zu kleinen Tanzveranstaltungen ein, vor allem wenn sie über unverheiratete Töchter verfügten. Bei dieser Gelegenheit habe ich auch Heilwig von Raven wiedergesehen und in der Folge oft in Oberloedla getroffen.

Kleine Unterbrechungen des üblichen Garnisonsdienstes mit seinen regelmäßig wiederkehrenden Pflichten: Offizier vom Dienst, Wachhabender vom Dienst usw., brachten »Winterübungen« und gelegentliches Scharfschießen in Zeithain. Freude hatte ich jetzt wieder mehr am Reiten, zumal ich mir die besten Reitpferde aussuchen konnte. Gewöhnlich ritt ich die Trakehnerstute Thekla, die ein gutes Dressurpferd und eine leidlich gute Springerin war.

Da der Dienst mir mehr Zeit ließ als auf der Waffenschule, kam ich auch wieder zur Lektüre und suchte einige Wissenslücken aufzufüllen, die während der Schulzeit entstanden waren. Meine Klassikerkenntnis kam mir für eine kurze Freundschaft zugute, die mich mit der jungen Schauspielschülerin Ingeborg B. verband. Wir lasen zusammen Szenen aus Goethes »Faust«. Einiges davon klingt mir noch heute im damaligen Ton im Ohr (Ingeborg sprach nicht Thüringisch, sondern gutes Bühnendeutsch).

Meine Beziehungen zu den jungen Damen der Stadt blieben aber vom Ungestüm eines Faust weit entfernt. Die Mutter eines guten Schulfreundes aus Dresden schrieb mir einmal: »Sie haben doch so liebe Eltern, daß Sie sich jedenfalls nicht schon in ein Verlöbnis oder gar eine Ehe stürzen müssen, wie das einige Mitschüler inzwischen getan haben.« Solcher Mahnung hätte es aber kaum bedurft, um meine völlig »unverbindlichen« Kontakte in Schranken zu halten. Ein Soldat muß »ein Mädchen haben«, das war wohl die allgemeine Auffassung meiner Kameraden, und vor allem »im Feld« waren die Briefe von Freundinnen aus der Heimat (möglichst mit Foto) sehr wichtig, um vor den anderen bestehen zu können.

Im Juli erhielten wir endlich den lang schon angekündigten »Jahresurlaub«, auf den die »Versetzung zu einer Feldeinheit« folgen sollte. Ich hatte Heilwig nach Dresden eingeladen, aber sie bat mich – telegrafisch –, für ein paar Tage nach Groß-Luckow, dem elterlichen Gut in der Uckermark, zu kommen, und meine Mutter willigte (vermutlich schweren Herzens) ein.

Ich genoß die Ferientage bei schönem Wetter und wiederholtem Baden im nahe gelegenen Debenz-See, der zum Gutsbezirk gehörte. Eines Tages aber traf ein dienstliches Telegramm ein, das mich zu unverzüglicher Rückkehr nach Altenburg aufforderte. Eine Kutsche brachte mich nach Prenzlau, von wo aus ein D-Zug in weniger als zwei Stunden Berlin erreichte. Die Zeit bis zum Abend konnte ich bei Ernst Woermann angenehm verbringen, ohne zu ahnen, daß ich ihn erst viele Jahre später – nach seiner Tätigkeit in China und Haft in Nürnberg – wiedersehen sollte.

In Altenburg erfuhren wir, daß unsere Frontversetzung nicht zum »aktiven Regiment 24«, sondern zu einer Neuaufstellung gehen werde, die in Naumburg an der Saale erfolgte. Als Batterieoffizier wurde ich einem Oberleutnant Frackmann zugeteilt, der Textilfabrikant im Vogtland war und sich als Reservist recht wohl fühlte. Unter den uns zugewiesenen Pferden suchte ich mir einen schönen Trakehnerwallach aus, den ich auf den Namen »Vicomte« taufte, da sein Jahrgang Namen mit »V« erhalten mußte. Einem Pferdeburschen machte der französische Name zwar Schwierigkeiten, aber ich fand, daß er dem vornehmen Gaul ganz gut »zu Gesicht stand«.

Im April oder Mai 1942 hatte ich mich – aus Ungeduld und Garnisonslangeweile – zu einem neuaufzustellenden Werferregiment gemeldet, das mir durch seine technische Modernität attraktiv schien, doch hätte ich dann auf die geliebten Pferde verzichten müssen. Ich hatte meinen Eltern von diesem Anflug von Heldentum jedoch nichts gesagt; sie wären darüber vermutlich ziemlich unglücklich gewesen. Schließlich rettete mich eine OKH-Richtlinie, die festlegte, daß ein bestimmter Prozentsatz der aktiven Offiziere beim Ersatzheer zu bleiben habe. Auch wenn auf diese Weise mein jugendlicher Tatendrang gebremst wurde, mußte ich doch anerkennen, daß unsere Vorgesetzten offenbar am Schicksal der aktiven Offiziere Anteil nahmen. Über die problematische »Gerechtigkeit« dieser Richtlinie machte ich mir damals keine Gedanken. Vielleicht schien es mir auch ganz in Ordnung, daß das Leben eines aktiven Offiziers als schonenswerter eingeschätzt wurde als das eines (meist älteren und durch einen Zivilberuf im Frieden allerdings nützlicheren) Reservisten. Ohne mir dessen bewußt zu sein, hatte ich zumindest ein paar Jahre lang das höchst fragwürdige Selbstwertbewußtsein eines aktiven Offiziers verinnerlicht. Reservisten – selbst wenn sie einen höheren Rang hatten – waren doch nicht ganz »voll zu nehmen«, und Militärärzte kamen gerade noch vor den Zahlmeistern, auf deren Wohlwollen wir zwar gelegentlich angewiesen waren, weil sie Marketenderwaren zuteilen konnten, deren »Rang« uns jedoch unvergleichlich tief unter dem eines »wirklichen« aktiven Offiziers zu liegen schien.

Beim Durchlesen meiner Briefe aus der Altenburger Garnison stelle ich darüber hinaus fest, daß Offiziere für mich durch ihre Namen identifizierbare »Individuen« waren, »Zivilisten« dagegen einem grauen – meist nicht einmal namentlich erwähnenswerten – Heer angehörten. Einmal schreibe ich, bei einer Einladung im Hause S. seien die Leutnants v. Lemke, v. Kitzing, M. und K. und noch drei oder vier »Zivilisten« anwesend gewesen. Für einen Außenstehenden wäre vermutlich die umgekehrte Sicht näherliegend gewesen: »vier junge Leutnants und die Herren X, Y, Z.« Jedenfalls ging in unseren Augen die Individualität durch die äußerlich gleichmachende Uniform nicht verloren.

Ohne die zahlreichen Tagebuchnotizen und Briefe aus jenen Jahren hätte ich heute keine Möglichkeit, mich in mein damaliges Selbst- und Weltverständnis hineinzuversetzen. So bleibt mir nichts andres übrig, als mit einer Mischung aus Selbstironie und Verwunderung den Offizier spielenden Garnisonssoldaten des Jahres 1942 zur Kenntnis zu nehmen, der I. F. hieß.

Mit einem neuaufgestellten Regiment in den Niederlanden und in Belgien

Es dauerte zwar ein paar Wochen, bis unsere Ausrüstung mit Material, Pferden und Mannschaften vollständig war – ganz zuletzt erschien auch noch ein Regimentskommandeur, Oberstleutnant Klamroth –, dann aber wurden wir verladen, und nach wenigen Tagen kamen wir in Vlissingen auf der niederländischen Halbinsel Walcheren an. Als jüngster Batterieoffizier mußte ich mit dem Fahrrad – dem beliebtesten Verkehrsmittel dieses flachen Landes – vorausfahren, um Quartiere für Pferde und Mannschaften auszusuchen. Unsere erste Unterkunft war Nieuwdorp, ein typisches holländisches Polderdorf, mit blitzblank sauberen kleinen Bauernhäusern und bunt angemalten Scheunen. Der erste Eindruck von Holland war überhaupt der ganz ungewöhnlich großer Sauberkeit, so daß man sich insgeheim fragen mochte, wann die Menschen hier – nach all dem Fegen, Schrubben, Wischen und Waschen – überhaupt noch zu einer anderen Arbeit kommen.

Kaum hatten wir uns in Nieuwdorp eingerichtet, wurden wir aber schon wieder »verlegt«. Diesmal zogen wir in eine »Verteidigungsstellung« direkt am Meer. Der B-Stelle, die ich zu betreuen hatte, wurde ein großzügig gebautes Ferienhaus in Zoutelande zugewiesen. Ich bekam im ersten Stock ein schönes Zimmer mit einem langen Balkon, von dem aus man das Meer überblicken konnte. Das fast leerstehende Haus gehörte einer Arztfamilie, die hier ihre Ferien zu verbringen pflegte. Liegestühle und ein Stapel interessanter französischer Kunstzeitschriften machten das Quartier noch sympathischer, als es ohnehin schon war. Eines Tages wurde der B-Stelle ein gelehriger Drahthaarterrier als »Wachhund« zugeteilt, der mein ständiger Begleiter wurde und auch neben Vicomte herlief, wenn ich morgens kleine Spazierritte unternahm.

Unsere Aufgabe bestand darin, »wachsam« zu sein und eventuell zu erwartende britische Kommandounternehmungen rechtzeitig zu erkennen und abzuwehren – oder, besser noch, die gelandeten Soldaten gefangenzunehmen. Zu unserem Glück kam während unserer Anwesenheit an der niederländischen wie später an der belgischen Küste kein einziges Kommandounternehmen, und auch unser Wachhund wurde nicht auf die Probe gestellt. Die zwei Monate, die ich in dem kleinen Dorf an der Küste von Walcheren verbrachte, kommen mir im Rückblick noch heute wie reinstes Ferienglück vor. Der Dienst war wenig anstrengend und bestand im Grunde nur in ein oder zwei Stunden Unterricht, einer Kontrolle der Schanzarbeiten, bei denen wir von holländischen Baufirmen und Arbeitern der »Organisation Todt« unterstützt wurden, und den »gesellschaftlichen Veranstaltungen« des Offizierscorps.

Leider sollte ich nicht lange bei dieser Einheit bleiben und wurde, ohne daß auch nur mein Batterieführer zuvor davon gewußt hätte, zur vierten Batterie versetzt, deren Mannschaften und Unteroffiziere aus Österreich kamen und – nach Meinung des Regimentskommandeurs – etwas »aufgefrischt« werden sollten. Ich mußte meine schöne Ferienvilla verlassen und nach Zuid-Beveland umziehen, wo ich bei einem niederländischen Arzt einquartiert wurde. Dieser Arzt oder seine Frau war mit van Gogh verwandt. Jedenfalls hingen einige Originalzeichnungen des von mir geliebten Malers an der Wand. Die große Bibliothek erinnerte mich ein wenig an mein Elternhaus, zumal auch deutsche Bücher darunter waren.

Der junge Arzt und seine Frau behandelten mich freundlich, ohne ihre Mißbilligung der Nazis und des preußisch-deutschen Militarismus zu verleugnen. Wir unterhielten uns oft über den Krieg und über die deutsche Besatzung in den Niederlanden, die nicht nur brutal, sondern auch höchst unsensibel mit der Bevölkerung umging. Schon die Tatsache, daß ein Österreicher als »Reichskommissar« in den Niederlanden eingesetzt worden war, mußte ein geschichtsbewußtes Volk wie die Niederländer beleidigen, hatte sich der »Freiheitskampf der Niederlande« doch gegen das Haus Habsburg gerichtet. Daß darüber hinaus ausgerechnet die Räume zur Vorstellung und Vereidigung der Kollaborationsregierung benützt wurden, in denen einst die ruhmvollsten Akte der Geschichte des Landes vollzogen worden waren, mußte Bitterkeit auslösen.

Weit schlimmer war freilich die wiederholt erfolgte Erschießung von Geiseln aus der führenden Schicht des Landes, allemal dann, wenn irgendwo ein betrunkener Soldat von einem Holländer ins Wasser geworfen oder erschossen worden war. An die öffentlichen Maueranschläge, in denen die Bevölkerung von solchen Geiselerschießungen informiert wurde, kann ich mich noch gut erinnern. Meine Quartiersleute versuchten mir darüber hinaus klarzumachen, daß die niederländische Bevölkerung in diesem Krieg – im Unterschied zu dem von 1914 bis 1918, in dem sie neutral und jedenfalls kaum deutschfeindlich gewesen war – eindeutig auf seiten der Alliierten und ihrer demokratischen Regierungen stand. Mit tiefer Befriedigung berichteten sie von den Niederlagen, die Rommel damals in Afrika erlitt, und sagten die kommende Niederlage des Reiches voraus. Unverständlich schien ihnen, wie gehorsam die deutschen Heeresführer generell (mit wenigen Ausnahmen, von denen sie damals noch nichts wissen konnten) auch noch die unsinnigsten Befehle ihres Führers ausführten. Einem niederländischen Soldaten müsse man erklären und begründen, was er tun solle; die Deutschen hingegen reagierten wie Automaten auf jedes noch so absurde Kommando. Zwar suchte ich »pflichtgemäß« zu widersprechen und behauptete sogar, das Deutsche Reich hege keinerlei feindselige Absichten gegenüber den Niederlanden, aber die wenigen intensiven Gespräche in diesem Arzthaus habe ich doch bis heute nicht vergessen. Nach und nach begann ich ihre Argumente immer besser zu verstehen und mir schließlich zu eigen zu machen.

Als ich in dieser Zeit an einer Grippe erkrankte, hat mich unser Doktor – obgleich das eigentlich »streng verboten« war – erfolgreich behandelt. Der hippokratische Eid galt ihm mehr als das Behandlungsverbot der Besatzungsmacht.

Im Laufe des Oktober wurde unsere Einheit – diesmal das ganze Regiment – von den Niederlanden nach Belgien verlegt. Dort hatten wir ganz allein die etwa 90 Kilometer lange Küste artilleristisch zu verteidigen. Jeder konnte wissen, daß zur Abwehr eines wirklichen Angriffs der Briten unsere geringe Feuerkraft kaum ausgereicht hätte. Vermutlich sprach aber die Feindaufklärung gegen eine solche Gefahr, und so konnten wir abermals geruhsame Monate verbringen. Ein paar Wochen hatte ich in dem Dorf Gierle einen Kurs für Unteroffiziere zu leiten und wohnte bei einem netten, wohlbeleibten Priester, dem Spiritual eines Ursulinenklosters, das für die Unterbringung unserer Soldaten evakuiert worden war.

Der Unterschied zwischen Holland und Belgien stach in die Augen. An die Stelle der oft ein wenig kühlen Sauberkeit trat hier warme, unbekümmerte Schmutzigkeit. Die Zahl der Kneipen dürfte – pro Einwohner – mindestens zwei- bis dreimal so groß gewesen sein wie im nördlichen Nachbarland. Belgien hatte den

Vorteil, unter einer militärischen Verwaltung zu stehen, die sich auf das Leben der Bevölkerung weniger einschneidend auswirkte als die Zivilverwaltung in den Niederlanden. Darüber hinaus hatte ich den Eindruck, daß die Belgier – zum Teil noch aus dem Ersten Weltkrieg an deutsche Besatzung gewöhnt – ihr Schicksal sehr viel leichter ertrugen als die stolzen Niederländer. Dafür gab es auch weit mehr (und kaum verborgenen) Schwarzhandel, dessen mutigste Vertreter sich bis in die Gräben an der Küste vorwagten. Mein netter alter Spiritual gab mir religiöse Bücher zum Lesen und lud mich des öfteren zu einem herzhaften Mahl ein. Gelegentlich speisten auch halbverhungerte Waisenkinder bei ihm, deren große fragende Augen ich nicht vergessen kann.

Beim Lesen meiner Aufzeichnungen bin ich überrascht, wie oft ich während meiner Militärzeit im Grunde als »Lehrer« tätig war. Vielleicht meinten meine Vorgesetzten, daß mir diese Tätigkeit liege. Dennoch war ich froh, als der Kurs vorzeitig abgebrochen und ich wieder als B-Stellen-Offizier eingesetzt wurde. Mein Quartier war jetzt das ehemalige Kasino von Middelkerke. Da natürlich die Zentralheizung nicht mehr funktionierte, baute mein Bursche einen kleinen Kanonenofen in mein Zimmer ein und leitete das Ofenrohr durch ein Loch im Fenster nach außen. Die Wände im Kasino waren mit wertvollem Stoff bespannt, aus dem ich eine Überdecke für mein Feldbett »gewann«. Außer mir wohnten noch einige Infanteristen und ihr »Chef«, Leutnant Truckenbrodt, im Kasino. Mit ihnen feierte ich Weihnachten. Tagsüber erlaubten wir den ortsansässigen Fischern, mit Schleppnetzen im seichten Wasser Heringe zu fangen, und ließen uns diese »Toleranz« durch ein paar schmackhafte Fische abkaufen. Nachts durften Einheimische freilich das Küstengebiet nicht betreten; man fürchtete, sie könnten englischen Kommandounternehmen Leuchtzeichen geben oder ihnen sonstwie behilflich sein.

Das Seewasserhallenbad von Ostende war eine der nahe gelegenen Attraktionen unseres Standortes. Zum Mittagessen wurden die Offiziere der Gegend meist ins Kasino des zweiten Bataillons des IR 114 eingeladen, dessen Kommandeur der Herzog von Sachsen-Meiningen war. Natürlich imponierte mir damals schon der hochadelige Rang, aber weit erfreulicher war, daß der »hohe Herr«, der mit »Hoheit« angesprochen wurde, regelmäßig durch von ihm erlegtes Wild zur Ergänzung unseres Speisezettels beitrug. Rebhühner und Wildenten kamen ab und zu auf den Tisch, einmal sogar ein ganzer Rehrücken, den unser Kommandeur von einer Jagd mit dem Oberbefehlshaber der Armee mitgebracht hatte.

So angenehm der Dienst in Holland und Belgien war – was mir abging, waren kulturelle und intellektuelle Anregungen. Darum mußte ich mich schon selbst kümmern. Günstige Umstände wie die Einquartierung bei dem sympathischen Arztehepaar waren leider die Ausnahme. Ich las etwas über die Geschichte der Niederlande, vor allem auch über holländische und flämische Kunst und machte mich, sobald ich dafür »frei« bekam, auf, um die berühmten Kunststädte des Landes zu besuchen, vor allem Brügge. In meinem Tagebuch lese ich: »Weit voraus tauchten endlich die Türme von Brügge auf, die mir von Abbildungen schon beinahe vertraut waren. Da ist der Turm der Kirche von ›Onze liefde Vrouw‹, dort der des Belfrieds. In einen neogotischen kleinen Bahnhof fährt unser Zug ein. Um rasch in die Stadt zu kommen, steige ich in eine bereitstehende Straßenbahn, die mich bis zum Marktplatz bringt. Die Fahrt geht vorüber an Stadttoren, an alten roten Ziegelhäuschen und weißgetünchten Gebäuden. Bald nimmt mich die Atmosphäre Brügges mit ihrer Verträumtheit ganz gefangen. Stolze Bürgerhäuser künden vom einstigen Reichtum der Stadt, und das Rathaus prunkt mit seiner überreichen gotischen Ornamentik. Durch die Stadt ziellos schlendernd, ist es mir, als kehrte ich auch in der Zeit weit zurück in jene glänzende Vergangenheit, da Brügge kein museales Objekt touristischer Neugier, sondern ein lebendiger Mittelpunkt von europaweitem Handel und Wandel war. Endlich gelingt es mir, zur Hauptkirche ›Unserer lieben Frau‹ vorzudringen. Leise trete ich ein. Offenbar wird gerade eine Totenmesse gelesen. In dem erhöhten Chorteil sitzen drei Priester und zelebrieren feierlich die alten Gebetsformeln. Auf einmal tritt ein Küster an mich heran, nicht aber, um mich des Gotteshauses zu verweisen, sondern – im Gegenteil – um mir die gegen mögliche Luftangriffe geschützte kleine Madonna des Michelangelo zu zeigen. Es sei ein Jugendwerk des Meisters. Nachdem mir der brave Küster rasch noch ein paar Postkarten verkauft hat, führt er mich zu einem anderen, vor Bomben sorgfältig geschützten Kunstwerk, dem van Dyckschen Altarbild. Immer wieder muß ich aber an die kleine, stille Madonna denken, die vor mehreren hundert Jahren ein Brügger Kaufmann seiner Vaterstadt bei seiner Rückkehr aus Italien zum Geschenk gemacht hat und die jetzt, in ihrer Nische geschützt und verborgen, dem Ende des Krieges entgegenharrt ... Die kleine Madonna scheint noch heute allen, die sie zu sehen bekommen, Trost und Freude zu spenden.«

Im St. Johannes-Spital gegenüber der Kirche sollte sich eine Sammlung mit Gemälden Memlings befinden, doch der Pförtner bedauerte, sie mir nicht zeigen zu können, man habe sie irgendwohin nach Frankreich vor Bomben in Sicherheit gebracht.

Ähnliche »touristische« Besichtigungsreisen brachten mich während dieser Wochen und Monate nach Gent, Brüssel und eines schönen Tages auch nach Lier, das mir aus den Erzählungen von Felix Timmermans vertraut war. Ohne die Adresse des bekannten Autors zu kennen, machte ich mich auf die Suche. Mein holpriges Niederländisch-Flämisch wurde einigermaßen verstanden. Nur um wen es sich handelte, begriff mein Gesprächspartner nicht. Endlich ging ihm ein Licht auf: »Sie meinen den Fe?« Den kennt freilich in Lier fast jeder, und er wies mir den Weg zu einem anspruchslosen kleinen Häuschen. Ich läutete. Ein junges Mädchen öffnete die Tür: »Sie wollen gewiß meinen Vater sehen! Der ist jetzt nicht zu sprechen, Sie dürfen am Nachmittag aber wiederkommen.« Und schon war ich verabschiedet. Obgleich mir nun noch viele Stunden blieben, mit denen ich nichts Rechtes anzufangen wußte, beschloß ich, der Einladung – oder war es nur eine verklausulierte Ablehnung? – Folge zu leisten. Auch diesmal machte das junge Mädchen auf, ließ mich eintreten, und wenig später stand der kleine, rundlich lächelnde Autor leibhaftig vor mir. Natürlich hatte ich auf einmal alles vergessen, was ich ihm sagen wollte, und brachte nur halbwegs heraus, daß wir – meine Eltern, Geschwister und ich – seine Bücher liebten, vor allem den vergnügten »Pallieter«. Ich sei eigens gekommen, um ihm das zu sagen. Der Fe bedankte sich herzlich und meinte: »Einen Moment, ich habe noch etwas für Sie!« Dann kam er mit seinem Foto zurück, das er soeben signiert hatte. Meine vorsichtige Frage, ob er nicht Lust habe, einmal an einem Abend meinen Soldaten aus seinen schönen Erzählungen etwas vorzulesen, lehnte er aber – bedauernd – ab. Er sei schon mit viel zuviel derartigen Bitten überhäuft und müsse doch auch etwas Zeit für seine eigene Arbeit behalten. Ich wedelte noch ein bißchen mit der frisch beschrifteten Postkarte, um die Tinte zu trocknen, und zog mich dann, militärisch grüßend, zurück. Ob sich der Fe über den Besuch gewundert hat? Ich weiß es nicht. Jedenfalls war ich stolz darauf, daß es mir gelungen war, ihn aufzusuchen und wenigstens kurz zu sprechen.

Flanderns Landschaft machte damals einen tiefen Eindruck auf mich. Eine ganze Reihe von Gedichten sind in dieser Zeit entstanden. Als Dokumente meines »Seelenzustands« sind sie mir noch immer lieb, auch wenn ich weiß, daß sie keine »Literatur« sind. An die zwei geruhsamen Monate in Zoutelande erinnert z. B. ein Gedicht vom September 1942, aus dem ich die letzte Strophe zitieren möchte:

> Nur in Unrast und Verlangen
> Irrt der Mensch die kreuz und quer,
> Ruhend löst sich, was befangen,
> Und er sucht und irrt nicht mehr.

Nur wenig später drückte ich in ein paar Zeilen eine wehmütige Stimmung aus, die ich tagsüber – reitend, befehlend, Wache haltend, mit den Vorgesetzten und Kameraden redend – verbarg, ja selbst in den Briefen nach Hause nicht offen auszudrücken wagte:

> Ich weiß nicht, was manchmal ich stammle,
> Andere sprechen gelehrt,
> Wenn ich mein Denken versammle –
> Scheint's umgekehrt!
> Ich weiß nicht, was manchmal ich fühle,
> Andere sprechen so klar,
> Doch vielleicht ist in ihrer Kühle
> Irgend etwas nicht wahr.
> Ich weiß nicht, wem soll ich das sagen?
> Aber ich hoffe auf den,
> Der einst, in fernen Tagen
> Sagt: ich kann Dich verstehn!

Nicht nur dieses Gedicht, auch die über flämische und holländische Landschaften entsprechen einer merkwürdigen Selbstbezogenheit, einer Art Flucht in die »deutsche Innerlichkeit«, die mir damals kaum als solche bewußt wurde.

Von den Kriegsereignissen im Osten finden sich in meinen Aufzeichnungen und Briefen aus jenen Monaten in Holland und Belgien kaum Spuren. Mein Vater ließ mich ab und zu eine aktuelle Neuigkeit wissen, die auch in »legalen« Zeitungen stand. Beim Heer waren wir auf die – meist stark beschönigenden – Berichte des OKW angewiesen. Unsere Funkgeräte eigneten sich zwar durchaus zum Empfang der BBC-Nachrichten in deutscher Sprache, aber von dieser Möglichkeit wurde nur sehr vorsichtig Gebrauch gemacht.

Unter die Gedichte, die entweder an ferne Freundinnen gerichtet waren oder der Schönheit des Landes galten, hat sich ein einziges gemischt, das dem Schicksal eines russischen Kriegsgefangenen gewidmet war. Soviel ich mich erinnere, kannte ich damals kein Gefangenenlager für russische Soldaten und ahnte auch kaum etwas von der unmenschlichen Behandlung, der sie dort ausgesetzt waren. Nur von Arbeitseinsätzen in der Rüstungsindustrie hörten wir ab und zu; auch von angeblichen oder wirklichen Sabotageakten. Mein Gedicht hatte mit all dem wenig zu tun, sondern spiegelte nur meine durch die Sprach- und Literaturkenntnis und die Begegnungen mit Ukrainern und Russen im Jahr 1941 geweckte mitfühlende Zuneigung zu den Menschen des Ostens.

Der Gefangene

Was Heimat sei, habt ihr
Mich gelehrt.
Ich wußt' nicht, was sie mir war,
Bis ich hierher gekommen –
Nach Deutschland.
Jetzt sehn' ich mich wieder
Nach der Weite des Ostens,
In seine traurige Stille zurück.
Dort sind wir – die vielen
Leidenden Brüder des Mühens
Und Schaffens gewöhnt;
In ärmlichen Hütten
Leben wir da unseren düsteren Alltag
Und seh'n nur verstohlen und ängstlich
Zuweilen das Gottesbild an,
Das verborgne – und beten.

Noch einmal wurde ich von Belgien aus nach Holland kommandiert, um an einem Lehrgang für »Schiffszielerkenntniskunde« teilzunehmen, den ein Kapitänleutnant der Kriegsmarine für uns »Landratten« abhielt. Wie man ein in Fahrt befindliches feindliches Schiff treffen kann, wußte ich allerdings schon vom Geometrieunterricht: Man peilt den Standort des Schiffes zweimal im Abstand von einer Minute an, zeichnet dann auf der Seekarte die beiden vermessenen Punkte ein, verlängert sie um das Maß, das zwei oder drei Minuten entspricht, und muß dann nur noch ausrechnen, wann die Salve der Batterie ausgelöst werden muß, wenn sie zum gewünschten Zeitpunkt das errechnete Ziel erreichen soll. Wie man einen Kreuzer von einem Zerstörer, diesen von einem Torpedoboot oder einem schlichten Minenräumer unterscheidet, das wurde uns anhand von Schattenrissen und kleinen Schiffsmodellen beigebracht. Es war kein besonders anstrengender Dienst, und der »Kaleun« sorgte dafür, daß wir öfter einmal lachen konnten.

Eine Zeitlang wohnte ich in De Zilk, nahe Lisse, bei der Familie eines »Melkeboers«, den wir vermutlich schlicht »Milchmann« nennen würden. Das Ehepaar war nett und freundlich und amüsierte sich über den kleinen Buddha, den ich in einem Antiquitätengeschäft für meinen Vater erstanden und einstweilen auf meinen Nachttisch gestellt hatte. Obgleich es inzwischen Januar geworden war, erlaubte mir das milde Klima der Niederlande, mich morgens noch immer unter der Wasserpumpe frisch zu machen, nachdem ich einen kleinen Morgenlauf absolviert hatte. Im übrigen verbrachte ich auch hier viele Stunden mit Lesen.

In einer »Liste« von Büchern, mit denen ich mich im Winter 1942/43 beschäftigt habe, finde ich neben Seeckts »Gedanken eines Soldaten« und Teilen von Schlieffens »Cannae« auch einige französische Romane und Sigmund Freuds Vorlesungen zur »Einführung in die Psychoanalyse«, Jan Huizingas »Homo ludens« sowie dessen »Niederländische Kultur des 17. Jahrhunderts«. Die Auswahl hätte kaum heterogener sein können. Der Spiritual des Ursulinenklosters gab mir – erstaunlicherweise – Ernest Renans »Vie de Jésus« mit ins Quartier, und von Timmermans nahm ich mir den »Pallieter« – jetzt auf flämisch – und »Aus dem schönen Lier« wieder vor. In die flämische Welt versetzte mich auch Charles de Costers »Uylenspiegel«.

Wie ich diese Lektüre verarbeitet habe, vermag ich heute nicht mehr zu sagen. Meine Neugier war unbegrenzt, und die Spannung, die zwischen diesen unterschiedlichen Texten lag, schien mich wenig zu stören. Bei der fremdsprachigen Lektüre – französischen und niederländisch-flämischen Büchern – spielte auch das Interesse am Erlernen oder an der Verbesserung der Sprachkenntnisse eine Rolle. In einem kleinen »Merkheft« notierte ich nicht nur Vokabeln, sondern auch Grammatikregeln. Am Ende folgen ein wenig Geographie und Geschichte, »konventionelle Anredeformen« sowie eine Liste berühmter Dichter und Maler.

Die Begegnung mit den Bewohnern eines Landes, in das wir – ungebeten – eingedrungen waren, und das Erlernen der Landessprache schien mir wohl eine Art »Abbitte« für unser Tun. Jedenfalls fühlte ich mich etwas besser, wenn ich mit den Menschen kommunizieren und an ihrer Kultur und Geschichte Anteil nehmen konnte.

In meinem französischen Merkheft finden sich zunächst Vokabeln, die ich bei der Lektüre von Molières »L'Avare« und Flauberts »Madame Bovary« sowie Mussets »Un Caprice« im Wörterbuch hatte nachschlagen müssen. Ab und zu schrieb ich in dieser Zeit auch französische Briefe an eine Schwester meines Großvaters, die fast ihr ganzes Leben in Belgien und einer französisch sprechenden Berner Familie als Hausdame zugebracht hatte.

Der Kurs bei unserem Kaleun ließ mir viel Freizeit, und so konnte ich meine »touristischen« Erkundungsreisen auf die Niederlande ausdehnen. Ich sah und bewunderte Delft, Den Haag und Amsterdam, wo im »Deutschen Theater in den Niederlanden« ein modernes »anspruchsloses unterhaltsames Lustspiel, ›Marguerite: 3‹«, gegeben wurde, das »von Inge Schmidt vom Münchner Schauspielhaus als Marguerite sehr lebendig, frisch und ohne jede Leere« gespielt wurde. An einem anderen Tag sah ich den – eigens fürs niederländische Publikum nach Amsterdam gebrachten – Rembrandtfilm, dessen totale Ausblendung der Liebe des Malers zu den Amsterdamer alten Juden mir damals nicht auffiel.

Dabei sah ich in den Straßen Amsterdams und anderer holländischer Städte viele mit dem schrecklichen Stern und der Aufschrift »Jood« gebrandmarkte, verängstigte Menschen. Einmal unterhielt ich mich in einem Antiquitätengeschäft eine ganze Weile mit einem Amsterdamer Juden. Als ich das Geschäft ein paar Tage später wieder betrat, kam mir der Besitzer händeringend entgegen und sagte: »Denken Sie, gestern ist mein jüdischer Mitarbeiter abgeholt und mit ganz wenig Gepäck nach Polen deportiert worden. Glauben Sie, daß ich ihm Pakete schicken kann?« Ich war um eine Antwort verlegen. Auch wenn ich das ganze Ausmaß der Brutalität der deutschen Konzentrationslager und Ghettobewacher nicht kannte, zweifelte ich ernsthaft an einer solchen Möglichkeit der humanitären Hilfe durch diesen holländischen Geschäftsmann, der wie die meisten seiner Landsleute das jahrhundertealte gute Verhältnis zur – aus Spanien und Portugal ins Land geflohenen – jüdischen Gemeinde bewahrt hatte. Ich sagte wohl: »Ich fürchte, daß das nicht gehen wird; ich will mich aber erkundigen.« Von meinen Vorgesetzten wußte freilich niemand etwas, und an die Zivilbehörden wollte sich keiner wenden.

Am 14. Februar 1943 hatte ich ein Erlebnis, das mich zumindest nachdenklich machte. Am besten gebe ich den Text meines Tagebucheintrags wörtlich wieder:
»Heute vormittag in Leiden. Slingellandtlaan 4, das nette Häuschen von Jan Huizinga. – Aber er sei doch schon seit acht Wochen nicht mehr hier ansässig. Zunächst war er in Haft, dann auf Grund seines hohen Alters (über 70) entlassen worden mit der Auflage, sich außerhalb von Leiden eine Wohnung zu suchen. Er lebe jetzt in Utrecht. Die Adresse wollte man mir aber nicht sagen.«
Es ist mir nicht gelungen, den Niederländer kennenzulernen und zu sprechen, dessen Bücher mein Vater wie ich hochschätzte und der auf seine unaggressive und stille Art die Signatur des totalitären Zeitalters schon deutlich gezeichnet hatte, bevor die breite Öffentlichkeit davon Kenntnis nahm. Meine Eintragung schließt mit dem erstaunlichen (aber realistischen) Satz: »So hat der Tag für mich ... eine neue furchtbare Erkenntnis deutschen Barbarentums gebracht. Ich dachte, daß vor etwa hundert Jahren ein Kopf von weit lokalerer Bedeutung wie F. L. Jahn ein ähnliches Schicksal hatte erleiden müssen, und wie heftig hat man doch das Zeitalter der Reaktion deshalb beschimpft.«
Daß ich ausgerechnet den deutschtümelnden Nationalisten Jahn hier zu Huizingas Schicksal in Parallele setze, kann ich mir nur aus meiner damaligen Ignoranz erklären.

Ohne es ganz zu verstehen, hatte ich daheim 1937 oder 1938 das Buch Huizingas »Im Schatten von morgen« gelesen, in dem zwar in erster Linie von der Militarisierung des kulturellen und politischen Lebens im Kommunismus die Rede ist, aber zugleich oft genug auf ähnliche Phänomene im »Dritten Reich« hingewiesen wird. Bei der Durchsicht dieses Buches fallen mir jetzt besonders die scharfen und deutlichen Auseinandersetzungen mit Carl Schmitts »Begriff des Politischen«, Hans Freyers »Der Staat« und Oswald Spenglers »Jahre der Entscheidung« auf. Alle drei Autoren standen ja der Naziideologie nahe, haben ihr sogar wesentlich Vorschub geleistet, waren aber keine »offiziellen Parteiideologen«.

Huizinga hatte auch schon klar den einseitigen Mißbrauch von Nietzsche-Aussagen durch diese Ideologen erkannt. So zitiert er etwa Oswald Spengler: »Der Mensch ist ein Raubtier. Wenn ich den Menschen ein Raubtier nenne, wen habe ich damit beleidigt, den Menschen – oder das Tier? Denn die großen Raubtiere sind edle Geschöpfe in vollkommenster Art und ohne die Verlogenheit menschlicher Moral aus Schwäche.« Auf diese Vulgarisierung Nietzsches erwidert Huizinga: »Mutet diese letzte Äußerung, die aus Spenglers Mund in viel weitere Kreise hinausklingt als das Wort von Schmitt oder Freyer, nicht etwas altmodisch an, als käme sie aus dem vorigen Jahrhundert? Aus jenem romantischen Weltschmerz, der schon etwas muffig geworden ist? Und ist es eigentlich überhaupt richtig, die prinzipielle Streitlust Raubtierart zu nennen? Gibt es ein Raubtier, das kämpft, um zu kämpfen? Oder nicht vielmehr stets, wie Augustinus zeigte, um jener *pax*: jener Ruhe des Daseins willen, die er als Prinzip des kosmischen Lebens von den leblosen Dingen bis in die Himmel sich erstrecken sah?« Und zu meiner Beschämung muß ich zugeben, daß der folgende Satz auf mich damals – im Jahr 1942/43 – durchaus zutraf: »All dies schönscheinende Denken, das als Realismus passiert, weil es leichthin mit allen hinderlichen Grundsätzen fertig wird, besitzt eine *große Anziehungskraft für die Pubertätszeit*. Es ist ein Merkmal unserer Zeit, daß ein *großer Teil* der Menschen *über die Vorherrschaft von Pubertätsvorstellungen nicht mehr hinwegkommt* ...« (S. 102 f.; Hervorhebungen I. F.)

Nachdem mir mein Vater kurz zuvor das Hauptwerk Huizingas, »Homo ludens«, geschickt hatte, leuchtete mir schon damals das Kapitel über den »Puerilismus« als Charakterisierung des Zeitgeistes besonders ein. Auch hier war mir aber wohl nicht bewußt, wie sehr *ich selbst* von ihm angesteckt oder doch zumindest beeinflußt war: »Puerilismus wollen wir die Haltung einer Gemeinschaft nennen, die sich unmündiger benimmt, als der Stand ihres Unterscheidungsvermögens ihr erlauben würde, einer Gemeinschaft, die, statt den Knaben zum Mann zu erziehen, ihr eigenes Verhalten demjenigen der Knabenzeit angleicht.« (S. 140) Gefährlich werde diese Haltung vor allem durch die gewaltig angewachsene Macht der Menschen über die Natur, eine Macht, die in den Dienst »eines bloßen eitlen Spiels« gestellt werde, das mit Kultur oder Weisheit nichts zu tun habe, weil dieses Pseudospiel den »hohen Wert des Spiels selbst entbehrt« und nicht als solches gelten will (S. 141).

Beispiele für diesen manifesten Puerilismus der Gegenwart seien Massenaufmärsche – bei denen Huizinga zweifellos an die Nürnberger Parteitage und ähnliche Veranstaltungen dachte: »Man mobilisiert seine Hunderttausende, kein Platz ist groß genug, eine Nation steht wie Zinnsoldaten in Reih und Glied. Auch der fremde Zuschauer kann sich der Suggestion nicht entziehen. *Dies scheint Größe, dies scheint Macht. – Es ist Kinderei.* Eine eitle Form schafft die Illusion einer vollwertigen Zwecktätigkeit. *Wer noch nachdenken kann, weiß, daß all dies keinen Wert* hat. Gar keinen. Es verrät einzig, wie nah der populäre Heroismus von Hemd und Hand und ein allgemeiner Puerilismus nebeneinander stehen.« (S. 142, Hervorhebung I. F.)

Das »jungenhafte Amerika« möchte Huizinga für solchen – auch dort verbreiteten – Puerilismus entschuldigen, »das wahrhaft Naive schütze vor jedem Tadel des Puerilismus«, aber »der humorlose und gewaltbereite Puerilismus mancher Europäer« ist ihm ein Greuel. Er zeigt sich unter anderem auch bei der Verrohung des Sports, dem Verlust jedes Sinns für Fairneß und der Fähigkeit, die eigene Niederlage als legitim anzuerkennen: »Nicht-verlieren-Können hat stets als kindisch gegolten. Kann eine ganze Nation nicht mehr verlieren, dann verdient sie keine andre Bezeichnung.« (S. 144)

Damit spielt der Verfasser offensichtlich auf die deutschen Nationalisten in den Jahren nach der Niederlage im Ersten Weltkrieg an. Das »permanent Pubertätshafte« vieler Menschen ist »durch einen Mangel an Gefühl für das Schickliche und Menschliche, einen Mangel an persönlicher Würde, an Ehrerbietung gegen andere Menschen oder Meinungen, durch eine übermäßige Konzentration auf die eigne Persönlichkeit« gekennzeichnet. »Die allgemeine Schwächung der Urteilskraft und des kritischen Bedürfnisses schafft den Boden dafür.« (S. 147)

An die Stelle von kritischen Urteilen und vernünftigen Argumenten treten »Slogans«, was ursprünglich die Bezeichnung für »den Kampf- und Versammlungsruf der Clans« im alten Schottland und Irland war. Heute verstehe man darunter ein »Parteiurteil«, das ungeprüft von Parteigängern übernommen und wiederholt werde. Was sei zum Beispiel »Blut und Boden«, genau besehen, anderes als ein Slogan? »Ein Urteil, das durch einen suggestiven bildhaften Ausdruck über alle Mängel seiner logischen Begründung und alle Gefahren seiner praktischen Anwendung hinwegtäuscht ... Der Slogan ist zu Hause im Gebiet der Reklame, der kommerziellen oder der politischen ... Das gesamte Reklamewesen nun ... stützt sich auf jene Haltung des Halbernstes, die für weit fortgeschrittene Kulturen charakteristisch ist ... Puerilismus ist das rechte Wort dafür.« (S. 150)

Trotz seiner äußerst kritischen Beschreibung »des kulturellen Leidens unserer Zeit« möchte Huizinga optimistisch bleiben. Er setzt darauf, daß »in einem kommenden Zeitalter lateinischer, germanischer, angelsächsischer und slawischer Religionssinn einander begegnen und sich durchdringen werden auf dem Felsgrund des Christentums, in einer Welt, die auch die Echtheit des Islam und die Tiefen des Ostens begreift. Aber die Kirchen können als Organisationen nur insofern triumphieren, als sie die Herzen ihrer Anhänger gereinigt haben.« (S. 192) Eine solche Reinigung, ja eine wirkliche Katharsis war Huizingas Hoffnung: denn das »Heil« könne nicht enthalten sein im Sieg eines Staates, eines Volkes, einer Rasse, einer Klasse; es bleibe der Tiefpunkt des menschlichen Verantwortungsgefühls, »wenn man die Normen der Anerkennung oder Ablehnung einem Ziel unterordnet, das sich auf einen Egoismus gründet« (S. 194). Schließlich möchte Huizinga jedoch in der »Bereitschaft zur Hingabe«, die viele Jugendliche kennzeichnet, einen Anlaß zur Hoffnung erblicken, wenn nur die Orientierung an moralischen Normen und ein kritisches Urteil hinzutreten, das den Einsatz für falsche Ideale und kollektiven Egoismus verhindere.

Dieses außerordentlich kritische Buch konnte noch 1937 in der vierten Auflage in Deutschland erscheinen und 16 000mal verkauft werden. Die deutsche Bevölkerung war eben keineswegs so total von der Außenwelt und ihrer Beurteilung der Naziideologie abgeschnitten, wie manchmal unterstellt wird.

Wie stark mich die Lektüre von Huizinga damals beeinflußt hat, weiß ich nicht. Vermutlich dämmerte mir im Laufe des Krieges einiges, was ich bei ihm gelesen und dann erfolgreich wieder verdrängt hatte. Meine »furchtbare Erkenntnis deutschen Barbarentums« hielt mich jedenfalls nicht davon ab, weiter Offiziersdienst zu tun.

Nur vier Tage nach dem mißglückten Besuch bei Huizinga hörte ich im Radio die berüchtigte Goebbels-Rede, in der er den »totalen Krieg« mit rhetorischer Brillanz verkündete. In meinem Tagebuch notierte ich kommentarlos den Satz: »Wollt ihr den totalen Krieg? Vielleicht totaler, als wir ihn uns bisher vorzustellen vermocht haben?... Nun, Volk, steh auf und Sturm brich los...!« Kurz zuvor hatte ich von einem »großen Schauspiel« gesprochen, dessen »tiefe Tragik wohl kaum einer der Anwesenden verstanden hat«. Auch an einen »einzigartig gesteigerten Volksrausch« habe ich gedacht. War das ironische Kritik oder Ausdruck bloßer Be- und Verwunderung? Ich weiß es nicht.

Die Schönheit der holländischen Städte mit ihren prachtvollen Rathäusern und schlichten Kirchen nahm mich während der letzten Wochen im Westen immer wieder gefangen. In Amsterdam konnte ich allerdings nicht bis zum Geburtshaus Rembrandts »vordringen«, das im abgesperrten Ghetto lag.

Als ich einmal in Haarlem dienstlich zu tun hatte, wurde mir von der niederländischen Polizei ein Quartier bei einem wohlhabenden Junggesellen zugewiesen. Ich wurde zwar höflich empfangen, bald aber klagte mir mein Gastgeber sein Leid: Er sei nämlich ein überzeugter Anhänger Anton Musserts, des niederländischen Nazi, und werde aus diesem Grunde von der deutschfeindlichen Polizei fast ständig mit Einquartierungen belästigt. Sein Nachbar dagegen, der täglich den britischen Rundfunk höre und für einen Sieg der Alliierten eintrete, habe noch nie unter einer Einquartierung zu leiden gehabt, das sei doch ganz und gar »ungerecht«. Ich mußte angesichts des listigen Vorgehens der patriotischen niederländischen Polizei insgeheim schmunzeln, konnte aber »meinem« faschistischen Gastgeber ohne Mühe einen plausiblen Grund für das Verhalten seiner Behörde angeben: »Sehen Sie, die niederländische Polizei ist doch für das Wohlergehen und die persönliche Sicherheit der deutschen Soldaten, denen sie ein Quartier anweist, verantwortlich, und was liegt da näher, als die Einquartierung dort vorzunehmen, wo am ehesten mit einer freundlichen und fürsorglichen Aufnahme gerechnet werden kann?« Das aber sei nun einmal nur bei den Mitgliedern der »Nationaal-Socialistische Beweging« der Fall.

Immer wieder finden sich in meinem Tagebuch Notizen wie: »Buch gekauft.« Am 25. Februar 1943 z. B. in Haarlem: »Reden auf der ersten deutschen Nationalversammlung 1848/49«; am 3. März in Brüssel: Lope de Vegas »Die Dame als Närrin« und Hauffs »Die Bettlerin vom Pont des Arts«. Einmal erwischte ich sogar in einem Antiquariat eine Kurzfassung des »Kapital« von Marx in französischer Sprache, kann mich aber nicht erinnern, wieviel ich damals davon verstanden habe.

An meinem Geburtstag (am 4. März) gelang es mir, mit meinen Eltern zu telefonieren. Eine nette Telefonistin brachte die (unerlaubte) Verbindung über die Militärleitung zustande.

Zufällig traf ich in Amsterdam einen Unteroffizier meiner Einheit und erfuhr, daß meine Division in Bälde nach Osten verlegt werden sollte. Da ich noch keinerlei Nachricht hatte, fürchtete ich schon, man werde mich hier im »friedlichen Westen« vergessen. Es kostete einige Anstrengung, um herauszufinden, welches Schicksal mir zugedacht war. Schließlich erhielt ich den Abmarschbefehl: zurück nach Belgien, wo der Stab bereits im Aufbruch war. Von meinen freundlichen Quartiersleuten – dem Melkeboer und seiner Familie – nahm ich Abschied. Die Kinder begleiteten mich bis zum Autobus. Das war das Ende meines Aufenthalts in den Niederlanden.

Eine Notiz vom November 1942 deutet an, daß ich mir Gedanken über die Eigenart der niederländischen Gesellschaft und der Menschen dieses Landes zu machen begann. Sie schienen in vieler Hinsicht »uns Deutschen« doch so ähnlich zu sein, und ihre Sprache war ganz eindeutig dem niederrheinischen Platt »verwandt«. Den Grund für den tiefgreifenden Unterschied zwischen Deutschland – richtiger gesagt: dem Deutschland des »Dritten Reiches« – und den Niederlanden glaubte ich schließlich darin erkennen zu können, daß hier »die soziale und geistige Oberschicht noch die Führung des

Volkes in der Hand hat, während in Deutschland die revolutionären Elemente (!) des unteren Mittelstandes stark genug waren, um die Führung des Staates an sich zu reißen«. Heute würde ich sagen: Die Niederlande waren noch eine intakte bürgerliche Gesellschaft, während Deutschland von einer autoritär-feudalen Halbdemokratie im Kaiserreich zunächst in eine halbherzig vom Bürgertum akzeptierte Demokratie und schließlich in eine offene Diktatur (richtiger: eine »Tyrannis«) übergegangen war. Die Formulierung »die revolutionären Elemente des unteren Mittelstandes« hatte ich vermutlich von einer britischen Kollegin meines Vaters, Mrs. Cora Hobson, die uns 1936 in Dresden besucht hatte. In ihrer gelassenen Art meinte sie auf Grund ihrer Eindrücke im »neuen Deutschland«, »daß hier ein interessanter Versuch gemacht werde, die Regierung auf die Zustimmung des kleinen Mittelstands (the lower middleclass) zu stützen«. Wir haben diese Formel in der Familie noch oft zum Spaß wiederholt, auch wenn sie kaum die ganze Wahrheit enthielt.

Den stärksten Eindruck hatte, wie schon angedeutet, das niederländische Ärzteehepaar Dr. Kivit in Borsele in mir hinterlassen, mit dem ich mich oft über »unsere beiden Völker und ihren unterschiedlichen Charakter« unterhalten hatte. Im wesentlichen fand ich bei ihnen die »gleichen Überzeugungen wieder, wie ich sie von deutschen liberalen Intellektuellen her kannte: Freiheit und Recht des einzelnen sind die Voraussetzung jeder gesunden Entwicklung (der Gesellschaft); wo sie aufgehoben werden, ist auf Dauer kein Heil. Unrecht (wie das gegenwärtig von Deutschland begangene) wird durch Unrecht am Täter gesühnt werden.« Ich hätte richtiger schreiben sollen: durch gerechte Bestrafung.

Mit Ausnahme meines Wirts in Haarlem traf ich nur einmal noch auf einen der wenigen niederländischen Faschisten. Es war der Bürgermeister vons' Heer Arendskerke (in Zuid Beveland), dessen verbohrter Fanatismus mir ziemlich auf die Nerven ging.

Meine Schlußfolgerung: »Viel gerechte Verstimmung herrscht unter der geistigen Oberschicht des Landes wegen der Maßnahmen der Zivilregierung. Warum schickt man uns einen Reichskommissar, den man schon in seiner österreichischen Heimat nicht haben wollte? Warum kaufen Deutsche die größten Kunstschätze des Landes auf, um sie fortzuführen? Warum werden die Mitglieder des NSB überall bevorzugt, milder beurteilt und auf Staatsstellen befördert, die ihnen kein Niederländer freiwillig zubilligen würde? Warum läßt man dem Lande selbst in *solchen* Dingen keine Freiheit, die mit der totalen Kriegführung nicht das geringste zu tun haben?«

Von der kühlen, disziplinierten Distanz der Niederländer unterschied sich die Haltung der Belgier in mehr als einer Hinsicht. Unter den Flamen gab es eine weit größere Anzahl von Nazifreunden als im nördlichen Nachbarland, wobei auch die Animosität gegen die wallonische Führungsschicht Belgiens eine Rolle spielte. »Zum Glück« war allerdings auch ein Wallone, Léon Degrelle, aktiver Faschist, so daß die sprachlich-kulturellen Unterschiede nicht durch politische Gegensätze verschärft werden konnten. Belgien schien mir im ganzen »industrieller und proletarischer« als Holland. Die Haltung der Einwohner tendierte mehr zum Extrem: Neben unkritischer Zustimmung zum »Dritten Reich« gab es heftige Feindseligkeit, die, weniger diszipliniert und kontrolliert als bei den ruhigen Niederländern, offener zum Ausdruck kam.

Am 6. März begann unser Transport über Harlebeke, Kortrijk, Tourcoing, Zille, Valenciennes – Richtung Osten. Am 10. März 1943 erreichten wir Schepetowka in der Ukraine, zwischen Lemberg und Kiew. Der Osten hatte uns wieder.

Zum zweitenmal in der Ukraine

Nach kurzem Aufenthalt in Schepetowka, den wir nutzten, um die Pferde zu bewegen, die tagelang in ihren engen Güterwagen hatten aushalten müssen, ging es weiter. In Gedanken waren wir meist noch in der schönen Landschaft Flanderns und der Niederlande, die wir verlassen hatten. Im Rückblick erschienen die Monate im »Westen« in einem womöglich noch glänzenderen Licht. Nun nahm mich der Osten mit seinen endlosen Weiten, den kahlen, jetzt meist unbestellten Feldern, den Steppen und den dichten Wäldern, den breiten Flüssen und undurchdringlichen Sümpfen wieder gefangen.

Die Gespräche der Kameraden, die ich jetzt öfter und länger mitanhören mußte als während der »bürgerlichen« Wohnverhältnisse im Westen, widerten mich zuweilen an. Ich schirmte mich, so gut es ging, gegen Grobheit und Obszönität der Worte ab, und zum Glück erwartete auch niemand von mir, daß ich mich an solchen

Gesprächen aktiv beteiligte. Beim Schein einer Kerze, die auf einer Schnapsflasche steckte, notierte ich Eindrücke von der Reise. Da lese ich zum Beispiel: »Eben kommt ein Lazarettzug von Nikolajew mit Verwundeten – Richtung Heimat fahrend – vorbei. Bald darauf taucht die Siebenhügelstadt Kiew auf. In strahlender Klarheit leuchtet das Land unter einem wolkenlos-heiteren Frühlingshimmel. Ein Kloster grüßt mit seinen goldenen Türmen weit ins Land hinaus.«

Am 14. März trafen wir in Krasnograd, einem kleinen ukrainischen Landstädtchen, ein. Von hier aus sollte die »Reise« zu Fuß oder auch hoch zu Roß weitergehen. Ich quartierte mich im Haus eines Eisenbahners ein. »Ein gläsernes Buffet, ein spiegelgeschmücktes Sofa und eine Art Couch bilden nebst großem Tisch und Stühlen das einzige Mobiliar, das mit seiner städtischen Geschmacklosigkeit schlecht in die bäuerliche Umgebung passen will. Zwei Gummibäume stehen auf wackligen Gestellen, vor den Fenstern blühen bereits die ersten Geranien. Die Zimmerecke wird von einem großen Ofen eingenommen, der, von der Küche aus befeuert, wohlige Wärme verbreitet.«

Ich unterhielt mich, so gut es ging, mit meinen Wirtsleuten: dem Eisenbahner, seiner Frau oder Mutter (?), denn das wußte man hier manchmal nicht so genau, seiner Tochter – vielleicht aber auch seiner jungen Frau – und einer vierjährigen Alotschka, von der ich nie erfahren habe, wessen Tochter sie war. Die Ortschaft, die in zaristischer Zeit Konstantinograd hieß, lag auf einer kleinen Anhöhe. Die Häuser standen weit auseinandergezogen. Die Straßen waren gepflastert, auch wenn man das in den Wochen, in denen sie zum größten Teil noch mit Eis oder Schlamm bedeckt waren, kaum erkennen konnte. Auf den »Hauptstraßen« waren für die Fußgänger holzbrückenartige Stege angelegt, die Eis und Schmutz zu vermeiden erlaubten. Neben dem Theater sah ich Überreste von zwei Denkmälern (vermutlich ehemaliger »Sowjetgrößen«), die von deutschen Soldaten gesprengt worden waren. Später, in Kiew, sollte ich erfahren, daß dieser Zerstörungswut oft genug auch Denkmäler hochgeschätzter ukrainischer Dichter oder Wissenschaftler zum Opfer gefallen waren. Eine SS-Einheit, so hörten wir, hatte, vielleicht in Unkenntnis der Tatsache, daß in der ukrainischen Nationalbibliothek wertvolle Schätze der heimischen Kultur dieses Landes lagen, deren Gebäude in Brand gesteckt.

Auf dem Marktplatz »verkaufte« die Bevölkerung die kärglichen Reste ihres Besitzes: Nägel, Salz, Kohl, Sonnenblumenkerne, leere Flaschen, hier und da auch ein Kleidungsstück. Der Handel fand überwiegend in Form des »Warentausches« statt, wie wir ihn später auch in Deutschland nach dem Krieg und vor Einführung der neuen DM-Währung kennenlernen sollten.

Anheimelnd waren nur die wenigen alten Häuser, die im ländlichen Stil gebaut und mit Schilf (oder Stroh) gedeckt waren. Vorhanggeschmückte Fenster und kunstvoll gesägte Zäune oder auch große hölzerne Tore gehörten zum Erscheinungsbild. Die beiden Kirchen des Ortes waren von der »Sowjetmacht« zerstört worden. Die Gläubigen fanden sich nun – unter deutscher »Protektion« – in einem Schulgebäude wieder zum Gottesdienst ein.

Ich hatte das »Kriegstagebuch« unserer Reise zu führen, inspizierte die Unterbringung von Pferd und Mann, besorgte Brennholz beim Quartiermeister der Division, einem netten, ruhigen Kameraden, den ich von früher her kannte. Am 16. März erhielt ich einen Anruf vom Ia der Division: »Am nächsten Tag ist die Einheit ›marschbereit‹ zu machen.« Ich fuhr voraus, um den Weg zu erkunden: Schlamm, Wasser, tiefe Fahrspuren machten ein Vorwärtskommen fast unmöglich. Am Mittwoch, dem 17. März, marschierten wir in einer mondhellen Nacht bei klirrender Kälte ab. Schon um halb vier Uhr begann der östliche Tag zu dämmern.

Wieder mußte ich vorausfahren, um für die folgenden Tage Quartier zu machen. Erst eine Woche war seit den heftigen Kämpfen in dieser Gegend vergangen. Deutsche Truppen hatten verlorengegangenes Gelände verlustreich zurückerobert. Wagen, Waffen und Munition lagen zwischen zerschossenen Häusern herum. Als der Kommandeur am späten Nachmittag eintraf, war er wenig erbaut über das Quartier, das ich für ihn »gefunden« hatte.

In Prosanoje, einem Vorort von Novaja Wodolaga, wurde uns ein Ruhetag gegönnt. Dort kamen wir in dunkler Nacht an. Ein verlassenes Haus erwies sich als unwirtliche Unterkunft, weil es uns – aus Unkenntnis der russischen Öfen – nicht gelang, Feuer zu machen. Ich selbst wurde von netten Ukrainern aufgenommen, die mich mit Bratkartoffeln bewirteten. Seit Tagen konnte ich mich wieder einmal waschen. Am Abend sang ein junges Mädchen auf meinen Wunsch hin den »Stenka Rasin«, und ich notierte die letzten – mir noch unbekannten – Verse. Um mein Russisch zu verbessern, übersetzte ich eine Seite aus Puschkins »Postmeister«.

Am 21. ging es durch »Sumpf und Sand« (wie das Brandenburg-Lied preußischer Einheiten verkündet) stockend weiter in Richtung Charkow. Bespannte Einheiten hatten den Vorzug, nie in Großstädten untergebracht zu werden, weil dort für Pferde keine Unterkunft zu finden war. Wir zogen an Fabrikgebäuden und Wohnblocks vorbei und nahmen das städtische Elend nur aus der Ferne wahr: überall Spuren der Zerstörung von Bomben- und Artillerieeinschlägen.

Unser nächstes Ziel: Rogan, etwas südlich von Charkow. Zum erstenmal sah ich eine »ukrainische Kompanie«, die im Dienst der Wehrmacht stand, und kurz darauf eine Schwadron Kosaken, in deutschen Uniformen und überaus malerischer Bewaffnung, vorüberziehen: Säbel, Karabiner, Pistole, Seitengewehr und Knute. »Der Ataman blickt durch eine Drahtbrille verständnisvoll und freundlich auf seine Leute.«

In Rogan erregten wir das laute Mißfallen von Generaloberst von Manstein, der unsere viel zu kompakte Fahrzeugaufstellung »absolut unangemessen« fand. Am Mittag zogen wir weiter nach Kamenaja Jaruga, oft bis ans Knie in Matsch und Wasser watend. Dann über eine eisglatte Straße nach Saproschnoje, wo die Stabsbatterie untergebracht werden sollte.

Inzwischen war die Division offenbar im Einsatz. Wir hörten nicht allzufern Artilleriefeuer der eignen Batterien und Einschläge der sowjetischen »Konkurrenz«. Unter Einsatz von Stukas und 80 Panzern seien der Angriff der Division planmäßig verlaufen und die befohlenen Ziele erreicht worden, sagte man uns. Am Abend las ich Gottfried Kellers »Frau Regel Amrain und ihr Jüngster« und freute mich an der gelungenen Erzählung.

Zwar war die Division erstmals im Einsatz, aber beim Regimentsstab, dem ich zugeteilt war, merkte man davon nicht viel. Offenbar stockte der Vormarsch, und wir hatten uns in Saproschnoje für längere Zeit häuslich einzurichten. Schließlich wurde ich – meiner Russischkenntnisse wegen – als »Ortskommandant« eingesetzt und hatte einige Wochen lang die Verantwortung für den großen Ort, dessen Bevölkerung sich durch zahlreiche Flüchtlinge aus dem unmittelbaren Frontgebiet beinahe verdoppelt hatte.

Zunächst sollte der Stab noch einmal nach vorwärts verlegt werden, und wir quälten uns auf einer vereisten, abschüssigen Straße fast 20 Stunden lang, um acht Kilometer weiterzukommen. Der Wald, durch den unsere Straße führte, war voller abgeschossener Panzer; ich zählte 17 russische T 34, aber nur einen deutschen Panzer. Die Stukas mußten verheerend gewirkt haben. Von ferne hörten wir Infanteriefeuer, dann war es wieder völlig still. In großen Abständen überflog uns ein einsames sowjetisches Flugzeug und warf – von Hand – eine in der Regel kaum Schaden anrichtende Bombe auf uns herab. Wegen des surrenden Motorengeräuschs nannten die Landser diese Nachtflugzeuge die »russische Nähmaschine«.

Bald stellte sich heraus, daß wir an unserem neuen Standort nicht genügend Platz für den Stab finden konnten, und so kehrten wir reumütig nach Saproschnoje zurück. Unser Kommandeur hatte Gefallen an diesem Ort gefunden und verglich ihn mit Braunlage im Harz. So wurde ich denn definitiv zum Ortskommandanten von Ukrainisch-Braunlage ernannt und bemühte mich, der ungewohnten Aufgabe gerecht zu werden.

Inzwischen war es Ende März geworden. Der Frühling machte sich bemerkbar. Daß eben erst ein deutscher Gegenangriff verlorengegangenes Gebiet zurückerobert hatte und überall die Trümmer zerschossener Fahrzeuge, Panzer und Geschütze herumlagen, schien fast schon vergessen. Auch die Tatsache, daß der Vormarsch wieder zum Stehen gekommen war, machte uns kaum Kopfzerbrechen. Daß schon bald – im August – eine sowjetische Offensive Charkow und das Gebiet westlich davon endgültig befreien würde, ahnten wir nicht. Die wenigen Monate, die ich in Saproschnoje verbrachte, vergingen unheimlich ruhig. Wenn nicht die bereits erwähnten »Nähmaschinen« nachts ab und zu ein paar Bomben verstreut hätten, wäre vom Kriegszustand kaum etwas zu spüren gewesen.

Dennoch gab es Probleme zuhauf: Der Ort steckte – abgesehen von rund 2000 Ukrainern – voller Soldaten, deren Respekt vor dem Eigentum der Bewohner schwach entwickelt war. Meine Aufgabe bestand darin, für ein Minimum an Rechtssicherheit zu sorgen und arbeitsfähige Teile der Bevölkerung zum Brücken-, Straßen- und Schützengrabenbau einzuteilen. Ehe ich mit dieser Arbeit beginnen konnte, suchte ich einen »Starosta«, einen Dorfältesten, wie man früher den Bürgermeister eines Dorfes nannte. Eine rührende alte Lehrerin, die ich in dem soliden Schulgebäude antraf und die ein wenig Deutsch sprach, war mir dabei behilflich. Zunächst stellte sie mir einen griesgrämigen Alten vor: »Das ist der Starosta.« Der aber wehrte sich mit Händen und Füßen. Er sei doch viel zu alt, krank und gebrechlich, außerdem habe er dieses Amt nie in seinem Leben innegehabt; und so ging es noch eine ganze Weile fort. Auch mir schien dieser hinfällige Alte nicht gerade die ideale Besetzung für das Amt. Schließlich traf ich den lokalen Tierarzt, einen jüngeren und energisch aussehenden Mann, den ich – mit Hilfe von Tatjana, der Dorfschullehrerin – schließlich dazu überreden konnte, die Aufgabe zu übernehmen. Ich kam mir schon etwas komisch und ein bißchen auch wie ein Hochstapler vor, als ich feierlich erklärte: »Hiermit sind Sie rechtskräftig zum Starosta von Saproschnoje-Tetlega ernannt.«

Seine erste Aufgabe bestand darin, dafür zu sorgen, daß am nächsten Morgen die arbeitsfähigen Leute der Ortschaft vor dem Gebäude der »Kommandatura«, die ich in der Schule untergebracht hatte, antraten. Ich spielte in Gedanken die Rolle des alten Gutsherrn, als ich am nächsten Morgen um sieben Uhr im Galopp von meiner Unterkunft am anderen Ortsende aus zur Kommandatura ritt. Die im Dorf zurückgebliebene Bevölkerung bestand ausschließlich aus Kindern, Frauen und den wenigen älteren Männern, die offenbar nicht mehr »kriegsdiensttauglich« waren. Immerhin fand ich unter ihnen mehrere tüchtige Zimmerleute, die sich zur Reparatur der beschädigten Brücken im Dorf eigneten. Frauen mit kleinen Kindern wurden vom »Dienst suspendiert«.

Einige Tage später traf eine Schar junger Männer ein, die Entlassungsscheine einer deutschen Einheit vorzeigen konnten, der sie offenbar gedient hatten. Sie wollten in ihre Heimatdörfer zurückkehren, konnten sie aber nicht erreichen, da sie in dem von der Roten Armee zurückeroberten Gebiet ostwärts des Donez lagen. Sie boten sich mir als »Hilfspolizisten« an, und ich sagte – nach einigem Zögern – zu. Uniformen erhielten sie vom Hauptverbandsplatz, und Waffen sammelten sie in den umliegenden Wäldern selber ein: Karabiner, Maschinenpistolen, Maschinengewehre, Pistolen, Handgranaten usw. Ich beließ jedem, der zur Wache eingeteilt war, tagsüber einen Karabiner mit einigen Schuß Munition und gab den Rest an die im Ort stationierten Einheiten des Heeres weiter. Einer der jungen Russen meinte, vor meiner »Kommandatura« müsse ein hölzernes Schilderhaus stehen, das alsbald zusammengezimmert wurde. Davor schob jeweils ein Soldat Wache – mit Karabiner, den er, wenn »hoher Besuch« kam, sogar ordnungsgemäß präsentierte.

Diese »Polizei« war bei der Verwirklichung meiner Aufgaben außerordentlich hilfreich. So forderte z. B. eines Tages der Chefarzt des Hauptverbandsplatzes eine Nähmaschine an, die »meine Polizei« in wenigen Stunden (leihweise?) beschaffen konnte. Um die Polizisten »mobiler« zu machen, wurden auch ein paar Fahrräder »organisiert«, so daß sie in kürzester Zeit die weit verstreut liegenden Häuser des Dorfes mit den jeweils aktuellen Befehlen erreichen konnten. Die Zahl der zum Arbeitseinsatz Kommenden erhöhte sich durch die polizeiliche »Kontrolle«. Es zeigte sich jedoch, daß die Selbstversorgung der Bevölkerung auf Grund der deutschen Plünderungen und angesichts der Überbelegung der Häuser mit Flüchtlingen aus dem Frontgebiet völlig unzureichend war. Auch mißlang es mir, Diebstähle von Vieh zu verhindern. Nur einmal konnte ich wenigstens die schuldige Einheit entdecken, die gerade dabei war, das Fell einer von ihr geschlachteten Kuh zu vergraben. Sie mußte – so gut es eben ging – durch Abgabe von Konserven eine Art »Schadenersatz« leisten. An eine ordnungsgemäße »Gerichtsbarkeit« war in diesem Fall ebensowenig wie in anderen zu denken.

Wiederholt hatte ich Streit unter den Einwohnern zu schlichten. Jedenfalls kamen sie zu mir, weil ich die einzige »öffentliche Autorität« für sie war. Was ich in solchen Fällen tat, würde ich heute »primitive Kadijustiz« nennen, aber eine andere Möglichkeit gab es einfach nicht. Einiges Aufsehen dürfte mein Urteil im Fall eines Diebstahls erregt haben. Zwei Frauen zankten sich um ein Kleid. Die eine (die Klägerin) behauptete unbestritten, die andere (die Beklagte) habe ihr ein Kleid gestohlen. Die Klägerin gehörte zu den Ortsansässigen, die Beklagte war – mit nichts als ihren Kleidern am Leib – aus dem Frontgebiet geflohen. Ich fragte daher die Klägerin: »Wieviel Kleider haben Sie?«, und sie antwortete vermutlich wahrheitsgemäß: »Vier oder fünf.« Die Beklagte aber hatte nur das eine, in dem sie geflohen war, und dasjenige, das sie ihrer Wirtin entwendet hatte. Mein Urteilsspruch lautete daher: »Angesichts der Notlage der Beklagten darf sie das entwendete Kleid behalten.« Damit entließ ich die Frauen, die sich mit dem »Spruch« abzufinden schienen.

In einem anderen Fall, dessen Streitursache auch mit Hilfe Tatjanas nicht richtig zu ergründen war, entschied ich mich, die beiden streitenden Frauen einen Tag lang zusammen einzusperren, bis sie sich vertragen würden. Dieser Urteilsspruch war jedenfalls noch weit problematischer als der andere, aber immerhin konnte ich die Streitenden am Abend nach ihrer »Haftentlassung« friedlich nebeneinander hergehend ihrem Haus zustreben sehen.

Meine »ernsthaften Aufgaben« waren, wie gesagt, der Straßen-, Brücken- und Schützengrabenbau. Der letztere sollte eine Art »Auffangstellung« bilden, falls die Front zurückverlegt werden müßte. Den Ernstfall habe ich nicht mehr miterlebt: Ich hatte das Glück, meinen Heimaturlaub antreten zu können und dann nach Nordrußland versetzt zu werden, bevor die »Tauglichkeit« dieser »Auffangstellung« erprobt werden mußte. Sie hat – offenbar – nicht lange gehalten, und meine armen Saproschnojer mußten noch einmal – zum drittenmal – einen Wechsel des Schicksals durchleiden.

Eines Tages erhielt ich den Befehl, zur Vermeidung von Seuchen sämtliche Misthaufen mit Erde bedecken zu lassen. An diesem Tag wurden alle Arbeitsfähigen für diese Arbeit freigestellt. Da viele Frauen und alte Männer auf Grund ihrer unzulänglichen Ernährung nur begrenzt arbeitsfähig waren, beantragte ich bei der Division, Brot und Pferdefleisch für die Arbeitskräfte zur Verfügung zu stellen. In der Tat erhielt ich ein paarmal – wenn auch kaum in ausreichender Menge – Kommißbrot und Fleisch geliefert, das ich – nicht ohne eine gewisse Befriedigung – selbst austeilen half. Damals wußte ich nicht, daß die Division damit aus vernünftigem Eigeninteresse den »Losungen« der obersten Naziführung direkt zuwiderhandelte. Göring hatte z. B. zu deutschen Besatzern im Osten gesagt: »Sie sind, weiß Gott, nicht dorthin geschickt worden, um für die Wohlfahrt der Leute unter Ihrer Aufsicht zu sorgen, sondern um das meiste aus ihnen herauszuholen, damit das deutsche Volk leben kann. Es ist mir völlig gleichgültig, ob Sie mir daraufhin sagen, daß Ihre Leute hungern werden.« Unter den Offizieren, mit denen ich es zu tun gehabt habe, war keiner, der Russen oder Ukrainer für »Untermenschen« hielt, wie es in der Naziregelung hieß.

Unser Regimentsadjutant forderte mich eines schönen Tages auf, zwei oder drei »möglichst ansehnliche junge Mädchen« als Küchenhilfe und Bedienung für das Offizierskasino abzustellen. Es war nicht schwer, für diese angenehme Aufgabe Freiwillige zu finden. Und so trugen Alexandra (Sascha) und ihre türkisch aussehende Freundin fortan dazu bei, die gemeinsamen Mahlzeiten durch ihren Sinn für Ästhetik – fast immer standen Blumensträuße auf den Tischen – und ihre liebenswürdige Bedienung angenehmer zu machen. Die gute Ernährung der Soldaten, die auch sie erhielten, führte freilich rasch zu einer deutlich sichtbaren Gewichtszunahme.

Sascha war mir freundlich zugetan, und wenn am Abend die Mädchen des Dorfes sangen und zu den Klängen einer Balalaika, einer Bandura oder auch einer Ziehharmonika tanzten, war sie oft meine Partnerin. Wenn ich einmal eine andere »erwählte«, war sie mir ernstlich böse. Im übrigen waren »unsere Dorfmädchen« außerordentlich zurückhaltend. Wenn ich nicht irre, hat keine von ihnen ein Verhältnis mit einem deutschen Soldaten gehabt. Vielleicht half ihnen dabei die aufmerksame Eifersucht der Mitglieder des Regimentsstabes, von denen keiner dem anderen eine schöne ukrainische Freundin gegönnt hätte.

Gestört wurde diese Idylle, als aus Charkow – von einer höheren Einheit zu uns geschickt – die junge, sportliche Dolmetscherin Vera anreiste, die sich Veronika nannte. Sie war sofort noch mehr umschwärmt als die Dorfmädchen, weil sich die Soldaten ohne Russischkenntnisse mit ihr unterhalten konnten. Offiziell aber war sie *mir*, dem Ortskommandanten, zugeordnet, um mir die Kommunikation mit den Bewohnern zu erleichtern. Wir unterhielten uns aber gern russisch miteinander, und ich habe von ihr eine Menge Wörter und auch einige bislang mir unbekannte Gedichte gelernt. Sie erzählte ganz offenherzig von ihrem Leben. Ihr Vater war offenbar ein höherer »Beamter«, ihr Bruder Marineoffizier im Fernen Osten, und sie selbst hatte das Fallschirmspringen zu ihrem »Hobby« gemacht. Manchmal hatte ich den Verdacht, daß sie als eine Art »Spionin« zu uns geschickt worden sei, aber ihr Verhalten sprach eher dagegen. Monate später, als ich in Dresden auf Urlaub war, erhielt ich einen Brief von Veronika, den sie mit Hilfe eines deutschen Soldaten der Feldpost übergeben hatte – eine Anhänglichkeit, die mich aufrichtig gerührt hat. Auch Veronika legte Wert auf Distanz. Wir gingen oft zusammen spazieren, aber »mehr war da nicht« und sollte auch nicht sein. Dennoch waren »meine Dorfmädchen« unzufrieden mit der Großstädterin, die in unsere Gemeinschaft »eingedrungen« war.

Wenig später kam noch eine zweite Charkowerin, Ludmila, zu uns. In sie verliebte ich mich. Nach einem Sturz mit dem Pferd, der mich für zwei Wochen ans Bett fesselte, hat sie mich selbstlos betreut. Sie sorgte während der Ruhezeit, die mir der Regimentsarzt wegen des Verdachts auf Gehirnerschütterung verschrieben hatte, für zusätzliche »Kraftnahrung«, damit ich bald wieder gesund würde. Einmal reiste sie für zwei Tage nach Charkow und kam mit schönem weißem Bettzeug zurück, so daß ich als einziger Offizier des Stabes – beinahe wie daheim – in einem weißbezogenen Bett liegen konnte.

Ich war damals 21 Jahre alt und hatte noch nie mit einem Mädchen geschlafen. Ludmila war anschmiegsam und anhänglich. Daß sie in sexuellen Dingen nicht ganz unerfahren war, entnahm ich unter anderem dem »Stärkungstrank«, den sie mir verabreichte, um meine Potenz zu steigern. Sie nannte das Gemisch aus Eiern, Honig und Milch (mit vermutlich etwas Wodka darin) »Gogel-Mogel«, was ich für ein sprachliches Relikt aus der Zeit der Mongolenherrschaft hielt. Einmal fragte Ludmila etwas ängstlich: »Jesli budjet rebjonok?« (»Wenn's nun ein Kind gibt?«) Ich versicherte ihr, es werde kein Kind geben, hatte aber keine Ahnung, wie »gewiß« die Verhütung durch Koitus interruptus ist und ob ich mich hinsichtlich der sogenannten »sicheren Tage« nicht womöglich geirrt hatte. Dieser Leichtsinn wurde höchstens noch übertroffen durch eine gutgemeinte, aber illusorische Eintragung in mein Testament, das ich während des nächsten Urlaubs machte und in dem ich – für den Fall meines Todes – meine Eltern bat, sich des Mädchens Ludmila Petrowa in Charkow und – falls vorhanden – ihres Kindes hilfreich anzunehmen.

Die Begegnung mit Ludmila hat mir viel bedeutet. Über das Ausmaß meiner eignen Unverantwortlichkeit war ich mir damals kaum bewußt. Kurz vor meiner Abreise nach Deutschland kam Ludmilas Vater zu uns, um seine Tochter heimzuholen. Rückblickend bewundere ich die Zivilcourage dieses Mannes, der ja nicht wissen konnte, wie ihn die barbarischen Deutschen aufnehmen würden. Ich wußte, daß er Arzt bei der staatlichen Eisenbahn war und wohl ahnte, wie groß das Risiko einer Schwangerschaft seiner Tochter war. Ludmila weinte, aber ich konnte und durfte sie nicht halten. Zusammen mit ihrem Vater kehrte sie per Autostopp nach Charkow zurück. Oft dachte ich darüber nach, was wohl aus ihr geworden sein mochte, vor allem in den ersten Wochen und Monaten nach der Rückeroberung der Stadt durch die Rote Armee. Erst allmählich wurde ich mir meiner Schuld bewußt.

Von der deutschen Zivilverwaltung der Ukraine wurde uns eines schönen (oder vielmehr unschönen) Tages ein »Sonderführer« geschickt, der es als seine Aufgabe ansah, soviel Milch, Butter, Sahne, Eier usw. wie möglich aus dem Ort »herauszuholen« und an eine Zentrale irgendwo im weiteren Hinterland abzuliefern. Nun war zwar nicht mehr viel in dem verarmten Ort zu finden, aber für die bereits jetzt notleidende Bevölkerung war dieser Herr Dlugosch dennoch eine erhebliche Bedrohung, die ich kaum abwenden konnte. Lediglich die »Trägheit« »meiner« Ortspolizei konnte seine Bemühungen etwas bremsen.

Am liebsten war mir meine Aufgabe, wenn an warmen Maiabenden die Mädchen aus dem Dorf (und auch die beiden Städterinnen) Lieder sangen und zu den Klängen von Balalaika, Bandura und Ziehharmonika (Marke Hohner!) tanzten. Einer der Gesänge, der mir noch lange im Ohr blieb, hieß »Stradanije« (Leiden): ein langer Wechselgesang – eigentlich zwischen einer männlichen und einer weiblichen Stimme –, den aber in Ermangelung eines geeigneten männlichen Sängers auch zwei Mädchen vorführen konnten. Dabei unterstrichen sie die Worte des Liedes mit theatralischen Gesten – verneigten sich gegeneinander und wandten sich wieder voneinander ab und schienen, trotz des ungemein traurigen Inhalts des Liedes, ganz von ihrem Gesang begeistert. Hoch und metallisch klang die Stimme der einen Sängerin, weich und einfühlsam die der anderen.

Ein anderes, eher lustiges Lied, hatte als Refrain die Verszeile »*I sa musch nje idu*« – »und hinter den Ehemann werde ich nicht gehen«. »*Itti sa musch*« ist der russische Ausdruck für heiraten: aus Sicht der Frau. Der Mann dagegen sagt: »Ich beweibe mich« *(schenitsja)*. Die unterschiedlichen Bezeichnungen lassen etwas von der patriarchalischen, männerbeherrschten Kultur der Russen (und Ukrainer) erkennen: Die Frau hat »hinter den Mann« zu gehen, der Mann »nimmt sich eine Frau« *(schena* ist die Ehefrau).

Ein offenbar aus einem früheren Krieg stammendes Lied berichtete vom Tod eines Soldaten, auf den drei feindliche Kugeln abgefeuert werden: »Die erste geht vorbei, die zweite geht vorbei, aber die dritte verwundet mich«, und »so muß ich umkommen und begraben werden in einem fremden und fernen Land ...« Vielleicht werde ich eines Tages jemanden treffen, der mir dieses Lied wieder vorsingen kann. Auch seine Worte klangen lange in mir nach.

Irgendwann diktierte mir eine junge Russin das Gedicht »Rußland« von Fjodor Iwanowitsch Tjutschew (1803–1873), das ich im Herbst 1943 – inzwischen an die Nordfront versetzt – in einer Kampfpause wie folgt übersetzt habe:

Rußland

Ärmlich sprießen deine Felder,
Dürftig nur wächst Baum und Strauch,
Land der stillen Langmut du:
Heimat, geliebte, russische Erde.
Stolz geht der Fremde und achtlos vorbei,
Nicht fühlend noch ahnend,
Was in der Tiefe deiner Stille
Heimlich glänzen und leuchten will.
Tausende tragen die Last hier des Kreuzes
Gleich Sklaven mühsam und stöhnend durchs Land,
Und es schreitet mit ihnen der König des Himmels
Duldend und segnend mitten durch uns.

In einer umfangreichen Gedichtsammlung, die ich in einem zerschossenen Schulhaus fand, standen zwar viele Gedichte dieses Spätromantikers aus hochadliger Familie, aber dieses patriotische Gedicht war wohl für die sowjetischen Herausgeber zu stark religiös gefärbt, um es aufzunehmen.

Zum russischen Osterfest in Saproschnoje gab ich allen Einwohnern frei und ließ dem – aus Charkow in »sein Dorf« zurückgekehrten – Popen Wein für die Feier des Abendmahls zukommen. Der uralte, weißbärtige Geistliche, dessen Gesicht von zahllosen tiefen Furchen durchzogen war, hatte – wie er erzählte – unter sowjetischer Herrschaft als Pförtner in einer großen Charkower Fabrik einigermaßen gut überlebt. Es sei »gar nicht so schlimm gewesen«, meinte er. In Saproschnoje war er zwar kaum noch bekannt, zum Osterfest kamen aber dennoch etwa 200 Gläubige – meist ältere Frauen, Großmütter mit ihren Enkelkindern.

Die Rolle der »Babuschka« im Familienleben der Russen und Ukrainer war infolge der fast allgemeinen Berufstätigkeit der Mütter ungewöhnlich wichtig. Und ihrem Einfluß war es zu danken, daß noch immer ein hoher Prozentsatz der Enkel getauft wurde und in den Bauernhäusern die Ikonen nicht weggehängt (oder durch Stalin- und Leninbilder ersetzt) wurden. In den öffentlichen Gebäuden, in Schulen, Verwaltungsämtern und Parteiversammlungssälen spielten dafür die weltlichen »Herrgottswinkel« mit Marx-Engels-Lenin-Stalin eine ähnliche Rolle wie die Ikonenecken in den Bauernhäusern.

Der Sinn für die eigentümliche Schönheit der Ikonenmalerei, die seit Jahrhunderten stereotyp die alten Muster der verschiedenen Madonnen – von Tichwin, von Saratow usw. – sowie der Heiligendarstellungen wiederholten, war aber nicht mehr sehr stark entwickelt. Hier und da sah man statt der alten Ikonen billige und banale Öldrucke aus dem Kaufhaus, die einem von der städtischen Zivilisation beeinflußten Geschmack offenbar besser entsprachen.

Gelegentlich kam es auch vor, daß ich meine »Autorität« als Ortskommandant sogar gegenüber dem Abgesandten eines Divisionskommandeurs geltend machen konnte. Der General hatte seinen Ia, den ersten Generalstabsoffizier, zu mir geschickt, mit dem Auftrag, ich solle ihm einen kleinen Hühnerstall – zehn Hennen und einen Hahn – liefern, damit er regelmäßig frische Eier für sich und seinen Stab haben könne. Mit Rücksicht auf die ohnehin prekäre wirtschaftliche Lage der Bevölkerung, die zum größten Teil für uns arbeitete, sah ich mich genötigt, dieses (im übrigen illegale) Ansinnen zurückzuweisen, natürlich mit den Ausdrücken des üblichen Bedauerns und unter Hinweis auf die für mich leider bindenden, ad hoc erfundenen Vorschriften der höheren Heeresführung.

Zweimal erlaubte ich einer kleinen Gruppe von Flüchtlingen aus einem an der Hauptkampflinie gelegenen Dorf, bei Nacht dorthin zu schleichen, um dringend benötigte Gegenstände aus ihren Häusern zu holen. Die Sache war weder »legal« noch ungefährlich. Zur Sicherheit der Leute und um ein Überlaufen zur Roten Armee, wo sie womöglich als Spione ausgefragt worden wären, zu verhindern, mußte ich zwei Unteroffiziere mitschicken, die sich freiwillig für diese Aufgabe zur Verfügung stellten. Zum Glück ist nichts passiert. Andernfalls hätten die Unteroffiziere und vor allem ich erheblichen Ärger mit dem Regimentskommandeur bekommen.

Die Erinnerung an meine Zeit als »Ortskommandant« in Saproschnoje-Tetlega mutet angesichts der vielen Greueltaten, an denen nicht nur die SS, sondern auch Einheiten der Wehrmacht beteiligt waren, heute beinahe unglaubhaft an. Aber ich bin überzeugt, nichts verschwiegen und nichts übertrieben zu haben. Ich hatte wieder einmal Glück gehabt. Meine Erfahrungen widerlegen nicht, was an anderen Orten geschehen ist; sie »beweisen« auch nicht, daß ich fähig gewesen wäre, Gewalttaten zu verhindern, oder den Mut gehabt hätte, offen Widerstand gegen sie zu leisten – was vielleicht mich das Leben gekostet hätte. Damals ahnte ich nicht, wie ungewöhnlich meine Lage war.

1993 schrieb ich an den »Dorfsowjet« (der noch immer so heißt) in Saproschnoje und fragte an, ob ein Besuch von mir erwünscht sei. Ich erhielt einen ungemein freundlichen Brief des Vorsitzenden, eine herzliche Einladung, doch im Frühjahr einmal zu kommen, und einen Bericht über die Veränderungen, die das Dorf seit dem Kriegsende erfahren hatte. Die meisten Einwohner seien jetzt »Pendler«, die in Charkow ihrem Beruf nachgingen und aus den alten Bauernhäusern ihren Wohnsitz gemacht hätten. Ein Kino sei hinzugekommen und manches andere mehr, worauf der Vorsitzende des Dorfsowjets sichtlich stolz war. Zwei Farbfotos lagen dem Brief bei: eines mit der weiten Landschaft, deren sanfte Wellen mir noch gut in Erinnerung sind, und eines mit einer Gruppe junger Menschen, die sich um »Väterchen Frost« scharen. Damals waren die Verhältnisse noch zu unsicher, um die Reise zu wagen, aber ich hoffe, sie eines Tages wirklich unternehmen zu können.

Da der Ort schon kurz nach meinem Weggang von der Roten Armee zurückerobert wurde, fürchtete ich für das Schicksal der Mädchen, die – aus Not und um ihren Familien helfen zu können – für die Wehrmacht als Küchenhilfe oder Serviererin gearbeitet hatten. Am gefährdetsten waren wohl meine »Hilfspolizisten«, die aber vielleicht mit den deutschen Truppen geflohen sind.

Versetzung an die Nordfront

Völlig unerwartet und ungewöhnlich traf im Juni ein Befehl des OKH ein, auf Grund dessen ich »mit sofortiger Wirkung« zur »Führerreserve Nord« versetzt wurde. Man konnte annehmen, daß in den heftigen Gefechten an der Nordfront – vor allem vor Leningrad – eine größere Anzahl von Offizieren »ausgefallen« war und nun die »besser mit Offizieren versorgten« Divisionen im Süden einen Teil ihres »Überflusses« nach Norden abgeben mußten. Ich hatte noch ein paar Tage Zeit, um Abschied von »meinem Dorf« und seinen Menschen zu nehmen, von denen mir viele lieb geworden waren. Ich ritt von Haus zu Haus, wünschte dem Popen alles Gute, dankte den »Polizisten« für ihre Disziplin und ihre tüchtige Arbeit, umarmte meine Dorfschönen, dankte der alten Tatjana, der doch richtig Tränen in den Augen standen, und drückte die kräftige Hand des Starosten. Auch schaute ich kurz ins »Zivilkrankenhaus« hinein, das ich hatte einrichten lassen. Schließlich saß ich am letzten Abend beim Divisionskommandeur und seinem Ia, der mir meine Hühnerverweigerung offenbar »verziehen« hatte, meldete mich – wie es die Vorschrift verlangte – beim Regimentskommandeur ab, erhielt einen »Marschbefehl« von Saproschnoje nach Gattschina (Krasnogwardeisk), einem Vorort Leningrads, und machte mich auf den Weg.

»Marschbefehl« hieß zum Glück nicht, daß ich die Tausende von Kilometern marschierend zurückzulegen hatte. Ich suchte so rasch wie möglich vorwärts zu kommen, um in Berlin etwas Zeit für ein Treffen mit meinen Eltern zu gewinnen. Mein Tagebuchbericht über diese Lastwagen-Flugzeug-Eisenbahn-Flugzeug-Lastwagenreise liest sich wie die Ferienreise eines Studenten aus der unmittelbaren Nachkriegszeit, nur daß der damals übliche »Autostopp« (Hitchhiking auf »neudeutsch«) durch »Flugzeugstopp« ergänzt wurde. Es gelang mir, eine Ju 52 von Charkow nach Kiew zu bekommen, mit der wir – ein Dutzend Soldaten –, auf Kisten, Ballen und Koffern ziemlich unsicher sitzend, binnen zwei Stunden die ukrainische Hauptstadt erreichten. Unter uns die endlosen Wälder und Felder der Ukraine, die breiten Flüsse und die winzigen Dörfer sowie große Sowchosen und Kolchosen. Plötzlich überkam mich auf dieser Reise eine schwer erklärliche, unbändige Freude: Hatte ich nicht alle Freuden des Lebens schon genossen? Das Reiten auf guten Pferden über die Ebenen und Hügel eines weiten Landes, die Liebe einer jungen Frau, eine verantwortliche Arbeit und nun auch noch einen Flug über das mir liebgewordene Land? Ich erinnerte mich an das banale französische Sprichwort »partir – c'est mourir un peu« und sagte mir wirklich, wenn ich jetzt plötzlich sterben müßte, könnte ich doch dankbar auf ein glückliches Leben zurückblicken. Irgendwie betrachtete ich von da an jeden weiteren Tag als ein »zusätzliches Geschenk des Schicksals«.

In Kiew freilich war auf den beiden Fliegerhorsten kein Weiterkommen. Auf dem größeren war soeben eine »französische Studienkommission« eingetroffen, die sich über die »wirtschaftlichen Einrichtungen der Besatzungsmacht in der Ukraine« informieren wollte. Wir verlorenen »Fluggäste« erhielten schließlich den Rat, irgendwie per Autostopp nach Schepetowka zu fahren, um dort ein Flugzeug zu erreichen, das uns weiter nach Westen bringen würde. In einem »Warteraum« las ich Rudolf Bindings Novelle »St. Georgs Stellvertreter« und schlief – todmüde von zwei durchwachten Nächten – bald ein. Irgendwann in der Nacht wurde ich von einem Soldaten geweckt, der mir meldete: »Draußen steht eine Maschine, die sofort nach Lemberg startet. Wenn Sie sich beeilen, kommen Sie noch mit!« Rasch raffte ich mein Gepäck zusammen und rannte über das Rollfeld. Die kleine Focke-Wulf-Weihe wurde gerade »angelassen«, ich durfte hineinklettern, und schon begann die Reise über die Wälder und Felder, Sümpfe und Sandstrecken, die ich vor beinahe zwei Jahren mühsam zu Fuß oder auf müden Pferden im Schweiße meines Angesichts gen Osten gezogen war. Was damals in entgegengesetzter Richtung zwei Monate dauerte, überflogen wir jetzt in einer halben Stunde. Der Pilot reichte mir die »übliche« Tüte, aber ich lachte nur. Mir machten die unruhigen Bewegungen des kleinen Flugzeugs nichts aus. Dabei freute ich mich, viel näher an der Erde (und den Bergen) zu sein als mit der soliden alten »Tante Ju«.

Wir landeten in Lemberg. Der Flughafen lag zu weit von der Stadt entfernt, um die von altösterreichischem Charme zeugende galizische Hauptstadt besuchen zu können. Im prachtvollen Kasino des Fliegerhorstes blieb ich über Nacht. Mir ist heute noch das gute Abendessen in Erinnerung, das diesen privilegierten Soldaten verabreicht wurde. Am nächsten Morgen ging es mit einer Ju 52 weiter über Breslau nach Berlin.

Ich rief meine Eltern in Dresden an, die sich sofort auf den Weg nach Berlin machten, wo wir uns trafen. In einer kleinen, angenehmen Pension beim Bahnhof Zoo fand ich ein Zimmer. Die Tür öffnete mir ein junges flämisches Mädchen, an dem ich gleich meine schon halbvergessenen Sprachkenntnisse erprobte. Es war alles irgendwie unwirklich. Das Orts- und Zeitgefühl war durcheinandergeraten. Die Stunden mit meinen Eltern erschienen in ihrer Intensität lang – und doch so schrecklich kurz.

Besonders meiner Mutter fiel der Abschied schwer. Mein Vater war durch seinen willensstarken Optimismus ein wenig »geschützt«, obgleich er die reale Gefahr vermutlich sehr viel genauer einzuschätzen vermochte als meine Mutter.

Von Berlin nach Königsberg benutzte ich einen ordentlichen D-Zug, der auch ziemlich pünktlich am Ziel ankam. Ich schlenderte durch die damals noch unversehrte Stadt, übernachtete in einem komfortablen Hotel am Bahnhof und begab mich dann wieder zum Flughafen. Dort stand aber nur die »Kuriermaschine der ersten Luftflotte«, die Passagiere nicht ohne Erlaubnis des Quartiermeisters Generalleutnant von Criegern an Bord nehmen durfte. Was war zu tun? Ich erfuhr, daß Generalleutnant von Criegern sein Büro in Riga hatte. Eine liebenswürdige Nachrichtenhelferin stellte binnen Minuten eine Verbindung her, und ich fragte mit »militärischer Kürze«, ob mich der Kurierpilot mit nach Riga nehmen dürfe. Das »Jawohl« des Generals genügte, und ich konnte als einziger Passagier die mit zahlreichen Säcken mit Kuriergepäck vollgestopfte Ju besteigen. Dörfer und Gutshäuser, Seen und Wälder Ostpreußens glitten unter uns dahin. Nach einer Stunde waren wir über Lettland, und schon tauchte auch der Rigaische Meerbusen auf und an ihm das Häusermeer der alten, hanseatische Züge tragenden Stadt.

Da eine Maschine nach Pleskau – dem letzten für mich erreichbaren Flughafen vor Leningrad – erst am nächsten Tag erwartet wurde, blieb mir noch etwas Zeit, um die schöne lettische Hauptstadt zu »erwandern«. Neben an Lübeck oder Danzig erinnernden Häusern stieß ich auf eine russisch-orthodoxe Kirche für die gar nicht so kleine russische Minderheit, die seit langem hier ansässig war. Ein freundliches Mädchen, das ich beim Spazierengehen traf, mit dem ich mich russisch verständigen konnte, half mir, mich zurechtzufinden. Zum Abschied schenkte sie mir lettische Briefmarken, die ich meinem Bruder nach Hause schickte. So nett die kleine Lettin war, so leicht trennten wir uns. Flüchtig, wie viele persönliche Begegnungen im Kriege sind, hatten sie doch etwas Beruhigendes, beinahe Tröstendes, weil sie im Kontrast zu den Kämpfen ringsum standen.

In Riga wohnte ich in einem für die Wehrmacht beschlagnahmten Hotel. In der Eingangshalle fand ich drei oder vier Männer mittleren Alters mit bürgerlicher Kleidung und dem Judenstern am Jackett vor, die darauf warteten, die Koffer der ankommenden Offiziere aufs Zimmer tragen zu können. Ich hatte verständliche Hemmungen, mich von so viel älteren Männern, die offensichtlich früher bürgerlichen Berufen nachgegangen waren, bedienen zu lassen, und wehrte zunächst ihre Hilfe ab. Dann baten sie mich aber so dringlich, daß ich nachgeben mußte. Meine Überlegungen, wie ich ihnen helfen könnte, führten zu keinem Ergebnis. Habe ich dem hilfsbereiten Kofferträger ein Trinkgeld gegeben? Ich weiß es nicht. Einerseits war es mir peinlich, einem Anwalt oder Arzt für diese Dienstleistung ein Trinkgeld zu geben, andererseits konnte er vielleicht sich damit etwas Erleichterung erkaufen. Ich hätte ihm mein gesamtes Bargeld – auch wenn es nicht eben viel war – geben sollen, aber darauf kam ich nicht. Im Rückblick schäme ich mich für meine Hilflosigkeit.

Der Flug nach Pleskau am nächsten Morgen war schon Routine. Von der mir als grau und schmutzig in Erinnerung gebliebenen Stadt brachte mich ein Urlauberzug in zwölfstündiger Fahrt endlich an mein Ziel: Gattschina.

Dort traf ich zwei alte Bekannte: Hauptmann Fietz, der in Altenburg kurze Zeit mein Batteriechef gewesen war, und den Fahnenjunker-Unteroffizier von Kitzing, der seinerzeit nicht befördert worden war und sich jetzt zur Infanterie gemeldet hatte, die ihn – endlich – auf die Waffenschule schickte. Wir bummelten gemeinsam durch die Stadt und standen enttäuscht vor der massiven Fassade des großen Schlosses, das sich Katharina II. hatte erbauen lassen. Im Soldatenheim bekamen wir lauwarmen »Kaffee« und meldeten uns dann – auftragsgemäß – bei der »Frontleitstelle«. Dort fand ich noch weitere »Mit-Fahnenjunker« von der Waffenschule: auch sie zur Auffüllung der gelichteten Offiziersreihen abkommandiert.

Endlich erfuhr ich, wie meine neue Einheit hieß. Es war die 23. Division, bei deren Artillerieregiment ich »unterkommen« sollte. Ich schrieb noch rasch eine Karte nach Hause, in der ich – zivil kodiert – meinen neuen Standort angab, und machte mich dann auf den Weg. Mein Ziel lautete Mga, ein Bahnknotenpunkt südlich von Schlüsselburg. Von dort brachte mich ein Pkw zum Divisionsgefechtsstand. Zufällig stieg gerade der General aus seinem Kübelwagen, und ich meldete mich. Der schneidige altpreußische Herr mimte den alten Fritz. Er redete alle Untergebenen mit »er« an, spielte abends auf einer Querflöte und freute sich vermutlich darüber, daß unser »Feldzeichen« ein elegantes F. R. (Fridericus Rex) war.

Nicht weit vom Divisionsgefechtsstand entfernt war auch der unseres Regiments. Der Adjutant empfing mich und bald danach der Kommandeur, dem ich meinen »militärischen Lebenslauf« erzählen mußte, aus dem er erkennen konnte, wie wenig ich bisher »erlebt« hatte – wenn man militärische Maßstäbe anlegte. Ich wurde der III. Abteilung zugewiesen, lernte deren Adjutanten, Leutnant Müller, kennen, der auf seinen Briefen nach Hause nie vergaß, »gräflich Schlieffensche Gutsverwaltung« hinzuzufügen. In dieser »vornehmen« 23. Division kam er sich als »Leutnant Müller« offenbar irgendwie unzulänglich vor.

Die 23. Infanteriedivision war eine durch und durch preußische Einheit. Sie bestand aus den drei Infanterieregimentern 9, 67 und 68. Von einem bestimmten Zeitpunkt an wurden die Regimenter 9 und 67 »Grenadierregimenter«, während das 68. als »Füsilierregiment« bezeichnet wurde. Damit sollte die Traditionsverbundenheit betont werden. Im IR 9 (oder GR 9) war die erste Kompanie des ersten Bataillons aus »langen Kerls« rekrutiert worden, was sich als höchst gefährlich erwies. Hochgewachsene Soldaten sind – besonders bei der Infanterie – fehl am Platz, weil sie erheblich stärker gefährdet sind als mittelgroße und kleine. So war denn auch von den »langen Kerlen« nicht mehr viel übrig, als ich zur Division kam. Eine unausgesprochene »Rangordnung« der drei Infanterieregimenter erkannte dem IR 9 den ersten Platz zu. Da ich stets bei der dritten Abteilung des AR 23 Dienst tat – bei der 7. oder 9. Batterie oder auch im Stab der Abteilung –, hatte ich fast immer mit dem IR 9 zu tun, mit dem die Abteilung »auf Zusammenarbeit angewiesen« war. Ich fühlte mich sowohl beim Regiment als auch bei der Infanterie unserer Division ausgesprochen wohl, jedenfalls wohler als bei den Divisionen, bei denen ich bisher gewesen war.

Feuertaufe

Bei der 9. Batterie sollte ich abwechselnd Batterieoffizier (in der Feuerstellung) und vorgeschobener Beobachter (bei der Infanterie) sein. Die Batteriestellung befand sich – gut ausgebaut und getarnt – in einem kleinen Birkenwäldchen. Ergänzt wurde die Feuerkraft der vier 10,5-cm-Feldhaubitzen durch zwei französische 22-cm-Mörser, die etwa 200 Meter ostwärts der Batterie verankert waren. Das Störfeuer der Sowjets lag zum Glück in der Regel ungenau neben unserer Stellung. Die Bunker waren nur halb in die Erde gebaut, da das Grundwasser schon bei weniger als einem Meter Tiefe begann. Die drei Lagen Baumstämme auf den Bunkern waren mit einem Erdüberwurf bedeckt, der zugleich als Tarnung diente.

Der Batterieoffizier hatte einen eigenen Bunker, den er zusammen mit seinem Burschen bewohnte. Abgesehen von Nässe und Mückenplage ließ es sich darin aushalten. Die Batterie war mit etwa 2000 Granaten reichlich mit Munition versehen. Die Mörserstellung übernahm ein Unteroffizier, den die Batterieführung telefonisch erreichen konnte. Von Zeit zu Zeit wurde – meist mit einem herausgezogenen Einzelgeschütz – das Sperrfeuer überprüft. Auf diese Weise sollte verhindert werden, daß die sowjetische Artillerieerkundung unsere Stellung durch Anpeilung exakt lokalisieren konnte.

Nach einer Woche in der Feuerstellung löste ich Leutnant von Hahn – mit vollem Namen Freiherr von Hahn-Hahn – auf der B-Stelle ab. Sie war in einem vorgeschobenen Teil unserer Infanteriestellungen untergebracht, der von den Landsern »der Finger« genannt wurde. Von ihm aus konnten etwaige sowjetische Angriffe flankierend eingesehen und beschossen werden. Maschinengewehrnester und Beobachtungsstellen der Artillerie, der Infanteriegeschützkompanie und einer Werferabteilung lagen hier dicht beieinander. Das Gelände war bis auf die »Höhe 22« relativ flach, so daß man wenig Fernsicht hatte. Der »Bunker« der B-Stelle ragte – des feuchten Untergrundes wegen – höher aus dem Erdboden heraus als wünschenswert. Ohne Zweifel war er von der Gegenseite aus deutlich als solcher erkennbar.

Wir waren zu sechst auf der B-Stelle. Tageslicht fiel nur durch ein kleines seitliches Fenster und durch den Sehspalt herein, von dem aus wir das freie Feld zwischen unseren und den feindlichen Linien mit einem Scherenfernrohr überblicken konnten. Da ich nicht alle sechs Leute in unserem Bunker unterbringen konnte, machte ich für zwei von ihnen bei einer benachbarten Pak-Stellung »Quartier«. (Diese Verringerung unserer »Besatzung« sollte sich in der Folge als lebensrettend erweisen.) Mit der Feuerstellung waren wir zweifach, durch Feldtelefon und durch Funk, verbunden. Die Telefonkabel wurden jedoch immer wieder vom Störfeuer der Sowjets, das die rückwärtigen Verbindungswege unter Beschuß nahm, unterbrochen, so daß Störtrupps fast ständig unterwegs waren.

Einstweilen blieb es noch einige Tage lang ruhig. Am Abend sang Wachtmeister Rübsamen zur Klampfe seine meist norddeutschen Lieder – »Hein Mück aus Bremerhaven« beispielsweise –, was benachbarte Infanteristen anlockte. Gelegentlich verjagte uns dann ein Granatwerfer-Feuerüberfall, so daß das »Konzert« ins Innere des Bunkers verlegt werden mußte, der nicht für alle »Gäste« Platz hatte. Mehrfach am Tage besuchte ich den Kompaniechef, um mit ihm Beobachtungen und die Einschätzung der Lage auszutauschen. Einmal erhielt ich die Erlaubnis, mit den beiden französischen Mörsern einige der gegnerischen Bunker zu »knacken«. Verpflegung erhielten wir nur bei Nacht, die im übrigen hier im hohen Norden nur sehr kurz war (man kennt ja die »Petersburger hellen Nächte«). Unsere Vorgesetzten machten uns »vorsichtig« bei Einbruch der (relativen) Dunkelheit Besuche. Selbst der Divisionskommandeur (stellvertretend noch immer Oberst von Mellentin) ließ sich sehen.

Aber schon nach wenigen Tagen war die trügerische Ruhe mit einem Schlag zu Ende. Zunächst verstärkte sich das Störfeuer. Ich hatte mich gerade mit nacktem Oberkörper ein bißchen zum Sonnenbaden ausgestreckt, da schlug in unmittelbarer Nähe eine Granate ein. Als ich wenig später meinen verlassenen »Ruheplatz« wieder besichtigen wollte, war an dessen Stelle ein tiefer Granattrichter. Am 15. Juli versuchte ein russischer Stoßtrupp den »Finger« anzugreifen, blieb aber im Abwehrfeuer aller Waffen liegen. Die Überlebenden zogen sich rasch wieder zurück. Am nächsten Tag begann plötzlich ein Geschütz der schweren sowjetischen Artillerie systematisch Bunker auf Bunker unter Beschuß zu nehmen. Mit Kennerblick verfolgten wir den Vorgang: »Kurz – lang – Volltreffer«, nach der alten Regel. »Jetzt sind wir dran«, meinte Wachtmeister Rübsamen. Ich wollte es jedoch nicht gleich glauben! »Wenn die uns für einen

Beobachtungsstand gehalten hätten, wären wir doch schon viel früher unter Beschuß genommen worden. Warten wir also ab.« Der nächste Einschlag verschüttete unseren »regulären« Bunkereingang. Jetzt sah ich ein, daß es besser war, den Unterstand so rasch wie möglich zu verlassen. Wir stießen das Fenster auf und kletterten nacheinander ins »Freie«. Kaum waren wir alle draußen, da zertrümmerte der nächste Einschlag auch schon das schwache Dach unserer Behausung. Wir waren noch einmal davongekommen!

In der folgenden Nacht gruben einige Soldaten unsere zurückgelassenen Habseligkeiten wieder aus. Darunter meine Brieftasche und mein Tagebuch. Das Funkgerät freilich war nicht mehr zu gebrauchen. Ich schickte meine Leute zurück und ging selbst zur B-Stelle der 5. Batterie, die in unserer Nähe lag.

Dort war gerade ein junger Hauptmann im Generalstab eingetroffen, der das »artilleristische Handwerk« in der Praxis kennenlernen sollte. Gern gab er seine Aufgabe an mich ab, nachdem ich mich als »gut ausgebildeter« Artillerist vorgestellt hatte. Ich ließ auf Bewegungen im gegnerischen Graben schießen. Der erwartete feindliche Vorstoß blieb jedoch zunächst aus. Etwas weiter rückwärts bezogen wir in einem völlig durchnäßten Bunker einen Ausweichgefechtsstand. Nicht weit von uns lag der des Bataillons und der Vorgeschobene Beobachter einer Werferabteilung, dessen »Feuerräume« ich mir auf der Karte zeigen ließ. In der Nacht wurden wir freundlicherweise mit Decken, Kochgeschirren und anderen »Notwendigkeiten« versorgt, da wir sozusagen »Ausgebombte« waren.

Mit unserem Mörser »durfte« ich am nächsten Tag die sogenannte »Schutthalde« – einen unangenehmen Beobachtungspunkt der Roten Armee – unter Feuer nehmen. Nach einigen Treffern glich die Erhebung einem erloschenen Vulkan.

Unser Aussehen begann dem von U-Boot-Fahrern zu ähneln, da wir uns seit Tagen weder waschen noch rasieren konnten. Der Oberbefehlshaber, Generaloberst Georg Lindemann, der uns in diesem unvorschriftsmäßigen Aufzug antraf, hatte aber nur freundliche Worte für »seine Landser« und kündigte für den 22. Juli einen sowjetischen Großangriff an.

Die 3. Pionierkompanie legte im Vorgelände Panzer- und Schützenminen, die aber wenig später von den sowjetischen Minenräumern schon wieder beseitigt wurden. Auch Flammenwerfer wurden im »Finger« eingebaut. Am Abend des 21. Juli ging ich mit Oberleutnant Pfennig von der Infanterie noch einmal durch unseren Frontabschnitt. Alles schien ruhig, und ich begann die Nachricht vom bevorstehenden Angriff bereits für »Bluff« zu halten. Doch als in der Nacht Marketenderwaren eintrafen – eine Flasche Steinhäger und Zigaretten –, meinten erfahrene ältere Soldaten: »Jetzt wird's offenbar doch ernst!«

Um 2.30 Uhr weckte mich der Batteriechef und bemängelte, daß ich zu selten »Leitungsprobe« machte. Mitten in unser Gespräch hinein fielen die ersten Einschläge eines auf breiter Front beginnenden sowjetischen Trommelfeuers. Später erzählten ältere Offiziere, die sich noch an den Ersten Weltkrieg erinnerten, hier hätten wir zum erstenmal wieder eine »Ahnung vom Stellungskrieg vor Verdun« bekommen. Durch unsere Erfahrung mit dem früheren Bunker gewarnt, verließen wir sofort den wackligen Unterstand und suchten uns im Freien kleine Deckungslöcher.

Ein Melder vom 3. Bataillon des Grenadierregiments 67 überbrachte den Befehl seines Kommandeurs, ich möge sofort zu ihm kommen. Mehr kriechend als gehend, schleppte ich mich durch den immer weniger Deckung bietenden zusammengeschossenen Laufgraben nach hinten. Beim Bataillon herrschte »Großkampfstimmung«: »Der Russe wird auf der gesamten Front südlich des Ladogasees und an der Newa zum Angriff antreten.«

Sofort versuchte ich – nachdem es unmöglich war, den Fernsprechdraht unter so heftigem Beschuß zu flicken –, wenigstens Funkkontakt mit der Batterie aufzunehmen; es gelang nicht. Und als in unmittelbarer Nähe auch noch eine Granate einschlug, die einen Funker, den Gefreiten Reek, an beiden Beinen verwundete, war an weitere Versuche nicht mehr zu denken. Erst viel später konnte ich den Funker, ohne weitere Menschen zu gefährden, zum Hauptverbandsplatz bringen lassen.

Offenbar verlegte der Feind kurz darauf das Trommelfeuer mehr und mehr nach hinten, während vor uns die Einschläge seltener wurden – ein klares Anzeichen für den bevorstehenden Infanterieangriff. Ich kroch weiter zur B-Stelle der Werferabteilung, deren Funker Kontakt mit ihrer Einheit hatten und auf diesem Umweg auch Feuerbefehle an meine Batterie weiterleiten konnten. Von diesem Punkt aus bot sich ein gefährlich-großartiges »Schauspiel«:

Panzer auf Panzer rollte auf unsere Stellungen zu. Ich zählte 17 T 34, eine Anzahl leichterer Tanks und dazwischen Hunderte von Infanteristen, die in deren Schutz vorwärtsgingen. Über den Funk der Infanterie ließ ich das Sperrfeuer unserer Abteilung abrufen; dann konnte ich auch die Werfer schießen lassen. Zwei Panzer wurden durch unseren Beschuß getroffen, ein dritter von einem kühnen Feldwebel mit einer Hafthohlladung unschädlich gemacht. Darauf drehten die anderen ab. An unserer Stelle wurde die Front gehalten. Rechts und links von uns waren aber russische Truppen »durchgebrochen«, und wir hatten keine Verbindung zu den Nachbareinheiten mehr. Wir richteten uns darauf ein, auch von der Seite angegriffen zu werden. Zum Glück schienen die Sowjets aber nicht genau über die Lage informiert gewesen zu sein.

Endlich kamen auch »unsere« Panzer. Drei der eben erst in Dienst gestellten, vielbewunderten »Tiger« rollten nach vorn. Der Zugführer des vordersten Panzers bat mich um Einweisung. Ich kletterte auf sein Fahrzeug und duckte mich hinter dem Geschützturm. Naiverweise bildete ich mir ein, auf diesem Tiger »reitend« selbst stark wie ein Tiger zu sein. Nach einigen hundert Metern öffnete der junge Panzeroffizier jedoch seine Luke und blickte mit dem Fernglas hinaus. Ich konnte ihm einige »nützliche« Ziele zeigen, die er sofort unter Beschuß nahm. Dann rollten wir weiter. Wieder öffnete der Panzerkommandant seine Luke, aber ehe er noch sein Fernglas zur Hand nehmen konnte, erhielt er einen Volltreffer der feindlichen Pak. Er war sofort tot. Die übrige Besatzung kletterte, so rasch es ging, aus dem brennenden Fahrzeug. Mich hatte der Luftdruck des Einschlags herabgeschleudert, und ich fand mich – wohlbehalten – in einem Granattrichter wieder. Da das Gelände zum Teil wenigstens sumpfig war, folgten die beiden anderen Panzer im »Gänsemarsch« auf dem einzig befahrbaren »Weg«, dem ihres Zugführers. Der zweite erlitt einen Kettenschaden, der dritte wurde an der Schweißnaht zwischen dem Fahrzeug und dem drehbaren Geschützturm so getroffen, daß auch er ausfiel. Vermutlich waren sich die Russen über ihren Erfolg nicht im klaren. Jedenfalls hat uns die bloße Gegenwart dieser – damals noch neuen – Panzer während der nächsten Nacht Ruhe verschafft.

Seit 20 Stunden hatte ich kaum geschlafen. So legte ich mich zum Umfallen müde in einem Bunker bei einem der Kompaniechefs für zwei, drei Stunden zur Ruhe. Länger dauert die Nacht hier oben ohnehin nicht. Sobald es hell wurde, begann die Schlacht aufs neue. Die 21. Aufklärungsabteilung kam zu unserer Unterstützung in die bereits viel zu dicht besetzten Gräben. Ich begrüßte dankbar die Verstärkung unter dem jungen Leutnant Graf Klinkowström. Zwei neue Funker mit einem brauchbaren Funkgerät wurden mir geschickt. Aber wieder bekamen wir – trotz kompetenter Bemühungen – keinen Empfang. Einmal mehr war ich auf die Infanteriefunker angewiesen, deren leichtere Geräte offenbar weniger empfindlich waren (vermutlich bei geringerer Reichweite).

Etwas schwächer als am Vortag setzte erneut gegnerisches Trommelfeuer ein. In dem dichtbesetzten Graben gab es – wie ich befürchtet hatte – viele Ausfälle. Ein paar Leichtverwundete konnte ich selbst rasch verbinden. Oberleutnant Pfennig, dessen Kompanie den Hauptstoß aufzuhalten hatte, blieb ruhig und gelassen. Ich war etwas enttäuscht, daß man ihm nicht die Führung des Bataillons übertragen hatte, nachdem Hauptmann Mernitz, durch einen Bombensplitter schwer verwundet, abtransportiert werden mußte. Die Kompanie Pfennig ist im Verlauf dieser Kämpfe auf 20 Mann geschrumpft.

Plötzlich sah ich einen russischen Überläufer mit erhobenen Armen auf uns zukommen. Ich rief ihm »iddi sjuda« (hierher) zu. Aber ehe er unseren Graben erreichte, wurde er von einem jungen Soldaten der Aufklärungsabteilung erschossen. Ich war wütend und entsetzt und machte dem Gefreiten klar, daß er nicht nur gegen ein Gebot des Kriegsrechts, sondern auch gegen unser ureigenstes Interesse gehandelt hatte. Der Überläufer hätte uns über die Stimmung unter seinen Kameraden, über die Stärke der gegnerischen Truppen und vieles andere Auskunft geben können. Da er, vor den Augen seiner russischen Kameraden, die sein Überlaufen offenbar *nicht* verhindern wollten, erschossen wurde, konnten wir außerdem künftig kaum noch mit Überläufern an diesem Frontabschnitt rechnen. Im Durcheinander der weiteren Kämpfe entging der junge Mann seiner verdienten Bestrafung.

Der ohnehin recht flache Graben, in dem wir Schutz suchten, war durch zahlreiche Granateinschläge gleichsam durchlöchert und mit Soldaten unserer eignen Infanterie und der zur Verstärkung gekommenen Aufklärungsabteilung noch immer überfüllt. Zu allem Überfluß beschossen uns auch noch Tiefflieger aus ihren Bordkanonen und warfen Bomben, die aber in der Regel ihr Ziel verfehlten.

Plötzlich ertönte ein panischer Ruf: »Der Iwan ist im Graben!« Und schon rannten, einander überholend und verdrängend, dichte Haufen von Infanteristen nach hinten. Überrascht standen wir da. Vergeblich versuchte ich zusammen mit Oberleutnant Pfennig, den »Strom« zum Stehen zu bringen. Da nützte auch eine Drohung mit der Pistole nichts mehr; zu groß war die Furcht vor dem vermeintlich eingedrungenen Feind. Erst an der ausgebauten Riegelstellung gelang es, das Chaos wieder zu ordnen. Ein eigenes Infanteriegeschütz, das auf dem Rückweg in Stellung gebracht war, verursachte zuvor bei den Kopflosen noch größere Verzweiflung, weil sie glaubten, es gehöre dem Feind. Etwas später erfuhren wir, was der Anlaß für diese plötzliche Panik gewesen war: Der Abteilungskommandeur der Aufklärungseinheit hatte – um Verluste zu vermeiden – den Befehl erteilt, im »Finger« 50 Meter zurückzugehen und die »Fingerspitze«, die unter besonders heftigem Feuer lag, zu räumen. Ein nervöser Melder hatte daraus einen allgemeinen Rückzugsbefehl gemacht, der schließlich die heillose Flucht aller auslöste. Rätselhafterweise hatte die Gegenseite von diesem Durcheinander nichts bemerkt und den massiven »Rückzug« nicht einmal durch Störfeuer beeinträchtigt, sonst wären erheblich größere Verluste an Verwundeten und Toten unvermeidlich gewesen.

Am Nachmittag ging ich – bei etwas ruhigerer Lage – zu unserem Abteilungskommandeur, schilderte ihm meinen Eindruck von der Lage und kehrte dann abermals mit einem neuen Funkgerät und zwei Funkern nach vorn zurück. Inzwischen waren die beiden Grenadierregimenter 407 und 408 eingetroffen, die den abgerissenen Anschluß der Front nach rechts und links wiederherstellen sollten. Eine Aufgabe, mit der die Aufklärungsabteilung 21 allein nicht fertig geworden war. Zwei besonnene Kommandeure, Major Goschau und Hauptmann Canders, leiteten die Operation. Ich baute mein Gerät im Bunker des doppelten Bataillonsgefechtsstandes auf, und von nun an verlief alles fast »planmäßig«. In einem zerschossenen Bunker hatte ich ein gutes Scherenfernrohr gefunden und – getarnt – auf dem Gefechtsstandsbunker aufgebaut. Beobachter der Artillerie, der Werfereinheit und der Infanteriegeschützkompanie lösten sich am Scherenfernrohr ab; Ziele wurden mit den jeweils geeignetsten Waffen unter Beschuß genommen. Der Bunker selbst glich einem Heerlager aus dem »Dreißigjährigen Krieg«, so lag hier alles durcheinander. Immerhin gelang es uns sogar, mit Hilfe des Grundwassers Gesicht und Hände zu waschen; und nachts kamen regelmäßig Verpflegung und Munition für die Handfeuerwaffen. Zum erstenmal erhielten wir auch die von der psychologischen Kriegführung »erfundenen« »Geschenkpäckchen für Frontkämpfer im Großkampf«, die Schokolade, Früchteriegel und Sojakekse sowie Zigaretten enthielten und natürlich hochwillkommen waren.

Mit kindlicher Freude nahm ich eines Tages von unserem Abteilungskommandeur das Eiserne Kreuz entgegen. Da ich noch keinen einzigen »Kriegsorden« hatte, mußte ich mich mit der Zweiten Klasse begnügen, während mein Kamerad Wendenburg, der ebenfalls als Artilleriebeobachter tätig gewesen war, »schon« das EKI erhielt. Oberst Jonas Graf zu Eulenburg von der Infanterie gratulierte mir als erster. Dann mußten (oder durften) wir beide noch einige Schnäpse trinken, bevor wir entlassen wurden.

Lange Zeit hindurch waren wir die einzigen »tätigen« Beobachter der Abteilung gewesen und hatten durch das von uns geleitete Artillerie- und Werferfeuer erheblich zum Erfolg der »Abwehrschlacht« beigetragen. So wenigstens lautete das uns gespendete Lob. Unser Einsatz dauerte noch eine Woche. Doch abgesehen von Feuerüberfällen, die auch die Geschützstellung erreichten, war es jetzt ziemlich ruhig geworden.

Am 2. August fiel der Gefreite Leo durch einen verirrten Granatsplitter, nachdem er wochenlang die gefährliche Aufgabe der Störungssuche heil überstanden hatte. Außer ihm hatte die Batterie keinen weiteren Toten zu beklagen, sechs Schwerverwundete wurden zum Lazarettzug gebracht, elf Leichtverwundete konnten, zum Teil wenigstens, bei der Truppe versorgt werden. Ich weiß nicht einmal, ob ein kleiner Granatsplitterkratzer, den ich abbekommen hatte, dabei schon mitgerechnet war. Leutnant Freiherr von Hahn hielt eine sehr würdige Grabrede für unseren Gefallenen.

Endlich – am 7. August – wurden wir zusammen mit der ganzen Division abgelöst. Gerade als das erste Geschütz die Feuerstellung verließ, setzte wieder intensives Störfeuer ein. Die uns ablösende Batterie hatte Pferdeverluste und Leichtverwundete zu beklagen. Wir warteten eine halbe Stunde und konnten dann ohne weitere

Behinderung den »Ferntroß« und schließlich den Verladebahnhof erreichen. Von Gattschina aus setzten wir den Weg zu Roß und zu Fuß etwa zehn Kilometer fort und gelangten in ein stilles, kleines Finnendorf, in dem wir uns erholen sollten.

Ich bewohnte mit Leutnant von Hahn ein Bauernhäuschen, dessen »Besitzerin«, ein blondes Finnenmädchen, uns mit Milch und Bratkartoffeln verwöhnte. Die Bewohner dieses Dorfes waren – wie die meisten Finnen – evangelisch und wurden von einem Pfarrer betreut, der nach dem deutschen Einmarsch aus Finnland herbeigerufen worden war. Zuvor hatte das Dorf jahrelang keinen Geistlichen mehr gehabt. Übrigens fanden wir die Finnen zu unserer Verwunderung »erstaunlich klein«; vermutlich hatten wir, durch die finnischen Olympiasieger beeinflußt, falsche Vorstellungen entwickelt.

Die Haltung der Bevölkerung war korrekt, aber distanziert; schließlich hatten die Finnen im Winterfeldzug 1939/40 – als das Deutsche Reich mit der Sowjetunion verbündet und keinen Finger für die Finnen rührte – schlechte Erfahrungen mit »uns« gemacht. Aber auch die deutsche »Besatzung«, die sie seit längerer Zeit kannten, mochte ihnen kein zu gutes Bild ihrer nunmehrigen »Bundesgenossen« verschafft haben. Zweimal trugen kleine Tanzveranstaltungen mit der weiblichen Dorfjugend bei Kerzenlicht in einer leeren Scheune zu unserer Unterhaltung bei. Alles drehte sich ein wenig steif und unbeholfen zu den Klängen von Walzern und Märschen umeinander. Moderne Tänze waren unseren Finninnen unbekannt. Einmal führten sie – in ihrer Landestracht – auch »Volkstänze« vor, die sich, wie ich meinte, dem Charakter nach kaum von den Volkstänzen anderer Bauernvölker Osteuropas unterschieden.

In dieser Zeit konnten zahlreiche Soldaten ihren Jahresurlaub antreten. Auch ein Zigeuner, der in der 23. Division diente, wäre an der Reihe gewesen. Unser Regimentsadjutant schlug ihm jedoch vor, lieber drei Wochen in einem der Division zur Verfügung stehenden Erholungsheim in Hungerburg an der estnischen Ostseeküste zu verbringen, statt in die Heimat zu fahren, weil ihm dort mit ziemlicher Sicherheit die Deportation in ein Konzentrationslager drohte. Der junge Soldat nahm das Angebot dankbar an.

Nach nur einer Woche »Erholung« wurden wir wieder in Marsch gesetzt, erneut verladen und per Eisenbahn über Pleskau und Luga – am schönen Nowgorod vorbei, das aus der Ferne fast unversehrt wirkte – nach Gorenka, einer winzigen, einsamen Bahnstation, gebracht, um dort ausgeladen zu werden. Wir näherten uns unserem neuen Einsatzgebiet, dem Sumpfgelände am Wolchow. Wir marschierten, ritten und fuhren eine Nacht hindurch und kamen schließlich in einer gut ausgebauten Stellung an. Unser Kommandeur, Hauptmann Kriegbaum, wurde abgelöst und durch Major Schiele, der noch eine Weile mein »Chef« bleiben sollte, ersetzt.

Erst jetzt lernte ich den »offiziellen« »Gefechtsbericht der 23. Infanteriedivision« kennen, der unsere »Kampftage südlich des Ladogasees« abschließend würdigte. Ich zitiere nur ein paar charakteristische Absätze:

»22. 7. 1943: 3.00 Trommelfeuer aller Kaliber auf der Ostfront und 3.30 auf der Nordfront des Korps. Feuer wird durch Flieger geleitet. Besonders starkes Granatwerfer-Feuer auf HKL. Artillerie besonders auf Artillerie-Stellungen, Gefechtsstände, weiter rückwärts gelegene Unterkünfte und Verbindungswege. 5.50 Angriffsbeginn auf der Gesamtfront der Division (9 km, davon 2 km Newa-Front). Schwerpunkte: Gleisdreieck, Burmastraße, Höhe 22, Finger, Uferstraße in Gegend Schulter. Starke eigne Infanterie-Verluste. Hoher Offizier-Ausfall. ... Eigenes Sperrfeuer sehr wirkungsvoll. Hohe blutige Verluste des Gegners (Gefangenenaussage: um 8.00 wird russische Artillerie, um neue Leute für den Angriff zu gewinnen, ›ausgekämmt‹). Eigene Reserven treten zum Gegenstoß an, II/68 über Höhe 22, 15 Tiger und zwei Sturmgeschütze beteiligen sich am Gegenangriff.

(...)

13.00 Feind ist an keiner Stelle über die Riegelstellung hinausgekommen ... Keine durchgehende Linie zu den Stützpunkten. Stärkeverhältnis 1:5 zu den Russen und volle feindliche Luftbeherrschung.

(...)

25. 7. Feindverluste: allein in HKL und Hintergelände 6000 Tote, vor der HKL wahrscheinlich dieselbe Zahl, 68 Gefangene und Überläufer. 41 Panzer durch die Division ohne zugeteilte Tiger vernichtet. Eigene Verluste in vier Tagen: 65 Offiziere, 2688 Unteroffiziere und Mannschaften.«

In der kühlen und nüchternen Sprache der Generalstäbler verflüchtigt sich das ganze Ausmaß des Leids, der Not und der Trauer, die über einem Schlachtfeld liegen. Kein Wort findet sich in diesem Bericht über die Rolle, die der Ausbruchsversuch der Roten Armee für die notleidende Stadt Leningrad spielte. Die Menschen dieser Stadt litten unter Hunger, Krankheit und Kälte. Kaum konnten sie noch ihre Toten begraben. Dennoch wurde in einigen Fabriken weitergearbeitet – vor allem für die Rüstung. Solange der Ladogasee zugefroren war, konnten Transporte über das Eis die Stadt bequem erreichen. Doch nach Eintritt des Tauwetters war sie bis auf einen schmalen Landstreifen von der Umwelt abgeschnitten.

Kein Zweifel: Die unendlichen Leiden dieser Millionenstadt waren gewollt. Auch wenn es gelungen wäre, Leningrad zu erobern, hätten Not und Hunger der Menschen dort kein Ende gehabt. Weder der Wille noch die Möglichkeit wäre auf deutscher Seite vorhanden gewesen, diese Millionen zu ernähren.

Auch im Rückblick, in der relativen Ruhe des Finnendorfes und an der sumpfigen Wolchow-Front, die für Angriffe der Sowjets ungeeignet und daher auch nur ziemlich »dünn« besetzt war, wurde mir die Bedeutung unseres Kampfeinsatzes südlich des Ladogasees noch nicht bewußt. Erst später wurde mir klar, daß wir nicht nur im Kampf gegen einen militärischen Gegner, sondern auch gegen unbewaffnete Zivilisten, Frauen und Kinder in Leningrad gestanden hatten, die sich vom Vorstoß der Roten Armee südlich des Ladogasees die Befreiung aus einer erdrückenden Einschnürung erhofft hatten.

Keiner von uns ahnte damals, daß – inmitten der eingeschlossenen, hungernden und frierenden Stadt – eine Aufführung von Dimitrij Schostakowitschs Siebter (Leningrader) Sinfonie erfolgte, die vom Überlebenswillen und der hohen Moral der dort leidenden Menschen zeugte. Viele Jahre nach dem Krieg sah ich, erschüttert, den sowjetischen Film, der die Geschichte dieser – unter extrem schwierigen Umständen – verwirklichten Aufführung erzählt.

Verwundung und Heimaturlaub

Eine bereits fest ausgebaute Stellung an einem relativ ruhigen Frontabschnitt zu übernehmen ist verhältnismäßig leicht. Wir mußten lediglich die auf den Karten eingezeichneten »Sperrfeuergebiete« überprüfen, mit »herausgezogenen Geschützen« uns »einschießen«

und im übrigen dafür sorgen, daß Knüppeldämme, »Bunker«, Schützengräben und Sichtblenden instand gehalten wurden. Bei der Instandsetzung der unentbehrlichen Knüppeldämme, die allein das sumpfige Gebiet »befahrbar« machten, erhielten wir von 20 Weißruthenen Unterstützung. Die B-Stelle lag an einem wichtigen Wegabschnitt, nicht weit vom Wrack eines zerschossenen sowjetischen Panzers entfernt. Unsere Unterkunft war nicht viel besser als in den Stellungen südlich des Ladogasees, aber dafür war es hier ziemlich ruhig.

Kurz nachdem ich »meine« B-Stelle bezogen hatte, wurde ich als A.V.O. (Artillerie-Verbindungs-Offizier) zu einem lettischen Regiment versetzt. Kommandeur des Regiments war ein ehemaliger lettischer Generalstabsoffizier, Oberstleutnant Lobe, der mich offenbar bald ins Herz geschlossen hatte. Gleich zu Beginn unserer Bekanntschaft hatte er mir nämlich gestanden, daß es ihm höchst unsympathisch wäre, als »Standartenführer« angeredet zu werden, was seinem »neuen Rang« im Rahmen der in SS-Uniformen gesteckten lettischen Freiwilligeneinheiten entsprach. Selbstverständlich tat ich ihm den Gefallen, ihn weiterhin als Oberstleutnant anzusprechen. Auch seine anderen Offiziere legten Wert darauf, mit ihren »alten« Dienstgraden bezeichnet zu werden. Einige Letten sprachen etwas Deutsch, aber meist verständigten wir uns in Russisch; paradoxerweise – da sie doch mit uns gemeinsam gegen die Russen (sie sagten eigentlich immer »Russen«, nur selten »Sowjets« oder »Bolschewiki«) kämpften.

Oberstleutnant Lobe klagte über die höchst unfreundliche deutsche Zivilverwaltung in Riga, die das »lettische Volk« keineswegs als gleichberechtigt behandelte. Demgegenüber schien die Erinnerung an die einst im Baltikum – zusammen mit den Russen – »tonangebende« adlige deutschsprachige Oberschicht viel weniger negativ auszufallen. Leutnant von Hahn hatte mir einmal gestanden, daß seine Familie »natürlich« nie die Sprache der Knechte und Ammen (Lettisch), sondern immer nur Deutsch und Russisch gesprochen habe. Für die deutschsprechende bürgerliche Bevölkerung in Riga galt das freilich nicht.

Einmal herrschte große Aufregung, weil Generalfeldmarschall Hans von Kluge sich angesagt hatte und die Letten mit einem üppigen Empfang Ehre bei ihm einlegen wollten. Ich machte mir den

Spaß zu behaupten, daß ein Stuhl links neben einem Marschall immer frei bleiben müsse, weil er darauf seinen Marschallstab zu legen pflege. Da ich ja als »Informant« für die Gepflogenheiten des deutschen Heeres galt, glaubten die freundlichen Letten mir. Nachträglich habe ich mich für diesen harmlosen Scherz entschuldigt. Im übrigen war der »hohe Herr« nur eine Viertelstunde bei »uns«, so daß wir das großartige warme und kalte Büffet anschließend allein aufessen »mußten«.

Oberst von Mellentin, der noch immer vertretungsweise die Division führte, kam ein andermal und erkannte eine ganze Reihe der lettischen Offiziere aus der Vorkriegszeit wieder, da er bis Kriegsbeginn Leiter der Attachégruppe des Heeres gewesen und viel in der Welt herumgekommen war. Die lettischen Offiziere und Mannschaften waren fanatische Nationalisten, kühne Draufgänger und unermüdliche Trinker. Es half mir nichts, ab und zu mußte ich »mithalten«. Erstaunlicherweise vertrug ich eine Menge Wodka und andere »harte« Drinks, da nach jedem Glas »Zakuski« – fette, mit Speck, Schinken oder Fisch belegte Brötchen – gereicht wurden. Unsere Gespräche blieben nicht nur wegen der sprachlichen Schwierigkeiten recht oberflächlich – meine lettischen Sprachkenntnisse gingen kaum über zehn umgangssprachliche Formeln hinaus. Am besten kann ich noch einen Liedanfang: »Sveiks mans masseis draugs« – »Lebewohl, mein kleiner Freund«. Das Lettische gehört zwar mit dem Altpreußischen und Litauischen zusammen zur kleinen Sprachgruppe baltischer Sprachen, ist jedoch mit den indoeuropäischen Sprachen verwandt, so daß einem zum Beispiel »draugs« für Freund als verwandt mit dem russischen »drug« verständlich vorkommt.

Auf Grund des außerordentlich schwierigen Geländes, das kaum zu einem größeren Angriff einlud, war unsere Front sehr dünn besetzt. Tagsüber standen etwa alle 300 bis 400 Meter Posten, nachts patrouillierten etwas mehr. Beobachtungspunkte gab es nur auf Bäumen – Leutnant Wendenburg habe ich einmal auf seinem »Baumsitz« besucht. Zwischen den Fronten war ein wenig übersichtliches Gelände mit hohem, dürrem Gras und zahlreichen Büschen, so daß sich Späh- und Stoßtrupps sogar am Tage vorwagen konnten.

Zu meinem Entsetzen brachen meine lettischen Kameraden – nachdem sie sich mit Wodka und anderen Getränken Mut gemacht hatten – zuweilen auch mitten in der Nacht zu solchen Spähtrupps auf. Einige Male ist es ihnen sogar gelungen, russische Gefangene »zurückzubringen«. Natürlich kamen auch Russen ab und zu bis dicht an unsere niedrigen Gräben heran. Das Ganze ging aber nie über ein Spiel mit kleinen Nadelstichen hinaus.

Nach ein paar Wochen wurden die Letten durch unser Infanterieregiment 9 abgelöst. Mein neuer »Dienstherr« war jetzt Oberst Kuno Dewitz, dessen eigenwillige Gestalt mir lebendig in Erinnerung geblieben ist. Er stilisierte sich selbst ein bißchen zum »Original« und pflegte einen – unnachahmlichen – eigenen Jargon. So sprach er von sich selbst – leicht ironisch – stets als »der Feldherr«, während die Offiziere seines Stabes, zu denen er auch mich zählte, »seine jungen Adler« waren, von denen er einzeln nie ohne das besitzanzeigende Fürwort »mein« zu sprechen pflegte. Zur Begrüßung sagte er – zu jeder Tageszeit – mit stark berlinischem Akzent »Morjen« (»Morjen, Leute!« – »Morjen, Fetscher!« usw.). Als ich einmal bei seinem Burschen fragte, ob ich den Herrn Oberst sprechen könne, meinte der Bursche: »Geht jetzt nicht, der Herr Oberst schläft!« Kaum hatte er das gesagt, als er auch schon energisch von Oberst Dewitz, der unser Gespräch hinter der Tür mitangehört hatte, zurechtgewiesen wurde: »Oberst schläft nie – Oberst *ruht*!« Damit war freilich die freundliche Abschirmung, um die es dem braven Burschen gegangen war, hinfällig geworden, und ich konnte eintreten...

Adjutant war Oberleutnant Richard von Weizsäcker, der kurz nach Eintreffen des Regiments aus dem Urlaub zurückkehrte; er hatte ihn bei seinem Vater in Rom verbracht. Mit ihm hatte ich in der Folge viele – auch politische – Gespräche, und wir spürten beide, daß wir uns bei unserer Kritik an den Nazis aufeinander verlassen konnten. An zwei Begegnungen mit Richard von Weizsäcker erinnere ich mich noch besonders genau, auch wenn ich sie – aus begreiflichen Gründen – nicht im Tagebuch notiert habe. Die erste fand in einer Zeit statt, als wieder einmal Urlaubssperre über die Division verhängt war. Als ich zum Regimentsstab kam, sah ich eine Schachtel mit Eisernen Kreuzen auf dem Tisch stehen und machte vermutlich große Augen. Richard von Weizsäcker aber bemerkte nüchtern und realistisch: »Wenn die Lage schlecht ist und nicht einmal mehr Urlaubsscheine verteilt werden können, verleiht man eben Orden, damit die Leute etwas zufriedener sind.« Da ich damals meinen Glauben an den hohen Wert von Kriegsauszeichnungen noch nicht ganz verloren hatte, war ich natürlich enttäuscht, mußte aber der höheren Einsicht des zwei Jahre Älteren recht geben.

Die zweite denkwürdige Begegnung muß ein paar Wochen nach dem 20. Juli 1944 erfolgt sein. Als ich gerade beim Regiment war, kam der Regimentszahlmeister, den Richard von Weizsäcker bestellt hatte. Ich wußte, daß ein persönliches Gespräch stattfinden sollte und wollte mich zurückziehen, aber Richard von Weizsäcker forderte mich auf, dazubleiben. Wie ich erfuhr, war der Vater unseres Zahlmeisters in Berlin, weil er einen ausländischen Rundfunksender gehört und darüber gesprochen hatte, hingerichtet worden. »Sie werden Ihren Kopf jetzt nicht weiter für das Schwein hinhalten wollen«, meinte von Weizsäcker, »ich habe erreicht, daß Sie mit sofortiger Wirkung zur Ersatztruppe versetzt werden.« Mit einem Alkoholgeschenk und einem Marschbefehl nach Potsdam wurde unser Zahlmeister entlassen. Nachdem er gegangen war, fragte ich: »Warum sollen wir eigentlich weiter unseren Kopf für das Schwein hinhalten?« In der Tat war das eine berechtigte Frage, aber Oberleutnant von Weizsäcker meinte: »Wenn wir den Engländern gegenüberlägen, könnte man sich eine Lösung vorstellen, aber bei den Sowjets ...« Er brauchte nicht weiterzureden, die Nachrichten über die Überlebenschancen in sowjetischer Kriegsgefangenschaft waren zu bedrückend. Dennoch hat mich dieses Gespräch damals beruhigt, und ich war dankbar für das mir erwiesene Vertrauen.

Meine Aufgabe war es, nicht nur beim Regimentsstab, sondern auch bei den Bataillonskommandeuren Besuch zu machen, nach Wünschen zu fragen und die möglichst reibungslose Zusammenarbeit zwischen Artillerie und Infanterie sicherzustellen. Ich bin nicht sicher, ob ich schon damals Major Axel von dem Bussche-Streithorst als Bataillonskommandeur kennengelernt habe. Auf jeden Fall bin ich ihm später wiederholt begegnet und bewunderte – ohne von seiner Bereitschaft, sein Leben für die Tötung des Tyrannen Hitler zu opfern, eine Ahnung zu haben – seinen großen Mut und sein Verantwortungsbewußtsein für »seine Leute«. Als er einmal schon verbunden auf dem Hauptverbandsplatz lag und abtransportiert werden sollte, hörte er verstärktes sowjetisches Artilleriefeuer und nahm – zu Recht – an, daß es dem von seinem Bataillon gehaltenen Frontabschnitt galt. Er ließ sich daher nicht zurückhalten, sondern eilte unverzüglich wieder nach vorn und sorgte dafür, daß der Angriff abgewehrt wurde. Erst nachdem er das sichergestellt hatte, war er bereit, sich weiter ärztlich behandeln zu lassen.

Aus mir unerklärlichen Gründen wurde einige Wochen nach Einzug des IR 9 der Frontabschnitt abermals von einem lettischen Regiment – diesmal dem ersten – übernommen. Ich wurde als Verbindungsoffizier zum dritten Bataillon unter Hauptmann Jansons delegiert, der – im Unterschied zu Oberstleutnant Lobe – ein schlichter Bauerntyp mit erstaunlichen Umgangsformen war, im übrigen aber seine Sache ordentlich machte. Nach Alkoholgenuß liebte er eine »kombinierte Hymne« zu singen, die ich ihm nicht abgewöhnen konnte: »Deutschland, Deutschland, über alles – und Lettland gleich nach dem!« Mein Einwand, als Lette dürfe er ruhig »Lettland über alles« singen, da doch jeder Mensch sein eigenes Land am meisten liebe, vermochte ihn nicht zu überzeugen.

Gegen Ende Oktober verdichtete sich das Gerücht, daß ein sowjetischer Angriff bevorstehe. Stoßtruppunternehmen hatten zugenommen, Gefangenenaussagen und aufgefangene Funksprüche sprachen dafür. Vorsichtshalber wurden die schwachen Palisaden vor dem vordersten Graben verstärkt und eine »Auffangstellung« ausgebaut, Munition bevorratet und die meist allzu dünne Decke der Holzbunker verstärkt. Unsere Feindaufklärung machte eine Bereitstellung der Russen aus, die mit zusammengefaßtem Feuer von mehr als einem Artillerieregiment zerschlagen wurde. Der erwartete Großangriff blieb daraufhin aus. Vielleicht waren die aufgefangenen Funksprüche und die Aussagen der Kriegsgefangenen auch nur zum Zweck der Irreführung entstanden? Jedenfalls bildeten sich die Artilleristen lieber ein, daß sie den Angriff »verhütet« hätten.

Am 1. November war meine Tätigkeit als A.V.O. beendet, und ich wurde als Adjutant von Major Schiele zur III. Abteilung des AR 23 versetzt. Richard von Weizsäcker bedauerte mich herzlich, als ich diesen nicht leicht zu ertragenden Nazi zum Vorgesetzten bekam. Merkwürdigerweise verstand ich mich aber persönlich mit diesem einzigen wirklichen »Braunen« im ganzen Regiment recht gut. Major Schiele war aktiver Offizier gewesen und Generalstabsangehöriger, als er – einer »unpassenden« Ehe wegen – den Dienst quittieren mußte. Seit dieser Zeit – es war 1936 passiert – nannte er die älteren aktiven Offiziere des Heeres »Reaktionäre«. Von Zivilberuf war er Kaufmann in der Lebensmittelindustrie. Seine nationalsozialistische Überzeugung wirkte auf mich eher komisch. Obgleich ich ihm kaum Anlaß dazu gab, bei mir eine ähnliche Gesinnung anzunehmen, wiederholte er doch immer wieder, ich sei viel zu schade für das Heer und sollte auf einer »Ordensburg« als Angehöriger der künftigen NS-Elite ausgebildet werden. Als wir einmal durch Dresden kamen und er meinen Vater kennenlernte, teilte er auch ihm diese Meinung mit, ohne zu ahnen, wie sie auf einen von den Nazis abgesetzten und diskriminierten Menschen wirken mußte. Amüsanterweise träumte Major Schiele zwar von einer künftigen führenden Stellung irgendwo weit im Osten und malte sich aus, wie angenehm er sein Leben dort gestalten würde, hatte dann aber, wenn in unserem Frontabschnitt etwas »los« war, »keine Lust zum Krieg« und ließ mich die notwendigen Befehle an die Batterien »in seinem Namen« geben. Als die Lage einmal ziemlich brenzlig war, knüpfte er vorsichtshalber seine Majorsschulterstücke ab, um es als einfacher Soldat in sowjetischer Gefangenschaft besser zu haben. Daß er sich in dieser Hinsicht täuschte, war ihm nicht klar. Im allgemeinen haben die sowjetischen militärischen Führer Offiziere um so besser behandelt, je höher ihr Dienstgrad war. Insofern hielten sie sich übrigens sogar in diesen Fällen an die sonst – im Osten von beiden Seiten ignorierte – Haager Landkriegsordnung.

Zum Abteilungsstab gehörte unter anderem auch der Obergefreite Dr. Goldiner, der ein so breites Berlinerisch sprach, daß ich seinen Namen lange Zeit für italienisch hielt und Goldina schrieb. Er war außerordentlich tüchtig und zuverlässig und hatte – nicht ohne Grund – generell wenig Hochachtung vor den Herren mit den Offiziersschulterstücken.

Ein anregender Gesprächspartner war Assistenzarzt Dr. Krall, auch wenn er seine Beredsamkeit vor allem durch häufiges Widersprechen dokumentierte. Er war von uns allen der Belesenste. Mit ihm hatte ich durch meine Lektüre von Hans Drieschs »Philosophie des Organischen« ein interessantes Diskussionsthema.

Die Gebiete, für die im Falle eines feindlichen Angriffs Sperrfeuer vorbereitet wurden, erhielten der Einfachheit halber Namen. Ein Ordonnanzoffizier im Abteilungsstab schlug – wie ich mich erinnere –

einmal den Vornamen seiner Verlobten »Helga« für eines dieser Gebiete vor. Er war übrigens im Zivilberuf Pfarrer. Auch wenn ich selbst kaum auf die Idee gekommen wäre, ein Sperrfeuer mit dem Namen einer Freundin zu bezeichnen, erhob ich keinen Einspruch. Als ich Jahre nach dem Krieg las, daß der Pilot, der die Atombombe nach Hiroshima transportiert hatte, sein Flugzeug auf den Namen seiner »geliebten Mutter Enola Gay« getauft hatte, erinnerte ich mich an diese Benennung des Sperrfeuers am Wolchow. Junge Soldaten denken »abstrakt«, würde Hegel dazu gesagt haben. Im Fall von Artilleristen kommt noch die komplexe Arbeitsteilung hinzu, die die tödliche Aktion auf ein halbes Dutzend Personen verteilt: Einer liest die Karte und legt das Ziel fest, ein anderer stellt Richtung und Entfernung fest, ein dritter prüft die Windgeschwindigkeit, ein vierter erteilt den Befehl, ein fünfter lädt das Geschütz, ein sechster löst den Schuß aus. Wer von ihnen hat also – falls die Granate trifft – getötet? Ganz zu schweigen von der High-Tech-Kriegführung am Ende unseres Jahrhunderts ...

In meinem Tagebuch notierte ich neben den »Ereignissen« oft auch Stimmungsbilder und Reflexionen. Vor allem während der Wochen, als ich Verbindungsoffizier bei den patriotischen Letten war, entstanden Notizen wie die beiden folgenden: »Wenn man niemandem sagen kann, was man denkt, dann sagt man es vielleicht zuletzt sich selbst nicht mehr und hält das für wahr, was man anderen vorlügen muß, und vergißt, was man ihnen verschweigt.« Und wenige Seiten danach: »An den kalten und dunklen Abenden bricht Traurigkeit über mich herein. O Blinde und Taube, Fühllose und Stumme, welch eine Welt, in der wir leben! Und doch ist das Schlimmste noch von uns fern. Manchmal spreche ich selbst wie jene und glaube beinahe an Hoffnungen und Aussichten, von denen sie sprechen, aber zu klar schien mir alles schon zu oft, um es jetzt anders zu sehen, wo es beginnt, immer offenbarer zu werden.« Das Wort »kommende Niederlage« wird zwar nicht ausgesprochen, aber es steht doch deutlich zwischen den Zeilen.

Trost suchte ich dann in Wachträumen und in Büchern, die mich in eine ferne Phantasiewelt entführten. Voller Begeisterung nahm ich Achim von Arnims »Der tolle Invalide auf dem Fort Ratonneau« zur Hand oder Jeremias Gotthelfs »Schwarze Spinne«. Natürlich waren das nur verschiedene Varianten der Flucht vor dem zuweilen unerträglich werdenden militärischen Alltag und dem Gerede mancher Kameraden. Einmal heißt es im Tagebuch ausdrücklich: »Wieviel *wahrer* und schöner sind die *Träume* als das, was wir Wirklichkeit nennen! Aber *ich muß wach bleiben* unter ›ihnen‹, den ›anderen‹, damit sie mein ›Träumen‹ nicht merken und mich verspotten, denn Spott trifft den Träumenden hart…«

Tagträume, romantische Lektüre und gelegentlich Gedichte, in denen mehr von der Natur als vom Krieg vorkommt, so sehen die meisten »Fluchtversuche« aus, die mein Tagebuch spiegelt. Im Sommer 1943 schrieb ich einmal:

> Kleine Blume am Wege –
> Du Wunder – geoffenbart
> Blühst hier allein
> Unter klarem Himmel.
> Ringsum Graben und Krieg:
> Lärmendes Volk in Waffen,
> Verstummend vor Deiner Größe,
> Gleichnis Du, ewigen, göttlichen Seins.

Und ein andermal veranlaßt mich eine Beobachtung zu einer religiösen Reflexion: »Vogel, Du kleiner, was suchst Du? Was pickst Du vergeblich an mein Fenster, an dem innen eine tote Fliege klebt? Was flatterst Du nur und kommst doch immer wieder zurück, kannst Dich nicht von der ersehnten Beute trennen? – Aber sind wir Menschen nicht ebensolche Wesen? Immer versuchen wir das Göttliche, das wir hinter himmlischen Fenstern erahnen, ganz zu begreifen, immer wieder kehren wir zu seinem unerreichbaren Anblick zurück, denn auch wir können uns nicht von ihm trennen.«

Doch zurück zum Truppenalltag. Als »Nebenaufgabe« hatte ich den Offiziersnachwuchs zu betreuen, der bei unserer Abteilung Dienst tat. Möglichst rasch suchte ich mir ein Bild von allen – es waren ohnehin nur drei oder vier – zu machen. Zum Glück, denn wenige Wochen später schon erreichte uns die Aufforderung, »möglichst viel geeignete Offiziersbewerber zur Waffenschule zu schikken«. Nur in einem Fall trat ich für eine vorläufige »Zurückstellung« ein. Ein junger Mann von vielleicht 25 Jahren, der bis dahin Gebietsführer bei der Hitlerjugend in Posen und als solcher »unabkömmlich« gewesen war, schien mir für den Offiziersberuf nicht reif zu sein. Seiner Beteuerung, er habe sich vergeblich immer wieder »zur Front gemeldet«, sei aber »vom Reichsjugendführer« u. k. gestellt worden, schenkte ich wenig Glauben. Ein halbes Jahr später traf ich den jungen Mann wieder. In der Ersatztruppe hatte er – durch Parteidienststellen unterstützt, vermute ich – mehr Glück gehabt und war dann doch noch zur Waffenschule geschickt worden.

Am 2. November wurden alle Adjutanten zum Stab des Grenadierregiments 9 beordert, um dort eine »Geheime Kommandosache« abzuholen. Das Schreiben enthielt den Befehl zum Abtransport der 23. Division in den Raum Newel. Offiziell war das aber noch nicht bekannt und sollte bis zur letzten Minute vor den übrigen Offizieren und Mannschaften geheimgehalten werden. Vier Tage später traf die uns ablösende Einheit ein, und wir zogen ab. Bei Nowgorod »wohnten« wir in einer großen, alten Kirche, die als Soldatenunterkunft diente, und waren Gäste des Regimentskommandeurs eines Luftwaffenartillerieregiments – zufällig ein alter Lehrgangskamerad von Major Schiele.

Nur sehr kurz und oberflächlich nahm ich etwas von der Schönheit der inzwischen erheblich beschädigten alten Stadt Nowgorod (wörtlich heißt das übrigens Neustadt) wahr. Wenig später waren wir schon wieder verladen und fuhren über 100 Kilometer nach Süden. Newel liegt in der Nähe von Welikije Luki. Von unserer »Entladestation« aus mußten wir noch etwa 35 Kilometer marschieren, um unser Einsatzgebiet zu erreichen.

Mit seinem üblichen Humor meinte Oberst Dewitz zu uns »jungen Adlern«: »Die schönen Tage von Aranjuez sind nun vorüber!« Er sollte nur allzu recht behalten.

Weg und Unterkunft in diesem schon wiederholt umkämpften Gebiet waren wenig erfreulich. Der zweite Teil unseres Regiments wurde obendrein auf der Eisenbahnfahrt von Partisanen aufgehalten, kam aber – ohne Verluste – mit 24stündiger Verspätung endlich an. In meinem Tagebuch lese ich: »Je weiter wir kommen, desto schlechter werden die Straßenverhältnisse. Oft sinken die Pferde bis über die Sprunggelenke in eisigen Schlamm. Der Boden will einfach nicht fest genug gefrieren. Immer wieder müssen Zugmaschinen geholt werden, um festgefahrene Gespannfahrzeuge flottzumachen. Mitten in diese Misere hinein erreicht uns der im Laufe des

Feldzugs nun immer öfter gehörte Befehl: ›Ohne Schonung von Mensch und Material durchmarschieren, marschieren, marschieren …‹ Aber selbst wenn wir wollten, wir können es nicht, die Straßen sind – wenn sie einmal passierbar sind – von Lkw-Kolonnen und Bespannfahrzeugen, Sturmgeschützen und Panzern verstopft. Nur die Tatsache, daß deutsche Jagdflugzeuge den Luftraum schützen, erspart uns unangenehme Überraschungen von ›oben‹. Der General besieht sich die Lage von seinem Fieseler-Storch aus (dem beliebten Erkundungsflugzeug für höhere Offiziere) und läßt uns seine Mißbilligung wissen. Zusammen mit dem Kommandeur reite ich zum Regimentsstab voraus, um den Einsatzbefehl entgegenzunehmen. Auch dort werden wir mit Vorwürfen überhäuft, aber nach einiger Zeit ist der Zorn des Chefs verrauscht, und wir finden eine ungewöhnliche Unterkunft in einem halbzerschossenen Stall, der nur dadurch ›von unten wärmt‹, daß noch relativ frischer Kuhmist unter dem Stroh liegt. Am anderen Morgen bringen wir die 9. Batterie in Stellung.«

Pünktlich am 1. Dezember begann unser Angriff – noch bevor die beiden fehlenden Batterien eingetroffen waren. Doch schon nach zwei Kilometern blieb die Infanterie im gegnerischen Feuer in einem unübersichtlichen Waldgelände liegen. Unsere Verluste waren so groß, daß wir unverzüglich zur Verteidigung übergehen mußten.

Am 17. Dezember griffen die Russen nach anhaltendem Trommelfeuer bei unseren rechten und linken Nachbarn an und erzielten tiefe Einbrüche, die bis auf einen Kilometer an die eigenen Feuerstellungen heranreichten. Notdürftig wurden diese Angriffskeile aufgefangen und am folgenden Tag zurückgeworfen. Schließlich wurde es aber doch notwendig, die vorgeschobenen Frontabschnitte jenseits des Flüßchens Uschtscha zurückzunehmen. Diese Operation am 20. Dezember verlief ohne eigene Verluste. Die »andere Seite« hatte gar nicht gemerkt, daß plötzlich kein Gegner mehr da war.

Am gleichen Tag schlug eine vereinzelte Granate vor unserem Kommandeursbunker ein. Der Bursche des Majors wurde im Gesicht wüst verwundet, und ich bekam einen Splitter ins rechte Auge, dessen Pupille seitwärts »auswanderte«. Zunächst glaubte ich, es würde schon wieder in Ordnung kommen, aber unser Assistenzarzt meinte, daß ich damit ins Feldlazarett müsse. Auf dem Hauptverbandsplatz gab man mir eine Tetanusspritze. Der Regimentskommandeur, Oberstleutnant von Lengerke, der kurz zuvor Oberst Pohl abgelöst hatte, befand jedoch, eine womöglich komplizierte Augenverletzung werde am besten in einem Heimatlazarett behandelt. Ich solle doch gleich nach Dresden fahren und nach der Heilung meinen Jahresurlaub nehmen. Er ließ auch sofort von der Division eine Platzkarte für den nächsten Lazarettzug kommen und schickte mich – vom Zahlmeister mit einer Flasche Champagner und einer Flasche Hennessy für die Eltern versorgt – auf Reise Richtung Heimat.

Ein Lkw brachte mich bis zur Bahnstation Majewo, von der der Zug nach Süden – also nach Deutschland – abgehen sollte. Mein Auge war so lichtempfindlich, daß ich es ständig schließen mußte und mich nur unsicher orientieren konnte. Später bekam ich eine schwarze Augenbinde, die zugleich den Schmerz minderte. Um die Zeit bis zur Ankunft des Zuges in einem wärmenden Raum zu verbringen, ging ich einfach ins erstbeste Haus. Erst jetzt wurde mir bewußt, daß Heiligabend war. Eine Kompanie Soldaten feierte gerade und lud mich dazu ein. Zufällig handelte es sich um eine Bäckereikompanie, die entsprechend gut mit Weihnachtsgebäck versorgt war und mit dem Verwundeten Mitleid hatte. Ein alter Obergefreiter, der meine Orientierungsschwäche in der Dunkelheit erkannte, begleitete mich dann noch zum Bahnhofsgebäude, wo ich in einer kalten Offiziersunterkunft die ganze Nacht warten mußte, bis endlich – gegen Mittag des nächsten Tages – der angekündigte Lazarettzug eintraf. Mit großer Verspätung gelangten wir über Dünaburg, Thorn, Cottbus schließlich nach Dresden. Der Zug rollte über die altvertraute Elbbrücke. Durch Nebelschwaden hindurch grüßte die noch unversehrte Silhouette der geliebten Stadt ...

Meine Mutter erschrak zunächst, weil sie annahm, ich hätte ein Auge verloren. Dann aber war die Freude um so größer, mich für einige Zeit »daheim« zu haben. Noch in der ersten Woche meines Aufenthalts wurde mit Hilfe eines großen Magneten der kleine Stahlsplitter aus meinem Auge »herausgezogen«. Ich mußte noch eine Weile eine Schutzklappe auf dem rechten Auge tragen, war aber sonst »urlaubstauglich«.

Da der Krieg nun immer verlustreicher wurde und sein katastrophales Ende immer deutlicher vorauszusehen war, steigerte sich die Unruhe und die Sorge meiner Mutter um ihren Sohn ins schier

Unerträgliche. Gern hätte sie mich jetzt für »immer« außer Gefecht gewußt und daheim behalten, aber meine vollständige Wiederherstellung war voraussehbar, und dann würde ich wieder »k. v.« – »kriegsverwendungsfähig« – geschrieben werden. »Wenn dir etwas zustößt, dann bringe ich einen der führenden Nazis um«, hörte ich meine Mutter immer wieder sagen. Sie wußte natürlich, daß das auch ihr eigener Tod gewesen wäre.

Um ihr zu helfen, schlug mir mein Vater eines Tages – im Januar 1944 – vor, mich zu einem fiktiven Tuberkulosekranken zu »machen«, der dann womöglich zur Erholung in die Schweiz gebracht würde. Er bestrich Hautpartien meiner Brust mit Zinksalbe, bis die Röntgendurchleuchtung einen deutlichen »tuberkulösen Schatten« ergab. Dann wollte er mich zum Röntgeninstitut eines befreundeten Facharztes schicken, der mit Hilfe entsprechender Aufnahmen meinen bedenklichen Zustand dokumentieren sollte. Bevor es aber soweit war, sagte ich meinem Vater, daß ich nicht einwilligen könne. Ich schämte mich vor meinen Kameraden, denen ich ein verantwortungsbewußter Chef zu sein versucht hätte und die ich nicht im Stich lassen dürfte. Zugleich mußte ich an das hohe Risiko denken, das mein Vater eingegangen wäre und das ihm mit ziemlicher Sicherheit den Tod gebracht hätte, wenn der Betrug herausgekommen wäre. Nach der ersten gründlichen Waschung hätte sich ja im Röntgenbild kein Schatten mehr gezeigt, und eine so rasche Heilung hätte zumindest Verdacht erregt. Ich hatte den Eindruck, daß auch meinem Vater nicht ganz wohl bei der Sache war, aber er wollte diesen verzweifelten Versuch wagen, um meiner Mutter ihre Sorge zu nehmen. Wir hielten sowohl den Plan als auch den Verzicht auf ihn meiner Mutter gegenüber geheim. Schließlich meinte mein Vater, daß er – während des Ersten Weltkrieges – vermutlich ähnlich gehandelt hätte. Auch wenn ich den Krieg inzwischen entschieden ablehnte, empfand ich doch noch so etwas wie Solidarität mit den Soldaten, die meiner Führung anvertraut waren. Sie möglichst unversehrt durch die bevorstehenden Monate des Krieges zu bringen schien mir eine verpflichtende Aufgabe. Daß es noch mehr als ein Jahr dauern würde, ehe die Wehrmacht an allen Fronten kapitulierte, konnten wir damals nicht ahnen.

Zunächst genoß ich – zum letztenmal – die Schönheit der geliebten Stadt, besuchte Konzerte, Theateraufführungen und Kinos, blätterte in meinen Büchern und fand doch nicht genügend innere Ruhe zu anstrengender Lektüre. Als meine »Genesungszeit« beendet war, wurde ich nicht sogleich wieder an die Front geschickt, sondern durfte noch ein paar Wochen in Potsdam verbringen und von dort aus an den Wochenenden mein Elternhaus besuchen.

Zuvor – im Februar – hatte ich meine Mutter zur Beerdigung der Großmutter nach Schwäbisch Hall begleitet. Sie war über achtzigjährig in einem Altersheim »sanft entschlafen«. Obgleich ich oft genug Tote im Krieg gesehen hatte, blieb der Eindruck der alten Frau in ihrem schlichten Sarg auf merkwürdige Weise erschütternd. Vielleicht, weil es sich diesmal um eine nahe Verwandte handelte, oder auch, weil der Kontrast zwischen der intakten zivilen Umgebung und dem toten Menschen hier – im Unterschied zu den Soldatenleichen inmitten zerstörter Kampfstätten – hinzukam.

Potsdam

Als ich Ende Februar/Anfang März 1944 nach Potsdam zur Ersatzabteilung unseres Artillerieregiments 23 kam, war die Stadt noch relativ unversehrt. Gelegentlich sahen wir Bomberverbände Berlin anfliegen und staunten über deren »tadellosen Formationsflug«. Die Offiziere in der Garnison – meist Reservisten, die den ganzen Krieg über daheim geblieben waren – gefielen mir weit weniger als die an der Front. So kam es auch nur zu sehr oberflächlichen Kontakten und keiner neuen Freundschaft.

Meine ganze Freude war dagegen der Reitstall, in dem ausgezeichnete Pferde standen, die im Frankreichfeldzug in St. Cyr requiriert worden waren. Da die Herren Reservisten wenig Lust zum Reiten hatten, konnte ich, sooft ich nur wollte, eines der edlen Rosse bewegen. Auch stand den wenigen reitbegeisterten Offizieren ein Trainer zur Verfügung, der für Verbesserung unserer Dressurleistungen sorgte und gelegentlich mit uns ins Gelände zog.

Eines Tages begegnete ich im Stall einem hochaufgeschossenen Herrn in Zivil. Ich mußte annehmen, daß es sich um einen Angehörigen des Regiments handelte, und stellte mich vor: »Fetscher«. Die Antwort lautete »Preußen«, was mich damals amüsiert hat, da ich noch zuwenig mit hohen Herrschaften zu tun gehabt hatte. Es stellte sich heraus, daß es sich um einen Sohn des Prinzen Eitel Friedrich von Hohenzollern handelte, der per »Führerbefehl« aus der Wehrmacht entlassen worden war. Als Grund wurde seinerzeit die »internationale Versippung« ehemals regierender Häuser angegeben. In Wirklichkeit war die Naziführung über die große Anteilnahme der Potsdamer Bevölkerung anläßlich der Beerdigung eines gefallenen Sohnes des Kronprinzen beunruhigt gewesen und wollte auf diese Weise verhindern, daß die alte Dynastie wieder populär würde.

Unser Prinz beklagte sich über das Mißtrauen der Naziführung, nahm aber regelmäßig an unseren Ritten teil. Da der Trainer keine Ausbildung durch das Protokoll genossen hatte, sprach er den Hohenzollernsprößling ungeniert als »Prinz« an: »Nehmen Sie die Stute etwas mehr ran, Prinz!« lautete seine Empfehlung.

Der Pferdestall hatte auch noch einen weiteren Vorteil für mich. Es gab nämlich von ihm aus eine Türe, die direkt »ins Freie« führte und durch die ich auch nach Ablauf des regulären Ausgangs jederzeit unbemerkt wieder ins Kasernengelände gelangen konnte. Meine dienstlichen Aufgaben waren wieder die gleichen wie seinerzeit in der Altenburger Garnison: Beaufsichtigung des Fußdienstes, den Unteroffiziere und Wachtmeister leiteten, gelegentliche Übungen im Gelände und Unterricht in Waffenkunde.

Am »Heldengedenktag« 1944 besuchte ich den evangelischen Gottesdienst in der Garnisonskirche von Potsdam. Aus meinen Aufzeichnungen geht hervor, daß der Standortpfarrer zwar in einer Anspielung auf das »jüdische Volk, das dem Heiland die Hände gebunden habe«, der herrschenden antisemitischen Ideologie entgegenkam, vor allem aber für einen christlichen Jenseitsglauben und gegen das »Neuheidentum« der radikalen Nazis polemisierte. Vermutlich wörtlich zitierte ich aus dieser Predigt: »Wie können wir erwarten, daß Gott mit uns ist, wenn wir ihn hassen und nicht kennen wollen?« Das war eine deutliche Anspielung auf die Umschrift der älteren deutschen Koppelschlösser, auf denen »Gott mit uns« stand. In unserem Regiment versuchten viele Soldaten, solche älteren Koppelschlösser zu bekommen und die neuen mit dem hakenkreuzverzierten Reichsadler und ohne »Gott mit uns« zu vermeiden.

Der Pfarrer fuhr fort: »Viel Leid wird dieses Jahr über das deutsche Volk bringen, mehr Leid als irgendein Jahr in der deutschen Geschichte seit Jahrhunderten! Dieses Leid können wir nur ertragen im Glauben an den lebendigen Gott ...« Diese Sätze konnte man als ein Angebot an die Reichsführung deuten, den christlichen Jenseitsglauben als Beruhigungsmittel während der heraufziehenden militärischen Niederlagen zu akzeptieren. Man konnte aber auch den Akzent auf den eindeutigen Pessimismus legen, der den realen Gefahren weit eher angemessen war als die offizielle Propaganda, die noch immer von »planmäßigen Absetzbewegungen« und »Frontverkürzungen« sprach, während es sich in Wirklichkeit um einen oft nicht einmal geregelten Rückzug handelte. Die Predigt endete mit einer klaren Polemik gegen die germanisch-heidnische Weltanschauung, die Hitler sogar bei der Beisetzung des Reichspräsidenten von Hindenburg zum Ausdruck gebracht hatte, als er rief: »Toter Feldherr – geh nun ein in Walhall!« Der fromme ehemalige Feldmarschall, der mit den Insignien eines Johanniters aufgebahrt wurde, hätte sich gewiß über diesen Wunsch empört. Der Potsdamer Standortpfarrer formulierte im Gegensatz zu Hitler – zehn Jahre später –: »Wohin gelangen wir nach diesem Leben? In den Olymp oder Hades oder in den germanischen Heldenhimmel? Nein! Wir treten vor das Angesicht des lebendigen Gottes!« Politisch konnte man diese Sätze nicht nur als Polemik gegen das Neuheidentum, sondern auch als Mahnung zu verantwortlichem sittlichen Handeln interpretieren, ja vielleicht sogar als Warnung vor dem Strafgericht Gottes über die Sünden der Deutschen, die als Soldaten wie als Zivilisten in den Besatzungsgebieten schwere Verbrechen begangen hatten. In meinem Tagebuch fehlt jeder Kommentar, ich nehme aber an, daß ich den Pfarrer als mutigen Kritiker des Regimes verstanden (oder mißverstanden?) habe.

In diesen Wochen – vermutlich während eines Kurzurlaubs in Dresden – schrieb ich eine Art Abschiedsbrief an meine Mutter, der sie für den Fall, daß ich nicht heimkehren würde, trösten sollte. Dabei machte ich mir nicht klar, was passieren konnte, wenn sie diesen – vorsorglich verfaßten – Brief vorzeitig zu Gesicht bekam. Oft genug war ja die Briefverbindung über Wochen hinweg unterbrochen, und was als Trost gedacht war, hätte dann auf sie eher als Bestätigung für beunruhigende Ahnungen gewirkt. Der Brief beginnt mit dem Satz: »Ich weiß nicht, ob ich aus diesem grausamen Ringen gesund wieder heimkehren werde.« Und fügt dann gleichsam zum Trost für mich selbst wie für die Mutter hinzu: »Wieviel Schönes, Gutes, Klares und Reines hab' ich nicht sehen und ahnen dürfen! Freundschaft hab' ich genossen, Liebe und alles, was Menschen haben können, und ich habe es gepflückt, mühelos wie eine reife Frucht. Auch das Grausige, das Grauenhafte hat in mein Herz gegriffen und es beständiger werden lassen und reifer. Menschenwort, gesprochenes und gedachtes, hat mir die Dinge des Lebens gezeigt, die erstrebenswert und wertvoll sind: Rein bleiben und Menschen helfen, und ich hab' versucht, mich irgendwie so zu formen, wie sie es fordern. Schließlich hab' ich gehofft und gewartet, unruhig und verlangend, voller Begierde nach einem Glück, von dem ich nun weiß, daß es nie kommt und daß es in eben jenem Warten und Hoffen besteht und nicht in Erfüllung. Und ist nicht das ganze Leben ein solches Warten und Hoffen und eine ewige schmerzende Enttäuschung, über die kein Alltagsvergnügen und keine Alltagspflichterfüllung hinwegtäuschen kann, es sei denn für einen Augenblick?«

Dann aber scheint der Text doch »von jenseits des Grabes« zu sprechen, was mir vermutlich damals selbst nicht klar bewußt war: »Die Toten soll man nicht beklagen. Wohl leben wir in einer schönen Welt, aber das Schönste an ihr, Gefühle und Gedanken dringen über sie hinaus. Und warum sollte es woanders keine Gefühle, keine Gedanken mehr geben? Glaubst Du nicht auch, daß ein Wesen – nachdem es *hier* gestorben ist – irgendwo einmal wiederauftaucht und teilhat als Bewußtsein am Leben? und so ewig fort. Freilich hätte ich Dir – am Leben geblieben – helfen können, um Dir damit ein wenig zu danken, aber wissen wir denn, was aus mir geworden wäre? Hätte das harte Dasein nicht vernichten oder klein und erbärmlich machen können, was schöner und besser an mir war? Das wäre aber dann auch kein Leben mehr gewesen, das sich lohnte, gelebt zu werden, und das ich hätte führen mögen ... Alles, was ich Dir hier geschrieben habe, soll Dich trösten und Dir Mut zum Leben geben, der viel größer ist und schwerer als der zum Sterben. Suche weiter Gutes zu tun, ohne andere Absicht als dies, und verenge den Kreis derer, die teilhaben am Mitleiden Deines Herzens, nie!«

So geht es noch eine ganze Weile weiter. Wenn ich heute diese Zeilen lese, erscheinen sie mir sentimental und viel zu anspruchsvoll. Der Zweiundzwanzigjährige erlaubt sich hier, Worte im Munde zu führen, deren Gewicht er noch gar nicht kennen konnte, und nahm einen Grad der Reife für sich in Anspruch, hinter dem er in Wahrheit weit zurückblieb.

Etwa aus der gleichen Zeit stammt ein »Testament«, das vermutlich zusammen mit dem eben zitierten »Abschiedsbrief« in meinem Schreibtisch gefunden werden sollte. Auch in diesem Text finde ich einen jungen Mann, der mir ziemlich fremd geworden ist. Zwei relativ armen Schulfreunden hinterlasse ich je 1000 RM und Teile meiner Garderobe. Diesen beiden und einem dritten, wohlhabenden Mitschüler sollten Bücher aus meiner Bibliothek gehören, die sie selbst aussuchen dürften. Im Zweifelsfall sollte das Los – oder auch eine gute Freundin – entscheiden. Als dritten Punkt bestimmte ich, daß »alles übrige meine Eltern nach Gutdünken verwenden, jedoch die Autographensammlung sowie die übrigen Teile der Bibliothek in der Familie behalten« sollten. Schließlich bat ich noch darum, einen Privatdruck mit kleinen Erzählungen und Gedichten zu veranstalten und an »alle, die mir nahegestanden haben«, zu schicken. Immerhin ging meine Selbstüberschätzung nicht so weit, daß ich eine Publikation in einem Verlag empfohlen hätte.

Auf einer der vielen Rückreisen aus Dresden nach Potsdam habe ich einen Brief an meine Eltern begonnen, der offenbar abends zu Ende geschrieben wurde: »Am 6. 3. 1944. Sehr rasch ging die Fahrt in die große Ruinenstadt (Berlin), deren Herz wohl herausgebombt, aber aus der noch nicht alles pulsierende Leben geschwunden ist ... Rasch glitten Ruinen und Trümmer – teilweise schon vertraut und bekannt – an mir vorüber, viel zu spät treffe ich in der hellen kleinen Stadt ein. Ein strahlend klarer Himmel empfängt mich mit lieblicher Bläue, und die Sonne wärmt in ihrer neuerwachten Frühlingsstärke. Eine alte, wacklige Straßenbahn ruckt und schlenkert mit ihrer enggepackten Ladung bis zur Alleenstraße. Am Denkmal für die Weltkriegsgefallenen vorbei, durch die Kolonia Alexandrowka, unter hohen Eichen, Linden und Buchen führt mein Weg steil hinauf zur Nedlitzer Kaserne. Ich kenne an der Rückseite des Reitstalls eine Tür, die uns zu morgendlichen Trainingsritten des Rennstalls dient, hier treffe ich einen Burschen, der zuweilen im Stall hilft; ich ziehe im Stall meine Zivilkleidung aus und erscheine kurz darauf in Uniform auf dem Kasernenhof, als sei ich schon den ganzen Morgen über dagewesen. Mein Zug ist gerade beim Exerzieren mit der Gasmaske, anschließend üben die Soldaten Handgranaten-Zielwerfen und -Weitwurf. In diesem Augenblick kommt der stellvertretende Kommandeur vorbei und ist höchst gnädig ...

Während wir uns zum Mittagessen versammeln, ertönt ›öffentliche Luftwarnung‹, und es wird erwogen, ob es überhaupt lohne, mit dem Essen zu beginnen. Schließlich setzen wir uns doch zur Suppe. Aber ehe wir noch den Löffel eintauchen können, unterbricht das ekelhafte auf- und abschwellende Sirenengeheul den mittäglichen Frieden. Alles geht auseinander, um in Unterständen und Kellern Schutz zu suchen oder draußen stehen zu bleiben, denn inzwischen bieten die Berlin anfliegenden Verbände ein großartiges Schauspiel. Gemeldet sind rund tausend Flugzeuge. Schon sehen wir die ersten Staffeln und Geschwader in tadelloser Formation in großer Höhe Richtung ›Reichshauptstadt‹ dahinziehen. Geschwader auf Geschwader fliegt vorbei.

Ich zähle allein etwa 180 Maschinen, die über Potsdam anfliegen. Der Drahtfunk meldet ›südsüdostwärts, westlich und ostwärts von Berlin Feindverbände‹. Es ist ein höchst kompliziertes und offenbar genau ausgeklügeltes System, das diesen nur scheinbar kunterbunt durcheinanderfliegenden Maschinen zugrunde liegt. Die Flak bellt und knallt, daß die Fensterscheiben nicht mehr zur Ruhe kommen mit Klappern. Da, hinten – eine Stichflamme, und wie eine brennende Fackel stürzt ein Flugzeug ab. Es sind lauter viermotorige Bomber. Drei, vier kleine weiße Punkte, durchs Fernglas deutlich zu erkennen: die ›ausgestiegene‹ Besatzung des Bombers. Dumpfes, gleichmäßiges, rollendes Dröhnen kündet von Abwürfen. Endlich, nach anderthalb Stunden, ist die ›Vorführung‹ am heiter-klaren Himmel vorbei. Die Suppe ist inzwischen kalt geworden, aber der Rest des Mittagessens wird warm serviert. Am Abend erfahren wir von Oberleutnant Schultze, der in Babelsberg-Ufastadt wohnt, daß dort und in Zehlendorf-West, Spandau und Königswusterhausen die meisten Bombenziele lagen. Auf dem Ufa-Gelände habe man bis jetzt 17 Tote gezählt – alle in Splittergräben ...

Morgen werde ich wieder in den Rennsattel steigen und am Nachmittag als Batterieoffizier beim Schauschießen fungieren. Schopenhauer und die Briefe von Kügelgens sind jetzt meine Lektüre. Neulich nahm ich die Bücher sogar mit ins Kasino, aber wie zu erwarten war, kam ich dort nicht zum Lesen ...«

Mitte März wurde ich zur »Führerreserve Nord« kommandiert, mußte aber – so lauteten die neuen Bestimmungen – in einer Gruppe von 15 weiteren Offizieren reisen. Einzelreisen hätten sich – so die Begründung – in der Vergangenheit nicht bewährt. Diese Bestimmung sei schon zehn Monate alt, erfuhr ich, »weil offenbar das Einzelreisen den ›Herren Offizieren‹ nicht bekomme«.

Am 19. März schrieb ich von Tilsit aus: »Ich sitze in einem Zimmer des ersten Hotels der Stadt, das ich als einziger durch meine schnell geschlossene Freundschaft mit dem Transportführer des Wehrkreises III teile. Als wir vorgestern hier ankamen, fanden wir mehr als 300 Offiziere vor, die alle zur Führerreserve der Heeresgruppe Nord gehören. Heute abend sollen wir in einem einzigen großen Transport bis Riga weiterreisen ... Hier bin ich gestern im ›Johann‹ gewesen und war etwas enttäuscht, obgleich es ein paar lustige Minuten waren. Auch traf ich drei vergnügte Kuban-Kosaken in malerischen Uniformen: Zu schwarzen Hosen mit breiten, hochroten Streifen trugen sie eine graue deutsche Feldbluse und die schwarze Kubanka (die Pelzmütze der Kuban-Kosaken), auf den Ärmeln in kyrillischer Schrift KB (Kubanskaja Brigada). Sie seien in Bosnien zur ›Bandenbekämpfung‹ eingesetzt gewesen und verbrächten hier ihren Urlaub. Der Jüngste, ein achtzehnjähriger Bursche mit leuchtenden, dunklen Augen im ebenmäßigen braunen Gesicht, schien der aufgeweckteste und munterste zu sein. Bescheiden trat er an mich heran, ich möge ihm sagen, wie alt ich sei. Als er hörte, daß ich nur vier Jahre älter bin als er, schien er sehr befriedigt.«

Am 21. März war ich endlich in Riga, leider nicht in der Stadt selbst, sondern in einem benachbarten Nest. »Auf der Durchreise kaufte ich mir in Riga einen russischen Kalender und genoß das Bild der Stadt im Schein der untergehenden Sonne. Der Fluß glänzte in silbriger Helle, und die Türme und Dächer der Altstadt leuchteten wie vergoldet. Vom Kommandanten unserer Dienststelle erhielt ich die Gewißheit, daß ich wieder zur 23. Division komme. Auf dem Rigaer Bahnhof hörten wir den Wehrmachtbericht. Demnach ist es an der Südfront noch recht bewegt ... Wie wir die Wartezeit verbringen, ist unklar. Jedenfalls sollen wir täglich Unterricht – unter anderem auch in Russisch – erhalten. Davon werde ich aber wohl dispensiert ... Schickt mir doch bitte bald den Schopenhauerband, der oben in meinem Zimmer liegt ...«

Wieder an der Nordfront

Am 24. März traf ich wieder bei meinem »alten« Regiment ein. Irgendwo nordöstlich von Riga verlief die Front. Einstweilen war unser Abschnitt ruhig. Das AR 23 hatte sich, seit ich es – kurz vor Weihnachten 1943 – verlassen hatte, erheblich verändert: Viele Offiziere waren gefallen, andere verwundet in der Heimat. Der Regimentskommandeur, Oberstleutnant von Lengerke, begrüßte mich freundlich, ja herzlich und bat mich, »aus der Heimat« zu berichten. Dann fragte er mich, zu welcher Abteilung oder Batterie ich wolle. Wunschgemäß wurde ich wieder Adjutant bei der III. Abteilung. Zunächst sollte ich aber ein paar Wochen lang die 9. Batterie führen, deren Kommandeur auf Urlaub war. Das IR 9 hatte einen neuen Kommandeur, Ritterkreuzträger Major Rudolf Trittel, worüber Richard von Weizsäcker, der Adjutant, nicht ganz glücklich war. Dennoch verdankt er diesem Mann das Leben. Kurz vor Kriegsende warf sich der inzwischen zum Oberstleutnant beförderte Trittel während eines Granatangriffs auf ihn und schirmte ihn so gegen Splitter ab, denen er dann selbst erlag.

Bei der relativen Ruhe an diesem Frontabschnitt hatte ich wieder die Möglichkeit zu intensiver Lektüre. In einem Brief vom 24. März erwähnte ich E. T. A. Hoffmanns »Das Fräulein von Scuderi«, Theodor Storms »Bötjer Basch«, Gottfried Kellers »Mißbrauchte Liebesbriefe« und Gerhart Hauptmanns »Bahnwärter Thiel« – lauter Erwerbungen aus der »Frontbuchhandlung« in Riga.

Noch immer lag Schnee, der bis in den April hinein nicht schmelzen wollte. Der »Erdbunker«, mit dicken Balken belegt, war aber gut geheizt und hatte sogar ein Fenster, was allgemein als beneidenswerter Luxus angesehen wurde. Ich wohnte zusammen mit dem Assistenzarzt des Regiments, einem Dozenten für Physiologie, der ehrlich gestand, für eventuelle Verwundungen weniger »gerüstet« zu sein als einer unserer braven Sanitäter. Dafür schätzte ich ihn als Gesprächs- und Schachpartner.

Meine eleganten Keilhosen bewundernd, meinte der Regimentskommandeur eines Tages: »Wenn du ein Kerl wärst, würdest du jetzt Monokel tragen.« Natürlich ahnte er nicht, daß ich zwei Jahre zuvor in einem Anfall von reaktionärer Arroganz tatsächlich zwei Monokel – eines mit Rand und ein randloses – besessen und gelegentlich sogar getragen hatte. Eine gewisse »feudale Haltung« war in unserer Division damals auch ein Zeichen der Distanzierung vom Populismus der Nazis. Vor allem Leutnant von Hahn-Hahn mokierte sich ausgiebig über die aus dem Unteroffiziersstand zu Offizieren gemachten Kameraden und nannte sie »Vomags« – »Volksoffiziere mit Arbeitergesicht«. Im Rückblick erscheint mir diese undemokratische Charakterisierung als verschlüsselte Kritik an der falschen »Volkstümlichkeit« der Nazis und daher nicht mehr nur arrogant. Leutnant Hahn-Hahns Großvater war im Ersten Weltkrieg noch russischer Offizier gewesen. Im Zusammenhang mit der »Aussiedlung« deutscher Großgrundbesitzer im Baltikum sollten seine Eltern (wie S. 65 erwähnt) das beschlagnahmte Gut eines polnischen Adelsgeschlechts im »Warthegau« übernehmen. Sie weigerten sich aber konsequent, Komplizen der Verdrängung ihrer Standesgenossen zu werden.

Anfang April war es noch immer ruhig. Am Palmsonntag las ich Eduard Mörikes »Stuttgarter Hutzelmännlein«. Am 2. April berichtete ich von einem Streitgespräch mit dem Assistenzarzt über die Wichtigkeit oder Belanglosigkeit der Unterschiede zwischen den christlichen Konfessionen. Meine These, daß doch das Gemeinsame bei weitem überwiege, wollte der Doktor nicht gelten lassen; auch wollte er nicht glauben, daß es in beiden Kirchen in Deutschland »viele Männer gebe, die das Einigende über die Unterschiede stellen«. Mein Vater stimmte mir aber brieflich zu.

Am 9. April »liegen einige Tage verlustreichen Einsatzes« hinter uns, notierte ich. »Der Batterieführer der 9. ist verwundet, und ich muß wieder seine Aufgabe übernehmen. Nach Abflauen der Kämpfe finde ich in einem alten Haus eine russische Bibel und kopiere den lange gesuchten russischen Text des Vaterunsers. Noch immer ist der Boden steinhart gefroren. Wenig später wird unser Regiment einem SS-Korps unterstellt. Tag für Tag versuchen gegnerische Truppen die Front zu durchbrechen, wobei sie durch heftiges Artilleriefeuer und Fliegervorbereitung unterstützt werden. Meine Batterie hat in wenigen Tagen bereits zwölf Ausfälle, zum Glück nur einen Toten ...«

Wenig später waren wir wieder dabei, »mit großer Verbissenheit in die Erde einzudringen unter Zuhilfenahme von Sprengmitteln, Hakken und Spaten. Solange die Bunker nicht fertiggestellt sind, komme ich bei den Letten unter. Der Regimentskommandeur stellt mir in Aussicht, daß ich die Batterie behalten kann.«

Vermutlich war ich daran interessiert, weil eine sechsmonatige Tätigkeit als Batterieführer eine der möglichen Vorbedingungen für die vorzeitige Beförderung zum Oberleutnant war. Erst viel später zeigte sich, daß es nicht genügte, eine Batterie zu führen, sondern daß man auch gleichsam »offiziell« als Batterieführer registriert sein mußte. Auf »meiner« Planstelle wurde aber »offiziell« ein Ordonnanzoffizier beim Stabe geführt. Natürlich hat mich das, solange ich noch etwas militärischen Ehrgeiz hatte, geärgert. Spätestens im Sommer 1944 ging mir dieser Ehrgeiz aber vollends verloren, und ich sah meine Aufgabe nur noch darin, so gut wie möglich für »meine Leute« zu sorgen und möglichst viele wohlbehalten über die restlichen Monate des längst verlorenen Krieges zu bringen.

Bis zum 11. April hatte ich die Batterie noch in Bauernhütten untergebracht. Als jedoch Flugzeuge mit Leuchtspurmunition in die leicht brennbaren Katen schossen, befahl ich den beschleunigten »Umzug« in Erdlöcher und die bereits fertiggestellten Bunker. Die Alarmprotzenstellung mit ihren noch weit sensibleren und größeren Zielen (Pferden) hatte ich schon zuvor nach rückwärts verlegt. Auf diese Weise gelang es, Pferdeverluste zu vermeiden. Auch den Leuten ist in der Protzenstellung nichts passiert.

Immer wieder fand ich Zeit für Lektüre. Die Novelle »Psyche« von Theodor Storm begeisterte mich weniger als die Erzählungen von Gottfried Keller, der zu einem meiner Lieblingsautoren avancierte.

Am 17. April schrieb ich nach Hause, daß »wir in der Nähe der russischen Stadt liegen, die ›Insel‹ heißt« (Ostrow). Meine Eltern hatten wissen wollen, wie es dort zuging, darauf berichtete ich pedantisch, wie der Tag eines Einheitsführers bei relativer Ruhe aussieht: »Aufstehen zwischen sieben und acht Uhr morgens, nach einer fünf- bis sechsmal unterbrochenen Nachtruhe (Störungsfeuer, das wir schießen; russische Vorstöße usw.). Danach: Waschen und Frühstücken, bis acht Uhr Gang durch die Stellung. Beaufsichtigung des Ausbaus der Bunker und der Tarnarbeiten. Gegen halb drei kommt endlich das warme Mittagessen aus der Protzenstellung. Der restliche Tag vergeht mit Fern- und Funkgesprächen und – dazwischen – mit angenehmer Lektüre. Theodor Storms ›Chronik von Grieshus‹, die Wochenzeitung ›Das Reich‹ und die ›DAZ‹ – die uns beide von der Division regelmäßig zugestellt werden. Durch das Fenster meines Bunkers habe ich einen schönen Blick auf dunklen Wald und eine Sumpfwiese. Im Wald ist der Regimentsgefechtsstand. Die Ruhe des Soldaten besteht eigentlich immer wieder im Warten auf schwere Stunden.«

Vermutlich unterschied sich der Zweite Weltkrieg für das Landheer auch tatsächlich dadurch vom Ersten, daß Tage und Wochen äußerster Anspannung immer wieder von relativ ruhigen Perioden unterbrochen wurden. Die Briefe an meine Eltern stellen freilich ein geschöntes Bild der Realität dar, da ich immer nur dann schreiben konnte, wenn die Lage ruhig war.

Am 22. April »war endlich ein wunderschöner Vorfrühlingstag ... Ich bin nach hinten zu meiner Nahprotze geritten. Die Wege sind in den Niederungen noch schlammig und naß, aber jede kleine Erhebung hat schon festen, trockenen Boden, der zum Galoppieren einlädt. Auf dem Hinweg ritt ich ein kleines Ostpreußenpferd, das ›Perle‹ heißt, zurück den ›Pirol‹ des früheren Regimentschefs, ein wundervoll zugerittenes, braves und folgsames Pferd, mit dem ich auch ein paar leichte Sprünge über Hindernisse wagen konnte ... Unterwegs genoß ich die frühlingsahnende Landschaft, die hier ganz eigenartig flach ist, ab und zu aber von kleinen Hügeln belebt wird – Hügeln, auf denen zumeist Ortschaften oder wenigstens die Reste von solchen zu sehen sind. Bodenbewuchs gibt es, abgesehen von ein paar niedrigen Büschen, die in den sumpfigen Niederungen stehen, so gut wie gar nicht. Einzelne Bäume – meist am Rande der Dörfer – fallen auf. An den Weiden sieht man hier und da Kätzchen, die eben im Verblühen sind. Als ich am Abend zurückreite, im Rücken die blutrot untergehende Sonne, sehe ich, wie sich schwirrend und flatternd eine Schwalbe in die Lüfte schwingt und ihren lustigen, freudigen Triller anstimmt; sie scheint förmlich in der Luft zu stehen, wenn sie auch heftig und hastig die kleinen Flügel bewegt, so daß man sie kaum noch wahrnehmen kann. Seltsam, daß ich dieses ›Schauspiel‹ hier zum ersten Male bewußt erlebt habe ...«

In seinem Antwortbrief klärte mich mein Vater darüber auf, daß ich natürlich nicht eine Schwalbe, sondern eine Lerche beobachtet hätte, deren exakte Beschreibung ihm die Identifizierung leichtgemacht habe.

Im Stall fand ich eine ganze Reihe alter »Potsdamer Pferde«

wieder, »gute und stämmige Tiere«, freilich auch »manche, denen man die Last der vielen Kriegsjahre deutlich ansehen konnte«.

Am 20. April hatte ich die Aufgabe, eine Ansprache »zu Führers Geburtstag« zu halten. Sodann durfte ich einer Anzahl von Stabsgefreiten (Fahrern) das »Kriegsverdienstkreuz Zweiter Klasse« überreichen, das ihnen vom Divisionskommandeur verliehen worden war.

In Riga wurde ein vierzehntägiger Kurs für Studenten der Geschichte und der Philosophie abgehalten. Als einziger Offizier meiner Einheit war ich aber leider »unabkömmlich«, sonst hätte ich natürlich große Lust gehabt, daran teilzunehmen. Kurz darauf kam ein Student der Geschichtswissenschaft zur Batterie, in dem ich neben dem Assistenzarzt endlich einen weiteren Gesprächspartner fand. Leider mußte ich ihn – als einen der wenigen ausreichend qualifizierten Unteroffiziere – auf B-Stelle schicken.

Am 1. Mai berichtete ich wieder von meiner Lektüre nach Hause: Theodor Fontanes »Grete Minde« und Adalbert Stifters »Condor«. Früher, so merkte ich an, hätte ich diese Erzählung vermutlich langweilig gefunden, als Kontrast zu den aufregenden Tagen im Krieg tat mir die stille Beschaulichkeit Stifters wohl.

Am 6. Mai wurde unsere Einheit zur Erholung in ein Dorf etwa 30 Kilometer hinter der Front verlegt. Meiner Russischkenntnisse wegen war ich wieder einmal – jetzt als Adjutant des Ortskommandanten – als Dolmetscher tätig. Der Ort lag in tiefstem Frieden. Die russische Bevölkerung, die schon drei Jahre unter deutscher Besatzung leben mußte, war dennoch erstaunlich freundlich, aber der Krieg war bisher auch barmherzig mit ihr umgegangen. Die meisten Bauern arbeiteten vorher im Staatsgut, daneben hatten sie eine kleine Hofwirtschaft, die jetzt – nach dem Zusammenbruch des Regimes – allein ihren Lebensunterhalt sicherstellte. Der Bauer, in dessen Haus ich wohnte, hatte eine Kuh, zwei Hammel und fünf Hühner. Jeden Morgen bekam ich ein Glas Milch. In allen Häusern hingen schöne – oft alte – Ikonen. Die Bevölkerung war offenbar besonders fromm. Eine alte Bäuerin zeigte mir voller Stolz ihre zusammenklappbare Messing-Ikone, die aus Nowgorod stammte »und nicht verkäuflich sei«.

Die Ruhetage in dem stillen russischen Dorf dauerten jedoch nicht lang. Schon am 10. Mai wurden wir Richtung »Mittag« in Marsch gesetzt. Durch schrecklichen Schlamm, in dem sich Pferde und Mannschaften wieder einmal quälten, erreichten wir unseren Einsatzort. Inzwischen war ich als Artillerie-Verbindungsoffizier zur Aufklärungsabteilung von Oberstleutnant von Bandemer abkommandiert, hatte die Artilleriebeobachter zu besuchen und für bessere Kontakte zu den jeweiligen Infanterieeinheiten zu sorgen.

Das Wetter machte offenbar auch den Russen zu schaffen. Nur ab und zu ratterte ein Maschinengewehr, oder ein Granatwerfereinschlag dröhnte bis zu uns – vom Echo des Waldes vielfach verstärkt. Sonst blieb es relativ ruhig.

Oberstleutnant von Lengerke wollte mich zum Regimentsstab holen. Offenbar waren Umbesetzungen im Gang. So stellte sich auch ein neuer Divisionskommandeur, Generalleutnant Châles de Beaulieu, vor, der aus einer preußischen Hugenottenfamilie stammte. »Eine scharf umrissene militärische Persönlichkeit, elegant, viel zu sauber für uns Frontschweine gekleidet, dienstlich und distanziert. (…) In jüngster Zeit kommen häufig elegante Stabsoffiziere und Generäle an die Front, die bisher irgendwo in einer höheren Kommandostelle oder als Militärattachés im neutralen Ausland eingesetzt waren. Die ›Anpassung‹ dieser Newcomer an uns und von uns an sie wird nicht immer leicht sein.«

Da meine Pflichten sich in Grenzen hielten, suchte ich wieder nach entspannender (oder auch eskapistischer) Lektüre. Eine andere Weise, der Realität des Krieges und der historischen Lage zu entkommen, die wir sehr wohl durch Radio, Zeitung und gelegentliches Abhören ausländischer Sender kannten, war die Betrachtung der Natur. Für diese Art Flucht vor der bedrängenden Realität ist ein Gedicht kennzeichnend, das mit 13. Mai 1944 datiert ist:

> Die Sonne ist noch kaum gesunken,
> Der Tag schwingt aus – wie ein Geläut;
> Die schlanken Tannenspitzen prunken
> Gleich Kronen noch vorm Himmel heut;
>
> Und rot und blau verschmilzt der Abend
> Ganz langsam mit der klaren Nacht,
> Ein kühler Wind weht – uns erlabend
> Weit übern Wald – das Herz erwacht.

Bevor ich – am Pfingstsonntag – ein der Front benachbartes Dorf besuchte, nahm ich wieder einmal ein Bad in einem dunklen und stillen Waldsee, der kaum hundert Meter von der Front entfernt war. In einem Brief vom 29. Mai berichte ich über diesen Badegenuß in geradezu hymnischen Worten. Wenn ich mich nicht irre, empfand ich damals wirklich dieses Glück und täuschte es nicht etwa zum Zwecke der Beruhigung der besorgten Eltern nur vor. Daß selbst dieses friedliche Bad nicht ganz risikolos war, hatte ich vollständig verdrängt. Vielleicht machte auch die größere aktuellere Gefahr während der Gefechtstage für das Zufallsrisiko einer verirrten Granate unempfindlich: »Am Morgen nahm ich allein ein kühles Bad in einem einsamen Waldsee ... Die Sonne stand gleißend und weiß am wolkenlosen Himmel, nur die Mondsichel im Westen und ein kleines Wattebäuschchen von Wolke schwebten wie spielerisch überm Horizont. Die Stille der Einsamkeit lag über dem Wasser. Ich legte mich auf ein paar Balken in die Sonne und schloß die Augen, um nur noch ein rotes Schimmern von ihrem Licht zu genießen. Die leisen Geräusche von Wald und See drangen an mein Ohr. Als Grundklang das an- und abschwellende Rauschen der hohen Fichten und Birken, das Rascheln des trockenen Schilfgrases, das Zwitschern und Singen der Vögel, das Quaken und Quarren von Fröschen und Kröten und ab und zu das Schwirren einer Libelle. Dann ist es wieder vollkommen still, als ob die Zeit selbst den Atem anhielte, um das friedliche Idyll nicht zu stören ...«

Am Abend vor Pfingsten bekam ich eine Reihe von »Tornisterschriften« unserer Armee und stürzte mich auf die Lektüre, darunter Heinrich von Kleists »Der Zweikampf«. Eine Sammlung »Deutsche suchen Gott« mit Texten von Meister Eckhart, Tauler, Seuse, Böhme, von Spee und Angelus Silesius – sorgsam ausgewählt – sprach mich besonders an. »Die teils rätselvollen, im Grunde aber erstaunlich modernen, fast revolutionären Gedanken von Eckhart, Tauler und seinen Zeitgenossen las ich mit großer Freude ... Ein weiteres Heft bringt philosophische Aufsätze von Leibniz, Kant, Fichte, Hegel und Nietzsche. Von letzterem Abschnitte aus dem Essay ›Von Nutzen und Nachteil der Historie für das Leben‹, der mir jetzt weit beachtlicher erscheint als zur Zeit meiner unmäßigen Nietzsche-Begeisterung.«

Meinen pfingstlichen Ausritt zu einem benachbarten Dorf, das noch bewohnt schien, habe ich ein paar Wochen später ausführlich geschildert, um meinen Eltern einen Eindruck von der zeitweiligen Idyllik des Soldatenlebens zu verschaffen:

1. Juni 1944: Eine fragwürdige Dorfidylle

Den Jammer dieses Landes kann man nicht beschreiben. Immer wieder muß ich an die Verse des Andreas Gryphius aus der Zeit des Dreißigjährigen Krieges denken, die mit den Worten schließen: »daß auch der Seelenschatz so vielen abgerungen«.

Es war am sonnig-hellen Pfingstsonntag, als ich mir vorgenommen hatte, das unweit unserer Feuerstellung gelegene Dorf G(ajewo) zu besuchen, um mich an den harmlosen Feiertagsvergnügungen der Dorfbewohner zu erfreuen, ein Glas Milch zu trinken und Maria wiederzusehen, eine kraftstrotzende Dorfschöne, die mir schon bei meinem ersten Besuch aufgefallen war. Mit meinem Pferdehalter zusammen trabte ich durch den sonnigen, nicht zu warmen Tag über Berg und Tal des hügeligen Landes – an zerstörten, menschenleeren Ortschaften vorbei, bis endlich – in einem breiten Tal – das weitläufige und stattliche Dorf vor mir lag. Zur Linken die großen hölzernen Gebäude der ehemaligen Kolchose, geradeaus und links in unregelmäßigen Reihen die schindelgedeckten Bauernkaten; zumeist sauber und ordentlich gehalten, mit Stall und Schuppen daneben oder auch in Hufeisenform aus drei Gebäuden zusammengesetzt und an der Vorderseite durch ein Tor abgeschlossen, wie ein Bauernhof irgendwo in Deutschland. Geradewegs galoppierte ich auf das mir wohlbekannte Haus zu, in dem ich Maria vermutete. Ich klopfte an, aber niemand kam, um zu öffnen. Endlich ging ich hinein und fand eine junge Frau, die sich soeben von ihrem Lager auf dem Ofen erhoben hatte. Sie kam mir entgegen und erklärte, was vorgefallen war. Der größte Teil der Dorfbewohner sei am Vortage evakuiert worden und wohne nun in S. etwa vier Kilometer entfernt. Sie selbst habe man vorerst hier zurückgelassen, ohne daß sie wüßte, wann sie ihren Dorfgenossen werde folgen müssen. Tröstliches ließ sich dazu nicht viel sagen, aber die Leute nahmen diese Maßnahme geduldig hin, gewohnt, Befehlen der jeweiligen strengen »Obrigkeit« zu gehorchen. Bald verabschiedete ich mich, um in dem verlassenen Dorf Umschau zu halten.

Auf der Straße begegnete mir eine Schar Kinder. Ein kräftiger Frechdachs mit mongolischen Gesichtszügen fiel mir auf. Er hob sich nicht nur äußerlich, sondern auch durch seine Lebhaftigkeit und ein paar deutsche Brocken von seinen Kameraden ab. Sofort nutzte er seine Sprachkenntnisse, um Zigaretten oder Tabak von mir zu erbetteln. Er hatte Glück, denn ich hatte zufällig Zigaretten dabei. Meine Mahnung, er sei aber noch viel zu jung, um zu rauchen, hat ihn vermutlich wenig beeindruckt. Nun wollte er sich aber auch erkenntlich zeigen. Als er sah, daß ich ein russisches Lehrbuch aufhob, versprach er, mich zu einem Haus mit mehreren Büchern zu führen. Leider stellte sich heraus, daß auf einem schmierigen Wandbrett dort nur ein dickleibiger deutscher Roman von Kutzleb (?) lag. Mein kleiner Freund machte ein betrübtes Gesicht und sah schon die in Aussicht gestellte zweite Tabakration dahinschwinden. Plötzlich kam ihm aber eine Idee, und er lotste mich zu einem anderen Haus, in dem ich freilich nur einen dicken Packen russischer Landkarten fand, den eine deutsche Dienststelle zurückgelassen hatte.

Vom Umherlaufen müde, setzte ich mich auf eine wacklige Bank nieder und sah mich ein wenig in der verrußten und verlassenen Stube um. Da ruhte der behäbige große Ofen in der Ecke und nahm gut ein Viertel des Wohnraums ein, vom Boden bis zur Decke reichte er in seinem vorderen Teil mit dem großen Maul des Backloches, während dahinter, etwas tiefer gelegen, der Teil des Ofens sich anschloß, auf dem sich meist die Hälfte des Lebens russischer Bauern im Winter abspielt. Überall im Zimmer verstreut lagen Lumpen und Reste des Hausrats: eins dieser groben Holzmesser, ein angeschlagener Kochtopf, schwarz und rußig, mit der typischen Verjüngung, die in die Feuerung hineinreichte, und mit Resten einer undefinierbaren Speise gefüllt; daneben ein zerbrochener Aluminiumlöffel. An die Wand war Zeitungspapier geklebt, um den kalten Windhauch aufzuhalten, der durch die nur mit Moos verstopften Ritzen zwischen den trockenen Balken des Hauses hindurchwehte. Eine Blech-Ikone mit einer der vielen häßlichen Konfektionsmadonnen, von Flitterkram aus Stanniol und Krepp umgeben, hing an der Wand.

So etwa sieht das Bild eines verlassenen Bauernzimmers aus. Das Leben aber würde hieran nicht viel ändern, wenn es wieder einziehen sollte. Vielleicht, daß ein langes Stück Holz an der Decke federnd befestigt wird, um eine Wiege daran zu hängen, die man beim Nähen oder Spinnen bequem mit dem großen Zeh in Schwingung setzen kann, indem man an einem Strick zieht, der am Unterteil der Wiege hängt und dessen anderes Ende um die Zehe gewickelt wird. Vielleicht, daß hier und da ein Schafpelz am Boden liegen wird oder auch auf dem Ofen, der als Lagerstätte einem zerlumpten Greis dient. Vielleicht wird auch noch ein Bett aufgebaut mit einem großen und schweren Kissen voller Hühnerfedern darauf und einem buntgewirkten Teppich. Vielleicht hängt dann auch an der Wand eine Einheitsuhr aus der Moskauer Uhrenfabrik und mißt die Zeit. Zuweilen aber, an Festtagen, werden sich Jungen und Mädchen hier treffen, um zum Klang einer Balalaika oder einer Ziehharmonika zu tanzen. So ähnlich ist es wohl im Frieden hier gewesen. Jetzt aber: ...

Nachdem ich das halbverlassene Dorf durchstreift hatte, beschloß ich doch noch, die netten Leute zu besuchen, die jetzt in S. wohnten. An einem herrlich blauen See vorbei, der sich durch Wälder und Wiesen hinzieht und von Dörfern umgeben ist, führte unser Weg nach der kleinen Siedlung S. Schon von weitem sahen wir viele Menschen, die in Gruppen beieinander saßen. In den Häusern mochten sie wohl nicht genug Platz finden bei der verdoppelten Belegung; auch genossen sie den sonnigen Festtag. Vor einem Bretterzaun lagen ein paar Männer mit struppigen und zottligen Bärten und schmieriger Kleidung im Grase und spielten Karten – sie hielten ein bis zur Unkenntlichkeit verschmutztes Blatt in den Händen. Vom Dorf her klang der gleichförmige Singsang eines Volksliedes zu uns herüber. Ja, Russen können fröhlich sein, selbst wenn sie hungern müssen, aber sie können auch trauriger sein als wir, wenn es ihnen gleich gutginge.

Meinen alten Freund traf ich wieder. Es ist ein Prachtkerl mit rotblondem Bart, der ordentlich stattlich und würdig sein Kinn umgibt, und mit grobem, aber sauberen Kittel. Er war Wachtmeister bei den kaiserlichen Garde-Ulanen und hatte einmal von Väterchen Zar ein paar Rubelchen bekommen, als er Wache vor dem kaiserlichen Schloß hielt. Hell leuchteten seine wasserblauen Augen unter den lichten blonden Brauen, als er mich wiedererkannte. Mit Kennerblick musterte er meine Ostpreußenstute Recke.

In dem kleinen Häuschen drängten sich mehrere Familien zusammen; auf dem Boden, auf Betten, auf dem Ofen – überall lagen verschrumpelte alte Weiber und Männer, dazwischen tobten Kinder, sprangen hin und her. Sie wachsen ohne die Zucht väterlicher Aufsicht als Früh-Wissende auf; sie kennen Dinge, die ihnen in anderen Zeiten erst viel später bekannt gemacht werden. Diese Kinder sind oft frech und respektlos – dann aber wieder von einem erschreckend unkindlichen Ernst. Zehn- bis zwölfjährige Mädchen haben bereits die etwas steifen, schon koketten Bewegungen von Zwanzigjährigen auf dem Dorf. Ich stehe als Fremdling unter ihnen – allein.

Ein Alter hat sich auf dem Boden – gleich neben dem Fenster – ein dürftiges Lumpenlager gemacht. Er liest in einer der Zeitungen, die die Wehrmacht für die russische Bevölkerung hergestellt hat. Ruhig gleiten seine Augen über die Zeilen dahin, und sein altes Gesicht zeigt Spuren eines nachdenklichen Sinnes. Was mag ihn in dieses Dorf verschlagen haben? Schade, daß ich mich nicht auf ein Gespräch mit ihm einlassen kann. Er könnte mir gewiß Interessantes erzählen. Wer vermag schon das Rätsel dieses schicksalsergebenen, leidenden Volkes zu lösen?

Ich gehe weiter, um Maria zu sehen, die mir bald in blendend weißem Sonntagsstaat entgegenkommt. Man kennt in dieser Gegend Nordrußlands keine Trachten mehr, aber die schlichten und einfachen, selbstgewebten Stoffe kommen wieder auf, denn der Krieg hat das Spinnen und Weben – eine schon halb verlernte Kunst – wieder in Schwung gebracht. Freundlich bittet Maria mich und meinen Pferdeburschen zu Gast. Wir müssen uns auf die einzigen beiden Stühle inmitten des großen, von etwa zwanzig Menschen bewohnten Raumes setzen, während sie damit beschäftigt ist, keilförmige Schnitten einmal rechts, einmal links von einem großen, selbstgebackenen Roggenbrot abzuschneiden. Ein Glas Milch, eine – leider etwas schmutzige – Gabel, die aus verborgenen Truhen und Taschen hervorgezaubert wird, und – o unbeschreiblicher Luxus – sogar ein paar Stücke gesalzenen Speck legt sie vor uns auf den einfachen Tisch, indem sie uns mit einem glücklichen und zufriedenen Lächeln einlädt, zuzugreifen, was wir mit Dank annehmen. Soldaten sind immer hungrig, und es wäre wohl auch unhöflich gewesen, das Anerbieten der guten Menschen abzulehnen.

Maria ist der Typus der resoluten Bäuerin, allem »Unpraktischen« fern, will sie allein nützliche körperliche Arbeit tun und einem kleinen Hausstand verantwortlich vorstehen. Ich meine, daß sie doch eine Mahlzeit wie diese weit mehr verdient habe als wir, weil sie gerade von der Arbeit komme, während wir gefaulenzt hätten; aber sie entgegnet: »Wir arbeiten mit der Hand, Sie mit dem Kopfe – beide haben wir das tägliche Brot verdient.« Warum der Speck gesalzen und nicht geräuchert ist, will ich wissen. Umständlich gibt mir der Alte eine Erklärung. Die Bauern haben Angst vor Banditen – gemeint sind gewiß Partisanen –, aber auch vor deutschen Soldaten, die immer wieder Lebensmittel stehlen. Zwei Kühe seien erst unlängst weggenommen worden. Auf der Suche nach Nahrung kann geräucherter Speck leicht gefunden werden. Den eingesalzenen riecht man nicht und kann ihn daher besser geheimhalten.

Draußen vor dem Hause singen die Mädchen jetzt ein Lied, das ich mir anschließend von Maria in die Feder diktieren lasse. Es berichtet von einem jungen Soldaten, der in Polen gefallen ist und dessen junge Frau und kleine Kinder allein zurückbleiben. Überall ist Krieg! Krieg in den Herzen und Sinnen, Krieg in ihrer Heimat, Krieg mit eignen Landsleuten und Krieg mit den Deutschen. Dazwischen ein bißchen Frieden, was nichts anderes bedeutet als: Äcker pflügen, säen und pflanzen, Kühe melken, Fische fangen – die uralten Tätigkeiten des Menschen, die den Ursprung aller Kultur bilden. Wieviel Mühen verlangt all das inmitten der Verheerungen und Bedrohungen des Krieges. Und wie oft werden diese Mühen in der Folge wieder zunichte gemacht!

Der Abend ist kühl. Spiegelglatt glänzt der See, silbrig von den schräg einfallenden Strahlen der sinkenden Sonne beschienen. Ewig scheint das Gesicht dieser herrlichen Landschaft; mächtig überragen ein paar kräftige Kiefern von einem Hügel die Weite. Einsam stehen sie da wie die wenigen klaren Gedanken in diesem wirren und verwirrten, irrenden Land.

Vor dem Gebäude der Ortskommandantur drehen sich Landser und russische Mädchen zu den Klängen eines schrecklichen Grammophons im Kreis, das von einem schielenden Kerl in Gang gehalten wird.

Ich nehme wortreichen Abschied von Maria und ihrer Familie, werfe noch einen Blick auf das dichte Gewimmel der Dorfbewohner, dann drängt die Zeit zum Aufbruch. Ich bedanke mich herzlich, schwinge mich auf meine Recke, und im leichten Galopp geht's zum Dorf hinaus, den See entlang, durch den Wald – zurück zur Feuerstellung. Glutrot steht die Sonne in unserem Rücken. Die Luft ist erfüllt vom Gezwitscher der Vögel, dem wundersamen Pfeifen und Singen der Nachtigallen, die es hier in großer Anzahl gibt, als ob sie von den Leiden und Verheerungen des Krieges ausgenommen wären. Wiegend geht der Schritt meines Pferdes über die Wiesen dahin, und die Seele schwingt mit ihm zusammen, nimmt doch das Reiten uns manches Bewußte hinweg – wie das spanische Sprichwort meint: »Keiner ist klug zu Pferde.« Wenn aber das Bewußte verdampft, kommt das Unbewußte hervor und gibt uns – manchmal wenigstens – das Beseligende des Träumens ...

Pogranitschnaja (aus dem Kreis Opotschka)
Übersetzt von I. F.

Und wir kamen zur polnischen Grenze.
Dreimal schlug die Kugel ein:
Eine flog vorbei,
die zweite pfiff vorbei,
die dritte aber verwundete mich.

Kamerad, Kamerad, meine Wunden schmerzen,
meine Wunden schmerzen so sehr,
eine vergeht, die zweite eitert,
aber von der dritten muß ich sterben.

Daheim aber die Kinder und das junge Weib
erwarten mich lange.
Und mögen sie warten,
sie warten sehnlich
sie warten für immer.

Und die Kinder wachsen heran,
und sie fragen die Mutter:
»Wo ist unser Vater?«

Und die Mutter wendet sich ab
von Tränen krank:
»Unser Vater ist gefallen im Krieg,
unser Vater ist gefallen,
und seine Knochen sind begraben
in fremdem und fernem Land.«

Der Rückzug beginnt

Bis Ende Mai hatte ich im wesentlichen Stellungskämpfe und erholsame Ruhetage auf dem »Lande« erlebt. Die Vorstöße der Roten Armee richteten sich in erster Linie nicht auf unseren Frontabschnitt. Den Beginn des keineswegs »planmäßigen« Rückzugs erlebte ich als Faktotum beim Regimentsstab.

Diese Tätigkeit ließ mir weniger Zeit für Lektüre, was ich in mehreren Briefen bedauerte. Als Batterieführer hatte ich die Möglichkeit, meine Zeit nach Belieben einzuteilen. Jetzt, beim Regimentsstab, war ich in ein reges »gesellschaftliches Leben« eingebunden. Das war zwar komfortabler, aber doch weniger »selbstbestimmt«.

Ich erinnere mich noch an ein »Aha-Erlebnis«, als ich einmal mit einer Meldung über die großen Verluste des Regiments direkt zum Armeekorps geschickt wurde. Ein Generalstabsoffizier nahm mit größter Gelassenheit meine Verlustmeldung entgegen und setzte sie, ohne ein Zeichen der Gemütsbewegung erkennen zu lassen, in einen Bericht an das Armeeoberkommando um. Anschließend lud er mich zu einem relativ feudalen Essen ein. Generalstabsoffiziere waren bis dahin ein Gegenstand meiner Bewunderung und ein fernes Ziel meines militärischen Ehrgeizes gewesen. Jetzt spürte ich, welch hohen Grad der Abstraktion vom realen Schicksal der Menschen die Tätigkeit des Ia, des für Strategie und Taktik zuständigen Generalstäblers, verlangt. Ob ich mir eine solche Gefühllosigkeit wünschen sollte? Meine Bewunderung mischte sich von diesem Tag an mit einem leichten Grauen. Anders als so »abstrakt denkend« kann aber wohl ein Krieg nicht geführt werden.

Viel später, als ich Hegels kleinen Essay »Wer denkt abstrakt?« gelesen hatte, wurde mir bewußt, daß vor allem junge Menschen fast immer »abstrakt« denken. Aus diesem Grunde kann man auch nur mit ihnen Kriege führen. Abstrakt denkt, wer z. B. im gegnerischen Soldaten nur den Feind und nicht auch einen Menschen, den Vater von Kindern, den Mann oder Freund einer Frau, ein fühlendes, hoffendes und denkendes Wesen erblickt. Hegel nennt abstrakt, die ganze Vielfalt und Komplexität einer Erscheinung unter eine einzige, isolierte Eigenschaft zu subsumieren. »Mein« Generalstäbler subsumierte die »Verluste« unter »verringerte Einsatzfähigkeit« und »Notwendigkeit der Anforderung von Ersatz«.

Vermutlich hatte die von der Armee herausgegebene Auswahl philosophischer Texte auch den kleinen Essay Schopenhauers »Über den Tod« – zu den »Parerga und Paralipomena« gehörend – mit Bedacht zur Lektüre ihren Soldaten empfohlen. Mir hat dieser Text damals gut gefallen, und ich berichtete meinem Vater davon: »Das Gleichnis vom Tropfen im Wasserfall hinterließ mir dabei einen ganz besonderen Eindruck: Wie das Einzelleben sind die Tropfen eines Wasserfalls, die durch die Luft wirbeln, sie steigen und fallen in stetiger, unablässiger Folge; wenn aber die Sonne auf sie scheint und wir richtig hinsehen, dann bilden diese tausend Tropfen einen festen, großen Regenbogen. Dieser Regenbogen bleibt – wie das Leben als Ganzes – inmitten des Steigens und Fallens der Tropfen bestehen. Genauso zerfällt das Einzelleben, das Einzelwesen und vergeht, aber das Leben der *Art*, der *Gesamtheit* bleibt erhalten. Ich möchte noch weitergehen. Auch die Gesamtheit, dieses größere Wesen, ist noch nicht das ewig Bleibende. In weit größeren, von uns nicht überschaubaren Zeiträumen steigen und fallen auch diese Einheiten. Arten wie Einzelwesen sind vergänglich innerhalb eines weit umfassenderen Gesamtorganismus des Lebendigen. Jenseits des Größten gibt es immer noch ein Größeres, Umfassenderes, und allein das ›bleibt‹ – es ist aber für uns völlig unbegreiflich. Jede wirklich ›letzte‹ Vorstellung verliert sich notwendig im Wunderbaren. Unser Gedanke kann immer nur bis an eine äußerste Grenze vordringen – dahinter ahnen wir nur das Unendliche, Unbegreifliche …«

In dieser Reflexion sind frische Lesefrüchte mit meiner kindlichen Unendlichkeitsphilosophie eigentümlich vermischt. Ein wenig verlegen endet einer dieser »philosophischen« Briefe mit dem Satz: »Nun aber genug des Philosophierens …«

Eines Tages (genau am 5. Juni) fand ich unter Trümmern in einem zerschossenen Haus ein paar Blätter eines russischen Kinderbuches mit »Märchen der Brüder Grimm«. Ich benutzte die Gelegenheit, um auf diese Weise meine Sprachkenntnisse aufzufrischen und zu erweitern. »Die kluge Else« und »Der Wolf und die Sieben Geißlein« konnte ich bald – wenn auch nicht ohne Zuhilfenahme eines kleinen Wörterbuches – lesen. Die Vertrautheit mit den deutschen Märchen erleichterte natürlich die Lektüre. Schließlich heftete ich die wenigen Seiten im Büro des Regimentsstabes zusammen und beschriftete den grauen Umschlag in kyrillischer Schönschrift mit »Skaski Bratjew Grimm«.

Von Süden und Westen häuften sich jetzt die Meldungen vom Vormarsch der Alliierten. Am 5. Juni registrierte ich »trübe Nachrichten aus Italien«, am 15. trug ich auf einer Frankreichkarte die im OKW-Bericht bekanntgegebenen Stellungen der deutschen und alliierten Truppen ein. »Das Geschehen im Westen wird auch für uns entscheidend sein.« Die Hauptoffensive erwartete ich in diesen Tagen »nicht bei uns, sondern eher in Finnland und bei Pleskau«.

Am 19. Juni teilte ich den Eltern mit: »Dem Radio lauschen wir jetzt wieder sehr aufmerksam und regelmäßig in der Erwartung der großen Dinge, die sich im Westen ereignen. Es ist dabei manchmal ganz komisch, wenn wir im Radio das Tacken der britischen MGs an der Kanalküste hören und gleichzeitig das uns weit näher liegende Feuer der russischen Maxims. In solchen Momenten spüren wir geradezu körperlich, wie wir zwischen den beiden Fronten stehen.« Wegen des zu erwartenden Angriffs war im Juni eine Urlaubssperre verhängt worden, so daß ich Briefe nicht mehr – zum Zweck der rascheren Beförderung – Urlaubern mitgeben konnte.

Das lange Ausbleiben der Post von daheim machte viele Soldaten unruhig. Ein junger Gefreiter fürchtete, seine Frau sei ihm untreu geworden. Um sich »Gewißheit« zu verschaffen, befragte er einen älteren Wachtmeister, dem die Fähigkeit des »zweiten Gesichts« zugeschrieben wurde. Die sogenannte »Ringprobe« wurde gemacht. Der Gefreite hing den Ehering an ein Haar und hielt ihn über ein Foto seiner Frau. Der Ring bewegte sich leise hin und her. Daraus »schloß« der wahrsagende Wachtmeister, daß die Frau »fremdgehe«. Der verzweifelte Gefreite suchte am nächsten Tag den Tod. Als ich von diesem Vorfall erfuhr, bestellte ich den Wachtmeister, verbot ihm unter Androhung strenger Strafen weitere »Wahrsagereien« und machte ihn für den Tod des Soldaten verantwortlich.

Bei Punculi und später im Raum Rossitten-Modohn beschleunigte sich unser Rückzug. Bei einer dieser Rückzugsphasen hatte der OKW-Bericht wieder einmal von »planmäßigen Absetzungsbewegungen zum Zwecke der Frontverkürzung« gesprochen, und unser

Kommandeur rief voller Empörung: »Welche Lüge! Absetzbewegung! Heillose Flucht wäre weit angemessener.«

Wir überquerten die alte sowjetisch-lettische Grenze. Die lettischen Dörfer machten einen gepflegteren Eindruck. Es gab noch Vieh. Nur die Bevölkerung war meist – wie sie das schon öfter getan hatte – in die Wälder geflohen. Zum erstenmal hörte ich vor Schmerzen brüllende Kühe, die niemand gemolken hatte. Manchmal vermochte einer der bäuerlichen Fahrer hier zu helfen. Das Land konnte jetzt wohltuend zu unserer Ernährung beitragen. Nur über zuviel Schweinefleisch klagte ich zuweilen.

Unsere Einheit tauchte Ende Juli wiederholt im Wehrmachtsbericht auf, und ich tröstete meine beunruhigten Eltern: »Irgendwie werden wir's schon schaffen!« Dabei waren wir gerade wieder einmal einer anderen Division unterstellt, die der schwäbische Oberst von Sonntag kommandierte.

In der richtigen Annahme, daß wir uns der Ostsee näherten, erinnerte mich mein Vater an den Namen einer guten Bekannten aus Dresden, die, mit einem schwedischen Diplomaten verheiratet, in Stockholm lebte. Ich verstand den Wink, der mir eine mögliche Anlaufstelle für eine Flucht übers Meer signalisieren sollte. Im gleichen Brief meldete ich, daß ich das EK I, das Eiserne Kreuz Erster Klasse, verliehen bekommen hätte, und reflektierte über die merkwürdige Tatsache, daß mich ein »so unbedeutendes kleines Ding« in einem sinnlosen und barbarischen Krieg doch »irgendwie gefreut« habe.

Erst am 24. August – inzwischen waren wir im Einbruchsraum bei Ergli eingesetzt – erwähnte ich den Suizid des von mir hochgeschätzten Regimentskommandeurs Oberstleutnant von Lengerke. In der Trauerrede, die der dienstälteste Abteilungskommandeur, ein Reservemajor, hielt, war davon die Rede, »daß dieser Tod nicht zu uns paßt«. Das hat mir schon damals mißfallen. In meinem Brief vom 24. August sprach ich von »privatem Kummer« als Motiv des Suizids. Tatsächlich nahm ich aber an, daß unser Oberst über das Mißlingen des Anschlags der Männer des 20. Juli verzweifelt war. Vor seinem Selbstmord hatte er alle Offiziere des Regiments noch einmal besucht, eine Flasche Armagnac, Cointreau oder Hennessy mitgebracht und freundlich geplaudert. Er wollte offenbar, daß wir ihn in guter, gelassener Erinnerung behielten.

Die schweren und für meine alte Abteilung außerordentlich verlustreichen Kämpfe fanden in den Briefen nach Hause kaum einen Niederschlag. Erst rückblickend hieß es ein paarmal, »die letzten Tage haben wieder viel Schweres gebracht und wurden auch im OKW-Bericht (westlich Madona) erwähnt. Die Abteilung hat zwei Offiziere durch den Tod und zwei als Schwerverwundete verloren. Beim Rückzug mußten Geschütze gesprengt und zurückgelassen werden. Wohl ein dutzendmal stand unsere Abteilung im Nahkampf und hat sieben Panzer abgeschossen oder bewegungsunfähig gemacht.«

Nur wenige Zeilen nach diesen lakonischen Informationen folgt eine für diese Zeit für mich typische Reflexion: »Was wird der Tag wohl bringen? Eine unglaubliche Zuversicht entspringt einem regelrechten Schicksals- und Vorsehungsglauben, der in mir entstanden ist. Ich tröste mich damit, daß, was nicht ewig ist, auch nicht wert ist, erhalten zu bleiben; daß das wahrhaft Große überdauert. Mag man nun an Samsara, die Wiederkehr der Inder, glauben oder an ein überirdisches Himmelreich wie die Christen. Dem menschlichen Vorstellen sind die Grenzen eines Lebens zu eng, es muß sich darüber hinaus ein ›Danach‹ einbilden. Dieses Unvorstellbar-Vorgestellte aber muß es geben, um dem Begrenzten (unserem Ich) einen Raum im Grenzenlosen zuzuweisen, um es in eine endlose Kette des Lebens einzureihen. Nur daß uns die Erinnerung an frühere Existenzweisen später fehlt ...«

In einem mehrfach unterbrochenen Brief vom 3. und 4. September wird der neue Kommandeur als Oberstleutnant Remer vorgestellt und hinzugefügt, daß es sich jedenfalls nicht um den Berliner Kommandeur handele, der – wie damals rühmend erwähnt wurde – die Besetzung des Regierungsviertels durch Potsdamer Truppen verhindert hatte. Erst Jahrzehnte später erfuhr ich, daß er ein Bruder des Berliner Nazi war! Das OKW hatte ihn vermutlich mit Bedacht zu unserer Division geschickt. Wachtmeister Rübsamen, der in der Abwehrschlacht südlich des Ladogasees mit mir auf B-Stelle war, befand sich in Potsdam, als die dortigen Truppen den Befehl erhielten, ins Regierungsviertel von Berlin zu marschieren. Er hat mir anschaulich berichtet, wie sie, mit scharfer Munition ausgerüstet – ohne zu wissen, wozu und warum –, bereits die Stadtgrenze von Berlin überschritten hatten, als ein Kradmelder mit dem schriftlichen Rückzugsbefehl von Remer erschien und sie – gehorsam – umkehrten, um wieder in die Kasernen einzurücken. Erst am nächsten Tag war ihnen bewußt geworden, welch wichtige Rolle ihnen hätte zufallen sollen. Ich dachte damals, daß ein so wichtiges Kommandounternehmen zumindest einigen Truppenoffizieren in seinen Zielen und seiner Bedeutung hätte bekanntgemacht werden müssen. Wenn das aber *nicht* möglich war, weil es nicht genügend zuverlässige Antinazis unter den Offizieren in den Ersatztruppenteilen gab, hätte man das ganze Unternehmen kaum beginnen dürfen. Jedenfalls war selbst nach einem geglückten Attentat das Gelingen des moralisch legitimierten Staatsstreichs keineswegs gesichert.

Jetzt, Anfang September 1944 (!), deutet sich in meinen Briefen eine Wendung zur entschiedenen Skepsis gegenüber der Naziführung und dem Krieg an. Nach einem der üblichen – verharmlosenden – Berichte schrieb ich verschlüsselt, aber doch für meinen Vater verständlich: »Ja, so erzähle ich Euch wieder lauter Nichtigkeiten, die wie das Buschwerk und das Unterholz in Wäldern die eigentlich wichtigen Angelegenheiten verdeckten. Aber von den wirklich bedeutenden zu sprechen ist es noch nicht an der Zeit. Es reift und wächst in uns und wird auch ans Tageslicht kommen, wenn es sich offenbaren kann.«

Nach den verlustreichen Rückzugsgefechten wurde unsere Division noch einmal zur Erholung – diesmal in der schönen, alten Stadt Riga – untergebracht. Auch wenn die St. Petrikirche und das Schwarzhäupterhaus schon 1941 von Bomben zerstört worden waren, barg die Stadt noch viel Schönes. Wir gingen ins Kino, kauften in der Frontbuchhandlung Bücher – etwa E. T. A. Hoffmanns »Phantasien im Bremer Ratskeller« und »Die Teutschen Volksbücher« von J. Görres sowie eine Auswahl aus Christian Reuters von mir bereits damals geliebtem »Schelmuffsky«, eine mittelhochdeutsche Ausgabe des Nibelungenliedes und Heinrich Zschokkes »Der Galeerensklave« verleibte ich der Bibliothek der 9. Batterie ein.

Im Haus eines Lehrers fand ich Goethes Werke, aber auch philosophische und psychologische – sogar auch rassenhygienische (!) Literatur. Hans Drieschs »Überwindung des Materialismus« sollte mir in der Folge weiter Gesprächsstoff für Unterhaltungen mit dem Regimentsarzt bieten.

Unser Stab war in der ehemaligen britischen Gesandtschaft sehr stilvoll untergebracht. Eines Tages veranstaltete unser Regimentsadjutant ein feudales Essen, zu dem er – durch Vermittlung einer Ballettänzerin – eine Anzahl von mehr oder minder zuvorkommenden Damen eingeladen hatte. Nach einem opulenten Mahl mit viel Alkoholika sollte jeder Offizier des Stabes mit einer der »Damen« verschwinden, um mit ihrer Hilfe seine sexuellen Bedürfnisse abzureagieren. Mir war diese bordellhafte Kuppelei ästhetisch so sehr zuwider, daß ich mich weigerte. Als man mich dann auch noch in ein Zimmer – zusammen mit einer der »Damen« – eingesperrt hatte, wußte ich mit dieser »Lage« nichts anderes anzufangen, als eine Stunde Lettischunterricht zu nehmen. Ich weiß nicht, ob ich die spärlichen Kenntnisse dieser Sprache, über die ich noch immer verfüge, aus dieser Begegnung gewonnen habe, jedenfalls ist mir die Erinnerung daran heute angenehmer, als wenn ich den künstlich veranstalteten »Verführungen« nachgegeben hätte.

In Riga erlebten wir auch zum erstenmal städtischen Luftalarm und gingen – wie die »Zivilisten daheim« – brav in den Keller.

»Die gepflegten Blumen- und Gemüsebeete vor den lettischen Bauernhäusern und auch in den Anlagen der Stadt« machten mir Freude. »Überall sah man große, dicke Dahlien in allen Farben, rote Tomaten an den Stauden, reife Pflaumen und Äpfel an den Obstbäumen. Nur Birnen fehlten, vermutlich, weil sie in dem rauhen Klima nicht gedeihen.« Immer wieder bemerkte ich den Unterschied zwischen den durch die Kollektivierung der Landwirtschaft »beschädigten« Dörfern in der Sowjetunion und den Dörfern diesseits der alten Staatsgrenze.

Ich begann mich in Lettland wohl zu fühlen. Vermutlich hing das auch damit zusammen, daß wir hier der einheimischen Bevölkerung eher willkommen waren, die das, was ihr 1939 von der deutschen Reichsregierung angetan worden war, schon vergessen zu haben schien. Seite an Seite mit der Wehrmacht kämpften lettische Einheiten für die Verteidigung ihres Vaterlandes. Es war angenehm, sich der Illusion hinzugeben, daß diese Verteidigung der baltischen Staaten der Sinn unseres Kriegseinsatzes an der Nordfront war.

Die Niederlage zeichnet sich ab

Verteidigung der estnischen Inseln Moon und Ösel

Am 18. September meldete ich nach Hause, daß ich als Vorkommando von der »großen Stadt« (gemeint war Riga) zu einem neuen Einsatzgebiet aufbrechen würde, das vorerst noch weit vom Feind entfernt sei. Es handelte sich um die estnischen Inseln Moon, Dagö und Ösel, von denen wir die beiden letzteren mit unserer 23. Division zunächst fast ganz allein gegen bevorstehende Angriffe der Roten Armee verteidigen sollten.

Da ich noch ein wenig Zeit hatte, suchte ich, ohne es zu finden, das Grab von Walter Flex, der am 16. Oktober 1917 hier als Leutnant und Kompanieführer gefallen war. Auf unserem verlustreichen Rückzug hat später ein Ordonnanzoffizier im Stab des Infanterieregiments 9 das Kreuz vom Grab dieses jugendbewegten und schwärmerisch-nationalistischen Dichters mitgenommen.

Ich bin ziemlich sicher, daß ich Walter Flex' berühmtes Buch »Der Wanderer zwischen beiden Welten« einmal gelesen hatte. Jetzt, bei abermaliger Lektüre von Zitaten aus diesem Bändchen, fällt mir auf, daß ich 1944 zwar in begrenztem Maße, jedenfalls aber immer noch von einer ähnlichen metaphysisch den Krieg und den Tod rechtfertigenden Ideologie beeinflußt war. Manche Worte, die Flex seinem toten Freund, dem Theologen und Infanterieleutnant Wurche, in den Mund legt, müssen jedenfalls damals ein zustimmendes Echo in mir geweckt haben. Noch immer, so muß ich heute erschreckend feststellen, bediente ich mich meines Verstandes auch dazu, das Irrationale des blutigen Eroberungskrieges zu rechtfertigen. Wenn ich über die rhetorische Begabung von Walter Flex verfügt hätte, wären vielleicht Sätze wie die folgenden, die er 1916 schrieb, auch mir in die Feder geflossen: »Wenn es Sinn und Aufgabe des Menschenlebens ist, hinter die Erscheinung des Menschlichen zu kommen, dann haben wir durch den Krieg unser Teil am Leben mehr als andere darin. Wenige sehen, wie wir hier draußen, so viel Hüllen sinken, wenige haben so viel Niederträchtigkeit, Feigheit, Schwachheit, Selbstsucht und Eitelkeit, wenige so viel Würde und schweigsamen Seelenadel gesehen ...« Und zum wirklich keineswegs ästhetischen Tod in der Materialschlacht schrieb Flex: »Wenn ein Mann den tödlichen Schuß, der ihm die Eingeweide zerreißt, empfangen hat, dann soll keiner mehr nach ihm hinsehen. Denn was dann kommt, ist häßlich und gehört nicht mehr zu ihm. Das große und schöne, das heldische Leben ist vorüber. So muß es auch sein, wenn ein Volk in Ehren und Größe seinen Todesstreich empfangen hat.« Diesen letzten Satz hätte ich allerdings im Sommer 1944 nicht mehr unterschrieben. Dagegen muß ich gestehen, daß das »Wildgänselied«, das ich, ohne zu wissen, daß es von Walter Flex stammte, bereits als Pfadfinder oft gesungen hatte, mich noch heute beeindruckt:

> Wildgänse rauschen durch die Nacht
> Mit schrillem Schrei nach Norden –
> Unstete Fahrt! Habt acht, habt acht!
> Die Welt ist voller Morden.
> Fahrt durch die nachtdurchwogte Welt,
> Graureisiges Geschwader!
> Fahlhelle zuckt, und Schlachtruf gellt,
> Weit wallt und wogt der Hader.

Soweit ich letztlich doch erheblich anders reagierte als die idealistischen Jünglinge, die als Freiwillige 1914 in den Krieg zogen, verdankte ich es nicht zuletzt meinen Eltern: meinem Vater, der nie aufhörte, mich an den verbrecherischen Charakter des Naziregimes zu erinnern, der vermutlich aber dem Heer zubilligte, daß es nur indirekt für die Verbrechen des »Dritten Reiches« mitverantwortlich war; und meiner Mutter, die mir gesagt hatte: »Wenn dir etwas passiert, töte ich einen von den führenden Nazis.« Im Gegensatz dazu hatte die Mutter von Walter Flex ihrem Sohn geschrieben: »Du weißt, daß ich Dich unbeschreiblich liebhabe und daß ich bewundernd und demütig (!) stolz vor der Dichtergabe stehe, die Gott Dir verliehen hat. Aber ich will nicht, daß Du gegen deinen Willen von diesem heiligen Krieg (!) zurückgehalten wirst durch Beziehungen und Beeinflussungen, mögen sie auch der lautersten Quelle entstammen. Gott mit Dir!« Die Furcht von Walter Flex und seiner Mutter, befreundete Bewunderer könnten ihn – seiner dichterischen Fähigkeiten wegen – aus der kämpfenden Truppe zurückziehen, um ihn ausschließlich für die Förderung des Kampfgeistes der Soldaten einzusetzen, war unbegründet. Das kaiserliche Deutschland hat seine hurrapatriotische Publizistik noch nicht so »bewußt« eingesetzt wie Nazideutschland. Im Dritten Reich wäre Flex zweifellos zu einer Propagandakompanie abkommandiert worden.

Die Inseln Moon und Ösel sind relativ eben. Der Boden trocken und steinig, die Felder wenig fruchtbar – alles wirkte bedrückend. Die Bewohner leben von Viehzucht und Fischfang. Auf den Weiden sieht man große Schafherden und kleine, kräftige Pferde oder Ponys. Auch hier hatten die Menschen seit 1939 unter Besatzung und Krieg schwer gelitten. Verfallene Häuser und Hütten, nur notdürftig ausgebesserte, schadhafte Dächer sprachen deutlich genug. Fast alle arbeitsfähigen Männer waren von den sowjetischen Behörden verschleppt worden. Die wenigen »nachgewachsenen« Jünglinge hatten die Esten eingezogen. Die alten Männer, Frauen und Kinder, die mühsam die anfallende Arbeit verrichteten, begegneten uns freundlich. Immer wieder wurde ich zum Abendessen gebeten, bekam Milch, Brot, Eier und Speck und ein seltsam dickflüssiges Bier, das sehr schnell betrunken machte.

»In dem kleinen Hafenstädtchen, in dem ich für ein paar Tage gewohnt habe, steht eine hübsche, alte russisch-orthodoxe Kirche, die ich ins Herz geschlossen habe«, berichtete ich nach Hause. Und eine unbeholfene Skizze versuchte, den Eltern eine Vorstellung von diesem Gebäude zu vermitteln. »Nachts ist es hier oft schon ziemlich kühl, so daß wir froh sind, in wohlgeheizten kleinen Bauernkaten zu liegen. Einmal hat es sogar schon Nachtfrost gegeben. Die Kartoffelpflanzen sind erfroren und stehen schmutzig und schwärzlich da. Abends lese ich jetzt wieder Hans Drieschs ›Überwindung des Materialismus‹. Die Landessprache zu erlernen erweist sich als ungemein schwierig. Das Estnische gehört wie das Finnische und Ungarische zu einer nicht-indoeuropäischen Sprachgruppe, die keinerlei Verwandtschaft zu den sonstigen europäischen Sprachen hat. Nur die

Bedeutung von ein paar Lehnwörtern – meist aus dem Schwedischen oder Deutschen – kann man auf Anhieb erraten.«

Nach Ankunft des Regiments erhielt ich wieder eine Batterie, jetzt »die 7., die beste in unserer Abteilung«. Unsere Abteilung wurde auf der kleinen Insel Moon (Muhu) eingesetzt. Meine Batterie lag bei dem Dorf Hellamaa.

In einem kleinen Notizbuch finde ich wenige Tagebuchseiten, die am 28. September – dem Tag der Landung der Roten Armee auf Moon – abbrechen. Am 22. heißt es dort: »Wir leben hier gleichsam gründlicher und nachdenklicher, weil jede Stunde über das Große und Ganze uns reflektieren läßt; weil jede Stunde alles in Frage stellen kann ... Bei klarem Himmel, Sonnenschein und Wind nehme ich ein Bad in der Ostsee, wandere dann die Küste entlang. Essen, Schlafen und die Erwartung des Feindes ...« Einen Tag später: »Noch einmal in Moega gewesen, um Quartier für die Batterie zu machen. Saubere Stuben, freundliche Leute, die noch voller Schrecken an die Zeit der sowjetischen Herrschaft denken. Gestern abend, als am Himmel Leuchtfallschirme glänzten und in der Ferne der Widerschein von Bombenaufschlägen erkennbar war, begann das estnische Mädchen in unserem Quartier bitterlich zu weinen. Immer wieder blickte es traurig in die Nacht hinaus, die von ferne kommendes Unheil anzukündigen schien. Heute zeigte es mir seine Schulnoten, fast lauter ›Sehr gut‹. Auf ein paar netten Fotos ist die Kleine in estnisch-schwedischer Nationaltracht zu sehen. Die Fotos sind vor ein paar Jahren gemacht worden und in einer Zeitung erschienen. – Am Abend mit Oberleutnant Hintze, der im ›Zivilberuf‹ Pfarrer ist, Unterhaltung über Drieschs Buch und unsere Zeit.«

Am 24. September, einem Sonntag, schlief ich bis in den Tag hinein, inspizierte dann die Stuben der Mannschaften, aß gut zu Mittag, las von Zschokke den einfallsreichen, phantastischen Roman »Die Bohne« und schrieb Briefe an Freunde und nach Hause.

Am 25. »sind in der Ferne starke Detonationen zu hören. Armilde, das estnische Mädchen, schluchzt nebenan. Wir beschlagnahmen Fahrräder, um Melder auf der flachen Insel rascher beweglich zu machen. Am Abend erhalten wir Marketenderwaren.« Ein deutliches Zeichen, daß unsere Führung einen Angriff erwartet!

Am 26. September scheine ich wieder etwas Estnisch gelernt zu haben. Vor allem die ungemein komplizierte Grammatik interessierte mich. Für jede Ortsbestimmung – unter, über, neben, hinter – gibt es einen besonderen Fall. Die Namen der Handwerker enden alle auf »säpp« – das heißt Schmied –, so daß z. B. der Schneider »rätsäpp«, also Stoff-Schmied, genannt wird. Ich nahm an, daß der Schmied sozusagen der »Ur-Handwerker« war, der erste, der diese Spezialtätigkeit ausschließlich ausübte, während Spinnen, Weben, Nähen, Häuser bauen Tätigkeiten waren, die Bauern »nebenbei« selbst wahrnehmen konnten. Ich saß neben der Mutter Armildas, die mit dem alten Spinnrad Wolle spann. »Draußen heulte der Wind, rauschten die Bäume.«

Am 27. September: »Essen bei der 9. Batterie und deren Batteriechef Oblt. Hintze. Verteilung der eingesammelten Fahrräder an die Melder. Appellplan aufgestellt.«

Am 28. September heißt es nur noch lakonisch: »Russen landen auf Moon. Wir können uns nicht mehr lange in der ersten Feuerstellung halten, müssen zurückweichen und gehen bei Gut Thomel erneut in Stellung.«

Die 7. Batterie machte mir viel Freude, aber bei einer der folgenden Rückzüge war ich gezwungen, drei der vier Geschütze zurückzulassen, weil wir keine »Zugmittel« für sie hatten. Befehlsgemäß wurden die »Schubkurbel-Flachkeil-Verschlüsse« entfernt und die Rohre gesprengt.

In den Häuserruinen auf Ösel – inzwischen hatten wir Moon aufgegeben – fand ich oft deutsche Bücher. »Die versunkene Glocke« von Gerhart Hauptmann erschien mir »zu künstlich«. Dagegen begeisterte mich eine alte, von August von Schlegel stammende Übersetzung des »Don Quixote«.

Die immer deutlicher werdende Überlegenheit der Roten Armee, die unsere Division mit vielfacher Übermacht angriff, und die Niederlagen der deutschen Streitkräfte im Westen zeigten, daß der Krieg endgültig verloren war. Etwas davon kommt in einem frühen Geburtstagsbrief an meinen Vater zum Ausdruck, den ich am 10. Oktober (16 Tage vor dem Datum seines Geburtstages) abschickte.

»Dir, lieber Vater, bringt jedes Jahr im Kriege nur noch schwerere Lasten und größere Sorgen, die Du alle geduldig und verantwortungsbewußt trägst. So wünsche ich Dir denn, daß Du in Deinem neuen Lebensjahr endlich das Ende dieses Ringens und eine bessere und friedlichere Zeit erleben mögest ... Behalte den Glauben an das

Gute, wenn es auch – scheinbar wenigstens – unterliegt. Aber, was kann ich Dir denn sagen, da Du ja das alles ganz genauso erlebst und gewiß ähnlich empfunden hast wie ich...« Am Ende des Briefes folgt wieder ein kurzer Blick auf das aktuelle Kriegsgeschehen: »Hoch am Himmel steht ein sowjetischer Ballon und guckt uns in die Suppe, den ganzen Tag über brummen Tiefflieger. Die Wälder sind herbstlich verfärbt – gelb und rot leuchten die Blätter der Laubbäume und der Sträucher. Der Wind raschelt und biegt die Äste mit seinem kräftigen Hauch. In uns aber wird die ewig gleichbleibende Frage nicht still, und wir warten von Tag zu Tag...« Das bezieht sich auf das in Bälde zu erwartende Kriegsende, das dann doch noch so lange auf sich warten lassen sollte.

Auch der Kampf auf der Insel Ösel sollte sich noch bis in den späten November hinziehen. Am 30. Oktober berichtete ich über den Verlust von Geschützen, der zur Zusammenlegung von zwei Batterien geführt habe, und davon, daß der Abteilungskommandeur gefallen sei. »Erst jetzt haben wir erkannt, was er für uns bedeutete und daß wir ihn in vieler Hinsicht sehr geschätzt haben... Wer unser neuer Kommandeur werden wird, ist noch nicht bekannt, vielleicht ein Hauptmann Ritter, der zur Zeit ein Bataillon führt, aber Artillerist in Generalstabsausbildung ist, vielleicht auch Hauptmann Happe, ein Reservist – im Zivilberuf Anwalt, als peinlich genauer Batteriechef in einer anderen Abteilung aufgefallen.«

Während der Wochen des verlustreichen Rückzugs auf Ösel gaben mir die Psalmen Trost, die ich in einem kleinen Dünndruckbändchen »Neues Testament und Psalmen« in einem zerschossenen Gutshaus fand. Heftige Kämpfe wechselten mit ruhigeren Wochen. Die Überlegenheit der Roten Armee wurde von Tag zu Tag größer. Bei fast völligem Fehlen deutscher Jagdflugzeuge konnte die gegnerische Artillerie mit Fesselballons das Feuer schwerer Geschütze bequem und sicher auf Straßen und Munitionslager lenken.

Am 5. November war ich noch bei der einzig übriggebliebenen Batterie meiner Abteilung. Meinem Tagebuch stellte ich ein Motto von Goethe voran, das mir offenbar einleuchtete: »All unser redliches Bemühn glückt nur im unbewußten Momente. Wie möchte denn die Rose blühn, wenn sie der Sonne Herrlichkeit erkennte.« Daran schloß ich die folgende Reflexion an: »Nun will ich zwar hiermit nicht dem bewußten Wollen absagen, aber vielleicht ist es so, daß das, was man mit grimmig-verbissenem Wollen versucht und nicht erreicht hat, dann im Unbewußten weiterarbeitet, um eines schönen, zufälligen Augenblicks ans Tageslicht zu treten, als ob es mühelos entstanden sei.«

Erstaunlicherweise fand ich immer noch Zeit zur Lektüre. Eben hatte ich Gottfried Kellers »Der grüne Heinrich« beendet. Er wirkte auf mich »zwar ein wenig wunderlich – Vater würde vielleicht sagen: leicht psychopathisch –, wie denn Keller viele Züge an sich selbst beschreibt, die durchaus ins Krankhafte tendieren, aber im ganzen doch so amüsant, anziehend und unterhaltend, wie ich lange nichts gelesen habe. Wenn ich auch Kellers Novellen ihrer einfachen und gerundeten Vollendung wegen mehr schätze, fand ich doch auch im ›Grünen Heinrich‹ viele echt-Kellersche Wendungen, die mich unwillkürlich vergnügt lächeln ließen ...« Und dann folgt wieder ein Blick in die Natur: »Draußen wehen heute mächtige Herbstwinde, und das letzte gelbe und braune Laub raschelt auf den Wegen. Es hält mich nicht länger im Unterstand, und ich will noch ein wenig in die Wälder hinausspazieren ...«

Anfang November wurde mir die Führung der 13. Kompanie des Füsilierregiments 68 übertragen, das zu unserer Division gehörte. Das Regiment hatte viele Kompanieführer verloren, und Artilleristen mußten für sie einspringen. Ich hatte insofern noch Glück, als ich eine Infanteriegeschützkompanie bekam, im Grunde also ähnliche Aufgaben hatte wie als Batterieführer. Die Tätigkeit war interessant und vielseitig, weil eine 13. Kompanie im Unterschied zu einer Artillerie-Einheit mit Granatwerfern, Infanteriegeschützen und Maschinengewehren eine größere Variabilität von Waffen aufwies, die zu unterschiedlichen Zwecken, auf unterschiedliche Ziele eingesetzt werden konnten. Ein Lkw, ein Beiwagen-Kraftrad für den Kompanieführer und ein Melder-Krad charakterisierten den »moderneren« Charakter dieser Kompanie, verglichen mit dem einer bespannten Artilleriebatterie.

Dabei konnte ich – so feudal waren die Verhältnisse hier noch immer – meinen eigenen Burschen zur persönlichen Bedienung von der Batterie mitnehmen. Der Gefreite Schier war ein ungemein geschickter Handwerker, der Fahrräder aus Ersatzteilen zusammenbasteln, aus Patronenhülsen Feuerzeuge machen und aus einem Stück Leder eine Kartentasche nähen konnte.

In einem deutsch-estnischen Lesebuch fand ich die Sage des Öselschen Nationalhelden: Der Riesenfürst Tõll, der auf Ösel – in der Nähe des Gutes Tõllist – wohnte, war so groß, daß ihm sein Bruder auf der Insel Dagö eine Schaufel zuwerfen konnte, die er auf halbem Weg in der Luft auffing. Er konnte auf Runö seinen Kohl bauen und gleichzeitig daheim Wasser aufsetzen. Als Waffe benutzte er ein Wagenrad, doch konnte er auch mit der bloßen Faust ganze Häuser zertrümmern. Aus diesem Grunde war er als oberster Fürst der Bewohner der Insel anerkannt. Als er starb, herrschte große Trauer, und Tõll versprach, er werde auferstehen, wenn man auf sein Grab trete und rufe: »Tõll, der Feind kommt!« Tõll starb. Der Feind jedoch kam lange Zeit nicht. Böse Buben meinten deshalb, man müsse einmal ausprobieren, was passiere, wenn man Tõll rufe. So riefen sie denn »Tõll, der Feind kommt!«, und Tõll stand aus seinem Grabe auf, schaute umher und merkte, daß man ihn zum Narren gehalten hatte. Er legte sich nieder und ward seither nie mehr gesehen. Ob die Öseler vielleicht meinten, wenn die bösen Buben den Tõll nicht genarrt hätten, wäre er jetzt da und könnte sie verteidigen?

Am 16. November – nachdem ich eine Woche lang nicht hatte nach Hause schreiben können – hoffte ich auf baldige Rückkehr zur Artillerie, da inzwischen infanteristischer Offiziersnachschub eingetroffen war. Ein sehr liebenswürdiger und eleganter Oberleutnant von Tippelskirch, der Sohn des letzten deutschen Militärattachés in Moskau, mußte aber noch eine Woche lang eingewiesen werden. Er war nach einer schweren Verwundung im Frankreichfeldzug seit 1940 nicht mehr bei der Fronttruppe gewesen. Leider war Oberleutnant von Tippelskirch nur kurze Zeit bei mir. Obgleich ich ihn dringend davor gewarnt hatte, bei Tage die vorgeschobene Beobachtungsstelle aufzusuchen, bestand er darauf. Ich gab ihm einen erfahrenen Feldwebel als Begleiter mit. Er kam nicht zurück und ist mit großer Wahrscheinlichkeit gefallen. Später, als die Reste unserer Division auf Marine-Prämen von der Halbinsel Sworbe aus aufs Festland gerettet worden waren, mußte ich an den Vater meines Kameraden schreiben. Die Hoffnung, daß er in Gefangenschaft geraten sei, war kaum begründet. Tagsüber schoß die sowjetische Artillerie mit Feuerzusammenfassungen selbst auf einzelne Personen, die sich aus der Deckung herauswagten. Die Verbindung zwischen den Beobachtern und den Feuerstellungen war nur durch

Funkgeräte aufrechtzuerhalten. Verpflegung und Munition konnten erst bei Dunkelheit nach vorn gebracht werden.

Während der letzten Tage auf Ösel waren die Reste der Division und der zu ihrer Verstärkung angekommenen Einheiten auf der schmalen Halbinsel Sworbe zusammengedrängt. Um dem Gegner kein brauchbares Material zurückzulassen, wurden Lager mit Nahrungsmitteln und Munition gesprengt. Die Soldaten durften sich zuvor je eine Stange Zigaretten und große Mengen Schokolade mitnehmen. Mein rührender Bursche plagte sich mit meinem leichten und bequemen Offizierssattel und brachte ihn mit. Mein Lieblingspferd hatte er – verbotswidrig – laufenlassen, weil er es nicht übers Herz brachte, es – wie befohlen – zu erschießen. Auch dafür war ich ihm dankbar. Es bereitete mir weit weniger Schmerz, das gute Tier im Dienst eines Offiziers der Roten Armee zu wissen, als wenn es als Kadaver auf Ösel verwest wäre.

Dunkel erinnere ich mich an eine Begegnung mit Hauptmann Richard von Weizsäcker, der mit dem Stab des GR 9 am Leuchtturm von Sworbe stand und die Einschiffung der Truppen beobachtete. Er erzählte mir, daß Hitler direkt mit dem Divisionskommandeur gesprochen und befohlen habe, die Insel bis »zum letzten Mann« zu verteidigen. Die Division sollte eine Art verkleinertes Stalingrad erleben, diesmal aber *ohne* Kapitulation. Ein solcher direkter Befehl der obersten Führung widersprach aufs entschiedenste den schon erwähnten Anweisungen der Heeresdienstvorschrift über Strategie und Taktik. Die Tatsache, daß wir – trotz dieses Befehls des »Obersten Befehlshabers der Wehrmacht« – doch noch von der Insel gerettet wurden, hatten wir Generaloberst Ferdinand Schörner zu danken. Nur ein »alter Nazi« wie Schörner getraute sich, Hitler offen zuwiderzuhandeln. Dabei war natürlich sein Interesse an dem Erhalt einer einsatzfähigen Einheit für die Fortsetzung der Kämpfe ausschlaggebend. Der militärisch sinnlose Durchhaltebefehl Hitlers wurde wenigstens dieses eine Mal nicht realisiert.

Im Rückblick nahmen einige Offiziere unserer Division wohl – nicht ganz zu Unrecht – an, daß das »Himmelfahrtskommando« Verteidigung Ösels als eine Art Bestrafung über unsere Division verhängt worden war. Zu viele Angehörige der Division standen den Männern des 20. Juli zumindest nahe. Und daß die meisten älteren aktiven Offiziere der Division keine Nazis waren, wußte vermutlich nicht nur die Gestapo.

Am 24. November wurden wir endlich gerettet. Boote der Marine brachten uns nach Windau in Lettland. In der Nähe Windaus, in dem Dorf Puce, konnten wir uns einige Zeit von den vergangenen Strapazen erholen. Der Divisionskommandeur und der Befehlshaber Nordkurland, General der Gebirgstruppen Viereck, hießen uns willkommen und beglückwünschten uns zu unserer – trotz des Rückzugs – »erfolgreichen Kampfleistung«. »Mindestens vier Divisionen« seien lange Zeit gebunden und vom unmittelbaren Einsatz gegen unsere Heimat ferngehalten worden.

Die »9. Marine-Sicherungsdivision und die Landungspioniere ... sowie fliegende Verbände der Luftwaffe« hatten entscheidend bei der Evakuierung der Insel geholfen. Von den schweren Verlusten an Material – die Führung hatte Vorräte für mehrere Monate auf die Insel bringen lassen – war in dem Willkommensgruß ebensowenig die Rede wie in den Berichten des OKW. Der Toten wurde mit den üblichen Worten gedacht. Formulierungen wie »Euer Heldenkampf auf Sworbe wird ehrenvoll in die Geschichte eingehen« waren mir schon damals peinlich. Warum habe ich dann die Schreiben von Divisions- und Nordkurland-Kommandeuren aufbewahrt? Die gleiche »Feldzeitung«, die »Dank an die Helden (!) von Sworbe« überschrieben ist, berichtet über die »Schlacht bei Aachen«. Man konnte sich kaum noch Illusionen über den Ausgang des Krieges hingeben.

Ostpreußen während der letzten Monate des Krieges

Wenige Wochen blieb ich mit »meiner« 13. Kompanie zur Erholung in Lettland. Gut verpflegt und auch mit ausreichender Lektüre versorgt, wartete ich wieder auf einen Nachfolger, der es mir erlauben sollte, zum Artillerieregiment zurückzukehren. Einstweilen war ich damit beschäftigt, Auszeichnungen zu »verteilen«, an die Angehörigen von Gefallenen Benachrichtigungen zu schreiben und Soldaten zu Gefreiten und Obergefreiten zu befördern.

Am 8. Dezember meldete ich mich aus einem »neuen Einsatzraum«. Per Schiff waren wir aus dem »Ostlandkessel« nach Ostpreußen gebracht worden. Nur kurze Zeit später waren wir dort allerdings abermals von der Landverbindung mit der Heimat abgeschnitten. Immer wieder hoffte ich auf meinen längst fälligen Jahresurlaub. Zunächst nützte ich die relativ ruhige Zeit bis zum erwarteten Angriff der Roten Armee, um möglichst viele Angehörige meiner Kompanie nach Hause zu schicken. Einmal waren es 80 Mann! Einige Zeit führte ich noch russische Bücher – wie Gogols »Nase« und einen Band mit Lermontows »Gesammelten Werken« – mit mir, bis ich eine Gelegenheit fand, sie einem Soldaten mitzugeben, der in der Nähe von Dresden wohnte und sie meinen Eltern bringen konnte.

Wie ich den jetzt offener über unseren Einsatzort berichtenden Briefen entnehme, wechselten wir innerhalb Ostpreußens immer wieder die Stellung. Zunächst lagen wir bei Tilsit-Ragnit, dann wieder bei Lötzen und Rastenburg. In Thorn, von wo aus die Division per Bahn weiterbefördert wurde, war ich für die »flüssige« Abwicklung der Transporte verantwortlich und leistete einen langweiligen »Bahnhofsdienst«. Zufällig fiel mir in dieser Zeit ein Band mit Porträts »preußischer Soldaten« in die Hand, der »die seltsamen und oft genug wirren Schicksale großer Heerführer von Derfflinger über den alten Dessauer, Zieten, Friedrich II., Seydlitz, Scharnhorst, Gneisenau, Yorck bis zum letzten Großen: Schlieffen« beschrieb. Von den meisten Heerführern wurden Briefe und andere Texte zitiert, so daß der Band einigermaßen authentisch zu sein schien.

Immer wieder berichtete ich von meiner Hoffnung auf Urlaub. »Selbst die Division habe ich schon deshalb bemüht«, schrieb ich am 17. Dezember, aber da ein Nachfolger fehlte, mußte ich »dableiben«. Ein Sachse, der sich in unser preußisches Regiment verirrt hatte, Leutnant Ziegengeist, nahm Briefe und Geschenke für meine Eltern mit. Der Gefreite Börner rief meine Eltern an und bat sie, Hemden und Unterwäsche, die ich auf Ösel eingebüßt hatte, zu »ersetzen«.

Da wir in Rastenburg in Bereitschaftsstellung und Ruhe lagen, suchte ich »meine Leute« mit Hilfe eines Schmalfilmapparats mit historischen Streifen zu unterhalten und begann, mich mit der Geschichte Ostpreußens zu beschäftigen, um darüber informieren zu können. Von der Landesbildstelle erhielt ich auch einen Film von der Landung deutscher Truppen auf Ösel im Ersten Weltkrieg.

Eine Rede für die Weihnachtsfeier der Kompanie noch als »*meine*« zu akzeptieren habe ich fünfzig Jahre später Mühe. Aber ich muß wohl oder übel zur Kenntnis nehmen, daß ich *glaubte,* was ich damals sagte. Natürlich konnte ich keine defätistische Rede halten, auch wenn das der Wahrheit unserer Lage besser entsprochen hätte, aber einige Formulierungen schockieren mich heute doch:

»Kameraden, wir sind zusammengekommen, um auszuspannen vom grauen Alltag des Dienstbetriebs und um gemeinsam das Weihnachtsfest zu feiern. Nach den schweren Wochen und Monaten des Sommers und Herbstes sind uns hier in unserem Vaterlande Tage der Ruhe und Besinnung geschenkt worden. Wir genießen das Bewußtsein ›Du bist wieder daheim, daheim unter deutschen Menschen‹, und es gibt uns Kraft, so viele Männer und Frauen neben uns zu sehen, die ein gemeinsamer Wille und eine gemeinsame Tat verbindet. Wenn aber schon die Heimkehr ins Reich uns Anlaß zur Besinnung geworden ist, dann gilt das in noch höherem Maße für das Weihnachtsfest! Erinnerungen an Feste haften länger in unserem Gedächtnis als an andere, gewöhnliche Tage, und die an das Weihnachtsfest bleiben uns vermutlich am längsten erhalten. Vielleicht ist es sogar das Schönste an diesem Fest, daß es Erinnerungen wach werden läßt, Erinnerungen an Tage, in denen wir noch als Kinder sorglos unser Leben verträumten.

Wie war es denn, als wir das Geheimnis der verschlossenen Weihnachtstüre noch verspürten, als wir neugierig durchs Schlüsselloch lugten, um einen kleinen Schimmer von all den erwarteten und erahnten Herrlichkeiten zu erspähen? Wie wir dann staunend und strahlend vor dem schimmernden und glänzenden Lichterbaum standen und zusammen mit Eltern und Geschwistern die alten Weihnachtslieder sangen? Wie war uns doch dann so wundersam feierlich zumute, wie sonst nie. Ja, und vielleicht die größte Freude ist es gewesen, wenn wir den Eltern, dem Bruder, der Schwester selbst durch unser Geschenk eine kleine Freude machen konnten, mit einem Geschenk, das wir vielleicht selbst angefertigt hatten. So ist uns Weihnachten ein Fest der Liebe gewesen zu den Menschen und eins, das die enge Gemeinschaft der Familie noch fester bindet und stärker fühlen läßt.

Ja, Kameraden, so ähnlich habe ich mir auch unsere Weihnachtsfeier gedacht, als eine Feier unserer Gemeinschaft, unserer Familie, unserer Kompanie! Wohl weiß ich, daß die Gedanken vieler von euch in diesen Stunden daheim sein werden, bei den Euren, und bei den Klängen der alten Weihnachtslieder werden eure Grüße unsichtbar nach Hause fliegen, wo vielleicht heute oder morgen zur gleichen Stunde die Lieben sitzen und die gleichen Lieder singen. Aber so, wie wir alle an daheim denken, wollen wir auch an jene denken, die heute nicht mehr unter uns sein können, weil sie verwundet im Lazarett liegen oder weil sie in fremder Erde, auf Ösel, in Lettland oder Rußland ruhen. Den Verwundeten wünschen wir baldige und völlige Genesung, unsere Gefallenen aber sollen heute in Gedanken mit und unter uns sein und teilhaben an unserer Weihnachtsfreude.

Ich weiß nicht, aber vielleicht ist heute auch der rechte Tag, um noch von etwas anderem zu euch zu sprechen. Als ich in Lettland eines Tages wieder einmal als Vorgeschobener Beobachter in meinem engen Deckungsloch lag und das feindliche Trommelfeuer pausenlos und ohne Erbarmen auf uns niederging und ich im Herzen eine Angst zu empfinden begann, deren ich mich schämte, da habe ich mit einemmal etwas wieder gelernt, was ich schon lange vergessen und verlernt zu haben meinte – nämlich zu glauben und zu beten. Zu glauben an eine ewige Gerechtigkeit und eine gütige Vorsehung, die unser Leben lenkt, denn wie anders sollen wir das grausige Geschehen rund um uns ertragen, wenn wir nicht verzweifeln wollen? Ja, alles ist eingebettet in den Ablauf eines großen, vorherbestimmten Geschehens, und uns bleibt nichts, als aufrecht und gerade unseren Weg darin zu gehen, einen Weg, dessen Ziel wir nicht kennen und den der Tod nicht beendet. In diesem Glauben fand ich neue Zuversicht und Kraft, und sooft ich dann wieder ratlos war und wenn mich Angst befallen wollte, rief ich diesen Glauben mir wieder ins Gedächtnis und wurde davon wundersam bestärkt.

Warum erzähle ich das? Nun, vielleicht, daß es dem einen oder anderen von euch ähnlich ergangen ist, die ihr ja alle die gleichen Gefahren erlebt habt, vielleicht, daß euch ähnliche Gefühle überkamen. Und seht, auch dafür wollen wir dem Schicksal dankbar sein, daß es uns wach gemacht hat für viele Dinge, über die wir früher hinweggesehen haben und die wir nicht empfanden, und daß es uns deshalb auch dieses Weihnachtsfest tiefer und stärker erleben läßt, wenn auch seine äußeren Formen weniger großartig sein mögen als in friedlicheren Jahren.«

Natürlich ist es leicht, aus der Distanz und im Rückblick dieses »religiöse Erlebnis« als eine Form von »wishful thinking« zu entlarven, aber ich erinnere mich noch heute gut daran, wie wohl mir die Worte des 139. Psalms taten, als ich sie – irgendwo im Osten – wieder las: »Wo soll ich hingehen vor Deinem Geist, und wo soll ich hinfliegen vor Deinem Angesicht? Führe ich gen Himmel, so bist Du da, bettete ich mich in die Hölle, siehe, so bist Du auch da. Nähme ich Flügel der Morgenröte und bliebe am äußersten Meer, so würde mich doch Deine Hand daselbst führen und Deine Rechte mich halten ...« Wie eine magische Beschwörung empfand ich diese dichterischen Worte, und ihre Wirkung galt mir damals zugleich als eine Bestätigung ihrer Wahrheit. Einem kritischen Blick freilich wird ein Satz in meiner Weihnachtsansprache zum Schlüssel: »... *wie anders sollen wir das grausige Geschehen rund um uns ertragen, wenn wir nicht verzweifeln wollen?*« Es ist der *Wunsch, nicht zu verzweifeln,* der am Ursprung solchen Vorsehungsglaubens steht. Vielleicht gehörte noch mehr Mut dazu, als ihn ein junger Mensch aufzubringen vermag, das Kriegsgeschehen *ohne* einen solchen Glauben auszuhalten. Ich hatte damals diesen Mut der Nüchternheit nicht. Was ich den Soldaten der 13. Kompanie sagte, entsprang meiner ehrlichen Überzeugung.

In einer Aufzeichnung aus der gleichen Zeit heißt es: »Dieser eine Sommer und Herbst hat uns, die wir seine Kämpfe und Gefahren überstanden haben, viel Schweres gebracht, viel Not, Angst und Leid in unserem Herzen; ein Großes und Gutes hat mich aber das alles gelehrt: den Glauben an eine überirdische Gerechtigkeit und Güte, ein ewiges Schicksal, das unsere Wege leitet und das uns einem höheren Ziele entgegenbringt als dem, das wir hier im Leben erreichen können.«

Als ich einmal voll Furcht und Zagen in einem nassen und engen Deckungsloch zusammengekauert im Artilleriefeuer lag, habe ich mir immer wieder Trost zugesprochen: »Was soll dir all das Eisen anhaben? Was soll es schon vernichten können? Der Geist, die Seele, das eigentlich Wirkliche, kann doch nimmer zerstört werden. Ein ewiges Schicksal lenkt dein Leben.« Und dann betete ich doch auch wieder um eine Frist, um Gutes tun und Schönes schaffen zu können, um Menschen Freude zu bereiten und sie zu beglücken, denn töricht glaubte ich, auf diese Weise mir ein »Recht auf Leben« erkaufen zu können, »für ein Leben, das doch keine Belohnung, sondern eine Aufgabe ist«.

Neben derartigen Versuchen, durch religiöse Reflexionen die Sinnlosigkeit des Krieges erträglich erscheinen zu lassen, berichten die Briefe an die Eltern immer wieder von den angenehmen Seiten des militärischen Daseins und von interessanter Lektüre. In Rastenburg freue ich mich über ein richtiges Bett und ein eigenes Badezimmer, über die Gänge meines Pferdes »Schneeflocke« und das Mittagessen, »das ich jetzt zusammen mit den Offizieren des Regimentsstabes einnehme«. Auch die benachbarten Güter luden uns zum Gänseessen ein.

Am Weihnachtsabend ging ich mit einigen Soldaten meiner Kompanie in die Stadt zur Weihnachtsmesse in der katholischen Kirche. Das strenge Ritual und die feierlichen lateinischen Worte nahmen mich gefangen. Ich weiß nicht, ob von »meinen« Soldaten einige katholisch waren, aber das tat jetzt nichts zur Sache.

Wir fühlten uns inmitten der frommen Gemeinde wohl und geborgen und kehrten fast heiter heim in unsere Unterkünfte.

»Wird das neue Jahr das lang ersehnte Friedensjahr sein? Ich glaube es wohl, aber zunächst wird es noch viel Hartes und Schweres bringen.«

Bald darauf las ich das schöne Neujahrsgedicht meines Vaters, das bei allem Ernst von seinem unerschütterlichen Optimismus geprägt war. Als Dank schickte ich ihm ein Porträt der kleinen Stadt Rastenburg, in der ich die Weihnachtszeit über wohnte.

Rastenburg

»Es ist ein kleines ostpreußisches Städtchen und wimmelt von Soldaten. Die Einwohner sind freundlich, und mit ihrem breiten Dialekt muten sie gemütlich und vertraulich an. Der Unterhaltung dienen zwei Kinos, die die gleichen belanglosen und oberflächlich-albernen Filme zeigen wie anderswo auch. Die Cafés und Gasthäuser sind schmutzig von dem regen Betrieb, der ständig dort herrscht. Für Kuchenmarken kann man ein Stück Weizenmehlgebäck bekommen, von dessen Belag ich argwöhne, daß er mit Sägemehl hergestellt ist. Um mehrere kleine Marktplätze drücken sich alte Häuschen zusammen, als ob sie aneinander Wärme suchten und Schutz vor dem kalten, ostpreußischen Winter. Ein kleiner See, der hier zur Landschaft gehört wie die großen Wälder, liegt am Rande der Stadt, und eine Zuckerfabrik verbreitet einen schwer beschreibbaren Geruch, der den Besucher schon am Bahnhof empfängt. Manchmal, wenn ich planlos durch die Stadt bummele, meine ich plötzlich die vertrauten Gebäude meiner ersten Garnisonsstadt Altenburg vor mir zu sehen, und oft, wenn ich mir zum Beispiel sage: das muß das Rathaus sein, das die Apotheke, wird meine Ahnung dann von der Wirklichkeit bestätigt. So ähnlich sind – bei aller landschaftlichen Verschiedenheit – die beiden Kleinstädte in vielen Dingen. Unsere Kaserne liegt auch hier auf einer Höhe vor dem Städtchen wie die meisten Kasernen. An kalten Tagen pfeift der Wind unangenehm und unerbittlich zwischen den militärischen Häuserblocks hindurch. Von meinem Fenster aus bietet sich immer der gleiche Anblick: ein Stückchen Garten, eine Kaserne und im Hintergrund ein flachbedachtes Haus mit einer großen, häßlichen Scheune. Über allem aber lacht jetzt die Sonne mild vom blauweißen Himmel herab und gibt allen Dingen ein helles und schönes Leuchten ...«

Hier bricht die Beschreibung, die vermutlich weitergehen sollte, ab. Es ist mir nicht möglich, sie aus dem Gedächtnis zu ergänzen. Die Stadt, die Erinnerung an sie, ist verschwunden. Auch die Tatsache, daß in der Nähe das »Führerhauptquartier« war, ahnte ich damals nicht oder fand es jedenfalls nicht »notierenswert«.

Vom 28. Dezember an führte ich wieder ziemlich regelmäßig Tagebuch. Unvermeidlich sind in ihm die wirklich anstrengenden Tage während der zahlreichen Rückzugsgefechte »leer« und allein die Ruhetage mit kurzen Rückblicken auf die überstandenen Gefahren gefüllt. Auf dem Rückweg vom Urlaub kam Graf Thun vorbei, der einzige österreich-ungarische Offizier des Regiments. Wenigstens zwei kleine Anekdoten muß ich von ihm berichten: Einmal, es war irgendwo in Nordrußland, vermutlich während des Rückzugs bei Newel, erhielt Graf Thun, der dem Regimentsstab angehörte, den Auftrag, mit einer Zugmaschine ein vorgeschobenes Geschütz zurückzuholen, das in Gefahr geraten war, verlorenzugehen. Alle drängten ihn, sich rasch auf den Weg zu machen, aber der gelassene Grandseigneur ließ sich durch nichts, auch nicht durch die wachsende Gefahr, davon abbringen, erst in aller Ruhe seinen Kaffee zu trinken. Schließlich zog er ab und brachte das gefährdete Geschütz glücklich zurück. Ein anderes Mal – er war eben erst neu zum Regiment gekommen – begegnete ihm auf dem Knüppeldamm am Wolchow ein älterer Offizier, wie er im Tarnanzug, so daß der Dienstgrad nicht erkennbar war. Lässig mit dem Kopf nickend ging Graf Thun an dem Kameraden vorbei, aber dieser rief ihn zur Ordnung und fragte: »Kennen Sie mich denn nicht?« – »Nein.« – »Ich bin der Graf zu Eulenburg.« Das war der Regimentskommandeur des GR 67, was aber unser Graf nicht wissen konnte, der lediglich unbeeindruckt erwiderte: »Und ich bin der Graf zu Thun-Hohenstein Salm-Reifferscheid.« Die Begegnung endete in schallendem Gelächter. Graf zu Eulenburg hatte uns daran gewöhnt, ihn Graf und nicht Oberst anzureden, weil »Oberst schließlich jeder werden könne, während man zum Grafen geboren sein müsse«. Graf Thun, der junge Reserveleutnant, ließ ihn erkennen, daß es auch unter den Subalternoffizieren »seinesgleichen« gab. Übrigens war Graf Eulenburgs Adjutant ein Graf zu Wedel, zu dem ich ein ausgesprochen freundschaftliches Verhältnis hatte.

Am 2. Januar 1945 ging meine Tätigkeit beim Füsilierregiment 68 zu Ende, und so kehrte ich zum Artillerieregiment 23 zurück. Mit Krümperwagen, Kleinbahn, Pkw und Lkw erreichte ich meine alte Einheit. Beim Regimentsstab bekam ich ein kleines Abendbrot, dazwischen telefonierte Hauptmann Witschel, der jetzt Adjutant war, mit seiner Braut. In heller Mondnacht empfing mich der Spieß der 7. Batterie und zeigte mir mein schönes Quartier. Reichlich müde schlief ich am andern Tag bis neun Uhr. Vom Dorflehrer wurde ich zum Mittagessen eingeladen und besah mir seine kleine Bibliothek: Ernst Wiechert und Bücher über Trakehnen – ostpreußische Heimatliebe! Am Nachmittag begrüßte ich die neuen Angehörigen der Batterie.

Am 11. Januar waren wir beim Gut Thelen im Kreis Tilsit-Ragnit in Stellung: »Der Schnee, dessen dünne Decke das Land überzogen hatte, ist über Nacht geschmolzen und läßt die Landschaft grau, düster und schmutzig erscheinen. Schlammige und glitschige Erde liegt über dem festgefrorenen Boden. Jetzt erst merkt man, wie tot und verlassen fast alles ist. Viele Häuser sind von deutschen Soldaten zerstört und geplündert worden. Die Bewohner wurden in letzter Minute evakuiert, auf den Feldern wird die Wintersaat von den

Tritten der Soldaten und den Rädern der Geschütze, der Munitionsfahrzeuge und anderer Wagen, die Abkürzungen gewählt haben, zerstört. Heute dringe ich zu dem zerschossenen Gutshaus von Toussainen vor und staune über die große Bibliothek der offenbar literarisch und philosophisch interessierten Bewohner. An der Wand hängen große Ölgemälde mit Jagdszenen, einige mit Einschüssen von Granaten. Durch das schadhafte Dach ist Schnee und Regen in den großen Festsaal und die Bibliothek eingedrungen. Am Boden liegt Moses Mendelssohns ›Phädon oder Über die Unsterblichkeit der Seele‹.« Ich nahm den Band als einen tröstenden Hinweis mit. Im Augenblick war ich für solche philosophischen Spekulationen natürlich besonders empfänglich. Er hat mich bis in die Kriegsgefangenschaft und später nach Dresden begleitet.

18. Januar, Erlenfeld im Kreis Tilsit: »Nun hat die Winterschlacht wieder begonnen. Im ostpreußisch-litauischen Grenzgebiet hat der Gegner einen schwächeren Durchbruch mit etwa hundert Panzern erzielt, zu dessen Abschirmung wir unsere gut ausgebauten Stellungen wieder verlassen müssen, um weiter südlich zum Einsatz zu kommen. Zwei sehr weit von den Geschützen entfernte Beobachtungsstellen habe ich schon am ersten Tag erkundet. Von ihnen aus hat man ein ausgezeichnetes Blickfeld weit in die Tiefe des Landes bis zur Inster-Stellung. Nun sitzen wir schon den dritten Tag ohne Feindberührung, wenn auch sich nähernde Panzerverbände gemeldet werden.«

Jetzt war es die Rote Armee, die einen Bewegungskrieg führte, und wir waren die mehr oder minder unterlegenen, stillhaltenden Verteidiger. So hatte sich das »Kriegsglück« gewendet!

»Nach ein paar Tagen wilden Schneegestöbers und eisigen Windes scheint heute (am 18. 1.) die Sonne wieder mild und warm auf die kahle Erde. Das Radio dudelt die übliche Unterhaltungsmusik, und ab und zu tönt der volle Klang der Kienzle-Wanduhr durch das kleine, warme Zimmer, in dem ich mein Quartier aufgeschlagen habe.«

Apropos Radio und Musik. Erst während dieser Wochen des immer rascher werdenden Rückzugs wurde mir bewußt, wie raffiniert viele ganz und gar unpolitische Schlagertexte auf die Beruhigung der Soldaten und der Bevölkerung daheim »berechnet« waren. Das Lied »Ich weiß, es wird einmal ein Wunder gescheh'n, und dann werden alle Märchen wahr« konnte als Hintergrundmusik zu den planmäßig verbreiteten Nachrichten über die »Wunderwaffe« V 2, die England demnächst in die Knie zwingen würde, gehört werden. Auch wenn der Text mit »So schnell kann keine Liebe vergeh'n, die so groß ist und so wunderbar« weitergeht, blieb doch der Glaube an das bald geschehende Wunder als Haupteindruck zurück.

Ein anderes Lied hatten wir schon daheim in den Kasernen zeitgemäß umgedichtet. Aus: »Nur der Freiheit gehört unser Leben – laßt die Fahnen dem Wind« wurde handgreiflich konkret: »Nur der Freizeit gehört unser Leben – laßt die Fahnen im Spind«. Auch der Schlager »Es geht alles vorüber, es geht alles vorbei, auf jeden Dezember folgt wieder ein Mai« erfreute sich in einer zeitgemäßen Variation großer Beliebtheit: »Es geht alles vorüber, es geht alles vorbei: auch Adolf Hitler und seine Partei«. Das war zwar kein Ausdruck bewußten Widerstands, aber doch hoffnungsvollen Glaubens an ein bevorstehendes Ende. Goebbels mag sich die unbewußte Wirkung dieses Textes anders vorgestellt haben – als einen Trost, der Soldaten Strapazen und Lebensgefahr leichter ertragen läßt. Daß dagegen aus dem Song von Lale Andersen »Unter der Laterne, vor dem großen Tor« kein frischer Mut zu gewinnen sei, soll Goebbels eines Tages selbst erkannt und daraufhin die Ausstrahlung durch deutsche Sender verboten haben.

Einen ganzen Monat über sind die Seiten des Tagebuchs leer. Erst am 22. Februar findet sich wieder eine Eintragung. In der Zwischenzeit waren wir vom Nordosten nach dem südlicheren Teil Ostpreußens zurückgegangen. Immer wieder erschrak ich unterwegs über die mutwilligen Zerstörungen in Schlössern und Gutshäusern, die von deutschen Soldaten angerichtet worden waren. Fast wollte ich es nicht glauben, nahm ich doch an, daß hier – in der Heimat – der Respekt vor fremdem Eigentum und die Bewunderung für die wohlerhaltene Schönheit der Gebäude unsere Soldaten von Akten des Vandalismus abhalten würden, wie sie in der Sowjetunion oft genug vorgekommen waren. »Warum haben Landser Freude daran, das Schöne zu beschädigen? Vielleicht fühlen sie im Angesicht unversehrter Räume und wertvoller Einrichtungsgegenstände erst recht ihre eigene, ärmliche und verwahrloste Schmutzigkeit, für die sie ja nichts können? Vielleicht reizt sie dieser schöne Anblick zu Akten unkontrollierter Aggressivität? Es ist natürlich auch denkbar, daß sie sich sagen: All das Schöne darf keinesfalls der Feind bekommen, dem wir Tag für Tag Gelände überlassen müssen. Aber das scheint mir eher eine nachträgliche Rationalisierung. Es ist wohl eher eine irrationale, unbewußte Wut im Anblick von zerbrechlicher Schönheit, die den Vandalismus auslöst. Sie macht mich traurig, auch wenn es natürlich Schlimmeres gibt als die Zerstörung von Gegenständen.«

Der strahlend helle Sonntag des 22. Februar bescherte uns ideales Fliegerwetter. »In unserem weithin sichtbaren Einzelgehöft (Gut Rosen bei Stolzenberg) fühlen wir uns unbehaglich ... Heut Nacht erkundete ich eine Stellung für den Vorgeschobenen Beobachter, heftiges Salvengeschütz und Granatwerferfeuer, schließlich ein Pak-Treffer in das Haus des VB waren der guten Sichtbarkeit von Schloß Jäcknitz geschuldet, einem prachtvollen Repräsentationsbau aus der wilhelminischen Zeit. Im Keller ist der Gefechtsstand eines Infanterieregiments. An den Wänden hängen – im schwachen Schein des Lampenlichts kann ich nur unscharf die Konturen erkennen – alte Porträts vermutlich der Gutsherrschaft und kleine Genrebilder ... Müde von einer anstrengenden Nacht mit langen Ritten und Fußmärschen suchte ich heute morgen nach einer neuen Feuerstellung. Ein kleines Wäldchen, das etwas Schutz vor Fliegersicht bietet, schien mir passend zu sein. Ein Grabenstück in der Nähe eignet sich als Nah-Beobachtungs-Stelle.«

In meiner Kartentasche führte ich jetzt drei »klassische Dramen« mit mir, die ich immer wieder las: »Faust«, »Wilhelm Tell« und »Emilia Galotti«. Mit einem Stoßseufzer endet die Eintragung vom 22.: »Frieden, wie stark ist die Sehnsucht nach ihm, wie wenig vermögen wir ihn uns wahrhaft vorzustellen!«

Einen Tag später vermerkte ich: »Endlich ist der Himmel wieder bedeckt, und die unangenehmen ›Luftbesuche‹ bleiben aus. Die Rote Armee greift wiederholt mit starker Feuervorbereitung an, doch hält vorerst die Front. Ich lese Theodor Fontanes ›Vor dem Sturm‹, eine Erzählung aus den Jahren 1812/13. Vieles in dem höchst unterhaltsam geschriebenen Roman lädt – wenigstens äußerlich – zum Vergleich mit unserer Kriegszeit ein. Am brillantesten ist Fontane in der Darstellung der Gesellschaft. Durch Rede und Gegenrede wird die Atmosphäre der damaligen ›Welt‹ für uns lebendig. Die Charakterisierung der Personen gelingt ihm so gut, daß wir förmlich davon mitgerissen werden und mehr oder minder parteiisch und ängstlich die Wege der ›Helden‹ dieser Erzählung verfolgen. Im übrigen ist gerade die bunte Vielfalt der Personen, die bei anderen Autoren vielleicht stören würde, eine besonders anziehende Seite seiner Erzählkunst. Die französischen Gesprächsteile machten mir doppeltes Vergnügen ...«

Am 24./25. Februar las ich in der Bergpredigt des Matthäus-Evangeliums: »Das sollte man jeden Tag wieder lesen – es ist das Ideal unserer Ethik, so unbequem es den Tendenzen der Politik und der Kriegführung auch erscheinen mag und so schwer es ist, ihm gerecht zu werden.« Und dann folgt ein Situationsbericht:

»Heute morgen war ich in Hermsdorf, in dessen Nähe unsere Feuerstellung liegt. Ein grausiges Bild der Zerstörung bietet das Dorf, das ehemals gewiß friedlich und still – seitab von den großen Verkehrsadern der Eisenbahn und der Landstraßen – ein beschauliches Leben gekannt hat. Bomben allen Kalibers sind zwischen und auf die Häuser gefallen. Besonders in der Mitte des weit nach Osten sich erstreckenden Dorfes zeugen riesige Bombentrichter von der Gewalt des Luftangriffs – Bäume sind entwurzelt und neigen sich rund um den Krater nach außen. Von vielen Häusern stehen nur noch die Grundmauern; ein Haufen Schutt liegt, wo einst Dächer und Wände waren. Je weiter man aus dem Dorf herauskommt, desto mehr nehmen die Spuren der Zerstörung ab, aber Pferdekadaver liegen erstarrt am Boden, im Schlamm festgefroren auf der Flucht vor dem höllischen Feuer der Bombennacht. Das Leiden der unschuldigen Kreatur erweckt unser Mitleid. Wie häßlich ist dies alles, und wie sinnlos sind die gebrachten Opfer! Jede Erklärung ist nichts als eine Ausrede, und ich mußte an Rousseaus berühmten Ausspruch denken: ›Alles ist gut, wie es aus den Händen der Natur hervorgeht, alles entartet unter den Händen der Menschen.‹«

Erst jetzt, mehr als eine Woche später, erfuhr ich von den Bombenangriffen auf Dresden. Wie ein Keulenschlag traf mich diese Nachricht und ließ mich um das Leben meiner Eltern und Geschwister bangen.

»Es ist schwer, seine Seele zu bewahren inmitten dieses Geschehens. Dieser Krieg wird – auch wenn wir ihn überleben – einmal nicht mehr auszulöschen sein aus unserem Dasein – aber nicht nur wie eine Erinnerung (wird er uns bleiben), sondern als eine Lehre.

Oh, daß die Ereignisse so über uns hinweggegangen sind, daß wir sie nicht mehr zu meistern vermochten – den einmal entbrannten Krieg hält nun keiner mehr ohne Gewalt auf, und Gewalt heißt Kampf, und so gibt es nicht eher ein Ende, als bis der eine der beiden Kämpfenden vernichtet am Boden liegt.«

Inmitten des Dorfes war – wie durch ein Wunder – völlig unversehrt die Kirche stehen geblieben. »... Ich statte ihr einen kurzen Besuch ab. Aber welch ein Anblick! Überall zwischen den Bänken Stroh, das durchziehenden Truppenteilen als Lager gedient hat, und haufenweise Lumpen, Reste von Ausrüstungsgegenständen, Uniformteile, Decken, Gewehre, Munitionskisten und Brot. Ein Bild grenzenlosen Durcheinanders und heillosen Chaos. Ein Zeichen des Zerfalls der Wehrmacht? Die Brote lasse ich von meinen Leuten einsammeln. Brot beginnt bei uns seit einiger Zeit knapp zu werden ...«

Vom Abteilungsschreiber hörte ich, daß Hitler in einer Proklamation für dieses Jahr den Sieg prophezeit hatte – eine Erklärung, an die die meisten wieder seltsam kühne Hoffnungen zu knüpfen begannen. Realisten sagten dazu: »Hitler kann dabei nichts verlieren, denn erfüllt sich wider Erwarten seine Prophezeiung, dann ist er ohnehin gerettet, erfüllt sie sich aber nicht, was so gut wie sicher ist, dann ist das auch *sein* Untergang. Irgendwelche Halbheiten wird es nicht mehr geben und eine ›dritte Lösung‹ ebensowenig.«

Am 26. Februar, einem Montag, gingen zwei Pak-Treffer in unsere Stallgebäude. Meine beiden Reitpferde wurden getötet, zwei andere Reitpferde mit schweren Verletzungen würden kaum durchkommen. Die Sorge um meine Batterie nahm unterdessen alle meine Gedanken in Anspruch.

27. Februar, Dienstag: »Am Nachmittag mehrere Stellungen erkundet und beim Abteilungsstab zu Besuch – Kuchen und Kakao wie in Friedenszeiten. Ein paar gute Bücher liegen herum: Dostojewskis ›Der Spieler‹, Romane von Guy de Maupassant, die der Stabsarzt gerade liest ... Der Stabsarzt malt uns das Bild des völlig berauschten Oberleutnants Ahlborn sowie sein eigenes im gleichen Zustand höchst anschaulich und in grellen Farben. Am Abend beginnt es aufzuklaren, und der Mond steht leuchtend am weiten, dunklen Nachthimmel ...«

Beim Pfarrer von Anglitten

Ich war vom Kommandeur beauftragt worden, seitab von der großen Straße Quartier zu machen und dann durch einen Melder die Batterie einzuweisen. In der Dunkelheit der eben hereingebrochenen Nacht entdeckte ich hinter hohen, alten Bäumen ein hell erleuchtetes Fenster und ging darauf zu. Als ich ankam, mußte ich erkennen, daß es nicht wie vermutet zu einem Gutshaus gehörte, sondern zum Maschinenraum eines noch voll im Betrieb befindlichen Elektrizitätswerkes, in das ich rasch eintrat. Inmitten tobender und rasender Turbinen war ein älterer Mechaniker – vermutlich ein Kriegsinvalide – an einem Schalttisch zugange und hielt ein großes Steuerrad in den Händen. Schreiend versuchte ich mich mit ihm zu verständigen, aber er wußte, daß das hier drinnen, inmitten des Lärms, unmöglich war, und folgte mir ins Freie. Er zeigte mir den Weg. Hoch über dem Fluß, der zu einem kleinen See angestaut worden war, erhob sich ein baumbestandener Hügel, überragt von einer Kirche und einem Friedhof – Gut und Pfarre von Anglitten. Endlich hatte ich auch die in starkem Dialekt gegebene Wegbeschreibung verstanden, und in wenigen Minuten hatten wir den stillen, friedlichen Ort erreicht. Leicht fand ich unter den Gebäuden das stattliche Pfarrhaus heraus und ging – zumal es stiller war, als ich mir das von einem mit Soldaten überfüllten Haus vorgestellt hätte – darauf zu, um dort, wenn möglich, Quartier zu machen und den Pfarrer, falls er noch da sein sollte, zu sprechen.

Wie erstaunt war ich aber, als mir dann mit einemmal die zivile Gestalt eines gutaussehenden Mannes entgegentrat, der Pfarrer. Ich stellte mich vor und nannte meinen Auftrag. Der Pfarrer, der sich als alter Artillerieoffizier der Reserve zu erkennen gab, erteilte mir bereitwillig Auskunft und lud schließlich den Kommandeur und mich ein, seine Gäste zu sein – das heißt, in seinem Hause Quartier zu nehmen. Eine Aufforderung, der wir natürlich gerne Folge leisteten. Neben allen sonstigen Bequemlichkeiten spürten wir hier auch endlich wieder einmal häusliche Geborgenheit und Kultiviertheit um uns ... Die Wahl seiner Bücher zeigte den großzügig-freisinnigen Menschen, als den wir Pfarrer Natz bald auch in der Unterhaltung kennenlernten. Der Hauptmann der Reserve und Reiter machte uns schließlich eine Anzahl von Ausrüstungs- und Bekleidungsgegenständen zum Geschenk – vom Offizierssattel angefangen bis hin zur ledernen Kartentasche –, wobei er immer wieder beteuerte, daß er ja gewissermaßen unter Druck, unter Feinddruck handle, weil er damit rechne, in Kürze sein Haus samt allen darin befindlichen Gegenständen im Stich lassen zu müssen. Das minderte aber unsere Freude an diesen unerwarteten Geschenken nur wenig. Das elektrische Licht brannte noch, und das Radio spielte. Wir saßen zum Abendessen um den ovalen Familientisch und ließen es uns schmecken. Um wieviel besser schmeckte es hier, wo wir Gäste waren und nicht Eindringlinge in verlassenen Häusern oder Zwangseinquartierte bei verängstigten Fremden!

Schon bei meiner Ankunft war mir der kleine, stille Friedhof aufgefallen, der rings um eine aus Feldsteinen errichtete Kapelle angelegt war, und ich hatte mir vorgestellt, daß wir unseren kurz zuvor gefallenen Kameraden Leutnant Schulz dort vielleicht beerdigen könnten. Wie froh war ich dann, daß sich unser Pfarrer erbot, zu dessen Beerdigung zu sprechen, denn ich hatte gefürchtet, daß unser Kommandeur nicht die passenden Worte finden würde. Mit viel Mühe gruben die Kanoniere in den hartgefrorenen Boden ein Grab. Dann trat unser Pfarrer – im Ornat – hinaus in die dunkle Nacht, die nur durch den Widerschein des Schnees etwas erhellt wurde, und begann zu sprechen. Seine Worte sind mir – außer den alten tief in uns nachklingenden rituellen Formeln und Gebeten – nicht im Gedächtnis geblieben, nur daß Pfarrer Natz von der Gleichgültigkeit und Mißachtung sprach, die in unserer Zeit dem Christentum entgegengebracht wird, und davon, wie sich im Kriege bei manchen diese Mißachtung gelegt und in tiefen, wirklichen Glauben verwandelt hat. Während seiner Worte hallte der Knall eines scharfen Abschusses durch die Nacht, und ich fürchtete schon, daß er von einem sowjetischen Panzer herrühre. Pfarrer Natz ließ sich aber nicht stören und sprach unbeirrt weiter, kaum daß eine leichte Erregung in seiner Stimme zu hören war. Das Vaterunser beendete unser nächtliches Beisammensein im Gedenken an den Toten.

Unsere Gedanken wandten sich wieder der Gegenwart zu und der Nähe. Erst als Berndt Wendenburg mir sagte, die Abschüsse seien nicht von sowjetischen Panzern, sondern von einer in der Nähe stehenden deutschen Kanonenbatterie gekommen, war ich beruhigt. Wir saßen an diesem Abend noch lange beieinander und sprachen über dies und das – am meisten aber über das Schicksal der Provinz und all der Menschen, die von ihren arroganten Nazifunktionären schnell und hastig im Stich gelassen worden waren, nachdem sie noch wenige Wochen zuvor gefordert hatten, Ostpreußen bis zum letzten Mann zu »halten«. Ratlos und ohne Marschziel waren viele von ihnen nun auf dem »Treck«, stumm, schicksalsergeben und in der vagen Hoffnung, irgendwie nach Westen zu kommen und den gefürchteten Sowjets auf diese Weise zu entgehen. Viel menschliche Kleinheit, Schlechtigkeit, Erbärmlichkeit bringt der Krieg an den Tag und nur ganz selten, meist im Verborgenen, auch einmal menschlichen Anstand und menschliche Größe. In Anglitten, so erzählte der Pfarrer, hatte die Tätigkeit des Nazi-Ortsgruppenleiters lediglich darin bestanden, daß er von Haus zu Haus ging und überall verkündete: »Wir müssen wech!«, womit er dann die Menschen ihrem weiteren Schicksal überließ. Er selbst machte sich unverzüglich mit seinem Wagen auf den Weg – als erster von allen. Ich mußte unwillkürlich an Manfred Kybers Geschichte vom Oberaffen denken.

Rückzug oder Flucht?

Am 28. Februar fand ich einmal mehr Zeit für eine Tagebuchnotiz: »Trüber, regnerischer Tag. Die Erde ist mit Schlamm und Schmutz bedeckt, etwas tiefer stößt der Fuß auf festgefrorenen Boden. Gestern abend war ich auf unserer Beobachtungsstelle, die sehr günstig am Rande einer tiefen Schlucht liegt und einen weiten Einblick ins Feindgelände erlaubt. Ich will den Unterstand der B-Stelle und den der Funker heute weiter ausbauen lassen. Beim Bataillonskommandeur in einem großen, feuchten Bunker, der von einem OT-Ofen mächtig erwärmt wird. Der Kommandeur, ein biederer Ostpreuße, schwört auf seine 3. Kompanie und zeigt mir stolz ein Anerkennungsschreiben des Divisionskommandeurs, das er gerade für ein erfolgreiches Stoßtruppunternehmen erhalten hat.

Leuchtkugeln – die grellweißen der Sowjets und die etwas dunkleren, gelben unserer Infanteristen – erhellen ab und zu die Nacht. Hinter trübenden Wolkenschleiern verbreitet der Mond sein mildes Licht. Leise fällt Regen. Weit im Norden sieht man die Schußbahnen der sowjetischen Salvengeschütze und die Leuchtspur der Pak.

Dröhnend und heulend kommt das Geräusch von Einschlägen und Abschüssen zu uns herüber. Die Erde bebt selbst hier, wenn in der Ferne schwere Kaliber einschlagen. Nah bei uns tackern die Rotarmisten nur von Zeit zu Zeit mit ihren Maschinengewehren in die Nacht hinein, so daß die ›Knallerbsen‹, wie die Landser deren Sprengmunition nennen, an den Sträuchern und Bäumen zerplatzen. Das gewohnte Erlebnis eines ruhigen Frontabends. Wie lange wird es so ruhig bei uns bleiben?«

Als ich spät in mein Quartier zurückkam, fand ich einen Brief meines Vaters vom 22. Januar vor, den ich als willkommenes Lebenszeichen aufnahm. Freilich hat Dresden danach noch eine Reihe weit schwerere Angriffe erlebt, aber ich war froh zu wissen, daß der erste wenigstens glücklich überstanden war. Nur der seelische Zustand meiner Mutter ängstigte mich. Sie sorgte sich um mich zu Tode, und ich konnte ihr doch nicht helfen.

1. März, Stolzenberg:

»Schneller als erwartet setzten die sowjetischen Angriffe wieder ein, und wir erlebten gestern heftiges Trommelfeuer aller Kaliber, das wohl im wesentlichen mehr im Norden lag, sich aber auch auf unseren Frontabschnitt ausdehnte. Mehrere Stützpunkte der Infanterie haben sich ohne einen Schuß ergeben. Oberwachtmeister Bulganin, unser Vorgeschobener Beobachter, mußte Stellungswechsel machen, und als am Abend Leutnant Landig kam, um ihn abzulösen, wurde er am Kopf leicht verwundet. In der Nacht ließ ich schanzen, um den Vorgeschobenen Beobachter in seiner neuen Stellung vor weiteren Ausfällen zu bewahren. Leider wurden die zum Schanzen eingesetzten Soldaten auf dem Rückweg verwundet. Heute mittag ist ein Funker gefallen.«

Der Tag bringt im übrigen wenig Feindbeschuß, dafür um so heftigere Infanterietätigkeit, die dazu führt, daß weitere Stützpunkte verlorengehen und schließlich der Vorgeschobene Beobachter ausweichen muß. Am Nachmittag ist das Wetter stürmisch und trüb. Ein leichter Regenschauer fällt. Trotzdem brummen russische Schlachtflieger in der Luft, die seit Wochen keine deutschen Jagdflugzeuge mehr gesehen hat.

Ich muß darüber nachdenken, wie rasch man dieses Leben mit jenem vertauschen muß, von dem wir nichts wissen ... Man erzählt, daß die deutschen Soldatenfriedhöfe bei Mga vor dem Abzug unserer Truppen plattgewalzt wurden, um sie nicht in Feindeshand fallen zu lassen. So spurlos vergeht unser Leben; auch wenn wir einigen Menschen noch immer im Gedächtnis bleiben werden, rasch ist mit ihnen auch diese Spur vertilgt, die einzig dauernde vielleicht, die wir zu hinterlassen vermögen. Sie besteht weniger im ›Ruhm‹ unserer Taten als – vielleicht – in der Dankbarkeit, mit der andere unser gedenken. Ewig aber dauern auch diese Spuren nicht. Doch was liegt schon an Spuren?«

4. März, Sonntag. Mein Geburtstag. Marienhöhe bei Hermsdorf: »Besuch auf der B-Stelle. Beobachte einen russischen Vorstoß und melde jede Einzelheit, ohne selbst schießen zu können. Das sehr unangenehme Pak-Feuer zwingt uns, im Graben zu bleiben, und was mich besonders beeindruckt, ich muß mich sogar meiner körperlichen Bedürfnisse im Graben entledigen.

Am Abend veranstalten Unteroffiziere und Mannschaften für mich eine Musiksoirée mit zwei Violinen, Klavier, Gitarre und Akkordeon. Das Programm besteht aus einer lustigen Mischung von Opern-, Operetten- und Schlagermelodien. Dazwischen lasse ich mir den ›Großen Zapfenstreich‹ vorspielen: ›Ich bete an die Macht der Liebe‹. Wie seltsam muten diese Worte an – mitten in einem erbarmungslos geführten Krieg.«

In meinem Tagebuch erwähne ich nicht das großzügige Geschenk, das mir von einer Reihe von Wachtmeistern und Unteroffizieren der Batterie zum 23. Geburtstag gemacht wurde: ein kleiner DKW, den sie in einem verlassenen Haus »gefunden« und »requiriert« hatten. Leider währte die Freude über dieses bequeme und schnelle Gefährt nur wenige Stunden. Dann wurden wir von einer Feldpolizeistreife angehalten, die an der zivilen Nummer erkannte, daß es sich nicht um ein reguläres Wehrmachtfahrzeug handelte. Wir mußten den kleinen Wagen abgeben, durften aber mit ihm zur Einheit, die wir auf unserer Erkundungsfahrt verlassen hatten, zurückkehren. Trotzdem war ich natürlich über das »Geschenk« gerührt. Nie wieder habe ich ein ebenso großes Geburtstagsgeschenk erhalten!

Am 6. März – inzwischen war der verlustreiche Rückzug weitergegangen – notierte ich:

»Heute wurde unsere Batterie aufgelöst und in alle vier Winde verstreut. Das Herz tat mir weh, so viele der alten Leute wegschicken zu müssen. Manche von ihnen waren sechs Jahre und länger bei dieser Batterie gewesen und hingen an ihren Kameraden und auch an den von ihnen gepflegten prächtigen Pferden, die sie nun von einem Tag auf den anderen abgeben mußten. Manch einem standen die Tränen in den Augen – und ich konnte ihnen nicht helfen. Mehr als gute Worte vermochte ich ihnen nicht auf den Weg zu geben. Am Abend bleibe ich mit ein paar Leuten, die noch nicht versetzt worden sind, allein. Sie spielen Karten oder machen Musik, um die trüben Gedanken zu verscheuchen ... Ich lese noch in Fontanes ›Vor dem Sturm‹ und dann in Dostojewskis ›Idiot‹. Die Russen greifen an.«

7. März, Marienhöhe:
»Heute bei Hauptmann Happe, unserem letzten Abteilungskommandeur, der zur Zeit den ersten Ordonnanzoffizier der Division vertritt, um ihn über die Aussichten einer Rückkehr zur Division zu befragen. Morgen will ich auch noch zum Armee-Oberkommando fahren, um dort etwas über den nach wie vor unbekannten Verbleib der übrigen Teile meiner Division herauszubringen ...
Ein sonniger Wintertag. Dick liegt der Schnee auf den Feldern im Lautertal, in dem sich der Gefechtsstand der Division befindet. Schweigend stehen die großen, schwarzen Tannen mit ihren weißen Spitzen da ...«

9. März, bei Marienhöhe (Kreis Heiligenbeil):
»Gestern beim IIa (der erste Adjutant, zuständig für Offiziersangelegenheiten) der Vierten Armee. Mein letzter Versuch, die Einheit wieder zusammenzubekommen. Aber weder der IIa noch ein Major, der in einer besonderen Abteilung des Stabes die Aufstellung und Zusammenlegung von Einheiten bearbeitet, machen mir Hoffnung. Dann sprach ich telefonisch mit Oberstleutnant Trittel, der das GR 9 noch in der vertrauten Besetzung des Stabes beieinander hat: Hauptmann Richard von Weizsäcker, Oberleutnant Wächter etc. Ich freute mich, mit den alten Bekannten wenigstens wieder einmal sprechen zu können. Zur alten Division, die im nächsten Kessel (bei Danzig) eingeschlossen ist, besteht Telefonverbindung, aber mehr auch nicht.

Merkwürdig, wie wir alle an unserer alten persönlichen Umgebung hängen, auch Menschen, die kaum zueinander passen, haben doch eine Art Heimat in ihrer Einheit gefunden. Über die Tränen der alten Obergefreiten der 7. Batterie hatte ich mich noch gewundert, aber jetzt stellte ich fest, daß es mir selbst nicht viel anders ging, auch wenn ich keineswegs so lange bei der gleichen Einheit war.

Ich lese wieder in Dostojewskis ›Dämonen‹. Seltsam tiefe, vielleicht aber auch krankhaft überspannte Worte über das russische Volk und seine Religiosität: ›Jedes Volk hat seinen Gott, und der Gott eines jeden Volkes ist ein anderer, und das Volk – ein richtiges, großes Volk kann gar nicht anders –, es hält diesen Gott für den besten, einzigen überhaupt. Wenn die Völker aufhören, ihre eigenen Götter zu haben, dann hören sie bald auch auf, Völker zu sein.‹ Vielleicht trifft Dostojewskis These auch für unsere Zeit zu. Mag sein, daß der fanatische Bolschewismus eine Art Ersatzreligion der Russen ist.

Heute ist wieder ein wundervoll klarer Wintertag. Weiß und sauber liegt die glitzernde, glänzende Schneefläche vor uns, und die Augen sind müde, geblendet vom vielen Licht.«

11. März, Sonntag, Marienhöhe:
»Gestern fand ich ein paar interessante Bücher: ein Bändchen mit Madonnenbildern – leider keine besonders guten Reproduktionen. Auffallend, wie in der Zeit zwischen 1470 und 1550 die bedeutendsten Maler der Renaissance in nie wieder dagewesener Zahl in Italien und Deutschland tätig sind: Leonardo, Raffael, Correggio, Tizian, Holbein, Dürer, einige von ihnen schon halb zum Barock gehörend.

›Hier ist Trakehnen‹ lautet der Titel eines anderen Bandes, der prachtvolle Aufnahmen dieser schönen Reitpferde enthält. Der begleitende Text stammt von R. G. Bindung. Von Nietzsche blättere ich in einem Band mit chronologisch geordneten Texten bis hin zum ›Zarathustra‹. Ob ich darin lesen werde?«

Die Russen hatten Flugblätter eigens für die Artilleristen der Kampfgruppe Pietsch – der wir angehörten – abgeworfen. Ein größerer Teil dieser Kampfgruppe war bereits übergelaufen. Die »Kampfmoral« der Truppe war jetzt allgemein gering. Im Grunde war es nur noch die Angst vor dem »Iwan« und manchmal die insgeheim gehegte Hoffnung, doch noch heil nach Hause zu kommen, die von dem letzten Schritt abhielt oder ihn wenigstens hinausschob. Auch der ungemein verzögerte Postempfang wirkte sich negativ auf die Stimmung aus. Vor allem deprimierten die fast täglich gemeldeten Bodenverluste in West und Ost, zuletzt im Rheinland und in Pommern. Die Artilleristen gingen meist noch mit einer Art von Galgenhumor über die Dinge hinweg, aber im Grunde waren auch sie ohne Hoffnung – bis auf einzelne Fanatiker, die sich wilden Spekulationen über eine Wende des Kriegsglücks hingaben.

Mir selbst stand die deutsche Niederlage schon so lange als Möglichkeit vor Augen, daß ich weit weniger enttäuscht war als die ewigen Hyperoptimisten. Wenn ich mir allerdings die Zukunft meines Vaterlandes vorzustellen versuchte, wurde mir doch schwer ums Herz. Sollte dieses Volk so schlecht sein, daß es nicht verdiente, weiter sein Dasein zu fristen? Lastete die Sünde der Überheblichkeit denn nur auf uns? Und warum mußten immer wieder die armen, harmlosen, oft auch so ahnungslosen einfachen Menschen am meisten leiden? »Ja, die Gerechtigkeit des Schicksals muß wohl irgendwo anders liegen als bei den wenigen, offen zutage liegenden Ereignissen, sonst freilich müßten wir verzweifeln.«

Und doch: »... anläßlich eines ›bunten musikalischen Abends‹ gab ein Klavierspieler, der früher einer bekannten Tanzkapelle angehörte, mit unglaublicher Bravour eine endlose Reihe von Operettenliedchen und Schlagern zum besten. Auf der Gitarre spielte und sang dazu Wachtmeister Rudi Rübsamen.«

16. März, Galitten:
»Zwei Tage auf VB-Stelle gewesen bei nebligem und regnerischem Wetter. Am ersten Tag südostwärts von Hermsdorf auf einer Höhe. Links vor uns heftiges Artillerie- und Salvengeschützfeuer und der Einbruch der Russen. Vor uns geht ein Infanteriestützpunkt verloren, und ich lasse die Riegelstellung beziehen. Am anderen Tag bei Gut Freudental. Während der Nacht im Gut geschlafen. Dann in nassen Gräben unter Artillerie- und Pak-Beschuß, auch Stalinorgeln schweren Kalibers. Ich beobachte von einem Panzerdeckungsloch aus Funker und Fernsprecher in einem nahe gelegenen, überdachten Erdloch, das wir in aller Eile gegraben haben. In meinem Deckungsloch wuseln eine Menge Wühlmäuse durcheinander: kleine, erd-

braune, glatthaarige Wesen mit kurzen, schwarzen Schwänzchen und zierlichen, weißen Füßen. Wenn sie die steile Wand meines Deckungslochs hochklettern, zieht sich der kleine Körper in die Länge, und wenn die Nager dann, mit ihren Vorderpfoten eine kleine Wurzel haltend, eifrig mit dem Kopf arbeitend, fressen, ziehen sie sich ganz kurz zusammen. Die kugelrunden, dunklen Augen blicken lustig umher, ab und zu krabbelt eins der Tiere über meinen dreckverkrusteten Tarnanzug, der sich kaum von der Erde unterscheidet. So beschäftige ich mich den ganzen Tag über – wenn draußen nichts passiert – mit meinen kleinen ›Spielkameraden‹.

Genau vor uns waren die Russen wieder ziemlich ruhig trotz heftigen Feuers, während sie in den Wald links von uns eindringen und damit auch die Infanterie in unserem Abschnitt zum Rückzug zwingen. Plötzlich tauchen am Waldrand etwa 200 Meter vor mir 20 Russen auf und beschießen ein deutsches Geschütz, das auf der Straße vorbeigefahren wird. Zum Glück für uns protzt das Pak-Geschütz ab und nimmt die Infanteristen unter Feuer, so daß wir ungestört in unseren Löchern bleiben können, auch wenn keine Infanterie mehr schützend vor uns liegt. Das Sperrfeuer meiner Batterie kommt viel zu spät, so daß ich es einstellen lassen muß.

Am Abend werden wir – verdreckt, schlammig und müde – endlich abgelöst. Wie dicke Elefantenhaut, muß ich, an meinem Tarnanzug hinunterblickend, denken. Durchfroren und hungrig machen wir uns auf den ›Heimweg‹.

Der Ring um unsere Armee wird empfindlich eng. Selbst im Bereich der Feuerstellung liegt Beschuß von allen Seiten. Die Vorgeschobenen Beobachter beziehen ›Quartier‹ in einem Dachzimmer. Ich liege fast den ganzen Tag über in meiner ›Falle‹ und lese im ›Zarathustra‹, dessen eigenartig-biblisch beeinflußte rhythmische Sprache mir immer wieder Eindruck macht, obgleich ich meinte, daß Nietzsche mir nichts mehr zu sagen habe. In diesem Buch ist die feierliche Schwere der biblischen Sprache Luthers mit einem leichten, tänzerisch-beschwingten französischen Ton vermischt, der Nietzsches Eigenart ausmacht. Müde vom Balkenschleppen ...«

Im Kessel von Heiligenbeil

17. März, Schirten bei Heiligenbeil:
»Stellungswechsel in knietiefem Schlamm. Die Geschütze müssen über Heiligenbeil einen zwölf Kilometer weiten Umweg machen. Alle Straßen verstopft mit ›mot- und hot-Fahrzeugen‹. Pferde stehen herrenlos auf den Feldern, manche wurden von Veterinären erschossen und liegen bei Schirten, wo unsere neue Feuerstellung ist, zu Hunderten in großen Gruben. Meine Stiefel sind völlig durchweicht, zwischen Strumpf und Fuß sitzen Klumpen von Schlamm und Dreck. Im Dorf ist kein Quartier zu finden. Bis unter die Dächer sind alle Häuser mit Soldaten ›gefüllt‹. Versuche, von einer Flak-Werkstatt einen Raum freizubekommen, scheitern an der Sturheit des Kompanieführers. Ärger über einen Hauptmann Eilemann.«

23. März, Bregden:
»Mehrere Mal beim VB. Heftiges Feuer der Russen und Panzerangriffe führen zu weiterer Verengung unseres Haffbrückenkopfes. Überall liegen Pferde, Fahrzeuge, Krafträder und Kriegsmaterial herum. Die Felder sind beinahe knietief aufgeweicht, und in dem zähen Lehm kommen wir nur langsam vorwärts. Inzwischen sind meine Stiefel restlos kaputtgegangen, und nun wate ich in riesigen Filzstiefeln durchs Gelände, Stiefeln, die dauernd feucht sind, weil sie Wasser aufsaugen und zentnerschwer an den Füßen hängen. In dem schmalen Landstreifen von drei bis sechs Kilometer Breite, den wir noch an der Küste des Haffs verteidigen, drängt sich eine unübersehbare Menge von Soldaten und Zivilisten. Alles läuft durcheinander, zum Glück beginnt endlich der Abtransport über das Frische Haff.
Zunächst sind ›natürlich‹ die ›Elitedivisionen‹ ›Hitlerjugend‹ und ›Großdeutschland‹ an der Reihe. Bald darauf aber auch unser Divisionskommandeur, General Blaurock mit seinem Stab (einschließlich Hund!). So bleibe ich bei einer doppelt fremden Division mit den letzten 20 Mann meiner Batterie zurück.
Als ich am Abend von der B-Stelle zurückkam, fand ich vor unserer Feuerstellung einen gefallenen Soldaten am Wegrand liegend. Welch grausige Lage, wenn nicht einmal mehr die Zeit gefunden wird, die Toten zu bestatten! Auch die beiden Soldaten, die bei mir waren, erschraken heftig.

Während der Nacht schliefen wir in einem bequem eingerichteten Waggon der Eisenbahnpioniere, die als Angehörige einer wertvollen Spezialeinheit bereits abtransportiert worden waren. Am Tag sollten wir uns in Deckungslöchern aufhalten. Um mein Tagebuch zu führen, blieb ich jedoch noch etwas länger im Wagen. Eigentlich müßte ich Benachrichtigungen an die Angehörigen von Gefallenen schreiben, aber ich habe die Adressen nicht zur Hand, und mein Schreiber, der sie aufbewahrt, ist irgendwo unauffindbar am Strand.

Soeben sind wir durch alle Wagen des kleinen Zuges gegangen. Wie überall liegen auch hier Lebensmittel: Brot, Fleischkonserven, Speck, Kaffee, Seife und andere brauchbare Dinge in heillosem Durcheinander herum, von den überstürzt abziehenden Truppen im Stich gelassen. Gestern fanden wir in der Nähe der B-Stelle sogar zwei Flaschen französischen Cognac und eine Flasche roten Sekt, den wir – um unseren Durst zu stillen (!) – sogleich austranken.

Es ist halb zehn, und die Russen beginnen bei Heiligenbeil, rechts von uns, mit ihrem Trommelfeuer. Hoffentlich hält die Front noch etwas. Ich versuche, ›Faust‹ zu lesen, den ich bei Hermsdorf gefunden habe, aber – ich gestehe es zu meiner Schande – es fehlt doch die nötige innere Ruhe für ›schwere‹ Lektüre.

Inzwischen habe ich meinen Standort gewechselt und sitze in einem Deckungsloch hinter dem Bahndamm. Die Russen schießen mit Pak und Panzerkanonen über uns hinweg. Das Trommelfeuer bei Heiligenbeil hat nachgelassen. Dafür beginnt der Himmel aufzuklaren, was sowjetischen ›Luftbesuch‹ verspricht. Gestern sind mehrere hundert Flugzeuge über uns gewesen: Jäger, Schlachtflugzeuge und schwere, zweimotorige Bomber amerikanischer Bauart.

Immer wieder bedrückt mich der traurige Anblick des auf den Feldern verlassen dahinvegetierenden Viehs. Viele Tiere sind verwundet oder krank, kaum noch lebend. Aus ihren großen, dunklen Augen blicken sie unbeweglich, wie anklagend, vor sich hin. Neulich sah ich ein Pferd so dastehen: Die rechte Hinterhand eingeknickt, hielt es sich auf den drei übrigen Beinen mühsam im Gleichgewicht. Weit nach vorn und unten hing der dürre Hals mit seiner spärlichen, struppigen Mähne. Mähne wie Schweif waren kotig, und hinter dem Pferd lag ein hoher Haufen von Mist. Es mußte schon tagelang an derselben Stelle gestanden haben, an der es wohl sterben wird. Was können wir für diese notleidenden Tiere anderes tun, als sie zu töten, um ihre Leiden abzukürzen? Die Rinder, vor allem die seit Wochen nicht gemolkenen Kühe, mit blutigen Eutern, verenden. Das ganze Land ist von Tierkadavern verpestet. Ostpreußische Erde!«

Erst sechs Tage später – inzwischen als einer der letzten vom Festland auf die Frische Nehrung hinübergerettet – findet sich wieder eine Tagebucheintragung. Von den Wochen des immer hastigeren Rückzugs (richtiger der Flucht) aus Ostpreußen erinnere ich mich nur noch an zwei Episoden, die keinen Niederschlag im Tagebuch gefunden haben. Nicht nur der Invalide in dem Elektrizitätswerk, auch Arbeiter in Molkereien und in einer Fabrik für Büchsenmilch arbeiteten pflichtbewußt oft noch bis zum allerletzten Augenblick – nachdem die meisten übrigen Bewohner der Dörfer schon geflohen waren. In großen Behältern schwamm dort hektoliterweise dickflüssige, gelbe Büchsenmilch. Wir füllten ein paar Stalleimer mit dem nahrhaften Saft, und jeder Soldat konnte sich, sooft er wollte, seinen Trinkbecher mit Büchsenmilch füllen. Mehr als zwei Becher brachte aber kaum einer herunter. Die Kalorien brauchten wir dringend, denn die Versorgung war im Chaos der Flucht längst untergegangen, und wir blieben auf die zufälligen Funde am Wege angewiesen. An die problematische Auswirkung auf die Verdauung kann ich mich nicht mehr erinnern.

Eines anderen Abends beobachtete ich zwei Kanoniere, die 17 und 4 spielten – was verboten war. Doch vor allem die zahlreichen echten Hundertmarkscheine, um die es hier ging, beeindruckten mich. Auf die Frage, woher dieser plötzliche Reichtum stamme, antworteten die beiden ganz ungeniert, sie hätten den Tresor einer Sparkasse am Wege geöffnet und die Hundertmarkscheine mitgenommen. Das war offensichtlich ein Delikt – nämlich Einbruch –, aber wer sollte das in dem Chaos einer flüchtenden Armee bestrafen? Und was bedeuteten schon Reichsmarkscheine, deren inflationierter Wert nur mehr schwer zu beurteilen war? Schließlich konnte man sich ja auch fragen, warum den nachrückenden Russen das Geld hinterlassen werden sollte? So nahm ich denn nur die Tatsache zur Kenntnis, daß ein paar Soldaten sich bereichert hatten, den Wert des so leicht und illegal erworbenen Geldes jedoch so wenig ernst nahmen, daß sie es unverzüglich wieder wörtlich aufs Spiel setzten. Ich habe keine Ahnung, was aus diesen Spielern und ihrer Beute geworden ist.

Spätestens in sowjetischer oder britischer Gefangenschaft wird man ihnen das Geld abgenommen haben, wenn sie nicht zuvor im Kessel von Heiligenbeil gefallen sind.

In unserer Lage waren nicht nur die Eigentumsgesetze außer Kraft gesetzt. Das Spiel der beiden Soldaten mit echtem Geld, das sie benutzten, als ob es sich um bloßes Spielgeld handelte, erschien mir als ein weiteres Symbol der Auflösung aller Normen des Zusammenlebens einer »bürgerlichen Gesellschaft«.

Auf der Frischen Nehrung

Am 29. März notierte ich »bei Neukrug auf der Frischen Nehrung« rückblickend über die Erlebnisse im Kessel von Heiligenbeil:

»Die letzten Tage haben die größten Anstrengungen des Krieges für alle Beteiligten gebracht. Das Bild schrecklichen Grauens und schlimmster Zerstörungen werden wir nie vergessen. Worte vermögen nicht zu beschreiben, was geschah. Am Strand lagen, eng zusammengedrängt bei ihren Fahrzeugen – den Pkws, Lkws und Pferdefuhrwerken –, die Soldaten in rasch ausgehobenen Erdlöchern und ließen sich, stumm ergeben, vom Feuerhagel feindlicher Bomben und Artilleriegranaten überschütten. Verstümmelt, schwer verwundet, tot liegen sie am Boden. Gesprengt die Fahrzeuge, vernichtet in großen Mengen Waffen, Munition und Lebensmittelvorräte.

Bilder menschlichen Grauens stehen mir mit beklemmender Deutlichkeit vor der Seele. Ein Schwerverwundeter, dem ein Bein – fast bis zum Knie – zerschossen wurde, greift unbewußt immer wieder nach seinem fehlenden Fuß. An ihm, dem langsam Verblutenden, stürzen die Landser vorbei, nur noch einem einzigen Gedanken folgend: so rasch wie möglich weg von hier! An den Landungsstegen drängen sich dichte Scharen von Soldaten, die auf ihre Verladung warten, während weiter vorn energische Offiziere die Reste der verschiedenen Truppenteile in ihren Erdlöchern ausharren lassen, um den Russen wenigstens noch eine Weile erbitterten Widerstand zu leisten. Über das chaotische Trümmerfeld führt mich mein Weg – zusammen mit den 20 Männern, die mir noch verblieben sind – zum Haff.

Ich bin in Gedanken verloren und versuche die Größe dieser vernichtenden Niederlage zu erfassen. Auch wenn ich lange schon das Ende kommen sah, konnte ich es mir doch nicht so grauenhaft vorstellen. Vor ein paar Tagen – an einem Bahndamm – lief neben uns eine ganze Einheit mit ihren Offizieren und Unteroffizieren zum Feind über. Mit weißen Fahnen standen die Männer auf der Böschung und winkten. Wohin sie ihr Weg wohl führen mag?«

Wenn ich mich richtig erinnere, handelte es sich um eine ostpreußische Infanteriekompanie. Verwundert stellte ich fest, daß gerade hier, wo es doch um die Verteidigung ihrer Heimat ging, die militärische Disziplin und der Kampfwille versagten. Der Gehorsam von Soldaten bricht in dem Augenblick zusammen, in dem es keinerlei Hoffnung mehr gibt. Zu lange waren von der Propaganda die Illusionen eines »totalen Sieges« genährt worden, um jetzt noch Kraft übrigzulassen für einen »hinhaltenden Widerstand«, wie ihn die alte Reichswehr als Kampfform einer zahlenmäßig unterlegenen Truppe gekannt und gelehrt hatte.

»Der Wehrmachtsbericht bringt Alarmmeldung über Alarmmeldung, und die Leute hängen trüben Gedanken nach. Von daheim immer noch keine Nachricht. Dresden soll in Schutt und Asche liegen. Grauenvolles Leid ist über die einst so schöne Stadt hereingebrochen. Hier auf der Frischen Nehrung ist es zur Zeit noch still, und diese Stille berührt uns seltsam, fast fremd, während der Lärm des Geschützdonners und das Krachen berstender Granaten in unseren Ohren nachhallt, das Stöhnen der Verwundeten und Sterbenden und das wilde Hurrä-Geschrei der betrunken angreifenden Russen.

Gestern war ich zusammen mit Hauptmann Neubauer und dem Stabsveterinär an der Ostsee, die – mäßig bewegt – in langen Wellen an den Strand schlägt. Das Auge ruht auf der endlosen Weite des Meeres und des Kommens und Gehens der Wellen und läßt uns träumen. Die Frische Nehrung gleicht einer engen, langen und schmalen Sandbank, auf der wenig wächst und die den hier lebenden Menschen nur ein einsames, ärmliches Leben erlaubt. Die Schwierigkeiten des ungeordneten Nachschubs führen oft zu Hunger. Fische bilden die einzige, gelegentlich noch erreichbare dürftige Nahrung.

Soeben bekomme ich einen Armeebefehl zu lesen, nach dem es allen Wehrmachtangehörigen streng verboten ist, auch nur den kleinsten Teil ihrer Verpflegung an die Zivilbevölkerung abzugeben, selbst dann, wenn Teile dieser Verpflegung übrig sind. Welch unbegreifliche, borniert Unmenschlichkeit drückt sich in einem solchen Befehl aus! Wofür kämpfen wir denn, wenn wir den von uns zu schützenden Menschen nicht einmal mehr das Überleben gewährleisten dürfen? Wir werden uns an diesen Befehl nicht halten.

Aus den Resten meiner Batterie und der 12. bilde ich eine Kompanie. Einstweilen liegen wir unweit der Küste in Reserve. Gestern eine halbe Stunde besinnlicher Spaziergang am Strand. Gleichbleibende Eintönigkeit der rauschenden Wellen des endlosen Meeres. Wie in breiten Reihen rollen die Wellen auf mich zu, und die dem Strand am nächsten kommenden tragen helle, weiße Schaumkronen ... Meine alten Batterieangehörigen sehnen sich (wie ich) zurück zu unserem Artillerieregiment 23. Aber nachdem nun auch bei Danzig die Lage immer hoffnungsloser geworden ist, scheint es wenig ratsam, dorthin aufzubrechen.«

31. März, Ostersamstag:
»Eine kalte und ungemütliche Nacht in meiner Erdhütte zugebracht. Schlotternd und verschlafen stehe ich früh auf und laufe ein paar Schritte, bis ich vollends wach bin; dann essen wir, auf moosbelegtem Boden hingekauert, unsere fleischbelegten Brote und warten auf den Kaffee, der endlich – gegen neun Uhr – erscheint.

Das Fleisch stammt übrigens meist von unseren lieben Pferden, die wir notschlachten, um sie nicht dem Feind überlassen zu müssen und um unsere spärlichen Vorräte zu ergänzen. Ein Vorteil, den die bespannte Truppe wieder einmal gegenüber den motorisierten Verbänden hat! Panzer kann man nicht essen!

Ich höre von einem Kino, das in unserer Nähe sein soll, und beauftrage einen Wachtmeister – wenn nötig und möglich – Kinokarten zu besorgen. Etwas später mache ich mich mit dem Spieß zusammen auf den Weg zu einem nahe gelegenen Dorf, um dort auf einer Schreibmaschine eine Anzahl von Vorschlägen zur Verleihung des Eisernen Kreuzes zu schreiben und die Kompanieeinteilung zu kopieren.

Seltsam, daß es mir noch immer der Mühe wert zu sein scheint, Auszeichnungen zu beantragen, als ob das irgend jemanden noch über die nicht mehr übersehbare Niederlage hinwegtrösten könnte.

Die Fischer, die ich gestern traf, schimpften mächtig, weil Soldaten in ihren Häusern Brot gebacken und dabei den Feiertagsputz gestört haben. Ich freue mich über ihr breites Plattdeutsch. Ein alter Mann klagt in seiner ungelenken Sprache über die schlechte Versorgung der Zivilbevölkerung.«

2. April:
»Gestern, am ersten Osterfeiertag, bei trübem, regnerischem Wetter in der Kirche von Neukrug im Abendgottesdienst. Ich saß auf einer harten Bank inmitten von zahlreichen Soldaten, die der Ernst der Lage in die Kirche gebracht hatte. Draußen rauschte das Meer, und die Tannen standen schwarz vor dem dunklen Nachthimmel, während die Kerzen auf dem Altar unruhig vom Windhauch bewegt hin- und herflackerten – das silbern glänzende Kruzifix beleuchtend. Der Pfarrer legte seiner Predigt die Worte zugrunde: ›Christus hat die erlöst, die durch die Furcht des Todes im ganzen Leben Knechte waren.‹ Der Text sprach offensichtlich die Zuhörer an. Er vermittelte ihnen Sinn und gab Trost inmitten eines für sie nur schwer faßbaren Geschehens. – Die Männer meiner kleinen Kompanie sehnten sich nach solchem Trost und hatten deshalb fast alle gebeten, zur Andacht in die Kirche gehen zu dürfen. Der religiöse Glaube ist im Augenblick das einzige, was Menschen noch Halt geben kann.

Am Abend lange Gespräche mit Pfarrer Böttcher und ein paar Offizieren des Artillerieregiments. Ich berichte von der These eines schweizerischen Historikers, der den Mythos von der angeblichen Unbesiegtheit des deutschen Heeres im Ersten Weltkrieg für die Bereitschaft zur Führung des Zweiten verantwortlich machte. Gemeint war, die Propagierung dieses Mythos durch die nationalsozialistische deutsche Rechte müsse für die verhängnisvolle Wiederholungstat haftbar gemacht werden.«

5. April:
»A.V.O. (Artillerie-Verbindungs-Offizier) der II. AR 14. Einer Abteilung, die zur Zeit allerdings keine Geschütze hat! Wenigstens dem äußeren Anschein nach sind wir jetzt wieder Artilleristen geworden. Heute morgen sprach der neue Divisionskommandeur, ein Generalmajor Schulz, der den ›Papa Wrangel‹ spielt und unsere Einheit auf Schwung bringen will! Es ist feucht und kühl geworden, doch im

Bunker, den ich mit Bernd Wendenburg zusammen bewohne, brennt ein gemütliches Feuer.

Zum Abendessen bekamen wir eine süße Suppe, die wir in wenigen Minuten ›hinuntergetrunken‹ hatten. Zum erstenmal wieder ziemlich satt, gehen wir zu Bett.

Ich lese jetzt Schumachers ›Geschichte Ost- und Westpreußens‹. Amüsiert hat mich die Tatsache, daß der Name der Preußen (der Pruzzi) im Abendland erstmals durch einen portugiesischen Juden bekannt wurde, der um 986 eine Reise in die Gegend an der Weichselmündung unternommen hatte. Ironie der Geschichte!« Ich war versucht hinzuschreiben: »Die Preußen: eine jüdische Entdeckung!« Daß diese Ureinwohner der ost- und westpreußischen Gegend vom Deutschen Orden, von Polen und anderen Eindringlingen so gut wie vollständig ausgerottet worden sind und auch ihre Sprache in der Neuzeit von niemandem mehr gesprochen wird, während die Nachkommen der Eroberer und die Erben des Deutschen Ordens den Namen des verschwundenen Volkes angenommen haben, ist mir schon damals als merkwürdig und ungerecht erschienen. Später, als ich 1968 in den USA die selbstkritische Historiographie kennenlernte, die unter dem Titel »Towards a New Past« die Geschichte der grausamen Vertreibung und Dezimierung der indianischen Ureinwohner ans Licht gezogen hatte, schrieb ich einmal, die Preußen hießen mit ebensowenig Recht so wie nordamerikanische Siedler, die sich Sioux oder Apachen nennen wollten.

»Am Nachmittag eine B-Stelle an der Küste ausgesucht. Herrlicher Fernblick. Frauenburg, der alte Bischofssitz, hebt sich als Silhouette vom klaren Himmel ab. Durch hochgewölbte Spitzbogen dringt das ferne Himmelslicht. In Braunsberg brennt es, und langsam fliegt ein russisches Flugzeug über das Festland dahin.«

6. April:
»Post von daheim. Alle leben noch, und Vater beschreibt das zerstörte Dresden. Unser Haus ist stark ramponiert, aber noch gut bewohnbar. Wasser- und Lichtversorgung setzen aus. Wie dankbar bin ich für diese Nachricht! Wie habe ich auf sie gewartet, seit ich von den schweren Luftangriffen auf Dresden gehört hatte. Daß unser guter alter Bekannter Dr. Ruprecht, ein entschiedener Antinazi, bei diesem Angriff ums Leben gekommen ist, hat mich erschüttert.«

Mein sonst so zurückhaltend mit seinen Gefühlen bleibender Vater schrieb: »Ich gestehe, daß ich um ihn trauere.« Dr. Ruprecht gehörte zu den wenigen guten Bekannten meiner Eltern, mit denen sie sich offen über politische Fragen unterhalten konnten.

»Bernd ist ins Kino gegangen, und ich bin mit meinem alten, treuen Burschen allein ›zu Haus‹ – richtiger ›zu Erdhütte‹. Ich versuche meine Kenntnisse der Geschichte Ostpreußens zu vertiefen. Die verzwickten Verwaltungs- und Rechtsverhältnisse und ihr häufiger Wechsel sind aber ein widerspenstiger Lernstoff, und ich muß versuchen, das Ganze zu vereinfachen, um wesentliche Punkte für einen kleinen Vortrag zusammenzufassen, den ich nächste Woche für unsere Männer halten will ...

Unsere Verpflegung ist mangelhaft, aber vielleicht ist es auch die übliche Frühjahrsmüdigkeit, die uns zu schaffen macht. Meist liegen wir bis lang in den Vormittag hinein auf unseren Pritschen. Nachts träume ich jetzt zuweilen von seltsamen Dingen. Das Bild des unversehrten Dresden erscheint dann vor meinem inneren Auge.«

10. April:
»Die Ruhe unseres Aufenthalts auf der Nehrung geht allmählich zu Ende. Zunächst war geplant, uns nach Samland zu schicken, dann trat eine andere Division an unsere Stelle, und wir sollten lediglich einen längeren Frontabschnitt an der Küste übernehmen. Diese Nachrichten beunruhigen; die beinahe ferienmäßige Stille, die wir bis gestern genossen hatten, ging verloren. Für heute abend erwarten wir einen Marschbefehl.

Ich suche weiterhin Ablenkung und Trost durch die Beschäftigung mit der Geschichte Ostpreußens. Wiederholt war diese Provinz im Besitz anderer Mächte. Zweihundert Jahre lang, von 1454 bis 1660, hat sie unter polnischer Oberherrschaft gestanden. Von 1525 bis 1660 war sie polnisches Lehen, und die jeweiligen Herzöge oder Kurfürsten mußten dem König von Polen den Lehenseid schwören.«

Zum Deutschen Reich hat das Gebiet nie gehört. Kaiser und Papst hatten das Land der heidnischen Pruzzi 1231 dem Deutschen Orden zur Missionierung und Inbesitznahme übergeben. Die wechselnden Schicksale dieses Landes ließen mich dann auch das Nachkriegsgeschehen mit anderen Augen sehen: Die 1945 dekretierte Abtretung des südlichen Teiles von Ostpreußen an das wiedererstandene Polen war – wenn man in größeren historischen Dimensionen dachte – nicht mehr so unerwartet. Auch wenn ich damals noch nicht wissen konnte, daß ganz Ostpreußen Deutschland verlorengehen würde, lag doch die Vermutung bereits nahe, daß dieses umkämpfte Gebiet – ebenso wie die Stadt Danzig, mit deren Beschießung der Überfall auf Polen 1939 begonnen hatte – nicht bei Deutschland bleiben würde.

12. April:
»Klarer, kühler Tag. Rede zu den Zügen nacheinander über die Geschichte Ostpreußens. Ich mußte mich infolge der Fülle des Stoffes schließlich damit begnügen, die Geschichte des Deutschen Ordens und seines Wirkens zu bringen. Das Interesse der Soldaten war weit größer, als ich erwartet hatte.

Hauptmann Happe, unser ehemaliger Abteilungskommandeur, tauchte auf und berichtete von seiner Fahrt in den Raum der Weichselniederung, wo er versuchen wollte, zur 23. Division durchzukommen, was ihm jedoch mißlang.

Etwas später erfuhren wir von der Kapitulation des Generals Lasch in Königsberg. Sie hat bereits am 9. April stattgefunden, und Hitler hat den General ›in Abwesenheit zum Tode verurteilt‹. Diese Nachricht machte einen tiefen Eindruck auf unsere Soldaten. 23 000 Mann sind mit dem General in Gefangenschaft gegangen …

Hannover ist gefallen, Magdeburg von den Engländern erreicht worden. Was wird weiter werden? Gerüchteweise heißt es, daß Kurland und das Samland geräumt werden sollen.

Gestern sind ein Unteroffizier und drei Mann von der 5. Batterie verschwunden. Wohin? Ich möchte selbst irgend etwas tun, um unsere guten Menschen zu retten, aber ich weiß nicht, wie ich's anfangen soll. Es wäre die Aufgabe unserer Führung gewesen, dem Volk sinnlose Opfer zu ersparen. Besser den Krieg überhaupt zu vermeiden! Das wird als fester Vorsatz aller bleiben, die diesen Krieg miterlebt haben: mit allen Kräften künftige Kriege zu verhüten und unsere Kinder und Enkel vor einem ähnlichen Schicksal zu bewahren.

Beschäftige mich jetzt mit ›Heinrich von Plauen‹ von Ernst Wichert, dessen Roman ›Der Große Kurfürst in Preußen‹ ich früher gelesen habe.«

14. April:

»Spät aufgestanden und wieder etwas in dem umfangreichen Roman ›Heinrich von Plauen‹ gelesen. Das Buch stellt eine interessante Ergänzung zur Geschichte Ostpreußens dar ... Kühles und windiges Wetter. Von fern Trommelfeuer im Samland, rege Flugtätigkeit der Russen. Ich bin wieder etwas erkältet, habe Kopfschmerzen und wenig Tätigkeitsdrang.

Im Halbschlaf immer wieder Wunschträume und Phantasien über die Zukunft, in die sich Teile des realen Geschehens mischen. Ich glaube irgendwie an einen baldigen Schiffstransport und an ein Wiedersehen mit meinen Eltern und früheren Freunden ... Wie einen Film lasse ich schöne Erinnerungen vor meinem geistigen Auge vorüberziehen: den Urlaub im Sommer 1942 in Groß Luckow, Besuche bei Ernst Woermann, Konzerte in Berlin, Heimaturlaub in Dresden. Auch Erinnerungen an die vielen guten Bücher, die ich während der vergangenen Jahre gelesen habe, tauchen auf: Kellers, C. F. Meyers und Stifters Erzählungen und Novellen, Fontanes, Raabes, Dostojewskis Romane ... Sie alle sind mir vertraute Freunde geworden ...

Dann wieder denke ich voll Sorgen an die Zukunft und frage mich, wie ich wohl mein Brot verdienen werde und wie ich all das lernen kann, was ich mir einst vorgenommen habe. Alles hängt freilich von der politischen Entwicklung ab. Das Schlimmste wird der Hunger sein, der daheim auf uns wartet. Froh bin ich, daß ich in dieser Zeit nur für die wenigen Männer verantwortlich bin, die ich schon so lange kenne und mit denen ich viele schwere Tage gemeinsam überstanden habe.«

15. April:

»Draußen wechselt Schneetreiben und Hagelschlag mit Sonnenschein. Müde liegen wir fast den ganzen Tag über auf unseren Pritschen, lesen, schlummern, geben uns Gedanken hin, die fragend und rätselnd um die nächste Zukunft kreisen. Eine völlig unbegründete Zuversicht erfaßt mich: Bald werden Angst und Not zu Ende sein. Vielleicht bin ich deshalb so viel gelassener als die meisten anderen, weil ich das alles schon so lange kommen sah und nicht wie viele mit doktrinärer Verbohrtheit bis fünf Minuten vor zwölf noch an einen möglichen deutschen Sieg glaubte. Als diese Wunschträume zusammenbrachen, fanden viele keinen Halt mehr und wußten nicht, wo ein noch aus. Jetzt entwickle ich eine ungewohnte überlegene Gelassenheit und Ruhe und kann manchen auf diese Weise helfen. ›Weiter unsere Pflicht tun und ehrenhaft bleiben‹, so lautet meine Losung.

›Alle Schuld rächt sich auf Erden‹, an diese Zeile aus einem Goetheschen Gedicht muß ich oft denken. Wie bitter hat sich die Schuld gerächt, die unser Volk – doch vor allem die Führung dieses Volkes – sich aufgeladen hat. Wieviel Leid ist über dieses ostpreußische Land hereingebrochen. Das Flüchtlingselend des Winters hat bei eisigem Wind, Schneetreiben und unter Beschuß von Kampfflugzeugen und Bombern Tausenden von Menschen das Leben gekostet. Viele sind auf dem Eis des Haffs umgekommen oder mit ihren Fahrzeugen untergegangen ... Noch heute treiben ihre Leichen am Strand der Frischen Nehrung an. Die Trümmer ihrer Habe sind an der Küste verstreut. Holz, Stoffreste, Teile einer Küchenuhr, Kochlöffel, Töpfe – das alles liegt im wüsten Durcheinander da, auch wenn alles Brauchbare schon von den Landsern weggeholt und in ihre Bunker und Erdlöcher gebracht worden ist.«

17. April:
»Gestern ließ ich mir einen Schweißdrüsenabszeß unterm rechten Arm im Feldlazarett aufschneiden. Die Stelle wurde vereist und dann ein kleiner rascher Schnitt mit dem Skalpell vorgenommen. Ein kurzer Schmerz brachte später große Erleichterung. Der Operationsbunker – ein langer, schmaler Gang – war nur von wenigen Karbidlampen notdürftig erleuchtet. Geruch von Äther und Jod hing in der Luft. Auf zahlreichen Operationstischen lagen Schwerverwundete und Kranke. Zwei, drei Scheinwerfer beleuchteten die Wunden oder Schnittstellen, und ein Arzt, ein waschechter Österreicher, ging inmitten einer Schar von Krankenschwestern und Krankenhelfern von Tisch zu Tisch. Ein Bild emsiger Tätigkeit unter schwersten Bedingungen. Draußen fielen von Zeit zu Zeit Bomben, fast ununterbrochen wurden Türen aufgerissen und neue Patienten hereingetragen. Alle wurden rasch und dennoch freundlich aufgenommen und versorgt. Nach einer Viertelstunde konnte ich – gut verbunden – wieder ›nach Hause‹ gehen. Der Arztberuf erscheint mir hier wieder als besonders würdige Aufgabe des Menschen.

Gestern nacht haben unsere Burschen ein Pferd geklaut und uns die Leber zum Frühstück serviert. Der Hunger führt zu seltsamen Dingen!

Der Strom der Flüchtlinge, die die Nehrung entlangziehen, nahm heute weiter zu. Immer öfter sind auch Soldaten unter ihnen, die sich vom Samland aus irgendwie hierher gerettet haben. Zerlumpte Erscheinungen, ohne Gewehr und sonstige Waffen. Ohne zu wissen, wohin, marschieren sie einfach immer weiter nach Süden; warten an den Verladestegen, sitzen in dichten Scharen beieinander. Das Chaos in den letzten Tagen im Kessel von Heiligenbeil wiederholt sich. Die Division rührt keinen Finger, um etwas dagegen zu tun.

Ein ›Aufruf des Führers‹ versichert den Soldaten der Ostfront: ›Berlin bleibt deutsch – Wien wird wieder deutsch. Europa wird niemals russisch!‹ An diese Worte knüpfen die meisten schon wieder völlig unrealistische Hoffnungen. Hoffnungen unter anderem auf ein Zusammengehen mit den Westmächten gegen Rußland.«

Solche Gerüchte hielten sich auch während der folgenden Wochen und Monate. Daß die Alliierten einander Verzicht auf Separatfrieden gelobt hatten, wußten wir nicht.

»Gestern abend legte ich mich, müde vom weiten Fußweg vom Feldlazarett, an einem Baumstumpf nieder und blickte in den klaren, hellblauen Himmel, über den Scharen von Wolken dahinzogen: am einen Ende ganz kleine Schäfchenwolken, dann immer größer werdende. Kahle Laubbäume, vielleicht sind sie erfroren, ragen mit ihren Ästen und Zweigen in den Himmel, so daß man meinen könnte, die Erde drehe sich um sie herum. Ein Eindruck, der mir aus meiner Kindheit in Erinnerung ist und den ich damals wundersam fand. Auch heute vermag sich das Auge noch täuschen zu lassen, und das Wissen um Wind und Wolkenbewegung kommt nur mühevoll gegen den unreflektierten Eindruck der »Erfahrung« der Erdbewegung an.

Neulich rief ich unser altes Regiment an. Oberleutnant Hintze, den ich nur sehr leise hören konnte, riet davon ab, nach dort zu kommen, da wir doch nur zu Infanteristen gemacht würden. Leider ist auch Leutnant Freiherr von Hahn gefallen. Ein lebensfrohes und heiteres Leben ist mit ihm zu Ende gegangen. Hahn, der DeutschBalte, war ein Mensch, der in unsere Zeit der Geschäftemacher und Parvenüs, der Angeber und Feiglinge nicht recht paßte. Trotz allem hat er für diese Menschen gekämpft und sein Leben eingesetzt, sosehr sie ihn und die Seinen gekränkt haben mochten. Mit vielen anderen jungen Freunden bewahre ich nun auch die Erinnerung an ihn in meinem Herzen.«

20. April, bei Kilometer 12,5 auf der Frischen Nehrung:
»Hitlers Geburtstag. Klarer Sonnentag, reger ›Luftbesuch‹ des ›Iwan‹. Gestern in Neutief, um nach Lesestoff zu suchen. Leider fand ich das eigentlich Erhoffte nicht. Eine Dünndruckausgabe der Bibel und ein paar Bände mit leichten Erzählungen waren meine ganze ›Ausbeute‹. Darunter Zschokkes Erzählungen mit der Titelgeschichte ›Hans Dampf in allen Gassen‹, die mir gut und treffend erschien, gerade auch, wenn man sie auf heutige Zustände bezieht. Bürgers ›Münchhausen‹, eine Erzählung aus Texas von Sealsfield (Postl) und eine Auswahl von Max Dauthendeys Gedichten sowie C. F. Meyers ›Huttens letzte Tage‹ werden in den kommenden Tagen der Ablenkung dienen. Lieber wäre mir etwas Ernsteres gewesen – ein Lehrbuch beispielsweise, um die verlorene Zeit mit etwas Nützlichem zu verbringen. Zwang zum Nichtstun ist eine oft übersehene, ärgerliche Seite des Soldatenlebens. Für unsere Schreibstube und den Eigenbedarf fand ich einen Stoß Papier mit dem amtlichen Aufdruck ›Oberfinanzpräsident Ostpreußen‹.

Beim Verladen von Zivilisten am Landesteg. Viel geduldig ertragenes Leid, Müdigkeit und Not in den Gesichtern. Mütter mit neun und mehr Kindern sind keine Seltenheit. Schwangere Frauen und gebrechliche Großmütter. Alle ›verladen‹ wir auf Marine-Prämen, die sie nach Hela bringen, wo sie auf große Schiffe kommen, um ins Reichsgebiet abtransportiert zu werden. Ein Junge – vielleicht acht, neun Jahre alt – hat seine Mutter bei einem Bombenangriff auf Fischhausen verloren. Der kleine Mann erzählte das mit klarer, sachlicher Stimme; schließlich faßte er zusammen: ›Ich habe niemanden, ich bin allein‹, nahm seinen Koffer und strebte festen Schritts auf das Schiff. Ich mußte den ganzen Abend über an ihn denken. Wird er jemanden finden, der sich seiner annimmt?

Die ›Partei‹ tritt hier überhaupt nicht mehr in Erscheinung, wenn auch verschiedene Amtswalter noch da und dort herumsitzen. Ihr Ansehen bei der Bevölkerung ist aber so weit gesunken, daß sie sich meist nicht mehr zu zeigen wagen. Neulich stand allerdings einer auf der Straße und wurde von einem alten Graubart, der seinen Hut ehrfurchtsvoll in der Hand hielt, höflich um eine Auskunft gebeten. Statt sie ihm zu geben, fuhr der rohe Flegel von Amtswalter ihn an: ›Wissen Sie nicht, daß man in Deutschland mit 'Heil Hitler!' grüßt?‹ Ich war leider nicht zugegen, sonst hätte ich diesen Zeitgenossen auf sein taktloses und dummes Benehmen hingewiesen.«

21. April:
»Max Dauthendey ... ist mir auf einmal seltsam nahe. Mir gefällt seine feierlich-mystische Sprache und die zugleich natürliche Art seiner Dichtungen, die auf den leisesten Hauch der Dinge zu hören scheinen – hinauslauschend in die Welt, hineinlauschend in die Seele. ›Vom Leben in der Weltfestlichkeit‹ ist ein kurzer Essay überschrieben; so könnte man aber seine ganze Dichtung bezeichnen. Sie berührt mich beinahe verwandt. Es ist eine späte Dichtung, die hellhörig zarttönende Klänge einer feinen, alten Kultur anschlägt und vielleicht gerade deshalb so ansprechend und erschütternd ist.

Heute morgen haben wir unsere 2-cm-Flak angeschossen und versucht, ein Wrack, das etwa hundert Meter vor der Küste liegt, zu treffen.

Nebel und Dunst. Gute Lust, noch einmal nach Neutief zu fahren, um nach einem guten Buch zu fahnden. Unbefriedigtes Verlangen nach ernsthafter Beschäftigung.«

23. April, bei Kilometer 12,5 auf der Frischen Nehrung:
»Gestern wieder in Neutief. Trübes Wetter, keine Störung aus der Luft. Die Front ist nur noch vier Kilometer von Pillau entfernt. Auf dem dortigen Flughafen liegt intensives Artilleriefeuer. Eine Anzahl beschädigter, offenbar fluguntauglicher Maschinen steht vor den Hallen. In einem Hangar häuft sich ein Berg mit zurückgelassener Habe von Flüchtlingen. Zivilisten wurden ohne alles Gepäck auf Schiffe verladen. Wir finden noch ein paar Sack Roggenmehl, um Brot für unsere Batterie backen zu können. In einem Haus ein Stapel frischgewaschener Bettwäsche, ordentlich zusammengelegt. Wir brauchen eher Ofenrohre, Bretter und Fenster für den Ausbau unserer Unterstände.

Ich suche noch immer nach ›geistiger Nahrung‹. Heinrich von Treitschkes Buch ›Das deutsche Ordensland Preußen‹ ist mir als

Ergänzung meiner Lektüre zur Geschichte Ostpreußens willkommen. ... Weitere Funde: ›Das Meisterbuch‹ von Hermann Hesse mit einer Auswahl von Erzählungen und Gedichten von Klopstock bis Keller und endlich Axel Munthes ›Buch von St. Michele‹ ...«

Axel Munthes Erzählung sollte mich noch viele Wochen lang begleiten und imaginäre Fluchten ins sonnige Capri erlauben. ...

»Im Haus eines Architekten hängt eine Reproduktion des bekannten Bildes ›Bei der Kupplerin‹ von Jan Vermeer, dessen Original sich in der Dresdner Gemäldegalerie befindet. Auf dem Büffett die Replik einer schönen, holzgeschnitzten Madonna. Alles verkommt in den beschädigten Häusern und unter den rohen Händen der Landser, wenn es nicht schon von Bomben und Granaten zerstört worden ist.

Bei Berlin kündigt sich eine ›Entscheidungsschlacht‹ dieses im Grunde schon so lange entschiedenen Krieges an. Der ›Führer‹, so verkündete gestern der Rundfunk, habe sich selbst in die Reichshauptstadt begeben, um an Ort und Stelle für das ›fanatische Ausharren der Verteidiger‹ zu sorgen. Wie es wohl wirklich dort aussieht? Einen Brief nach Hause zu schreiben scheint sinnlos zu sein. Er würde wohl kaum noch nach Dresden gelangen.«

27. April, Kahlberg, Hotel Kaiserhof:
»Der Abszeß hat sich erheblich verschlimmert, und der Arzt auf dem Hauptverbandsplatz meinte, ich müsse weggebracht werden. Per Schiff nach Dänemark? Seltsam, wie rasch sich mein Wunschtraum in Wirklichkeit verwandelt!«

Wenn ich mich richtig erinnere, verdankte ich die wertvolle »Schiffskarte« auch der Tatsache, daß der behandelnde Arzt meinen Vater kannte und schätzte!

»Ich lese jetzt Abend für Abend in Axel Munthes ›Buch von St. Michele‹ und bin von diesem gütigen Menschen ganz angetan. Seine leichte Plauderei und seine frommen Worte hinterließen einen dauernden Eindruck auf mich. Die Russen haben in den letzten Tagen und Nächten eifrig bombardiert und unsere Truppen aus Pillau und Neutief geworfen.

Wieder eine Menge Überläufer und Flüchtlinge. Durcheinander, Panik, Feigheit, Torheit – Bomben.«

KRIEGSENDE, GEFANGENSCHAFT UND HEIMKEHR

Kopenhagen, die unzerstörte Stadt

»Seit gestern in diesem ›gelobten Land‹. Ruhige Überfahrt bei meist bedecktem Himmel. Das Schiff ›beherbergt‹ 5000 Menschen aller Art: Schwerverwundete, Leichtverwundete, Kranke, Flüchtlinge, OT Arbeiter, Eisenbahner, Polizisten – ein buntes Gemisch. Unter den Zivilisten einige schrecklich verwahrlost und hilflos: Uralte Mütterchen mit zittrigen Gliedern schlurfen in Lumpen über das Deck. Schmutzige, in dicke Pelze gehüllte Männer saugen an stinkenden Pfeifen und spucken ins Wasser. Was sie dazwischen sprechen, ist meist dummes Gewäsch oder reiner Unsinn. Furcht und Angst vor dem, was kommen wird, sind an der Tagesordnung. Ratlos, führungslos harrt diese Menge auf die Ausladung. Längst ist ihr jede Regung von Selbständigkeit abhanden gekommen.

Im Radio hören wir Berichte vom Vordringen der Amerikaner und Engländer und vom Verzweiflungskampf in den Ruinen Berlins. Auch von der Frischen Nehrung werden weiter wechselvolle Kämpfe gemeldet. Wie es wohl meinen Kameraden dort ergehen mag? Die Hoffnungen der Landser zielen wieder einmal auf die Vorstellung eines gemeinsamen Kampfes mit den Amerikanern gegen den Bolschewismus, aber dafür gibt es wohl wenig Grund.

Hier in Dänemark soll das Leben noch angenehm sein. Ein Ei kostet zehn Pfennig, und man kann ohne Marken überall fünf Stück kaufen. Die Dänen sollen zwar meist feindselig gegen die deutsche Besatzung eingestellt sein, aber doch auch freundlich gegenüber Verletzten und Kranken.

Heute morgen kam ein schwedisches Schiff, die ›Malmö‹, hier vorbei. An Bord hat sie – wie ich erfuhr – Konzentrationslagerinsassen aus Dänemark, die auf Grund eines Abkommens mit Schweden dorthin gebracht werden. Dänische Ärzte hatten sich in corpore geweigert, die Behandlung deutscher Verwundeter zu übernehmen, wenn nicht die Insassen der Lager in die Freiheit entlassen würden. Der Abtransport nach Schweden war die Lösung. Ein Beweis übrigens für die Wirksamkeit von ›passive resistance‹ indischer Art!

Ich will versuchen, einen alten Bekannten meines Vaters zu finden. Ich hoffe, noch einige Zeit hier im Lande bleiben zu dürfen. Ich möchte viel lernen und mich fähig machen, später einen ›geistigen Beruf‹ auszuüben. Am liebsten möchte ich Arzt werden, um den Menschen helfen zu können …

Wenn wir nur diesen stinkenden Kahn endlich verlassen dürften! Gern würde ich mir auch Dänemark näher ansehen und zunächst wenigstens diese wundervolle, unversehrte Stadt Kopenhagen.

Abends, halb elf, hören wir die Sondermeldung vom ›Heldentod des Führers‹. Er sei am Nachmittag des 30. April gefallen, lautete die Nachricht. In seinem Gefechtsstand in der neuen Reichskanzlei ist dieser außerordentliche *und* grausame Mensch gestorben. Das Regime des ›Dritten Reiches‹ hat damit nach dem des faschistischen Italien sein definitives Ende gefunden! Die faschistischen Mächte, die sich als reaktionäre Bewegungen dem Bolschewismus entgegenstemmten, sind damit erledigt.«

2. Mai:
»Ein Tag reich an Erlebnissen. In der Krankensammelstelle traf ich Wachtmeister Rudi Rübsamen, den alten Angehörigen meiner Batterie vor Leningrad. Da er ein Lorgnon aus Gold-Doublé hatte, beschlossen wir, das edle Stück zu versetzen, um von dem Erlös erst einmal anständig Kuchen zu essen. (Inzwischen wird deutsches Geld als Zahlungsmittel nicht mehr angenommen.) Was es hier an Torten gibt, ist einfach märchenhaft. Schlagsahne, eine längst vergessene Friedensvorstellung, wird für uns auf einmal wieder Wirklichkeit. Nachdem wir ohne viel Hindernisse die Wache am Eingang des Freihafens passiert hatten, fanden wir im zweiten oder dritten Juweliergeschäft eine Käuferin, die uns das Brillengestell aus Doublé für zehn Kronen abnahm. Damit begannen wir unsere ›Freßreise‹. In zwei Konditoreien verspeisten wir je zwei Stück schlagsahneüberhäuften Kuchen. Dazu tranken wir einmal eine Tasse Kaffee. Die

übrigen Kuchenstücke aßen wir ›stehend freihändig‹ mit Taschenmesser und Fingern – in Hausfluren versteckt, wie Bettler, denen man verstohlen ein Stück Brot gereicht hat.

Kopenhagen ist eine schöne und saubere Stadt. Wie in vielen nördlichen Hafenstädten ist das Wetter regnerisch, naß und kühl. Überall sieht man Dänen auf ihren ›Cyklern‹, den Fahrrädern mit den hohen Lenkstangen, merkwürdig steif durch die Gegend radeln. Durch die Straßen flutet die Menge der Einwohner – scheinbar gleichgültig – an uns Landsern vorbei. Viele Straßen sind breite, baumbestandene Alleen. Wohltuend das sanfte Grün der Rasenanlagen und frischbelaubter Bäume. Kleine Teiche, Kanäle und Seen spiegeln den grauen Frühlingshimmel wider.«

3. Mai:

»Hunger bestimmt unser tägliches Leben. Der letzte Ausweg heißt: Verkaufe deine Uhr! Ich bin nicht mehr weit von diesem verzweifelten Schritt entfernt... Ich bummele durch die Straßen der Stadt. Die Dänen haben hier und da Plakate angeschlagen, die eine Landkarte von Deutschland zeigen, auf der die bereits von den Alliierten besetzten Gebiete schwarz eingezeichnet sind. Darunter die knappe Unterschrift: ›... denn wir fahren gegen Engelland!‹ – der Refrain eines beliebten deutschen U-Boot-Kriegsliedes.

Die Wohnungen sind sauber, hell und behaglich. Die Menschen scheinen glücklich und zufrieden. Im Familienkreis sitzen sie traulich zusammen, lesen Zeitung, hören Radio oder plaudern. Vielleicht denken sie zuweilen auch an den Krieg, der uns als ärmliche und zerlumpte Bettler ans Land gespült hat.«

4. Mai:

»Heute wurden wir von unserem guten alten L. S. ›Ubena‹ endlich an Land gebracht. Wir kamen in einem großen, luftigen Speicher am Hafen unter, in dem etwa 200 Soldaten auf verlausten Decken liegen. Zu jeder Mahlzeit erhalten wir eine Doppelschnitte Brot und mittags eine dünne Suppe. Hungrig und apathisch dösen wir vor uns hin... In der Stadt habe ich gestern ein neues Tagebuch gekauft und ein paar Postkarten mit Stadtansichten: Da ist die dicke, protzige Marmorkirche, eine Art Imitation des Petersdoms in Rom, dann das eigenartige alte Börsengebäude, aus einer Reihe kleiner, zusammenhängender Häuser bestehend und mit einem lustig gedrechselten Turm. Das königliche Theater, Schloß Amalienborg... Bei all ihrem Ebenmaß kommen mir diese Bauwerke doch irgendwie etwas kalt und unpersönlich vor.

Lang irre ich durch die Straßen. Zwischen hohen Mietskasernen und durch Baumalleen komme ich an einen langen See, der glänzend im Sonnenlicht liegt. Geruhsam gehen die friedlichen Bürger am Ufer spazieren, lesen oder essen Schlagsahne und Kuchen. Essen wird in Dänemark überhaupt großgeschrieben. Manchmal bin ich ganz einsam mitten in dieser belebten und fremden Stadt. Freilich – oft noch einsamer inmitten der Kameraden...«

5. Mai:

»Heute morgen bestätigt sich die schon gestern eingelaufene Nachricht: Die deutschen Truppen in den Niederlanden, in Holstein und in Dänemark haben kapituliert. Marschall Montgomerys Truppen werden stündlich hier erwartet. Damit ist der Krieg für uns beendet. Diese Meldung hat alle bewegt.

Alle fragten und wollten eine Bestätigung, am liebsten einen Befehl von Generalfeldmarschall Keitel selber lesen. Rasch kamen Erörterungen pro und contra in Gang. Viele schimpften mit einemmal lauthals über die Nazis, denen sie kurz zuvor noch zugejubelt hatten. Schade, daß man ihre Reden von gestern ihnen nicht mehr vorlesen kann!

Draußen läuten die Kirchenglocken Kopenhagens. Dänische Fahnen wehen im Winde. Die Dänen feiern den alliierten Sieg. An einem Schuppen liegen ein paar tote Soldaten, in Lumpen gehüllt. Offenbar sind sie heute nacht verstorben. Achtlos gehen alle an ihnen vorbei.

Dänen streben zum Hafen, um die von See herkommenden Briten zu begrüßen.«

7. Mai:

»Der Tag verläuft im üblichen Gleichmaß. Heute habe ich am Hafen die berühmte Wassernixe (von Andersen) entdeckt, die ich an dessen Einfahrt vergeblich gesucht hatte. Sie sitzt, wie zufällig hingegossen, auf einem großen Stein im Wasser und blickt verträumt auf das Leben im Hafen, der sich weit vor ihren Augen ausdehnt.

In der Stadt haben den ganzen Tag über Schießereien angehalten. Was vorgefallen ist, wissen wir nicht, nur Gerüchte sind im Umlauf. Zufällig stehe ich am Straßenrand, als Marschall Montgomery im Wagen des Königs vorbeifährt und jubelnd begrüßt wird.

Durch die Straßen rasen in eleganten Autos junge Leute, wohl meist Studenten, mit Maschinenpistolen bewaffnet und wild um sich blickend. Was sie praktisch tun, bleibt unklar. Irgendwie muß aber offenbar die Begeisterung über das Kriegsende abreagiert werden.

In der großen Politik scheinen sich wichtige Ereignisse vorzubereiten. Die Konferenz von San Francisco soll gescheitert sein. Differenzen zwischen der Sowjetunion und Großbritannien zeichnen sich angeblich ab. Fest steht, daß noch jetzt Schiffe von hier nach Kurland und Ostpreußen auslaufen und daß deutsche Kriegsschiffe bewaffnet im Hafen liegen. Den deutschen Soldaten wird ein Zehntel der (Handfeuer-)Waffen gelassen. Offiziere behalten ihre Pistolen. Auf diese Weise soll Ruhe und Ordnung unter den deutschen Soldaten sichergestellt werden.

Gerade kommt eine neue Nachricht: Wir sollen Dänemark etappenweise räumen. Verwundete und Kranke dürfen aber bis zur völligen Genesung im Lande bleiben. In der Stadt begegnen sich deutsche und britische Soldaten freundlich und kameradschaftlich. Wir wollen morgen sehen, was dran ist!«

Erst nach der Kapitulation verwandelte sich unser Aufenthalt im Kopenhagener Freihafen in eine – anfangs noch kaum spürbare – Kriegsgefangenschaft. Die Briten ließen die Arbeit der Bewachung zunächst durch dänische Widerstandskämpfer verrichten, später zum Teil auch durch Feldgendarmen der Wehrmacht!

Montag, 8. Mai: Kriegsende! – Ich hatte keine Ahnung, daß an diesem Tag mein Vater, zusammen mit anderen Dresdner Antinazis, auf dem Weg zum sowjetischen Stadtkommandanten war, um durch diese Kontaktaufnahme eine Zusammenarbeit im Interesse der Bevölkerung vorzubereiten. Mitten in der zerbombten Stadt wurde er von einem versprengten Trupp von SS-Leuten erschossen. Es sollte bis zum Herbst dauern, ehe ich davon erfuhr.

Ich schrieb damals gerade einen Brief, den ich nach Hause schikken wollte, sobald sich die Möglichkeit dazu ergab.

9. Mai:

»Herrlicher Sonnenschein. Trotz Bewachung ›Spaziergang‹ in den Anlagen am Hafen. In der Stadt ein buntes Meer von dänischen, britischen und amerikanischen Fahnen; ab und zu auch die norwegische, nur einmal die sowjetische. Papierschnitzel und Luftschlangen zum Empfang der Truppen von Marschall Montgomery werden verteilt. In großen Schlagzeilen berichteten alle Zeitungen: ›Der Krieg in Europa beendet. Kapitulation auch im Osten. Norwegen wieder frei.‹ Damit wird uns das Kriegsende vollends zur Gewißheit. Frieden, du lang ersehnter, endlich bist du da! Aber wirst du auch die Befreiung und Befriedung für die vielen bringen, die auf dich so lange gewartet haben?

Hunger? Dänemark hat ein Exportverbot für Lebensmittel nach Deutschland erlassen. Die Verwundeten und Kranken aber werden seit gestern vom Dänischen Roten Kreuz verpflegt. Eine Reihe von Schiffen sind inzwischen von Kopenhagen nach Flensburg ausgelaufen. Manche mit tausend Mann und mehr an Bord.«

11. Mai:

»Eine Flottille von vier schweren britischen Kreuzern ist eingelaufen und mit Jubel und Fähnchenschwenken begrüßt worden. Die Dänen waren den ganzen Tag über aus dem Häuschen und liefen immer wieder zum Hafen, um die Tommys zu bejubeln. Auch wir deutschen Soldaten im Freihafen waren froh, endlich britische Kriegsschiffe hier zu wissen. Die Rote Armee hatte die dänische Insel Bornholm besetzt, und wir fürchteten noch immer, sie würde schließlich auch nach Kopenhagen kommen. Erst durch die Anwesenheit der britischen Kreuzer fühlten wir uns ganz sicher. Fast ebenso wichtig wie das Kriegsende war für uns die Zugehörigkeit zu dem von Westmächten beschützten Gebiet. Ab und zu blicken Dänen auch zu uns hinüber, die wir im Freihafen von ›Freiheitskämpfern‹ bewacht werden.

Das Leben in den zu Gefangenenlagern gewordenen Speichern spielt sich langsam ein, und wir beginnen Gewohnheiten zu entwickeln: Am Vormittag waschen wir uns nacheinander mit Hilfe einer geliehenen Schüssel im Freien zwischen den schmutzigen Lagerhäusern. Dann wird das Frühstück ›eingenommen‹, auf dem Stroh sitzend, in der einen Hand das aufgeschnittene Kommißbrot, in der anderen ein großes Stück Schweizer Käse. Zu Mittag gibt es meist nichts, und wir müssen auf unsere eigenen Vorräte (soweit wir welche haben) zurückgreifen. Ein Matrose hatte ein großes Käserad aus Ostpreußen mitgebracht, ich verfügte über einen Eimer Marmelade; so taten wir uns zusammen: er, um den Käse etwas schmackhafter zu machen, ich, um eine Unterlage für meine Marmelade zu haben.«

12. Mai:
»Auf Grund einer Meldung als englischer Dolmetscher war ich heute – zusammen mit zwei Feldwebeln – von unserer düsteren Behausung im Freihafen zur ›Nyborgschule‹ abgerückt, wo der Leitende Sanitätsoffizier beim Wehrbereichskommandeur Dänemark untergebracht ist. Wir sollten uns dort melden und warteten stundenlang vergebens im Vorraum. Schließlich wurden wir für den nächsten Tag wieder bestellt, durften aber über Nacht dableiben. Wir erhielten ein Zimmer, das für unsere Verhältnisse einer Luxuswohnung glich: zwei Doppelbetten, ein Sofa und ein Klubsessel, sogar ein paar gute Bücher ... Der Blick von unserem Fenster ging auf einen baumbestandenen Hof hinaus, dahinter glänzte die Kuppel der Marmorkirche, deren Läuten uns am Morgen weckte.

Am nächsten Abend wurden wir schließlich von einem Oberstabsarzt empfangen, der eigens vom Hauptquartier in Silkeborg hierher in Marsch gesetzt wurde, um als Ia dem Oberstarzt zur Seite zu stehen. Nach Abreise von Generaloberst Lindemann ist der Oberstarzt Befehlshaber aller noch in Dänemark verbliebenen deutschen Soldaten – etwa 90 000 bis 100 000 Verwundete und Kranke sowie Krankenpersonal. Der Ia kam soeben von einer Verhandlung mit Briten – das heißt mit dem S.H.A.E.F. (Supreme Headquarters Allied Expeditional Forces) – zurück und berichtete von dem Mißgeschick, das hierbei einem Dolmetscher passiert war, als er von den in Deutschland beschäftigten ausländischen Arbeitern als ›volunteers‹ gesprochen hatte, während die Briten den weit berechtigteren Ausdruck ›pressed workers‹ verwendet wissen wollten. Sie entrüsteten sich über diesen ›Nazi-Ausdruck‹ so sehr, daß die Verhandlungen hieran beinahe gescheitert wären. Dann unterhielt sich der Oberstabsarzt noch eine Weile mit uns in englischer Sprache und machte uns mit seiner schwedischen Sekretärin bekannt, die als ›English interpreter‹ tätig ist und schon vor sechs Monaten nach Dänemark gekommen war. Eine Reihe militärischer Ausdrücke wie ›stand easy!‹ für ›rührt euch!‹ und Dienstgrade wie ›master-sergeant‹ und andere brachte er uns ebenfalls bei. Dann waren wir entlassen. Leider durften wir nicht noch eine Nacht in der Nyborgschule bleiben, sondern mußten in der Krankensammelstelle auf Abruf warten ... Schließlich kehrten wir in den Freihafen zurück, dem wir wenigstens für zwei Tage entronnen waren ...«

14. Mai, Montag:
»Wieder in der ›Sammelstelle‹ im dritten Stock eines – hier oben sehr luftigen – Lagerhauses, von dessen Fenstern aus man einen herrlichen Blick über den Hafen und die dort liegende ›Monte Rosa‹ sowie die ›Pretoria‹ und eine Vielzahl kleinerer Schiffe hat.

Heute erneut in der Nyborgschule, um nach unserer Aussicht auf eine Dolmetschertätigkeit zu fragen. Leider ›without success‹. Dafür erhielt ich noch einmal ein etwas kompakteres Mittagessen in der Kantine und kaufte einem Dolmetscher für Reichsmark ein paar englische Bücher ab. Darunter ›Vanity Fair‹ von Thackeray und einen Roman von Somerset Maugham, ›On Human Bondage‹.

In der Zeitung stand ›Österreichische Unabhängigkeitserklärung‹ – ›Besatzungszone für Dänemark in Deutschland?‹ Bei den Dolmetschern las ich wieder eine Reihe interessanter Schriftstücke, unter anderem über die Auslieferung von SS- und Gestapo-Angehörigen an die Alliierten ...

Heute abend soll uns ein Zug irgendwohin aufs Land in ein Feldlazarett bringen.«

16. Mai:
»Der schöne Lazarettzug hat uns in Vordingborg auf Seeland abgesetzt, und wir sind wieder einmal an Bord eines Schiffes gebracht worden. Es heißt ›Regina‹ und hat nur 1400 BRT – also eine ziemlich familiäre Angelegenheit. Bei unserer Ankunft wurden wir von einem Marine-Stabsarzt empfangen, der uns die zahlreichen Nachteile unserer hiesigen Unterkunft verklarte: keine Verpflegung an Bord, keine Kohlen usw. Für einen Oberzahlmeister und mich hatte er eine besondere Kabine vorgesehen, und so genoß ich zum erstenmal wieder nach langer Zeit Vorteile meines Dienstgrades.

Am Abend las ich ein wenig in Maughams ›On Human Bondage‹ und – zur Entspannung – in Heyses Novellen, die mir zum Teil wenigstens ganz gut gefallen. Manchmal geht mir freilich seine Gefühlswärme zu weit, oft grenzt sie ans Kitschige. Es tut aber wohl, wenigstens in Gedanken ab und zu bei Menschen zu sein, deren einzige Sorgen nicht in Essen, Trinken und Schlafen bestehen.

Je länger wir nun im ›Frieden‹ leben, um so größer wird meine Sehnsucht nach Dresden und meine Sorge um das Schicksal der Eltern und der Geschwister daheim ... Wenn ich ihnen nur wenigstens mitteilen könnte, daß ich am Leben und in Dänemark bin!

Meine Zukunft liegt dunkel vor mir. Ob ich die Möglichkeit haben werde, irgendwo im Ausland zu studieren? Im Radio beginnt die ›Umerziehung des deutschen Volkes‹, die systematische, wohl auch notwendige kritische Überwindung der Nazi-Ideen. Dazu dient vor allem die Schilderung des Massenelends und der Verbrechen, deren sich SS und Gestapo schuldig gemacht haben; vor allem der Grausamkeiten in den Konzentrationslagern, Grausamkeiten, wie wir sie selbst im Felde nicht erlebt haben und wie wir sie nicht von unseren Kriegsgegnern zu behaupten wagten.

Ich denke jetzt oft über die Schuld des deutschen Volkes nach. Dunkle Wege sind unsere Seelen gegangen, wenn auch bei den meisten der Verstand verfinstert war, mußten sie doch wissen, was sie taten. Eine Regierung der Scharlatane und der Verbrecher hat jahrelang das Vertrauen der großen Mehrheit gehabt; sie hat es damit vermocht, zunächst nach außen hin Erfolge auf Erfolge zu erringen. Am Ende aber mußte sie scheitern.

Unsere jüngste Vergangenheit wird einmal eine der interessantesten und düstersten Kapitel der europäischen Geschichte sein. Die Erbärmlichkeit, Plattheit, Albernheit der Massen gibt allein die Erklärung für dieses Geschehen. Als verantwortungsbewußte Deutsche können wir in alle Zukunft nur noch ›Pazifisten‹ sein!«

17. Mai:
»Ein Tag in der Kajüte, ohne einen Bissen zu essen. Mit Kohletabletten bekämpfe ich eine Magenverstimmung. Lese in den romantischen Novellen von Heyse und – dazwischen – in Maughams Roman ›On Human Bondage‹, der mir langsam interessanter wird. Es ist die Leidens- und Lebensgeschichte eines klumpfüßigen Waisenkindes,

die Maugham mit sehr viel psychologischem Einfühlungsvermögen schildert.

Die Pflege, die wir hier an Bord der ›Regina‹ erhalten, ist reichlich rudimentär und besteht im Grunde nur aus einem flüchtigen Besuch des Stabsarztes und der Verabreichung von Pillen.

Eigentlich dürfen und können wir in diesem Lande nichts kaufen, aber ein paar geschäftstüchtige und mutige junge Kerls kommen fast jede Nacht mit ihren kleinen Booten längsseits und bieten uns gegen Decken, Bettücher und andere Ausrüstungsgegenstände der Wehrmacht Eier, Butter, Sahne und Fisch an. Manche Matrosen geben auch Hemden und Hosen für gute Nahrungsmittel hin. Die ›Schmuggler‹ machen natürlich gute Geschäfte ...

An die Holzwand meiner Koje habe ich drei meiner Lieblingsbilder in kleinen Reproduktionen gepinnt, die ich in der Kartentasche stets bei mir hatte: Grünewalds ›Isenheimer Altar‹, Botticellis Madonna und Jan van Eycks ›Mann mit der Nelke‹. So entsteht doch ein wenig ›Atmosphäre‹, die mich an Heimat erinnert.

Gestern las ich noch einmal den letzten Brief, den mir Mutter geschrieben hat. Er stammt vom 28. Januar und berichtet von den kleinen Freuden ihrer Geburtstagsfeier und der großen Sorge um den fernen Sohn. Es ist schrecklich, nicht helfen, keine Nachricht geben zu können. *Eine* Sonne scheint doch über uns, und *ein* Himmel wölbt sich über Seeland wie über Dresden.

Das Bedürfnis, die trennende Distanz zu überwinden und die fehlenden Nachrichten zu ersetzen, macht uns vermutlich leichtgläubig. Wir wollen, es wäre so, und unser Verstand gibt dem Wunsch nach.«

Ich fühlte mich allein, weil ich niemanden hatte, mit dem ich mich aussprechen konnte. In meiner Pein schrieb ich Gedichte. Vor allem ein »Friedensgedicht«, das ich an Bord des kleinen Schiffes zu Papier brachte, gibt meine damalige Stimmung deutlich wieder:

> Kühl und weich weht die Luft übers Meer,
> Still und gelassen mein Herz:
> Jagende Furcht und Not sind nicht mehr,
> Tod und Verderben und Schmerz.
> Leis klingt's wie ein lieber Ton mir ins Ohr:
> Frieden ist allüberall.

> Hoffnungen wagen sich wieder hervor,
> Hoffnungen ohne Zahl.
> Auf einmal erwacht das Bewußtsein mir
> Fern aller Hast dieser Welt:
> Das Größte ist, ›Gutes den Menschen zu tun!‹
> Nur dazu sind wir bestellt!
> Und albern scheint all der anderen Hast,
> Ihr Sorgen, ihr Fluchen und Zieh'n
> an einer unsinnig schweren Last,
> Der sie doch nimmer entfliehn ...

Meine besten Freunde sind mir noch immer die »stummen« gewesen: die Bücher, mit denen ich auf meine Weise Zwiesprache halten konnte, wann und wie ich wollte. Vielleicht drängte es mich auch deshalb, mir (und anderen) selbst solche (stummen) Freunde zu verschaffen, indem ich all das niederschrieb, was mir durch Kopf und Herz ging. Es half zumindest die Zeit zu überbrücken, bis wir das Schiff verlassen durften und in ein Lazarett verlegt wurden.

Vordingborg und Fakse-Ladeplads

Die spärlichen Nachrichten aus dem besetzten Deutschland waren so wenig »anziehend«, daß die meisten von uns, die in dem schönen Lazarett auf einer Anhöhe über Vordingborg untergekommen waren, kaum Sehnsucht nach der Heimat hatten. Nur die Sorge um meine Eltern und Geschwister und die Unmöglichkeit, ihnen zu schreiben, machten mich unruhig.

Ähnlich wie während der Ruhepausen im Krieg diente auch jetzt wieder die Lektüre der Ablenkung. In Maughams »On Human Bondage« entdeckte ich Probleme, die mit meinem eigenen Leben verknüpft schienen. Manchmal hatte ich den Eindruck, als sei das Buch eigens für mich geschrieben worden. Ein großer Unterschied bestand freilich: Uns hatte der Krieg geformt und vielen Problemen und Vorstellungen eine Wendung gegeben, während er andere nichtig gemacht hatte. Der Krieg hatte das Leben der Menschen geprägt. Doch wie erstaunt waren wir, die all die Zeit über den Angelegenheiten des Krieges das übrige Leben fast vergessen hatten, daß das tägliche Leben der meisten weiterging und uns so wenig beachtete, als ob wir nur von einem Spaziergang zurückgekehrt wären oder von einer Reise statt von Erfahrungen, die uns völlig verändert hatten.

Jetzt, in diesem angenehmen Lazarett, fand ich auch wieder Zeit zum Nachdenken. In meinem Tagebuch notierte ich eine Reflexion über Veränderung und Zeit: »Wo keine Veränderung ist, da ist auch keine Zeit ... Alles aber, was Veränderungen, und seien sie noch so minimal, unterworfen ist, hat ›seine Zeit‹. Der Stein verwittert, zerfällt, kann sich auflösen; nur die kleinsten, unveränderlichen Teilchen sind zeitlos und ewig ... Die Gedankengänge von Cronshaw in ›On Human Bondage‹ führen mich auf das Problem der menschlichen Subjektivität: Alles ist relativ, alle Dinge bieten die verschiedensten Aspekte, die widerspruchsvollsten Vorstellungen, ohne daß man auf ethischem Gebiet z. B. einen anderen ›Beweis‹ führen könnte als das ›verbreitete Gefühl‹ für ein ›Gesetz in uns‹ ... Mag sein, daß alle Ethik wirklich nur das Anzeichen eines gewissen Alters einer Kultur ist und daß zunächst einzelne, später auch Völker eine Ethik annehmen, um womöglich von anderen Individuen, anderen Völkern, die noch nicht auf dem Standpunkt dieser Ethik angelangt sind, überwunden zu werden, weil ihnen der ›Rest Unmoral‹ fehlt, der sie gegen Feinde kämpfen läßt.«

Diese Sätze verraten eine merkwürdige Mischung von Nietzsches Kritik an der christlichen Mitleidsethik und dagegen gerichteter Reflexion. Die Wochen in Dänemark erscheinen mir im Rückblick und beim Durchlesen des Tagebuchs wie eine Zeit der Besinnung, der Gärung und der Suche. Die Tatsache, daß uns die Sorge um die alltäglichen Dinge noch immer abgenommen war, trug zur Freizügigkeit und Ungebundenheit der Reflexionen bei.

Am Pfingstsonntag waren bei sonnigem Wetter die Tulpen in den Gärten vor den sauberen, kleinen Häuschen schon halb verblüht, weißer und blauer Flieder war aufgegangen, Pfingstrosen, Schwertlilien und andere Blumen glänzten unter der Sonne. Das Lazarett, herrlich auf einer sanften Anhöhe gelegen, überragte das weite, ebene Land. Eine Allee mit prachtvollen alten Laubbäumen führte durch eine Reihe schöner, moderner Gebäude, die teilweise von wildem Wein bewachsen waren. Wiesen und eine Menge schöner Kastanienbäume, Buchen und Linden dazwischen. Die Anlage ist ursprünglich eine psychiatrische Klinik gewesen.

Unser Mittagessen nehmen wir im Freien aus einer großen, eisernen Schüssel ein. Auf dem Weg zum Essen traf ich einen Infanterieleutnant, mit dem ich wieder einmal über den verlorenen Krieg sprach – ein Thema, das uns noch lange beschäftigen wird. Der Mann erzählte mir, daß er alle Angehörigen verloren hat. Jetzt kehrt er heim nach Jahren voller Entbehrungen, Schrecken und Gefahren, und vor sich sieht er das Nichts. Nichts, was ihm Hoffnung machen könnte, nur ein Meer von Fragen und Befürchtungen ...

Eine Möglichkeit, einen Brief an Angehörige zu schreiben, ist, wie ich erfahre, jetzt tatsächlich vorhanden, aber leider fehlen die entsprechenden Formulare des Internationalen Roten Kreuzes. Wie froh wäre ich, wenn ich meinen Eltern mitteilen könnte, daß ich am Leben und gesund bin. Im Radio gab ein britischer Sprecher bekannt, daß 75 000 Deutsche zu Aufbauarbeiten herangezogen werden sollen, ob auch wir hierfür in Frage kommen.

Abgesehen von der Sorge um meine Familie, bestand das Leben für mich in einer merkwürdigen Abfolge von Bewußtseinsinhalten – oder auch Gefühlen. »Ohne Bewußtsein und ohne Gefühl gibt es zwar Leben, aber keine Wahrnehmung desselben. Die Gefühle aber sind schwankend, beeinflußbar von vielem, von dem unser Verstand nichts weiß. Die Schwankungen des Gefühls sind am stärksten beim Kind, das sich allem, was ihm begegnet, vorbehaltlos hingibt. Mit zunehmendem Alter verhärtet sich das Gemüt, wird das Empfinden schwächer. Mit wachen, aufnahmebereiten Gefühlen vermöchten sie ja das Grausige und Schreckliche, das Auf und Ab der Ereignisse kaum zu ertragen. Nur bei wenigen, seltenen Menschen bleibt diese Empfindsamkeit bestehen; es sind die großen, sensiblen Künstler – oft sind sie dem Wahnsinn nahe. Die Wachheit dieser Empfindungen erscheint den meisten anderen als Träumerei und Versunkenheit, denn sie selbst haben alle Gefühle verdrängt. Alles läuft für sie in einer tief eingefahrenen Spur, die zur Befriedigung ihrer elementaren Bedürfnisse und Genüsse führt. Manche retten sich einen Rest ihres Empfindenkönnens in ihr späteres Leben hinüber, die meisten verlieren es mit dem Erwachsenwerden. Kunst bedeutet für sie dann nichts anderes als eine angenehme Ausschmückung des Lebens, die man genießt, wie man zuvor anderes genossen hat.«

Wenn ich diese Überlegungen heute lese, bin ich nicht ganz sicher, ob ich mich damals selbst zu jenen »Sensiblen« zählte, die von den anderen als Träumer angesehen und verkannt werden. Zumindest fühlte ich mich ihnen näher als den stumpf dahinlebenden Kameraden, mit denen ich es meist zu tun hatte.

»Unter den Soldaten spuken noch immer Nazi-Ideen und wilde Phantasmen. Viele hoffen auf einen britisch-sowjetischen Krieg, an dem sie natürlich dann wieder teilnehmen möchten.«

Nur zu gern ließ ich mich durch die Lektüre eines dänischen Autors über die Mongolei von dem seltsamen Zauber der Schamanen und den mystischen Prophezeiungen eines einsamen Lama faszinieren. Trotz der fünfjährigen Unruhe des Krieges reizten mich noch immer die unbekannte Ferne und das Abenteuer. Meine persönliche Befindlichkeit führte ich – durch Oswald Spengler angeregt – unvermittelt auf eine vermeintliche Eigenschaft »der Deutschen« zurück: »Die *Unruhe* des Suchens, jener faustische Wille, unterscheidet uns nun einmal von anderen Völkern. Die Inder und die Chinesen – die beiden ältesten Kulturvölker unter den noch lebenden – haben beide ihre Ruhe, ihre innere Befriedigung, ihr Ziel erreicht, und nur wir Europäer irren noch umher und suchen, denn alles, was uns einmal Ruhe gab und Gleichmut, haben wir mit der ätzenden Klarheit unseres kritischen Verstandes zerstört. Und nun beginnen wir wieder von neuem zu suchen – oft wohl auch in der falschen Richtung – und kommen doch immer wieder an den Ausgangspunkt zurück. Ob wir einmal etwas ganz anderes finden werden als die Chinesen oder die Inder?« Auch wenn hier von Europäern die Rede ist, spricht die Rede vom »faustischen Willen« doch eindeutig für Spenglers Charakterisierung der Deutschen und schließlich auch für mich.

Endlich brachte der dänische Schmuggler, der uns mit Eiern und Käse versorgte, auch einen Rasierapparat und Pinsel sowie Rasierseife, so daß ich beinahe wieder wie ein Gentleman aussah.

Von Arno Holz las ich eine Gedichtauswahl mit dem Titel »Mein Staub verstob, wie ein Stern strahlt mein Gedächtnis«. Sprachlich virtuos! Zuweilen hatte ich aber das Gefühl, daß hier mehr Wörter stehen, als der Sinn verlangt. Rückerts »Makamen des Hariri«, die mein Vater so sehr liebte, übertreffen Holz' Virtuosität bei weitem.

Immer wieder tauchten neue Gerüchte auf. Diesmal hieß es, deutsche Soldaten könnten sich freiwillig zur britischen Marine melden, um am Krieg gegen Japan teilzunehmen, und so die britische Staatsangehörigkeit erwerben. Die britische Regierung habe die dänische um die Stellung eines Expeditionskorps gebeten und als »Ersatz« dafür hätten die Dänen die Anwerbung deutscher Soldaten vorgeschlagen. Die Aussicht, wieder Soldat zu werden, reizte mich zwar einen Augenblick lang, aber der Gedanke an meine guten Eltern, die noch immer nichts von mir wußten, ließ mich gleich wieder Abstand nehmen. Vermutlich handelte es sich ohnehin nur um eine der üblichen Latrinenparolen. Aber, stellte ich bedauernd fest, würde ich so bald wieder eine ähnlich günstige Gelegenheit bekommen, die Welt – Ostasien – kennenzulernen?

In Vordingborg verlor unser Leben nach und nach jeden Reiz. Was ich an Büchern bekommen konnte, hatte ich inzwischen gelesen, und so blieb mir die Sonne als einzige »Trösterin«.

Ende Mai gelang es, den Schmuggler wieder aufzutreiben und mit ihm erneut »ins Geschäft zu kommen«. Wurst, Käse, Eier, Milch bereicherten fortan unser Abendbrot. Gegen ein paar Zigaretten tauschte ich eine Turnhose und Marschstiefel ein, während meine Reitstiefel zum Schuster wanderten. Nur Wäsche fehlte mir noch.

Ein paar Knopfblumen in einer Konservenbüchse schmückten unser Zimmer. Zwei Reißzwecken, die ich fand, ermöglichten das »Aufhängen« weiterer Bilder: Wir entschieden uns für ein Medici-Porträt von Botticelli, und Bartolomeo Venetos »Bildnis eines jungen Mädchens«.

Im Juni war es so warm, daß wir in der Ostsee baden konnten. Ein herrlich erfrischendes, anregendes Gefühl. Ich genoß den dänischen Sommer sehr bewußt und nahm mir vor, Kraft zu schöpfen für die kommende schwerere Zeit.

Am 2. Juni feierten die Dänen den Sieg. Deshalb durften wir nicht ausgehen. Am Abend hörten wir Radio Berlin. »Leider gibt es offenbar noch immer hier und da in Deutschland Unbelehrbare«, notierte ich, »die weiterkämpfen wollen und Unruhe und Not über das Land bringen.«

In diesen Tagen schrieb ich eine Karte nach Dresden. Ich hatte große Hoffnung, daß sie über Schweden ihren Weg nach Hause finden würde. Außerdem wurden jetzt eine Reihe von Kursen in den verschiedensten Fächern angeboten, unter anderem Englisch, Französisch, Russisch, Kurzschrift und Buchhaltung. Ich selbst versuchte, mir Lehrbücher für Botanik, Anatomie oder Chemie zu besorgen und mich so auf ein Medizinstudium vorzubereiten, das ich inzwischen fest ins Auge gefaßt hatte. Allerdings nahm ich an, daß es einige Zeit dauern würde, ehe man den Deutschen gestattete, wieder höhere Schulen und Universitäten zu eröffnen.

Für Diskussionsstoff sorgten die neuesten Nachrichten aus der Heimat: Die vier Alliierten hatten Anfang Juni die »höchste Autorität hinsichtlich Deutschlands« übernommen. General Eisenhower, Feldmarschall Montgomery, Marschall Schukow und General Lattre de Tassigny waren die Unterzeichner; eine deutsche Unterschrift unter dieses Dokument war nicht mehr für notwendig erachtet worden, da ja keinerlei legitime Vertretung des »Reiches« mehr vorhanden war, »zu der man hinreichend Zutrauen haben könne«. Wir erfuhren von der Aufteilung in Besatzungszonen; auch Berlin sollte künftig nicht allein von russischen, sondern ebenso von britischen, amerikanischen und französischen Truppen besetzt werden, und jede dieser vier Mächte sollte abwechselnd einen Ortskommandanten stellen. In der Reichskanzlei hatte man eine Leiche gefunden, bei der es sich aller Wahrscheinlichkeit nach um die Adolf Hitlers handelte. »Nach den jetzigen Annahmen hat Hitler von seinem Hausarzt eine tödliche Spritze erhalten und ist dann verbrannt worden. Eine Menge Gerüchte und Vermutungen kursieren über die letzten dunklen Stunden jenes Mannes, der nicht nur Deutschland ins Elend geführt hat.«

Allerdings vermerkte ich noch im Juni als wichtige Neuigkeit: »Seit ein paar Tagen höre ich jeden Abend die Nachrichten, die ›Sender der alliierten Militärregierung‹ aus Hamburg und Radio Berlin bringen. Die Weltsicherheitskonferenz in San Francisco hat offenbar mit der Einigung der drei Großmächte (zuweilen wird Frankreich als vierte Großmacht hinzugerechnet) geendet ... In London sind die Vorbereitungen zur Aburteilung der Kriegsverbrecher so weit gediehen, daß in Kürze mit den Gerichtsverhandlungen begonnen werden kann. Ein internationales Militärtribunal wird gegen zwei Klassen von Kriegsverbrechern Urteile sprechen: erstens diejenigen, die Kriegsverbrechen im präzisen Sinn begangen haben – wie grausame Behandlung und Tötung von Angehörigen besetzter Staaten –, zweitens gegen die Hauptkriegsverbrecher, die im großen für Planung und Durchführung von Angriffskriegen – den Überfall auf neutrale Staaten usw. – verantwortlich waren.

Heute abend erfreute mich die Nachricht von der Wiedereinstellung aller Universitätslehrer, die im ›Dritten Reich‹ aus politischen Gründen abgebaut wurden. Ich nehme an, daß mein Vater dabeisein wird ...«

Erst in dieser Zeit erhielt ich genauere Informationen über das Ausmaß der Verbrechen, die in den Konzentrationslagern und in den mir bis dahin unbekannten Vernichtungslagern Auschwitz, Maidanek, Sobibor usw. von der SS und zum Teil auch mit Unterstützung der Wehrmacht begangen worden waren. In Kopenhagen hatte ich in englischen oder amerikanischen Illustrierten erste Bilder von den befreiten Lagern gesehen.

Seit Mitte Juni gab ich Französischunterricht für das Personal des Feldlazaretts und täglich zwei bis drei Russischstunden (für Anfänger) und hatte damit endlich eine Tätigkeit, die dem Dahinvegetieren ein Ende setzte!

Wieder und wieder las ich die Briefe meiner Eltern, von denen ich nunmehr fast vier Monate nichts mehr gehört hatte: Ungewißheit und Furcht, wie sie von vielen Millionen Menschen in aller Welt geteilt wurde.

»Das Schicksal Deutschlands betrachten wir hier gleichsam aus der Distanz. Vieles können wir uns noch gar nicht richtig vorstellen: die riesigen Gefangenenlager, die verarmten, verlassenen Menschen in ihren zerstörten Häusern und Kellern, in Schuppen und Barakken ... Das Leben geht aber weiter – überall. Rings um Deutschland bildet sich eine Mauer von Haß gegen das verfluchte Regime, das aus diesem Volk hervorgegangen ist, einem Volk, das nicht nur besiegt, sondern auch verachtet und verflucht ist ... Wird es den rechten Weg aus dieser Wirrnis, aus diesem Jammertal finden? Ein Deutscher zu bleiben ist jetzt nicht leicht, weit angenehmer wäre es, in einem fremden Volk die eigene Identität zu verlernen und zu vergessen. Es ist lästig, jetzt ein Deutscher sein zu müssen.«

Im Rundfunk hörte ich eine Botschaft Montgomerys an das deutsche Volk, in der er das Fraternisierungsverbot erläuterte. Den Deutschen müsse immer wieder bewußt gemacht werden, daß sie diesen Krieg verloren haben und an ihm schuld seien. Sie dürften die Verantwortung dafür nicht allein auf ihre Führung abwälzen.

Alphonse de Lamartines »Die Restauration« öffnete mir die Augen für die frappante Ähnlichkeit der Napoleonischen Zeit mit der

Hitlerschen. Erschüttert stellte ich fest, wie wenig die ernsten Lehren der Geschichte genützt haben.

Mein Stubenkamerad war jetzt ein Gerichtsassessor mit sehr lebendigen und vielseitigen Interessen. Wegen »Feigheit vor dem Feind« war er vor einem Dreivierteljahr zum Schützen degradiert und in das berüchtigte Bataillon 500 versetzt worden, das die ominöse Bezeichnung »z.b.V.« hinter der Nummer trug, was die Soldaten mit »zur besonderen Vernichtung« dechiffrierten. Unsere angeregte Unterhaltung wurde – übungshalber – zum Teil auch auf englisch oder französisch geführt.

Am 21. Juni notierte ich voller Zufriedenheit: »Der Schneider hat meine kurze Hose und dazu die Segeltuchbluse fertiggestellt, und so bin ich – was die Kleidung anlangt – ganz auf Sommer eingestellt. Für fünf Zigaretten konnte ich einen Füllfederhalter kaufen.«

Ab und zu erreichten uns Nachrichten (oder Gerüchte) aus den von der Roten Armee besetzten Gebieten: »In Ost- und Westpreußen sowie Pommern soll die Bevölkerung evakuiert und ins Innere Rußlands gebracht werden. Machtlos, rechtlos erscheint das Dasein des deutschen Volkes, nachdem es sich zuvor so sehr überhoben und gebläht hatte vor Übermut und Stolz«, kommentierte ich Ende Juni.

In der amerikanischen Zeitschrift »Time« las ich einen Artikel über Deutschland, in dem von zahlreichen Selbstmorden berichtet wurde. Vielen schien das der einzige Ausweg aus dem Dilemma zu sein. Endloses Leid nach Strömen von Blut. »Werden die Menschen nun endlich zur Besinnung kommen? Der Haß der Völker schreckt mich. Einen gerechten Haß gibt es nicht, und Haß erzeugt immer Gegenhaß. Wenn doch die Welt endlich vernünftig würde!«

29. Juni:

»Trübe, Schule, regnerische Tage ... Ich lese C. F. Meyers ›Angela Borgia‹ und ›Das Amulett‹ sowie ›Leiden eines Knaben‹ mit großer Spannung und Begeisterung ... Dazwischen englische, französische und russische Lektüre sowie Unterricht. Eine schöne Wiederholung des früher Gelernten.«

Zum Ausgleich beschäftigte ich mich mit Egmont Colerus' »Vom Punkt zur vierten Dimension«. »Das Reziprozitätsprinzip, oder Dualitätsprinzip, das er an den Sätzen von Pascal und Brianchon erläutert, hat mir großen Eindruck gemacht.«

Nach einem »Ausspracheabend« beim evangelischen Pfarrer notierte ich: »Am stärksten beeindruckte mich die schlichte, ja naive Erklärung, die Matthias Claudius vom Vaterunser zu geben weiß, in einer Sprache, die gerade in ihrer Anspruchslosigkeit tief zu Herzen geht.«

Immer wieder klage ich in meinem Tagebuch über das Fehlen jeder Verbindung mit den Eltern. Die Grenzen zwischen den Besatzungszonen erwiesen sich für Post nach wie vor als undurchlässig. So las ich denn immer wieder den letzten Brief meiner Mutter, was schließlich in einem ungelenken Gedicht seinen Ausdruck fand:

> Dein Brief liegt vor mir –
> Wie lang' ist's schon, seit Du ihn geschrieben:
> Die Zeilen gleiten geistergleich an mir vorbei:
> Da sind sie, Deine lieben Worte
> Und Deine Seele, ach, die kindlich scheu so oft geschaute,
> Spricht aus jedem Satz ...

Von Leid, Furcht und Angst ist dann die Rede. Das Ganze endet in einem Gebet mit der Bitte um Trost. Um so wohler taten menschliche Gesten, die ein wenig Geborgenheit vermittelten und von denen ich hier zumindest zwei festhalten möchte:

7. Juli:
»Gestern seit Monaten wieder einmal in einer Art Familie zu Abend gegessen. Die nette kleine Schwester Elisabeth, die an meinem Russischkurs teilnimmt, hatte uns die Überraschung eines reichhaltigen Abendbrots mit Bratkartoffeln, Fisch und belegten Broten bereitet, und dazu tranken wir – obendrein – echten Tee! Schwester Elisabeth ist ein einfacher, sehr gutherziger Mensch: Von morgens bis abends sorgt sie für die Patienten ihrer Station, die alle an ihr hängen. Neulich nähte sie noch spät am Abend zwei Turnhosen für Patienten, die irgendwoher einen häßlichen Fetzen Stoff bekommen hatten. Mit geschickten, flinken Händen zauberte sie aus dem grob zugeschnittenen Tuch Turnhosen. Ich half ihr ein wenig, und sie plauderte von daheim ... Seltsam, wie ein im übrigen resolut zupackender, mutiger, tatenfroher Mensch beim Gedanken an Leid und Not der Eltern und Verwandten niedergeschlagen und mutlos wird.

Schwester Elisabeth will unbedingt in ihre Heimat zurückkehren, auch wenn dort die Rote Armee ist.«

9. Juli:
»Gestern waren wir im Flüchtlingslager Strombrücke, das an der großen Brücke nach Falster liegt. Kaffee und richtigen Kuchen sowie ein Bratkartoffel-Abendbrot bildeten den körperlichen, interessante Gespräche den geistigen Sonntagsgenuß. Der Pfarrer hielt eine gute, vielleicht für den größeren Teil seiner Zuhörer etwas zu hohe Predigt, und am Nachmittag gab es ein ›Variété‹ sowie abends Tanz in unserem ›Schulraum‹.«

13. Juli:
»Gestern wieder im Flüchtlingslager, um Unterricht für die ›Kleinen‹ zu geben. Anschließend Schwimmen in der Ostsee. Es geht mir jetzt körperlich und seelisch so gut, daß ich nur selten das Bedürfnis verspüre, meinem Tagebuch zu ›beichten‹. In der Zeitung las ich eine Liste der führenden Männer der sächsischen provisorischen Verwaltung – leider war kein mir bekannter Name darunter.
Als wir gestern abend mit der Lehrerin zusammensaßen, kam eine Bekannte von ihr vorbei und erzählte glückstrahlend, daß sie Nachricht von ihrem Mann erhalten habe, der in Flensburg sei. Wir freuten uns aufrichtig mit ihr; wenigstens von einem Menschen ist die drückende Sorge um den Verbleib der Familie genommen, eine Sorge, unter der fast alle hier leiden.«

19. Juli:
»Konzertabende mit populären ›Ohrwürmern‹ verschönen den Aufenthalt. Sentimental freue ich mich besonders über das ›Ave Maria‹ von Gounod, nach Bach bearbeitet, das Goebbels verboten hatte. Auch Vortragsveranstaltungen mit Gedichten von Hölderlin, Goethe, Rilke und Mörike sorgten für Unterhaltung.«

Wenige Tage später nahm dieses Idyll ein abruptes Ende: Plötzlich mußte Leutnant Vent abreisen; er hatte nur 30 Minuten Zeit, um seine Sachen zusammenzupacken. Ein ehemaliger Pfarrer, Hauptmann B., hatte gegen Vent und mich intrigiert. Ganz hatte er freilich nicht gesiegt, denn ich konnte ja bleiben. »Frauengeschichten« (in

Wahrheit ganz harmloser Art) hatten uns ins Gerede gebracht. Dorfklatsch der kleinbürgerlichen deutschen Durchschnittsseele ... Ich konnte ihn hier im Mikrokosmos studieren!

Leider war mir inzwischen auch unser Pfarrer verdächtig geworden – hatte er doch mit 50 Prozent Aufschlag dänische Eier verkauft. Und außerdem schuldete er mir noch drei Kronen Wechselgeld, was in unserer Lage ziemlich viel war. Ob er sie ohne Mahnung zurückgeben würde?

Anfang August wurde ich ins Armee-Feldlazarett 300 Fakse-Ladeplads verlegt. Die schönen Tage von Vordingborg waren damit vorbei. Ich bewohnte ein nettes kleines Zimmerchen zusammen mit einem Sonderführer.»Fließendes Wasser ist vorhanden und der Strand ganz nahe«, notierte ich. »Der Stabsarzt war bereits da, um mich zu untersuchen. Sicherheitshalber will er auch eine Röntgenaufnahme machen lassen. Eine freundliche Krankenschwester brachte frische, weiße Bettwäsche. Kurz, man hat das Gefühl, ›aufgehoben‹ zu sein.«

Die Fahrt von Vordingborg dorthin im Sanitätskraftwagen führte durch eine herrliche Gegend: Leicht hügeliges Land mit dichten, mächtigen Laubwäldern, die in kleinen Gruppen übers Land verteilt waren, dazwischen – so weit das Auge reichte – Felder. In endlosen Reihen standen Getreidepuppen auf den Stoppeln, abgelöst vom satten Grün der Rüben und Kartoffelstauden. Hier und dort waren Schnitter und Binder noch an der Arbeit. Meist herrschte sonntägliche Stille. In den kleinen, sauberen Dörfern, die wir durchfuhren, wechselten weißgetünchte schmucke, meist strohbedeckte Bauernhäuschen mit hellen, großfenstrigen modernen Villen ab, umgeben von wohlgepflegten Gärten und geschnittenen Sträuchern, Blumen und Stauden in farbenfreudiger Sommerpracht. Die Nebenstraßen führten hier oft in verwegenen Schlangenlinien durch die Landschaft. Unbeweglich, spiegelglatt lag die Wasserfläche im Praestöfjord – ganz anders, als wir uns einen »Fjord« vorgestellt hatten. Er sah eher aus wie ein mecklenburgischer See.

Am 5. August notierte ich: »Ein dänischer Freiheitskämpfer, der uns in Fakse bewacht, lieh mir heute sein Gewehr und bat ausgerechnet mich, ihm die deutschen Gewehrgriffe vorzuführen. So sieht das Verhältnis zu unseren ›strengen Bewachern‹ aus. Unterwegs begegneten uns zwei elegante Herrenreiter. Sehnsucht nach dem Reiten stieg in mir auf. Gestern schrieb ich eine Postkarte an die Familie Schultze nach Watzum bei Schöppenstedt.«

Und am 7. August: »Gestern nachmittag am herrlichen Badestrand. Strahlender Sonnenschein, schaumgekrönte Wellen, lebhaftes Strandleben: Ballspiel und eine Menge lettische und estnische Krankenschwestern. Am Abend geröntgt, heute morgen Blutsenkung, Impfung, Zahnarzt, Friseur ...«

Ein paar Tage später heißt es: »Trüb und windig, ab und zu Regen. Das Meer ist stürmisch bewegt. Wir erfahren, daß es in wenigen Tagen nunmehr endgültig nach Deutschland geht. Wenigstens sind meine Zähne bis dahin ›o. k.‹. Was weiter wird, ist freilich nach wie vor unklar. Besser als Krieg ist jedenfalls alles.«

Als besonderes Problem erkannte ich: »Wir sind nicht mehr gewohnt, unser Schicksal selbst in die Hand zu nehmen. Bisher sind wir noch immer von irgendwem gestoßen oder geschoben worden! Ich will versuchen, nach Süddeutschland zu kommen. Ob es gelingt? Zu ärgerlich, daß wir noch immer keine Postverbindung mit der amerikanischen und russischen Besatzungszone haben.«

Was ist der Sinn unseres Daseins? fragte ich mich immer wieder. Die befriedigendste und doch nicht ganz befriedigende Antwort lautete: »Den Menschen helfen, ihnen Freude bereiten, vielleicht auch den Tieren helfen – wer weiß?«

Es kursierten Gerüchte, daß an einigen deutschen Universitäten die medizinischen Fakultäten zum Wintersemester wieder eröffnet werden sollten.

Am 10. August nahm ich beinahe wehmütig Abschied von Dänemark:

(...)
Ich fand die Sicherheit des Hoffens,
der Seele Gleichgewicht hier wieder,
und wenig wiegt so schwer wie das.
So grüß ich denn, Dich schicksalsvolle Insel,
die Neid und Not und Glanz und Glück der Deutschen sah,
wohl denen, die gleich mir vom stillen Eiland aus
das grausig-ernste Weltgeschehn betrachtend
dem Schicksal diese Atempause danken können,
die ihnen Kraft zu neuer Tat gegeben.

Abtransport ins Kriegsgefangenenlager Heide

Am Sonntag, dem 12. August 1945, wurden wir im Lastwagen nach Korsör und dann mit dem Fährdampfer nach Nyborg gebracht. Ein netter britischer Soldat aus Wales trug mir den Koffer. Offenbar hielt er es für unmöglich, daß ein Offizier einen Koffer schleppt.

Wie Filmspots tauchen vage Bilder in mir auf: Marsch zum Bahnhof, Tagesreise nach Fredericia, endloses Rangieren der Bahn, hinter uns ein britischer Truppentransport; endlich, noch diesseits der dänisch-deutschen Grenze, Unterkunft in einer Schule. Sehr beeindruckt war ich von einer deutschsprachigen Zeitung aus Dänemark, die objektiv und fair über Deutschland berichtete. Schließlich kamen wir in ein schönes Lazarett an der See.

Was weiter? Entlassung? Wann?

Um die Einbringung der Ernte auf deutschen Höfen zu erleichtern, boten die Briten eine beschleunigte Entlassung derjenigen Militärangehörigen an, die eine »Anforderung« durch einen Bauern oder einen Gutsherren beibringen konnten oder nachweislich landwirtschaftlich ausgebildet waren. Beides traf auf mich ganz offensichtlich nicht zu, dennoch meldete ich mich, ohne auch nur eine Sekunde zu zögern. Die Rückkehr in die Heimat erfolgte auf diese Weise beinahe abrupt und ohne uns Zeit zu besonderen Gefühlen zu lassen.

Im »Lager Heide«, das, vom Kaiser-Wilhelm-Kanal begrenzt, ein riesiges Gebiet mit zahlreichen Dörfern umfaßte, kam ich zusammen mit einigen anderen auf einem Bauernhof in Seeth bei Friedrichstadt unter. Die »Anforderung« als landwirtschaftliche Hilfskraft gab uns der Bauer gern, zumal wir ihm versicherten, daß wir nicht die Absicht hätten, ihm weiter zur Last zu fallen.

Einige Offiziere, die keine Lust hatten, Landarbeiter zu werden, hatten das Unglück, wenig später den Franzosen überstellt zu werden, die einen Teil der Kriegsgefangenen übernahmen. Viele von ihnen sind noch jahrelang Kriegsgefangene geblieben. Die Aktion, der ich meine frühe Entlassung verdankte, hieß übrigens – wenn ich nicht irre – »Early Corn«.

Die Bauernfamilie, die bereits durch eine Anzahl Flüchtlinge vergrößert war, hieß uns gastlich willkommen. Die Mahlzeiten nahmen wir gemeinsam am Familientisch ein, und meist konnten wir gar nicht soviel verzehren, wie uns vorgesetzt wurde. Wir, das waren sieben Offiziere, die sich zufällig auf der Fahrt von Flensburg hierher gefunden hatten und jetzt eine jener schnell und fest verbundenen Kameradschaften bildeten, die dann so rasch wieder auseinandergerissen wurden. Wir saßen jeden Abend noch lange zusammen und unterhielten uns, auch mit den Flüchtlingen, über die Zukunft. Besonders ins Herz geschlossen hatte ich eine große, sportliche Erscheinung, dunkelblond, mit großen dunklen Augen, die oft traurig, aber dann auch wieder lachend und lustig in die Welt blickten. Das Schicksal hatte ihr alles genommen: Ihre Eltern waren bei einem Bombenangriff umgekommen, ihr Mann, von dem sie ein Kind erwartete, war gefallen. Ihre Heimat lag in der russisch besetzten Zone. Das Schicksal dieser seltsam-traurigen, schönen jungen Frau bewegte mich noch lange ...

Die »Tage von Seeth« nahmen für mich ein jähes Ende, da ich mit einem Magen- und Nierenleiden in ein Teillazarett des Standorts Friedrichstadt eingeliefert wurde. Aber von Tag zu Tag stieg die Hoffnung, nach Hause zurückkehren zu können.

Ich las wieder viel, so »Der Überwinder« von Reinhold Schneider, jene glänzende Novelle, die das seelische Ringen des Ignatius von Loyola, des Begründers des Jesuitenordens, um die Aufgabe seines Lebens darstellt. Einen bleibenden Eindruck machte mir außerdem Rabindranath Tagores »Das Heim und die Welt«, eine Auseinandersetzung zwischen zwei polaren Grundideen: Gewalt und Gerechtigkeitsliebe, die in den Personen Sandins und Nikins verkörpert werden. Bimala, die Frau Nikins, steht zwischen beiden als Vermittlerin oder auch als Inkarnation des Ewig-Weiblichen, Ewig-Natürlichen, Intuitiv-Gewaltsamen.

Am 26. August notierte ich: »Das liebe kleine Städtchen mit seinen holprigen Pflasterstraßen, Kanälen und windschiefen Häuschen samt Treppengiebeln der norddeutschen Renaissance, mit seinen alten, verträumten Winkeln wird jetzt von einem Leben beunruhigt, das nicht recht zu ihm paßt. Flüchtlinge stehen in den Straßen herum – Nichtstuer auf Wanderschaft von irgendwoher nach irgendwohin. Auf dem Markt in Reihen Lkws, Pkws, kleine Straßenpanzer und Kräder. Gelassen schlendern Tommys mit ihren langen, edlen Zigaretten durch die Straßen. Eben kommen sie mit Tellern und Geschirr vom Essen zurück, stehen dort und warten. Scheinbar nachlässig und wie zufällig betrachten sie aufmerksam das Leben und Treiben in dieser fremden und trotzdem der ihrigen nicht unähnlichen Welt. Die meisten scheinen vergnügt. Sie sind sauber und ordentlich, aber ohne Eleganz gekleidet, schlank, sonnengebräunt – die meisten kleiner, als wir uns die ›nordischen‹ Engländer vorgestellt hatten. Wir kommen mit ihnen kaum in Berührung. Ihr Verhalten ist gemessen-korrekt und zurückhaltend. Nur einige wenige haben Freundschaft mit deutschen Mädchen geschlossen.«

Die Art und Weise, wie die britische Armee »uns« gefangennahm und bewachen ließ, hat mir ungemein imponiert. Ich erinnerte mich daran, daß die Briten in den meisten Kolonien privilegierte »Eingeborene« (natives) damit beauftragen, für Ruhe und Ordnung zu sorgen. So verfuhren sie auch mit den deutschen Soldaten in Dänemark und im Lager Heide in Schleswig-Holstein. In Dänemark hatten sie, wie erwähnt, einfach den ranghöchsten Truppenarzt zum Kommandanten über die zunächst im Lande bleibenden Lazarette und deren Insassen ernannt und ihre Befehle über ihn weitergegeben. Auch im Lager Heide behielten Offiziere und Feldjäger ihre Handfeuerwaffen und bewachten zuverlässig ihre Mitgefangenen. Auf der einen Seite war das Lager durch den Nord-Ostsee-Kanal begrenzt, auf den anderen patrouillierten Feldjäger mit ihren Motorrädern und hielten jeden an, der das Gebiet zu verlassen suchte. Die Briten selbst benötigten zur Bewachung von mehr als 100 000 Soldaten der Wehrmacht nur einige Dutzend Offiziere und Nachrichtenleute. In den seltenen Fällen, bei denen ich direkten Kontakt mit Briten hatte, verhielten sie sich korrekt, distanziert, aber auch ungemein höflich.

Entlassen

Am 4. September 1945 notierte ich: »Seit drei Tagen ›entlassen‹; zum letztenmal in Uniform, dann endlich ›Zivilist‹.«

Ich blieb noch ein paar Tage in Friedrichstadt, bevor ich die »große Fahrt« nach Süddeutschland antreten konnte. Um eine Fahrkarte zu lösen, benötigte ich eine schriftliche Erlaubnis, die aber der Bürgermeister von Seeth nur zu gern erteilte.

Mein erstes Etappenziel sollte das Rittergut Watzum im Braunschweigischen sein, das Freunden meiner Eltern gehörte. Im Güterwagen ging es zunächst bis Hamburg, von dort aus in einem offenen

Kohlenwagen bis Lehrte, endlich, sogar in einem richtigen Personenzug, nach Braunschweig.

»Zwischen Trümmern Resthäuser und Häuserreste; lebhafter Verkehr; zahlreiche Suchschilder nach vermißten Familienangehörigen, namentlich aus dem nahe gelegenen russisch besetzten Gebiet. Ein paar schöne alte Häuser klemmen sich wie hilfesuchend aneinander; ein Wunder, daß nicht der bloße Luftdruck der Detonationen und die Erderschütterungen des Bodens sie zusammenstürzen ließen. Überall Spuren kriegerischer Zerstörung, aber auch Ruinen scheinen bewohnbar und sind bewohnt.«

Am Abend gelang die Weiterfahrt nach der Schildbürgerstadt Schöppenstedt, von wo mich, wie erhofft, die telefonisch erbetene Kutsche nach Watzum brachte.

13. September: »Lange Gespräche am Abend. An einigen Stellen der Demarkationslinie zum russischen Besatzungsgebiet kann man hier heimlich Post hinüberbringen. Ich will versuchen, Vater zu benachrichtigen. Wohne in einem ›Gemach‹ des Schlosses mit Blick auf den Park und seine großen alten Eichen, Buchen, Kiefern und exotischen Bäume. Traktoren ziehen schwere Pflüge über die Felder, Dreschmaschinen arbeiten und scheinen zu singen. Nur im Haus ist es ganz still. Schreibe noch zwei Briefe an Angehörige von Gefallenen meiner Batterie und eine Postkarte, die Dresden erreichen soll.«

Und eine Woche später: »Im sowjetisch besetzten Gebiet sieht es – nach hier einlaufenden Nachrichten – etwas anders aus, als wir es uns vorgestellt haben. Post und Bahn funktionieren, und die Bevölkerung in den Dörfern und Städten Thüringens sowie der Provinz Sachsen ist generell nicht ausgeplündert worden. Dafür beginnt jetzt überall die sogenannte ›Bodenreform‹, d. h. die Enteignung des Großgrundbesitzes (über 400 Morgen). Neusiedler sollen etwa 16 Morgen Land erhalten, was zur Ernährung einer Familie bei weitem nicht ausreicht. Rittergutsbesitzer und Domänenpächter müssen von einem Tag auf den anderen Haus und Hof verlassen. Wohin? Noch immer hat die Niederlage nicht aufgehört, neue, furchtbare Folgen zu zeitigen.

Lese von Thomas Mann ›Unordnung und frühes Leid‹, eine scharf beobachtete, psychologisch glaubhafte Erzählung. Ästhetisch nicht angenehm. Eindrucksvoll auch die Briefe Helmut von Moltkes an seine Braut und Frau. Ausführlich, aber sprachlich ungekünstelt schildern sie mit Liebe und Einfühlungsvermögen Details seiner Reiseindrücke, von Empfängen und Festlichkeiten. Stets rücksichtsvoll und höflich, niemals einen Vorwurf erhebend, zartfühlend und liebenswürdig, so tritt uns dieser geniale Stratege in seinen Briefen entgegen. Besonders die Schilderungen der – in Begleitung des Prinzen Friedrich-Wilhelm unternommenen – Englandreise waren mir interessant: Windsor Castle, Buckingham Palace, St. James, der Tower und Balmoral, Schlösser, Burgen und die englische Parklandschaft tauchen vor unseren Augen auf und vor ihrem Hintergrund das bewegte, prunkvolle Leben des viktorianischen England. Sympathisch die einfache Hofhaltung auf dem Landsitz Schloß Balmoral ...«

Inzwischen war ich »Hauslehrer« geworden. Tagsüber arbeitete ich mit den Kindern, und am Abend gab ich Russischunterricht für die Erwachsenen. Um die Zeit des ungeduldigen Wartens zu überbrücken, half ich auch bei der Feldarbeit.

Von einem ehemaligen Oberleutnant, der aus Sachsen zurückkam, erfuhren wir manches über die Zustände im sowjetisch besetzten Teil Deutschlands: Hunger in den Städten, während es der Landbevölkerung – abgesehen von der totalen Verarmung der Großgrundbesitzer – einigermaßen gutgeht. Übergriffe russischer Soldaten ließen erkennen, daß das Land entrechtet war. Da der Reiseverkehr innerhalb der russischen Zone offenbar ziemlich uneingeschränkt funktionierte, wollte ich versuchen, nach Hause zu kommen, um meine Eltern wiederzusehen und mich mit ziviler Kleidung zu versorgen. Hier stand ich ja völlig mittellos da. Als einziges ziviles Kleidungsstück trug ich einen – mir etwas zu weiten – Anzug von Herrn Schultze-Watzum.

Menschen kamen und gingen. Nachrichten aus allen Teilen des besetzten Deutschland trafen ein, nur für mich war nichts dabei. Der Schloßpark mit seinen riesigen Laubbäumen begann sich gelb und rot zu verfärben. Am frühen Morgen zog Nebel in dichten Schwaden bis zu unserem Fenster herauf. Es war Oktober geworden.

»Heute, beim Rübsamenschneiden, genoß ich so recht die sanftgeschwungenen Formen der Landschaft der Elm, die sich bis zu einer Höhe von 400 Metern erhebt. Ins Tal geduckt liegt Schöppenstedt. Von Westen her blickt eine alte Windmühle herüber, und Watzums spitzer Kirchturm schaut aus einer Bodenwelle hervor. Das unbeschreiblich Anmutige dieser Landschaft mit ihren Senkungen und Hebungen ist wie Musik und läßt sich kaum in Worte fassen.«

Mein Unterricht machte mir viel Freude. Doctor Dolittles fabelhafte Geschichten beschäftigten uns ebenso wie Molière. Die griechischen Sagen und die Verfassungskämpfe in Sparta und Athen fanden eine wertvolle Ergänzung durch »Leben und Meinungen der Sieben Weisen«: Thales, Solon, Chilon, Pittakos, Bias, Kleobulos, Periandros. Dabei übte ich mich im Lesen der griechischen Schrift und ärgerte mich, daß ich in der Schule nicht Griechisch gelernt hatte. In Scherers »Menschlicher Tragikomödie« las ich eine impressionistische Beschreibung von Iwan Grosnij, der in der Tat ein Wüstling und Tyrann gewesen sein muß, wenn auch nur die Hälfte des über ihn Erzählten verbürgt ist.

Als wunderbares Erlebnis ist mir eine Fahrt im Einspänner nach Schöningen in Erinnerung geblieben: eine Fahrt durch die herbstliche Landschaft, durch kleine, still-verträumte Dörfer in friedlicher Ruhe und Abgeschiedenheit. Schöningen hat eine wundervolle romanische Kirche, deren Inneres mich jedoch – bis auf ein Chorgestühl mit holzgeschnitzten Darstellungen der zehn Leidensstationen Christi – enttäuschte. Dagegen freute ich mich über alte Fachwerksbauten, ein großes Renaissanceportal, Sinnsprüche, Wappen und Jahreszahlen. Das Gesicht dieser alten Kleinstadt schien unberührt, die Zeitereignisse waren kaum wahrnehmbar – hätten nicht ein Plakat »Freie deutsche Gewerkschaft«, Anschläge der Alliierten und ab und zu ein Tommy an das Kriegsende und die Besatzung erinnert. Wir holten zwei junge (zweieinhalbjährige) Kutschpferde vom Händler ab, wurden von kaltem Regenwetter überrascht und kehrten total durchnäßt und müde erst spät abends wieder nach Watzum zurück. Dieses Erlebnis schlug sich in einem Gedicht nieder, das die ausgelassene Freude des »noch einmal Davongekommenen« und einen erkennbaren Rest des »verinnerlichten Heroismus« der Soldatenzeit verrät, den ich mit der Uniform offenbar noch nicht gänzlich abgelegt hatte.

Regennasse Nachtheimreise

Da und dort ein fernes Leuchten,
dann und wann ein großes Licht:
Mit den Fingern, kalten, feuchten
Zügel halten – schön ist's nicht!

Endlos kommt es naß von oben,
kühl und feucht auf uns herab,
und die jungen Pferde schnoben,
widersetzten sich dem Trab.

Dorf um Dorf, die rechten Wege,
endlich führtest Du uns heim,
doch der Geist blieb dennoch rege
und erfand sich diesen Reim:

Regennasse Nachtheimreise,
Räder rollen, Regen rinnt,
daß ich dich im Loblied preise,
regennasse Nachtheimreise,
bin so mild ich dir gesinnt?

Böse Wetter und Gewalten,
die uns zausen, die uns ziehn
können uns nur umgestalten,
unsren Weg nur dann aufhalten,
wenn wir ihnen feig entfliehn!

Regennasse Nachtheimreise,
Du hast uns erneut gelehrt:
nur der Mensch ist wahrhaft weise,
der sich – eigner Kraft zum Preise –
gegen alle Unbill wehrt.

Am 9. Oktober stand plötzlich mein Bruder Gernot bleich und abgemagert vor mir. »Vater ist am 8. Mai von SS ermordet worden, als er zusammen mit anderen auf dem Weg zum sowjetischen Stadtkommandanten war, um ihm die Mitwirkung von Dresdner Antinazis an der Selbstverwaltung der Stadt vorzuschlagen.«

Der Schmerz über diese Nachricht überwältigte mich so sehr, daß ich die Dinge und Menschen um mich nur noch wie durch einen Schleier wahrnahm. Für mich war mein Vater ja jetzt erst gestorben.

In Memoriam Rainer Fetscher

Am letzten Kriegstag, als bereits die »bedingungslose Kapitulation« vereinbart war, ist mein Vater von einer in den Trümmern Dresdens herumirrenden SS-Streife erschossen worden. Solange ich zurückdenken kann, hatte er nie auch nur einen Augenblick allein an sich gedacht. Stets war er für seine Mitmenschen, Studenten, Kranke, Hilfesuchende da. »Verantwortungsbewußte Menschenliebe« hat er zuweilen als seine »Maxime« bezeichnet. Sein Tod bedeutete für meinen Bruder und mich die Verpflichtung, seinem Vorbild nachzueifern. Nur so hofften wir, diesem widersinnigen Tod doch noch einen Sinn abgewinnen zu können.

Mein Vater war fast immer für mich ein Vorbild gewesen, auch wenn ich zuweilen anderer Meinung gewesen war als er. Toleranz und Liebe hatte er mir vorgelebt, während des Krieges wurde er zu meinem wichtigsten Vertrauten und während des Urlaubs zum ernsthaftesten Gesprächspartner. Die meisten seiner Briefe habe ich aufbewahrt, nur wenige sind während des Rückzugs im Osten verlorengegangen. Diese Briefe helfen mir jetzt, die Erinnerung an ihn neu zu beleben. Mehr als irgendein anderer Mensch verdient er ein eigenes Kapitel in diesem Buch.

Mein Vater war 1895 in Wien geboren worden und hatte stets einen leichten Wiener Akzent bewahrt. Zum Beispiel sprach er Engel und Bengel anders aus als die Schwaben oder Sachsen – ähnlich wie die Bayern, mit einem deutlich abgesetzten »g«. Auch in seinen Umgangsformen bewahrte er manches aus der k. u. k. Monarchie. So schrieb er auf Briefumschläge stets S. H. und I. H. (Seine bzw. Ihre Hochwohlgeboren). Nach dem Besuch des humanistischen Elisabeth-Gymnasiums studierte er in Wien Medizin. Sein Deutschlehrer hatte ihn zu einem geisteswissenschaftlichen Studium, der Naturkundelehrer zur Naturwissenschaft geraten. Die Medizin zog ihn an, weil sie wissenschaftliche Forschung mit direkter Hilfe für Menschen zu verbinden erlaubt.

Daß er als »württembergischer Staatsangehöriger« nach Ludwigsburg eingezogen wurde und dadurch meine Mutter in dem benachbarten Marbach am Neckar kennenlernte, habe ich einleitend schon erwähnt. Nach dem Krieg ermöglichten verkürzte Semester einen raschen Abschluß, so daß mein Vater schon 1921 die Approbation als Arzt erhielt. Gleichzeitig promovierte er mit einer Arbeit über »Die Erblichkeit des angeborenen Klumpfußes«. Noch im gleichen Jahr heiratete er und arbeitete einige Zeit am Stuttgarter Katharinenhospital, bevor er als Assistent des Ordinarius für Hygiene Philaletes Kuhn an die Technische Hochschule in Dresden geholt wurde. Von meiner Geburt erfuhr er durch ein etwas konfuses Telegramm meiner Großmutter, das ihn Schlimmes für Mutter und Kind befürchten ließ. Es war eine schwere Geburt, aber zum Glück waren beide – Mutter wie Kind – gesund.

Als Kind bekam ich von der beruflichen Tätigkeit meines Vaters nur wenig mit. Als ich einmal während eines Urlaubs gefragt wurde, was mein Vater tue, soll ich geantwortet haben, »der schreibt Bücher, aber in denen steht überall dasselbe drin«. Vermutlich nahmen diese Leute an, er sei wohl eine Art Trivialautor, dessen Romanen immer wieder das gleiche »Schema« zugrunde liegt. Damit unterstellten sie mir allerdings eine ungewöhnlich frühreife Urteilsfähigkeit. Später klärte sie meine Mutter darüber auf, daß ich einen Stoß mit Belegexemplaren eines Buches auf dem Schreibtisch meines Vaters gesehen und festgestellt hatte, daß sie in der Tat »identisch« waren.

Imponiert hat mir mein Vater zum allerersten Mal, als wir vom Kasper in einem Puppentheater persönlich begrüßt wurden. Wenn sogar der Kasper ihn kannte, mußte mein Vater ziemlich berühmt sein, sagte ich mir. Auch die Tatsache, daß ihn der Direktor des Dresdner Zoos, Professor Brandes, einmal zur Behandlung eines großen Orang-Utans hinzuzog, machte mir Eindruck; noch lieber wäre es mir freilich gewesen, wenn er meine große Liebe, die Tigerin Wanda, behandelt hätte.

1930 machte die Familie gemeinsam Urlaub in Locarno, wo wir in der noch heute existierenden Pension »Villa Olanda« wohnten. Von dort aus besuchten meine Eltern den über achtzigjährigen Psychiater und Ameisenforscher Auguste Forel, dessen Buch »Die sexuelle Frage« mein Vater kurz zuvor neu bearbeitet hatte. Forel war »freiheitlicher Sozialist« und galt – nach damaligen Maßstäben – als »Feminist«; außerdem war er Pazifist und strikter Alkoholgegner, was in einer Weinbaugegend – er wohnte in Morges am Genfer See – eher ungewöhnlich war. Meine Eltern kamen tief beeindruckt von ihrem Besuch zurück und erzählten viel von dem alten Herrn, der sich noch an den gemütskranken bayerischen König Ludwig II. erinnern konnte. Bald nach der Machtergreifung der Nazis wurde Forels Buch verboten; da es auch im klerikalen Österreich nicht verkauft werden durfte, stellte der Verleger Ernst Reinhardt den Druck ein, ließ den Text aber matern, um ihn jederzeit wieder herausbringen zu können.

Irgendwie ahnte ich schon vor dem 30. Januar 1933, daß mein Vater mit den neuen Machthabern Schwierigkeiten haben würde. Er hatte sich zwar neben den üblichen Gebieten der Hygiene (Gewerbehygiene, Sozialhygiene usw.) auch mit Eugenik beschäftigt und darüber publiziert, den Rassebegriff aber von vornherein als unwissenschaftlich abgelehnt. Als er 1933 ein einführendes Bändchen unter dem modischen Titel »Rassenhygiene« herausgab, war das der Ausdruck einer sich als unnütz erweisenden Anpassung. Politisch bewußtere Kollegen meines Vaters kritisierten ihn damals und tadelten auch ein Vorwort, in dem er das »Gesetz zur Verhütung erbkranken Nachwuchses« (20.1.1934) als großen Fortschritt begrüßt hatte.

Zu meinem Schrecken erschien mein Vater eines Tages sogar in der Uniform eines SA-Mannes. Als aber seine jüdischen Kollegen entlassen werden sollten, war die Grenze seiner Anpassungsbereitschaft erreicht. Unter dem Motto »Hände weg von der Hochschule!« rief er zur Solidarität mit diesen Kollegen auf und wandte sich sogar an den nazifreundlichen Philosophieprofessor Alfred Bäumler, der sofort eine entsprechende »Meldung« weitergab. Die Konsequenz war die Entlassung meines Vaters auf Grund des Gesetzes »zur Wiederherstellung des Berufsbeamtentums« (und der Ausschluß aus der NSDAP). Bemühungen, in der Schweiz oder in Prag eine Stelle zu finden, scheiterten. Schließlich konnte er sich jedoch als praktischer Arzt niederlassen, nachdem er den »erforderlichen Ariernachweis« erbracht hatte.

Für uns Kinder brachte der Berufswechsel den Umzug in die Stadtmitte und damit den Verlust des nahen Waldparks und des verwilderten Gartens gleich hinter dem Loch im Zaun. Als wir in der Schubertstraße in Blasewitz wohnten, waren wir Nachbarn des Ministerialrats Emil Menke-Glückert, der im Kultusministerium für die Höheren Schulen Sachsens zuständig war. Zufällig erhielt er am gleichen Tag wie mein Vater die Entlassungsurkunde aus dem Amt. Das verband die beiden Familien. Obgleich Menke-Glückert als aktives Mitglied der Staatspartei keine amtliche Tätigkeit mehr ausüben konnte, blieb er doch als Präsident der örtlichen Goethe-Gesellschaft und als Historiker, der sich auf das Thema »Keltenforschung« spezialisiert hatte, aktiv. Da wir zu Vorträgen in der Goethe-Gesellschaft regelmäßig eingeladen wurden, lernten wir auf diese Weise Hans Carossa, den mein Vater besonders schätzte, Ernst Wiechert, Boerries Freiherr von Münchhausen und viele andere kennen. Aus seiner Wiener Zeit brachte mein Vater Kenntnis und Freude an österreichischen Autoren wie Raimund und Nestroy mit und las später mit Begeisterung Reinhold Schneiders »Inselreich« und »Las Casas vor Karl dem V.«. Die katholische Goerres-Buchhandlung wurde – vor allem während des Krieges – zu einer Quelle maschinenschriftlich verbreiteter Gedichte Reinhold Schneiders, von denen mir vor allem die Zeilen

> Allein den Betern kann es noch gelingen,
> das Schwert ob unsern Häuptern aufzuhalten
> und diese Welt den richtenden Gewalten
> durch ein geheiligt' Leben abzuringen ...

noch im Gedächtnis sind.

Aus einem rational kaum ausreichend begründbaren Glauben an »eine immanente Gerechtigkeit der Geschichte« war mein Vater von vornherein überzeugt, daß die Herrschaft der Nationalsozialisten zum Krieg und zu einem bitteren Ende führen werde. Als durch den Überfall deutscher Streitkräfte auf Polen die Bündnistreue Englands und Frankreichs unter Beweis gestellt wurde, war mein Vater vollends gewiß, daß nunmehr der »Anfang des Endes« gekommen sei. Je öfter ihm Nachrichten über Lager, über »Euthanasie« Geisteskranker, die als »lebensunwert« bezeichnet wurden, und über Verfolgung von Juden und Kritikern des Regimes zu Ohren kamen – und als Arzt, der der Schweigepflicht unterliegt, erfuhr er natürlich weit mehr als andere –, sagte er immer wieder: »Mir graut vor dem, was nach diesem brutalen Krieg und diesen Verbrechen kommen wird.«

Die vier Zeilen des Gedichts von Reinhold Schneider geben ziemlich genau das »Zeitgefühl« wieder, das nicht nur mein Vater damals hatte. Alle, die meinen Vater kannten, bewunderten seine unerschütterliche Zuversicht und seine feste Überzeugung, daß – wie groß immer die Teilerfolge der deutschen Kriegführung auch sein mochten – die Niederlage der Wehrmacht und die Befreiung Deutschlands von den Nationalsozialisten kommen würden.

Die Zahl der Freunde und Bekannten, mit denen meine Eltern verkehrten, nahm nach 1933 rasch ab. Viele ehemalige Bekannte hielten es für besser, nicht mit dem entlassenen Hochschullehrer in Verbindung gebracht zu werden. Einige Freunde blieben der Familie treu, unter ihnen Elisabeth Schucht, die Romanautorin (»Jo liebt einen alten Mann«), und der »königlich preußische« Hauptmann a. D. Dr. Ruprecht, der jetzt als Bankdirektor arbeitete; Professor Gehrig, ein Hochschullehrer, der ebenfalls entlassen worden war, sowie die Familie Herrschel, zu der ich durch meinen Schulfreund Teddi (Theodor) die Verbindung hergestellt hatte. Teddis Vater war Mitinhaber der Bienert-Mühle und der gleichnamigen Brotfabrik, zugleich aber auch ein erfolgreicher Turnierreiter, was mir als begeistertem Reiter weit mehr imponierte. Am engsten aber waren die Beziehungen zur Familie Menke-Glückert, die ganz »aufs Land« nach Plötzscha in der »Sächsischen Schweiz« gezogen war und meine Eltern dazu veranlaßte, in der Nähe ein kleines Wochenendhaus zu bauen. Mit Menke-Glückert konnte sich mein Vater offen über politische Tagesfragen und die Zukunft nach dem Kriege unterhalten und – bis zum Kriegsbeginn – unter anderem Informationen aus dem »Manchester Guardian« erhalten, die Menke-Glückerts abonniert hatten. Vermutlich durch Menke-Glückert angeregt, lieh ich mir in der Landesbibliothek auch das erste »politikwissenschaftliche« Buch meines Lebens aus: Elie Halévys »L'Ere des Tyrannies« (1936). Ich habe darüber (S. 50) schon berichtet.

Mein Vater hatte im allgemeinen nicht viel Zeit, um sich mit seinen Kindern zu beschäftigen. Manchmal spielte er jedoch mit mir (später auch mit meinem Bruder) Schach und gab uns, damit der »Kampf« nicht zu schnell beendet war, einen Turm vor; das heißt, er spielte mit einem Turm weniger. Es kam selten genug vor, daß ich wenigstens mit diesem Vorteil gewann. Ich tröstete mich damit, daß mein Vater sogar den ehemaligen Schweizer Landesmeister, Herrn Walther von der Pension Olanda in Locarno, einmal besiegt hatte. Großen Wert legte mein Vater – auch wenn sein Denken eher naturwissenschaftlich-nüchtern war – auf Lyrik. Er kannte einige der langen Gedichte Heines auswendig – so unter anderem »Nach Frankreich kamen zwei Grenadier'« und »Krapulinsk und Waschlapski...«, das er keineswegs für antipolnisch hielt. Uns Kindern wurde jedes Jahr am Weihnachtsabend vorgelesen. Am liebsten hatten wir Rudolf Bindings kleine Erzählung »Das Peitschchen«; auch machten mir immer wieder Manfred Kybers »Tiergeschichten« Spaß; vor allem die Erzählung vom »Oberaffen«, der große Töne spuckt, aber sobald die Tigerin »Missimissa Pfotenpuff« erscheint, nichts mehr gesagt haben will. Natürlich dachten wir beim Oberaffen an den »Führer« und dessen prahlerische Tiraden.

Auch wenn mein Vater durch seine große Praxis sehr in Anspruch genommen war, legte er doch Wert darauf, wenigstens durch die Lektüre von Fachzeitschriften und Rezensionen wissenschaftlich auf dem laufenden zu bleiben. Regelmäßig rezensierte er neuere Arbeiten zum Thema »Krebs und Vererbung« und berichtete unter anderem auch über erste eigene Erfahrungen mit den damals noch ganz neuen Sulfonamiden.

Die Praxis in der Christianstraße 9 wurde insgeheim zu einem Treffpunkt für Antinazis. Es gab eine eigene Kartei für »Bestrahlungspatienten«, in der auch solche Besucher eingetragen waren, die gar nicht krank waren, sondern sich nur einmal aussprechen oder Pläne für die Zeit »danach« diskutieren wollten. Während des Krieges wurde diese mehr oder minder verschwörerische Tätigkeit intensiviert. Unter anderem hatte mein Vater Kontakt zu einigen Polizeioffizieren, die entschlossen waren, beim Herannahen der Alliierten die Sprengung der Elbbrücken, wenn irgend möglich, durch Herausnahme der Sprengkapseln zu verhindern. Kleine Sabotageakte – die nur keine Menschen gefährden durften – wurden gleichfalls geplant und ausgeführt.

Natürlich sollte meine Mutter nichts von den gefährlicheren Aspekten dieser Kontakte wissen. Aber ihr war längst klar, daß mein Vater stets an die Zeit »danach« dachte und möglichst viele Menschen retten wollte, die durch Einlieferung ins KZ oder andere »Maßnahmen« bedroht waren. In einigen Fällen, so erfuhr ich nach dem Krieg, gelang es, gefährdete Personen durch ein »ordentliches Gerichtsverfahren« zu mehrjährigen Haftstrafen verurteilen zu lassen und sie auf diese Weise vor der Einlieferung in ein KZ zu bewahren.

Kurz nach Kriegsbeginn versuchte General Olbricht meinen Vater durch eine Einberufung zum Heer – als Wehrkreishygieniker – vor möglicher Verhaftung durch die Nazis zu schützen. Es stellte sich aber heraus, daß Rainer Fetscher als »wehrunwürdig« registriert war, so daß Olbrichts Versuch schließlich scheiterte. Ich habe keine Ahnung, wie eng die Beziehungen meines Vaters zu General Olbricht und damit zum Kreis der Männer vom 20. Juli waren, halte es aber für möglich, daß meine 1943 erfolgte – ganz ungewöhnliche – Versetzung von einer Einheit im Süden der Ostfront zur 23. Infanteriedivision an der Nordfront auf eine Intervention von dieser Seite zurückging. Bei der 23. Division traf ich mit einer großen Anzahl von Antinazis zusammen und fühlte mich deshalb »politisch« ausgesprochen wohl.

Aber auch wenn mein Vater, wie er mit einem gewissen Amüsement berichtete, als »wehrunwürdig« galt, wurde er bald als Luftschutzarzt eingezogen und mußte eine eigene »Rettungsstelle« betreuen. Er widmete sich dieser Aufgabe, die er für legitim und notwendig hielt, mit solchem Eifer und Erfolg, daß ihm bald die Ausbildung der Mitarbeiter der übrigen Dresdner Rettungsstellen anvertraut wurde. Bei dieser Gelegenheit vermittelte er den Mitarbeitern – meist älteren Männern und Frauen – eine Menge medizinischer Kenntnisse und Fertigkeiten, die sie auch nach dem Krieg noch nutzen konnten. Diese ehemaligen Mitarbeiter gehörten zu der großen Trauergemeinde, die sich am 14. Mai 1945, eine Woche nach seinem Tod, auf dem Friedhof Leubniz-Neuostra an seinem Grab versammelte. Sie behielten »ihren Professor« über den Tod hinaus noch viele Jahre lang dankbar in Erinnerung.

Während meiner Militärzeit – vom Oktober 1940 an – war es fast ausschließlich mein Vater, der trotz seiner doppelten Belastung durch Praxis und Rettungsstelle mir regelmäßig schrieb und so die Verbindung mit dem Elternhaus aufrechterhielt. Meine Mutter war zu aufgeregt, um diese Aufgabe übernehmen zu können. Da man ja nie wissen konnte, wer eventuell die Briefe las, vermied er ebenso wie ich fast vollständig jede erkennbare politische Äußerung.

Am 17. September 1943 berichtete er aber zu meiner Überraschung: »Gestern hatte ich meinen Vortrag ›Krebs und Vererbung‹. Es war die äußere Situation ganz witzig. Großer Hörsaal des Physikalischen Institutes bis auf den letzten Platz besetzt, verschiedene altbekannte Personen anwesend, auch solche, die durchaus nicht immer zu mir standen. Der Vortrag als solcher anscheinend ein guter Erfolg ... Ich selbst war nicht ganz frei von Nervosität angesichts verschiedener Reminiszenzen, sprach mich aber bald frei ...«

Während der vielen Jahre »im Felde« versuchte mein Vater mir vor allem ein anschauliches Bild vom friedlichen Leben daheim, vom Ergehen der Familie und vom Garten zu geben, den er mit großer Kenntnis und viel Liebe beschrieb. Am 30. April 1944 heißt es da zum Beispiel: »Sonst macht der Garten aber Freude. Er ist nur ein kleines Stück Natur, doch man lebt in ihm, und so mancher Gedanke über Werden und Vergehen knüpft sich daran. Keine Ungeduld beflügelt das Tempo des Wachstums, keine Bitte hält die Blüte zurück, nur der ewige Wechsel bleibt und der gleichmäßige Rhythmus in ihm. Du meinst, Dir brächte der Krieg mehr Naturverbundenheit. Das (...) trifft sicher teilweise zu, wenn auch die Schwalbe, die Du beschreibst, eine Lerche gewesen sein dürfte (...). Solche Erlebnisse im Kampfgelände bleiben aber dauernd in uns haften, so wie mir das Lied eines Vogels im Drahtverhau an der Somme zwischen Leichen und Trichtern. Unsere Erinnerung bewahrt überhaupt keine fortlaufenden Ereignisse, sondern einzelne Bilder, die sich wie die Steine eines Mosaiks zusammenfügen ...«

Ein wenig Stolz auf die eigene Leistung klingt in einem Brief vom 2. Juni 1943 an, der die Bilanz der Einnahmen der Praxis beziffert, die von 78 000 im Jahr 1940 auf 123 000 1943 gestiegen seien, wovon die Steuer allerdings mindestens 24 000 verlangen werde, so daß »wir uns einen eignen Minister halten«.

Nur gelegentlich ging mein Vater auf politische Ereignisse ein, von denen er zu Recht annahm, daß sie mir nicht oder nur unzulänglich bekannt seien. So heißt es da unter dem Datum 30. Juli 1943: »Was sich inzwischen alles ereignet hat, wirst Du nur teilweise wissen, z. B. Abdankung Mussolinis. Badoglio halte ich nur für eine Zwischenlösung und vermute, daß in nächster Zeit weitere dramatische Entwicklungen eintreten werden.« Diese Prognose sollte sich bewahrheiten. Am 3. September unterzeichnete ein Bevollmächtigter Badoglios in Syrakus einen (zunächst geheimgehaltenen) Waffenstillstandsvertrag mit den Alliierten. Dann begannen Landungsmanöver von Briten und Amerikanern auf dem italienischen Festland. Die »Befreiung« Mussolinis durch die SS verschaffte dem entmachteten Duce nur noch eine eher komische, kurzfristige Herrschaft über die kleine »Repubblica di Salò« in Norditalien. Abgefallene Faschisten ließ er hinrichten, darunter auch seinen Schwiegersohn, den Grafen Ciano. Ich erinnere mich noch gut, wie mein Vater während meines Urlaubs in Dresden Anfang 1944 voll Ironie von den »innigen Familienbeziehungen der Familie Mussolini« sprach.

Im August 1943 kündigte der Reichsstatthalter von Sachsen, Martin Mutschmann, seinen Besuch in der Rettungsstelle meines Vaters an. In seinem Brief berichtete er amüsiert darüber, da derselbe Mutschmann die Entlassung meines Vaters als Hochschullehrer verfügt hatte: »9. 8., 22.30: ... ich möchte am 10. 8. in Uniform, 10 Uhr, in der Rettungsstelle sein, um Mutschmann zu führen. So geschah es also. Wenn Pünktlichkeit die Höflichkeit der Könige ist, so ist M. keiner, denn er ließ eine Dreiviertelstunde auf sich warten. Ich hatte die Ehre zweier Händedrücke, zum Empfang und zum Abschied, und die Aufgabe, einige tiefschürfende Fragen eingehend zu beantworten, wie z. B. ›Was ist das für ein Gebäude‹ – ›Eine Schule‹ usw. Zum Schluß gab es noch ein kleines, für mich heiteres Intermezzo. Ich habe ein blaues Notizheft eingeführt, in das jeder einzutragen hat, was er in der Rettungsstelle wollte, der sie außerhalb der Dienstzeit betritt, z. B. ›Baumeister X. zur Prüfung der Gastüren‹. Der Verwalter der Rettungsstelle stürzte mit diesem Heft prompt auf Mutschmann zu und entlockte ihm ein Autogramm. Ich bemerkte dazu: ›Das Goldene Buch der Rettungsstelle in kriegsmäßiger Aufmachung.‹ – ›Hm‹, machte M. Der Polizeioberst Wöhrmann, der dabei war, nahm den Scherz auf und sagte: ›Herr Reichsstatthalter, da werden Sie der Rettungsstelle ein neues Goldenes Buch spenden müssen.‹ – ›Hm‹, war die nächste Lebensäußerung. Da ich noch ein Dokument mit Ms-Unterschrift von 1934 besitze, habe ich nun zweimal den charakteristischen Namenszug. Vielleicht macht Dir diese Episode so viel Spaß wie hier Gernot.«

Einen Monat später hatte mein Vater die Ehre, die Rettungsstelle dem Roten Kreuz und der Gauleitung der NSV »vorzuführen«. Im letzten Augenblick erhielt er den Auftrag, »die Erschienenen namens des Polizeipräsidenten bzw. des Generalarztes zu begrüßen«. Und nur für mich verständlich fügt er ironisch hinzu: »Meine Aufgaben werden immer witziger.«

Am 14. August 1943 hatte ich meinem Vater von meiner Spinoza-Lektüre berichtet: »Heute mittag habe ich wieder mal etwas von meinem Spinoza gelesen, der Gott so unglaublich mathematisch klar und doch groß und gewaltig sieht, der über das Unbegreifbare und Unvorstellbare so gelassen sprechen kann wie über Dinge, mit denen man täglich vertrauten Umgang hat: selbstverständlich und einfach.« Darauf die Antwort im Brief meines Vaters vom 29. August: »Daß Du geistige Nahrung brauchst, begreife ich. Spinoza ist allerdings nicht sehr modern. Sein geometrischer Gott liegt mir an sich auch, trotz seiner Kälte. Man kommt meines Erachtens leichter zu ihm, wenn man an die Grenzen unserer Naturerkenntnis geht, am wunderbarsten vielleicht im chemisch-physikalischen Grenzgebiet, in dem sich in den letzten Jahren Stoff und Kraft immer mehr zu einer großartigen Einheit formen, so daß die beiden scheinbar ganz verschiedenen Begriffe nichts anderes mehr bedeuten als die unterschiedenen Aspekte des gleichen Geschehens. Jenseits von diesem aber steht die noch unbenannte Einheit – Gott.«

Als ich Anfang 1944 während einer relativ ruhigen Zeit an der Nordostfront war, hatte ich in einem Brief die großen Gemeinsamkeiten zwischen den christlichen Konfessionen betont, und mein Vater ging auf meine Gedanken ein: »Bezüglich der christlichen Religionen teile ich Deinen Standpunkt. Das Trennende betrifft tatsächlich nur periphere Dinge. Das Glaubensbekenntnis der evangelischen und katholischen Kirche z. B. stimmt völlig überein, bis auf den Schlußsatz: ›Ich glaube an die heilige katholische Kirche ...‹ Eine Einigung unter höheren Gesichtspunkten schiene mir dringend erwünscht. Es brauchte zunächst nichts anderes zu sein als wechselseitige Anerkennung der Sakramente; Gestattung der Mischehen würde daraus folgen. Alles übrige würde sich allmählich von selbst entwickeln. Man könnte noch beim theologischen Studium verlangen, daß der Theologe ein Semester bei der anderen Konfession verbringt. Daß man sich einmal wegen des Abendmahls in beiderlei Gestalt die Schädel einschlug, ist uns nunmehr unbegreiflich.«

Einmal auf den Widersinn ideologisch begründeter Kriege gekommen, fügte mein Vater verallgemeinernd noch hinzu: »Wie vieles von dem wird aber auch späteren Generationen unbegreiflich sein, was uns jetzt so wichtig vorkommt? Ist es nicht im Grunde zu allen Zeiten so gewesen, daß sich der Bruderhaß an Kleinigkeiten entzündete? Oft ist es nur ein Stückchen Brot. Und wenn beide Beteiligten zerschlagen und erschöpft am Boden liegen, ist das armselige Stückchen Brot zertreten und hat keinem von beiden genützt.« Ich weiß nicht, ob mir, als ich diesen Brief erhielt, bewußt war, daß mein Vater mit diesem Hinweis auch den damaligen Krieg gemeint hatte. Heute begreife ich, daß er mir auf sanfte Weise klarmachen wollte, wie unsinnig alle Kriege – besonders aber »ideologisch« motivierte – sind.

Meine Eltern wußten im Sommer 1944 ausnahmsweise ziemlich genau, wo ich mich befand. In Riga und später dann auf den estnischen Inseln Moon und Ösel. Aus diesem Grund schickte mir mein Vater noch einmal einen Hinweis auf Bekannte, die mir, falls ich nach Schweden fliehen würde, dort helfen könnten. Der Brief sagt das natürlich nicht deutlich, aber ich habe ihn ganz richtig interpretiert: »Auch Frau Hedin, geborene Schucht, hat sich durch ihre Eltern nach Dir erkundigt. Du weißt, um wen es sich handelt. Sie ist mit dem ehemaligen schwedischen Militärattaché in Berlin verheiratet und lebt jetzt in Stockholm.«

In vielen Briefen erfuhr ich vom Tod von Schulkameraden und Bekannten. Im Herbst 1944 berichtet mein Vater darüber, wie »die Furcht der Spießbürger steigt. Viele möchten jetzt Gift im Hause haben ›für alle Fälle‹. Ich frage gewöhnlich darauf: ›Warum wollen sie sich selbst die Mühe machen?‹ Ich bleibe auf jeden Fall Optimist.«

Diesen unerschütterlichen Optimismus und die sarkastische Ironie meines Vaters lernte ich während der wenigen Wochen, da ich damals daheim war, genauer kennen. Sie äußerten sich auch in bittern Witzen über Hitler und seine Partei. So sprach mein Vater stets nur vom »Gröfaz«, dem »größten Feldherrn aller Zeiten«, und war zufrieden, als ich ihm sagen konnte, daß auch mein Kommandeur ähnlich über die Feldherrnkunst »des Führers« bei Stalingrad und anderswo urteilte. Als Groteske empfand er, daß ausgerechnet ihm, dem »wehrunwürdigen«, entlassenen Hochschullehrer, in den Monaten vom Herbst 1943 angefangen bis zum letzten Kriegstag immer neue Pflichten als Luftschutzarzt aufgebürdet wurden.

Wie jedesmal am Neujahrstag trank mein Vater auch am 1. Januar 1945 einen Schluck »auf den Tag«, der das Ende der Naziherrschaft bringen würde. Zum letztenmal verfaßte er ein Neujahrsgedicht, in dem leise Hoffnung auf Frieden anklingt. Es endete optimistisch:

(...)
So füllt die Gläser denn und laßt sie klingen:
Wir trinken hoffend auf das neue Jahr
Und wünschen: Möge ihm gelingen,
Was immer unsre Sehnsucht war,
Daß bald der erste Schluck nach langer Nacht
Dem strahlend schönen Tag des Friedens sei gebracht.

Diesen Tag sollte mein Vater gerade noch erleben. Einen Tag danach ist er auf der Prager Straße erschossen aufgefunden worden. Mein Bruder hat ihn identifiziert. Meine Mutter durfte oder wollte ihn nicht mehr sehen.

Bevor aber das lange erwartete und – freilich anders, als es dann für Dresden kam – erhoffte Ende des Krieges und der Naziherrschaft eintrat, engagierte sich mein Vater voller Pflichtgefühl für die ärztliche Versorgung der Opfer der Bombenangriffe im Februar 1945.

Am 21. Januar 1945 teilte er mit, daß Dresden einen »immerhin mittelschweren Angriff« hatte, der »vorwiegend den Bahnanlagen galt«; die Nähe der Front mache sich bemerkbar. »Der Flüchtlingsstrom über Dresden geht immer noch weiter«, heißt es am 4. Februar. Und: »Ich hatte Bahnhofsdienst und sah all das Elend, bemüht, es zu mildern, soweit es in meiner Kraft stand. Es war herzlich wenig, was ich vermochte. Dieser Tag brachte 16 Arbeitsstunden. Ein Gedicht aus den letzten Tagen will ich Dir noch mitteilen. Du siehst die Spuren des Krieges an ihm:

> Ich kenne Deinen Vater nicht,
> Weiß nur, er war Soldat.
> Er kam wie Sturm, der Bäume bricht
> Und mich gebrochen hat.
> Ich flehte ihn auf meinen Knien:
> Laß mich und geh' vorbei.
> Er tat es nicht. Ich hab' verziehn,
> Mein Kind, um Dich und bang um ihn
> Brach ich auch selbst entzwei.

Wir hoffen sehr, daß Dich dieser Brief erreicht, und zwar bei voller Gesundheit und Frische. Ich gebe die Hoffnung nicht auf, Dich noch in Bälde wiederzusehen. Es wäre ein Tag froher als alle seit Monaten ...«

Auf einer eng beschriebenen Postkarte berichtete mein Vater dann von dem ersten großen Angriff auf Dresden. In lakonischer Kürze und Gedrängtheit brachte mir diese Karte das Schicksal der Stadt und meiner Angehörigen nahe: »Dresden hatte einige Tage des Grauens. Wir leben aber alle und sind gesund. Unser Haus ist arg zerzaust. Zunächst konnte man nur im Keller wohnen. Wir haben tüchtig gearbeitet und schon einige Räume so weit mit Pappe vernagelt usw., daß sich wieder hausen läßt. Die Praxis und die ganze Innenstadt sind vernichtet. Ich konnte noch nicht bis dahin vordringen; der Schutt liegt zu hoch. Gernot hat sich vorzüglich gehalten und mit unser Haus gerettet. Götz, Misbach, Eisner, Lickint, Gasch sind völlig ausgebombt, ebenso Schraubes und Petzolds.

Ich selbst habe 24 Stunden pausenlos gearbeitet, dann mit Pausen und etwa 800 Verletzte und mehrere hundert Rauchgeschädigte versorgt. Dr. Ruprecht ist tot. Hesse lebt, von Frau Hahn fehlt jede Spur. Mutter ist nervlich ziemlich fertig. Wir werden uns aber schon wieder einrichten und aufbauen. Irgendein Weg findet sich immer ...«

Vier Tage später – am 22. Februar – folgt ein längerer Bericht aus dem Befehlsbunker der Luftschutzleitung. »Ich sitze derzeit im Befehlsbunker, vertretungsweise für Generalarzt Kluge, um einen ausgiebigen Nachtdienst zu schieben (rund 24 Stunden). Die Aufgabe ist, die anfallenden Dinge zu erledigen, z. B. die Frage der Desinfektionsstelle für die Leichenbergungskommandos, Abtransport von Kranken und Verletzten, Personalfragen usw. Es ist keine besonders anstrengende Tätigkeit. Der Bunker hat überdies elektrisches Licht. Ein Liegesofa ist auch da, wenn auch nicht sehr bequem, und waschen kann ich mich hier besser als zu Hause. Wir müssen nämlich das Wasser dazu weit herholen. Zum Waschen nehmen wir es aus den Teichen dicht unterhalb der Zschertnitzhöhen. Das Leben beginnt sich wieder etwas einzurichten. Die Praxis allerdings ruht gänzlich. Die paar Fälle, die ich besuche oder sonstwie versorge, zählen nicht. Nächste Woche will ich aber versuchen, etwas zu arbeiten, sofern ich irgendwo einen Raum dafür finde, denn unser Haus ist dafür viel zu ramponiert.

Vielleicht kommt auch sonst noch etwas dazwischen, denn augenblicklich haben wir alle das Gefühl völliger Unsicherheit. Man lebt in den Tag hinein und tut halt das Nötigste. Alarm gibt es nun täglich. Kein Wunder bei der Nähe der Front. In den nächsten Tagen soll es wieder elektrisches Licht geben. In Blasewitz, Plauen, Weißer Hirsch usw. brennt es schon. Dort gibt es auch fließendes Wasser. Von der Stadt kannst Du Dir keinen Begriff machen. Von Gaschs (einem Nachbarhaus auf der anderen – stadtzugewandten – Seite der Rungestraße) an, die ausgebrannt sind, gibt es auf dem Weg zur Befehlsstelle (Albertinum, dicht neben der Carola-Brücke) kein einziges Haus, das nicht *völlig* zerstört wäre. Das Lazarett Zschertnitz wurde von einer Luftmine getroffen. Auf die flüchtenden Personen schossen auch noch Tiefflieger. Von Frau Hahn und Heidi Hesse fehlt jede Spur. (...) Einige Schritte von der Befehlsstelle entfernt stehen die Trümmer der Frauenkirche. Die Kuppel ist eingestürzt. Ein Mauerrest mit einem Teil eines der großen Bogenfenster ragt gespenstisch auf. Vermutlich wird man diesen Rest sprengen müssen. Das neue Rathaus ist völlig ausgebrannt. Unversehrt weist der Silen auf dem Esel zur Treppe nach dem Ratskeller.

Die Nacht ist ruhig vergangen, wenn auch von Schlaf nicht allzuviel die Rede war. Ich trinke gerade den echt militärischen Morgenkaffee, das heißt, heiß und geschmacklos. Gewaschen und frisch rasiert bin ich auch, also soweit mitteleuropäisch. Die Arbeit beginnt wieder leicht anzulaufen, allerdings bin ich persönlich ein anderes Tempo gewöhnt. Mir kommt es hier eher nach ›Beschäftigung‹ vor.«

Im März erhielt mein Vater noch eine weitere Aufgabe. Er sollte in der Nähe von Dresden ein Lazarett aufbauen.

Am 31. März schrieb er noch einmal an mich. Später abgeschickte Briefe oder Postkarten haben mich nicht mehr erreicht. Es war schon fast ein Wunder, daß ich diesen letzten erhaltenen Brief überhaupt noch zugestellt bekam. Er wurde mir irgendwo in Ostpreußen auf dem Rückzug ausgehändigt. Noch einmal berichtet mein Vater vom Leiden der bombardierten Stadt und von den vielen Toten namentlich aus der Umgebung der Praxis in der Christianstraße 9. »Einen Osterbrief sollst Du noch erhalten, wenn ich auch nicht weiß, ob und wie er Dich erreichen wird. Wir haben gerade wieder Alarm. Die Familie sitzt im Keller. Frau Köhler, unsre Nachbarin, ist auch dabei. Ich bin im früheren Eßzimmer, in dem ich jetzt Praxis ausübe. Die Fenster sind teilweise erneuert. Sperrholz wird genagelt, wo keine Scheiben erhältlich sind, und im Garten blüht es nun schon ganz richtig. Die Veilchen waren noch nie so schön wie dieses Jahr und so zahlreich. (...)

Ein wenig von den Toten will ich Dir aber auch berichten: Habermann, unser Schlosser in der Walpurgisstraße, ist mit Frau und zwei Töchtern und Mutter tot. Der Sohn, Soldat, überlebte. Ich traf ihn, wie er seine Angehörigen suchte. Fleischer Kästner und Familie, Blumenladen Herbst, Drogerie Finster, Rosners, anscheinend auch Stein, mein Zigarettenladen, Schuster Raimann. Das wäre die Umgebung der Praxis.

Ruth Hase, die in Kiel verheiratet war, kam mit drei Kindern. Sie, die Kinder und ihre Eltern sind tot. Ihre Schwester Lilo ist die einzige Überlebende. Sie war bei uns.

Eben kommt Gernot, der fleißig den Flak-Sender hörte. Die Bomber sind wieder im Abflug. Einige Jäger sind noch in der Gegend. Ich werde also bald losziehen und meinen Praxismarsch antreten. So tut man immer noch so, als ob Frieden wäre, und weiß doch nicht, was die nächsten Tage bringen werden. Ich denke, es wird noch manche Überraschung geben. Mutter regt sich darüber auf, daß ich mich nicht aus der Fassung bringen lassen will. Ich meine aber, es ist gut, festzuhalten und die äußeren Ereignisse von sich abzuhalten. Ich wollte, Du könntest auch so handeln und es gingen all die Wochen gut an Dir vorüber. Wir denken mit Sorgen an Dich. Wirst Du ruhige Ostern feiern können? Ich fürchte nein, sosehr ich es Dir wünschte ...«

Eine Woche vor seinem Tod schrieb mein Vater ein Gedicht, in dem er den Untergang Dresdens, der Stadt, die ihm zum Schicksal werden sollte, beklagt. Er hatte wohl ab und zu Gelegenheitsgedichte aus Anlaß von Familienfeiern geschrieben, zum Bedürfnis wurde ihm der gebundene Ausdruck schmerzlicher Gefühle erst wieder in den Wochen, da Dresden unter dem Bombenhagel in Schutt und Asche fiel. Nie mischt sich aber in seine Klage über das Leid, das so viele Menschen unschuldig ertragen mußten, auch nur der leiseste Ton der Anklage. Ihm war nur zu klar bewußt, daß der Bombenhagel, der auf Dresden fiel, die Antwort auf die Gewalttaten war, die zuvor von deutschen Soldaten und von der SS begangen worden waren.

So grauenhaft auch das Leid war, das alliierte Bomber über deutsche Städte brachten, so aufrichtig die Trauer um die vielen Bekannten, Freunde und Nachbarn, die ihnen zum Opfer fielen. Das hilflose Erduldenmüssen der Luftangriffe war doch auch ein deutliches Zeichen dafür, daß der Krieg definitiv verloren und damit die Befreiung vom Nazismus nahe war. Die hoffnungsvollen Zeilen des Neujahrsgedichts vom 1. Januar 1945 stehen korrigierend neben dieser Totenklage vom 1. Mai:

> Laßt uns weinen, laßt uns klagen,
> Hart hat uns der Tod geschlagen,
> Brach das Herz auch, unser Mut
> Ist bereit, das Leid zu tragen.
> Die ihr nun in Frieden ruht,
> Hört uns beten hier und bitten,
> Sei das Leid, das Ihr gelitten,
> Preis des Friedens, der entglitten
> Uns in Flamme, Rauch und Blut.

Wenige Wochen vor seinem Tod hat mein Vater eine Aufzeichnung begonnen, die er »Confiteor« überschrieb. Sie ist unvollendet geblieben; wahrscheinlich haben ihn die zahlreichen Aufgaben während und nach den Luftangriffen auf Dresden gehindert, sie abzuschließen. Der Text enthält gleich zu Beginn das Eingeständnis eigener Irrtümer. Damit kann nur die durch die nazistische Rassenideologie diskreditierte Eugenik gemeint sein. Jetzt war ihm bewußt geworden, was geschehen kann, wenn einmal feste Grenzen für das Eingriffsrecht staatlicher Autoritäten ins menschliche Leben gefallen sind. Dieses Bekenntnis enthält aber auch eine Art philosophisches Vermächtnis, das zugleich die eher konservative demokratische Orientierung seiner politischen Vorstellungen verdeutlicht. Ich fand diese Zeilen in seinem Nachlaß, als ich an Weihnachten 1945 in Dresden war.

Auch wenn ich nicht in allen Punkten dem geistigen Vermächtnis meines Vaters treu geblieben bin, haben seine Worte doch einen prägenden Einfluß auf mein Leben seit 1945 gehabt. Ich will deshalb die wichtigsten Abschnitte aus diesem »Confiteor« zitieren:

»Ich gestehe, in vielen Dingen geirrt zu haben, und ich weiß, indem ich dieses ausspreche, daß ich neuen Irrtümern unterworfen bin. Wenn ich es dennoch unternehme, einiges von dem, was ich früher für wahr gehalten habe, zu berichten, so geschieht es einmal, weil ich mich vor mir selbst dazu verpflichtet glaube, zum anderen, weil noch zu keiner Zeit ein Bekenntnis zum *Streben* nach

Wahrheit nötiger war als jetzt. Zum Streben nach Wahrheit sage ich in vollem Bewußtsein der Begrenzung, welche diese Formel bedeutet; letzte Erkenntnis bleibt uns versagt. Niemand kann sich rühmen, ›die‹ Wahrheit ›besessen‹ zu haben oder zu ›besitzen‹. Es ist für uns Ruhmes genug, ihr ehrlichen Herzens und aufrichtigen Wollens gedient zu haben. Möge uns dieses dereinst nicht zu bestreiten sein.

So in klarer Einsicht unseres Vermögens sei noch festgestellt: Wahrheit ist nicht abhängig von zeitgegebenen Größen; sie trägt ihr Wertmaß in sich selbst, und es sündigt gegen ihren Geist, wer sie menschlicher Zweckmäßigkeit unterwirft. Es wäre dieser Irrtum nicht weniger verhängnisvoll als der: ›Gut ist, was mir oder einer beliebig groß zu denkenden Gemeinschaft von Menschen nützt‹, d. h. augenblickliches materielles Wohlergehen fördert. Letzten Endes zeigt sich stets, daß nur die umgekehrte Formel zutrifft: Uns allen nützt nur, was gut ist, als zweckmäßig erweist sich auf die Dauer nur das Wahre.

Es sind Selbstverständlichkeiten, die ich ausspreche, mögen sie in jüngster Zeit (auch) oft genug vergessen worden sein. δος μοί πού στῶ (Gib mir meinen Stand in der Welt des Geistes). Ich will nicht fortsetzen καὶ κινῶ τὴν γῆν (und ich bewege die Erde) – so weit reicht der Glaube an uns selbst nicht mehr, sondern nur, damit ich das rechte Maß der Dinge erkenne. Das Maß der Dinge aber sind nicht wir selbst, sondern Gott.

Ich glaube an eine immanente Gerechtigkeit alles Geschehens. Dies folgt notwendig aus dem Glauben an die Wahrheit. Ob sie sich aber im persönlichen Leben des einzelnen verwirklicht, steht dahin. Es würde unserem Bedürfnis nach einem sinnvollen Ablauf der *Geschichte* genügen, wenn ›sich die Sünden der Väter an den Kindern rächen‹. Für uns selbst scheint dies aber zuwenig; wir fordern mehr, oder nur unsere Eitelkeit oder ein anderes in uns, das seine Bestätigung von außen sucht. Wir wollen Gerechtigkeit ›erleben‹. Ich halte den Wunsch an sich für berechtigt, wenn er sich freihält von den niedrigen Vorstufen der Vergeltung und der Rache, von dem unedlen ›Auge um Auge‹.

Gerechtigkeit fordert nicht Rache, sondern die Überwindung von Gewalt, die ihr Recht aus physischer, ungeistiger Überlegenheit herleitet, durch sinnvolle Ordnung der Beziehungen aller Glieder einer menschlichen Gemeinschaft unter einer übergeordneten ›Idee‹.

Man kommt also nicht aus ohne ein *Sittengesetz, das über allem steht, auch über dem Staat.*

Es gibt Sittengesetze, die unanfechtbare Grundlage aller Ethik sind und bleiben werden, unabhängig von allen dogmatisch gebundenen Konfessionen, notwendige Bestandteile aller Religionen, wenn man von den primitivsten Formen, etwa dem Animismus, absieht, obgleich auch da entsprechende Ansätze erkennbar sind. Vielleicht lassen sie sich in einem einzigen Satz erschöpfen: ›Du sollst nicht töten!‹, wenn man ihn nicht nur als das Verbot der physischen Vernichtung auffaßt. Töten kann man auch durch Verweigerung des zum Leben Nötigen, körperlich wie geistig, durch Unterlassen gebotener Hilfe, durch Unterordnung des Lebens unter die Materie, unter einen Zweck, der nicht Leben aufbaut, sondern zu seiner Verwirklichung verbraucht; daraus folgt, daß stets erst zu prüfen sein wird, ob von uns angegebene Ziele lebenspositiv sind oder nicht.

›Opfern‹ darf man kein Leben, nicht einmal das eigene, von bestimmten Ausnahmen abgesehen, deren Abgrenzung auf Schwierigkeiten stößt und die stets den tragischen Konflikt der Pflichten in sich tragen. Einem Leidenden die Mittel zu gewähren, mit denen er *sich selbst* von einem Leben befreien kann, das nur Leiden bedeutet, kann gerechtfertigt sein, wenn es keine andere Erlösung gibt. Die Vernichtung ›lebensunwerten‹ Lebens, also von Geisteskranken, Schwachsinnigen usw., fällt nicht hierunter, da das Werturteil ›lebensunwert‹ nicht von dem Betroffenen selbst, sondern von einer Gemeinschaft gesprochen wird, die nach ›Zweckmäßigkeit‹ urteilt, unter Umständen lediglich nach materiellen Gesichtspunkten, wie der durch früheren Tod einzusparenden Unkosten. Außerdem wird hier die Tötung durch Dritte erforderlich, in der Regel sogar gegen den ausdrücklichen Willen des Betroffenen. Wenn irgendwo, so gilt hier das ›principiis obstat‹ (wehret den Anfängen), denn einmal hierin irgendwo gelockert, bricht alle menschliche Gemeinschaft zusammen. Warum sollten dann in logischer Weiterentwicklung nicht auch andere unproduktive Ausgaben wie Invalidenrenten usw. in gleicher Weise eingespart werden? Warum der Versuch z. B., manche Tuberkulosekranken zu heilen? Wäre es nicht materiell nützlicher, alle offen Tuberkulösen als ›lebensunwertes Leben‹ zu vernichten, zugleich so Ansteckungsherde für die Gesunden beseitigend? Schon so kurze Erwägungen zeigen, daß *an das Prinzip des übergeordneten Sittengesetzes nicht gerührt werden darf*. Jeder einzelne Mensch, jede Form der Gemeinschaft, so klein oder so groß man sie sich denken mag, bleibt ihm unverbrüchlich unterworfen. Wer dagegen verstößt, schließt sich selbst aus der Gemeinschaft aus und verfällt dem Gesetz, das hier keine Gnade kennt und kennen darf, denn Gnade würde unweigerlich zu einem Verstoß gegen das Sittengesetz selbst, wenn sie die zerstörende Kraft fortbestehen läßt, die sich selbst aus der Gemeinschaft ausschloß.

›Du sollst nicht töten‹ schließt letzten Endes auch die ganze soziale Frage in sich und umgrenzt die Rechte des Individuums wie der Gemeinschaft, denn das negative Unterlassen der lebensfreundlichen Handlung genügt an sich noch nicht dem Gesetz. Positive Lebensförderung ist notwendig als Postulat aus ihm ableitbar.

Alle Betätigungen des schönen Rechts brüderlicher Hilfe fallen hierunter, wie sie sich in der freien Wohlfahrtspflege entwickelt haben, mag es sich um religiös oder weltanschaulich gebundene oder freie Vereinigungen handeln. Sie sind grundsätzlich in ihrer Vielgestaltigkeit zu bejahen, auch dort, wo sich ihre Arbeitsgebiete überschneiden als eine sinnvolle Form, in der sich das persönliche Bedürfnis, dem erwähnten Sittengesetz zu entsprechen, lebenspositiv in der Tat auswirkt. Schon um ihrer erzieherischen Bedeutung willen sollte diesen Verbänden möglichst breiter Raum zugestanden und ihnen all das überlassen bleiben, was nicht notwendig dem Staate oder anderen größeren Gemeinschaften aus sachlichen Gründen zufallen muß; z. B. kann Seuchenbekämpfung schon wegen der mit ihr verbundenen notwendigen gesetzlichen Bestimmungen nur von staatlichen Stellen betrieben werden. Hier zeigt sich auch deutlich, wo die Interessen des Individuums größeren Gesichtspunkten weichen müssen, und lassen sich die beiderseitigen Grenzen annähernd bestimmen.

Im Wesen der ungebrochenen Natur des Menschen liegt es, daß er persönliche Freiheit als Grundbedingung einer ihm gemäßen Entwicklung und Lebensführung verlangt. Lediglich die Bindungen, die aus der biologischen Gemeinschaft der Familie entspringen, pflegt er ohne Gefühl persönlicher Beeinträchtigung zu ertragen. Die Siedlungsdichte des menschlichen Raumes allerdings bringt es mit sich, daß keine Gemeinschaft auf der *schrankenlosen* Freiheit der Familie oder gar des Individuums aufgebaut werden kann ... Menschen und Dinge drängen sich im Raume und bedürfen besserer Ordnung, die sich zugleich als härtere, das ist das Individuum beengendere erweisen muß. Sollen Menschen, sollen Familien wachsen, seelisch und körperlich, so wird aber versucht werden müssen, die Beschränkungen auf das notwendige Mindestmaß zu begrenzen. *Der* Staat ist der beste, von dem man am wenigsten spürt, das heißt, der nicht mehr reagiert, als unbedingt erforderlich ist.

Die Staatsform ist dabei gleichgültig – teilweise kaum mehr als Modesache –, denn auch in der Geschichte gibt es ›Moden‹. Es bedarf nur einer ausreichend gesicherten gesetzlichen Kontrolle des Staatsapparates durch das Volksganze, die der stets vorhandenen Neigung des Staates, seinen Eigenwert als Organisation zu überschätzen und dementsprechend auszubauen, hinreichend entgegenwirkt. Der behördliche Aufbau bedarf deshalb fortlaufender Überwachung durch die nicht behördlich gebundenen Gruppen, also durch die eigentlich regierten Staatsbürger. Nur so kann auch erreicht werden, daß ›der‹ Staat ›ihr‹ Staat wird. Andernfalls entwickelt er sich nur zu leicht zu einer fremden Macht, die ständig bemüht ist, sich in das Leben jedes Bürgers regelnd einzumischen, wogegen der Betroffene ebenso notwendig mit beständiger Abwehr reagiert. Das Ergebnis wird über längere Frist stets ein Verlust an Ansehen für den Staat sein und eine Verschlechterung der ›Staatsmoral‹ seiner Bürger. Der Staat kann lebenskräftig nur bestehen durch die Anerkennung und Achtung, die er bei seinen Bürgern genießt.

Das geistige Anlehnungsbedürfnis der großen Mehrzahl der Menschen und der Umstand, daß gemeinhin sehr viel mehr aus dem Gefühl als aus dem Verstand gelebt wird, führen dazu, daß der abstrakte Staatsbegriff einer Personifizierung bedarf, d. h. sich in einer ›Person‹ repräsentiert. Welcher Art diese ist, ob erblicher Monarch, Wahlkönig, Staatspräsident, ist an sich gleichgültig, wenn sie nur hinreichend ihren Zweck erfüllt, nämlich die sinnlich wahrnehmbare und anerkannte Spitze des Staates zu sein, an die sich die Menschen als an das Symbol ›ihres Staates‹ halten. Die persönlichen Qualitäten dieses Symbols brauchen durchaus nicht so sehr überragend zu sein; wenn es nur ein gewisses Maß wertvoller Eigenschaften in sich vereint, die mehr Charakter als Verstandesmerkmale sein müssen, kann es seinen Zweck vollauf erfüllen. Ich meine, es bedarf zur Staatsführung keines wissenschaftlich oder künstlerisch Hochbegabten, wohl aber eines Mannes mit Gerechtigkeitssinn, Wohlwollen, maßvoller Festigkeit. Wenn er auch noch die Fähigkeit gesunden Urteils, Menschenkenntnis und einige Geschicklichkeit im Umgang mit anderen besitzt, so dürfte er alles haben, was ihn zu einem glücklichen und geliebten Herrscher macht. Ehrgeiz und Ruhmbegierde führen fast stets zu schweren Nachteilen für den Staat, wenn sie nicht, was überaus selten ist, mit starker Selbstkritik, ungewöhnlicher Arbeitskraft und dem Fehlen von Eitelkeit gepaart sind.« (Hier bricht das Manuskript ab.)

Wenn in dieser selbstkritischen Aufzeichnung die Problematik der von Amts wegen erzwungenen Sterilisation von Schwachsinnigen oder anderen Erbkranken nicht ausdrücklich auftaucht, so kann das entweder daran liegen, daß es sich um einen rasch hingeworfenen ersten Entwurf handelt, der sicher noch ergänzt und überarbeitet worden wäre, oder auch daran, daß mein Vater zu diesem Punkt noch keine – von seinen früheren Äußerungen – abweichende Auffassung entwickelt hatte. Um Eltern und Kindern die Leiden eines Lebens als Kranke zu ersparen, war das Anraten bzw. die nachdrückliche Empfehlung einer freiwilligen Sterilisation erblich stark belasteter Personen auch vom Standpunkt der hier entwickelten Ethik akzeptierbar. Problematisch wurde die Sterilisation nur dann, wenn sie von hierzu »ermächtigten« (ärztlichen oder anderen) Autoritäten angeordnet und – gegen den Willen der Betroffenen – durchgeführt wurde.

Die sogenannte »Euthanasie«, die die Nazis per Gesetz vom 1. September 1939 anordneten, verurteilte mein Vater ausdrücklich. In diesem Zusammenhang erwähnte er auch die inhumane materialistische Rechtfertigung dieser »Tötung lebensunwerten Lebens«.

Diese Argumentation ließe sich eventuell auch auf die gewaltsame *Verhinderung* der Entstehung erbkranker Kinder anwenden. Ich nehme fast an, daß mein Vater zu diesem Schluß gekommen wäre. Den freiwilligen Verzicht auf Kinder bei Vorhandensein großer erblicher Belastung und hoher Wahrscheinlichkeit für das Entstehen debiler oder sonst schwer behinderter Kinder hätte er aber auf alle Fälle weiter für wünschenswert gehalten und eine entsprechende Aufklärung zu den Pflichten eines verantwortungsbewußten Sozialhygienikers gezählt.

Nach dem Kriege fand ich unter den Hinterlassenschaften meines Vaters auch ein Tagebuch, das bis zum 3. Mai – also bis wenige Tage vor seinem Tod – reichte. Am 14. April erhielt er einen Befehl, »sich feldmarschmäßig im Albertinum zu melden«, und wurde als Bataillonsarzt einer Polizeieinheit nach Boxdorf nördlich von Dresden kommandiert.

Dazu notiert er: »Das Nötigste wurde in Eile geordnet. Noch einmal habe ich gefrühstückt, dann kommt der Abschied. Ganz leicht ist es nicht. Antje ist rührend zärtlich, Kläre (meine Mutter) sucht sich zu beherrschen, was nicht ganz gelingt. Gernot begleitet mich ein gutes Stück. Man muß so gewaltsam getrennt werden, um zu empfinden, wie sehr wir eins sind. Im Präsidium herrscht Krisenstimmung. ›Gott sei Dank, daß Sie da sind!‹ ist die erste Begrüßung. Der Generalarzt meint: ›Machen Sie schnell! In einer Stunde können die Engländer da sein!‹ Ich habe aber dennoch eine Stunde zu warten, erfahre dann von Oberst Wöhrmann, daß ich als Bataillonsarzt dem ersten Dresdner Polizei-Wachbataillon zugeteilt bin. Auf meine Frage nach Sanitätsausrüstung usw. erfahre ich, daß alles fehlt. Also muß ich sehen, woher welches nehmen. Mit einem Sanka fahre ich los und ›organisiere‹. Noch einmal an unserem Haus vorbei, neuer Abschied. Zu Boxdorf gemeldet, gut empfangen, mehr Erstaunen über frühes Erscheinen als nervöse Erwartung. Fragen nach Quartier und Verbandsplatz. Vorerst nichts vorhanden. Also gehe ich auf eigne Suche – mit gutem Erfolg. Die Gauschule der NSV hat fünfzig Betten, gute Nebenräume und als Leiterin eine ehemalige Schülerin, also bin ich bald zu Hause.«

16.4.1945 (Boxdorf): »Im Hause befindet sich ein Gauamtsleiter (Otto), der für die NSV das Bauwesen unter sich hatte. Er ist höchst ängstlich, kapitulationsbereit und erklärt: ›Sie sind der Herr und ordnen an, wir gehorchen!‹ Es kann schon geschehen, wenn er es will. Ich sehe eine Zivilabteilung für den Fall von Verlusten unter der Bevölkerung vor. Die nötigen Helfer muß ich noch erziehen, aber es wird schon gehen. Unter Einrichten, Anordnung usw. vergeht der Tag. Ich muß sogar gestehen, die Möglichkeit, hier etwas Brauchbares hinzustellen und nützliche Arbeit im Sinne meines Berufes ... zu leisten, kann mich fröhlich stimmen. Es muß allerdings alles improvisiert werden. Rot-Kreuz-Binden fehlen. Die Hausbewohner schneiden sie aus Stoffresten.«

17.4.: »Der Revierbetrieb beginnt. Gradl, in Zivil Heilkundiger, höchst unmilitärische Erscheinung, aber eifrig und anstellig, ist mein Gehilfe. Meine Sanka-Männer ein seltsames Gespann: der eine lang, sehr sanft und unpraktisch, der andere gewandt. Aus der Heeresapotheke in Zschertnitz ließ ich durch ihn Nötiges holen und nach meinem Hause sehen. Alle sind wohlauf und heil durch den erheblichen Tagesangriff gekommen. Die Stadt brennt an vielen Stellen. Nachts ein gewaltiger Anblick. Tiefflieger kommen häufig. Der englische Vorstoß auf Dresden scheint zum Stehen gekommen zu sein.«

18.4.: »Ein weiteres NSV-Heim in Waldhof-Boxdorf als Ausweich-Verbandsplatz beschlagnahmt, gegen Widerstand der Leiterin. Schließlich vertragen wir uns, da sie nachgab. Panzer im Raum Ortrand gemeldet, ob russische oder amerikanische, steht dahin ...«

20.4.: »Mit der Gemeindeverwaltung gesprochen. Ich brauche Brunnen zur Notwasserversorgung, wenn die Wasserleitung versagt. Gemeinde ist schlecht orientiert. Morgen will ich den Bürgermeister erreichen.

Um 18 Uhr plötzlich anberaumte Bataillonsversammlung. Sämtliche Bataillonsoffiziere scheiden aus und werden durch neue, durchweg jüngere ersetzt. Major Rogall, der neue Bataillonsführer, hält eine sehr scharfe Rede, eine ebensolche der neue Regimentskommandeur. Wir haben nur alte Männer, sehr viele mit Gebrechen, die ihre Leistungsfähigkeit beschränken. Sie werden scharfen Dienst kaum lange aushalten ...«

21.4.: »Russen in Ortrand. Ich verhandele mit dem Bürgermeister, der allen Wünschen zustimmt. Ich bekomme Hilfskräfte vom Schanzen freigestellt. Die Brunnen sind ausgewählt, die Fassungen werden instand gesetzt. Eimer beschafft der Bürgermeister. Er sagt jede Hilfe zu. Meine Krankenträger gehen im Unterricht gut mit, sind mit Eifer dabei, Nötiges zu ergänzen, und kommen mit einer Unzahl kleiner Fragen.

Mit dem Verbandsplatz muß ich ins Fiedlerhaus umziehen.«

22.4.: »Im Fiedlerhaus Arztzimmer und Revier eingerichtet. Decken der NSV, die ich beschlagnahmte, sind uns sehr nützlich. Es ist erheblich primitiver als bisher, aber es geht einigermaßen. Für mich – neues Quartier in einem alten Gartenhäuschen. Die Oberschwester hat es mir reizend zurechtgemacht. Ich habe es sogar besser als bisher. Die Menschen sind alle geradezu rührend zu mir, freuen sich, wenn sie mir einen Gefallen tun können usw., auch die Schwestern im Ermelhaus, wo ich einige Betten für eventuelle Zivilverletzte beschlagnahmte.

Zu einem Adoptivsohn bin ich auch schon gekommen. Ein junger Sanitätsfeldwebel, Medizinstudent. Ein netter Junge mit offenem Blick, wie ihn meine eigenen Jungen haben. Ich beriet ihn, so gut ich konnte. Kommt er nicht mehr nach Westen, stellt er sich wieder bei mir ein.

Die Russen in Königsbrück und Bischofswerda. Viele Gerüchte.

Bolte war da und hat ... liebenswürdig bestimmt, ›seine Leute‹ geholt – auch mich. Ein Feldscher ist mein Nachfolger. Ich bleibe auf Wunsch von Rogall, damit heute nacht ein Arzt da ist, auch meine für Morgen bestellten Kranken muß ich noch versorgen.... Gestern drei Schwerverletzte abtransportiert, heute eine Magenblutung.«

23.4.: »Abschied. Ich melde mich beim Kommando und erhalte den Verbandsplatz Albertinum. Nach Hause. Alles ist sehr verändert. Volkssturm ist eingezogen; das Haus bleibt frei als ›Arztpraxis‹. Kläre war nach der Dietrich-Eckart-Straße entwichen, bleibt aber nun, trotz äußerst kriegerischer Umgebung. Gernot ist noch zu Hause. Der Tag verging ruhig.«

25.4.: »Dienst im Albertinum, kaum Arbeit. Diese ›Bereitschaft‹ ist äußerst langweilig. In Boxdorf hatte ich mehr das Gefühl der ›Nützlichkeit‹. Dennoch bin ich froh, zurück zu sein ... Von der Dauer des Krieges hängt es ab, ob ich noch mal fort muß oder nicht. Der Krieg liegt in den letzten Zügen.«

1.5.: »Berlin scheint vor dem Fall. Das Kriegsende steht unmittelbar bevor. Die Auflösungserscheinungen mehren sich. Die Russen sind etwas zurückgedrängt worden, einige Personen triumphieren. Mir scheint das höchst bedeutungslos.«

An dieser Stelle steht die Totenklage, die mit der Zeile »Laßt uns weinen, laßt uns klagen« beginnt.

2.5.: »Gestern hatte ich kaum diese (Gedicht-)Zeilen geschrieben, als ich zum Radio geholt wurde. Hitler ist tot. Dönitz Nachfolger. Das Trauerspiel geht nun auch personell zu Ende. Überall beginnt es zu brechen. Auch hier, an höchster Stelle, höre ich nur einen Wunsch: Möge es bald zu Ende sein, weitere Kämpfe sind sinnlos.«

3.5.: »Hamburg zur offenen Stadt erklärt, ebenso Prag. Und Dresden? Chemnitz liegt unter Artilleriebeschuß, seit 16 Uhr. Die Amerikaner scheinen erneut verstoßen zu wollen. Die Russen versammeln bei Großenhain Panzer. Goebbels durch Selbstmord geendet.«
Mit diesem Satz schließt das Tagebuch. Fünf Tage später war mein Vater tot.

Die Erwähnung der Tatsache, daß Prag und Hamburg zur »offenen Stadt« erklärt worden waren, dürfte meinen Vater dazu motiviert haben, zusammen mit Dresdner Antinazis möglichst bald mit den Russen – das heißt mit den Kommandeuren der Roten Armee – Kontakt aufzunehmen, nachdem die Hoffnung auf eine ähnliche Deklaration durch den Wehrmachtkommandanten der Stadt Dresden enttäuscht worden war.
Am 8. Mai machte sich mein Vater zusammen mit anderen Nazigegnern und einem russischen Zwangsarbeiter, der dolmetschen sollte, auf den Weg. Eine Streife der Roten Armee beschlagnahmte seinen Wagen und wies ihm den Weg zur Kommandantur in Dresden-Neustadt. Auf dem Weg dorthin – auf der von Trümmern gesäumten Prager Straßen – ist er von einer SS-Streife erschossen worden, vermutlich weil er eine weiße Fahne mit sich führte.
Es blieb in Dresden bis zuletzt bei dem unfaßbar sinnlosen Aufruf des Gauleiters und Reichsstatthalters Martin Mutschmann vom 13. April, in dem es hieß: »Männer und Frauen! Die militärische Lage schließt einen Angriff auf Dresden nicht aus. In diesem Fall wird die Stadt mit allen Mitteln und bis zum Letzten verteidigt. Wir sind nicht gewillt, uns kampflos und ehrlos einem grausamen Feind auszuliefern ... Laßt euch nicht von Gerüchten beeinflussen. Wer dem Feind auf diese oder andere Weise Vorschub leistet, wird unbarmherzig ausgemerzt ... Ich selbst bleibe im Festungsbereich.«
Der letzte Satz war freilich wenig glaubhaft, denn schon während der großen Luftangriffe hatte sich der »Herr Gauleiter« vorsorglich »aufs Land« zurückgezogen.

Über Heidelberg nach Tübingen

Mein Bruder blieb noch ein paar Tage in Watzum, um sich von der anstrengenden Reise zu erholen und ein wenig »auffüttern« zu lassen, dann wurde er – beladen mit Lebensmitteln, unter anderem mit einem halben Hammel – auf den Heimweg gebracht. An der Grenze wurde ihm leider die Hälfte des halben Hammels von einem Rotarmisten abgenommen. Mit dem noch immer brauchbaren Rest kam er wenige Tage später in Dresden an und konnte meiner Mutter wenigstens die tröstende Gewißheit mitbringen, daß es ihrem ältesten Sohn gutging und er – voraussichtlich freilich erst an Weihnachten – »nach Hause« kommen werde.

Erst als ich in Braunsbach am Kocher angekommen und bei einem Vetter meiner Mutter gut versorgt war, meldet sich das Tagebuch wieder. Ein Rückblick faßt am 29. Oktober zusammen:

»Zwei bewegte, ereignisreiche Wochen liegen hinter mir. Eine Reisegenehmigung war in Wolfenbüttel nicht zu bekommen. In Braunschweig erhielt ich den wohlwollenden Rat: Fahren Sie einfach so! Am Montag fuhr ich ab, Elsbeth brachte mich mit der Kutsche in aller Frühe zum Bahnhof. Bis Wolfenbüttel mußte ich stehen, so voll waren die Waggons. Von dort bis Kreiensen auf dem Trittbrett im Freien. In Kassel erreichte ich einen Schnellzug. Die Grenzkontrolle verlangte Entlassungspapiere. Weiterfahrt bis Bebra. Übernachtung beim Roten Kreuz – Verpflegung und Bett wie in ›Landsertagen‹. Kaffee, viele Flüchtlinge auf dem Weg nach Osten. Gebe ihnen eine Karte nach Dresden mit.

Am nächsten Tag: Fulda, Würzburg – ein Trümmerfeld –, Fürth. Vier Stunden ›Ruhe‹ auf dem Bahnsteig. Am Morgen mit der Straßenbahn nach Nürnberg. Der Prozeß gegen die Kriegsverbrecher und die ablehnende ›Volksmeinung‹. Richtung Ansbach, mit einem Lkw bis Crailsheim und von dort nach Schwäbisch Hall per Eisenbahn.

Auf der Brücke in Hall: Tante Bertel, eine Cousine meiner Mutter und Schwester von Onkel Hans in Braunsbach. Onkel Albert (ihr älterer Bruder) ist – als Nazi – auf dem Hohenasperg bei Ludwigsburg interniert. Seit Monaten kam keine Post von ihm. Sonst ist im Ländle ›alles beim alten‹: Laugenbrezeln, Laugenwecken und viel Obst.

In Braunsbach treffe ich Onkel Willi, den Bruder meiner Mutter, der im Dienst der Amerikaner steht und eine Art Kantine für sie bewirtschaftet. Er nimmt mich nach Heidelberg mit, wo ich die Möglichkeit zu studieren erkunden will. Die Aussichten sind gering, aber immerhin vorhanden. Die Stadt ist ziemlich unruhig. Viele Soldaten und grell geschminkte ›German girls‹. Übernachte in Heidelberg bei einem Schmied. Sein Sohn, ein Radiomechaniker, spielt mir schöne Schallplatten vor: die ungarischen Tänze von Brahms, die 5. und 6. Sinfonie von Haydn, Mozarts ›Kleine Nachtmusik‹, den Triumphmarsch aus ›Aida‹ von Verdi und noch einiges mehr.«

Am 4. November, dem Reformationsfest, traf ich in Tübingen ein, um mich auch dort umzusehen. Karl Barth rief an diesem Tag im Festsaal der Universität die Deutschen auf, »sich nicht fallen zu lassen«; vielmehr traute er ihnen »Entwicklungsmöglichkeiten« zu. Während ich von Karl Barth beeindruckt war und seine Rede als Ermutigung empfand, hat sie – wie ich später erfuhr – die meisten Zuhörer ungemein aufgeregt und einige Professoren zu »Gegenreden« animiert. Die »Tübinger Tageszeitung« (»Schwäbisches Tagblatt«) berichtete aber freundlich und sachlich:

»Prof. Barth wies zum Eingang seines Vortrags hin auf die Flut des Entsetzens, die Deutschland in den letzten Jahren umgeben hat und die sich noch keineswegs verlaufen habe. Es sei aber auch noch eine andere Welt da und im Kommen, die Deutschland wieder lieben möchte, die an Deutschlands gegenwärtigem Leid bewegten Anteil nimmt. Der Redner bat, man möge ihn als Boten dieser freundnachbarschaftlich gestimmten Umwelt ansehen und anhören. Der Widerstand gegen das nationalsozialistische Deutschland ging wohl durch alle Kirchen der Welt; es seien aber heute auch die Christen in aller Welt willig, in Deutschland wieder den Bruder zu sehen, dem das freisprechende und freimachende Wort des Evangeliums genauso gelte wie jedem anderen Volk.

Der Vortrag zeigte dann eindrücklich, wie Deutschland sich in einen glänzenden und verlockenden Abgrund fallen ließ, als es in blindem Vertrauen schlafwandlerisch der ›Führerstimme aus der Wolke‹ folgte, unter entschlossenem Verzicht auf Vernunft und Gewissen. ›Ein Volk läßt sich fallen, wenn es durch Verleugnung des Geistes emporsteigen will.‹

Der Nationalsozialismus war der böseste Traum des deutschen Volkes. Die wahren Freunde, die Deutschland in aller Welt noch hat, wollen nicht tadeln, aber sie bitten und flehen: Keine weiteren Träume, sondern nun endlich wach werden, stehen und gehen! Gerade die ersten kleinen Schritte, die jetzt unmittelbar zu tun sind, werden ungeheuer folgenschwer sein. Auch die kleinen Illusionen müssen jetzt unterbleiben. Der Vortrag schloß mit ... Ausführungen darüber, was deutsche Nüchternheit jetzt heißt: der Verzicht auf Anklagen, weil die Wurzel zu allem Unheil, dieses Mal ja unzweideutig, bei den Deutschen liege. Es gelte ›zu neuer sittlicher, personaler Freiheit und Verantwortlichkeit‹ zu erwachen.«

Auch wenn die Universität Tübingen noch keineswegs »überlaufen« war, stellte es sich doch als außerordentlich schwierig heraus, eine offizielle Zulassung zum Studium zu erhalten. Auf der Quästur sagte man mir: »Sie können zugelassen werden, wenn Sie nachweisen, daß Sie eine Wohnung haben!« Beim Wohnungsamt erhielt ich die spiegelbildliche Auskunft: Sie erhalten nur dann eine Wohnung, wenn Sie eine Zulassung zum Studium vorweisen können.« Im übrigen gab es kaum freie Studentenzimmer.

Amüsiert hat mich, daß auf einem Schild zu lesen war: »Hier werden keine Bestechungsgelder entgegengenommen.« Als ich zum zweitenmal da war, hatte ein Witzbold das »Hier« dick unterstrichen.

Aus dem Wohnungsdilemma hat mich schließlich eine Cousine befreit, eine Medizinstudentin im fortgeschrittenen Semester, die Tochter der Cousine meiner Mutter, der ich in Hall auf der Brücke in die Arme gelaufen war. Von ihrem Vater her hatte sie einen (nun wirklich mit mir überhaupt nicht mehr verwandten) entfernten Onkel, der eine recht geräumige Wohnung besaß. Bei ihm wohnte zwar schon ein Student, aber auf dem Sofa im Wohnzimmer konnte ich zur Not – wenigstens vorübergehend – unterkommen.

Nachdem ich eine Wohnung und damit auch eine »amtliche Adresse« nachweisen konnte, wurde ich ohne weiteres zum Studium in der Philosophischen Fakultät zugelassen. Diese Fakultät umfaßte damals noch die gesamten Naturwissenschaften, so daß ich die erforderlichen vorklinischen Fächer für das Medizinstudium belegen konnte. Das Semester werde mir auf das Medizinstudium angerechnet werden. In meinem Tagebuch notierte ich schon am 4. November: »Lerne die Protozoa.«

Schon wenige Tage später meldete ich mich als Statist bei den Städtischen Bühnen und trat in Shakespeares »Wintermärchen« nacheinander in drei Rollen auf: als Höfling, als Gefängniswärter und als Schäfer. Die Theaterschneiderin kleidete uns mit denkbar einfachen Mitteln ein: Sackleinwand, die mit Farbe besprüht wurde. Aus der Ferne dürfte das beinahe »echt« ausgesehen haben. Von dieser Tätigkeit hatte ich ideelle und materielle Vorteile: Ich konnte jederzeit ins Theater gehen, erhielt einen Ausweis, der es mir erlaubte, auch noch nach der »Sperrstunde« (22 Uhr) außerhalb des Hauses zu sein, und obendrein gab es für Schauspieler (und Statisten) zusätzliche Essensmarken. Da die Versorgung in der französischen Besatzungszone besonders dürftig war, nahm ich diesen Vorzug gern in Anspruch.

Am 11. November schreibe ich: »Neulich, mein erstes Anatomie-Kolleg. Medizinerlateinische Ausdrücke, deren Sinn ich nur dunkel erahne. Daheim, mit Hilfe des [...] Lehrbuches und von Annelore, wird mir manches klarer. Lese von Albert Schweitzer ›Psychiatrische Beurteilung Jesu‹. Eine Arbeit, in der er sich mit den Medizinerurteilen über Jesus auseinandersetzt und den meisten sowohl medizinische als auch historische Fehler nachweist. Entleihe in der Universitätsbibliothek Hans Drieschs ›Philosophie des Organischen‹, um meine im Felde begonnene Beschäftigung mit dessen Naturphilosophie fortzusetzen. Gleichzeitig fällt mir ›Vom freien Willen‹ des Erasmus von Rotterdam in die Hände, ein geistreiches, leicht faßliches Pamphlet gegen Luthers Auffassung, auf das jener mit ›De servo arbitrio‹ geantwortet hat. Ich neige entschieden zur Auffassung des Erasmus. Ich hoffe auf eine eigne Wohnung.«

Die Unterkunft bei dem ältlichen Steuerinspektor auf der Couch im Wohnzimmer war auf die Dauer doch keine Lösung.

Am 25. November fuhr ich auf abenteuerlichen Wegen nach Ebenweiler, um Verwandte zu besuchen. Diese Art des »Reisens« war typisch für die damalige Zeit, so daß ich auch hier den Originalwortlaut wiedergebe: »Langes Warten in morgendlicher Kühle, einen Strumpf in Ermangelung von Handschuhen über die Hände gezogen. Endlich ein Holzgas-Generator-getriebener Lkw, der bis Hechingen, am Fuß des Hohenzollernberges, mehr kriecht als fährt. Auf der märchenhaft geformten Anhöhe die Hohenzollernburg, die beinahe uneinnehmbar erscheint.« Erst viel später erfuhr ich, daß ihre aktuelle Gestalt aus der Wilhelminischen Zeit stammte und die Kosten für den Ausbau aus dem Militäretat entnommen worden waren; welche Bedeutung solche Festungen in modernen Feldzügen haben, ist Kaiser Wilhelms Geheimnis geblieben.

»Von Hechingen bis Sigmaringen nimmt mich ein französischer Soldat in seinem Jeep mit, in rasender Fahrt, denn der junge Mann geht seiner bevorstehenden Entlassung entgegen. Über Schloß Sigmaringen wehen zahlreiche Flaggen, unter anderem die eines französischen Generals. Von Sigmaringen nach Altshausen reise ich mit der hohenzollerschen Privatbahn. Die letzten vier Kilometer nach Ebenweiler muß ich zu Fuß zurücklegen.«

Tante Mariette, der ich während des Krieges zuweilen Briefe in Französisch geschrieben hatte (vgl. S. 112), nahm mich in ihrem winzigen Häuschen herzlich auf. Wir plauderten deutsch und französisch.

Am Sonntagnachmittag erhielt ich Anschauungsunterricht über praktische Auswirkungen menschlicher Verblendung. Wir besuchten Familie K. im benachbarten Egg. Herr K. war ein fanatischer Nazi und wollte Egg noch bis zum letzten Tag verteidigen, wurde aber von den übrigen Bauern verprügelt und gewaltsam an seinem Vorhaben als Volkssturmführer gehindert. Tante Mariette hatte im Gegensatz zu ihm manche Freunde unter den französischen Arbeitern, die auf den oft männerlosen Höfen halfen. Für viele war sie eine Art »Ersatz-Mutter«. Entsprechend gut wurde sie dann von der französischen Besatzung behandelt, die seit August aus dem Ort wieder abgezogen war. Sie erzählte, wie sie in diesen Wochen und Monaten so viel Autorität im Ort besessen hatte, daß sie sogar den Pfarrer dazu veranlassen konnte, Flüchtlinge in sein viel zu großes Pfarrhaus aufzunehmen. Tante Mariette war eine fromme, aber nicht bigotte Katholikin.

Die Rückreise erwies sich als noch schwieriger als die Hinfahrt: bis Sigmaringen mit der hohenzollerschen Landesbahn. Dort kam ich in den überfüllten Autobus erst gar nicht hinein; brutal drängten sich stämmige Frauen nach vorn und besetzten mit ihrer Körperfülle die letzten Plätze. Wir »Zurückgebliebenen« warteten den ganzen Nachmittag über vergeblich, erst am Abend brachte uns ein Autobus wenigstens nach Hechingen. Dort übernachtete ich in einem Vierbettzimmer eines nur mäßigen Gasthofs, zusammen mit einem Viehhändler, um am nächsten Abend per Autostopp wieder im nahen Tübingen zu sein.

Durch Vermittlung meiner »Tanzpartnerin« im »Wintermärchen« bekam ich endlich ein Zimmer. Äußerst zufrieden stellte ich fest: »Ich muß mir nur noch irgendwie Holz zum Heizen besorgen. Wahrscheinlich werde ich es selbst im Wald schlagen müssen. Dafür gibt es ›Bezugsscheine‹ des Forstamtes.«

Ende November gab es Anlaß zu neuen Sorgen: »Unruhe und Angst in der Bevölkerung: Ob es im nächsten Frühjahr wieder Krieg gibt? Ich glaube und hoffe: nein. Wenn er käme, wären abermals Zerstörung, Not und Elend die Folge. Ich möchte so gern an den Frieden glauben. Der Krieg hat ja nicht nur Materie zerstört, sondern auch viele Seelen. Die Furcht des Krieges lähmt Herz und Verstand.«

Am 14. Dezember mußte das Wintersemester unterbrochen werden – um Kohlen zu sparen. Ich wollte die Gelegenheit zu einem Besuch in Dresden nutzen, um Mutter, Gernot und Antje wiederzusehen. Gleichzeitig hatte ich Angst vor der lieb-vertrauten Stadt in ihrem jetzigen Zustand, vor der Begegnung mit meinem »früheren Ich«; wohl auch vor dem Grab des Vaters.

Sinnsuche

Am Donnerstag, dem »dies universitatis«, fanden in Tübingen traditionsgemäß Vorlesungen für Hörer aller Fakultäten zu allgemein interessierenden Fragen statt. In diesem Rahmen hörte ich Helmut Thieleckes Ausführungen über »Die Krisis des Abendlandes« mit einer kritischen Analyse der »Lebensform des modernen Menschen«. Ernst Jünger stellte er als Exponenten des modernen Nihilismus dar, der sich selbst überwunden habe; den Nazidichter Gerhard Baumann »als Interpreten der Leere des Menschen, die tödlich uns umschweigt«. Er las ein Gedicht Schumanns vor, das seine Ausführungen gleichsam in nuce enthielt.

Sodann erwähnte er den Pascalschen Satz, daß der moderne Mensch das Alleinsein nicht ertragen könne und daß alles Unheil daher komme. Er traf, so schien mir, auf mich nicht zu. Seit ich ein eigenes Zimmer hatte, war ich unendlich froh, einen Ort zu haben, an den ich mich zurückziehen konnte, um »einsam«, um »allein« zu sein. »Ich suche Menschen unter den vielen ›Leuten‹ immer wieder«, vertraute ich meinem Tagebuch an, »aber es gibt so wenige.«

Wieder diente die Lektüre als Ersatz. »Ich las Dostojewskis ›Die Sanfte‹, Charakterskizze im Selbstgespräch eines Wucherers, dessen junge Frau sich getötet hat. Tiefe Beobachtung, erschrecken lassende Echtheit – filmisch-getreu.«

Eines Nachmittags ging ich in die Kunstausstellung »Religiöse Kunst Württembergs«. Manches schien mir konventionell, anderes zumindest interessant. »Die Kunst muß heute sehr starke Mittel verwenden, um uns zu packen, das Leben hat zu rohe und zu grobe Töne gebraucht in seiner Sprache mit uns. Diese gilt's zu übertönen – oder aber zu beschwichtigen. Was früher aufwühlend und rauh erschien, von dem bleibt heute nur der ›Inhalt‹ übrig, und das ist oft nicht allzuviel. In der Darstellung des Gekreuzigten kann die ewig alte und ewig neue Qual und Gequältheit der Menschen, das Leiden und die Erlösung, nach der wir so sehr dürsten wie kaum eine Generation zuvor, neu ihren Ausdruck finden. Ganz Bedeutendes freilich sahen wir nicht. Die Terrakotta eines Propheten – nachdenklich, in sich versunken, halbverhüllt – ist mir lebhaft in Erinnerung geblieben und ein großes Altarbild mit den Heiligen Michael und Gabriel sowie der Passion. ›Gotisch-modern‹. Farblich nicht ganz überzeugend.«

Eine religiöse Gestimmtheit dieser Zeit kam auch in meinen Gedichten zum Ausdruck.

Ich las Rilkes »Briefe an einen jungen Dichter«: »Tiefe und reine Gedanken einer zarten, klaren Seele, die uns in ihrer Abgeklärtheit und Tiefe ätherisch erschien.« Ich hatte diese Briefe schon vor vielen Jahren einmal gelesen, damals aber einen weit schwächeren Eindruck von ihnen empfangen. Vieles konnte mir damals einfach noch nichts sagen.

Die Vorlesungen des Physikers Professor Beck faszinierten mich, weil sie stark ins Philosophische gingen. Noch stärkeren Eindruck machte Romano Guardinis Vorlesung über Plato und seine Vorstellung vom Tod und dem ewigen Leben. »Seine Vorlesung war ein

›intellektueller Genuß‹; klar und liebevoll ins Detail gehend, doziert er, als handele es sich um Denken von heute über Plato und Sokrates.«

Wilhelm Weischedels Vorlesung über Voltaire arbeitete die tiefen Züge des Materialisten heraus, dessen Weltbild so außerordentlich pessimistisch war; der das Leiden der Menschen und ihre Verwirrung schildert und auf das Woher und Wozu keine Antwort finden kann. »Wenn er die Geschichte betrachtet, bedrückt ihn die Sinnlosigkeit des Geschehens, erkennt er nichts als eine Kette von Gewalttätigkeiten und Grauen. Bedrückend die Erkenntnis, daß ein gedankenreiches Leben durch eine Bleikugel auf hundert Meter Entfernung ausgelöscht werden kann. Wieviel mehr Ursache haben wir erst heute, pessimistisch zu sein! Wo bleibt der einzige Trost, den Voltaire geben kann: der Fortschritt von Toleranz und Humanität? Am Abend wieder Theater. Ablenkung und Entspannung.«

Großen Eindruck machte mir damals eine Aufführung der »Perser« des Aischylos durch Studenten der Sorbonne: »Außerordentlich gute, geschmackvolle Präsentation. Im Geist der klassischen Antike und doch auch modern. Tübingen wird unter französischer Besatzung zu einem wirklichen ›Kulturzentrum‹ des deutschen Südwestens. Neben dem deutschen Theater sehen wir immer öfter französische Ensembles und natürlich auch neue Filme.«

Zunehmend fesselte mich die Begegnung mit der zeitgenössischen französischen Literatur und Philosophie weit mehr als der ziemlich trockene »Unterricht« in den vorklinischen Fächern des Medizinstudiums, dem ich mich nur aus Pflicht, nicht aus Neigung widmete. Neben Übersetzungsversuchen einiger Gedichte Verlaines, dessen »Veraltetheit« meine französischen Bekannten mir erst nach und nach glaubhaft machen konnten, findet sich unter dem Datum des 14.12. die Übersetzung von Paul Eluards »An Therese«:

An Therèse

Ich blicke auf des Fadens Lauf,
wenn ich Dich vor mir seh'.
Du trennst Dein rotes Trikot auf,
und sieh: Du tust mir weh!
O wie wär' ich froh,

> legtest Du ihn so
> Irgendwo
> in einen Schrein –
> Dann wär' er zwar tot,
> doch wenn mich einmal, ganz allein,
> die Sehnsucht überkäme,
> sieh' nur, dann nähme
> ich Dein rotes Trikot
> und liebte Dich so.
> Doch, wir leben in schwer-ernsten Zeiten.
> Was ist schon Verzicht und was Leid?
> Und ich fühl's in des Wollfadens Gleiten
> liegt Deine Seligkeit!

In Abschiedsstimmung ging ich durch die Straßen Tübingens und blickte auf meinen bisherigen Aufenthalt zurück: »Heute abend zum letztenmal im Theater, übermorgen beginnt die schwierige ›Heimreise‹. Beschäftige mich mit Psychoanalyse und Individualpsychologie. Stoße immer wieder auf Bestätigungen von Einsichten Sigmund Freuds. Aber gibt es letzte Erklärungen? Bleibt nicht auch nach Entschlüsselung des Unbewußten noch immer ein rätselhafter Rest?«

Reisen waren in jener Zeit stets ein Abenteuer. Vollends, wenn sie über Zonengrenzen hinweggingen. Manche Strecken konnten nur durch Autostopp bewältigt werden. Am dritten Advent stand ich so – im trüben Morgen – irgendwo an einer Landstraße und wartete. Dabei entstand das folgende »Trostgedicht«:

> Ich steh' im kalten Wintermorgen
> und warte irgendwo.
> Die Menschen, die daheim geborgen,
> sie feiern heute – froh.
> Ich warte, warte, warte.
>
> Der Wind bläst leicht, die Luft ist kühl,
> Die Sonne scheint nicht warm,
> In mir ein seltsames Gefühl:
> So traurig, still und arm:
> Ich warte, warte, warte.

Endlich Dresden

Ich brauchte ganze vier Tage, um über Stuttgart, Schwäbisch Hall, Nürnberg, Sonneberg, Leipzig endlich Dresden zu erreichen. Die »grüne Grenze« bei Sonneberg »überwand« ich, zusammen mit einer Gruppe anderer, unter Führung eines jungen Mannes, mitten in der Nacht. Am nächsten Morgen sagte er: »Wir treffen uns im Parteihaus!« Ich wunderte mich über die schlichte Bezeichnung »Parteihaus« und fragte, welcher Partei denn? Natürlich die kommunistische, kam es zurück. Wenige Monate zuvor wäre es noch die Nazipartei gewesen. So selbstverständlich hatte sich unser geschäftstüchtiger »Lotse« von der einen auf die andere führende Partei umgestellt.

In Leipzig kaufte ich ein paar Bücher, in Saalfeld übernachtete ich in einer fragwürdigen Pension. Und dann Dresden ...

Über den Trümmern Plakate mit der Aufschrift: »Dafür brauchte er zwölf Jahre Zeit.« Dunkle Wege durch tote Straßenschluchten zwischen nur erahnbaren Ruinenmassen und Schutthaufen. Das fast unversehrte Vaterhaus. Meine Mutter und die Geschwister ... unverändert; doch es fehlte das ernste Vorbild meines Vaters, das uns Halt und Zuversicht gab. Nur sein unerschütterlicher Optimismus vermochte der Verzweiflung meiner Mutter standzuhalten und sie zu beruhigen.

Am folgenden Tag gingen wir in die Stadt zur »Hilfsstelle für die Opfer des Faschismus«. Mein Bruder und ich wurden vorgestellt: »Die Söhne von Genossin Fetscher.« An diese Bezeichnung mußte ich mich erst gewöhnen. Es gab Quarkkuchen und Kaffee und zwei junge Mädchen, Sonja und Eva, die aus dem Exil in der Sowjetunion zurückgekommen waren.

Tanzabend mit Sonja. »Ich mag Sonja, aber Eva mag mich. – Warum ist es oft so?«

Ich verbrachte meine Tage wie ein Geschwätz. Ordnete meine Bücher und Aufzeichnungen und machte beglückende Entdeckungen von längst Vergessenem.

Weihnachten rückte heran. Weihnachtsfeier im Göhlewerk, Wiedersehen mit Sonja und Eva. Ich fungierte als Helfer bei der Beschenkung Hunderter Kinder, die durch die Nazis ihre Eltern verloren hatten. Das Kasperletheater löste bei den Kleinen Tränen aus. Dennoch ging alles beglückt nach Hause.

Heiliger Abend daheim. Zuvor gingen wir gemeinsam zum Grab meines Vaters. Ich versuchte, das Unbegreifliche mir vorzustellen: »Unter diesem kleinen Stück Erde liegt dein Vater!« Der Gedanke, daß viele noch nicht einmal ahnten, wo ihre Angehörigen umgekommen waren – vergast und verbrannt, zu Tode gequält oder vermißt –, bot keinen Trost. So klein schien der Raum, den mein Vater jetzt einnahm, so klein! Auf dem Grab lagen Kränze, ein großer mit einer riesigen blutroten Schleife ...

Mit Mutter sprachen wir von banalen Dingen, nur um etwas zu sagen und uns – und sie – nicht allein dem Schmerz zu überlassen. Ich fühlte meinen Vater greifbar nahe, und dann war wieder etwas zwischen uns – und ich konnte nicht zu ihm kommen in einer großen, dunklen Nacht. Das Leid zerrte an meiner Mutter und quälte sie bis an den Rand des Wahnsinns, der Verzweiflung, der Raserei. Jäh sprang die Angst um die Mutter mir ins Herz, eine Angst, die alles andere vertrieb. Raschen Schritts gingen wir heim und blickten lange in das warme, flackernde Licht der Weihnachtskerzen.

Kindheitserinnerungen wurden wieder lebendig. Die Geschenktische waren reich belegt, nur ich konnte wenig bieten. Weihnachtslieder erklangen. Ich saß im weichen Lehnsessel und sog die Atmosphäre in mich ein: Heimat ... Ein wenig war ich ein Fremder geworden, einer, der hier nur zu Gast war. So schien es mir: zu Gast im Elternhaus. Auch dieser Aufenthalt würde nicht viel mehr als ein kurzer Besuch sein.

Meine Mutter überzeugte mich, daß es richtig sei, wenn ich jetzt der SPD beiträte. Im Ortsverein traf ich Arno Hennig, der später in den Westen gehen und einmal Kultusminister in Hessen werden sollte. Wir unterhielten uns über die Beziehungen zur KPD und über die unerhörte Begünstigung dieser Partei durch die sowjetische Besatzungsmacht. Die KPD bekam weit mehr Papier für ihre Zeitungen und Broschüren, mehr Benzin und mehr Kraftfahrzeuge, mehr Räumlichkeiten usw. als alle anderen Parteien zusammen. Bei den Kommunalwahlen zeigte sich aber deutlich, daß die SPD über die große Mehrheit der Stimmen verfügte. Von einer bevorstehenden »Vereinigung der beiden Arbeiterparteien« wurde gesprochen. Zahlreiche Briefe von Sozialdemokraten warnten die Führung immer wieder davor, sich von den Kommunisten »vereinnahmen« zu lassen. Unter den Bedingungen in der sowjetischen Besatzungszone würde die Vereinigung nur zum Untergang der Sozialdemokratie führen. In der Landesregierung hatten Kommunisten alle Schlüsselpositionen besetzt. Die repräsentativen »Spitzen« mochten ruhig von Angehörigen der anderen Parteien eingenommen werden; was zählte, war das Innenministerium. Jedem sozialdemokratischen, LDPD- oder CDU-Minister war ein »kontrollierender« Kommunist zur Seite gestellt. Arno Henning war wie ich davon überzeugt, daß die Vereinigung abgelehnt werden sollte. Eine Mitgliederbefragung würde mit Sicherheit zur Ablehnung führen. Sie sollte als Bedingung gefordert werden.

Sosehr ich davon überzeugt war, daß die Sozialdemokratie als freiheitliche und demokratische Partei ihre Selbständigkeit wahren mußte, sowenig ließ ich mich dadurch von meiner Faszination durch Sonja abbringen. Sie wollte mich dazu bewegen, zu behaupten, ich sei in sowjetischer Kriegsgefangenschaft gewesen. Das würde manche bösen Gerüchte über die sowjetischen Lager widerlegen... Nein, Propagandalügen hatten wir schon genug...

In unser halbwegs bewohnbares Haus war die Familie des Direktors der Schokoladefabrik »Hartwig & Vogel« einquartiert worden. Das stellte sich bald als nicht zu unterschätzender Vorteil heraus. Die Fabrik produzierte für die Rote Armee Bonbonnieren und Schokoladetafeln. Mit deren Hilfe konnte Herr Schulz aber auch Ziegel für die Reparatur des Daches und sogar einen legalen Passierschein für meine Rückreise nach Tübingen besorgen. Beim gemeinsamen Besuch der Ortskommandantur mit ihm lernte ich auf eindrucksvolle Weise, wie man einen »Beamten« besticht, ohne ihn zu beleidigen. Fast unsichtbar wechselte eine Bonbonniere den Besitzer. Selten habe ich so rasch eine Dienststelle mit dem gewünschten Dokument wieder verlassen können.

Die Trümmerlandschaft von Dresden war durch das weiße Leichentuch des winterlichen Schnees wohltuend verhüllt. Mein Bruder bereitete sich auf das Medizinstudium in Greifswald vor, und ich reise – mit dem Segen meiner Mutter – in ihre schwäbische Heimat zurück, um das Studium in Tübingen fortzusetzen.

Mehr noch als ich litt mein Bruder unter dem Tod unseres Vaters. Er sah in allen erwachsenen Männern dessen potentielle Mörder. Wie viele überlebende Verfolgte des Naziregimes hatte er das Bedürfnis, sich von »diesem verbrecherischen Volk« zu trennen. Eine

Zeitlang dachte er daran, zum jüdischen Glauben zu konvertieren oder auch auszuwandern. Der plötzliche und unerwartete Verlust des väterlichen Freundes und Vorbilds hat ihn von uns Kindern psychisch am stärksten belastet. Er hatte zwar seinen Entschluß, Arzt zu werden, gefestigt, ihm aber auch den Umgang mit Älteren und Altersgenossen erschwert. Als starker Raucher – wie unser Vater – ist er 1988 viel zu früh an einem Lungenkarzinom gestorben.

Von meinen überlebenden Klassenkameraden traf ich 1945 nur noch Theodor (Teddi) Herrschel, der zuletzt als Leutnant in einer Panzerspähabteilung in Italien eingesetzt gewesen war. Er erzählte mir von einem riskanten Wortwechsel, den er kurz vor Kriegsende mit seinem Kommandeur gehabt hatte. Wegen einer Kleinigkeit heftig beschimpft, antwortete er in reinstem Sächsisch: »Ich wees gar nich, was Sie wollen, Herr Major, mir Sachsen ham den Krieg doch nich gewollt – Sachsen war groß genuch.« Ein paar Monate früher hätten solche Worte tödliche Konsequenzen gehabt; jetzt mußte ein Kommandeur froh sein, wenn ihm seine Untergebenen nicht davonliefen, um ihn seinem Schicksal zu überlassen.

Unruhe des Herzens und des Geistes

Weniger an Medizin als an Philosophie interessiert

Aus Dresden zurückgekehrt, hatte ich Lust, im »Schwäbischen Tagblatt« etwas über das »junge Leben in einer alten Stadt« zu schreiben. Durch Konzerte und Theateraufführungen sowie die Tanzabende mit den »Antifa-Leuten« animiert, glaubte ich, einen Beitrag zur Korrektur des negativen Bildes leisten zu können, das von der »Ostzone« in den westdeutschen Medien gezeichnet wurde. Der Beitrag erschien bald ungekürzt und brachte mir vermutlich das »Image« eines Kryptokommunisten ein. Damals wußte ich noch nicht, daß der »Zensor« der Zeitung, Capitaine Angel, Mitglied der Kommunistischen Partei Frankreichs war. In der Folge wurden wir Freunde. Gelegentlich durfte ich Artikel von ihm (Angel war Agrégé für Germanistik) stilistisch überarbeiten, und seine Frau legte großen Wert darauf, daß ich ihn begleitete, wenn er abends ins Kino ging. So war ich – ein unbewaffneter Zivilist – gleichsam Leibwächter eines französischen Capitaine. (Freilich waren die Angehörigen des Gouvernement Militaire in Wirklichkeit Zivilisten, die lediglich ad hoc militärische Ränge erhalten hatten.)

Mit einiger Verwunderung lese ich in Tagebuchaufzeichnungen gleich neben dem Hinweis auf den Artikel über Dresden Berichte über die Vorlesungen Romano Guardinis, dessen »tolerante Frömmigkeit« mich tief beeindruckte. Immer wieder notierte ich »innere Unruhe«. Allmählich begann ich an meiner Berufswahl zu zweifeln. Zwar hielt ich die Aufgabe, Menschen (als Arzt) zu helfen, nach wie vor für eine der schönsten und sinnvollsten, aber zugleich interessierten mich philosophische und theologische Vorlesungen und Seminare sehr viel mehr. Auch die Tätigkeit als Redakteur einer Zeitschrift für junge Menschen (»Die Zukunft«) reizte mich weit eher als der Präparierkurs in der Anatomie. Trotz der vielen religiösen Passagen in meinem Tagebuch fragte ich mich am 26. Januar, ob meine innere Unruhe »wohl an meiner Irreligiosität liegt?« Und gleich darauf: »Das Leben ist ja viel sinnloser, als wir es uns auch nur vorzustellen vermögen – am besten betrachten wir es als ein erfreuliches Zufallsprodukt!«

Vergnügen empfand ich nur »beim Warten auf das Unbekannte«. Die Gewohnheit, bei der Lektüre von großer Literatur Erholung und Ablenkung zu suchen, die ich während des Krieges angenommen hatte, behielt ich bei. Neben Sigmund Freuds Schrift »Totem und Tabu«, die ich aus der väterlichen Bibliothek mitgebracht hatte, las ich Anfang Februar Oskar Wildes »Das Gespenst von Canterville«, »Gedichte in Prosa«, »Modell und Millionär«! Beim Friseur fand ich den Artikel eines britischen Professors über »Deutschland und den Geist des Westens«, der mir aufschlußreich erschien.

In einer Diskussion nach einem Vortrag forderte ich meine Generation zur Loyalität gegenüber der demokratischen Gesellschaft auf und wünschte mir, daß die Kommilitonen, die bei dem Vortrag von Karl Barth am 4. November (vgl. S. 291) gescharrt hatten, den Mut aufbrächten, sich zu melden und zu sagen, was ihnen nicht paßte. Natürlich ohne Resonnanz ...

Nach wie vor beeindruckten mich die Vorlesungen Romano Guardinis am meisten! Seine Platon-Vorlesung erinnerte mich an das kleine Buch von Moses Mendelssohn »Phädon oder Über die Unsterblichkeit der Seele«, das ich in einem ostpreußischen Schloß gefunden und stets mit mir geführt hatte. Im Vergleich dazu erschien mir die Anatomie schrecklich »trocken, zäh und gedankenlos«. Am spannendsten fand ich noch die Etymologie anatomischer Bezeichnungen. So wurde der große, trapezförmige Rückenmuskel nicht nur »Musculus trapezius«, sondern früher auch »Musculus cucullaris« genannt, weil er in der Tat die Form einer Cuculla, einer Mönchskapuze, hat. Freunde meinten, ich sei doch offensichtlich weniger an Medizin als an Sprache und Philosophie interessiert.

Meinem Wunsch nach sozialem Engagement folgend, entwarf ich den Plan einer »solidarischen Studentenhilfe«. Studenten, die es sich leisten konnten, sollten für ein bis zwei andere, die über keine Geldmittel verfügten, das Studium mitfinanzieren. Einstweilen hatten ja viele mehr als genügend Geld, während andere – vor allem Flüchtlinge – so gut wie ganz ohne Barmittel dastanden. 110 RM monatlich genügten meines Erachtens zum Leben.

Im Süddeutschen Rundfunk nahm ich an einem Round-Table Gespräch teil. »Wer soll studieren? Hochschulreform? Frauenstudium?« Eine Studentin meinte, weibliche Studierende müßten jetzt gegenüber den Heimkehrern aus dem Felde zurückstehen. Ich engagierte mich für völlige Gleichberechtigung.

Beim Radio lernte ich auch Professor Weischedel kennen und freundete mich mit ihm an. Er stand uns im Lebensalter näher als die meisten anderen Hochschullehrer und hatte viel Verständnis für die Sorgen der Studierenden. Er baute das Studentenwerk mit auf und wurde später Vertrauensdozent der »Studienstiftung des Deutschen Volkes«.

Immer wieder registrierte ich im Winter 1945/46 die Angst der Menschen vor einem neuen Krieg. Am 8. März schrieb ich: »Eine tiefe Traurigkeit bemächtigte sich meiner, wenn ich an die internationale Lage denke, wie sie sich z. B. in der Churchill-Rede und in einigen Artikeln französischer Zeitungen spiegelt. Ich hoffe aus ganzem Herzen, daß uns ein neuer Krieg erspart bleibt. Die Erkenntnis der Machtlosigkeit des Individuums drängt mich wieder – zur Philosophie.« Und wenig später: »Was sollen wir tun? Wohin sollen wir gehen?« Ein paar Jahre später hätte ich aus der Hilflosigkeit des isolierten einzelnen geschlossen, daß man sich mit Gleichgesinnten zusammentun muß, um die Politik beeinflussen zu können. Im März 1946 war wohl in Deutschland daran ohnehin nicht zu denken. Die erwähnte Rede Churchills war die am 5. März in Fulton (Missouri) gehaltene, in der er zum erstenmal das Konzept einer westlichen Verteidigungsgemeinschaft gegen den expansiven Sowjetkommunismus entwarf.

Nicht zufällig bewegte mich die erneute Lektüre von Stefan Zweigs »Die Augen des ewigen Bruders«. Sein buddhistischer Pazifismus erschien mir vermutlich als Gegengewicht gegen die drohende Kriegsgefahr. Ich habe die Prosaerzählung in ein Gedicht zu übertragen gesucht. Die Niederschrift ging jedoch verloren.

Eine Aufzeichnung im April bringt Nachdenkliches über meine »eigentümliche Fähigkeit« zur Selbstreflexion und zur kritischen Distanz zu mir. »Wo bin ich eigentlich? Wo stehe ich? Wohin will ich gehen?« Die definitive Wahl des Studienfachs, aber auch die Frage der Konversion bedrängten mich. Zugleich brach eine bislang ungeahnte Freude am Leben auf – am Leben, das ich ja so ganz und gar unwahrscheinlicherweise behalten hatte nach all diesen Kriegsjahren: »Ich liebe das Leben und liebe es in einer ganz anderen und neuen Weise, als ich es zuvor getan habe. Ich liebe der Sonne milde und gütige Kraft, der Bäume Blätterfülle, der Blüten Duft und den luftigen Hauch eines vorübergehenden Mädchens in leichtem Sommerkleid. Was will ich mehr?«

Am 1. Mai 1946 ging ich zur ersten Maifeier nach dem Krieg und stellte fest: »Schlechte Reden und gute Musik. ›Brüder zur Sonne zur Freiheit‹ – die Forderung nach ›Einheit der Werktätigen‹ klingt an. Das ›Ruhrgebiet ist das Herz Deutschlands‹, wenn es lebensunfähig ist, kann auch Deutschland nicht leben.« Ich erinnere mich, daß damals für Arbeit im Bergbau geworben wurde mit Löhnen, die weit über allem lagen, was sonst geboten wurde, und natürlich auch mit erhöhten Lebensmittelrationen.

Auf einem Spaziergang mit Wolf Weitbrecht begegneten uns französische Reiter, deren schlechter Sitz mir mißfiel. Plauderei mit einer litauischen Medizinstudentin – auf russisch. Der Farbfilm von der »Sportparade in Moskau« anläßlich des ersten Mai imponierte mir. Ich schrieb einen begeisterten Aufsatz für das Tagblatt, leugnete entschieden die doch ins Auge springende Ähnlichkeit mit Naziaufmärschen und behauptete, daß hier etwas völlig anderes stattgefunden habe.

Der Versuch, als Journalist an einen Passierschein zur Leipziger Frühjahrsmesse zu kommen, scheiterte. Von Leipzig aus wäre ich natürlich nach Dresden gefahren und vielleicht am ersten Todestag meines Vaters bei meiner Mutter gewesen.

Ein interessantes Gespräch hatte ich mit dem französischen Pianisten Gilles Guilbert: »Die Deutschen haben eine hohe Kultur, vielleicht sind sie sogar das geistigste Volk Westeuropas, aber ihre Geistigkeit ist wie eine höchst komplizierte Maschine (!), die im leeren Raume schwebt, ohne jede Beziehung zur alltäglichen Wirklichkeit. Die größten Deutschen wie Beethoven oder Goethe haben ganz Europa in sich aufgenommen – sie waren gute Europäer. Aber das Leben in Deutschland ist in seiner alltäglichen Praxis auf einer Stufe stehengeblieben, die die anderen Völker des Westens lange schon überwunden haben. Ich habe Deutschland nicht zu verstehen begonnen, bevor ich Rußland kennengelernt hatte, die Russen und ihre Seele. Die Deutschen sind in vieler Hinsicht den Russen verwandt. Ich meine, ihre Seelen sind verwandt, irgendwie. Auch die Russen sind trotz ihrer großen geistigen Leistungen (Puschkin: Goethe mit dem Stil Mussets) lange Zeit in ihren Lebensformen und Auffassungen hinter dem übrigen Europa zurückgeblieben. Ich glaube daher, daß Russen Deutsche weit besser verstehen können als zum Beispiel Engländer. Die Engländer sind in vielen Dingen das Gegenteil der Deutschen. Ihre Geistigkeit ist ganz spezifisch britisch und bestimmt nicht so bedeutend wie die deutsche oder französische, aber dafür sind ihre praktischen und politischen Fähigkeiten und ihre sozialen Instinkte viel weiter und höher entwickelt und viel vollkommener.« Mir machte diese eigenwillige Charakteristik damals großen Eindruck, so daß ich sie fast wörtlich aufgeschrieben habe. Als Charakteristik des »Bildes«, das sich ein intelligenter Franzose von Deutschen, Russen und Engländern macht, war sie jedenfalls nicht untypisch.

Ende Mai hörte ich von meinem in Greifswald studierenden Bruder, daß er hungerte. Ich versuchte, ihm eine Zuzugs- und Studiengenehmigung in Tübingen zu verschaffen. Franzosen wollten mir dabei helfen.

Im Juni fuhr ich zu einem internationalen Treffen, das die Quäker (Society of Friends) in Bad Pyrmont veranstalteten. Das Reisen war noch immer ziemlich beschwerlich, und ich benötigte zwei ganze Tage, um das Ziel Pyrmont zu erreichen. In Frankfurt übernachtete ich bei einer Kusine, die als Krankenschwester im Bürgerhospital arbeitete. Flüchtig nahm ich das Bild der zerbombten Stadt wahr, die ich noch als Zentrum von Handel und Kultur in Erinnerung hatte. Vor Jahren hatte ich auf dem Römerberg einmal eine glänzende »Faust«-Aufführung gesehen.

Über die »Friedenswoche in Bad Pyrmont« habe ich drei oder vier Berichte verfaßt, auch wenn ich etwas später, durch marxistische Kritik beeinflußt, gegenüber dem radikalen Pazifismus der Quäker skeptischer wurde, machten mir vor allem die englischen Redner in Pyrmont einen bleibenden Eindruck. Etwas von ihrer mutigen Haltung ist mir immer Vorbild geblieben.

Friedenswoche in Bad Pyrmont

Verstaubt und müde kam ich in dem sauberen Kurort an. Alles atmete Frieden und Geborgenheit. Die Parks mit ihren gepflegten Rasenflächen und Blumenbeeten, mächtigen alten Bäumen und gewundenen Fußwegen – alles sah so aus, als wollte es sagen: »Uns kann keiner.« Auf den Straßen freilich fiel die große Zahl beinamputierter Soldaten auf, die überall herumstanden, auf Bänken saßen, vor Kinos warteten oder vor Sanatorien in der Sonne lagen.

Endlich fand ich die Bombergallee und das Quäkerhaus, ein schönes, ebenmäßiges Gebäude mit fast klassizistischen Formen. Zum Frühstück kam ich leider zu spät, dafür ging es gleich auf nüchternen Magen zur Arbeitsgemeinschaft »Religion und Sozialismus«, die von Staatsminister a. D. Adolf Grimme geleitet wurde und mich besonders interessierte. Als »Pressevertreter« konnte ich mich in die erste Reihe setzen. Nach Quäker-Sitte begannen wir mit fünf Minuten des Schweigens, die jedem Zeit geben sollten, sich zu besinnen und seine Gedanken auf das Kommende zu konzentrieren. Dann wurde ein Schreiben der Gruppe der sozialdemokratischen und kommunistischen Studenten der Universität Göttingen verlesen, in dem sie ihre Freude darüber zum Ausdruck brachten, daß es schon ein Jahr nach dem Ende dieses furchtbaren Krieges möglich war, eine internationale Friedenstagung in Deutschland abzuhalten.

Grimme begann damit, daß er sich entschuldigte, weil er kein zusammenhängendes Referat halten werde; das habe jedoch den Vorteil, daß wir gemeinsam an den Problemen arbeiten könnten, ohne daß er zuvor den Teilnehmern eine Meinung aufgezwängt habe. Er werde daher weniger zu uns als vielmehr mit uns sprechen, zumal wir ja alle bei diesen Problemen noch auf der Suche seien.

Nachdem sich eine längere Debatte über die Definition von Sozialismus und Christentum entwickelt hatte, griff Adolf Grimme ein und suchte durch einige präzise Fragen das Gespräch zu lenken: »Was sollen wir unter Sozialismus verstehen? Wozu soll Sozialismus dienen?« Unter Sozialismus verstehen wir, so der allgemeine Konsens, die Schaffung von möglichst gleichen Lebensbedingungen für alle, Bedingungen, die dem einzelnen die denkbar beste Entwicklungsmöglichkeit geben, soweit sie nicht die seiner Mitmenschen beeinträchtigen oder schädigen.

Aus dieser weitgefaßten Definition wurde schon erkennbar, daß Sozialismus jedenfalls kein Selbstzweck ist, sondern ein Mittel. Der junge Marx habe einmal gesagt, der Sozialismus wolle, daß der Mensch Mensch werde. Der Sozialismus sei also das Mittel, durch das die politischen und wirtschaftlichen Verhältnisse so gestaltet werden sollen, daß der Mensch Mensch werden (und bleiben) kann. Im Laufe der historischen Entwicklung sei dieser Ausgangspunkt immer mehr verlorengegangen und das Mittel schließlich ganz allein in den Vordergrund getreten. Grund hierfür seien zum Teil die heftigen Kämpfe gegen die herrschende Klasse gewesen, die nur zu kleinen Teilerfolgen geführt hätten.

Im Zusammenhang mit der Frage nach dem Wesen des Christentums stellte Grimme die provozierende Frage: »Inwieweit sind die Kirchen christlich?« Aber – ebenso könne man auch die Frage stellen: »Inwieweit sind SPD oder KPD sozialistisch?« Das Problem des Arbeitskreises heiße aber nicht Christentum und Sozialismus, sondern Religion und Sozialismus. Es müsse deshalb zunächst von konfessionellen Fragen abgesehen werden. Was aber ist Religion? »Religion ist das Gefühl der schlechthinnigen Abhängigkeit von Gott« (so etwa Schleiermacher), oder auch »Freiheit ist Bindung an das Absolute, Religion daher ein Weg, um frei zu werden«. – »Frei sein heißt Gott im Mitmenschen lieben.«

Schließlich konzentrierte sich die Diskussion auf die Begriffe Ichsucht und Selbstsucht. »Während die wahre Selbstliebe auf das Heil des Menschen gerichtet ist, ist die Ichsucht allein auf das eigene Wohlergehen erpicht...« Der Mensch braucht Freiheit für die richtige Entscheidung, Spielraum jenseits der Sorge um die materiellen Güter, Zeit und Kraft, damit er sich um sein (wahres) Selbst sorgen kann. Hierfür sei jedoch – so die These der Sozialisten – eine neue Gesellschaft nötig, die diese Voraussetzungen (für alle) schafft. Beispiele wurden für die Tatsache angeführt, daß Menschen, die alle Kräfte auf den Erwerb materieller Güter richten müssen, keine Freiheit haben, den Sinn ihrer Existenz zu erkennen.

Wer soll nun aber diese Umgestaltung herbeiführen? Die Religion oder der Sozialismus? Das sei eine falsche Alternative. Beide nämlich müßten zusammenwirken: Dann entstehe ein Sozialismus, der von religiös-ethischen Gefühlen getragen werde. Religion als wirksames Gewissen in Wirtschaft und Politik ... Könne man Religion und

Politik überhaupt trennen? Zwar hätten die Sozialdemokraten die Religion zur »Privatsache« erklärt, aber in der Praxis handelten viele Sozialisten christlicher als die Bourgeois, die sonntags äußerlich fromm in die Kirche gehen, sonst aber ein korruptes, mitleidloses selbstsüchtiges Leben führen. Eine ethische Definition von Politik laute: Sie ist ein fortwährender Versuch zur Errichtung einer sittlichen Weltordnung.

In der religiösen Haltung des evangelischen Bürgertums sah Grimme das Erbe der Reformation, die aber nur die »Selbstverantwortung« des Menschen wiederhergestellt habe, nicht jedoch die Mitverantwortung. Durch die einseitige Betonung von Römer 13 sei die Mitverantwortung, die wir unseren Brüdern gegenüber tragen, immer mehr in den Hintergrund getreten; das habe schließlich zur Trennung von Religion und Politik geführt. Für den wirklich religiösen Menschen gebe es aber kein Gebiet des Lebens, das eine absolute Eigengesetzlichkeit habe, er fasse seine Religiosität als einen Aufruf auf, alle Lebensgebiete zu durchdringen.

In Großbritannien sei diese Trennung von Religion und Politik nicht im gleichen Maße vorhanden wie bei uns. Die Politik werde dort vielfach von religiösen Vorstellungen belebt und durchdrungen. Viele Sozialisten in England seien tief religiös. Das betonte auch einer der anwesenden Engländer. »Die ideelle Grundlage der Labour Party sieht ganz anders aus als die der sozialistischen Parteien auf dem Kontinent. Fast alle führenden Politiker der Labour Party sind Angehörige einer Kirche oder Freikirche, viele sind ehemalige Geistliche, nur zwei Regierungsmitglieder (des damaligen Labour-Kabinetts) gehören keiner Religionsgemeinschaft an. Die Ursache für diese andersartige Einstellung der Labour Party zur Religion liegt zum Teil in der Geschichte – in der Trennung von High Church und Low Church sowie in der früh ausgebildeten religiösen Toleranz. So ist es heute z. B. möglich, daß ein Bischof der sehr konservativen High Church Sozialist ist, ohne daß die oberste Kirchenbehörde daran Anstoß nimmt.«

Pfarrer Gustav Mensching berichtete, daß er ganz ähnliche Verhältnisse wie in England auch auf seiner Reise durch Schweden im März angetroffen habe. Dort sei die Sozialdemokratie schon länger als in irgendeinem anderen Lande an der Regierung. Es gebe keine konfessionelle Partei. Ein Segen für das Land. »Religiöses Fühlen durchwirkt das gesamte politische Leben. Das war allerdings nicht immer so. Als im vergangenen Jahrhundert Hjalmar Branting sich zum Anwalt der Sache des Proletariats machte, wurde er von den schwedischen Kirchen angefeindet, heute aber herrscht Einvernehmen zwischen Kirche und Sozialismus und tolerante Weitherzigkeit in allen Kreisen der Bevölkerung.«

Im Vergleich zum europäischen Kontinent (Frankreich, Italien und Deutschland), wo sich eine Art »Dualismus« von klerikal-christlichem Konservatismus und Sozialismus herausgebildet habe, der verhängnisvoll werden könne, seien Staaten wie Großbritannien und Schweden besser dran, weil sie diesen Dualismus nicht kennen. Das Christentum gerate nämlich durch die kontinentalen »christlichen Parteien« in Gefahr, zum Rettungsboot bürgerlicher Reaktionäre zu werden, und das tue ihm kaum gut.

In einem der folgenden Gespräche wurde die Alternative von karitativer Hilfstätigkeit und revolutionärer Gesellschaftsveränderung zum Thema gemacht. Wenn aber die Gesellschaft radikal verändert werden solle, ergebe sich wiederum die Alternative: evolutionäre, schrittweise oder revolutionäre, plötzliche Veränderung. Klaus von Bismarck meinte, die Forderung der Jugend an die Älteren, an die leitenden Personen im Staat könne nur revolutionär sein, die Möglichkeit zu karitativer Hilfe müsse aber jedem überlassen bleiben – jedenfalls solange es noch nicht gelungen sei, eine neue (gerechtere) Gesellschaft zu errichten. Im Laufe der Diskussion wurde immer wieder betont, daß karitatives Verhalten allein nicht ausreicht, weil es lediglich Symptome mildert, ohne das Grundübel, die Quelle der menschlichen Leiden, zu beseitigen. Zur Frage Evolution oder Revolution erklärte Klaus von Bismarck, die menschliche Haltung solle revolutionär sein, die Durchführung der strukturellen Veränderung aber evolutionär.

Ein Katholik erwähnte die beiden Sozial-Enzykliken »Rerum Novarum« und »Quadragesimo anno«, deren Forderungen jedoch von den meisten als nicht ausreichend angesehen wurden. Zwei Theologen betonten, daß das (religiöse) Heil des Menschen von seiner wirtschaftlichen Lage völlig unabhängig sei. Aus diesem Grund gäbe es auch keine Verpflichtung des Christen zur Veränderung der Wirtschafts- und Gesellschaftsordnung. Und überhaupt: Welche Gesellschaftsordnung solle die kapitalistische eigentlich ablösen?

Wie habe sie auszusehen? Die Antwort auf diese Frage wurde vertagt.

Statt dessen wurde noch einmal thematisiert, warum die kapitalistische Gesellschaftsordnung aus religiösen Gründen abzulehnen sei. Antwort: »Weil dieses Wirtschaftssystem einseitig den Egoismus fördert: ›Ohne Profit raucht kein Schornstein!‹ – Das System hat einen nachhaltigen Einfluß auf das Verhalten der Menschen und lenkt sie von der Suche nach ihrem Heil ab. Es gibt aber nicht nur (egoistisch beschränkte) Selbstverantwortung, sondern auch eine soziale Mitverantwortung des Christen, und diese verpflichtet zum Kampf gegen eine den Egoismus prämierende Wirtschaftsordnung.«

Ein überzeugter Katholik führte aus, daß es schon einmal eine Zeit gegeben habe, in der christliches Denken und christliche Haltung das Leben der europäischen Menschen durchwirkt habe: das Mittelalter. Das Übel, das wir heute beklagen, habe mit dem säkularen Humanismus begonnen. Die Atombombe sei nicht erst eine Erfindung dieses Jahrhunderts, sondern bereits von Erasmus von Rotterdam ›entdeckt‹ worden. Das Mittelalter kannte keinen Nationalismus, sondern nur ein christliches Abendland mit gemeinsamer Kultur, gemeinsamen Sitten und einer gemeinsamen Religion. Der moderne Individualismus habe zu weitgehender Atomisierung der Gesellschaft geführt. Der mittelalterliche Mensch dagegen habe sich als von Gott geschaffen und von ihm zu sittlicher Tat aufgerufen empfunden.

Richard Ullmann, der über die Entwicklung des Völkerbundgedankens referiert hatte, warnte vor einer romantischen Verklärung des Mittelalters. Grimme zitierte Bogislaw von Selchow: »Die Ich-Zeit ist zu Ende gegangen – die Wir-Zeit beginnt.« Wir, das meint nicht den Kollektivismus, sondern die Mitverantwortung jeder Person. »Der Mensch soll Mensch werden können«, so lautete die ideale Forderung. In der Zeitschrift »Religion und Sozialismus« habe er die Konvergenz des richtig verstandenen Sozialismus mit dem Christentum aufgezeigt. Seinen letzten Sinn erhalte unser Leben aber nur vom Jenseits her. Das religiöse Fühlen sei aber nur dann echt, wenn es zur Tat drängt. Das Christentum müsse Unruhe stiften, solange die Welt noch nicht von den sittlichen Überzeugungen des Christentums durchdrungen sei. Es gehe nicht an, die Welt des materiellen Lebens weniger ernst zu nehmen als die des Geistes. Religion sei keine Sonntagsangelegenheit, sondern eine Sache des lebendigen Gewissens in Wirtschaft und Gesellschaft. Auch religiös motivierte karitative Tätigkeit genüge nicht, sie könne sogar von den eigentlichen Aufgaben ablenken, die mit ihr ja nicht bewältigt würden. »Wenn das religiöse Bewußtsein alles durchdringt, dann gibt es auch keine Gleichgültigkeit mehr gegenüber der Wirtschaftsordnung. Sie darf nicht allein vom Standpunkt der Rentabilität aus beurteilt werden, sondern muß religiöser Sinnerfüllung des Daseins dienstbar gemacht werden.« Das Neue Testament erspare uns nicht das Suchen, sondern verlange eine klare Haltung und Gesinnung. Das Negative steht fest: Das herrschende Prinzip der kapitalistischen Wirtschaft ist der Egoismus, der »Profit der Hebel ihres Fortschritts«. Auch durch den Sozialismus werden die Menschen nicht automatisch zu »Engeln« werden, aber es ist notwendig, ihnen die Möglichkeit zu eröffnen, wenn sie es wollen, nicht an den Profit zu denken. Jeder Christ hat eine Mitschuld und eine Mitverantwortung dafür, daß es eine Gesellschaftsordnung gibt, die die Menschen ständig in Versuchung führt. Die Religion muß so lange die Unruhe des Lebens bleiben, bis ihr Ziel Wirklichkeit wird und die Erde ein Ausschnitt aus dem großen Kosmos des göttlichen Reiches geworden ist.

Dieses ausführliche Referat des Arbeitskreises »Religion und Sozialismus« diente mir als Grundlage für die weit kürzeren Berichte, die ich für die »Tübinger Zeitung« schrieb.

Das übergeordnete Thema war Frieden. Namentlich die britischen Teilnehmer diskutierten intensiv die Möglichkeit, durch Verweigerung des Dienstes mit der Waffe und durch Boykott der Waffenproduktion die Chancen des Friedens zu erhöhen. In Diskussionen mit deutschen Teilnehmern wurden einige Quäker aus England gefragt, wie sie zu der Möglichkeit stünden, daß durch ihre Kriegsdienstverweigerung die Nazis theoretisch die Chance hätten bekommen können, England zu besiegen und zu besetzen. Ob es nicht unter dieser Voraussetzung geboten gewesen wäre, doch Soldat zu werden? Auf diese heikle Frage gab es eine unbefriedigende und eine utopische Antwort. Die höchst unbefriedigende lautete: »Wir wußten, daß wir nur eine kleine Minderheit sind, die daher die Kampfstärke Englands nicht wesentlich herabsetzt.« Das erschien nicht nur mir als eine Art »moralischer Luxus« auf Kosten anderer. Die utopische Antwort lautete: »Durch unser Beispiel wollten wir eine weltweite Bewegung zur Verweigerung des Waffendienstes in Gang setzen, die schließlich auch die Deutschen, die Italiener und die Japaner erfaßt, so daß dann endlich definitiv und dauerhaft Frieden entsteht.«

Ein paar Wochen nach den Gesprächen in Pyrmont besprach ich ein Buch von Emery Reeves, das die strahlende Utopie eines universalen Friedens entwarf. Inzwischen hatte ich durch entsprechende Lektüre die Grundbegriffe des Marxismus kennengelernt und machte mich daran, Punkt für Punkt diese »bürgerliche« und »abstrakte« Utopie zu widerlegen. Kernpunkt meiner Kritik war: Solange es Klassengegensätze und Klassenkämpfe gibt und die Produzenten von Waffen – ohne Rücksicht auf die übrige Bevölkerung – nicht dazu gezwungen worden sind, von ihrem »Geschäft« abzulassen, sind Friedensutopien zum Scheitern verurteilt. Ich veröffentlichte den Artikel in einer Jugendzeitschrift, deren Mitredakteur ich eben erst geworden war.

Es sollte ein, zwei Jahre dauern, ehe ich meinen naiven »Glauben« an den theoretischen Universalschlüssel Marxismus wieder verlor. Die große Toleranz der britischen Quäker in Bad Pyrmont hatte dazu beigetragen, meine Vorbehalte gegenüber dem Marxismus abzubauen. Im Rückblick wird mir klar, daß die Beschäftigung mit dem Thema »Religion und Sozialismus« auch als ein Beitrag zur »Versöhnung zwischen Ost und West« gedacht war.

Im Sommersemester 1946 studierte ich zwar offiziell noch immer Medizin, aber mein Interesse wurde doch weit stärker von den Vorlesungen Romano Guardinis und Wilhelm Weischedels gefesselt. Daneben las ich Max Schelers »Phänomenologie und Theorie der Sympathiegefühle«. Guardini bezeichnete ich im Tagebuch einmal als »den letzten großen christlichen Europäer«.

Die Sommerferien verbrachte ich in dem stillen Dorf Braunsbach am Kocher bei meinen beiden Onkeln (Vettern meiner Mutter), die dort ein typisch schwäbisches Unternehmen hatten, das aus einem uralten Elektrizitätswerk, einer elektrisch betriebenen Mühle, einer Schweinemast und einem Sägewerk bestand. Die ältere englische Turbine stammte noch aus dem 19. Jahrhundert.

Ich genoß das gute Essen und die »Pflichtenlosigkeit«. Gelegentlich kam es zum Streit mit Onkel Albert, der soeben aus einem amerikanischen Internierungslager für Nazis zurückgekehrt war, in dem es ihm außerordentlich gut gefallen hatte. Manche der führenden Parteibonzen hatte er erst dort kennengelernt, Wirkungen einer »demokratischen Umerziehung« waren nicht erkennbar. Bei Kriegsende war Onkel Albert in Straßburg gewesen, hatte der französischen Gefangenschaft aber gerade noch rechtzeitig entkommen können. Seine Auffassung von »den Franzosen« war extrem vorurteilsvoll: »Alle Franzosen sind faul, nichtsnutzig und rachsüchtig.« Von diesem Pauschalurteil wollte er noch nicht einmal die kleinste Ausnahme gelten lassen. Sein unbegründeter Hochmut und die Mauer von Vorurteilen und Haß, die er um sich aufgebaut hatte, machten mich traurig. Ich gab es schließlich auf, Onkel Albert (Hauptmann der Reserve!) zu überzeugen.

In der in München erscheinenden »Neuen Zeitung« fand ich einen guten Brief von Hermann Hesse an die Deutschen. Er entwickelt Argumente gegen die vielen, die noch immer meinen, »vieles sei doch auch im ›Dritten Reich‹ gar nicht so schlecht gewesen«. Psychologisch fand ich das begreiflich, weil niemand gerne viele Jahre seines Lebens für eine schlechte Sache gelebt haben möchte, aber etwas mehr Selbstkritik schien mir doch erwünscht. Ich war in Gefahr, selbstgerecht zu werden, weil ich meiner eigenen Schuld bewußt war und mir deshalb »besser« vorkam als die vielen, die nicht schuldig zu sein meinten.

Mehr und mehr benützte ich mein Tagebuch als Ort der Beichte. Ich empfand meine Schuld immer drückender: Auf dem Rückzug hatte ich – vielleicht – einen Rotarmisten, der sich mir plötzlich entgegenstellte, mit einer Panzerfaust erschlagen. Ich rannte so schnell weiter, daß ich nicht mit Gewißheit sagen kann, ob er tot war. Aber dieser Mann, der mir da Auge in Auge gegenüberstand, verfolgte mich jetzt bis in den Traum. »Fern weint jetzt vielleicht eine Mutter um ihren Sohn. Wie könnte ich sagen: Ich bin nicht schuldig?«

Merkwürdig erscheint mir heute, daß ich nur solche Episoden im Krieg als Schuld im Bewußtsein habe, bei denen ich direkt einem anderen Menschen gegenüberstand. Mit Sicherheit habe ich weit mehr Leiden verursacht und vermutlich viele Menschen getötet. Die Opfer des über viele Kilometer weit schießenden Geschützes sieht der Artillerist aber gewöhnlich nicht. Im modernen Krieg ist Töten eine abstrakte Angelegenheit. Der Artilleriebeobachter spricht durch Funk oder Telefon: »Feuerzusammenfassung auf Sperrfeuerzone Alpha«, und daraufhin werden ein Dutzend Granaten »zum Feind hinübergeschickt«. Was oder wen haben sie getroffen? Wer hat getötet? Der Beobachter, der Ladeschütze, der Richtschütze, der den Abzug Betätigende? Sie alle! Aber das schreckliche Geschehen bleibt für sie unfaßbar. Die moderne Kriegführung wird erleichtert durch Mangel an Phantasie und durch Fehlen von Empathie.

Zu meiner Überraschung fand ich im Nachlaß Nietzsches eine luzide Erklärung für die Tötungsbereitschaft von Soldaten: »Wir haben nicht den Mut, einen Menschen zu töten oder auch nur zu peitschen ..., aber die ungeheure Maschine von Staat überwältigt den einzelnen, so daß er die Verantwortlichkeit für das, was er tut, ablehnt (Gehorsam, Eid usw.). Alles, was ein Mensch im Dienste eines Staates tut, geht wider seine Natur; ... Das wird erreicht durch die Arbeitsteilung (so daß niemand die ganze Verantwortlichkeit mehr hat) ...«

Internationale Ferienkurse in Bad Teinach und Tübingen

Der französische Universitätsoffizier Capitaine René Cheval und eine Anzahl Dozenten der Tübinger Universität organisierten – mit Hilfe der Besatzungsmacht – im September 1946 einen internationalen Ferienkurs, der in erster Linie für Germanisten bestimmt war. Außer jungen Franzosen waren auch Engländer und eine kleinere Anzahl Deutscher eingeladen. Absicht war es, nicht nur ausländischen Germanisten die Gelegenheit zu bieten, in Deutschland ihre Sprach- und Literaturkenntnisse zu verbessern, sondern auch zur Verständigung zwischen jungen Menschen der eben noch im Krieg gewesenen Völker beizutragen.

Die äußeren Bedingungen waren ideal. Das kleine Städtchen Bad Teinach im Schwarzwald, das den Krieg unversehrt überstanden hatte, nahm rund hundert Studierende auf, die drei Wochen lang gemeinsam lernten, diskutierten, aßen und tranken, spazierengingen und sogar flirteten – denn es waren auch Studentinnen unter den Teilnehmern. Als guter Bekannter des Hochschuloffiziers und Mitglied eines von den Franzosen geförderten »Bundes freier Studenten« war ich natürlich dabei. Zusammen mit einem typischen Engländer, der während des Krieges in Afrika gedient hatte, obgleich er als Germanist eigentlich für die europäische Front besser geeignet gewesen wäre, und mit einem eleganten Südfranzosen, dessen Vater einen katholischen Verlag besaß, bewohnten wir ein Zimmer. Die Umgangssprache war – unvermeidlich – Deutsch, da Lionel Thomas aus Oxford kein Französisch und der Südfranzose nicht Englisch sprach. Die nationale Mischung war von der »Leitung« offenbar mit Bedacht gewählt worden.

Am Vormittag fanden Vorlesungen und Seminare statt. In einem übersetzten wir gemeinsam einen Text von George Orwell »Down and out in Paris and London«. Für die wenigen französischen Teilnehmer war das freilich nicht leicht. Wenn wir Nicht-Engländer ein Wort nicht verstanden, wurde es umschrieben, und wenn ein Engländer einen unpassenden deutschen Ausdruck gewählt hatte, korrigierten ihn die Deutschen. Noch instruktiver war es, als wir den »Aufstand der Intellektuellen« aus der Zeitschrift »Die Auslese« ins Englische zurückübersetzten, um unsere Version dann mit dem Original zu vergleichen.

Im Anschluß an die Übersetzungsarbeiten kam es immer wieder zu Diskussionen über den Krieg, die Nazis und die Beziehungen zwischen unseren Völkern und Staaten. Sehr bald entstand eine Atmosphäre großer Toleranz und gegenseitigen Verstehens. Mit Lionel Thomas tauschte ich Erinnerungen an die Eigenarten des Soldatenlebens aus, das in allen Armeen der Welt doch sehr ähnlich war. So wetteiferten wir einmal um die Anzahl der vielen Landserausdrücke für Schlaf, die in beiden Sprachen außerordentlich hoch war. Ich erinnere mich nur noch an meine Beiträge, die Lionel eifrig notierte und mit den entsprechenden britischen verglich: »Augenpflege treiben, schniefen, koxen, miefen, wegtreten, einen einziehen« und so weiter. Dann fiel mir der strenge Verweis vom Oberst Dewitz ein, der für höhere Offiziere das plebejische Schlafen für unangemessen hielt und Wert darauf legte, daß Stabsoffiziere nur »ruhen«. Britische Stabsoffiziere verhielten sich ganz ähnlich.

Auch die konkreten Probleme des Alltagslebens nach dem Kriege kamen immer wieder zur Sprache: etwa die britische Austerity, als Folge der Bemühungen der britischen Regierung, Schulden an die USA möglichst bald zurückzuzahlen. Ob Planwirtschaft, wie sie während des Krieges auch in England notwendig geworden war, oder eine freie Marktwirtschaft besser geeignet sei, die Nachkriegsmisere zu überwinden, wurde oft gefragt. Darüber waren sich vor allem die Engländer nicht einig.

Bei jedem Wetter gingen unsere englischen Kommilitonen spazieren; alle hatten Regenmäntel und Regenschirme dabei und hielten es für ganz selbstverständlich, daß man sich um das Wetter nicht kümmerte. Da namentlich unter den Engländerinnen einige Schönheiten waren, wurden auch Franzosen und Deutsche zu Spaziergängen bei Wind und Wetter verführt. Für einige Zeit begeisterte ich mich für Muriel, die mit ihren sanften Zügen mir wie der Inbegriff einer blonden Engländerin erschien. Leider teilte sie meine Gefühle nicht, sondern war ihrerseits in einen älteren Studienreferendar verliebt, den ich – vor allem aus diesem Grunde – nicht ausstehen konnte. Es dauerte sehr lange, bis ich über diesen Schmerz hinweg kam. Eine Anzahl »Gedichte für Muriel«, die ich ihr nicht einmal zu schicken wagte, sind davon übriggeblieben. Dafür war mir Patricia Philipps gewogen, und ich nahm ihre Zuneigung gern entgegen, freilich ohne sie im gleichen Maße erwidern zu können.

Abends fanden oft kleine Tanzveranstaltungen statt, und ich stürzte mich – ganz gegen meine sonstige Gewohnheit – eifrig »ins Gewühl«. Für die Abschlußfeier wurde ein Theaterstück vorbereitet, ich weiß nicht mehr, was es war, aber die Aufführung wurde begeistert aufgenommen.

Die drei Wochen in Bad Teinach vergingen wie im Rausch. Es dauerte geraume Zeit, bis ich in die »graue Alltagswelt« des Studentenlebens zurückfand. Auf der Heimreise machte es uns deutschen Studenten Spaß, das Vorzeigen der Fahrkarten zu verweigern, indem wir französisch sprachen und das Ansinnen der Kontrolleure energisch (und erfolgreich) zurückwiesen. Damals gab es noch Bahnsperren. Auch in Tübingen gingen wir erhobenen Hauptes und unkontrolliert durch die Sperre.

Der Ferienkurs, der im folgenden Jahr wiederholt wurde (mit anderen Teilnehmern), war ein großer Erfolg. Alle waren für die Ermöglichung dieser schönen Begegnungen so kurz nach dem Kriegsende dankbar. Auch wenn das Wort Frieden nur selten fiel, war doch zwischen den jungen Menschen in Bad Teinach eine Atmosphäre des Friedens, der Freundschaft und des Verstehens entstanden. Mein

Freund Lionel Thomas, der in seiner ironischen Art gemeint hatte, »girls are a damned nuisance«, hat im folgenden Jahr eine deutsche Studentin, die er auf dem Ferienkurs kennengelernt hatte, geheiratet. Irgendwer besorgte ihm einen Smoking, und seine Frau zeigte nach der Trauung den Gästen stolz ihren druckfrischen britischen Paß. Für uns, die wir nur mit Sondererlaubnis das Gebiet der Besatzungszonen verlassen durften, war der ein Gegenstand aufrichtigen Neides.

So wichtig war uns der Kontakt unter Gleichaltrigen, daß ich nicht einmal mehr weiß, welche Dozenten uns »unterrichtet« haben. Wir haben voneinander vermutlich auch mehr gelernt als von unseren Lehrern. Vor allem von unseren britischen Kommilitonen lernten wir jene Gelassenheit, die uns Deutschen sowenig liegt und mit der sich Diskussionen soviel leichter und toleranter durchführen lassen.

Zurück in Tübingen quälte ich mich wieder mit der Frage: Medizinstudium oder Philosophie? Eduard Spranger, der inzwischen nach Tübingen berufen worden war, riet zur Kombination von beidem, aber ich fand, daß ich dafür zu alt sei. Das Philosophiestudium stellte ein großes Risiko dar, aber inzwischen glaubte ich, wenn es sein müßte, meinen Lebensunterhalt auch als Journalist verdienen zu können.

Capitaine Humblot (von der Abteilung »Jeunesse et Sport«) hatte mich gerade gebeten, in die Redaktion der Zeitschrift »Die Zukunft« einzutreten, deren »Schriftleiter« Werner Steinberg Kommunist war. Ich galt mehr oder minder als Sozialdemokrat und sollte für eine gewisse »Ausgewogenheit« des Blattes sorgen. Mein »Anfangsgehalt« betrug 150 RM. Mehr brauchte man zum Studium im Augenblick nicht. Ich übersetzte unter anderem mehrere Artikel, am meisten hat mich damals ein Artikel von Stephen Spender beeindruckt. Er sah die wichtigste Aufgabe der Europäer darin, »die Deutschen wieder in das europäische Leben einzugliedern«; die europäischen Intellektuellen sollten ihre deutschen Kollegen aufsuchen und sie ermutigen, denn ohne sie sei die geistige Gesundung unseres Kontinents nicht möglich, und es gebe viele Fragen, die wir nur zusammen mit den Deutschen angemessen diskutieren und beantworten können. Dabei sei es nötig, im Geist des Verständnisses und der Gleichberechtigung zu diskutieren, auch wenn die schlimmsten Verbrechen von Angehörigen dieses Volkes und seinen Führern ausgegangen seien. Auch solle man die schmerzlichen Erfahrungen derjenigen kennenlernen, »die voller Mut der Verzweiflung sich der Gewaltherrschaft der Nazis entgegengestellt haben. Alles, was Priester, Politiker, Intellektuelle erfahren haben, die um ihrer aufrechten Überzeugung willen unter den Nazis gelitten haben«, solle eine Lehre auch für die übrigen Europäer sein. Im Unterschied zur offiziellen Position der alliierten Regierungen war Stephen Spender überzeugt, daß gerade das Leben und Sterben der Frauen und Männer des Widerstands eine wichtige Lehre für uns Überlebende und für die ehemaligen Gegner Deutschlands darstellte.

Durch den »Bund freier Studenten«, der als ein »Gegengewicht« gegen die heimlich wieder entstehenden Korporationen gedacht war und Studenten mit politischen Interessen und demokratischen Überzeugungen vereinigte, sowie durch meine Kontakte mit den für Universität und Presse »zuständigen« Franzosen wurde ich bald zum entscheidenden linken Demokraten. Eine Zeitlang war ich sogar der Meinung, in der sowjetischen Besatzungszone werde entschlossener mit den Nazis abgerechnet und auf zuverlässigere Weise ein »neues Deutschland« aufgebaut als im Westen. Ich weiß nicht mehr genau, wann ich von dieser idealisierenden Auffassung der SBZ (der späteren DDR) abgekommen bin, kann mich aber daran erinnern, daß die Bücher von George Orwell – vor allem »Animal Farm« – und Arthur Koestlers »Sonnenfinsternis« dazu beigetragen haben. Den Ausschlag gab wohl meine Mutter, als sie mit meiner jüngeren Schwester von Dresden in den »Westen« zog, weil sie die Atmosphäre des Zwangs und der Heuchelei dort nicht mehr ertragen konnte.

Dieser Schritt wog um so schwerer, als meine Mutter – durch den Tod meines Vaters – von vornherein zu den »Privilegierten« gehört hatte. Man bot ihr an, auf der Liste des Frauenbundes oder einer anderen für das Parlament (den Landtag) zu kandidieren und aus unserem leicht beschädigten Haus in eine größere und unversehrte Villa umzuziehen, die enteignet worden war, aber meine Mutter wollte sich mit den neuen Machthabern nicht so weit einlassen, schützte ihre angegriffene Gesundheit vor und erhielt schließlich die Erlaubnis, in ihre alte Heimat, nach Württemberg, zurückzukehren. Als Mitglied der Dresdner SPD hatte sie – ebenso wie Arno Hennig –

sich entschieden gegen die Vereinigung mit der KPD gewandt. Die Vereinigung wurde dennoch vollzogen, und bald zeichnete sich eine neue Einparteienherrschaft der SED zusammen mit den gleichgeschalteten »Blockparteien« ab.

In meinem Tagebuch wie in meinen Briefen nach Hause ist weit mehr von journalistischer Tätigkeit – von kleinen Artikeln in der »Tübinger Zeitung«, in der Jugendzeitschrift »Die Zukunft« und von Diskussionen im Stuttgarter Rundfunk – die Rede als vom Medizinstudium. Schließlich wechselte ich auch – nicht ohne Zögern – ganz zur Philosophie über und wählte als Nebenfächer Germanistik und Romanistik. Vermutlich trug die Begegnung mit einer jungen Französin zu dieser Nebenfächerwahl bei, die ich im Herbst 1946 kennengelernt hatte.

Wenn ich mich nicht irre, holte ich sie – zusammen mit einem französischen Studienfreund – am Bahnhof ab, als sie – mit einer Art »Marschbefehl« aus Paris – bei uns eintraf. Sie war gerade 17 Jahre alt, zierlich, fast zerbrechlich, so daß ich mich sogleich als Beschützer angesprochen fühlte. Nach wenigen Tagen schon waren wir innige Freunde. Sie lernte von mir fließendes Deutsch (mit einem selbst im Mittelhochdeutschen noch hörbaren sächsischen Akzent), und ich übernahm ihre literarischen Vorlieben. So kam es, daß ich – gemeinsam mit ihr – mehr germanistische Vorlesungen hörte, als notwendig gewesen wäre, während ich die Romanistik eher vernachlässigte. Da ich ohnehin schon viel Umgang mit Franzosen hatte, fiel mir aber später die Prüfung nicht schwer, und der freundliche Professor der Romanistik, Julius Wilhelm, meinte: »Es ist ja wohl nicht nötig, daß ich Ihre Französischkenntnisse teste!« Fanette (die eigentlich Françoise hieß) teilte meine Begeisterung für Romano Guardini, und so gingen wir fast jeden Sonntag zu der kleinen – beinahe privaten – Messe, die er in einem Haus der Studentengemeinde hielt. Zwei Jahre lang ist mein Tagebuch von nichts so sehr »bewegt« wie von dieser neuen Liebe.

Die Enttäuschung über die unerwiderte Zuneigung zu Muriel hatte mich vermutlich dafür besonders empfänglich gemacht. Bald stellte sich freilich heraus, daß Fanette mit dem Sohn eines Kollegen ihres Vaters verlobt war. Der Segen der beiden braven Familien lag über diesem Bund, und Fanette litt unter ihrer »Untreue«. Ehrlich, wie sie ihren Eltern gegenüber war, hatte sie meine Existenz in ihren Briefen nicht verschwiegen, und so »arrangierten« ihre Eltern und die des Verlobten eine Begegnung in Straßburg, da der junge Mann ohne einen amtlichen »Marschbefehl« nicht nach Tübingen kommen konnte. Die Begegnung war eine Katastrophe und führte zum Bruch. Der von seiner Mutter mit falschen Ratschlägen versehene Knabe versuchte Fanette »zu verführen« und tat das auf so brutale Weise, daß er damit deren Freundschaft vollends verlor. Weinend kam Fanette nach Tübingen zurück, und ich fühlte mich – irgendwie – mitschuldig. Dabei waren wir alle drei – Fanette, ihr Verlobter und ich – noch viel zu jung, um in absehbarer Zeit an eine Heirat denken zu können. Aber wenn man verliebt ist, spielen praktische Überlegungen kaum eine Rolle.

Freunde verschafften mir in dieser Zeit eine zusätzliche Einnahmequelle: Ich wurde »Assistant d'Allemand« am Collège Français, der Höheren Schule für französische Kinder in Tübingen. Die Aufgabe war intellektuell nicht besonders herausfordernd, dafür war es aber für einen Deutschen insbesondere in den höheren Schulklassen schwer, Ruhe und Ordnung aufrechtzuerhalten. Ich erinnere mich noch gut daran, daß der Sohn eines Generals, die Füße auf die Bank seines Vordermanns gelegt, geruhsam in einer Zeitung las, auch nachdem ich das Klassenzimmer betreten hatte. Mit einiger Kraftanstrengung und – entgegen dem Prinzip der »méthode directe«, des Unterrichts in der Fremdsprache – durch lautes französisches Schimpfen gelang es mir immerhin, den Störenfried zu entfernen. Ein- oder zweimal mußte ich aber auch den »Surveillant général« zu Hilfe rufen, einen Schulaufseher, der ausschließlich für die »Schulzucht« verantwortlich war und den »Boche« (d. h. mich) natürlich nicht ganz ernst nahm.

Fanettes Vater, der als Proviseur des Lycée Lakanal in Paris zu den »höchstgestellten« Direktoren französischer Gymnasien gehörte, schrieb an seinen jüngeren Kollegen in Tübingen und bat ihn um Auskunft über mich. Fanette hat mir später von dessen Antwortschreiben erzählt. Es enthielt die Formulierung »M. F. cultive encore la fleur bleu du romantisme«, was ich ziemlich komisch fand. Vielleicht hatte er aber gar nicht so unrecht.

Fanettes und mein Tagebuch stellten zugleich eine Art kontinuierlichen Briefwechsels dar, der selbst dann fortgesetzt wurde, wenn wir uns täglich sahen. Fanette hatte eine Stelle als »Maîtresse d'Internat«, das heißt, sie hatte für die Schülerinnen zu sorgen, die auf dem Schloßberg in einer schönen Villa wohnten. Dort konnte ich sie natürlich nicht besuchen. Wir trafen uns daher entweder bei mir oder bei einer Freundin Fanettes, die eine zentral gelegene kleine Wohnung in der Stadt hatte. Einige Monate lang waren wir fast unzertrennlich. Nachdem meine Mutter nach Schwäbisch Hall gezogen war, hat Fanette mich auch dort besucht und für meine Schwester Kleidungsstücke mitgebracht. Meine Tätigkeit im französischen Gymnasium hatte vor allem den Vorteil, daß ich dort ein gutes Mittagessen und ein »gouter« bekam, das aus einem Stück Baguette und Schokolade bestand.

Von den meisten meiner damaligen Kommilitonen hielt ich nicht besonders viel. In einem Essay, den ich vermutlich publizieren wollte, schrieb ich damals: »Die Entwicklung des Universitätslebens in den verschiedenen Besatzungszonen hat sich sehr unterschiedlich gestaltet. Am raschesten in der Französischen Zone, in der großzügigerweise sogar schon im Sommersemester 1945 die beiden theologischen Fakultäten Tübingens wiedereröffnet wurden. Nach gründlicher, wohl eher etwas zu schematischer ›Säuberung‹ folgten die Universitäten der amerikanischen Zone, während es im britischen Besatzungsgebiet – nach ebenso oberflächlicher Säuberung des Lehrkörpers – ebenfalls ziemlich rasch ging. Göttingen entwickelte sich zu einer ›studentischen Großstadt‹, aber wohl auch zu einem Zentrum konservativer Jugend. Die Zulassung zum Studium wurde verschieden gehandhabt. In Tübingen z. B. spielte die Länge der Dienstzeit in der Wehrmacht eine positive Rolle, was zur Folge hatte, daß einige jüngere Bewerber nicht zugelassen wurden, obgleich sie aus antinazistischen Familien stammten, ja selbst wenn sie im Gefängnis – wegen oppositioneller Haltung – gewesen waren. Erst unter dem neuen Rektor, Professor Theodor Steinbüchel, einem katholischen Theologen, wurde dieses Verfahren korrigiert. Inzwischen war ein vorschnell zugelassener ehemaliger Chefredakteur des NS-Kuriers wieder relegiert worden. Die Einstellung der meisten Studierenden zu Studium und Beruf war weithin die des Brotstudenten. Ihr Ziel: eine ›sozial gehobene Stellung‹.«

Natürlich gab es – vor allem in der Philosophischen Fakultät und bei den Theologen – auch eine ganze Anzahl von Studenten, denen es um die Suche nach Wahrheit und wesentliche Erkenntnis ging. Erschütternd war aber die Einstellung vieler zur Politik und zur jüngsten deutschen Geschichte. Im Auftrag des Gallup-Instituts führte ich eine Befragung durch; dabei gab ein Student, der keineswegs dezidierter Nazi war, die folgenden Antworten:

»Glauben Sie, daß die politischen Parteien in Deutschland von den Besatzungsmächten abhängig sind?« – »Ja.«
»Welche Parteien sind abhängig?« – »Alle.«
»Vertreten die Parteien ausschließlich deutsche Interessen?« – »Nein.«
»Welche Interessen vertreten sie?« – »Die der jeweiligen Besatzungsmacht.«

Das war kaum ein Sonderfall. Die Vorstellungen vieler von der jüngsten deutschen Geschichte konnte man etwa so zusammenfassen: »Durch ein verhängnisvolles – aber selbstverständlich fast unverschuldetes – Schicksal haben wir den Krieg verloren (zuweilen vergißt man freilich sogar das). Die Siegermächte sind jetzt da und treiben es weit schlimmer als »wir« es in unseren Besatzungsgebieten seinerzeit getan haben. Nachträglich rechtfertigt das auch unser Tun; wir haben uns schließlich nichts vorzuwerfen und sind beleidigt, wenn man uns die Greueltaten der Nazis vorhält. Die deutsche Kultur ist doch den anderen weit überlegen. Gegen ihren Willen müssen das sogar unsere Feinde zugeben. Der Bolschewismus ist die wirkliche Gefahr für das Abendland.«

Der Hinweis auf den Bolschewismus diente in solchen Fällen in erster Linie der Entlastung von eigener Mitschuld. Schließlich habe ja die deutsche Wehrmacht vier Jahre lang gegen die Rote Armee tapfer gekämpft. Die Westmächte seien diesen Verteidigern der abendländischen Zivilisation in den Rücken gefallen. Große Begeisterung löste später der (angebliche) Ausspruch Winston Churchills aus: »Wir haben das falsche Schwein geschlachtet« (gemeint war Hitler statt Stalin).

Andererseits gab es gerade für diese verhärtete Haltung Gründe: Viele Studierende waren kriegsversehrt; fast alle hatten Jahre ihres Lebens als Soldaten verbracht und kamen nun – viel zu alt – erst zum Studium. Es fiel ihnen schwer, zugeben zu müssen, daß diese Jahre im Dienst an einem verbrecherischen Regime verloren waren. Der Einfluß von Romano Guardini, so merkte ich in meiner obenerwähnten Publikation an, werde sich hoffentlich korrigierend auf die Mentalität der Tübinger Studenten auswirken. Durch seine Vorlesungen werde ihnen seine wohltuend tolerante, europäische Geisteshaltung nähergebracht.

Weit weniger erfreulich schien mir der Einfluß von Helmut Thielicke, der mit seinen »Predigten« ein riesiges Auditorium erreichte. Die Tendenz dieser Vorlesungen lief darauf hinaus, daß die *ganze Welt* in »Sünde verstrickt« sei und von geheimnisvollen dämonischen Kräften beherrscht werde. Ihnen schrieb er auch den unheilvollen Weg des deutschen Volkes während des »Dritten Reiches« zu. Vielleicht könnten wir – auf Grund dieser Erfahrung – anderen Völkern dazu verhelfen, ein ähnliches Schicksal zu vermeiden. Solche Worte wirkten vor allem als Entlastung. Wer von Dämonen heimgesucht wurde, kann schließlich nicht selber schuldig sein oder ist wenigstens etwas entschuldigt. Besonders viel Anklang fand der Redner auch, wenn er auf die französische Besatzungsmacht schimpfte, die durch Holzeinschlag im Schwarzwald sich Reparationen beschaffte und die Lebensmittelrationen niedriger hielt als die anderen Westmächte.

Als Pfarrer in Stuttgart war Helmut Thielicke während der Nazizeit mit mutigen und kritischen Predigten hervorgetreten, die ihn nach dem Krieg für einen Lehrstuhl in Tübingen empfahlen. Ich hatte aber den Eindruck, daß er sich jetzt allzusehr der »Stimmungslage« der Mehrheit seiner Zuhörer anpaßte, statt sie an die Schuld zu erinnern, die wir alle – als Nazis oder als Mitläufer, als Zuschauer und als Untätige – auf uns geladen hatten. Um die ehemaligen Soldaten unter den Studierenden besonders wirksam anzusprechen, bevorzugte Thielicke Formulierungen wie: »die Antenne des Glaubens ausfahren« und sich im »Verteidigungsigel der Religion verschanzen«. Bald ging ich nicht mehr zu seinen Massenveranstaltungen.

Capitaine Cheval, der junge Universitätsoffizier, sagte mir einmal: »Ich glaube, Professor Thielicke würde wegen seiner antifranzösischen Polemiken gerne von uns eingesperrt werden, um seine Popularität zu steigern. Aber diesen Gefallen werden wir ihm nicht erweisen.« Allerdings ordnete die Militärregierung an, daß Thielickes Vorlesungen statt im großen Festsaal der Universität künftig »nur noch« im Auditorium Maximum stattfinden sollten. Schon diese milde Einschränkung seiner Lehrtätigkeit empfand Helmut Thielicke als diskriminierend und hielt sich wohl beinahe schon für einen Märtyrer der Wahrheit.

Etwa in dieser Zeit fing ich an, Hegel gründlicher zu lesen. Meine Vorliebe für die deutschen Mystiker – als Schüler hatte ich mich mit Meister Eckehart und Tauler beschäftigt – hatte ich nie aufgegeben. Der römische Katholizismus, vor allem in der ästhetisch so ungemein ansprechenden Form, in der er von Romano Guardini uns nahegebracht wurde, erlaubte mir zugleich Ratio und Klarheit, Humanität und das Numinose ernst zu nehmen, ohne der Düsternis und Irrationalität schlechter deutscher Traditionen zu verfallen.

Für meine Konversion, die ich im Herbst 1946 ernstlich mir vornahm, dürften die konträren Gestalten der beiden Theologen Guardini und Thielicke (aber auf katholischer Seite auch Theodor Steinbüchel) eine wesentliche Rolle gespielt haben. Thielickes lautes Luthertum und die plebejische Gestalt des sprachbegabten Reformators Luther stießen mich eher ab. Sie waren allzu deutsch, allzu germanisch, auch wenn ich ja wußte, daß nicht nur Niemöller, sondern auch andere Protestanten der Naziverführung widerstanden hatten. Meine Konversion war in erster Linie die Folge einer im Krieg beginnenden bewußten Hinwendung zur christlichen Religion und erst in zweiter Hinsicht ein Bekenntnis zum Katholizismus.

Der Entschluß zur Konversion

Am 25. Oktober 1946 notierte ich in mein Tagebuch: »... ich will mich endlich auf die Konversion vorbereiten, nach der ich lange schon dränge. Ein Benediktinerpater oder vielleicht auch Romano Guardini selbst wird mich wohl unterrichten. Ich sehne mich danach. Dabei lese ich in den ›Duineser Elegien‹, die Romano Guardini so eindrucksvoll interpretiert hat. Die achte Elegie – Kassner zugeeignet – empfinde ich am tiefsten. Die Augen der Tiere weiß Rilke so ganz anders und einfühlsamer zu deuten, als wir es gemeinhin tun:

> Mit allen Augen sieht die Kreatur
> das Offene. Nur unsere Augen sind
> wie umgekehrt und ganz um sie gestellt
> als Fallen, rings um ihren freien Ausgang.
> Was draußen ist, wir wissen's aus des Tiers

> Antlitz allein; denn schon das frühe Kind
> wenden wir um und zwingen's, daß es rückwärts
> Gestaltung sehe, nicht das Offne, das
> im Tiergesicht so tief ist. Frei von Tod ...

Und schließlich die Zeilen, die mich damals besonders anrührten:

> Denn nah am Tod sieht man den Tod nicht mehr
> und starrt hinaus, vielleicht mit großem Tierblick.
> Liebende, wäre nicht der andre, der
> die Sicht verstellt, sind nah daran und staunen ...

Am nächsten Tag: »Morgen will ich zu Guardinis Messe gehen, ich freue mich schon darauf. Hoffentlich kann auch Fanette kommen. Nie ist sie schöner als in den Minuten frommer Versenkung im Gebet.«

Einen Monat danach versuchte ich meine Mutter, die sich vehement gegen die Konversionsabsicht gewandt hatte, zu überzeugen oder wenigstens zu freundlicher Duldung meines Schritts zu überreden. Es schmerzte mich, daß sie den Weg nicht verstehen konnte, ja ihn mißbilligte, den ich zu gehen beabsichtigte: »Der Krieg ist es, der unsere Herzen verändert hat. Seine Sinnlosigkeit und Grausamkeit hat uns gewürgt, und wir begannen nach einem Wert, einem Ziel, einem Halt zu suchen, der uns – trotz allem – Kraft, Hoffnung und Mut gibt, weiterzuleben.«

Aber es ist nicht nur diese Ratlosigkeit gewesen, dieses Suchen, sondern auch etwas anderes, Ernsteres: Ich empfand auf bedrückende Weise, wie sehr ich mitschuldig geworden war durch Unterlassen und Tun und daß die Tatsache, daß viele andere das gleiche taten, mich keineswegs entschuldigte. Ohne Not hatte ich getötet und Eigentum der Fremden – in der Sowjetunion – mißachtet, Mädchen eine tiefe Zuneigung vorgespiegelt, die ich kaum wirklich empfand, nur um sie »zu besitzen«. Ihre Würde hatte ich mißachtet, und leichtsinnig war ich mit ihnen und manchmal auch mit den mir anvertrauten Soldaten umgegangen. Das alles konnte ich nicht einfach von mir abschütteln, ich empfand das Bedürfnis zu beichten, um einen Strich unter die Vergangenheit ziehen zu können und neu zu beginnen.

»Du fragst, was hat das alles mit der Religion zu tun? Warum willst Du deshalb gleich katholisch werden? Ja, weißt Du, ich habe schon vor langer Zeit – im Felde – einmal den Schritt zum Christentum getan, und der Glaube, daß unsere Seele unsterblich ist und daß unsere Sünden vergeben werden können, hat mich getröstet. Ich las Mendelssohns ›Phädon oder Über die Unsterblichkeit der Seele‹ und die Psalmen, und es störte mich wenig, daß Mendelssohn ein frommer Jude war und Plato ein ›Heide‹, weil ich fand, daß im römisch-katholischen Christentum Platz für alle diese Traditionen ist, nicht aber im Luthertum. Der christliche Glaube kann nicht rational begründet werden. Romano Guardini hat einmal sehr schön gesagt: Entweder revoltiert die Seele, oder sie nimmt die Botschaft (das Evangelium) gläubig an; zunächst aber wird sie immer revoltieren. – Gewiß, um Christ zu sein, muß man nicht unbedingt katholisch werden, aber die Philosophie der katholischen Religion in ihrer allumfassenden Weite (*katholon* heißt ja allumfassend) kommt meinem seelischen Bedürfnis weit eher entgegen als der nüchterne und polemische Protestantismus mit der Lutherschen Vernunftfeindschaft (›die Hure Vernunft‹). Historisch schwankt ja die evangelische Theologie immer wieder zwischen nüchterner Trockenheit und schwärmerisch-verträumtem Pietismus. Man darf die katholische Religion nicht nach der Unvollkommenheit ihrer Diener beurteilen, sondern nur auf Grund ihres wirklichen Gehalts. – Verzeih mir bitte! Ich will Dir keinen Vortrag halten, weil es mir ja nicht wohl anstünde, es zu tun. Eine einzige Bitte aber schlage mir nicht ab: Erlaube mir zu tun, was Du vielleicht heute noch nicht begreifst, nicht begreifen kannst, aber vielleicht später einmal verstehen wirst! Ich habe noch zu niemandem außer zu Dir und meinem Katecheten über meine Konversion gesprochen – und zu einem Freund, neben dem Du in der Vorlesung von Guardini gesessen hast. Ich werde auch nach einer Konversion so frei und unabhängig bleiben wie zuvor. Nur, was Du im Augenblick verabscheust, danach drängt es mich: nach einer Beichte bei einem verständnisvollen, feinen und klugen Menschen, der Priester ist. Meinst Du nicht auch, daß Vater – der mitfühlende und verständnisvolle Seelenarzt – für viele eine ähnliche Rolle gespielt hat? Für viele Menschen, die nicht zu einem Priester gehen konnten? Gestern las ich noch einmal Vaters Confiteor und empfand es als eine Absage an sein früheres, rein naturwissenschaftliches, rationalistisches Weltbild und zugleich als ein Bekenntnis zu einer (individuellen) Religiosität. Vermutlich wäre ja seine Entwicklung dabei nicht stehengeblieben. Auf alle Fälle aber hätte er Verständnis für meine Haltung gehabt und mich vielleicht nur vor der Verbohrtheit mancher Zeloten gewarnt, die unter Konvertiten so häufig ist. Schließlich ist ja auch noch nichts ganz entschieden. Frühestens nächstes Ostern werde ich – in Kloster Beuron – konvertieren. Vielleicht habe ich bis dahin meine Auffassung geändert – oder Du die Deine? Laß uns auf alle Fälle die ›gleichen‹ füreinander bleiben wie bisher, wenn es anders wäre, könnte ich es nicht ertragen.«

Den ganzen Winter 1946/47 über nahm ich Unterricht zunächst bei einem jungen katholischen Arzt, Albert Görres, später bei dem Benediktinerpater Silvester Stenger. Dr. Görres wohnte in einem Haus an der Stiftskirche, das im ersten Stock ein Schild trug: Hier habe Goethe dann und dann ein paar Tage verbracht, vermutlich auf der Reise in die Schweiz mit seinem künftigen Landesherrn. Der Gedanke, an der gleichen Stelle zu sitzen, an der vielleicht einst Goethe gesessen hatte, war faszinierend und erhöhte den Reiz unserer theologischen Gespräche. Dieser Unterricht entsprach ganz und gar nicht dem üblichen »Katechisieren« und war meinen philosophischen Interessen angepaßt. Auch wurde von mir keine thomistische Denkweise verlangt, sondern die Vielfalt der katholischen Philosophie vor mir ausgebreitet. Von den älteren begeisterte ich mich am meisten für Nikolaus von Kues und Blaise Pascal. Als Pater Silvester die Einführung fortsetzte, kam – wenn ich nicht irre – ein wenig Kirchengeschichte hinzu, aber kaum Polemik gegenüber den Reformatoren. Wir lasen das Neue Testament im Originaltext, und ich lernte dabei gleich ein bißchen Griechisch, was mir ein paar Jahre später bei der Ergänzungsprüfung im Griechischen zugute kam. Der Grundgedanke des Katholizismus war einmal, daß die menschliche Vernunft ausreicht, um bis zur Erkenntnis eines göttlichen Schöpfers der Welt zu gelangen, daß aber die »Gesinnung« dieses Gottes den Menschen gegenüber auf keine Weise mit der bloßen Vernunft gewußt, sondern lediglich »geglaubt«, das heißt: auf Grund der Offenbarung »hingenommen« werden kann. Mir gefiel, daß der Vernunft wenigstens dieser erste Schritt zugetraut wurde, während für Luther schlechthin nur der völlig irrationale Glaube Geltung hat. Als zweite These des Katholizismus leuchtete mir die Rolle der kontinuierlichen Überlieferung ein. Nicht die Schrift allein – wie Luther meinte –, sondern nur die Schrift *zusammen* mit der ununterbrochenen Kette der Tradition, durch die die Glaubwürdigkeit der offenbarten Texte verbürgt wird, bildet die Grundlage des Glaubens.

Ohne daß mir dies damals klar war, sprach mich aber vor allem auch die ästhetische Seite des katholischen Christentums an: die lateinische Liturgie, die magische Formeln bereitstellt, die der Seele wohl tun, der Gregorianische Gesang, den ich in Kloster Beuron kennenlernte, und die Augenweide der religiösen Bildnisse – vor allem der Maria –, die eine vielleicht problematische Brücke zu dem »ganz anderen«, zu dem so fernen, unbegreiflichen Gott darstellen kann, eine Brücke, die der sinnenfrohe Mensch gehen darf, ohne sich seiner Sinnenfreude schämen zu müssen.

Am 18. November schrieb ich noch einmal an meine Mutter, um sie um Verständnis zu bitten, und versprach ihr, den »Termin« für den entscheidenden Schritt drei Monate hinauszuschieben. »Du täuschst Dich, wenn Du meinst, ich wollte blind, nur von einem dumpfen Gefühl getrieben, meinen Weg gehen und könnte so niemals zu einem ›echten Glauben‹ gelangen. Aber ich bin kein Eiferer, und ich möchte Deine Liebe nicht verlieren, deshalb werde ich – wie Du es gewünscht hast – drei Monate warten, um mir und Dir Zeit zur Besinnung zu lassen. Kannst Du mir dann – wenn es bei meinem Entschluß bleibt – meinen Frieden lassen? Bitte, behalte Dein Vertrauen zu mir, zu meinem Gefühl und meinem Verstand!«

Im Tagebuch führe ich den Widerstand meiner Mutter gegen meine Konversion – wie ich heute weiß, zu Unrecht – »auf den überwältigenden Einfluß der Propaganda durch ein materialistisches Dogma« (des dialektischen Materialismus) zurück, dem sie in Dresden – wie ich annahm – ausgesetzt war. Ebenso wichtig schien mir allerdings auch ihre Furcht zu sein, »die alleinige Liebe eines Kindes zu verlieren, an dem sie mit der ganzen Kraft ihres mütterlichen Gefühls hängt«.

Trotz meiner Zusage, drei Monate warten zu wollen, blieb ich in diesen Wochen unerschütterlich. Insgeheim fühlte ich mich schon »zugehörig«, und das gab mir eine ungeahnte Ruhe und Sicherheit. Die Beichte, auf die ich noch warten mußte, nahm ich mit heftigen Selbstanklagen in meinem Tagebuch vorweg. Die Freundin vertrat – so jung sie auch war – den noch fehlenden Beichtvater. Sie allein konnte die »Beichte« damals schon lesen.

Unter den älteren Studenten des »Bundes freier Studenten« hatte der Arzt Dr. med. Ernst Reifenberg, der bei Ernst Kretschmer seine Facharztausbildung beendete, großen Einfluß auf mich. Er war in Bremen geboren, stammte aus einer jüdischen Familie, die nach Frankreich geflohen war, und gehörte der Kommunistischen Partei Frankreichs an. Er war uns allen an Kenntnis des Marxismus überlegen und auch mit den Grundlagen der Psychoanalyse vertraut, die er – im Unterschied zu den sowjetischen Marxisten – keineswegs verurteilte. Er berichtete u. a. von Georges Politzer und Henri Lefèbvre, intellektuellen Marxisten, deren Bücher ich später mit großem Interesse las. Als älterer Kamerad half er meinem Bruder, der erhebliche Anpassungsschwierigkeiten hatte und eigentlich eine Therapie brauchte. Ernst Reifenberg vermittelte meinem Bruder einen Arbeitsplatz in einer kleinen Fabrik für Radioapparate. Dort fügte er sich erstaunlich gut ein und stieg bald zum »Qualitätskontrolleur« auf. Nach einem halben Jahr etwa war er durch dieses Erfolgserlebnis halbwegs geheilt. Sein schwaches Selbstwertgefühl wurde gehoben, und er traute sich auch im Studium wieder mehr zu. Ein paar Jahre später, als durch das Verbot der KPD auch Organisationen wie die Vereinigung der Verfolgten des Nationalsozialismus (VVN) als »verfassungsfeindlich« verboten wurden, mußte sich Ernst Reifenberg, der natürlich VVN-Mitglied war, zwischen seiner Anstellung als Assistent an der Nervenklinik und der Mitgliedschaft entscheiden. Er ging in die DDR und war dort zuletzt Direktor einer psychiatrischen Anstalt. Vor einigen Jahren ist er gestorben. Seit seinem Weggang von Tübingen hatte ich keinen Kontakt mehr mit ihm. Da ich inzwischen auch Assistent war, aber keine Lust hatte, mich der autoritären Ordnung der DDR zu unterwerfen, blieb mir nichts anderes übrig, als aus der VVN auszutreten.

Obgleich ich als »Redakteur« der Zeitschrift »Die Zukunft« eigentlich ein Gegengewicht gegen den kommunistischen Chefredakteur bilden sollte, war ich doch zu schwach, um die »Linie« des Blattes beeinflussen zu können. Eine Frau Schittenhelm, die mit dem Chefredakteur eng befreundet war, galt als »liberal«, stimmte aber im Zweifelsfall mit dem »Chef«. Die übrigen ständigen Mitarbeiter waren noch einflußloser. Im Auftrag des »Chefs« schrieb ich eine Serie von Artikeln über utopische Sozialisten von Thomas Morus bis Fourier, St. Simon und Heine und übersetzte Artikel aus linken französischen Zeitschriften. Ein kleines Porträt der Universitätsstadt Tübingen brachte mir den Liebesbrief eines Journalistenkollegen ein, der mich für eine junge Dame (wegen des unbekannten Vornamens Iring) hielt.

In meinen privaten Aufzeichnungen taucht immer wieder der Krieg auf. Ja, es scheint fast so, als ob die Erinnerungen immer drängender wurden. Eines Tages brachte mir ein französischer Freund die Notizen, die man bei einem gefallenen amerikanischen Soldaten in Nordafrika gefunden hatte. Sie kamen mir so vertraut vor, als ob ich sie selbst geschrieben hätte, auch wenn mir die Unmittelbarkeit und Naivität dieses jungen Amerikaners fehlte. Ich habe diesen Text lange Zeit aufbewahrt und ihn immer wieder gelesen:

> Also, da bin ich, Gott!
> Ich habe noch nie das Wort an dich gerichtet,
> aber jetzt würde ich dich gerne kennenlernen.
> Siehst du, man sagte mir, daß du gar nicht existierst,
> und ich – Idiot – habe ihnen geglaubt.
> Vergangene Nacht habe ich aus einem Bombentrichter
> deinen Himmel gesehen,
> und da ist mir klar geworden, daß man mich belogen hat.
> Hab' ich mir denn je Zeit genommen, die Dinge zu sehen,
>   die du gemacht hast?
> Dann hätte ich wohl verstanden, daß sie die Dinge
>   nicht beim richtigen Namen nennen.
> Ich frage mich, Vater ... ob du mir wohl die Hand geben würdest?
> Ich fühle, auf die eine oder andere Weise verstehst du.
> Es ist doch komisch, daß ich in diese Hölle geraten mußte,
> ehe ich Zeit dazu fand, dein Angesicht zu sehen.
> Ich liebe dich jetzt, das möchte ich dir sagen, damit du es weißt.
> Was mich erwartet, wird eine schreckliche Schlacht sein.
> Wer weiß? Es kann gut sein, daß ich schon heut' nacht zu dir komme,
> auch wenn ich dir zuvor nicht besonders nah war.
> Ich frage mich, ob du mich wohl an der Pforte erwartest?
> Und jetzt fange ich auch noch an zu weinen. Ich und Tränen vergießen!
> Oh, ich hätte dich gerne schon viele Jahre gekannt.
> Gut, ich muß jetzt gehen, Vater. Auf Wiedersehen.
> Seltsam, seit ich dir begegnet bin, habe ich keine Angst mehr zu sterben.

So schlicht, direkt und ungekünstelt kann wohl nur ein junger Amerikaner beten, der die rituellen Formeln nicht kennt und mit Gott so verkehrt wie ein Demokrat mit gleichberechtigten Mitbürgern, auch wenn sie älter, ehrfurchtgebietender und würdiger sind als er. Ich weiß nicht mehr, wer mir dieses seltsame Gebet gegeben hat, aber es drückt auf eine erfrischend direkte Weise etwas aus, was viele Soldaten im Krieg empfunden haben.

Die Toten des Krieges und der innere Frieden

Es ist still geworden. Über den Hügeln des blühenden Landes geht die Sonne auf. Der Morgen geht über in einen friedlichen Tag. Es ist still. Seltsam – es ist schon lange still, und ich weiß es doch nicht. Es sind zwei Jahre und mehr, seit ich zum letztenmal den Lärm des Krieges gehört habe, das Stöhnen der Verwundeten, den Schrei der Sterbenden, das Bersten der Granaten und Bomben, den dumpfen, fern dahinrollenden Lärm des Trommelfeuers. Es ist schon lange her, das alles. Aber es ist nur vergessen, nicht schon vergangen, nur verdrängt und verloren – nicht überwunden, nicht besiegt. Die Stille in uns ist noch so fern. Nur draußen – ja draußen –, da läuten jetzt die Sonntagsglocken laut über die stille Stadt, und die Bäume schweigen starr in den Himmel, der rein ist und klar. Ja, da draußen ist Frieden.

Wenn er nur endlich auch in uns wäre! Aber er kommt nicht. So lesen, suchen, arbeiten wir, um uns zu zerstreuen, zu betäuben – um nicht zu erwachen, um nicht jenes Vergessen zu verlieren, das so leicht ist und so bequem, so viel einfacher als das Gedenken. Ob wir zuweilen an die denken, die jetzt nicht mehr unter uns sind? An die Toten, deren Tod wir verschuldet haben. Aber nein, halt, bitte nicht davon reden! – Nicht wahr, so ist es auch Euch gegangen, als dürfe man nicht von diesen Dingen sprechen, als läge etwas »Heiliges« in jenem Wahnsinn, etwas »Heiliges«, das ihn rechtfertigen könnte, irgendwie. Ja, ich weiß, zuweilen seht Ihr sie noch – aber Ihr wollt es nicht wahrhaben – oder Ihr beißt die Zähne zusammen und denkt an irgend etwas anderes, etwas Albernes und Falsches – Rache und Vergeltung zum Beispiel oder so. Aber davon werden die Toten nicht still, sie kommen wieder, Freund und Feind.

Ich sehe sie oft. Sie kommen in unserer friedlichsten Stunde. In der Stunde, da unser Vergessen fast ein gänzlich Vergangenes aus allem gemacht hat, dann kommen sie. Zumal jener eine kommt zu mir, jener junge Russe, von dem ich nicht sicher weiß, ob ich ihn erschlagen habe, als ich auf der Flucht war und er plötzlich vor mir auftauchte. Er kommt und sieht mich fragend an, als wolle er sagen: Was tust du nun? Und ich weiß wirklich nicht, was ich ihm antworten soll. Soll ich ihm sagen: Sieh, ich studiere jetzt Philosophie und Sprachen, um das Versöhnende und Hilfreiche zu finden, in den Gedanken der Denker und den großen Dichtungen. Er würde mich kaum verstehen. Er würde weiter fragen, wie ich mir das denn vorstelle, und dann würde ich wahrscheinlich schweigen – denn ich schäme mich sehr, sooft er kommt.

Ja, so ist das mit unserem Frieden, und ich weiß nicht, ob es mir allein so geht. Und dann ist da noch einer, den haben wir im vorletzten Kriegsjahr begraben. Und da sonst niemand da war, um ihm eine Grabrede zu halten, sprach ich ein paar Worte, und ich dachte an die Eltern und an die junge Braut, die der da hatte, der nun stumm und entstellt vor uns lag. Aber meine Worte waren leer und hohl, weil ich log, weil ich an einem offenen Grab vor einem Toten gelogen habe. Und nur wer es erlebt hat, weiß, was das heißt, vorm Angesicht des Todes zu lügen, denn der tote Freund ist immer auch ein wenig der eigene Tod – und im Krieg noch weit mehr als sonst. Ich log und sagte, es muß dieser Tod doch einen Sinn haben, wir kämpfen doch für ein Ziel, und dabei wußte ich längst, daß es kein gutes Ziel gab für diesen Krieg und daß es ein Verbrechen war, dem wir dienten, ein Verbrechen, das uns dem Tod geweiht hatte – dem sinnlosen Tod.

So suchen mich manchmal die Bilder heim, und ich lasse sie kommen, weil ich weiß, daß sie notwendig sind. Die Jahre vergehen, und der Frieden kommt nicht, und ich weiß auch, daß er nicht eher kommen kann, nicht eher einziehen wird in unsere Herzen, bis wir in einer großen, friedlichen und sittlichen Tat das sühnen, was wir an ihnen allen verschuldet haben, an den Toten und an den Lebendigen, den Überlebenden, an Freund und Feind. Es geht ein großer Drang zum Handeln und Helfen von solchen Bildern aus, der noch sowenig in unseren Dörfern und Städten sich zeigt, wo die Geilheit und die Selbstsucht Orgien feiern und der Egoismus der Schieber triumphiert. Erst wenn sie spüren, man hat uns nicht vergessen, man hat die mahnende Lehre unseres sinnlosen Todes, unseres

Geschlachtet-Werdens begriffen – geben auch die Toten Ruhe und kann der Frieden, der einzige, innere und echte, vielleicht einkehren. Auch bei uns.

Kloster Beuron

Am 11. September 1947 wurde ich in Kloster Beuron feierlich in die katholische Kirche aufgenommen. In dem förmlichen Protokoll heißt es: »Nach bedingungsweise gespendeter Taufe und der Absolutio ab haeresi« wurde er »in der von dem Rituale der Erzdiözese Freiburg vorgeschriebenen Weise in die katholische Kirche aufgenommen«. Außer Pater Silvester haben noch zwei weitere Benediktiner als Zeugen unterschrieben. Bei der »bedingungsweise gespendeten Taufe«, sagte man mir, handle es sich um eine Vorsichtsmaßnahme, da – an sich – auch eine von einem evangelischen Pfarrer oder notfalls auch von einem Laien vorgenommene Taufe »gültig« ist, aber die Möglichkeit eines rituellen Fehlers nicht ausgeschlossen werden könne. Auch die »Absolutio ab haeresi« sei eigentlich nicht mehr ganz zeitgemäß, aber man habe sich nun einmal an das geltende Ritual halten müssen. Mir war's recht.

Als Gast blieb ich ein paar Tage in Beuron. Dankbar notierte ich: »Ich bin in einem Kloster und gehöre doch nicht ganz dazu. (…) Der streng geregelte Tageslauf der Klosterbrüder (der Patres und der dienenden Fratres) ist für mich nicht verbindlich, aber ab und zu nehme ich doch an den Gebetsstunden teil. Besonders eindrucksvoll ist das Mittagessen in dem hohen gewölbten Refektorium. An langen Tischen zu beiden Seiten der Wand sitzen die Mönche, in der Mitte, etwas erhöht, der Abt. Im Chor und im Wechselgesang erklingen die lateinischen Tischgebete, bis sich alle lautlos hinsetzen. Lustig sehen die weißen Servietten aus, die schräg rechts oder links in den Halsausschnitt der Kutte gesteckt werden. Stumm und aufmerksam bedient eine Reihe von Novizen oder Fratres. Die letzteren schleppen auf großen Tabletts die Suppe herein. Viele alte, faltenreiche Gesichter sieht man neben jungen, deren Charakterzüge sich erst zu formen beginnen; herrliche graue und weiße Vollbärte hängen lockig und dicht über die schwarzen Kutten herab. Zwei Mönche lösen sich zur Lesung ab. Gleichmäßig skandierend – das störte mich anfangs –, lesen sie aus der Ordensgeschichte und aus der Ordensregel vor. Nachdem die Mahlzeit beendet ist, wird wieder im Chor gebetet, und unter gleichmäßigem Hersagen lateinischer Worte – die ich natürlich nicht immer verstehe – verlassen die Mönche in Zweierreihen den Saal.«

Am Tag nach meiner Aufnahme in die katholische Kirche unternahm ich zusammen mit Pater Silvester eine kleine Wanderung zu einem Bauernhof, der zum Kloster gehörte. Die Wälder waren einsam, und wir schwiegen zuweilen, um die Stille reden zu hören. Von einem Felsen sahen wir ins Tal hinab und über die Höhen des jenseitigen Donauufers. In der Ferne eine Burgruine, weiße Wolken schwammen über den klaren Himmel. Es war Friede.

Weihnachten verbrachte die ganze Familie in Schwäbisch Hall, wo meine Mutter eine kleine Wohnung im obersten Stock des Solbads erhalten hatte, die zur Not alle vier von uns beherbergen konnte. Meine Konversion war noch immer ein Streitpunkt, und gelegentlich deutete meine Mutter an, ich sei offenbar nicht voll zurechnungsfähig gewesen. Ich war wohl auch nicht immer verständnisvoll genug, um sie beruhigen zu können.

Sie konnte den Schmerz um den Verlust ihres geliebten Mannes noch immer nicht überwinden. Sigmund Freud hätte diese extreme Form der Trauer gewiß als Folge unbewußter Selbstvorwürfe gedeutet. In ihrem Fall kam noch der *bewußte* Vorwurf hinzu, den Vater ihrer Kinder nicht entschiedener zurückgehalten zu haben. Inzwischen warf sie sich auch vor, von Dresden und damit vom Grab ihres Mannes weggezogen zu sein. Wir Kinder hatten Mühe, sie zu trösten. Ich traute mich an Weihnachten nicht, in eine katholische Messe zu gehen, was meine Mutter womöglich gekränkt hätte.

Zum Glück hatte sie jetzt eine Aufgabe: Sie war Beisitzerin in der Spruchkammer von Schwäbisch Hall und hatte über die »Einstufung« ehemaliger Nazis mit zu entscheiden. Der Vorsitzende der Kammer war ein Oberlandesgerichtsrat im Ruhestand, der Mutter offenbar auf seine Weise verehrte. Aber für Zuneigung war ihr Herz nicht frei. Sie empfand die Besuche des zurückhaltenden und freundlichen alten Herrn eher als lästig. Die Arbeit selbst erschien ihr oft als sinnlos. Am Stadtrand von Hall war ein Lager mit »Displaced Persons«, Polen, Russen, Letten usw., die gern bereit waren, gegen

Lebensmittel oder andere Geschenke sogenannte »Persilscheine« für belastete Altnazis auszustellen. Scheine, auf denen sie an Eides Statt versicherten, der und der habe ihnen während der Nazizeit unter Eingehen von Risiken geholfen. Meine Mutter war fest davon überzeugt, daß die meisten dieser »Persilscheine« die Unwahrheit sagten, aber der Rechtsstandpunkt lautet: Eidesstattliche Erklärungen, deren Falschheit nicht erweisbar ist, müssen anerkannt werden. Nur die Ärmsten, die sich keinen Persilschein »kaufen« konnten, oder die Naiven, die nicht wußten, wie man das machte, waren schlecht dran. Außerdem kannte in der Kleinstadt natürlich jeder den anderen, und keiner wollte den Nachbarn »belasten«, mit dem er noch jahrelang zusammen leben würde. Fast alle, die etwas »zu sagen hatten«, waren in der Partei gewesen, niemand fühlte sich »schuldig«.

Kloster Beuron hatte mir offenbar so gut gefallen, daß ich Ende Februar/Anfang März 1948 noch einmal eine Woche lang dort zu Gast war. Im Tagebuch habe ich wieder ausführlich darüber berichtet. Diesmal wollte ich nur einige Zeit in aller Ruhe arbeiten und erwartete von der klösterlichen Stille um mich her dafür die optimale »Atmosphäre«. Das Wintersemester war – aus Gründen der Heizkostenersparnis – wieder vorzeitig zu Ende gegangen, und die Enge der Wohnung in Schwäbisch Hall war kaum geeignet, um ungestört lesen und schreiben zu können. Inzwischen war ich schon fest entschlossen, über Hegel zu arbeiten, auch wenn ich noch nicht wußte, wie das Promotionsthema genau heißen würde.

Am 26. Februar kam ich abends in Beuron an. Der Pater, der sonst die Gäste empfing, hatte sich schon zurückgezogen, aber ein aufmerksamer Frater brachte mir noch ein nahrhaftes Abendbrot und führte mich in meine »Zelle«, die ich kaum so zu nennen wage, weil sie – im Vergleich mit meiner Tübinger Studentenbude – eher einem Luxusappartement glich. Nur die Temperatur war – nach alter Klostersitte – ziemlich niedrig, so daß ich bald ins warme Bett kroch. Schon am frühen Morgen brachte ein dienender Frater mit langem weißem Bart das Frühstück. Dann suchte ich in der Bibliothek ein paar Bände Hegel und zog mich in mein Zimmer zurück.

Am Abend des folgenden Tages erschien – für mich ganz unerwartet – ein zweiter Gast. Es war der Gräzist Walter F. Otto, von dem behauptet wurde, er glaube an die reale Existenz der antiken Götter. Jedenfalls sprach er mit solcher Ergriffenheit und Leidenschaft von Apoll, Dionysos, Zeus und Aphrodite, daß man dem Gerücht gerne Glauben schenkte. Wenn ich nicht irre, war er schon über siebzig Jahre alt, schien aber noch immer schwarzhaarig, was »man« auf ein gutes Haarfärbemittel zurückführte. Was wollte er an diesem Ort, wo ein ganz anderer Gott als seine heidnischen Gottheiten verehrt wurde? Vielleicht war es schiere Neugier. Oder wollte er einmal erleben, wie es an einer Stätte lebendiger Religiosität zugeht?

Wir saßen mit Pater Silvester zum Kaffee zusammen, und zwischen W. F. Otto und mir kam es zu einem freundschaftlichen Streit. Der alte Gelehrte leugnete nämlich entschieden, daß das russische Volk die Fähigkeit habe, eine eigene Kultur hervorzubringen. Ich widersprach beredt unter Hinweis auf die großen Ikonenmaler wie Rubljow, aber auch die Realisten des 19. Jahrhunderts wie Repin und Dichter wie Puschkin, Gogol, Tschechow, Tolstoi und Dostojewski sowie die Religionsphilosophen Solowjow, Berdjajew und Iwan Iljin. Zufällig hatte ich von letzterem gerade ein höchst eigenwilliges Buch über »Hegels Philosophie als kontemplative Gotteslehre« gelesen, das mich sehr beeindruckt (allerdings nicht überzeugt) hatte. Natürlich konnte ich W. F. Otto nicht von seiner vorgefaßten Meinung abbringen und hegte den Verdacht, daß er außer der klassischen griechischen nur noch die deutsche Kultur als einigermaßen »satisfaktionsfähig« anerkennen würde.

Noch mehr provozierte mich seine optimistische geschichtsphilosophische Deutung der Entwicklung der deutschen (und europäischen?) Kultur. Seit Jahrzehnten mache nämlich die Überwindung des platten positivistischen Materialismus, der von den Naturwissenschaften herkam, Fortschritte, so daß allmählich ein »geistiges Bild« der Wirklichkeit wieder vorherrschend werde. Die letzten fünfzig Jahre (also vom Jahrhundertende bis heute) seien von einem kontinuierlichen Aufstieg und einer fortdauernden Überwindung materialistischer Weltanschauungen gekennzeichnet gewesen. Die jüngste politisch-militärische Katastrophe – er meinte das »Dritte Reich« und den Zweiten Weltkrieg – sei dieser Entwicklung sogar noch zu Hilfe gekommen. Diese Katastrophe habe bei den Überlebenden zu einer Vertiefung ihres Fühlens und Denkens beigetragen; das gelte vor allem für Gelehrte und Künstler.

Mich frappierte die vollständige Abstraktion von allen konkreten sozialen und politischen Aspekten der Geschichte. Auch deutete ich an, daß doch wohl die »Eliten« an den eingetretenen Katastrophen nicht ganz unschuldig gewesen seien. Jedenfalls könne man doch nicht gut den einfachen Menschen, die spätestens 1933 von den kulturellen und politischen Meinungsbildnern »verraten« worden seien, zu den Hauptverantwortlichen machen. Auch sei die Befreiung von den Nazis nicht durch die verinnerlichten deutschen Gelehrten und Künstler, sondern allein durch das militärische Eingreifen der Alliierten zustande gekommen. Ich glaube, solche Überlegungen paßten nur schlecht in das Weltbild, das Walter F. Otto mit eigenartigem Seherblick zu erkennen glaubte. Sowenig ich ihm zu folgen bereit war, sosehr fesselte mich die eigenwillige und eigenartige Persönlichkeit dieses künstlerischen Gelehrten.

Die Aufzeichnungen in meinem Tagebuch sehen schon äußerlich während dieser Woche im Kloster Beuron ganz anders aus als sonst: Die Schrift ist gleichmäßiger, kleiner, ruhiger und besser lesbar. Abends acht Uhr, am 28. Februar 1948, notierte ich: »Der Tag ist zu Ende gegangen, nach der Complet in der stillen, kalten Kirche, die mir inzwischen fast vertraut geworden ist, beinahe schon Heimat. Ich bin allein in der Einsamkeit meines Zimmers. Nebenan wohnt der enthusiastische Griechenfreund und göttergläubige W. F. Otto, der mir irgendwie hilflos und sympathisch erscheint ... Ihm muß es seltsam vorkommen in dieser ungewohnten, mächtig beeinflussenden katholischen Umgebung, die auch auf mich so stark einwirkt, daß ich den geplanten Artikel über die deutsche Revolution von 1948 hier nicht zu schreiben vermag ... Statt dessen las ich in Chateaubriands ›Atala‹, auch wenn mir die Einleitung wenig gefällt. Ob ich heute während der Messe andächtig war? Ich weiß es selbst nicht recht, mein Geist ist zu frei, zu unabhängig, zu selbstherrlich, um den Wünschen des Herzens stets zu gehorchen ... Morgen wird ein französischer General an der Messe teilnehmen, auch dem ehrwürdigen alten Abt werde ich dann vorgestellt werden, der aus Rom zurückgekehrt ist. Bei Tisch wird er wie ein Fürst bedient, erhält aber die gleichen schlichten Mahlzeiten wie alle anderen. Die Fastenspeise, die der Zeit bis Ostern gemäß ist, gefällt mir gut: Heute Abend gab es Grießbrei mit Apfelmus. Für mich ist das eher eine

Speise des Paradieses. Mit Pater Silvester hatte ich ein Gespräch über Goethe, Thomas Mann und die Rolle der Ironie in dessen Romanen. Er verteidigte Goethe energisch gegen die Unterstellung, auch er sei Ironiker gewesen; damit könne man allenfalls einen Teil seines komplexen Wesens erfassen, nicht dessen Kern. Morgen soll ich ein paar Bände von Nicolaus Cusanus bekommen, dessen frühe Dialektik mich – auch im Hinblick auf Hegel – interessiert ... Nicolaus Cusanus hat mich nicht enttäuscht, er scheint in mancher Hinsicht Leibniz vorwegzunehmen und an ihm vorbei vielleicht sogar auf Hegel eingewirkt zu haben.«

Die Lektüre des Nikolaus von Kues erlaubte mir offenbar eine Verbindung zwischen meinem augenblicklichen »Klosterleben« und der beginnenden Arbeit an einer Dissertation über Hegel. »La vision en Dieu«, ein Buch, das ich in einer französischen Übersetzung las, erinnerte mich an meine frühere Faszination durch die deutsche Mystik.

Darauf folgten Gespräche mit Pater Silvester über Stalingrad, die deutsche Kriegsschuld und die Verstocktheit der meisten Christen bei uns.

Die Anwesenheit von Walter F. Otto in Beuron regte mich zu Betrachtungen über die zwei Wurzeln des katholischen Christentums an: Vor allem ließ sich Sokrates' Aufforderung zur Selbsterkenntnis als Vorbereitung der Übernahme des jüdisch-christlichen Gottesverständnisses in der Spätantike deuten. »Ich wende gegen die allzu ideale Auffassung des klassischen Griechentums die Sklavenhaltergesellschaft und die Gleichgültigkeit gegenüber der Notlage von ›Barbaren‹ ein. Auch sei die eigentliche Blüte der griechischen (athenischen) Kultur doch nur sehr kurz gewesen, wie Werner Jaeger in seinem Buch ›Paidaia‹ betonte.«

Am Abend dieses letzten Tages in Beuron folgte noch eine weitere Eintragung: »Das Completorium ist beendet. Silentium Nocturnum. Nur in den Zellen der Gelehrten brennt noch einsam Licht. Die Klosterbrüder widmen sich frommen Studien oder schauen Gott ... Ich suche mich in sie hineinzuversetzen und an ihrer seelischen Stille teilzuhaben. Das Buch ›La Vision en Dieu‹ kann dabei helfen.« Wie eine Beschwörungsformel beende ich die Eintragung vom 1. März mit der Benedictio: »Noctem quietam et finem perfectum concedat nobis Deus omnipotens.« Und der Lectio brevis: »Fratres sobri estote et vigilate, quia adversarius vester, Diabolus, tamquam leo rugiens circuit quaerens quem devoret: cui resistite fortes in fide.«

Diese Worte sollte ich im folgenden Herbst und Winter noch oft bei den Dominikanern von Le Saulchoir bei Paris hören, in deren Studentenheim ich ein Studienjahr verbringen durfte.

»Befreiung« und Freiheit

In Tübingen mußte ich mich – als ehemaliger aktiver Offizier – jedes Vierteljahr bei der Gendarmerie Française melden. Auf meiner »Fiche Signaletique« – mit Unterschrift, Lichtbild und Fingerabdruck – sind aber nur fünf Meldungen verzeichnet – vier 1948 und eine 1949. Danach war ich von der Meldepflicht befreit. Paradoxerweise hatte ich zur gleichen Zeit auch einen Ausweis als Hinterbliebener eines »während des nationalsozialistischen Regimes Verfolgten« ... Die französischen Gendarmen behandelten mich stets mit großer Zuvorkommenheit. Ein Leutnant im Heer war für sie kein besonders »Belasteter«.

Wenn ich gelegentlich französische Truppenoffiziere kennenlernte – wie zum Beispiel den eleganten Colonel Corbon de Mongoux (daß die Orthographie richtig ist, kann ich nicht garantieren) –, ergab sich sogar eine Art »Kameraderie« über die ehemaligen Fronten hinweg. Ein letzter – dahinschwindender – Rest jener internationalen Solidarität, wie es sie im 18. Jahrhundert zwischen Offizieren feindlicher Armeen einmal gab. Als ein preußischer Oberst in russische Gefangenschaft fiel, wurde er sogleich zum gemeinsamen Essen an die Tafel des russischen Generals geladen. Sein Ehrenwort, nicht fliehen zu wollen, genügte.

Mit und in Fanette liebte ich Frankreich, die französische Literatur, die französische Philosophie. Ohne sie hätte ich kaum so viel Descartes und Pascal, Verlaine und Valéry, Gide und Bernanos, Aragon und Vercors gelesen. Wenn Gerüchte über Konflikte zwischen Deutschen und Franzosen auftauchten, litt ich. Einmal hieß es, in Baden-Baden sei es zu Schlägereien zwischen französischen Soldaten und deutschen Zivilisten gekommen, auf beiden Seiten habe es Tote gegeben. Das Gerücht beunruhigte mich erheblich. Am 7. Dezember 1946 – während eines Besuches bei der Französischen Militärregierung in Baden-Baden, die unsere Zeitschrift-Lizenz verlängern und uns Papier zuteilen sollte, erfuhr ich, daß der Bericht »von A bis Z erlogen war«. Vermutlich versuchten rechtsextremistische Kreise auf diese Weise die Bevölkerung aufzustacheln und so das hervorzurufen, was angeblich schon passiert war.

Sosehr mich Vercors (Jean Bruller) »Le Silence de la Mer« beeindruckte, so wenig konnte ich Louis Aragons »Le Musée Grévin« abgewinnen. Es schien mir nicht viel mehr zu sein »als eine Ballade des gerechten Hasses, eines Hasses, von dem wir hoffen, daß er nicht ewig wehren möge«.

Zusammen mit Fanette las ich immer wieder Rilke, dessen Werke Franzosen besonders liegen. Am liebsten mochten wir das vierte Sonett aus dem Ersten Teil der »Sonette an Orpheus«. Wir konnten es gar nicht oft genug einander hersagen und meinten wie alle Verliebten, es sei eigens für uns geschrieben. Damals war ich 24 Jahre alt. Eigentlich fühlte ich mich – nach all dem, was ich erfahren hatte – schon sehr »reif«, aber mit dem Wegfall der Verantwortung für 100 Männer und 150 Pferde, wie ich meine Aufgabe als Artillerieoffizier gern ironisch apostrophierte, war ich auf einmal wieder unverhältnismäßig jung. Vielleicht holte ich sogar ein bißchen die verkürzte Pubertät nach, die sich in der Nazizeit durch das Schicksal meines Vaters und die Angst vor dessen Verhaftung nicht recht hatte entfalten können. Meine schwärmerische Verliebtheit in eine junge Französin stellte vielleicht auch einen Versuch dar, aus diesem verfluchten Deutschland »herauszukommen«?

Zwei, drei Hefte mit Tagebuchaufzeichnungen – von Herbst 1946 bis zum Sommer 1948 – sind fast ausschließlich mit Sorgen und Hoffnungen, Freudenausbrüchen und Klagen gefüllt, die meiner Liebe zu Fanette galten, der so unüberwindliche »materielle« und familiäre Hinternisse im Wege standen, die ich nicht wahrhaben wollte. Fanettes Eltern schrieben mir einmal und deuteten an, daß »wenn ich in Frankreich einen Beruf finden könnte, der eine Familie ernährt«, sie einer Verbindung ihrer Tochter mit mir nicht mehr im Wege stehen würden. Sie wußten nur zu gut, daß dafür keinerlei Aussicht bestand. Manchmal sagte mir auch Fanette klipp und klar, daß wir kein gemeinsames Leben haben könnten, und ich reagierte mit einer Mischung aus Wut und Verzweiflung. Dann wieder beteuerte sie ihre Liebe zu mir, und ich war versöhnt. Jede kleine Reise von ihr nach Paris war ein Drama, jede Trennung erfüllte mich mit Angst, sie für immer zu verlieren.

Tübingen »ohne die/den anderen« war für uns eine »tote Stadt«. Das Licht im Zimmer von Fanette, das sie in dem Internatsgebäude des Collège bewohnte, war für mich ein Zeichen: Sie ist daheim. Wenn es aber dunkel war, malte ich mir voller Eifersucht aus, daß sie jetzt womöglich mit einem der jungen Offiziere der Militärregierung tanzen ging (was selten, aber eben doch gelegentlich vorkam) und mir »untreu« war. Einmal – im Mai 1947 – schrieb ich, daß ich ihr nie mehr schreiben wolle, aber der Vorsatz wurde schon zwei Tage später gebrochen.

Wenn ich heute diese Aufzeichnungen lese, die zugleich ein ständiges Gespräch zwischen uns waren, kann ich kaum noch verstehen, wie ich diese emotionale Spannung so lange ausgehalten habe. Schließlich war es doch wohl das Studium, das intensive Lesen philosophischer Texte und die Teilnahme an den Seminaren von Eduard Spranger, Gerhard Krüger, Wilhelm Weischedel und Friedrich Beißner (dem Hölderlin-Forscher), die mich ablenkten und »befreiten«.

Vom Herbst 1946 an studierte ich in erster Linie Philosophie. Ich nahm schon bald an Oberseminaren teil und fühlte mich zu Eduard Spranger hingezogen, auch wenn ich dessen preußischen Protestantismus eher mit skeptischer Distanz sah. Ich las sein kleines Buch »Weltfrömmigkeit« und meinte, daß es »einige gute Gedanken« enthalte, aber doch zu sehr »preußisch-protestantisch« sei.

Im Wintersemester 1946/47 war ich endlich »stud. phil.« ohne wenn und aber. In den beiden ersten Semestern – als ich »im Prinzip« noch Medizin studieren wollte – hatte ich aber schon Vorlesungen von Wilhelm Weischedel »Zur Geschichte der neueren Philosophie von Leibniz bis Hegel« und »Grundbegriffe der antiken Philosophie« gehört. Am stärksten beeindruckt hatte mich Romano Guardinis »Einführung in Dantes Weltbild«. Jetzt konnte ich Kunstgeschichte, Literaturwissenschaft (Beißner: George und Rilke), Schneider »Die Faust-Dichtung«, Wilhelm »Die französische Literatur des 17. und 18. Jahrhunderts« und soviel Philosophie-Vorlesungen belegen, wie ich wollte. Als »Dresdner Dozentensohn« brauchte ich ja kein Kolleggeld zu bezahlen.

Leider hörte diese freundlich-kollegiale Regelung nach der Währungsreform, als sie erst wirklich interessant gewesen wäre, auf. Diese Neuerung hatte übrigens für mich noch unangenehme Konsequenzen: Um nämlich meine Unterrichtsgelder auf das erlaubte Minimum zu reduzieren, strich ich mehrere Vorlesungen – unter anderem auch die meines Germanistikprofessors Beißner – und belegte nur noch die Vorlesungen des von mir weit weniger geschätzten Paul Kluckhohn. Das hatte zur Folge, daß der als Prüfer fürs Rigorosum vorgesehene Beißner entrüstet ablehnte, nachdem er mein Studienbuch gesehen hatte, und mich zu Kluckhohn schickte, den ich kaum kannte und bei dem ich nicht ein einziges Seminar besucht hatte.

Der Schwerpunkt meiner Interessen lag von nun an ganz eindeutig bei der Philosophie. Germanistikvorlesungen besuchte ich meist Fanette zuliebe, um hinterher mit ihr den »Stoff« durcharbeiten zu können. Sie war ungemein aufmerksam und fleißig und kam bald mühelos mit, auch wenn die Herren Dozenten nicht immer besonders klares Hochdeutsch sprachen.

Meine Kontakte zu den französischen Offizieren, die für die Universität und die »Jugend« zuständig waren, und zu deren Mitarbeitern waren so gut, daß ich mich beinahe »zugehörig« fühlte. Ich wurde oft ins Offizierskasino eingeladen und lernte die unterschiedlichen Weinsorten sowie die »feine französische Küche« kennen.

Nachdem meine Mutter nach Braunsbach gezogen war – und einen Teil ihrer wertvolleren Möbel ganz legal von Dresden hatte mitnehmen können –, suchte ich in Tübingen eine Wohnung, um die restliche Familie wieder zu vereinigen. Es dauerte bis nach der Währungsreform, aber mit Hilfe französischer Freunde gelang es dann doch. Der Kabinettschef des Gouverneurs war mir gewogen und nannte mir Wohnungen, die zur Zeit noch von französischen Familien bewohnt waren, aber demnächst freigegeben werden sollten. Zwar hatte die Universitätsverwaltung um 50 Wohnungen für Universitätsangehörige gebeten, doch das sollte »uns« nicht hindern. Schließlich hatte ich die Zusage der Franzosen, benötigte allerdings eine »Einweisung« durch das städtische Wohnungsamt. Dort erklärte man mir, eine derartige Einweisung könne erst erfolgen, wenn *zuvor* die »Zuzugsgenehmigung« von der Stadtverwaltung vorliege.

Diese konnte man aber nur erhalten, wenn man schon eine Wohnung nachweisen konnte. Ich kannte diese Art von bürokratischem Dilemma ja schon von meiner Immatrikulation. Ich stellte deshalb eine direkte Verbindung zwischen den beiden »zuständigen Beamten« her, so daß es endlich klappte.

Im September 1946 schrieb ich an einen guten Bekannten meines Vaters, Prof. Haven Emerson, der an der Columbia University Hygiene lehrte und meiner Mutter und mir zum Tod meines Vaters kondoliert hatte. Er antwortete mir im November sehr freundlich und schickte ein – höchst willkommenes – Carepaket. Die Lage wenigstens in den westlichen Teilen Europas, meinte er, werde sich durch den Marshallplan bald verbessern, den der Kongreß gerade autorisiert habe: »If the chances of international information and discussion can be kept open and the plain people of Europe are allowed to express their own choice, then the windows of a new order of living will open. Unless Europe develops federation, and ceases its worship of separate nationalities it will fall under the desctructive slavery of Russia.« Und er fügte – wie ich fand, sympathischerweise – hinzu: »It is not the ecnomic *fallacies* of communism that disturbs us, but the *impossibility* of *dealing* with a *police state* that considers the individual a virtual slave of the State – which for Russia consists of a minority political party. Russia has fallen steadily in our esteem with every passing month, because they have adopted all the ruthlesness of Hitler and added some of their own.« In seinem ersten Brief hatte Professor Emerson gebeten: »Please tell your brave mother that I remember her welcome and reception of me in her home in Dresden in 1938 and that we look to such families as yours to rebuild a Germany in the best of the pre-Hitler traditions ...«

Dieser Brief und der eines englischen Freundes, den ich 1938 auf einer »Jugendburg« am Rhein kennengelernt hatte, gaben mir Hoffnung, daß nicht nur hier in Tübingen mit unseren so sympathischen »Besatzern« eine Ära der Völkerverständigung möglich sein werde. Ken Powell, der junge Engländer, schrieb mir über seine Zeit in japanischer Gefangenschaft und drückte mir seine Sympathie über die Grenzen der einst verfeindeten Völker und Staaten hinweg aus. Er meinte auch, mein Vater sei als ein »wahrer *Patriot*« gefallen, eine Formulierung, die ich damals nicht so recht verstand. Inzwischen finde ich es richtig, das Wort Patriot den nationalistischen Extremisten zu entreißen und allein denen zuzubilligen, die für die Ehre ihres Landes als eines weltoffenen, friedlichen und toleranten demokratischen Gemeinwesens eintreten, nicht für die brutale Herrschaft über andere Völker und die Verfolgung von Minderheiten im eignen Volke.

In Tübingen war ich inzwischen zum ständigen Mitarbeiter der »Studentischen Blätter« geworden und hatte dafür die »Schriftleitung« der »Zukunft« abgegeben. Am 15. März 1948 ist in den Blättern einer meiner ersten Artikel erschienen: »1848 und heute – oder Leistung und Aufgabe der Intelligenz«. Der Artikel spiegelt meine damaligen politischen Ansichten getreu wider. Einflüsse von Thomas Mann verbinden sich mit denen des jungen Lukács, dessen Thesen ich mir auf meine Weise – linksbürgerlich – zurechtgelegt hatte. Die Jahrhundertfeier sollte »Anlaß zur Besinnung« und zur Selbstkritik des deutschen Bürgertums werden. Aber »wir« Deutschen hatten noch nicht einmal die Bezeichnung Bourgeois verdient. Im Grunde seien wir, so schrieb ich, noch immer nicht »von jenen kleinbürgerlichen und ängstlichen Untertanen zu unterscheiden, deren Format sich so bereitwillig der Größe des jeweiligen Heimatterritoriums angepaßt hatte und die – wenn auch gelegentlich grollend oder ärgerlich – ... dennoch ihrem Fürsten stets willig »dienten«. Im Unterschied dazu sei das Bürgertum der westeuropäischen Staaten »von jeher durch sein Selbstbewußtsein, sein Wissen um die eigene, je persönliche Leistung – im Gegensatz zum Traditionsstolz und Ahnendünkel des Adels – ausgezeichnet« gewesen.

Hieran schloß sich eine Reflexion an, der man die frische Lektüre von Hegels »Phänomenologie des Geistes« anmerkte:

»Das Selbstbewußtsein ist eine Leistung des Verstandes, der Intelligenz, vorausgesetzt freilich, daß es sich im Rahmen dessen hält, was man gemeinhin ›gesundes Selbstbewußtsein‹ nennt. Daß eine Verdrängung dieses Bewußtseins, ein Abschieben in unbewußte Bereiche wie jede Verdrängung eine Gefahr darstellt, braucht nicht besonders betont zu werden, es wird wohl jedem leichtfallen, Beispiele zu finden, die den erschreckenden Durchbruch derartig verdrängter Komplexe offenbart haben. Zum Selbstbewußtsein gehört aber auch die gesellschaftliche Form des Selbstbewußtseins – das *Klassenbewußtsein*, das Wissen um die eigene Klassenzugehörigkeit und die Klasseninteressen. Dieses bürgerliche Selbstbewußtsein und seine soziale Seite ... (sind) aber in Deutschland immer die Ausnahme geblieben. Auch wenn Goethe voll Patrizierstolz bei seiner Erhebung in den Adelsstand gesagt haben soll: ›Wir Frankfurter Partrizier haben uns von jeher dem Adel gleichgedünkt‹, so empfand der größte Teil des deutschen Bürgertums noch immer ein eigenartiges Minderwertigkeitsgefühl gegenüber allem, was Adel heißt, und suchte durch Titel, Orden, Uniformen, Dienstgrade und dergleichen sich eine Art höherer Selbstachtung zu verschaffen, die ihm als gewöhnlichem Bürger offenbar zu erlangen nicht möglich schien.«

Die Intellektuellen sollten im Bürgertum diejenigen sein, die das Selbstbewußtsein dieser Klasse artikulieren und ihm zum Durchbruch verhelfen, aber 1848/49 wie 1918 sei das Bürgertum zu feige gewesen, um »seine Revolution« zum Siege zu führen, und 1933 habe es aus Angst vor dem revolutionären Proletariat sich in die Arme einer rechten Diktatur geworfen. Aus der so charakterisierten Geschichte des deutschen Bürgertums und seines Versagens folgerte ich schließlich die aktuelle politische »Mission« der Studierenden:

»Sind wir Studenten nicht ›diejenigen Söhne der Bourgeoisie‹, deren Intelligenz einen Hochschulbesuch rechtfertigt? Was haben dann unsere Klasseninteressen mit denen der Arbeiter zu tun? So könnte man freilich fragen, und die soziale Zusammensetzung der Studentenschaft gäbe dann in der Tat wenig Anlaß zur Hoffnung auf eine revolutionäre Haltung der Jünger der Wissenschaft. Doch halt! Wer ist denn schon heute noch Bourgeois? Ist nicht seit der Inflation der Bevölkerungsanteil des Bürgertums immer weiter zurückgegangen? Und bilden nicht andererseits die Intellektuellen nachgerade eine eigene ›Klasse‹? Eine Klasse, die zwischen Bürgertum und Proletariat steht? Als soziales Phänomen betrachtet ist die Existenzphilosophie J. P. Sartres eine typische Ideologie dieser ›klassenlosen Intellektuellen‹, die in vermeintlich absoluter Freiheit zwischen den beiden Komponenten der gegenwärtigen Gesellschaft hin und her schwanken. Wenn wir aber als Intellektuelle zum Bewußtsein unserer klassenunabhängigen Stellung gelangt sind, sollen wir dann nicht noch einen Schritt weiter gehen und uns freiwillig – vielleicht aus ethischem Antrieb? – auf die Seite *der* Klasse stellen, die unterdrückt ist und bei der die Zukunft liegt? Könnten wir auf diese Weise nicht einen neuen Beweis für die Vorherrschaft des Geistes liefern? Freilich, die Deutschen neigen dazu, die Gegenwart zu überspringen und auf die ›Wiederkehr Griechenlands‹ zu warten, aber wäre es nicht gut, wenn der Karl Marx den Hölderlin läse und vor allem auch umgekehrt? Um Thomas Mann wieder einmal zu zitieren.«

Meinecke, Kuczinski

Dieser Text läßt nicht nur die Lektüre von Karl Mannheims »Ideologie und Utopie«, sondern auch von Lukács und Marx erkennen. Orthodox marxistisch ist er freilich zum Glück nicht. Die These von der »Vorherrschaft des Geistes« (über die Materie) ist eindeutig der idealistischen Tradition geschuldet, in die ich kurz zuvor durch intensive Hegel-Lektüre eingetaucht war.

Im selben Heft findet sich auch eine kurze Besprechung von zwei kleinen Arbeiten anläßlich des Revolutionsjubiläums: eine von Friedrich Meinecke, »1848 – eine Säkularbetrachtung«, und als Widerpart dazu eine von Jürgen Kuczinski, »Die wirtschaftlichen und sozialen Voraussetzungen der Revolution von 1848«. Während mich die selbstkritische Betrachtung des alten Meinecke eher rührte, hielt ich die von Kuczinski für allein »wissenschaftlich«. In Meineckes Augen hatte sich das Bild der deutschen Vergangenheit radikal geändert:

»Nicht mehr die ›Kriegshelden‹, die ›nationalen Heroen‹ waren die Größten, nicht mehr in der weithin sichtbaren kraftvollen Tat eines Bismarck lag das Wertvollste enthalten, was deutsche Geschichte und deutsches politisches Denken hervorgebracht hat, sondern die kleine, unscheinbare Gruppe der Männer von 1848, jener wahrhaft-nationalen Demokraten, war es, die aus dem Dunkel der Mißachtung und des Verkanntseins zu gültiger und dauernder Bedeutsamkeit aufstieg: Demokratische Freiheit und nationale Einheit erschienen denn auch heute noch Meinecke als die erstrebenswerten Ziele.«

Dem beinahe 85jährigen Meinecke ging es letztlich um das längst überfällige »Nachholen« und Vollenden der zweimal steckengebliebenen demokratischen bürgerlichen Revolution. Kuczinski plädierte dagegen für eine überbietende Fortsetzung durch die sozialistische Revolution. Das hat mir offenbar damals imponiert.

Die »Studentischen Blätter« kamen freundlicherweise unter dem »Protektorat« des wissenschaftlichen Verlages Siebeck-Mohr heraus. Der dort tätige Volontär Siegfried Unseld rief mich seinerzeit an, weil er – wie ich heute gestehen muß – nicht ganz zu Unrecht fand, ich hätte Friedrich Meinecke, den Doyen der deutschen Geschichtswissenschaft, doch zu sehr »von oben herab« behandelt. Ich blieb aber bei meiner Meinung. Eine Zensur fand nicht statt.

Die Währungsreform

Das wichtigste innenpolitische Ereignis des Sommersemesters 1948 war die Währungsreform, die am 21. Juni in Kraft trat. Für die Studierenden, namentlich die aus den ehemaligen Ostgebieten und aus der sowjetischen Besatzungszone kommenden, hatte dieser Einschnitt weitreichende Folgen. Aber auch unsere – bisher äußerst erfolgreiche – Studentenzeitung konnte sich danach nicht halten. In der letzten Nummer der Zeitschrift erschienen von mir »Betrachtungen zum Doktor Faustus von Thomas Mann« und von Siegfried Unseld eine große Rezension des »Glasperlenspiels« von Hermann Hesse. Voller Stolz schickte ich das Heft zusammen mit einem ausführlichen Brief an Thomas Mann nach Kalifornien und wurde von ihm eines schönen Dankschreibens gewürdigt.

Die meisten Briefe aus dieser Zeit spiegeln aber die Sorgen angesichts der Währungsreform wider. Da die Umstellung schon ein paar Tage zuvor bekannt gemacht worden war, häuften sich in der Woche vor dem 21. Juni Briefe, die ich noch mit dem alten Porto an Bekannte und Freunde nah und fern schickte und von denen ich meist einen Durchschlag zurückbehielt.

Ein Artikel, der vermutlich nach Frankreich geschickt wurde und von dem ich nicht weiß, ob er damals irgendwo erschienen ist, schildert »Die Lage der Tübinger Studenten nach der Währungsreform«. Ich zitiere nach dem mir vorliegenden Entwurf:

»Wie überall, so hat auch in dem stillen Neckarstädtchen Tübingen die Ankündigung der Währungsreform zunächst einen schweren Schock zur Folge gehabt. Eine stumme und bestürzte Verzweiflung ergriff einen großen Teil der Studentenschaft. Viele fuhren am Samstag nach Hause, aus Furcht, später nicht einmal mehr das Fahrgeld aufbringen zu können. Eine große Zahl ließ sich in den folgenden Tagen in die Kartei des Arbeitsamts aufnehmen. Vor allem die Studierenden, die auf der Basis eigener Ersparnisse oder der Ersparnisse ihrer Eltern gelebt hatten, traf die Maßnahme hart. Die Verkündigung der Abwertung aller Bankkonten zerstörte auch noch die letzten Hoffnungen auf eine Sonderregelung für wirtschaftlich Schwächere. – Freilich, wenn man meinte, daß solche Trübsal auf die Dauer junge Menschen niederzudrücken vermöchte, hatte man sich getäuscht; mit rührender Anspruchslosigkeit gehen bereits viele an ihre neue Arbeit, ein Examenskandidat der Chemie erklärte mir, er werde in zwei Monaten als Erdarbeiter etwa hundert DM erspart haben, und da seine Frau auch verdiene, glaube er im Herbst die Examensgebühren aufbringen zu können. Dreißig Studenten wurden von der staatlichen Forstverwaltung für Bürodienste angestellt und hoffen sich so bis zum Herbst (zu Semesterbeginn) eine schwache ›Kapital‹-Grundlage für die Fortsetzung ihres Studiums verschafft zu haben.

Die Hauptsorge des Studentenwerkes und des Rektors der Universität galt naturgemäß zunächst dem dringendsten Problem, der Überwindung der Schwierigkeiten bis zum Ende des Sommersemesters. Zu diesem Zweck wurde in zwei Universitätskliniken ein Mittagessen für 30 Pfennige an Studenten aus der Ostzone ausgegeben. In besonders dringenden Fällen gewährte das Studentenwerk Kredite. Eine Anzahl Tübinger Bürger stellte ›Freitische‹ zur Verfügung, und einige Gastwirte senkten ihre Preise. Die in Tübingen studierenden französischen Kommilitonen stifteten zehn Tage lang je einhundert Mittagessen, obgleich sich auch für sie durch den neuen Umrechnungskurs des Franken das Leben in Deutschland erheblich verteuert hatte. Wenn aber auch in studentischen Kreisen das Gefühl sich ausbreitete, man werde mit den Schwierigkeiten schon irgendwie fertig werden, und wenn auch manche geradezu einen ›Sport‹ daraus machten, mit möglichst wenig Geld auszukommen, so blieben dennoch die Zukunftsaussichten der meisten Studierenden und der künftigen jungen Akademiker reichlich trüb. Professor Kamke sah seine Hauptaufgabe als Leiter des Tübinger Studentenwerkes darin, zu verhindern, daß wirklich *begabte* Studierende die Universität vorzeitig verlassen müssen, um wohlhabenderen Minderbegabten Platz zu machen. Um eine solche ›Entintellektualisierung‹ der Universität zu vermeiden, sollten sich die Professoren persönlich ein Bild von der finanziellen Lage und den geistigen Fähigkeiten ihrer Studenten machen und dann die Würdigsten und Bedürftigsten für Stipendien vorschlagen.

Der Stipendienfonds des Studentenwerks, der kurz vor der Währungsreform noch einmal aufgestockt worden war, ist inzwischen durch die Geldumstellung auf ein Zehntel zusammengeschrumpft. Er würde aber immer noch ausreichen, um etwa hundert Studenten ein knappes Stipendium zu gewähren. Darüber hinaus hofft Professor Kamke auf eine Aufwertung des Fonds um zehn Prozent, die vom Gesetz als Möglichkeit vorgesehen sei. Selbst im günstigsten Fall würden aber Hunderte von Studenten ihr Studium abbrechen müssen, um sich ihren Lebensunterhalt zu verdienen. ›Der Kampf ums Dasein‹ wird wieder einsetzen, und wir können nur hoffen, daß sich der Geist als der Stärkere erweist, auch wenn man ihn nur so wenig unterstützt, wie das gegenwärtig geschieht.«

Schließlich wurde das Sommersemester vorzeitig beendet, und einige meiner Freunde kamen im Herbst nicht wieder zurück, weil sie eine Arbeit gefunden hatten. Zu ihnen gehörte auch Hans A. Bausch, der als »Chefredakteur« der »Studentischen Blätter« mein Freund und »Arbeitgeber« war. Als er etwas später zum »Aalener Tageblatt« ging und dort unter den »Einheimischen« zunächst nur mit Mühe Mitarbeiter fand – schließlich war er zwar Schwabe, aber eben nicht »von Aalen« –, konnte ich für ihn als Nebenerwerb unter Pseudonym lokalhistorische Geschichtchen verfassen, für die ich in der Universitätsbibliothek Quellenmaterial gefunden hatte.

In dieser Zeit lag meine Mutter im Diakonissenkrankenhaus von Schwäbisch Hall, um sich einen »Ulcus duodeni« auskurieren zu lassen. Ihre Tätigkeit bei der Spruchkammer hatte sie deshalb aufgeben müssen. Auch für sie stellte die Währungsreform ein erhebliches Problem dar. In Dresden hatte sie noch ein Mietshaus verkauft und gehofft, von diesem kleinen Kapital leben zu können. Jetzt mußte sie um Hilfe für Hinterbliebene von »Opfern des Faschismus« nachsuchen und sich um die Gewährung einer Pension bemühen. Da mein Vater noch keine 40 Jahre alt war, als er seine Dozentur in Dresden verlor, und man annehmen konnte, daß er in absehbarer Zeit einen Ruf erhalten haben würde, stand meiner Mutter eine entsprechende Professorenwitwenpension (schönes deutsches Wort) zu, die sie nach vielen Jahren des Antragstellens, Begründens, Nachweisens usw. schließlich auch erhielt. Zunächst sah die Lage aber reichlich düster aus.

Nur ich hatte Glück, denn für das kommende Semester sollte ich als »Boursier du Gouvernement Français« nach Paris reisen dürfen.

Das Tor zur Welt öffnet sich: Port Cros

Der »Bund freier Studenten« war – ich kann nicht mehr genau sagen, wann – eingeschlafen. Dafür hatte sich unter meiner Leitung ein »Studentischer Arbeitskreis für Politik« gebildet, der bewußt nicht parteigebunden war, aber gute Beziehungen zu den »parteinahen« Studentengruppen hielt. Die Anzahl aktiv politisch Interessierter war damals unter den Studierenden nicht eben groß. Keine der Gruppen dürfte mehr als 20, maximal 30 Mitglieder gehabt haben. Der erste Erfolg dieser neuen Gruppierung war eine Einladung von seiten einer Gruppe von Studierenden der Haute Ecole des Sciences

Politiques in Paris, die sich »Conférence Olivaint« nannte. Es handelte sich um eine Vereinigung, deren Leiter der Jesuitenpater Huvenne war und die mehr oder minder eindeutig dem Mouvement Républicain Populair – der christlichen Volkspartei Frankreichs – nahestand. In den Sommermonaten veranstaltete sie eine Art Ferienkurs für Studenten verschiedener Nationen. Diesmal sollten 20 deutsche Studierende eingeladen werden. Drei Tübinger waren dabei.

An die Reise in den Süden Frankreichs kann ich mich nur vage erinnern. Lediglich die Ansage des Stationsvorstehers in Lyon-Perrache ist mir noch präsent und der Geruch aus einer Mischung von Urin und Knoblauch, der wohl allen südfranzösischen Bahnhöfen entströmt. Von den Salins d'Hyères aus brachte uns ein kleines Motorboot zur Insel Port Cros. Das ist die mittlere der drei Inseln von Hyères, die sich dadurch auszeichnet, daß striktes Bauverbot herrscht, das bis heute nicht aufgehoben wurde, so daß die ganze Unversehrtheit und Schönheit der unberührten Natur mit ihrer beinahe schon subtropischen Flora erhalten geblieben ist. Theoretisch diente die Insel der französischen Kriegsmarine, die aber – soviel ich sehen konnte – keinen einzigen Soldaten dort stationiert hatte. Auf der Insel wohnten etwa 40 »Einheimische« und zwei bis drei Dutzend Feriengäste, die in einem etwas unter den Winden und der Sonne des Südens leidenden Manoir unterkamen. Für uns »Jugendliche« war das ein Ort des nur von ferne gesehenen Luxus. Dafür wohnten wir weit höher über der natürlichen Bucht im »Château François Premier«, einer Festungsruine, die nur ein einziges »richtiges« Zimmer enthielt, das Pater Huvenne bewohnte, während wir übrigen in halbverfallenen Sälen unterkamen, wenn wir es nicht – wie ich – vorzogen, unter einem Mückennetz im Freien zu übernachten. Wer nicht im Château François Premier Platz fand, mußte noch etwas weiter den Berg hinaufsteigen, um das Fort L'Estissac zu beziehen, an dessen Wänden Sprüche aus der Zeit der Nazibesatzung prangten, während die Seitenwände riesige Schußlöcher aufwiesen, die von alliierten Schiffskanonen herrührten.

Das strahlende Sonnenwetter machte den Aufenthalt auf der stillen Insel, die nur am Wochenende von einer größeren Zahl von Tagesbesuchern »heimgesucht« wurde, zu einem idealen Ort der Meditation. Pater Huvenne lenkte das Ganze mit lockerer Hand und rhetorischem Geschick. Er ließ uns viel Zeit für Spaziergänge, Badeabenteuer und gelegentliche Flirts. Auffallend war des Paters Vorliebe für sprachspielerische Reflexionen, über die sich denn auch einige der französischen Studenten bei einem bunten Abend zum Abschied gehörig lustig machten. Ich erinnere mich noch an eine »Méditation sur le sens du balai«, über den Sinn des Besens, der beim Wesen des Besens und der Besenhaftigkeit des Wesens des Besens endete. An den Sonntagen zelebrierte unser Pater eine Messe im Freien. Fast jeden Tag hielt einer von uns einen Vortrag über ein politisches Thema.

Eines Abends sollte ich einen Vortrag über »Probleme der Entnazifizierung in Deutschland« halten. Ich sehe noch heute, wie wir auf der Terrasse »unseres« Schlosses saßen, den Blick übers Meer schweifen ließen und uns dann diesem aktuellen Problem zuwandten. Um mir eine besondere Freude zu machen, sangen die französischen Kommilitonen zur »Einstimmung« ein deutsches Volkslied. Das war zwar gut gemeint, trug aber zu einer völlig unerwarteten Sprachverwirrung bei. Den ganzen Tag über hatte ich französisch gesprochen und traute mir ohne weiteres zu, den deutsch notierten Text frei zu übertragen, aber nun tauchte plötzlich die Sprachwelt meiner Heimat vor mir auf – hier unter südlichem Himmel –, und ich brauchte einige Zeit, um mich wieder zurechtzufinden.

Mein Referat war »gründlich« und ziemlich »germanisch«, trotz der französischen Sprache. Es begann mit einer Zurückführung der Naziherrschaft auf drei »Wurzeln«: die Übertragung des Klassenkampfmodells auf die internationalen Beziehungen zwischen »plutokratischen Staaten und Have-nots«; den Rassismus, der zwischen »zur Herrschaft berufenen« Rassen – den nordischen Germanen – und Knechtsrassen unterschied; und eine esoterische Führerideologie, die auch innerhalb der deutschen Bevölkerung eine Minderheit von »geborenen Führern« (insbesondere in der SS) über den Rest von zu unbedingtem Gehorsam verpflichteten einfachen »Volksgenossen« erhob. Dieses »Führerprinzip« der Nazis, so betonte ich, widerspreche sogar der Tradition der preußisch-deutschen »Auftragstaktik«, die den jeweiligen Unterführern im Rahmen der allgemeinen Aufgaben einen großen Entscheidungsspielraum und erhebliche Eigenverantwortung ließ. Hier sprach meine noch frische Erinnerung an die fatalen Interventionen Hitlers bis in die untersten

Einheiten der Armee mit, die für die ungemein schweren Verluste in Stalingrad und an anderen Orten verantwortlich waren. Außerdem war das wohl auch ein Versuch, den »Geist der preußischen Armee« und ihre Tradition von der Welt der Nazis abzugrenzen.

Darauf folgte eine – dem damaligen Wissensstand entsprechende – Darstellung der sozialen Zusammensetzung der Nazianhängerschaft. Ich nannte: entwurzelte Soldaten des Ersten Weltkriegs, Kleinbürger und durch die Inflation verarmte Bürger sowie – als distanzierte Sympathisanten – Angehörige der alten, kaisertreuen Oberschicht. Die Opposition der Arbeiter überschätzte ich offensichtlich ebenso wie die der süddeutschen katholischen Bevölkerung, auch wenn es wohl zutrifft, daß in diesen Kreisen am ehesten Widerstand gegen die Entwicklung zum totalitären System zu finden war. Regionale Unterschiede wurden angesprochen, wobei München als »Stadt der Bewegung« durch die »Weiße Rose« und ihre verzweifelt-mutige Tat einigermaßen entlastet erschien.

Die Entnazifizierung entwickelte ich in drei Schritten:
1. Bestrafung der eigentlichen Kriegsverbrecher (in Nürnberg),
2. Maßregelung und politische Entmachtung nationalsozialistischer Funktionäre und Politiker und
3. Entnazifizierung des Bewußtseins, »Umerziehung des deutschen Volkes«.

Vor allem diese dritte Aufgabe hätten – so meine These – die Alliierten bisher nicht bewältigt, und auch die Deutschen selbst hätten – durch die Notwendigkeit des schieren Überlebens in den Nachkriegsjahren und ihr Festhalten an einem wehleidigen Selbstbild als »Opfer« – bislang die oft untergründig weiterschwelende Naziideologie noch kaum überwunden. Die allzu formalistische »Einstufung« von Mitläufern und kleinen Parteibeamten durch die »Spruchkammern« habe zu diesem Resultat beigetragen. Das Schlagwort von den »Kleinen, die man hängt«, während man »die Großen laufenläßt«, sei zwar eine Übertreibung, treffe aber in Einzelfällen durchaus zu. Als Beispiel nannte ich Hjalmar Schacht, der immerhin durch seine finanzpolitischen Maßnahmen die Aufrüstung finanziert habe, auch wenn er sich seit 1943 von der Führung zu distanzieren suchte. Während ihm erlaubt war, die Politik der Alliierten in einem Buch zu kritisieren, mußte der Kassierer der NSDAP in einer schwäbischen Kleinstadt zwei Jahre in einem Lager verbringen und verlor seine

Anstellung als Finanzinspektor. Daß bei ihm keine Anzeichen des Umdenkens zu finden seien, brauche wohl kaum zu verwundern.

Relativ nüchtern war meine Beurteilung der Entwicklung der Bevölkerung in der sowjetischen Besatzungszone. Dort habe sich zwar die Besatzungsmacht geschickt hinter der von ihr gestützten Partei der SED versteckt, aber im Grunde sei es ihr damit nur gelungen, »das totalitäre System des Faschismus durch das ebenso totalitäre des Kommunismus zu ersetzen«. Die Bevölkerung aber sei dadurch eher zu der Überzeugung gelangt, »daß *jede* Diktatur verwerflich ist, und die Reaktion weiter Kreise auch der Arbeiterschaft auf den Kommunismus sei keineswegs faschistisch, sondern in gleicher Weise gegen den Nazismus gerichtet, in dem ja auch zu Recht die letzte Ursache ihrer gegenwärtigen Leiden erblickt werde«.

Der Vortrag endete mit einem Appell an »uns Junge«, die wir das unverdiente Glück der späten Geburt, eines antifaschistischen Elternhauses oder einer religiös-fundierten Erziehung genossen hätten, »den anderen hilfreich entgegenzukommen, damit auch sie die vergangenen Fehler erkennen und mit uns zusammen an einem gerechteren, glücklicheren und friedlicheren Deutschland bauen«. Erst wenn alle Deutschen sich in jenem »anderen Deutschland wiedererkennen, das in den Frauen und Männern seinen Ausdruck fand, die gegen den Nationalsozialismus gekämpft haben«, werde auch für immer ein Problem begraben sein, das heute noch die Schwäche und die Verworrenheit der deutschen Zustände offenbart: das Problem der Entnazifizierung. Das Pathos dieser Schlußwendung liegt mir heute fern. Vielleicht war es auch ein Reflex auf die französische Umgebung.

In weit lebendigerer Erinnerung als dieser Vortrag, den ich nur aus einer Aufzeichnung rekonstruieren konnte, sind mir die Marienlieder, die von uns in den Abendhimmel hinaufgeschickt wurden und die so recht in die südliche Landschaft paßten. Ich kann die Texte nicht mehr rezitieren, weiß aber noch, daß Maria als »Mater misericordiae« und »spes nostra« apostrophiert wurde. Daß ich jetzt »dazugehörte«, tat mir besonders wohl, und einmal durfte ich sogar als Meßdiener unserem Pater zur Seite stehen, als er einen soeben verstorbenen Dorfbewohner auf dem schön gelegenen, winzigen Friedhof der Insel – Cimetière Marin, mußte ich denken – bestattete. Es war der »Postier«, der Postbeamte des Ortes, den alle kannten und schätzten. Als ich Jahrzehnte später wieder nach Port Cros kam, suchte ich sein Grabkreuz vergeblich ...

Die Tage auf dieser zauberhaften Insel vergingen freilich nicht nur mit Vorträgen, Diskussionen und Gesang. »Unser« Pater legte Wert darauf, bei der »tonangebenden Dame« der Insel mit seinen Schutzbefohlenen als Gast willkommen zu sein. Aus diesem Grunde mußten wir gelegentlich die »Plage du Sud«, den Badestrand des Manoir, säubern und für die Feriengäste herrichten. Zum Dank dafür durften wir dann auch einmal Madame, der man in ihrem verschossenen Sommerkleid und dem altmodischen Hut noch die einstige Schönheit ansah (die sie zur Heroine eines Romanes von Jean d'Agrève gemacht hatte), die Hand küssen und das »Schloß« betreten, zu dem sonst nur vornehme Gäste wie ein ehemaliger Minister und der Abgeordnete Dournes (aus Versailles) Zugang hatten.

Die Wasserversorgung auf den hochgelegenen Burgruinen, die wir bewohnten, war nicht einfach. Tag für Tag mußten wir, die stärksten unter den männlichen Kursteilnehmern, einen großen Wassersack hinauftragen, der an der einzigen Quelle der Insel oder bei großer Trockenheit auch von einem Wasserboot aus gefüllt wurde. Meist waren der kräftige Amerikaner Bill, dessen lustigen Akzent wir manchmal spaßeshalber imitierten, und ich »an der Reihe«. Ein bißchen »physical exercise«, meinte er, tue uns gut. Nur am Abend, wenn überraschend schnell die Dunkelheit hereinbrach, konnten wir unbeaufsichtigt tun, wozu wir Lust hatten. »Entertainements« gab es – zum Glück – auf der Insel nicht. Nachdem das letzte Boot zum Festland abgefahren war, blieben wir mit den Dorfbewohnern allein zurück. Am liebsten gingen wir – je zwei und zwei mit einer der hübschen Kommilitoninnen – im »Vallée de la Solitude« spazieren. Die Grillen zirpten, ab und zu kreischte ein Vogel, sonst war es still, und wir wanderten mehr oder weniger eng umschlungen durch die geheimnisvolle Zauberwelt einer subtropischen Nacht.

Einmal faszinierte mich die Tochter eines Landedelmanns, die so unbeschwert und ahnungslos durch die Welt ging, als lebten wir noch im 17. Jahrhundert. Zeitungen? »Die liest Papa.« Jacqueline mochte ich vermutlich deshalb so gerne, weil alles, was ich ihr erzählte, völlig neu für sie war: Vom Krieg, von der Politik, von fremden Ländern, von Literatur, von Philosophie, sie hatte von nichts eine Ahnung. Vermutlich gehörte für sie das alles zu einer schwer verständlichen, fremden Welt, die sich durch den Mund eines Deutschen vor ihr auftat.

Ein paar Jahre später lernte ich auf Port Cros die sportliche und ehrgeizige Marie-José kennen und hätte mich beinahe definitiv mit ihr verlobt. Solche deutsch-französischen »Verbindungen« waren durchaus im Sinne unseres Paters, der auf diese Weise einen Beitrag zur Herausbildung einer neuen »europäischen Elite« leisten wollte, wie er wiederholt andeutete. »Kinder« aus guten Familien (gemeint waren Töchter) und verheißungsvolle Studenten sollten zueinander finden. Unter dem südlichen Himmel lag das besonders nahe. Aber soviel ich weiß, ist auf Port Cros keine Bindung fürs Leben entstanden, auch wenn alle, die mehr als ein Mal dort waren, das internationale Zusammensein so kurz nach dem Krieg, dessen Spuren auch auf der Insel noch zu sehen waren, und mit so vielen freundlichen, aufgeschlossenen und interessierten Menschen nicht vergessen haben dürften.

Ich bin in den folgenden Jahren noch oft nach Port Cros gekommen, aber der erste Eindruck ist für immer der unvergeßlichste geblieben. Jedesmal fand ich die gleichen Gerüche, die gleiche Atmosphäre, aber meist andere Kommilitoninnen und Kommilitonen. Zuweilen kamen auch »fremde Gäste« hinzu. Einmal zum Beispiel eine Anzahl Franco-Spanier unter Leitung des »Jefe del Frente de Juventud«, eines wohlgenährten Funktionärs, der – nicht ganz erfolgreich – versuchte, seine »Schäfchen« unter Kontrolle zu halten. Natürlich war das Thema »Faschismus« nicht zu vermeiden, und unser Gast war nicht wenig enttäuscht darüber, daß die deutschen Studenten keine Lust hatten, ihn und »seine Sache« zu verteidigen. Pater Huvenne hatte sich wohl einen gewissen erzieherischen Einfluß von dieser Begegnung erhofft. Ob seine Hoffnungen in Erfüllung gegangen sind, weiß ich nicht. Jedenfalls fanden wir nach Abreise der Spanier eine ausführliche interne Anweisung zum Verhalten in Diskussionen, die vermutlich einer der Teilnehmer absichtlich zurückgelassen hatte. Ich erinnere mich noch ganz gut daran, daß ein Punkt darin bestand, sich auf keine konkrete Detailfrage über Franco-Spanien einzulassen, sondern das Gespräch möglichst rasch auf die höchste und allgemeinste Ebene zu heben, auf der es nur noch um die »Wahl« zwischen christlich-katholischem Abendland und Bolschewismus ging. Erst »auf diesem Niveau« sei Spanien unangreifbar. Mit unseren französischen Freunden haben wir uns über diese Anweisung amüsiert. Einige der jungen Spanier gaben im persönlichen Gespräch gerne zu, daß sie mit dem autoritären Regime des Generals keineswegs einverstanden waren. Einer von ihnen, Juan Linz, wanderte kurz darauf in die USA aus und ist dort ein erfolgreicher Politikwissenschaftler geworden.

Im September war ich wieder in Tübingen und stand – ein wenig unsicher – vor der schwierigen Aufgabe, meinem akademischen Lehrer das geplante »französische Jahr« verständlich zu machen und seine Billigung dafür zu erhalten. Heutige Studenten können sich vermutlich gar nicht mehr vorstellen, daß ich hier ein Problem sah. Sie würden einfach ungefragt die Zustimmung ihrer Professoren voraussetzen und sich – vielleicht sogar grußlos – ins Ausland absetzen. Am 11. September 1948 faßte ich mir ein Herz und besuchte Eduard Spranger. In meinem Tagebuch schrieb ich: »Es ging unvorstellbar gut! Nicht nur ›genehmigte‹ mir Spranger meinen Aufenthalt in Paris mit der Bemerkung, daß er mir ›genügend innere Festigkeit und Substanz zutraue, um nicht nur aufzunehmen, sondern auch meinerseits geben zu können‹.« Wieviel Selbstsicherheit ich mir auch einreden mochte, so freute ich mich doch über diese Anerkennung und noch mehr über die darauf folgende Mitteilung, daß mich Spranger für das kommende Jahr als Hilfsassistent ins Auge gefaßt habe. Damit war – wenn alles gutging – meine finanzielle und berufliche Situation vorerst gesichert, und ich konnte Anfang Oktober beruhigt nach Frankreich reisen.

Als Stipendiat in Frankreich – Soisy-sur-Seine und Paris

Die »offizielle Einladung« nach Frankreich erhielt ich von dem Dominikanerpater Thomas Philippe, der durch meinen Freund Norbert Tannhoff auf mich aufmerksam gemacht worden war. Wir beide »teilten« uns eine Staatsburse (Staatsstipendium) und konnten, weil uns das Studentenheim in »L'Eau Vive« kostenlos aufnahm, damit einigermaßen auskommen. Bevor ich abreiste, informierte ich mich nach den Bibliotheksverhältnissen an der dominikanischen Fakultät von Le Saulchoir, in deren unmittelbarer Nähe das Studentenheim lag. Die meiste Hegel-Literatur konnte ich dort ausleihen, dennoch waren meine beiden Koffer mit Kant, Fichte, Schelling und »Sekundärliteratur« reichlich befrachtet, zumal ich auch noch ein paar Bände Thomas Mann mitnahm, dessen Werk auf dem »Programm der Agrégation« stand, auf die sich Fanette vorbereitete.

Am 14. Oktober traf ich auf dem Gare de l'Est in Paris ein. Fanette holte mich ab und sorgte dafür, daß ich ohne langes Suchen zum Gare de Lyon kam, um von dort aus meinen »Bestimmungsort« Soisy-sur-Seine zu erreichen. Die Weltstadt Paris überwältigte mich, wie aus Briefen hervorgeht, die ich an meine Mutter und Siegfried Unseld geschrieben habe. Im Rückblick von heute ist dieser »Schock« ganz vergessen, und das Paris der Erinnerung strahlt in der herbstlichen Sonne fröhlich und hell. Doch die Erinnerung täuscht und verschönt. In einem Brief an meine Mutter vom 25. Oktober bemerke ich, »daß die Stadt einen aufnimmt und lautlos verschlingt, glatt und wie selbstverständlich, kalt und unverbindlich«, so daß es »lange dauerte, bis ich sie in meiner Seele bewältigen konnte ... Die praktischen, einfachen Dinge, das Nützliche und Notwendige entgeht uns nicht, aber wo ist unser Herz? Ein wenig wohl bei den Kindern, die rührend-still ihre eigne Welt bewahrt haben.«

Die Reise von Tübingen nach Paris war damals recht umständlich, so daß ich froh war, bei meinem Freund Pierre Paul Sagave, der an der Straßburger Universität Assistent für Germanistik war, übernachten zu können. Sagave war als Kind zusammen mit seinen jüdischen Eltern von Berlin nach Frankreich geflohen und hatte – teilweise im Untergrund – die Besatzungszeit überlebt. Einmal, seiner guten Deutschkenntnisse wegen verdächtigt, wurde er von der Gestapo verhört und entkam nur durch ein so maniriert-korrektes Deutsch, daß man ihn wohl doch für einen gebürtigen Franzosen halten mußte. Auf die Frage nach seinem Beruf antwortete er etwa so: »Ich habe die Ehre und das Vergnügen, an einer der hiesigen Lehranstalten für Knaben und Mädchen das deutsche Idiom zu unterrichten.« Kein gebürtiger Deutschlehrer hätte so geredet. Das Ehepaar Sagave praktizierte schon damals die Prinzipien einer völlig repressionsfreien Erziehung. Ich wurde Zeuge der Folgen, als die dreijährige Tochter sämtliche Schubladen des Küchenschrankes herausgezogen und deren Inhalt auf dem Boden verstreut hatte: Mehl,

Salz, Zucker und so weiter. Jeanne Sagave, ihre Mutter, meinte: »Das war unser Fehler, wir hätten die Schubladen verschließbar machen müssen. Jedenfalls durften wir dem Kind seine Schaffensfreude nicht nehmen.«

Zwischen Straßburg und Paris ging ich in den Speisewagen und aß eine Kleinigkeit. Als ich dazu »eau minéral« bestellen wollte, fragte der Kellner: »Vichy?«, worauf ich ganz erschrocken abwehrte, weil ich annahm, er wolle mich mit dem Pétain-Régime von Vichy in Verbindung bringen. Erst dann begriff ich, daß der mir unbekannte Name eines renommierten Wassers gemeint war.

Das »wilde Gewirr der Autos und Menschenmassen« ließ den Neuankömmling aus der stillen Kleinstadt Tübingen sich einsam und verlassen fühlen, verloren in einer völlig fremden Welt. In einem Brief an Siegfried Unseld beschreibe ich meinen ersten Eindruck noch etwas drastischer als in den Zeilen an meine Mutter:

»Die große Stadt hat mich zunächst einfach erschlagen, die wirre und scheinbar regellose Vielfalt der Erscheinungen, der gleichmäßige Rhythmus des Verkehrs, das hilflose Geschobenwerden der Menschen wollte mich in eine existentiell-fatale Stimmung versetzen, aus der ich weder Ausweg noch Rettung fand, es sei denn in der Flucht ... So war es denn gut, daß ich mich abends in das kleine Seine-Städtchen Soisy zurückziehen konnte, wo wir ausländischen Studenten inmitten eines schönen Parks drei großbürgerliche Villen bewohnen. Inzwischen beginne ich mich etwas an die Stadt zu gewöhnen, fange an, Vertraute und Freunde in ihr zu gewinnen. Paris ist eine Stadt zum Träumen, weil der einzelne die übermächtige Realität anders nicht bestehen kann. Es gehörte schon ein Genie wie dasjenige Balzacs dazu, um auch nur annähernd ein realistisches Bild ihrer sozialen und kulturellen Mannigfaltigkeit zu zeichnen, aber vielleicht vermöchte selbst ein Balzac es heute nicht mehr. Der Traum ist ein Ausweg, und die engen, feuchten, herbstlichen Gassen, in die am Abend der Nebel des Flusses strömt, locken gespenstisch und unwirklich hinunter zum Strom und zum Kanal St. Martin. Auch der Selbstmord ist hier ein Traum, denn die Träume sind nicht ungefährlich und springen unversehens hinein in dichte Wirklichkeit.«

Zusammen mit Norbert Tannhoff bewohnte ich anfangs ein großes Zimmer in der Villa von Jacques Maritain, der irgendwo im Ausland als Botschafter lebte und das Haus während seiner Abwesenheit den Dominikanern zur Verfügung gestellt hatte. Durch eine große Glastür blickten wir hinaus in den herbstlichen Park. Ein paar Wochen später erhielt ich ein Zimmer für mich allein. Im Vergleich mit meiner Tübinger »Bude« wohnte ich geradezu fürstlich. Der Weg zum Hauptgebäude mit dem Speisesaal und dem Andachtsraum war nicht weit. Der Tagesrhythmus erinnerte ein wenig an den im Kloster Beuron, aber niemand erwartete, daß sich die »Laien« unter den Gaststudenten streng daran hielten. Nur die abendliche Complet hörte ich gerne.

Die meisten der hier Wohnenden waren Theologen, einige wollten auch Mönche werden und prüften sich, ob sie »dazu fähig« seien. Aus ihren Gesprächen entnahm ich, daß die Frage der sexuellen Enthaltsamkeit dabei die größte Rolle spielte. Einige brüsteten sich geradezu damit, daß sie ihnen keine Mühe mache. Unter den älteren Studierenden fiel mir ein portugiesischer Hauptmann auf, der schon verheiratet war und am liebsten auch noch bei den Mahlzeiten über Thomas von Aquin, Duns Scotus und Hegel diskutiert hätte. Ich versuchte ihm klarzumachen, daß selbst ein so großer Denker wie Immanuel Kant bei Tischgesprächen leichtere Themen bevorzugt habe, aber der fanatische Hauptmann gab nicht nach.

Die dominierende Persönlichkeit des Studentenheims war Pater Thomas Philippe. Er genoß allenthalben großes Ansehen und wurde oft zu Abendessen in Botschaften und elegante Salons der Stadt eingeladen. Seine weiße Kutte war nie ganz sauber und unterstrich die Bescheidenheit des einfachen Klosterbruders. Neben dem Studentenheim war ein Karmeliterkloster, dessen Nonnen unsere Wäsche wuschen und Anzüge reinigten. Ab und zu wollten sie uns sprechen, so daß sich eine Art persönlicher Kontakt zwischen ihnen und uns herstellte. Man sah sie nur unklar hinter einer gitterartigen Öffnung und war – beiderseits – ziemlich befangen. Ich erzählte von Hegel und Nicolaus Cusanus, manchmal auch von Jean-Paul Sartre, dessen Schriften natürlich »tabu« für die Karmeliterinnen waren.

Einmal wurde ich zu einer feierlichen »Prise d'habit« eingeladen. Eine vornehme Pariser Familie entließ ihre bildhübsche junge Tochter ins Kloster. Die Zeremonie enthielt am Ende die Formel: »Welche von diesen beiden Kronen wählst du? Die goldne oder die Dornenkrone?« Und die Postulantin mußte natürlich antworten: »Ich wähle die Dornenkrone.« Danach wurde ihr langes Haar auf die erlaubte Länge gekürzt. Als Prediger hatte das Kloster einen der bekanntesten Geistlichen der Stadt Paris gewonnen. Er sprach rhetorisch eindrucksvoll und ließ sogar humoristische Bemerkungen einfließen. Jedesmal wenn er etwas Humorvolles gesagt hatte, hörte man hinter den Gittern der Klausur ein verhaltenes Kichern. Merkwürdigerweise hat mich das noch mehr bedrückt als das Abschneiden der Haare und die Wahl der Dornenkrone. Ich hatte das Gefühl, daß hinter dieser Wand lebendige, lebenslustige Wesen waren, für die schon ein schwaches Lachen beinahe »Sünde« zu sein schien, so sehr mußten sie es unterdrücken. Lautes Lachen wäre vermutlich nicht nur unpassend, sondern auch »unfromm« gewesen. Als die Zeremonie beendet war, wurden Früchte und Petits Fours sowie Wein und Liköre für die Gäste gereicht. Die Familie feierte mit Freunden eine Hochzeit eigener Art.

Unter den Honoratioren war eine hochgewachsene, sportliche Dame, der ich vorgestellt wurde; Mademoiselle de Miribel; sie war mit General de Gaulle im Londoner Exil gewesen, wo sie ihm als eine Art Pressesprecherin gedient hatte. Man erzählte, daß sie in den ersten Nachkriegsjahren ein wildes »Gesellschaftsleben« geführt habe, jetzt aber entschlossen sei, in ein Karmel einzutreten. Wenn ich nicht irre, hat sie an diesem Entschluß nicht sehr lange festgehalten. Mir gefiel sie ausnehmend gut, aber als kleiner Stipendiat hatte ich bei ihr von vornherein keine »Chance«. Ich weiß nicht einmal, ob ich von ihr geträumt habe. Ihren Namen und ihr Aussehen habe ich allerdings nicht vergessen.

Meine Annahme, daß die Vorlesungen an der Sorbonne wie in Tübingen Mitte Oktober beginnen würden, stellte sich als Irrtum heraus. Nur Jean Wahl war schon zur Stelle und gab den Plan seiner Vorlesung und einer Übung bekannt. Ich meldete mich unverzüglich für ein Referat über die Rolle des Krieges in Hegels Sozialphilosophie an. Erst gegen Ende November begann der allgemeine Vorlesungsbetrieb. Ich besuchte – zusammen mit Fanette – auch germanistische Vorlesungen bei Edmond Vermeil, dessen Deutschlandbuch ich für die »Studentischen Blätter« besprochen hatte, und später bei Colville. Neben Jean Wahl hörte ich Philosophie bei Laporte, der während des Semesters starb und durch den bedeutenden Hegel-Kenner Jean Hyppolite ersetzt wurde. Wahrscheinlich hatte ich von den Kontakten außerhalb der Hörsäle – in den Cafés rings um die Sorbonne – mehr als von den Vorlesungen.

Nur Jean Wahls Brillanz blendete mich. Er las nicht über einzelne Philosophen, sondern über eine Anzahl von Problemen wie »die Idee der Erfahrung«, »Verstand und Vernunft«, »Quantität und Qualität«, »Ursache und Gesetz«, »Idee und Realität«, »Idee und Wesen«. Dabei reiste er jeweils in einer einzigen Stunde durch die gesamte Philosophiegeschichte von Platon bis zu Renouvier, Bradley, Bergson, Russell usw. Die rasche, geistreiche Art französischen Denkens konnte man an seinem Beispiel gut kennenlernen, aber für den ungeübten Hörer war es manchmal schwer, ihm zu folgen, zumal er eine ganze Reihe von Denkern als bekannt voraussetzte, mit denen ich mich noch nicht beschäftigt hatte. Wenn er dann zu Kant, Fichte und Hegel kam, fühlte ich endlich wieder Boden unter den Füßen und konnte auch an der Diskussion teilnehmen, die sich an die Vorlesungen anschloß.

In einem Café an der Ecke Boulevard Michel/Rue de l'Ecole de Médecine traf »man« fast stets Lucien Goldmann, einen rumänischen Juden, der in der Schweiz überlebt und dort eine Arbeit über Kant veröffentlicht hatte, aber inzwischen zu einem profunden Kenner unorthodoxer marxistischer Autoren geworden war – wie Georg Lukács, Georges Politzer, Karl Korsch und andere. Im Gespräch mit ihm konnte man viel lernen, und seine Bereitschaft, dem »Greenhorn« aus Deutschland behilflich zu sein, war überwältigend. Er war auch einer der wenigen, die ich daheim besucht habe. Er beschäftigte sich damals mit der Zeit Pascals und Racines und entdeckte mit ungemein wachem Spürsinn den bis dahin völlig übersehenen theologischen Denker Martin de Barcos, dessen tragisches Weltbild sowohl für Racines Dramen als auch für Pascals »Pensées« von großer Bedeutung gewesen war. Als viele Jahre später sein Buch »Der verborgene Gott, Studie über die tragische Vision in den Pensées von Pascal und im Theater Racines« erschien, hat er es mir mit einer freundlichen Widmung geschenkt. Danach haben wir uns wiederholt in Jugoslawien getroffen. Er setzte in das Experiment des Titoismus einige Hoffnung und stellte schon früh die für einen (auch heterodoxen) Marxisten ungewöhnliche These auf, daß die größere geistige Freiheit in Jugoslawien – im Vergleich zu anderen »sozialistischen Staaten« – mit der Rolle des Marktes zusammenhänge. Markt und individuelle Freiheit waren, so erkannte er, sich gegenseitig stützende Institutionen.

Ein paarmal fuhr ich auch – zusammen mit »unseren« Theologiestudenten – nach Le Saulchoir, um Vorlesungen über den heiligen Thomas zu hören. Mehr als der Inhalt der Interpretationen der »Summa Theologica« beeindruckte mich das Ritual. Vor Besteigen des hohen Lehrstuhls, der mindestens einen Meter über unsere Häupter emporragte, kniete der Pater Professor nieder und flehte den Beistand des Heiligen Geistes für sich und die Zuhörer herbei. Die nüchterne und rationale Vorgehensweise des Aquinaten imponierte mir. Sie hatte etwas ungemein Sicheres, Gewißheit Ausstrahlendes, aber so recht erwärmen konnte ich mich für sie nicht. Immerhin argumentierte er auf seine Weise »dialektisch«, auch wenn das bei ihm nur eine Disputationsmethode war, nicht wie bei Hegel die »Selbstbewegung des Begriffs der Sache selbst«.

Im Erdgeschoß unserer Villa wohnte ein junger Attaché des Auswärtigen Amtes, Alain Peyrefitte. Sein Onkel Roger Peyrefitte war nicht nur ein bekannter, sondern auch ein in katholischen Kreisen eher gemiedener Schriftsteller. Ich habe ihn einmal bei seinem Neffen kennengelernt. Sein Buch »Les Amitiés particulières« habe ich aber nicht gelesen, weil mich die Thematik: die weitverbreitete Homosexualität unter der höheren Geistlichkeit, nicht besonders interessierte. Alain hieß eigentlich nach seinem Onkel Roger, aber da er selbst an eine schriftstellerische Karriere dachte, legte er Wert auf einen abweichenden Vornamen. Alain Peyrefitte interessierte sich für Max Scheler und schlug mir vor, gemeinsam das kleine Bändchen »Die Stellung des Menschen im Kosmos«, das ich auch außerordentlich schätzte, ins Französische zu übersetzen. Ich sollte eine Rohübertragung liefern und er »gutes Französisch« daraus machen. Wir hatten auch schon einige Seiten zustande gebracht, als der Plan an der Schwierigkeit scheiterte, die Übersetzungsrechte zu erhalten. Offenbar stritten sich zwei Witwen um das Recht der Vergabe; außerdem hatten wir noch keinen potenten französischen Verlag im Rücken, der imstande gewesen wäre, die Sache mit Anwälten durchzufechten.

Statt zusammen mit mir Scheler zu übersetzen, hat Alain Peyrefitte wenig später geheiratet. Zuerst erfuhr ich davon, als ich eines Nachmittags in sein Zimmer gebeten wurde, wo im Kamin ein großes Feuer brannte. Auf meine Frage, was er denn da verbrenne, meinte er: »Je brule les vestiges de mon temps de célibataire« – vor seiner bevorstehenden Heirat wolle er die Spuren seiner Junggesellenzeit vernichten. Später hörte ich dann voller Interesse, auf welch komplizierte Weise die Verbindung zwischen zwei gutbürgerlichen französischen Familien zustande kommt: Von beiden Seiten sind Anwälte bevollmächtigt, den Contrat de Marriage auszuhandeln, der bis ins kleinste Detail sowohl »trousseau« als auch »dôt« regelt. Unter Trousseau versteht man das, was die Ehefrau für den gemeinsamen Haushalt mitbringt: Möbel, Wäsche, Geschirr, Besteck usw. Dôt ist eine Summe Geldes (oder auch Realien), die der Frau als ökonomischer Rückhalt dient, um sie etwas weniger abhängig von ihrem Ehemann zu machen. Zuletzt war noch die »Abgabe« eines Autos strittig, auf das der künftige Ehemann erheblichen Wert legte. Es hat mich amüsiert, diese sorgfältigen Prozeduren aus der Nähe miterleben zu können. Jahre später traf ich Alain Peyrefitte als Legationsrat an der französischen Botschaft in Bonn wieder; zuletzt besuchte ich einmal den Minister für Information im Kabinett des Generals de Gaulle.

Trotz der zahlreichen Ablenkungen, die Paris mit seinen Museen und Theatern bot, konzentrierte ich mich doch in meinem komfortablen Gelaß auf die Hegel-Arbeit. Nach einigen Wochen schickte ich denn auch einen ausführlichen Bericht an meinen »Doktorvater« und erhielt von ihm eine ungemein freundliche, aufmunternde Antwort. In seiner klaren und gut leserlichen Handschrift schrieb er mir unter anderem: »Ihr erster freundlicher Bericht hat mich in allen berührten Beziehungen sehr interessiert. Paris zu sehen – mir war es nicht beschieden – ist in jedem Fall ein Erlebnis. Es ist gut, daß Sie dabei weit draußen wohnen können; man verfällt dann nicht dem zerreibenden Tempo der Weltstadt und bewahrt sich eine Art von Reservat. Was positiv ist und was negativ ist, gehört gleichermaßen zum Fruchtbaren des Aufenthaltes. Nicht ganz dazu gehört die Beschäftigung mit Hegel; aber es ist nun einmal so geplant. Nur sollten Sie im Falle des Konfliktes doch der ›existentiellen‹ Umgebung den Vorrang geben. Denn Hegel läuft Ihnen nicht fort; Paris aber will voll ausgekostet sein.« Von einem so disziplinierten – ja fast puritanischen – Gelehrten wie Eduard Spranger kam diese Empfehlung gewiß unerwartet, um so mehr hat sie mich damals gefreut. Sie hat auch mein Bild des »alten Herren« ein wenig ins Lebensfreundliche korrigiert.

Daß ich an einer Arbeit über Hegel schrieb, hat übrigens in Paris damals niemanden gewundert. Der deutsche Dialektiker war gerade erst »entdeckt« worden, und neben den beiden bekanntesten Büchern, von Jean Hyppolite »Genese und Struktur der Phänomenologie des Geistes« und Alexandre Kojèves »Einführung in die Lektüre Hegels, Vorlesungen über die Phänomenologie des Geistes 1933–1939« spielte auch noch die Arbeit eines Jesuiten Henri Niel über »Die Vermittlung in der Philosophie Hegels« eine Rolle in den akademischen Diskussionen. Jean-Paul Sartre und sein Kollege und (damaliger) Freund Maurice Merleau-Ponty waren ebensowenig ohne Hegel zu denken, auch wenn Edmund Husserl für sie noch wichtiger war. Unter den intellektuellen Marxisten gab es schon damals (noch vor dem Auftreten von Louis Althusser) Antihegelianer wie Hegelianer. Die Antihegelianer waren meist von Haus aus Naturwissenschaftler und durch den Russen Georgi Plechanow auf die »französischen Wurzeln« des dialektischen Materialismus aufmerksam gemacht worden, während Hegel von ihnen eher dem fragwürdigen deutschen Romantizismus zugerechnet wurde. Der bedeutendste unter den – damals noch der Kommunistischen Partei angehörenden – Denkern, Henri Lefèbvre, war dagegen eindeutig von Hegels Dialektik geprägt, und der weniger originelle Parteiphilosoph Roger Garaud hatte sich ebenfalls intensiv mit Hegel beschäftigt. So kam es, daß sich in Paris niemand darüber wunderte, daß ein deutscher Student an einer Dissertation über Hegel schrieb. In Deutschland war dagegen erhebliches Mißtrauen gegenüber dem großen Denker zu spüren, weil einige Rechtsphilosophen unter den Nazis sich auf ihn berufen hatten. Die führenden Parteiideologen hatten aber ganz richtig erkannt, daß Hegel ein universaler und rationaler Denker war, den man für eine rassistische Weltanschauung nicht gut vereinnahmen konnte.

Das Leben der Studenten in Paris unterschied sich erheblich von dem meiner Tübinger Kommilitonen. Schon die Anzahl der eingeschriebenen Studierenden ließ mich erschrecken. Im Cahier d'Etudiant eines Freundes las ich die Zahl 16789, und dabei hatten sich erst etwa die Hälfte aller Studenten eingeschrieben. In Tübingen studierten damals etwa 3000, und wir fanden das schon schrecklich viel! Inzwischen ist eine Großstadtuniversität mit mehr als 30000 Studierenden auch in Deutschland ganz »normal«. Die meisten

Studenten in Paris kamen allerdings kaum in die altehrwürdigen Hörsäle der Sorbonne, sondern zogen es vor, daheim die Vorlesungsnachschriften, die man bei der Librairie Vrin kaufen konnte, zu studieren oder »Radio Sorbonne« abzuhören, der viele Vorlesungen – meist wiederholt – ausstrahlte.

Wie nach der Währungsreform in Tübingen verdienten sich viele auch hier nebenher ihren Lebensunterhalt. Man sah sie als Zeitungsverkäufer und »Sandwichmänner«, mit großen Plakaten vor der Brust und auf dem Rücken, für irgendeine Veranstaltung oder einen Ausverkauf werben. Die Studenten der Cité Universitaire waren gerade in einen Mieterstreik gegen die Erhöhung der Zimmerpreise eingetreten, den sie »siegreich zu beenden hofften«. Vor dem Gare du Luxembourg (einer U-Bahnstation in der Nähe der Sorbonne) verkaufte eine dicke Studentin die »Humanité«, das Blatt der KPF, ein eleganter Kollege in Reithosen die Zeitung der Gaullisten. An den Pforten der Sorbonne pries ein junger Kommunist die Zeitschrift »Clarté« an, wie ein gelernter Marktschreier rief er immer wieder: »Lisez, abonnez Clarté, journal d'étudiants communistes!« Ihm gegenüber hielt eine schüchterne Kommilitonin »Tala Sorbonne« feil, das Blatt der katholischen Studenten, das nach der scherzhaft-ironischen Bezeichnung derjenigen benannt war, »qui *vont à la* messe«, die zur Messe gehen.

Natürlich gab es auch wohlhabende Faulenzer unter den Studierenden, die lieber auf den großen Boulevards flanierten und die teuren Auslagen der Geschäfte in Augenschein nahmen. Aber die meisten waren mindestens so fleißig wie die Tübinger.

An den Vorlesungsstil mußte sich der Neuankömmling erst gewöhnen. Die Dozenten sitzen in Frankreich an großen Tischen, und das hält sie – zum Glück – von dem predigerhaften Ton mancher deutschen Kollegen ab. Während deutsche Vorlesungen leicht etwas Herablassend-Belehrendes, Pathetisch-Rhetorisches annehmen, herrscht hier ein argumentativ-plaudernder Stil vor. Die Tatsache, daß die Lehrenden sitzen, trägt sicher dazu bei. Mir behagte dieser Vortragsstil, der eher zum Mitdenken und Kritisieren einlädt als der professorale Brustton vor allem älterer deutscher Dozenten.

Die politische Umwelt in Frankreich unterschied sich erheblich von der deutschen – jedenfalls von der in Tübingen. Zwar gab es auch in

Südwürttemberg-Hohenzollern alle Parteien, von den Kommunisten angefangen bis zu einigen Rechtsextremen, aber in Frankreich herrschte trotz heftiger Auseinandersetzungen zwischen den Parteien größere Gelassenheit. Mein erster Eindruck war eher der von »Müdigkeit«.

Kurz bevor ich nach Paris kam, hatte ich für eine Freundin aufgezeichnet, wie ich die politischen Gegensätze in Europa ansah:

»Die Fronten sind mir jetzt klarer geworden: Auf der einen Seite der Kommunismus, der mit dem Anspruch auftritt, die Befreiung von wirtschaftlichen Abhängigkeitsverhältnissen in aller Welt zustande zu bringen, aber die Individuen zu funktionierenden Teilchen eines Ganzen macht. Auf der anderen Seite jener freiheitliche Humanismus (wie ihn Thomas Mann oder André Gide vertreten), der die Freiheit im individualistischen Sinn als wichtigste bewahrenswerte Errungenschaft der bürgerlichen Revolutionen erhalten möchte und an die Realisierbarkeit einer sozialen Demokratie glaubt, der eine Synthese von Freiheit und Gerechtigkeit anstrebt. Eine dritte Position wird von ›fortschrittlichen kirchlichen Kreisen‹ vertreten, die den Kommunismus ebensosehr wie den liberalen Individualismus ablehnen. Für sie ist die Epoche des liberalen Bürgertums zu Ende gegangen. An die Stelle der autonom sich dünkenden Persönlichkeit tritt – zum Beispiel für Romano Guardini – die durch ihre Verantwortung vor Gott und für die Mitmenschen charakterisierte Person. Man ahnt das Konzept einer Gesellschaftsordnung, in der die Würde der menschlichen Person gewahrt und das Zusammenleben durch eine feste, christlich fundierte ethische Ordnung geregelt wird.«

Zwischen diesen drei Auffassungen fänden, so meinte ich damals, gegenwärtig die Auseinandersetzungen statt. Wo ich mich selbst einordnete, blieb dabei noch unklar. In Frankreich lernte ich durch Emmanuel Mounier, den ich in seiner Redaktion auf der Rue Jacob besuchte, bald den Vertreter eines demokratisch-sozialen Katholizismus kennen, der selbst gegenüber Kommunisten keine »Berührungsängste« hatte. Sein »Personalismus« wurde allerdings von den Kommunisten selbst eher verächtlich behandelt.

Das Team, das Mouniers Zeitschrift »Esprit« herausgab, lebte auf dem Lande, unweit von Paris, in einer großen Wohngemeinschaft. Männer und Frauen teilten sich nicht nur die redaktionelle, sondern auch die Hausarbeit und die Betreuung der Kinder. Ab und zu lud Mounier Freunde dorthin ein. In einem großen, parkähnlichen Garten traf man da die Repräsentanten der unterschiedlichsten politischen und weltanschaulichen Richtungen. Ich erinnere mich noch an einen heftigen Streit zwischen einer Dame, die auf die Gefangenschaft des ungarischen Kardinals Mindszenty in der amerikanischen Botschaft in Budapest aufmerksam machte und Solidarität mit ihm verlangte, während ein damals bekannter »progressiver Priester« ironisch erwiderte, es gäbe nicht nur eine »communion des saints«, sondern auch eine »communion des salauds«, eine Gemeinschaft der Schurken. Nur durch die Dazwischenkunft Mouniers konnte verhindert werden, daß aus diesem brutalen Wort ein nicht mehr schlichtbarer Streit entstand. Mounier drückte sein Mitgefühl für den inhaftierten Kirchenfürsten aus und kritisierte zugleich dessen Politik. Diese Haltung war auch typisch für sein Blatt. Neben der Zeitschrift der Jesuiten »Etudes« und Jean-Paul Sartres »Temps Modernes« spielte damals Mouniers Zeitschrift »Esprit« eine wichtige Rolle. Vor allem war Mounier mehr als andere an der Entwicklung Deutschlands interessiert und suchte durch sachliche Berichte einen realistischen Eindruck von den Problemen und Chancen des Nachbarlandes zu vermitteln.

Durch meine Freundin veranlaßt, hatte ich Kontakt zu französischen Germanisten, die sich im Unterschied zu deutschen Romanisten nicht nur über Literatur und Sprache orientierten, sondern auch über Geschichte, Politik, Wirtschaft und Gesellschaft. Der Germanist Edmond Vermeil war ein ausgezeichneter Kenner des Nationalsozialismus und trug schon früh wesentlich zur Information der französischen Öffentlichkeit über das »Dritte Reich« bei. Von ihm wie von Robert Minder stammten zwei umfangreiche Deutschlandbücher, die auch die landsmannschaftliche Vielfalt des Nachbarlandes einfühlsam beschrieben. Irgendwann lernte ich damals auch Alfred Grosser kennen, der – gebürtiger Frankfurter – mit seinen Eltern rechtzeitig Nazideutschland verlassen hatte und als Jude sich mit Hingabe für den Dialog mit dem Nachbarland einsetzte. Ihm und seinem Kreis hatten wir – die damals noch wenig zahlreichen deutschen Studenten – es zu danken, daß wir uns nicht als unwillkommene »Feinde« fühlen mußten.

Da ich an »Nebeneinnahmen« begreiflicherweise stark interessiert war, begrüßte ich die Gelegenheit, vor der Pfarrgemeinde von St. Roch über »Deutschland nach dem Kriege« sprechen zu können. Das Publikum war verständnisvoll und aufgeschlossen. Noch lebhafter ist mir eine Diskussion mit den Schülern eines Gymnasiums in Erinnerung, die ein dort lehrender Freund vermittelt hatte. Die jungen Leute stellten zum Teil die ulkigsten Fragen. Zum Beispiel – und ich habe den neugierigen Ton noch gut im Ohr: »De quoi un Allemand se nourrit-il?« (»Wovon ernährt sich ein Deutscher?«) Ich verstand das genauer als: Wovon kann sich ein Deutscher ernähren? und antwortete zunächst einmal: »Prinzipiell kann er sehr wohl das gleiche essen wie ein Franzose. Es handelt sich bei den Deutschen also nicht um eine völlig andersartige Spezies.« Aber allmählich kamen dann auch intelligentere Fragen, und ich hatte Freude an dem Gespräch mit den aufgeweckten Schülern in Vincennes.

Weihnachten 1948 verbrachte ich bei meiner Mutter und den Geschwistern in Schwäbisch Hall. Die Mißstimmung wegen meiner Konversion war noch immer nicht ganz behoben. Offenbar nahm sie an, ich sei »in die Hände missionierender Jesuiten« gefallen. Daß das Studentenheim von Dominikanern geleitet wurde, hat sie wenig getröstet. Auch die gemeinsam verbrachten Tage in Hall scheinen nicht genügt zu haben, um die Irritationen zu beheben. In einem Geburtstagsbrief schrieb ich Ende Januar 1949 noch einmal:

»Ich bitte Dich zu begreifen, daß ich heranwachsend erkannt habe, daß es kein Anderswohin und kein Nirgendwo der Seele gibt, daß wir, wo immer wir auch sind und was immer wir treiben, im tiefsten mit unseren Eltern und Geschwistern verbunden bleiben, mit ihnen leiden und empfinden, durch unsere Mutter und in ihr leben, mit ihrer Hilfe schließlich in die Welt hinaustreten, die doch stets auch die ihre bleiben wird, die einen Schein von dem Licht enthalten wird, den wir an ihr wahrnahmen, und Träume von den Träumen, von denen sie uns in fernen Kindheitstagen sprach ... Ich habe viel erlebt in den vergangenen Jahren und habe sie meist fern von Dir verbracht, und ich weiß, daß Du mir noch immer gram bist, weil ich einen anderen Weg gegangen bin, als Du Dir's wünschtest ... Wenn ich mir aber rückblickend Rechenschaft gebe, finde ich, daß vieles von dem, was später geschah, schon sehr früh angelegt war. Und wenn ich zuweilen froh und sogar ein ganz klein wenig glücklich bin über das eine oder andere, das ich auszudrücken vermochte, dann bin ich stets auch Dir dankbar dafür gewesen. Wenn ich's aber einmal nicht war, so sollte ich's wenigstens sein. Dankbar, daß ich eine gütige Mutter gehabt habe, die mir eine freie und schöne Kindheit ermöglichte und mich wachsen ließ. Du hast früh die Keime für die Empfindung der Gerechtigkeit in mich gelegt, die ich in der Folge nur wachsen lassen und schützen konnte – mag ich es auch zuweilen versäumt haben ... Vielleicht ist es schwer für eine Mutter, das Wachsen ihrer Kinder miterleben und mitfühlen zu müssen, wenn es den Rahmen des eignen Erlebens und der eignen Pläne, Erwartungen, Hoffnungen und Vorstellungen sprengt. Aber oft ist es so, und es ist keine schnöde Undankbarkeit der Kinder, wenn sie, den eignen, ungeschriebenen Gesetzen ihres ›Wesens‹ folgend, sich eigne Wege suchen, von denen sie annehmen, daß es die richtigen sind, und von denen die Mutter vielleicht fürchtet, daß sie verkehrt seien und ins Dunkel führen. Aber eigentlich beginnt das Vertrauen erst dort, wo man an die notwendige Unabhängigkeit und selbständige Urteilsfähigkeit eines Kindes glaubt, dessen Schritte man selbst nicht mehr nachvollziehen kann. Vielleicht hast Du inzwischen dieses Vertrauen gewonnen, dieses Zutrauen zu mir – es wäre für mich eine große Hilfe und ein schönes Geschenk ...«

Die Spannung zwischen meiner Mutter und mir hat mich mehr bedrückt, als ich es damals wahrhaben wollte. Ende Februar/Anfang März 1949 wurde ich in Soisy krank. Vermutlich ein sich lang hinziehender grippaler Infekt, den aber ein zugezogener syrischer Arzt mit einem Leberleiden in Verbindung brachte. Ich wurde umsorgt und in ein Zimmer neben dem einer Krankenschwester gebracht. Die Patres besuchten mich, und ich bekam besondere Leckerbissen, um wieder zu Kräften zu kommen. Alain Peyrefitte lieh mir seine Ausgabe von Marcel Prousts »A la Recherche du Temps perdu«, und ich war gerade lang genug bettlägrig, um alle Bände lesen zu können. Ich verlor mich gern in die subtil beschriebene Welt, die der kranke Autor vor meiner Phantasie erstehen ließ. Die Duchesse de Guermantes, Baron Charlus, Albertine, Françoise – sie alle wurden mir zu vertrauten Freunden ... Die ungemein suggestive Darstellung seelischer Zustände faszinierte mich. Leichtes Fieber leistet der Empfänglichkeit für Nuancen und Schattierungen Vorschub. Manchmal meinte ich, mit Prousts Personen zu plaudern, dann wieder lachte ich über die albernen Wortverhunzungen Françoises – z.B.: »Madame est rentrée dans sa migraine« (oder war es sa colère?) amüsierte mich immer wieder. Ohne es zu wissen, spricht ja die Dienerin eine psychologische Erkenntnis aus: Die Migräne ist der »Normalzustand« von Madame. Der Maler Elstir, der an einen zeitgenössischen Impressionisten erinnert, und die Beschreibung des Mäuerchens auf einem Bild von Vermeer (das ich viel später in Den Haag sehen sollte) wurden in mir lebendig.

Eines Tages war ich wieder gesund und hatte keinen Vorwand mehr, statt Hegel Marcel Proust zu lesen. Ein rührender und besorgter Pater hatte mich übrigens gefragt, ob meine Kränklichkeit vielleicht daher komme, daß ich keine Geliebte hätte. Ich vermochte ihn in dieser Hinsicht zu beruhigen, auch wenn es schon stimmte, daß ich Fanette nur selten in der Wohnung einer gemeinsamen Bekannten traf, die uns für ein paar Stunden ein Zimmer überließ, in dem wir uns ungestört lieben konnten. Meine Freundin amüsierte sich immer wieder, daß »die Deutschen, wenn sie Liebe machen, zusammen schlafen«, während die Franzosen zwischen *dormir* und *coucher* einen berechtigten Unterschied machen. Die Toleranz des durch den Zölibat zu sexueller Abstinenz verpflichteten Priesters gegenüber den Bedürfnissen eines Junggesellen im »Laienstand« hat mich damals überrascht. Evangelische Pfarrer wären – zumindest damals – kaum so einfühlsam gewesen.

Unsere studentische Gemeinschaft in L'Eau Vive war außerordentlich bunt gemischt. Die größte Gruppe kam aus dem Libanon. Ihr »maronitisches Bekenntnis« war für mich völlig neu. Aus der Reihe fiel ein hochgewachsener nordischer Jüngling aus Dänemark, der zum Katholizismus konvertiert war. Ich hatte den Eindruck, daß Pater Thomas Philippe ihn voller Stolz bei seinen Einladungen »vorzeigte«. Der junge Mann war vermutlich vor allem von der ästhetischen Seite der katholischen Religion angezogen worden, jedenfalls erwies er sich als eifriger Besucher von Kunstausstellungen und Vernissagen, von denen er interessante Kataloge mitbrachte.

Das Taschengeld von rund hundert Mark (in Francs) war so knapp, daß ich manchmal auf eine Tasse Kaffee verzichten mußte, um die Rückfahrt nach Soisy bezahlen zu können. Als ich einmal erschreckt feststellen mußte, daß mein Geld dafür nicht mehr reichte, verkaufte ich die neueste, noch nicht an die Kioske gelangte Nummer der Zeitschrift »Esprit«, die ich gerade erst von Emmanuel Mounier geschenkt bekommen hatte, ich erhielt etwas weniger als den halben »Ladenpreis« dafür. Wann immer ich Zeit fand, machte ich einen Besuch bei der Redaktion des »Esprit« und ließ mir Rezensionsexemplare von Büchern schenken, die niemand besprechen wollte. Außer Mounier lernte ich dort auch Paul Ricoeur kennen, der später ein bekannter Philosoph werden sollte.

Meine Hoffnung, durch »Berichte aus Paris« von deutschen Zeitungen etwas Geld verdienen zu können, ging nur in geringem Umfang in Erfüllung. Die von Paul Distelbarth herausgegebene »Rhein-Neckar-Zeitung« in Heidelberg brachte zwar einen Bericht über das »Ferienlager« auf Port Cros, aber ich weiß nicht mehr, ob sie auch das folgende Feuilleton »Pariser Herbst« abgedruckt hat. Der Zeitungsherausgeber war mir durch sein ausgezeichnetes Buch »Lebendiges Frankreich« (1936), in dem er mit großem Nachdruck für eine Versöhnung zwischen Franzosen und Deutschen eintritt, wohlbekannt. Aus dem »Pariser Herbst« zitiere ich hier ein paar Passagen, die den Bewohnern der Metropole gewidmet sind.

»(...) Zunächst waren da nur der kalte und kostspielige Glanz der Avenuen, der Champs-Elysées, der Kinos, Theater, Autogeschäfte, Luxusläden und die Menschen aus aller Herren Länder: Wohlgekleidete und Extravagante, Europäer, Afrikaner, Asiaten. Neger in eleganten beigefarbigen Mänteln, die apart mit ihren dunklen Gesichtern kontrastierten, und häßliche, alte Senegalesinnen mit bunten Kattunkopftüchern und riesigen Messingringen im Ohr, wippende (Kreppsohlen sind noch immer ›in‹) Schönheiten mit pelzbesetzten Jacken und kleinen, runden Ledertäschchen, amerikanische Soldaten, Pfadfinder und – ab und zu – ein Clochard. Die Stadt, die alle umfaßt, läßt sie nebeneinander gelten, und die elegantesten Damen erregen kaum mehr Aufsehen als irgendein ärmliches, farbloses Wesen, das schüchtern an den Häusern entlangschleicht. Die Straßen sind breit und die Gewissen weit, ein wenig abgestumpft vielleicht oder gleichgültig und blasiert ... Die Champs-Elysées sind wirklich schön – aber sie sind nicht Paris.

Erst am Sonntag sieht man die Bewohner der Stadt selbst – vor allem die Kinder. Die Kinder sind es gewesen, die ich zuerst verstand, nicht so sehr mit dem Ohr, auch wenn ich den Sinn ihrer Worte längst nicht mehr als fremd empfand, sondern mit dem Herzen. Für die Pariser Kinder ist die Stadt einfach – ihre Natur, ihre Umwelt. Hier leben sie, spielen sie und träumen. Hier erleben sie ihre Abenteuer und die Gefahren. Die rasenden Métros und die schwankenden Autobusse sind ihnen ebenso vertraut wie Landkindern Feld und Wald, Vieh und Stall. Da gehen sie sonntags wohlgekleidet wie kleine Erwachsene (soweit sie aus bürgerlichen und kleinbürgerlichen Häusern kommen) neben ihren Eltern einher und fragen ebenso naseweis tausenderlei ›Warums‹ und ›Wiesos‹, wie es Kinder überall auf der Erde tun. Manche reiten auf lustigen, struppigen Eselchen bis zur Place de la Concorde – auf Fußwegen versteht sich –, andere lassen sich von mageren Ziegenpaaren in Miniaturkutschen ziehen. Am liebsten aber lassen kleine Jungen in den beiden Bassins des Jardin des Tuileries ihre Segelboote und Motorschiffchen schwimmen: Boote mit weißen und roten Segeln, buntbemalte Passagierdampfer und finster-blaugraue Kriegsschiffe, die, von kleinen Elektromotoren getrieben, die Wasserfläche durchschneiden. Freude, Stolz und Tränen gibt es bei dem scheinbar so stillen Spiel, und die Väter stehen sorgend und mitfühlend dabei. Vielleicht, daß hier Rilke einst seine schönen Verse von der Kindheit fand, an seine eigene sich erinnernd ... Ein leichter Wind bläst von Westen her und bläht die kleinen Segel. Doch da: Ein kleiner Passagierdampfer bleibt mit ›Motorschaden‹ in der Mitte des Bassins plötzlich stehen, dreht sich einmal um die eigene Achse und rührt sich nicht mehr vom Fleck. Gefährlich nahe liegt er der Fontaine. Nur gut, daß erfinderische Väter schnell zur Hand sind und mit einer langen Schnur, die zwei von ihnen fassen, den Ausreißer unbeschädigt zum rettenden Ufer zurückholen. (...)

Es ist Abend geworden. Hinter dem Eiffelturm sieht man die Sonne goldgelb versinken, der Himmel ist klar und rein. Liebespaare erheben sich fröstelnd von den Bänken, und zum letzten Mal geht die ältliche Stuhlvermieterin von Platz zu Platz, um die Miete zu kassieren. Ein Bootsverleiher zieht einen großen Wagen mit Segelschiffen vorbei. Die Zeit der Kinderfreuden ist abgelaufen, das Geräusch der Rollschuhe auf den Asphaltbahnen in den Parks verstummt, (...) Das Leben der ›großen Welt‹ beginnt. Ob auch nur ein Mensch in ihr so traurig sein wird und danach so glücklich wie jener Knabe, dessen Schiff inmitten des Bassins versank und dem ein gutmütiger Onkel ein neues versprach? Die Nacht hebt an über den Dächern von Paris, tausend Lampen leuchten auf, und die Bilder des Tages verlieren sich im traumhaften Wechsel von Dunkelheit und Licht.«

Als zunehmende Belastung empfand ich damals die ungeklärte Beziehung zu meiner Freundin und deren Familie. Ich denke heute noch gelegentlich an einen beklemmenden Besuch bei Fanettes Eltern in deren kleinem Häuschen in Bourg La Reine – einem Vorort von Paris. Ihr Vater glich eher einem preußischen Beamten als einem fröhlichen Franzosen, wie man ihn sich in Deutschland vorstellt. Nach seiner Pensionierung als Proviseur des Lycée Lakanal hatte er eine Stelle im Verlag Hattier übernommen und ging noch immer regelmäßig ins Büro. Er achtete auch in seiner Familie streng auf Pünktlichkeit und Disziplin. In seinem Arbeitszimmer daheim lag kein Stück Papier herum, und an der Wand hing ein Glaskasten, in dem seine im Ersten Weltkrieg erworbenen Orden nebeneinandergereiht waren wie die Schmetterlinge eines Sammlers.

Seine Frau trug seit Jahrzehnten – nach dem Selbstmord ihres vielversprechenden Sohnes, der kurz zuvor die Aufnahmeprüfung für die Ecole Normale in der Rue d'Ulm bestanden hatte – Trauer. Ich habe sie nie anders als in tiefem Schwarz gesehen. Ihr Gesicht verriet die iberische Herkunft und erinnerte an die Bilder früher spanischer Meister. Sowenig wie ihren Mann habe ich sie je lachen sehen. Dabei war sie liebenswürdig auf konventionelle Weise, ließ jedoch die Reserve dem – im Grunde unerwünschten – deutschen Freund ihrer Tochter gegenüber deutlich spüren. Ich hatte ihre Pläne gestört, und sie wünschte nichts sehnlicher herbei als meine Rückkehr nach Tübingen und eine räumliche Distanz zwischen Fanette und mir, auf die die definitive Trennung früher oder später schon folgen würde. Wir tranken Tee zusammen, und ich verabschiedete mich so korrekt wie möglich. Große Lust zur Wiederholung eines Besuches hatte ich nicht. Viele Jahre später, als ich schon – zur Erleichterung der Familie Guillon – mit einer Deutschen verheiratet war, habe ich zusammen mit meiner Frau die verwitwete Madame Guillon besucht. Das Kästchen mit der Schmetterlingssammlung von Orden hing noch an seinem Platz, aber die Atmosphäre war etwas gelöster. Auch Fanette hatte einen »konvenierenden« Ehemann gefunden. Das beunruhigende Abenteuer der Tochter mit einem Deutschen gehörte der Vergangenheit an.

Wie schwer ich unter den Zuständen und der im Grunde doch »fremden« Umwelt in Soisy-sur-Seine litt, geht aus einem Zettel hervor, den ich – bei der Lektüre »A la recherche du temps perdu« – am 21. Januar 1949 geschrieben habe. Voller Verwunderung lese ich heute:

»Während der Lektüre der letzten Seiten von ›Le Temps retrouvé‹ kommen mir Bilder, die vielleicht die Zukunft andeuten, vielleicht aber nie Gegenwart werden sollen: Ich sehe mich todkrank und lebensmüde im Bett liegen und in einfachen Worten mein Leben zusammenfassen. Ich fühle, wie auch in diesem letzten Augenblick mein ›Ich‹ noch unabhängig bleibt, sich über seine Leibgebundenheit zu erheben sucht, von dieser Gebundenheit an den Körper – nein, überhaupt von der an mein ›Selbst‹ – abstrahiert und über denjenigen nachdenkt, der da gelassen zu sterben versucht und sich eigenartigerweise ›ich‹ nennt. Es gelingt mir nicht, mich für mich zu halten, obwohl ich weiß, daß der, von dem ich so vieles weiß, für die anderen ›ich‹ bin ...«

Der Gedankengang ist vermutlich auch von der Hegel-Lektüre beeinflußt, aber die Thematik spiegelt die tiefe Verzweiflung wider, die mich oft erfaßte. Zwischen der Arbeit an meiner Dissertation und meinem »übrigen Leben« gab es so gut wie keine Verbindung. Die realistischen Aufgaben des Tages absolvierte ich fast gleichgültig. Was aus mir einmal werden sollte, schien mir unklar und ungewiß. Auch die Beziehung zu meiner Mutter und ihr Unverständnis für meine Konversion belasteten mich noch immer.

Merkwürdig viele Selbstreflexionen finden sich in meinem Pariser Tagebuch. Dabei vermag ich nicht die materialistischen Theorien von der sozialen und biologischen Determiniertheit unseres Daseins und Soseins mit der Überzeugung der individuellen Freiheit und Selbstverantwortung zusammenzubringen, die von Jean-Paul Sartre so nachdrücklich betont wurde und die ich als überzeugend empfand. Nur dessen Formulierung, daß es ganz gleichgültig sei, wofür man sich entscheide, wenn es nur eine »ehrliche« Entscheidung sei, konnte ich nicht nachvollziehen. Sehnsucht, Heimweh und Glücksstreben spürte ich als starke »Antriebe« in mir und zugleich das Bemühen, verantwortungsbewußt eine Aufgabe zu erfüllen, von der ich noch nicht genau zu wissen glaubte, worin sie bestehen sollte. Eine Skizze, die ich »Mein Charakter« überschrieben habe, klingt weit nüchterner als die Notiz nach der Lektüre von Proust, aber sie stammt aus dem gleichen Monat:

»Ich bin von einem gemäßigten, aber anspruchsvollen Ehrgeiz beseelt, sehne mich nach Ruhe, Freiheit, Ordnung und Glück. Verfüge über einen zwar starken, aber oft flatterhaften und rasch ermüdenden Verstand. Vermag Menschen zu beurteilen, riskiere jedoch oft – aus Mangel an Toleranz und auf Grund eines problematischen Überlegenheitsgefühls –, sie zu unterschätzen und abzulehnen, bevor mein Verstand korrigierend eingreifen konnte. Ich kann mich über einen Fehler, eine Ungehörigkeit, eine Gemeinheit empören und vermag kaum, den Ausbruch meiner Wut zu hemmen. Ich habe im stillen das Bedürfnis zu lieben, geliebt und auch ein wenig bewundert zu werden, so spöttisch ich zuweilen über ›bewundernde Gänse‹ zu lachen pflege. Ich brauche einen gleichmäßig stillen Lebensrahmen, um arbeiten zu können, und reagiere empfindlich auf die geringste Veränderung in meiner Umgebung ...«

Am wichtigsten erschien mir aber meine Fähigkeit, durch distanzierende Selbstreflexion mich über meinen aktuellen Zustand zu erheben, von ihm zu abstrahieren und mich durch die Formulierung dessen, was ich »beobachte«, von dem so Vergegenständlichten zu befreien. Diese Fähigkeit glaubte ich auch an Hegel erkannt zu haben, der sie wiederum Goethe zuschrieb, dessen Dichtung unter anderem die Funktion der Befreiung von seelischen Nöten und Leiden für ihn gehabt habe.

Alexandre Kojève – Stalins Hegel?

Irgendwann während der letzten Wochen meines Aufenthalts in Frankreich lernte ich Alexandre Kojève kennen. Vermutlich hatte mich Lucien Goldmann auf dessen Buch – Nachschriften seiner Vorlesungen an der »Ecole des Hautes Etudes« in Paris – aufmerksam gemacht: Es handle sich um eine ungemein eigenwillige und geradezu sensationelle Hegel-Interpretation, die ich natürlich kennen müsse, wenn ich über Hegels »Lehre vom Menschen« arbeite. Kojève – eigentlich Kojewnikow –, 1902 in Moskau geboren, war mit seinen Eltern vor der Oktoberrevolution in den Westen geflohen. Er hatte in Heidelberg bei Karl Jaspers promoviert, war aber, erneut von politischer Verfolgung bedroht, nach Frankreich gegangen und hatte dort Hegel-Vorlesungen gehalten, die sein Freund Alexandre Koyré ihm vermittelt hatte. Zu seinen Hörern gehörten zahlreiche junge Franzosen, die später berühmt werden sollten – unter ihnen Merleau-Ponty, Pater Gaston Fessard SJ, der Schriftsteller Raymond Queneau und Raymond Aron. 1947, also kurz bevor ich nach Paris kam, erschien bei Gallimard der Band – teils, wie gesagt, Vorlesungsnachschriften, teils auch Zusammenfassungen von Kojève selbst. Zu einer vollständigen Neufassung seiner Vorlesungen hatte der Autor sich nicht bereitgefunden. Inzwischen war er einer der führenden Finanzwissenschaftler beim »Secrétariat d'Etat aux Affaires Economiques«, später beim »Comité Interministériel pour les Questions de Cooperation Economique Européenne« (OEEC, ab 1961 OECD). Dabei hatte er nicht aufgehört, sich mit Philosophie zu beschäftigen, und publizierte ab und zu einen philosophischen Artikel. Nach seinem Tode sind noch eine ganze Reihe philosophischer Arbeiten von ihm veröffentlicht worden, vor allem – in seinem Todesjahr 1968 – ein »Essai d'une histoire raisonnée de la philosophie paienne«. In der englischsprachigen Welt wurde er berühmt durch seine Auseinandersetzung mit Leo Strauß um die richtige Interpretation des Dialogs von Xenophon über den Tyrannen Hieron von Syrakus.

Ich traf Kojève – wie in Paris üblich – in einem Café. Sofort entspann sich ein intensives Gespräch, das vor allem Kojève führte. Er wollte mich offenbar sogleich von seiner Deutung der historischen Situation überzeugen und war froh, in mir einen »Hegelianer« – so nahm er wohl an – zu finden, zumindest aber einen, der die gleiche Sprache sprach wie er. Es ging – wie in seiner Vorlesung – um die »Phänomenologie des Geistes«, die Hegel »unter dem Donner der Geschütze der Schlacht bei Jena und Auerstädt« 1806 abgeschlossen haben soll. Hegel war für Kojève »das Selbstbewußtsein Napoleons«. Wie jedes welthistorische Individuum hatte Napoleon gar nicht gewußt, was seine historische Mission war. Nach Hegel hat aber jede wahre Philosophie »ihre Zeit in Gedanken gefaßt«. Wenn Hegel seine Zeit in Gedanken faßte, dann faßte er die napoleonische Zeit in Gedanken, brachte sie auf ihren – Napoleon unbekannten – Begriff. Das gleiche aber, so erfuhr ich bald darauf, müsse man jetzt mit dem führenden Politiker der Gegenwart tun.

Unsere Zeit sei die eines großen – noch nicht definitiv entschiedenen – Weltbürgerkrieges. Über diesen Punkt war sich Kojève, der – was ich damals noch nicht wußte – intensiv mit Carl Schmitt korrespondiert hatte, mit Schmitt durchaus einig. Die beiden Kontrahenten bis 1945 – die Bolschewiki und die Demokraten auf der einen Seite, die Faschisten auf der anderen – waren inzwischen durch die sowjetische Welt und die kapitalistische Welt des Westens »ersetzt« worden, aber noch immer war es ein »Weltbürgerkrieg«. In philosophischen Termini ging es um zwei Varianten des Hegelianismus: um Links-Hegelianer (im Osten) und Rechts-Hegelianer (im Westen). Die radikalen Rechts-Hegelianer – die Nazis (Kojève dachte wohl eher an die italienischen Faschisten, die ja in der Tat zum großen Teil Hegelianer waren) – schienen 1945 besiegt worden zu sein, doch das Schicksal der anderen Rechts-Hegelianer war damit noch nicht entschieden. Was immer aber die Zukunft bringen würde, so oder so – Hegel würde das »Ende« ganz richtig vorausgesehen haben: Kommen mußte der universale Weltstaat, in dem alle durch alle anerkannt sind. Napoleons Weltreich war ein erster, wenn auch gescheiterter Anlauf zu diesem welthistorischen Ziel, aber – im Prinzip – war seither nichts Neues mehr hinzugekommen. Kojève hatte – 1945 – Stalin interpretiert, ihm das fehlende welthistorische Bewußtsein, nämlich das seine, hinzugefügt, wie Hegel dasjenige Napoleons, aber inzwischen war die »Partie« wieder offen: Vielleicht würde doch der demokratische Rechts-Hegelianismus siegen.

Als ich andeutete, daß mir diese Deutung doch etwas zu kühn erscheine, weil sie die Rolle der demokratischen Westmächte und der faschistischen Achsenmächte nicht deutlich genug unterscheide und es wohl nicht gleichgültig sei, welche Version des »Hegelianismus« siege, antwortete Kojève mit dem, was er »L'argument de Jeanne d'Arc« nannte.

Als Jeanne d'Arc für die Einheit des französischen Staates unter dessen König kämpfte, war das Ende des Feudalzeitalters gekommen. Die modernen Produktions- oder vielmehr Destruktionsmittel – Kanonen und andere schwere Waffen – konnten von den isolierten Feudalherren nicht aufgebracht werden. Sie verlangten größere, wirtschaftlich stärkere Einheiten, wie sie in England schon entstanden waren. In dieser Lage gab es im Prinzip zwei Möglichkeiten, sich dieser Herausforderung zu stellen: Entweder konnten sich die französischen Feudalherren zu einer politisch festgefügten Gemeinschaft – einer Art Feudalherren-Genossenschaft, die schwere Waffen besitzt – zusammenschließen, oder sie mußten sich einem über sie herrschenden König unterwerfen. Der König hat in dieser Lage Frankreichs den Sieg davongetragen, und Jeanne d'Arc als Vorkämpferin der Monarchie wurde – nachdem sie von den britischen Feinden verhaftet, verurteilt und hingerichtet worden war – zur Nationalheldin. Angenommen, die französischen Feudalherren hätten jene hypothetische Feudal-Genossenschaft zustande gebracht, dann wäre der König überflüssig und seine Sache danach so gut wie vergessen gewesen. Die Briten hätten Jeanne d'Arc zwar auch in diesem Fall hingerichtet, aber niemand würde mehr von ihr reden. Sie wäre nicht zur Nationalheiligen Frankreichs und zur wehrhaften »Jungfrau« stilisiert worden. So ähnlich müsse man sich den bevorstehenden Ausgang des Weltbürgerkrieges vorstellen: Entweder gelinge es den nationalstaatlich organisierten bürgerlichen Demokratien, ihre Zerrissenheit und ihre Antagonismen zu überwinden und eine einheitliche Weltgemeinschaft (analog zu jener Feudal-Genossenschaft) zu verwirklichen, oder aber die autoritären kommunistischen Diktaturen würden gewaltsam eine weltweite Einheit herstellen – so ähnlich wie das übrigens nicht nur der französische König für den einheitlichen Nationalstaat im Kampf gegen den Adel zustande gebracht hatte. So oder so würde das Ende der Geschichte, wie es Hegel vor mehr als 150 Jahren bereits erkannte, ein einheitlicher, universaler Weltstaat (oder eine allumfassende Weltgesellschaft) sein.

Alexandre Kojèves kühne welthistorische Spekulation imponierte mir nicht wenig, obgleich sie mich nie restlos überzeugt hat. Er gab mir damals den Sonderdruck einer etwas älteren Arbeit, die 1946 in der Zeitschrift »Critique« erschienen war, deren Herausgeber Eric Weil – übrigens noch ein frankophoner Hegelianer – ich damals ebenfalls kennenlernte. Der Titel »Hegel, Marx und das Christentum« faßte sowohl die Hegel-Interpretation der Vorlesungen als auch die aktualisierende Geschichtsdeutung Kojèves prägnant zusammen.

Da ich damals gerade die christlichen Hegel-Arbeiten von Iwan Iljin und A. Niel gelesen hatte, opponierte ich vor allem gegen Kojèves These, Hegel sei Atheist gewesen und habe dabei sogar Ludwig Feuerbach und Karl Marx an Radikalität übertroffen, die ihre atheistische Philosophie als Materialisten gegen Hegels Idealismus gestellt hatten. In einem Exzerpt, das ich damals angefertigt habe, sind immer wieder kritische Einwände gegen Kojèves Hegel-Auffassung durch Verweise auf Niel und Iljin »begründet«. Kojèves Einwand: Hegel habe an die Stelle Gottes (zu Recht) die sich selbst in der Geschichte verwirklichende Menschheit gesetzt, war aber – anhand der Hegel-Texte – nur schwer widerlegbar. Kojève behauptete: »Hegel versteht und verkündet, daß das, was man bisher ›Gott‹ nannte, in Wirklichkeit die Menschheit in der vollendeten Totalität ihrer geschichtlichen Entwicklung ist. Vor Hegel erschien das absolute Bewußtsein als dem Menschen äußerlich, und daher nannten es die vorhegelschen Menschen Gott ...« Aber das sei doch nur eine Illusion gewesen: »In Wirklichkeit« – hier wird Kojève zum Feuerbachianer – »war die Theologie immer (schon) eine unbewußte Anthropologie.« Der Mensch habe »seine eigene Perfektion, die er anstrebte, ins Jenseits projiziert«. Allerdings sei auch erst »am Ende der Geschichte das Ideal der Menschheit durch die Menschen verwirklicht worden ...« Dieses bevorstehende Ende – und das ist ein

Satz, an dem Kojève auch später noch festhält – ist »im Prinzip« von Hegel 1806 »vorweggenommen« worden.

Diese starke Behauptung stützte Kojève durch zwei Argumente: einmal dadurch, daß Napoleon schon (wenn auch letztlich scheiternd) ein universales und homogenes Weltreich zu schaffen suchte, in dem ein jeder Citoyen durch alle anderen als gleichberechtigt (?) anerkannt werde, und zum anderen durch den Begriff des »Weisen«, der am Ende der Phänomenologie steht und dem angeblich das »absolute Wissen« zukommt. »Weisheit«, so definiert er in einer Rezension der Romane seines Freundes Raymond Queneau, »ist nichts anderes als die vollkommene Zufriedenheit, die mit einem ebenso vollständigen Selbstbewußtsein verbunden ist.« Beides gehört notwendig zusammen. In der Geschichte hat es sowohl Selbstbewußtsein – ohne Zufriedenheit – in Gestalt des von Hegel so genannten »unglücklichen Bewußtseins« gegeben als auch beate Zufriedenheit ohne jedes menschliche Bewußtsein – in indischen und anderen Sektenideologien. Beides aber ist unzulänglich. An dieser Stelle kann sich Kojève einen ironischen Seitenhieb auf Jean-Paul Sartre nicht verkneifen. Er spricht von ihm als »jenem Neurotiker«, der eine kleine Bibliothek mit seinem Ekel gefüllt hat, den er – Sigmund Freud benützend – als entlarvende Einsicht in das Wesen der Dinge deklariert, woraus dann Weltekel, Angst und unglückliches Bewußtsein zum repräsentativen Ausdruck »menschlicher Existenz« gemacht wird. Wenn aber beides, Zufriedenheit und angemessenes Bewußtsein seiner selbst, zur vollendeten Weisheit gehört, dann ist Weisheit erst am Ende der Geschichte möglich. Dieses Ende sei zwar noch nicht gekommen, aber – im Prinzip – könne nicht über die Idee einer perfekten homogenen Weltgesellschaft und eines universalen Staates hinausgegangen werden, wie ihn Hegel – antizipierend – schon einmal annahm.

Der zentrale Begriff, mit dessen Hilfe Kojève sowohl Hegel als auch die Weltgeschichte interpretiert, heißt »Anerkennung«. Zufriedenheit setzt Anerkennung voraus. Erst durch die Anerkennung durch andere wird die »Selbstgewißheit«, die jeder für sich allein entwickeln kann, zur bestätigten Wahrheit. Aus prekärem Besitz wird erst durch Anerkennung Eigentum. Kojève konzentriert seine Interpretation auf diesen Hegelschen Begriff und gibt aus diesem Grunde der ersten Phase des berühmten Kapitels in der »Phänomenologie« über die Auseinandersetzung zwischen Herr und Knecht eine überragende Bedeutung, macht ihn zum Schlüsseltext. Erst dadurch, daß Menschen die bloße Anerkennung – also etwas Geistiges, im materiellen Sinne Irreales – für so wertvoll halten, daß sie dafür ihr Leben aufs Spiel setzen, treten sie aus der bloß daseienden Natur hinaus. Erst mit dem Prestigekampf um Anerkennung, an dessen Ende die Duplizität von Herr und Knecht steht, beginnt die Geschichte, die zugleich die Geschichte der Menschwerdung des Menschen durch die Menschen ist. Mit dieser Duplizität wird ein Motor in Gang gesetzt, der erst mit der gleichzeitigen Aufhebung von Herrschaft und Knechtschaft in einem »homogenen Citoyen-Staat« (oder in einer »klassenlosen Gesellschaft«) beendet ist.

Im Unterschied zu Marx interessiert sich Kojève weniger für die Entwicklung der Produktivkräfte und Produktionsmittel und dafür weit mehr für die der Wissenschaften und der Zerstörungsmittel (siehe das Argument der Jungfrau von Orlèans). Kriege und Revolutionen bilden den Inhalt der Weltgeschichte. Kriege, in denen die Herren (und die von ihnen geführten Staaten) nach Herrschaft streben, und Revolutionen, in denen die (jeweiligen) Knechte ihre Anerkennung als Gleichberechtigte durchzusetzen suchen. Das Ende der Geschichte ist erreicht, »wenn die Menschen vollkommen durch die Tatsache, daß sie Bürger eines universalen Staates geworden sind, Befriedigung finden – oder wenn eine klassenlose Gesellschaft die ganze Menschheit umfaßt«.

Orthodoxe Marxisten stießen sich vor allem an Kojèves Betonung der Bedeutung des Kampfes auf Leben und Tod, die er übrigens auch für die revolutionäre Erhebung der Knechte für ausschlaggebend hielt. Indem sie revoltierend ihr Leben wagen, beweisen die Knechte, daß sie keine mehr sind, und widerlegen ihren früheren Status durch die Tat. Es ist gut möglich, daß Frantz Fanon in seinem Buch »Les Damnés de la Terre« mehr von Kojèves Hegel-Deutung als von Marx und Sartre beeinflußt war. Er brachte allerdings eine psychoanalytische Interpretation des Bewußtseins der Kolonisierten (Knechte) hinzu. Als er betonte, daß der Einsatz des Lebens, der gewaltsame Aufstand gegen die Kolonialherren, eine psychische Notwendigkeit für die Überwindung des Minderwertigkeitsgefühls der Kolonisierten sei, hätte er sich auf Kojève berufen können.

Der Abschnitt der Phänomenologie »Das Böse und seine Verzeihung« verweist – nach Kojève – eindeutig auf Napoleon und Hegel. Das Böse sind die politischen Verbrechen des welthistorischen Individuums Napoleon, die Verzeihung ist die Rechtfertigung Napoleons durch Hegel. Das »handelnde Bewußtsein«, von dem Hegel spricht, ist Napoleon, das »urteilende Bewußtsein« sein eigenes. Wörtlich heißt es bei Hegel, den Kojève zitiert: »Das versöhnende Ja, worin beide Iche von ihrem entgegengesetzten Dasein ablassen, ist das Dasein des zur Zweiheit ausgedehnten Ichs, das darin sich gleich bleibt und in seiner vollkommenen Entäußerung und Gegenteile die Gewißheit seiner selbst hat; es ist der erscheinende Gott mitten unter ihnen, die sich als das reine Wissen wissen.« Diese Versöhnung ist zugleich die von Frankreich und Deutschland in Hegels Denken.

Napoleon hat die »Gewißheit seiner selbst«, in der Philosophie Hegels wird das ihm fehlende Selbstbewußtsein formuliert – und damit »die Wahrheit« dieser Gewißheit geliefert. Da Napoleon »ein anderer« ist als Hegel, ist Hegels Bewußtsein von ihm nicht bloß subjektive Gewißheit, sondern Offenbarung einer objektiven Wirklichkeit, das heißt Wahrheit. Die napoleonische Wirklichkeit (sein Konzept des universalen Staates, I. F.) ist in sich abgeschlossen, perfekt und absolut und zugleich – dank Hegel – völlig ihrer selbst gewiß, also »absoluter Geist«, den die Christen ›Gott‹ nennen. Napoleon ist daher »der erscheinende Gott«.

Kojève kann zwar nicht umhin zuzugeben, daß für Hegel Christus der vollendete Versöhner (der Menschheit mit Gott) war, der »wahrhaft fleischgewordene Logos« ist aber für Kojève die Dyade Napoleon–Hegel, der Mensch, der die geschichtliche Entwicklung vollendet hat, verdoppelt durch den Menschen, der durch seinen Diskurs den Sinn dieser Vollendung offenbart.

Henri Niel lehnt als gläubiger Katholik diese Hegel-Deutung ab, weil er Hegel als christlichen Denker in Anspruch nehmen möchte. Er behauptet – im Gegensatz zu Kojève –, Hegels Geschichtsdenken sei gescheitert, kann aber dieses Scheitern nur schwer gegen die Argumente des Hegelianers Kojève »beweisen«. Der Zerfall der Hegelschen »Schule« in Links- und Rechts-Hegelianer ist für Kojève kein Beweis für Hegels Scheitern. Vielmehr seien alle ernstzunehmenden Denker seit Hegel entweder Rechts- oder Links-Hegelianer gewesen, keiner sei also »über Hegel hinausgelangt«. Hegel-Kritiker wie Sören Kierkegaard habe Hegel schon im voraus – durch seine

Ausführungen über das »unglückliche Bewußtsein« – in der »Phänomenologie« widerlegt. Freilich gibt Kojève zu, daß heute – wie zur Zeit von Marx – die Philosophie Hegels weniger (schon) eine Wahrheit im eigentlichen Sinne als eine Idee oder ein Ideal sei, ein Entwurf, der verwirklicht werden soll, sich also noch durch die Tat »bewähren« (bewahrheiten) müsse. Gerade deshalb aber, weil die Geschichtsphilosophie Hegels – und für Kojève ist das der ganze Hegel – *noch nicht* wahr ist, sei diese Philosophie allein fähig, eines Tages wahr zu werden. Sie allein sage, daß die Wahrheit sich in der Zeit verwirklicht. Deshalb werde die Geschichte niemals den Hegelianismus widerlegen, sondern sich damit begnügen, zwischen deren beiden Interpretationen, die sich gegenüberstehen, zu wählen. Und Kojève endet 1946 mit der These: »Man kann also sagen, daß im Augenblick jede Hegel-Interpretation ... nur ein Programm des Kampfes und der Arbeit ist. Eins dieser Programme heißt Marxismus. Das heißt aber, daß die Arbeit eines Hegel-Interpreten eine Aufgabe der politischen Propaganda ist.«

An dieser Propaganda hat sich Kojève freilich selbst nicht beteiligt. Er begnügte sich vielmehr damit, die Weltgeschichte und ihren noch immer offenen Ausgang als Hegelianer zu verstehen. »Kürzlich«, so schreibt er 1946, »hat die Linke einen großen Sieg errungen, und es wäre absurd, daraus zu schließen, daß die Rechte (unbedingt) am Ende siegen müsse. Aber ebenso falsch wäre es zu sagen, daß die vorläufig siegreiche Interpretation sich schon endgültig als siegreich erwiesen habe.«

Kojève faszinierte mich, wie gesagt, aber er überzeugte mich nicht. Ich war zu sehr von religiösen Interpretationen Hegels beeindruckt, um seine atheistisch-existentielle annehmen zu können, aber zugleich verwirrte er mich nicht wenig. Immer wieder diskutierte ich mit ihm und staunte stets aufs neue über das schier unerschütterliche Selbstbewußtsein dieses einzig genuinen zeitgenössischen Hegelianers. Als ich ihn einmal fragte, ob er denn Volkswirtschaft und Finanzwissenschaft studiert habe, da er sich jetzt mit ökonomischen Fragen zum Beispiel auf den Weltwährungskonferenzen zu beschäftigen habe, erwiderte er – wie oft halb ironisch –: Als Hegelianer verfüge man ohnehin über das »absolute Wissen«. Es lag ihm aber auch viel daran, weiter als Denker ernst genommen zu werden. Die größte Freude hatte er, als auf einer der Konferenzen, bei denen er die französische Regierung vertrat, ein südamerikanischer Delegierter begeistert auf ihn zuging und ihn als den berühmten Hegel-Interpreten begrüßte.

Nach Tübingen zurückgekehrt, bemühte ich mich um einen Verleger für eine Übersetzung des Kojèveschen Hegel-Buches. Schließlich war Kohlhammer dazu bereit. Mit Kojèves Diktion, die er selbst als germano-russo-französisch bezeichnete, hatte ich einige Schwierigkeiten, zumal er gelegentlich auch Anglizismen (realiser z. B. in der Bedeutung von begreifen) einfließen ließ. Daraus entstand eine lebhafte Korrespondenz, in der auch politische Zeitereignisse kommentiert wurden. Kurz vor seinem plötzlichen Tod bereiste er 1968 – zum erstenmal seit der Flucht seiner Familie – wieder Rußland und kam desillusioniert und traurig zurück.

Kurz bevor ich Ende Mai aus Paris abreiste, hielt ich es für »angemessen«, Kojève einen Abschiedsbesuch zu machen. Als »wohlerzogener Deutscher« glaubte ich, sonntags zwischen 11 und 12 dürfe man einen solchen Besuch wagen. Kojève öffnete mir im Schlafrock und war förmlich erschrocken. Ich ahnte nicht, daß unaufgeforderte Höflichkeitsbesuche in Frankreich ganz und gar unüblich sind. Kojève rief seiner Lebensgefährtin, die auch Russin war, ein paar kritische Worte zu. Er ahnte nicht, daß ich genügend Russisch konnte, um ihn zu verstehen. Meine kleine Rache bestand darin, daß ich – mich empfehlend – ein paar russische Abschiedsfloskeln hersagte, die ihn vermutlich noch einmal erschrecken ließen. Unserer bleibenden Freundschaft hat das keinen Abbruch getan.

Ab und zu schickte mir Kojève einen Sonderdruck mit einer – manchmal jetzt auch russischen – Widmung. Meist schrieb er deutsch, manchmal auch französisch, und oft benützte er – als sparsamer Mann – das Papier des Secrétariat d'Etat aux Affaires Economiques oder der Présidence du Conseil, Comité Interministeriel pour les Questions de Cooperation Economique Européenne.

Sein Hegel-Buch hätte er gern unter dem herausfordernden Titel »Einführung Hegels in die Gegenwart« herausgegeben. Leider war der Verleger dafür nicht zu gewinnen. Im Rückblick scheint mir das noch heute bedauerlich. An der Übersetzung arbeitete ich mit meinem Freund Gerhard Lehmbruch zusammen, der einen wacheren

Sinn als ich für manche Anglizismen bei Kojève hatte. Im Zweifelsfall durften wir den Autor befragen, der ja noch 1929 seine Dissertation über den russischen Religionsphilosophen Wladimir Slowjow auf deutsch geschrieben hatte und drei- oder richtiger viersprachig war (russisch, deutsch, französisch, englisch).

Die Sowjetmarxisten sahen in Kojève einen begabten Feind und warfen ihm vor, er habe Hegel an die Stelle von Marx gesetzt. Außerdem habe er durch Betonung der Rolle des Todes und der Todesbereitschaft für die Vermenschlichung des Menschen indirekt Marx kritisieren wollen, der angeblich dieses wichtige Moment übersehen oder unterschlagen habe. »Kojèves Hegel-Auffassung stelle sich so als eine raffinierte Form bürgerlicher Marx-Bekämpfung dar« (Manfred Buhr, Ost-Berlin 1961, in einer Rezension der von mir 1953 herausgegebenen deutschen Ausgabe).

Alexandre Kojève war mit dem katholischen Hegelianer und mutigen Antifaschisten (und Antikommunisten) Pater Gaston Fessard sowie mit Raymond Aron befreundet. Er gehörte aber keiner »politischen Richtung« an, sondern empfand sich als Denker, der aus gelassener Distanz den Fortgang des Weltbürgerkrieges betrachtet, weil er überzeugt war, so oder so werde Hegels Vision vom homogenen universalen Weltstaat (oder der klassenlosen Weltgesellschaft) recht behalten. Die danach kommende Posthistoire hat er freilich als ziemlich langweilig und banal beschrieben. Wenn es keine Kriege und keine Revolutionen mehr gibt, wird es auch keine neuen Gedanken, keine neuen Künste und Religionen mehr geben, weil die Menschen mit dem erreichten Zustand zufrieden und sich dieser Tatsache bewußt sind.

Was sein Freund Raymond Queneau in drei Romanen als den »Sonntag des Lebens« beschrieben hatte, war das höchst banale Leben ziemlich ungebildeter, selbstzufriedener Randexistenzen, die als solche den Seelenzustand vorwegnehmen, der am Ende der Geschichte der aller Individuen sein wird.

Kojève setzte als Motto seiner Rezension dieser drei Romane ein Hegel-Zitat, das ich freilich bei diesem nicht finden konnte. Rückübersetzt lautet es: »Der Sonntag des Lebens ist's, der alles nivelliert und alles Schlechte eliminiert; Menschen, die mit einem so guten Humor gesegnet sind, können nicht zutiefst böse oder verächtlich sein.«

Kojève hat vermutlich eine Stelle in Georg Lassons Ausgabe der »Philosophie der Weltgeschichte« in Erinnerung. Sie heißt: »Freilich muß sich der Mensch notwendig mit dem Endlichen abgeben; aber es ist eine höhere Notwendigkeit, daß der Mensch einen Sonntag des Lebens habe, wo er sich über die Werktagsgeschäfte erhebt, wo er sich mit dem Wahrhaftigen abgibt und dieses sich zum Bewußtsein bringt.« Ganz entfernt erinnert das ein wenig an das von Kojève »erfundene« Motto.

Diese Charakterisierung trifft für die drei Hauptgestalten der Romane Queneaus tatsächlich zu. Sie sind durchschnittlich, zufrieden, unbedeutend, aber nicht böse. Zwar entsprechen sie nicht dem »klassischen Ideal« des Weisen, aber vom Standpunkt eines Hegelianers, der weiß, daß die Geschichte nichts prinzipiell Neues mehr bringen kann und ihr »Ende« insoweit schon gekommen ist, sind sie »weise«. Jede Anstrengung, jedes Bemühen, die Welt zu verändern, ist ja damit sinnlos geworden. Nur: So wird das Leben auch banal und langweilig, was Kojève auch keineswegs leugnet. Das allerdings hat zur Folge, daß sein geschichtsphilosophischer Optimismus ziemlich zweideutig wird. Als der Amerikaner Francis Fukuyama 1990 in einem Essay – unter Berufung auf Kojève – das »Ende der Geschichte« nunmehr mit dem definitiven Sieg des demokratischen Kapitalismus verkündete, lag ihm diese negative, Langeweile erzeugende Konsequenz der »Posthistoire« keineswegs fern.

Da ich 1948/49 gerade am Anfang meines beruflichen Lebensweges stand und viele Aufgaben vor mir sah, konnte ich die gelassene Haltung des überlegenen (zynischen?) Denkers Kojève zwar bewundern, aber nicht akzeptieren. Noch immer bin ich davon überzeugt, daß die Geschichte weitergeht und daß sie – in dem von Hegel angeblich antizipierten Sinn – überhaupt kein Ende haben wird. Der homogene Weltstaat erscheint mir ebensowenig im Kommen wie die weltweite klassenlose Gesellschaft, und ich halte beides auch keineswegs für wünschenswert.

Ein überzeugendes Argument gegen das Ideal eines einheitlichen Weltstaates hat mir viele Jahre später einmal Bertrand de Jouvenel genannt: In einem Weltstaat könnten politisch Verfolgte oder diskriminierte Personen nirgendwohin mehr fliehen. Es gäbe kein Exil, keinen Ort des Asyls für sie mehr. Jouvenel war vor der deutschen Besetzung Südfrankreichs in die Schweiz geflohen und hatte dort überlebt. Ähnlich wie ihm ist es in jener Zeit vielen – leider nicht allzu vielen – gelungen, sich der tödlichen Gefahr der Verfolgung in einem Staat durch die Flucht in einen anderen zu entziehen.

Erst 1953 ist die von mir edierte (auf Grund von Vorschlägen des Autors gekürzte) deutsche Ausgabe des Hegel-Buches von Kojève erschienen. Ich erhielt eine Menge begeisterter Zuschriften, auch die eines mir damals unbekannten Philosophiedozenten aus New York. Er hieß Jacob Taubes. Seine »Abendländische Eschatologie« war soeben (1947) erschienen, und Kojève war in seinen Augen der letzte authentische eschatologische Denker und ich sein verdienstvoller Vermittler in Hegels Heimat.

Mein Stipendium wurde mir bis Ende Juli 1949 bezahlt. Da ich aber, abgesehen von geringen Einnahmen für ein paar Zeitungsartikel, vor dem 1. Oktober in Deutschland kein Einkommen haben würde, beschloß ich, schon Ende Mai nach Tübingen zurückzukehren und das restliche Stipendium – zu dem damals günstigen Wechselkurs – in D-Mark einzutauschen. Die erste Enttäuschung bei meiner Rückkehr an den Neckar bestand darin, daß die Studentin, der ich mein schönes Zimmer für die Dauer meiner Abwesenheit überlassen hatte, sich inzwischen dort so wohl fühlte, daß sie nicht bereit war, das Feld zu räumen. Meine Wirtin erklärte darüber hinaus ganz offen, daß sie Studentinnen bevorzuge, weil sie besser saubermachten; außerdem trug sie mir vermutlich noch nach, daß ich einmal zwei Ausländerinnen bei mir hatte übernachten lassen. Der Hinweis auf den »unschuldigen Charakter« dieser Nothilfe für die auf dem Weg nach Urach in Tübingen hängengebliebenen Engländerinnen fand bei der mißtrauischen Wirtin natürlich keinen Glauben. So stand ich zunächst einmal ohne Behausung da.

Eduard Spranger verhalf mir daraufhin zu einer geradezu idealen »Bude« im Gebäude des Philosophischen Seminars in der Münzgasse. Sie bestand genaugenommen sogar aus zwei Zimmern, von dem ich das eine als Schlafzimmer, das andere – in dem ein solider Schreibtisch stand – als Arbeitszimmer nützen konnte. Einige Monate, bis zum Umzug meiner Mutter mit dem »Rest« der Familie nach Tübingen, genoß ich diese praktische Behausung, von der aus ich direkten Zugang zu der großen Bibliothek des Seminars hatte. Außerdem kümmerte sich niemand darum, ob und wann ich Freunde oder Freundinnen in meiner »Wohnung« empfing. Da das Zimmer zum Hof hin ebenerdig war, konnten Besucher sich ohne weiteres durch Klopfen ans Fenster bemerkbar machen.

Einmal tat das auch Frau Spranger, als sie mir einen Brief mit Aufträgen ihres Mannes überbringen wollte. Zufällig hatte ich gerade »Damenbesuch« und mußte versuchen, diese Tatsache so gut wie möglich zu verbergen. Ich habe keine Ahnung, ob mir das gelang. Jedenfalls ließ sich Frau Spranger nichts anmerken, als ich sie höflich vor der Tür empfing und sie nicht, wie üblich, hereinbat.

Während der letzten Wochen in Soisy hatten sich die Beziehungen zu meiner Freundin in Paris gelockert. Es gab keinen plötzlichen Bruch, sondern eine allmähliche »Entfremdung«. Mit dem Ende dieser emotional hochaufgeladenen Verbindung war ich gelassener und freier geworden. Ein Abschnitt meines Lebens war beendet.

Dank an Frankreich

Nach meiner Rückkehr aus Frankreich habe ich in Vorträgen und zwei Zeitungsartikeln versucht, meine Eindrücke vom Nachbarland weiterzugeben und, soweit ich das konnte, zu einem besseren gegenseitigen Verständnis zwischen den Menschen dieser beiden Völker beizutragen. Ein Artikel sollte zeigen, wie sich nach meiner Erfahrung das »Deutschenbild« in Frankreich langsam aufzuhellen begann, auch wenn die schmerzlichen Erinnerungen an Krieg und Besatzungszeit noch lebendig waren.

In »Was denkt der Durchschnittsfranzose über Deutschland« führte ich 1949 aus:

»Gewiß, wenn man unmittelbar nach dem Kriege von einer ganz allgemeinen, verbreiteten ›Germanophobie‹ sprechen konnte, so sind wir heute noch weit davon entfernt, das entgegengesetzte Phänomen beobachten zu können. Fest steht jedoch, daß die überdrüssige Gleichgültigkeit, mit der man noch vor Jahresfrist deutschen Problemen begegnete, in weiten Kreisen einem abwartenden Interesse Platz gemacht hat, das hie und da sogar Regungen von Sympathie aufkommen läßt. Die veränderte weltpolitische Lage, das Schicksal vor allem Berlins, Nachrichten von deutscher Innenpolitik, die sich nicht mehr auf nazistische Umtriebe beschränken, gute Leistungen deutscher Zivilarbeiter in Frankreich, interessante deutsche Nachkriegsfilme wie ›Die Mörder sind unter uns‹, Bücher wie ›Der SS-Staat‹ von Eugen Kogon oder Ernst Wiecherts ›Totenwald‹ informierten über das ›andere Deutschland‹ und beginnen allmählich auch ihre Wirkung zu tun. Nüchterne und verständnisvolle Politiker wie Robert Schuman bringen durch ihre persönlichen Kenntnisse und Erfahrungen ein differenzierteres Deutschlandbild mit, und selbst in Kreisen der traditionalistischen und nationalistischen Rechtsparteien werden zuweilen Stimmen des Verstehens laut.

So wichtig und bedeutsam aber diese Äußerungen auch sein mögen, überschätzen dürfen wir sie nicht. Zu nah und zu schmerzvoll ist die Erinnerung an das Geschehen der Besatzungszeit, zu alt und zu wohl begründet die Furcht vor der ›deutschen Gefahr‹, die bisher noch nie getrogen hat, zu bestechend – auch durch seine Einfachheit – das überlieferte Deutschlandbild, als daß mit einem Male ein problematisierend-kritisches und wohlwollendes Verständnis deutscher Verhältnisse und Zustände hätte entstehen können.

Bei einem meiner Vorträge äußerten katholische Bürger der Gemeinde von St. Roch deutliche Reserven und Einwände. Ein Weltkriegsteilnehmer z. B. sprach voller Entrüstung von der mangelnden Vertragstreue der Deutschen – nicht erst unter Hitler – und brachte sie mit einem typisch deutschen, defizitären Rechtsempfinden in Zusammenhang, das er ›dynamisch und labil‹ nannte, wohingegen das französische Rechtsbewußtsein ›statisch und gefestigt‹ sei. In einer daran anschließenden Diskussion widersprach der Pfarrvikar heftig und verwies darauf, daß es nicht zweierlei Recht gebe, sondern nur ein einheitliches christliches (!), das allgemeinverbindlich für Deutsche wie Franzosen sei. Das war zwar keine Widerlegung des Weltkriegsteilnehmers, aber doch ein Versuch zur Verständigung. Andere Diskussionsteilnehmer schreckte die unheimliche ›Vitalität‹ der Deutschen, die inmitten all ihrer Not und Leiden so viel Kraft und Mut zum raschen Wiederaufbau und Neubeginn gezeigt hätten. Schlagworte wie ›das ewige Werden‹ und der Nietzschesche ›Wille zur Macht‹ verbanden sich mit einer ästhetisch-psychischen Furcht, die den emotionalen Hintergrund des Denkens und Urteilens vieler bildet. So entsteht das unheimliche Drohbild der ›östlichen Barbaren‹, das es ja in Deutschland ganz ähnlich gegenüber den Ostslawen – Polen und Russen – gibt.

Oft begegnet man aber auch enttäuschter Liebe zu jenem Volk, das der europäischen Kultur so viel geschenkt habe, um dann beinahe noch mehr in sich und anderen wieder zu zerstören. Ein kleiner Kaufmann sagte mir nach meinem Vortrag rasch und beinahe verlegen: ›Wenn Sie nach Deutschland zurückkommen, sagen Sie bitte Ihren Landsleuten, wir wollten gern eine neue Ära des Verstehens und der Verständigung beginnen, aber die Deutschen müssen den Anfang damit machen, indem sie sich von den Greueltaten der Nazis distanzieren und sie reumütig bekennen.«"

Filme haben in der Tat viel zur Meinungsänderung der Franzosen beigetragen: vor allem »Das Schweigen des Meeres«, nach der bekannten Erzählung des Résistance-Autors Vercors (Jean Bruller) gedreht. Der »Held« dieses Films ist ein Deutscher, ein Offizier der nationalsozialistischen Wehrmacht und ein Mensch, der Frankreich liebt. Von Beruf ist er Komponist und verkörpert all das, was liebenswert an Deutschen ist, was rein geblieben ist und unberührt von all dem Schmutz ringsum. Dieser junge Offizier tritt für eine Verständigung zwischen Deutschland und Frankreich ein, für ein wirkliches, tiefes und echtes Verstehen, aber die Wirklichkeit der deutschen Besatzungspolitik in Frankreich erschreckt ihn. Voller ausweisloser Verzweiflung klagt er dem schweigsamen Wirt und einem schweigsamen jungen Mädchen sein Leid. In der Not seines enttäuschten Herzens findet er nur eine Lösung: Er meldet sich an die Front – nach Rußland. Das war gewiß keine wirkliche Lösung, aber doch ein ehrlicher Versuch, sich loszureißen von der Verstrickung in eine gemeinsame Schuld – wenigstens hier in Frankreich, wo er die Menschen und ihre Kultur so sehr liebt. »Das Schweigen des Meeres« (Le silence de la mer) war kein amüsanter Film: Während dieser zwei Stunden wird nur wenig gesprochen, und fast immer spricht allein der Deutsche, aber es wird kaum einen Zuschauer geben, der nicht wenigstens begriffen hätte, was in diesem Menschen vorging.

»Allemagne an zéro« (Deutschland im Jahre 0) stellte in erschütternden Bildern das Elend Nachkriegsdeutschlands dar; »Les assassins sont parmi nous« (Die Mörder sind unter uns) – der erste deutsche Film übrigens, der nach dem Krieg hier gelaufen ist – bewies das Vorhandensein selbstkritischer Besinnung und beginnender Überwindung nationalsozialistischer Ideologie – zumindest bei einigen Deutschen.

In einem anderen Aufsatz »Deutsche als Boursiers de la République Française« ging ich noch einmal auf die Bedeutung des Studentenaustauschs ein:

»Das alles und auch die Anwesenheit aufgeschlossener Studenten trug dazu bei, die radikale Ablehnung und den oft spürbar gewesenen Haß, der naturgemäß nach Kriegsende bei vielen Franzosen vorhanden war, zu mildern.

Man darf dabei nicht vergessen, daß zahlreiche Familien ein oder gar mehrere Angehörige in deutschen Kriegsgefangenenlagern oder Konzentrationslagern hatten – besonders im Elsaß und in Lothringen, wo das Spitzelsystem der Gestapo dicht und die Naziherrschaft besonders hart war. Es wäre daher zweifellos verkehrt, wenn man annehmen wollte, all dies sei von heute auf morgen gänzlich vergessen und vergeben, aber es bleibt doch die Tatsache, daß selbst der Durchschnittsfranzose heute zu einem Gespräch mit dem Nachbarn von der anderen Seite des Rheins bereit ist und die Notwendigkeit gegenseitiger Annäherung und Verständigung einsieht.

›Nationalismen‹, sagte mir neulich der Fahrer eines Lieferwagens, der mich von Soisy-sur-Seine nach Paris mitnahm, ›haben heute – im Zeitalter der Atombombe – keinen Sinn mehr, und ich weiß wie nahe im Grunde Deutsche und Franzosen einander sein können. Oft hab ich mit einfachen deutschen Soldaten in Lille gesprochen, sie dachten genau wie wir.‹ Es ist angenehm, wenn man zuweilen hören kann, daß es solche deutschen Soldaten gab, ihr damaliges Verhalten trägt noch heute Früchte.

Hoffen wir, daß jene friedlichen Kontakte, die heute durch die großzügige Geste der französischen Regierung möglich geworden sind, das Ihre dazu beitragen, um den alten und so unfruchtbaren deutsch-französischen Gegensatz in Europa definitiv zu überwinden und uns (...) dem Ziel näher bringen, das allein unsere Zivilisation in Europa retten kann und das deshalb auch einem rechtverstandenen Patriotismus entspricht: dem vereinigten Europa!«

Ergänzend hätte ich noch hinzufügen können, daß es schon bald nach Kriegsende in Paris ein »Comité« gab, das sich um Kontakte zum »neuen« Deutschland, zum demokratischen Deutschland, bemühte und dem viele angesehene Intellektuelle wie Emmanuel Mounier und Edmond Vermeil angehörten. Auffallend war, daß weit eher jüdische Flüchtlinge aus Deutschland, die im Untergrund überlebt hatten, und Widerstandskämpfer als ehemalige Kollaborateure Kontakt mit Deutschen suchten. Konservative, die sich durch ihre Kollaboration allzusehr kompromittiert hatten, waren eher bemüht, ihre beschämende Vergangenheit zuweilen durch nachträglichen Deutschenhaß zu kompensieren.

Weichenstellung für die Zukunft

Als Assistent bei Eduard Spranger

Auch wenn ich rückblickend eine gewisse »Entwicklungslinie« in meinem Leben zu erkennen glaube, läßt sich doch kaum leugnen, daß – nicht nur im Krieg – Zufälle oft eine wichtige Rolle gespielt haben. Im Herbst 1945 hatte ich die Lage an der Universität Heidelberg »erkundet«. Manches gefiel mir, aber die Stadt war mit amerikanischen Soldaten »überfüllt« und für mein Gefühl zu hektisch. Außerdem erinnerte ich mich daran, daß mein Vater in Tübingen studiert hatte, und ihm wollte ich ja vor allem nacheifern. Wäre ich damals in Heidelberg geblieben, hätte mich vermutlich Karl Jaspers in seinen Bann gezogen, den ich erst 1955 in Bad Ragaz anläßlich der Feiern zum 100. Todestag von Schelling einmal hörte; aber da war ich schon zum »linken Hegelianer« geworden und für die liberale Existenzphilosophie eines Jaspers unempfänglich. Als ich im Sommersemester 1946 schließlich einsah, daß das Doppelstudium der Medizin und Philosophie zu zeitraubend war für jemanden, der wie ich fünf Jahre durch den Krieg verloren hatte, kam in Tübingen als Hochschullehrer nur Eduard Spranger in Frage.

Nach der Emeritierung der beiden »belasteten« ehemaligen Ordinarien der Tübinger Universität, Theodor Häring und Max Wundt, war er 1946 nach Tübingen berufen und von der französischen Besatzungsmacht – samt seiner großen Bibliothek – über die Zonengrenze hinweg von Berlin dorthin »gebracht« worden.

Beinahe wäre damals Martin Heidegger nach Tübingen berufen worden. Französische Hochschuloffiziere hatten sich für ihn stark gemacht, und auch die Philosophische Fakultät war nicht abgeneigt, den in Freiburg verdrängten Denker aufzunehmen. Wie ich erst aus einem 1985 publizierten Protokoll aus dem Universitätsarchiv erfuhr, scheiterte diese Berufung lediglich am Einspruch des Mathematikers Erich Kamke, der als einer der wenigen Tübinger Hochschullehrer von den Nazis verfolgt worden war, weil er treu zu seiner jüdischen Frau gehalten hatte. In den Fakultätsunterlagen heißt es: Professor Kamke verstehe nicht, »daß ein Mann mit einer solchen Philosophie des Nichts und einer solchen politischen Haltung vorgeschlagen werden konnte. Die Studenten müßten zu klarem Denken erzogen werden, und dazu sei Heidegger nicht imstande.« Die Professoren Romano Guardini und Enno Littmann waren für die Kandidatur Heideggers eingetreten, und die Abstimmung hatte 31 Ja- und 8 Nein-Stimmen ergeben. – Die Berufung kam dennoch nicht zustande, weil die zuständige Landesbehörde das Sondervotum Professor Kamkes ernster nahm als das der Mehrheit.

Vielleicht hätte mich ein in Tübingen lehrender Martin Heidegger trotz seiner anrüchigen Rektoratsrede von 1933 beeinflußt. Später kam mit Gerhard Krüger ein bedeutender zweiter Ordinarius – neben Spranger – nach Tübingen, aber da war ich schon »Schüler« von Spranger und nicht mehr »frei«.

Ich weiß nicht genau, wodurch die Verbindung zu Spranger zustande kam, vermutlich war es auf Grund einer Klausurarbeit, die er zur Voraussetzung für die Aufnahme in sein Oberseminar machte. Meine Selbsteinschätzung war, daß ich halbwegs mit dem Thema zu Rande gekommen war, obgleich ich ja – als drittes Semester – eigentlich noch gar nicht als »oberseminarreif« galt. Die Seminarassistentin Dr. Gudrun Schaal meinte aber, ich sei sehr gut gewesen, und vermutlich war das auch der Eindruck Eduard Sprangers. Als ich ihn um Rat bat, ob ich Medizin aufgeben und Philosophie studiern sollte, empfahl er mir – wie erwähnt –, beides zu kombinieren. Er nahm aber später auch hin, daß ich mich ganz dem Philosophiestudium (mit deutscher und französischer Literaturwissenschaft als Nebenfächern) widmete.

Eduard Spranger beeindruckte als ein durch und durch preußischer, aber zugleich liberaler und antinazistischer Lehrer. Wie sehr er – vom Konservatismus herkommend – sich mit den Nazis angelegt hatte, erfuhr ich erst wesentlich später. Wir Studenten wußten damals, daß er der »Mittwochsgesellschaft« angehört hatte, zu der auch Generaloberst Beck zählte, und daß auf einer Liste künftiger

Minister der Verschwörer vom 20. Juli sein Name stand. Diese Tatsache trug ihm einige Wochen Gestapo-Haft ein, und nur die Intervention des japanischen Botschafters in Berlin – die Wolfgang Harich mobilisiert hatte – brachte ihm die Freiheit wieder. Zwischen 1936 und 1937 war er als Gastprofessor in Japan gewesen und beeindruckt aus dem Fernen Osten zurückgekehrt. In seinem Arbeitszimmer stand noch immer die große Puppe eines legendären japanischen Musterschülers (dessen Name ich vergessen habe), die man ihm zum Abschied geschenkt hatte.

Das Hochdeutsch Sprangers war leicht Berlinerisch eingefärbt. Wenn man ihn jedoch als »Berliner« ansprach, pflegte er zu erwidern: »Ich bin in Lichterfelde-Ost« geboren, das 1882 noch nicht eingemeindet war. Sprangers Vater besaß ein Spielwarengeschäft auf der Friedrichstraße, und das Einzelkind wuchs in angenehmer bürgerlicher Umwelt auf. Wie alt er war, erkannten wir, als er während eines seiner Teenachmittage berichtete, daß er alle drei deutschen Kaiser noch persönlich gesehen hatte: Wilhelm I. bei einer Parade; den Neunzig-Tage-Kaiser Friedrich III. 1888, als der schon schwer Kranke in der Kutsche vorbeifuhr; und Wilhelm II. wurde er sogar persönlich vorgestellt. Der junge Leipziger Professor nahm 1911 an einer Veranstaltung anläßlich der Gründung der »Kaiser-Wilhelm-Gesellschaft« in Berlin teil. Befragt, welches Fach er vertrete, antwortete Spranger: »Philosophie, Majestät!«, darauf Wilhelm II.: »Brauchen wir jar nich!« Diese für den Kasinoton des Kaisers charakteristische Äußerung kommentierte Spranger außerordentlich verständnisvoll, indem er meinte: »Majestät wollten damit andeuten, daß es jetzt vor allem auf die Naturwissenschaften ankomme.« Für deren Förderung wurden ja auch die Institute der neuen Gesellschaft geschaffen. Im Laufe der Jahre wurde Spranger immer »hohenzollernfreundlicher«, während er in seinen ersten Vorlesungen und Seminaren nach dem Kriege noch betont hatte, daß es notwendig sei, die einseitige Ausrichtung auf die deutsche Geistesgeschichte durch Öffnung für angelsächsische und französische soziologische Denker zu ergänzen, nahm gegen Ende seiner Lehrtätigkeit in Tübingen die spezifisch-deutsche Orientierung seines Denkens wieder zu. Zum kaiserlichen Haus hielt er über den Grafen Hardenberg Verbindung. Einmal klagte er lebhaft darüber, daß Kronprinz Louis Ferdinand, den Graf Hardenberg doch ausdrücklich auf eine Amerikareise geschickt hatte, vorzeitig zurückgekommen war, um sich für Otto John, seinen Freund, den Chef des Bundesamts für Verfassungsschutz, einzusetzen, der auf mysteriöse Weise nach Ost-Berlin gelangt und des Geheimnisverrats angeklagt worden war. Ich erinnere mich noch gut der Worte Sprangers: »Das schadet doch wieder dem Ansehen der Monarchie«, an dem ihm offenbar noch immer gelegen war. Aber das war erst viele Jahre nach meiner Promotion.

Daß ich über Hegel arbeiten wollte, stand schon früh für mich fest. Mein erster Themenvorschlag lautete »Die Bedeutung der Sprache für das dialektische Denken Hegels«. Das Thema schien Spranger zwar äußerst interessant, für einen philosophischen »Anfänger« aber zu schwierig. Er riet mir, mich mit Theodor Häring, der ja einer der besten Hegel-Kenner in Deutschland war, über diesen Themenvorschlag zu unterhalten.

Häring wohnte in einem schönen alten Haus auf der Neckarhalde. Ihm standen allerdings nur noch die Räume im untersten Geschoß zur Verfügung. Die Zimmer waren mit außerordentlich interessanten – großenteils alten – Büchern vollgestopft, und mitten unter ihnen saß der kleine, etwas kauzige Schwabe (auch wenn er in Göttingen geboren war, empfand er sich doch als Schwaben und war außerhalb der Universitätswelt vor allem durch sein schnurriges Buch »Der Mond braust durch das Neckartal« bekannt geworden). Häring war durchaus fasziniert von meinem Themenvorschlag, wollte aber Spranger nicht widersprechen.

Theodor Häring war ein Original. Als der Krieg zu Ende war und alle Welt sich möglichst rasch den neuen Verhältnissen anpaßte, meinte er, als aufrechter Ehrenmann müsse man nun erst recht offen zeigen, daß man der NSDAP angehört habe. So lief er denn kurz nach dem Einmarsch der Franzosen in Tübingen – beinahe zum ersten Mal in seinem Leben – mit dem Parteiabzeichen auf dem Revers seines Jacketts herum. Es konnte nicht ausbleiben, daß er auffiel und festgenommen wurde. Die französischen Behörden waren aber intelligent genug, um bald herauszufinden, daß sie es mit einem Sonderling zu tun hatten, und ließen ihn unverzüglich wieder frei. Er kannte übrigens Martin Heidegger von früher her und berichtete von einem Vortrag Heideggers, in dem er sich außerordentlich stark für die Nazis und Hitler engagiert hatte. Hinterher habe er Heidegger gesagt: »Das hast du doch wirklich nicht nötig!« Das mochte 1934 oder 1935 gewesen sein. Häring hängte jedenfalls sein Fähnlein nicht nach dem Wind.

Aus seiner Bibliothek lieh er mir einmal ein Buch mit dem Titel »Eritis sicut Deus« (oder Dei), eine bissige Satire auf die atheistischen Links-Hegelianer – vor allem F. Th. Vischer – und deren erotische Eskapaden. Überhaupt kannte er nicht nur Hegel (dessen Entwicklung er zwei umfangreiche Bände gewidmet hatte), sondern auch die Hegelianer sehr genau. Als Tübinger mußte ihn Vischer natürlich besonders interessieren. Ohne mich stärker beeinflussen zu wollen, lud mich Häring ein, »ihn immer mal wieder zu besuchen, um über Hegel und meine Hegel-Arbeit zu diskutieren«.

Als ich 1951 Ernst Blochs Hegel-Buch »Subjekt-Objekt« bekam, lieh ich es ihm aus und war über sein außerordentlich positives Urteil mehr als erstaunt. Vermutlich erkannte er, wie eminent »deutsch« dieser eigenwillige jüdische marxistische Denker war und wie großartig schon seine expressionistische Sprache. Häring hatte in der Nazizeit einen Band unter dem Titel »Das Deutsche in der deutschen Philosophie« herausgegeben, in dem Philosophen wie Paracelsus und Jakob Böhme, aber auch Fichte und Hegel vorkamen. Bloch hätte – nicht allein durch seine Bewunderung für Jakob Böhme – gut in diese Reihe gepaßt. Der Marxismus Blochs störte Häring vermutlich deshalb wenig, weil er in dessen utopisch-metaphysische Denkweise eingebunden (in ihr gleichsam »aufgehoben«) war. Ich erinnere mich an ein Gespräch über den Materialismus mit Häring, in dem er ausführlich nachzuweisen suchte, daß ein Dialektiker, der »Das Wahre ist das Ganze« geschrieben hat, weder Idealist noch Materialist sein kann. Das Ganze sei notwendig eine Kugel aus Geist und Materie, in der diese Unterschiede aufgehoben sind.

Doch ich wollte meinen Lehrer Spranger vorstellen. Seit ich im Herbst 1949 meine »Hilfsassistentenstelle« angetreten hatte, nahm ich an jeder Seminarübung teil und saß in jeder seiner Vorlesungen. Diese begannen – fünfmal wöchentlich – morgens um acht Uhr. Dabei kann ich mich an keinen einzigen Fall erinnern, in dem Spranger auch nur eine Minute zu spät gekommen wäre. Im Gegenteil! Einmal hatte er schon mit seiner Vorlesung begonnen, als die Uhr der »Neuen

Aula« die Stunde zu schlagen begann. Er unterbrach für einen Augenblick, stellte fest, daß diese Uhr zwei Minuten nachgehe, er sich aber an die exakte Zeit zu halten pflege, und setzte seine Ausführungen über Kants »Kritik der reinen Vernunft« unerschüttert fort.

Um von seiner Wohnung auf der Rümelinstraße bequem und ungestört zur Neuen Aula gelangen zu können, hatte er einen Schlüssel für den Botanischen Garten – heute ein öffentlicher Park – erhalten, so daß er erst kurz vor dem Universitätsgebäude »wieder allgemein sichtbar« wurde. Meine Aufgabe bestand in der Regel darin, eine Anzahl von Buchtiteln und Namen an die Wandtafel zu schreiben, damit Spranger sich während der Vorlesung nicht unterbrechen mußte. Meist schickte er mir Zettel mit diesen Angaben am Vortag zu, oder ich mußte sie bei ihm abholen.

Die »Zulassung« zu den Seminaren und Oberseminaren war begrenzt. Studierende mußten sich zuerst bei mir melden und wurden – für Oberseminare – nur von Spranger selbst zugelassen. Ich hatte auch die Seminararbeiten zu vergeben und dafür zu sorgen, daß sie pünktlich zur vorgesehenen Stunde bereitlagen. Sicherheitshalber gab ich daher gern jedes Thema mindestens zweimal aus und entschied dann, welches von beiden vorgelesen werden »durfte«. Auch wenn einmal ein Referent (es gab nur wenige Referentinnen) ausfiel, entstand dann kein Problem. Spranger war als Seminarleiter altmodisch streng und pädagogisch – nach meinem Eindruck – nicht besonders gewandt. Er ermunterte nur selten und tadelte gelegentlich so hart, daß der/die Betreffenden von da an dem Seminar fernblieben. Einmal sagte er: »Was wir soeben erlebt haben, war das eindrucksvolle Beispiel einer geistigen Küstenschiffahrt.« Das war keineswegs witzig, sondern bitterernst gemeint. Es gelang mir nicht, die kritisierte Studentin in meiner anschließenden Sprechstunde zu trösten. In dieser Hinsicht war Spranger jedenfalls für mich kein Vorbild. Vielleicht war ich als Dozent später eher zu »milde«, um niemanden zu entmutigen.

Sobald Spranger den Raum, in dem das Seminar stattfand, betrat, standen alle auf und setzten sich erst wieder, nachdem er Platz genommen hatte. Ich kann nicht sagen, ob er das verlangt oder erwartet hatte, jedenfalls hatte er nichts dagegen einzuwenden. Vermutlich behagten ihm auch meine altmodischen brieflichen Umgangsformen, die ich teils von meinem in Wien geborenen Vater, teils durch meine »Fahnenjunker-Ausbildung« angenommen hatte. Für mich war es damals selbstverständlich, einen so viel älteren Hochschullehrer schriftlich als »Hochverehrter Herr Professor« anzureden und »ergebenste Grüße« auszurichten. »Sehr geehrter Herr ...«, pflegte ein alter Major in Altenburg zu sagen, »schreibt man nur an seinen Schneider.« Auch wenn ich die soziale Arroganz, die aus solchen Formulierungen sprach, nicht akzeptierte, schien mir »hochverehrt« für Spranger angemessen.

Die Studierenden seines Oberseminars lud Spranger einmal im Semester zu Kaffee und Kuchen nach Hause ein. Da er nicht sicher war, daß alle wußten, wann es »sich gehört«, einen solchen Besuch zu beenden, erhielt ich den Auftrag, ein entsprechendes Zeichen zu setzen. Manchmal war ihm das dann noch zu früh, und er plauderte eine Weile darüber hinaus, weil er gerade in guter Stimmung war. Bei solchen Gelegenheiten erfuhren wir auch dies und das aus seinem langen Leben. Seine schönste Zeit, so betonte er auch anderen gegenüber immer wieder, sei die als Lehrer an einer Höheren Mädchenschule gewesen. Studentinnen schätzte er freilich weniger und erinnerte sich noch – mit einer Mischung aus Wehmut und Ironie – an die Zeit, als die Universitäten (fast) frei von weiblichen Wesen waren. Gerade 29 Jahre alt, war er 1911 als Ordinarius nach Leipzig berufen worden. Wilhelm Wundt war dort sein älterer Kollege. Dessen in Tübingen lebender Sohn Max Wundt (immerhin auch schon über 70) war für ihn daher stets nur »der junge Wundt«.

Als ich Spranger einmal »dienstlich« aufsuchte, traf ich einen älteren Mann bei ihm, den er – wie jedes Jahr – eingeladen hatte, um mit ihm zusammen essen zu gehen. Es war der Kalfaktor des Gefängnisses, in dem Spranger 1944 einige Wochen lang inhaftiert gewesen war. Dieser Mann, so erklärte er mir später, habe ihm durch seine freundliche Zuwendung den schweren Aufenthalt erträglich gemacht. Es war ein schlichter Berliner Arbeiter und Kommunist. Ich bin nicht sicher, ob Spranger ihm durch diese alljährlichen Einladungen einen großen Gefallen getan hat, aber sicher fühlte sich der alte Kommunist geehrt, und Spranger bewies eindrucksvoll seine Auffassung von Treue und Dankbarkeit.

Was mein Dissertationsthema anlangte, so überzeugte mich Spranger schließlich davon, daß die Beschäftigung mit der »Philosophie des subjektiven Geistes« (einem Teil der Enzyklopädie) besser geeignet sei als das Sprachthema. Außerdem sollte ich die Hegel-Interpretation als eine Art Einleitung in die »geisteswissenschaftliche Psychologie« vorstellen, deren Grundstrukturen den zweiten Teil der Arbeit bilden würde. Als Vertreter dieser »geisteswissenschaftlichen Psychologie« sah sich vor allem Spranger selbst (in der Nachfolge Wilhelm Diltheys) an. Ich hatte zu diesem Themenkomplex weit weniger Lust und behandelte ihn in der 1950 maschinenschriftlich eingereichten Fassung meiner Doktorarbeit eher »stiefmütterlich«. Als ich 1970 eine Druckfassung fertigstellte, ließ ich diesen Teil ganz weg.

Sosehr mich Spranger als Philosophiehistoriker durch die Klarheit seiner Darstellung beeindruckte, sowenig konnte ich im Grunde mit seiner »geisteswissenschaftlichen Psychologie« anfangen. Durch meine Kenntnisse der Freudschen, der Adlerschen und der C. G. Jungschen Psychologie war ich für sie vermutlich »verdorben«. Jedenfalls hätte ich nur eine Psychologie ernst nehmen können, die jene neueren Theorien in sich aufgenommen, zumindest kritisch verarbeitet hat, dazu war aber Spranger nicht bereit gewesen, und auch nach 1945 lag ihm eine solche Korrektur oder Ergänzung seiner Psychologie fern. Er schenkte mir seine beiden wichtigsten Bücher auf diesem Gebiet »Die Lebensformen« und die »Psychologie des Jugendalters« (über die er auch las), und ich versuchte, mir seine Gedanken anzueignen. Dabei leuchtete mir die Typologie der Lebensformen als Orientierungshilfe ein, aber die Psychologie des Jugendalters schien mir doch zu sehr durch ihre Entstehungszeit geprägt zu sein. Sie war das »Kultbuch« einer Lehrergeneration der zwanziger und dreißiger Jahre gewesen. Manche Ausführungen zur Psychologie, die Spranger in seinen Vorlesungen machte, waren für uns eher Anlaß für leises Schmunzeln. Im Zusammenhang mit einer etwas mystifizierenden Auffassung von »Mütterlichkeit« berichtete er einmal, er habe ein schreiendes Baby in der U-Bahn erlebt und die Mutter gefragt: »Warum schreit denn das Kind?«, worauf sie ohne Zögern geantwortet habe: »Es hat Hunger.« – »Sehen Sie, als Mann hätte ich das dem Schreien nie anhören können – aber eine Mutter ist eben näher am Lebensquell!« Wenn Spranger selbst Kinder gehabt hätte, wäre ihm diese mystifizierende Deutung kaum eingefallen. Natürlich wußte die Mutter einfach, daß Essenszeit war und daß ihr Baby deshalb schrie.

Spranger spürte sicher, daß ich für diesen zweiten Teil meiner Dissertation wenig Begeisterung aufbrachte, aber er ließ mich seine Enttäuschung nicht merken. Als die Arbeit Ende 1950 eingereicht wurde, beurteilte er sie mit »magna cum laude«, obgleich der andere Gutachter, Hans Wenke (der selbst viele Jahre zuvor mit einer Arbeit über Hegels »Philosophie des objektiven Geistes« bei Spranger promoviert hatte), mit »summa cum laude« bewerten wollte. Die Nebenfachprüfung in Romanistik verlief glänzend, während mir der Germanist Paul Kluckhohn, den ich ja kaum kannte, Schwierigkeiten machte. Ich hätte wissen müssen, daß das Dramenfragment »Elpenor« von Goethe eines seiner Steckenpferde war. Meine Freude, als er mich dann nach dem schönen Gedicht von Eduard Mörike fragte, das mit der Zeile »Herr, schicke, was Du willt« beginnt, verging mir nur zu schnell, als ich erklären sollte, wie sich diese Formulierung erklären lasse. Meine Vermutung, es handele sich um »dichterische Freiheit«, wurde nicht akzeptiert. Vielmehr sollte ich die mittelhochdeutsche Konjugation von »wollen« kennen, worauf ich nicht gefaßt war. Für Mittel- und Althochdeutsch war nämlich der andere Germanist, Professor Hermann Schneider, zuständig.

Schneider war 1945 der erste frei gewählte Rektor der wiedereröffneten Universität Tübingen gewesen. In seiner Rede anläßlich der Übernahme des Rektoramtes hatte er – zu meiner größten Verwunderung – behauptet, zum Glück seien die deutschen Universitäten ja »vom Ungeist des ›Hitlerismus‹ unberührt geblieben«. Als ihm dann die Militärregierung die »Epuration« schwer belasteter Professoren abverlangte, hielt er vor diesen Kollegen eine beschwichtigende Abschiedsrede. Schon aus diesem Grunde hatte ich aufgehört, altgermanistische Vorlesungen zu hören. Dafür, daß meine Schulkenntnisse im Mittelhochdeutschen mangelhaft waren, konnte ich dem Antisemitismus der Nazis die Schuld geben. Hätten sie nicht das ausgezeichnete Lehr- und Lesebuch von Rosenhagen und Salomon – der »nichtarischen« Verfasser wegen – 1935 aus dem Verkehr gezogen! Folge dieses Mißgeschicks in der deutschen Nebenfachprüfung war eine verminderte Gesamtnote. Eduard Spranger tröstete mich jedoch und meinte, »für eine Habilitation ist das kein Hindernis«. Zunächst war ich aber einfach nur froh, diesen Abschnitt meines Lebens hinter mich gebracht zu haben. Statt Leutnant a. D. war ich nun Dr. phil.

Wenn schon die Konversion und das Studienjahr in Paris eine Art »Abschied von gestern«, einen gewissen Abstand zwischen die Zeit als Wehrmachtoffizier und meine zivile Nachkriegsexistenz, gelegt hatten, so war diese Distanz jetzt noch größer. Irgendwann hörten in dieser Zeit auch die Träume auf, in denen mir mein Vater auf eine seltsam unwirkliche Weise begegnete: Wir saßen zusammen am Eßtisch, und mein Vater war da. Aber er war präsent wie ein Schatten, er konnte nicht sprechen, und man konnte ihn auch nicht anfassen, dennoch fühlte ich seine Nähe, sah seine Augen und spürte seinen Schmerz. Ich hatte Mitleid mit ihm und konnte ihm doch nicht helfen. Er kam immer wieder, und vielleicht hatten diese Träume – so unheimlich sie waren – auch etwas Tröstliches. Mein Vater war nicht sofort ganz »verschwunden«, irgendwie gab es ihn einige Zeit noch. Vielleicht, dachte ich, rührt die antike Rede vom Reich der Schatten von solchen Träumen her, denn ich hätte diese unwirkliche und doch nahe Präsenz meines Vaters im Traum kaum besser beschreiben können als mit »Schattendasein«.

Aus der Freudschen Psychoanalyse entnahm ich die Erklärung für ein außerordentlich starkes Gerechtigkeitsbedürfnis und ein ziemlich waches, selbstkritisches Gewissen in mir als Folge des frühen Vaterverlustes. Ich hatte meinen Vater zwar geliebt, aber sicher war auch ein ambivalentes Konkurrenzgefühl in dieser Beziehung enthalten gewesen. Nun war mein Vater plötzlich als realer Konkurrent um die Liebe meiner Mutter verschwunden. Ich fühlte mich als verantwortliches »Familienoberhaupt«. Sosehr ich heute solche Begriffe als patriarchalische Ideologie verurteile, damals empfand ich es wohl so. Als es mir gelungen war, die Familie in Tübingen wieder zu vereinen, war ich realiter an die Stelle meines Vaters getreten. Zwar erhielt meine Mutter nach langen Demarchen endlich eine einigermaßen angemessene Witwenpension, aber ich trug doch von Anfang an durch mein Gehalt zum Haushalt bei.

Vielen Bekannten, denen ich in diesen Jahren begegnete, erschien ich weit jünger, als ich war. Nach all den Kriegsjahren hatte ich wohl auch einen gewissen Nachholbedarf an pubertärer Ausgelassenheit. An einen Streich, den ich zusammen mit zwei, drei anderen Studierenden dem pietistischen Theologieprofessor Michel spielte, erinnere ich mich noch genau. Michel hatte in einem Anschlag am

Schwarzen Brett eine Veranstaltung zu der Frage: »Was erwartet Jesus Christus vom neuen Semester?« angekündigt. Auf der Schreibmaschine einer Kommilitonin, die am Tag darauf nach Berlin abreiste, schrieben wir: »Erwarte vom neuen Semester bessere Theologie, gezeichnet Jesus«, und hefteten den Zettel unter die Michelsche Ankündigung. Der so unerwartet einer Anwort Gewürdigte soll wütend gewesen sein. Die pseudonymen Verfasser des Zettels wurden nie entdeckt. Der Abtransport der benutzten Schreibmaschine hätte selbst gewieften Kriminalisten die Entlarvung der Täter praktisch unmöglich gemacht. Da die Sache heute verjährt ist, kann ich sie ja ruhig zugeben.

Bis zu meiner Habilitation im Jahre 1963 hat mich kein Hochschullehrer so stark beeindruckt wie Eduard Spranger. Er war mein »Doktorvater« 1950 und hat auch noch meine Habilitation für das neue Fach Politikwissenschaft aus der Distanz freundschaftlich begleitet. In einer Rede, die der Süddeutsche Rundfunk zum 70. Geburtstag 1952 ausstrahlte, bringe ich meine bewundernde Verehrung für Spranger deutlicher zum Ausdruck als in den aus rückblickender Erinnerung gespeisten Ausführungen bisher. So mag denn dieses »Dokument« an dieser Stelle seinen Platz finden.

Ein letzter Grandseigneur des Geistes

»Seine hohe Gestalt gemahnt eher an Schiller, wenn er sich nicht so aufrecht hielte, wie es seinem preußischen Pflichtbewußtsein entspricht; aber im Grunde seines Herzens ist er doch der duldsamen, gestalthaftschauenden Art Goethes mehr verbunden, dem er eines seiner schönsten Bücher gewidmet hat. Es ist nicht von ungefähr, daß jungen Menschen, die Spranger zum ersten Male beggenen, diese Vergleiche einfallen. Staunend, freudig verwundert stellen sie fest: Hier ist ein Stück Goethe-Zeit, ein Stück deutscher Idealismus lebendig, und zwar nicht in der mumifizierten Form, in der auf verstaubten Schulen ›Bildungsfächer‹ verabreicht werden, sondern als Gestalt gewordene Gegenwart. Ein oberflächlicher Betrachter könnte meinen, dieser bedeutende Kulturphilosoph sei ein Eklektiker; aus kantischer Ethik, goethescher Naturphilosophie und hegelscher spekulativer Mystik sei hier ein Weltbild zusammengesetzt, das unserer Zeit nichts mehr zu sagen hat. In Wahrheit verhält es sich ganz anders. Was Eduard Spranger in sich, in seiner Person verwirklicht hat, ist genau das, was er als Erzieher erreichen will: eine freiheitliche, in sich geschlossene und gefestigte geistige Person, die die lebendigen Werte der Vergangenheit zu geprägter Form verarbeitet hat. Nur in der Auseinandersetzung mit den wertvollen Gehalten der Kultur – das ist seine tiefste Überzeugung – entfaltet sich eine echte Persönlichkeit. Jedes Sich-Verschließen oder Sich->Einspinnen< in das eigene Ego führt nur zu jenen pathologischen Erscheinungen, die schon Goethe als >Originalgenies< verspottet hat.

Natürlich fällt es niemandem ein, die Grenzen und vielleicht sogar auch die Gefahren goetheschen Menschentums zu verkennen. Diese Lebensform war nur für ihn gemacht, nur er konnte sie durch alle Gefährdungen hindurch zur Vollendung bringen. Aber es wäre töricht und zugleich leichtsinnig, wenn wir uns darum ungeprüft von dem größten und zugleich weltbürgerlichsten Deutschen abwenden wollten, um anderswo >Leitbilder< zu suchen.

In einer Zeit, da es ringsum gärt und brodelt, da Werte und Ordnungen versinken und wanken, hat es sich Eduard Spranger zur Aufgabe gemacht, nach kritischer Sichtung und Prüfung, von der kulturellen Tradition unseres Volkes und des übrigen Abendlandes zu erhalten, was immer erhalten zu werden verdient. Um aber lebendig bleiben zu können, müssen geistige Gebilde vor allem erst einmal verstanden werden. Dem lebendigen und aneignenden Verstehen hatte schon das Werk Wilhelm Diltheys gedient, dessen Schüler Eduard Spranger war. Methode und Bestimmung des Verstehens ist auch die wichtigste Leistung der von Spranger als >geisteswissenschaftlichen Psychologie< bezeichneten Lehre vom Menschen, der Träger und Gestalter kultureller Werte ist.

In einfühlenden Analysen geht er in seinen >Lebensformen< sowie in der >Psychologie des Jugendalters< den Strukturen der menschlichen Seele nach und untersucht jene komplexen Ganzheiten, zu denen psychische Gehalte mit Gebieten der Kultur verschmelzen, so daß eines im Grunde nicht vom anderen zu trennen ist. Aneignung kultureller Gehalte und Wandlung der Seele sind so letztlich eins – dialektisch bedingen sich das Erkennen geistiger Werte und jene Werte selbst. Was nicht als Anlage schon in der Seele enthalten ist, kann kein Erzieher in sie hineinbringen. Deshalb bezeichnet Spranger die Tätigkeit des Erziehers auch gern als die eines >Erweckers<.

Zu solcher Tätigkeit bedarf es des Glaubens an die Menschheit, der man zuweilen so wenig >erweckbare< innere Werte zutrauen möchte, Vertrauen aber auch zu Gott, dessen Wege uns immer dunkel bleiben werden. >Gott steuert die Geschichte nicht durch einen uns durchsichtigen Ratschluß ..., sondern er wirkt aus der Ewigkeit in jedem zeitlichen Augenblick hinein durch das Medium gottgebundener Seelen.< Dieser Glaube aber wird nur wirksam im Glaubenden selbst, der an sich die Wahrheit des Wortes ›alle Dinge sind möglich dem, der da glaubt‹ erfahren hat. (...) Ein ›normativer Geist‹ aber, der sich nicht in den Gebilden des ›objektiven Geistes‹, der Kultur konkretisiert, wäre ärmlich und nichtig. Glauben und Schaffen sind zutiefst aufeinander bezogen. Auch hier darf Eduard Spranger die Tradition deutscher Philosophie (namentlich Fichtes) für sich in Anspruch nehmen.

Hochaufgerichtet steht er vor uns, kaum gebeugt von der Last der Jahre – und welcher Jahre! Gelassen und doch voll innerer Anteilnahme blickt er auf eine veränderte Welt, aber mächtig wirkt er noch immer auf alle, die ihn kennen: ein letzter Grandseigneur deutschen Geistes.«

Man merkt dem Text an, daß er gesprochen wurde. Manche emphatische Wiederholungen sind dadurch zu erklären. Aber sie zeigen auch das Bedürfnis des Sprechenden, seine Verehrung zum Ausdruck zu bringen.

Ich erinnere mich deutlich, daß ich Eduard Spranger trotz dieser Rundfunkwürdigung in mancher Hinsicht kritisch gegenüberstand. Wollte er uns nicht durch Neubelebung des deutschen Idealismus und der Traditionen der Goethe-Zeit über die beschämende Erinnerung an die jüngstvergangene Epoche hinwegführen? Glaubte er nicht an die Intaktheit eines Erbes, das die Enkel längst verspielt hatten?

Doch bald merkte ich, daß ich mich getäuscht hatte. Spranger nahm die deutsche Katastrophe sehr ernst und verstand sie als eine Infragestellung unserer gesamten Kultur. Aber da er zugleich noch in einer lebendigen Tradition stand, die uns nie nahegebracht worden war, konnte er uns helfen, jene kritische Scheidung vorzunehmen, nach der wir im Grunde verlangten.

Nie begann er eine historische Vorlesung, ohne uns die Gegenwartsbedeutung des behandelten Gegenstandes vor Augen zu führen. Nie war es ein bloß antiquarisches oder ästhetisches Interesse, das er in uns zu wecken bemüht war. Immer versuchte er klarzumachen, daß es um aktuelle Fragen, um unsere arme und verworrene Gegenwart ging. Und sowenig er durch brennende Aktualität billige rhetorische Effekte erstrebte, sosehr verspürten wir doch immer wieder, daß Eduard Spranger kein Gelehrter eines vergangenen Zeitalters war, sondern ein Mensch unserer Zeit, der mit uns gemeinsam sich der Situation stellte und sie allseitig zu beleuchten suchte.

Besonders in den Oberseminaren aber wurden ausdrücklich kritische Fragen laut. Da wurde etwa die Philosophie des Geistes bei Hegel, Nicolai Hartmann und Hans Freyer analysiert und die Berechtigung dieses typisch deutschen philosophischen Terminus erörtert, der den westlichen Nachbarvölkern fehlt; oder die Ideologielehren des Marxismus, Max Schelers und Karl Mannheims vermittelten uns die Kenntnis des begrifflichen Werkzeuges der Selbstzersetzung weltanschaulicher Gewißheiten und ließen uns zugleich nach der Grenze der Möglichkeit solcher Relativierung fragen. Eduard Spranger brachte es auch fertig, uns vor jeder vorschnellen und kritiklosen Hinnahme fremder Standpunkte und Wertungen zu bewahren. Gern und freudig nahmen wir den Appell zu selbständiger kritischer Stellungnahme auf, und in dieser Hinsicht half uns ein Zug, der ihm möglicherweise selbst gar nicht so sehr bewußt war: seine echt berlinerische Fähigkeit zu distanzierendem Humor auch und gerade gegenüber den Gegenständen seiner höchsten Verehrung. Solche mit Humor gemischten Distanzierungen verhindern die kritiklosschwärmerische Hinnahme der Ansichten und Einsichten überlegener Denker und ermutigen das eigene Denken und seine Selbständigkeit.

Jede menschliche Natur – auch die des Genies – hat ihre Grenzen und Schwächen. Es wäre ebenso kritiklos, alle Seiten eines Individuums vorbehaltlos zu bejahen, wie es »abstrakt« gedacht wäre, wollte man den ganzen Menschen wegen einer oder einiger Schwächen verurteilen. Solch humorvoller Kritik entgingen selbst die Größten – auch in den Augen Sprangers Verehrungswürdigsten – nicht ganz: so etwa die käuzische Pedanterie und amusische Banausität eines Kants, der dämonische Egoismus Goethes und der ästhetizistische Relativismus Diltheys. Nur einer der Großen blieb – soweit ich mich entsinnen kann – von solch distanzierender Kritik verschont: Hegel. Diese Verbindung von Ehrfurcht und kritischer Distanz, von Traditionsbewußtsein und Gegenwartsbezogenheit wirkte auf viele von uns bald prägend und bestimmend ein, ohne daß wir uns vielleicht immer über das Ausmaß solcher Einflüsse Rechenschaft ablegten. Zugleich aber hatten wir zuweilen auch das Gefühl, daß Eduard Spranger seinerseits durch den Kontakt mit unserer Generation lebendige Frageimpulse und Ermunterung dazu empfing, sein großes erzieherisches Werk in einer düsteren Zeit fortzusetzen. Fast stets pflegte er am Ende eines Semesters den Teilnehmern seiner Oberseminare dafür zu danken, was sie ihm gegeben hätten. Dieser Dank entsprach gewiß einem echten Empfinden: dem Dank dafür, so offene Köpfe und Herzen gefunden zu haben und einer späten Generation noch so viel geben zu können.

Für einige Studenten, die Eduard Spranger näherkamen, bedeutete fast mehr noch als die Gestalt des Lehrers die Person. Wer tiefer zu sehen vermochte, der entdeckte hinter dem disziplinierten Äußeren den lebendigen, mitfühlenden und mitleidenden, hilfreichen und allseitig aufgeschlossenen Menschen. Nicht zuletzt zwang eine derartige Einsicht dann zu einer bestimmten Wertung der Formen. Sie bedeuten für empfindsame und verletzliche Wesen einen wertvollen Schutz, sie geben Raum für das Wesentliche, machen frei für eigne Arbeit und selbständige Entscheidung.

Was als eine bloße Anpassung an die Konvention erscheinen kann und bei manchem auch nichts anderes ist, wurde hier zum Schutzwall für eine stets empfindsame Innerlichkeit. Der mit minutiöser Exaktheit eingehaltene Tageslauf und die peinliche Pünktlichkeit waren Bedingung einer weit ausgreifenden und vielseitigen Wirksamkeit und sorgfältiger Vorlesungs- und Seminararbeit, die uns allen Mahnung, Ansporn und Vorbild wurde, mochten wir auch weit hinter dem »Ideal« zurückbleiben. Vor allem aber war uns der Mensch Spranger ein lebendiges Beispiel dafür, daß die klassische deutsche Bildung nicht notwendig zur weltfremden Ideologie, zum Hindernis eines kritischen Gegenwartsbewußtseins werden muß; daß man auch im 20. Jahrhundert noch ein Stück Goethe-Zeit repräsentieren kann, nicht in antiquarischer Konservierung, sondern in lebendiger Vergegenwärtigung. (...) Wenn uns die Überlieferung des deutschen Erbes auch nicht von der Aufgabe entband, uns mit ihm auseinanderzusetzen, so wurden wir doch durch Leben und Lehren Eduard Sprangers mit unserer eigenen geistigen Vergangenheit wieder versöhnt und gestärkt in unserem Entschluß, das Schicksal des Deutschen auf uns zu nehmen in einer Zeit, in der es auch innerlich nicht leicht war, ein Deutscher zu sein.

Marxismusstudien

Mit meiner Promotion und der Zusammenführung der Familie in Tübingen war ein wichtiger Abschnitt der Nachkriegsgeschichte für mich beendet. Die alptraumhaften Erinnerungen an den Krieg lagen hinter mir. Noch einige Jahre lang war ich Assistent am Philosophischen, vorübergehend auch am Pädagogischen Seminar der Tübinger Universität. Ich wohnte zusammen mit meiner Mutter und den beiden jüngeren Geschwistern in einer etwas beengten Wohnung in der Ebertstraße. Um ruhig arbeiten zu können, stand mir – auch nachts – das Seminar in der Münzgasse mit seiner herrlich altmodischen Atmosphäre zur Verfügung.

Das alles klingt beruhigend und beinahe bürgerlich-stabil. Aber in mir brach jetzt, nachdem ein äußerliches Ziel erreicht war, erneut innere Unruhe auf. Meinen Gedichten und Aufzeichnungen aus jenen Jahren entnehme ich, daß meine religiöse Verzweiflung durch die Konversion noch nicht überwunden war. Nachdenken über Schuld und Suche nach Sinn verschmolzen mit einer neu aufkommenden Unrast. Äußerlich war ich eifrig bemüht, durch Vorträge etwas Geld zu meinem kleinen Gehalt hinzuzuverdienen, zugleich fragte ich mich, was mein endgültiger Beruf einmal sein werde.

An der Universität war noch immer Eduard Spranger meine wichtigste »Bezugsperson«, auch wenn er inzwischen emeritiert worden war. Natürlich dachte ich im stillen auch an eine Habilitation, aber ich glaubte damals, daß ich dazu eine ausdrückliche Aufforderung erhalten müsse und mich nicht von mir aus vordrängen dürfe.

Eine wichtige Anregung für meine wissenschaftliche Tätigkeit war eine Einladung zur Mitarbeit in der »Marxismuskommission« der Evangelischen Studiengemeinschaft. Der Weltkirchenrat in Genf hatte die deutschen evangelischen Christen aufgefordert, sich intensiv mit dem Marxismus auseinanderzusetzen, der 1945 für den östlichen Teil Deutschlands zum Schicksal geworden war. Diese Aufgabe wurde von mehreren Theologen, Philosophen und Historikern auf »echt deutsche Art« in Angriff genommen. Wir gingen zurück auf die »Quellen« und konzentrierten uns auf Marx und Engels, bevor wir deren Bedeutung für Lenin und den sowjetischen Marxismus untersuchten. Der Husserl-Schüler Landgrebe rekonstruierte das Verhältnis von Marx und Hegel, Hermann Bollnow arbeitete den

Marx-Ausgabe

Unterschied des Denkens von Engels und Marx heraus, und ich ging im ersten Band der »Marxismusstudien« (1953) dem »Marxismus im Spiegel der französischen Philosophie« nach. Mit dem Abstand zwischen Lenin und Marx beschäftigte sich H. H. Schrey, während Erich Matthias im zweiten Band (1957) den Kautskyanismus als vom Darwinismus beeinflußte Ideologie der deutschen Sozialdemokratie vor 1914 analysierte. In den außerordentlich anregenden Diskussionen, die meist zweimal jährlich stattfanden, kam auch Selbstkritik von kirchlicher Seite zur Sprache. Der Atheismus von Marx und Engels wurde – wenigstens teilweise – auf die Unzulänglichkeiten der kirchlichen Haltung gegenüber der »sozialen Frage« zurückgeführt, auf das Bündnis von Kirchen und ökonomisch-politischem »Establishment« sowie von Altar und Thron. Auf die 1932 aus dem Nachlaß erstmals veröffentlichte Frühschrift von Marx – die sogenannten »ökonomisch-philosophischen Manuskripte« – wurden die interpretatorischen Bemühungen konzentriert, obgleich die Parteimarxisten diese Arbeit als »vormaterialistisch« abzuwerten suchten.

Als der zweite Band der Studien 1957 veröffentlicht wurde, hatten die Erneuerungsversuche eines humanistischen Sozialismus in Polen und Ungarn eine Art Bestätigung für die These der Marxismuskommission geliefert, daß die inhaltlichen Gegensätze zwischen dem »Anliegen« von Marx und der Realität von Staaten des sowjetischen Typs zum Argument für deren revolutionäre Veränderung werden könnten. Sowohl in Polen, wo Leszek Kołakowski damals noch im Namen eines auf dem genuinen Marx sich stützenden Sozialismus gegen die monolithische Parteiherrschaft protestierte, als auch in Ungarn, wo Georg Lukács sich den Reformen angeschlossen hatte, spielte der frühe Marx eine gewisse Rolle. Kein Zufall daher auch, daß die leninistischen Parteiführer dafür sorgten, daß die »ökonomisch-philosophischen Manuskripte« weder in Einzelausgaben noch in der großen 37bändigen Werkausgabe in Ost-Berlin gedruckt wurden. Erst 1968 erschienen die Manuskripte – zusammen mit anderen Frühschriften von Marx und Engels – in zwei Ergänzungsbänden dieser Werkausgabe.

Daß Lenins Auffassung des Marxismus den Marxschen Entwurf geradezu auf den Kopf gestellt hatte, suchte ich in einer längeren Abhandlung in den Marxismusstudien (1957) nachzuweisen. Ich nannte diesen Text »Von der Philosophie des Proletariats zur proletarischen Weltanschauung«. Marx, so zeigte ich auf, hatte eine kritische Theorie entworfen, von der er annahm, daß sie dem aufgeklärten sozialen Selbstbewußtsein des Proletariats entsprach. Es war nicht eine Weltanschauung, die das Proletariat annehmen sollte, sondern die theoretische Vorwegnahme von dessen aufgeklärtem Selbstverständnis als sich emanzipierende Klasse.

Eine ähnliche Deutung hatte Georg Lukács 1923 in seinem Buch »Geschichte und Klassenbewußtsein« entwickelt. In einem Punkt wich ich allerdings bewußt von Lukácz ab: Ich akzeptierte dessen leninistische Parteitheorie nicht. Für Lukács war nämlich die kommunistische Partei eine legitime »selbständige Gestalt des proletarischen Selbstbewußtseins«. Damit lieferte er für die Leninisten und Stalin eine von ihnen so gar nicht gewollte metaphysische Rechtfertigung der Parteidiktatur. Mir lag damals die Auffassung von Rosa Luxemburg näher, die keinen organisatorischen »Ersatz« für das Selbstbewußtsein und die selbstbewußte Aktion des Proletariats als Klasse gelten lassen wollte. Im Unterschied zu Lukács und Lenin war für sie nicht eine vorweggenommene theoretische Auffassung, sondern allein die aus praktischer Erfahrung erwachsene Einsicht Grundlage für die Emanzipation des Proletariats und den Aufbau einer sozialistischen Gesellschaft. Damit brachte sie ein nützliches und kritisches Element der Empirie in die Theorie ein, das – auf Grund realer Erfahrung – später auch zu einer Selbstkorrektur der Praxis hätte beitragen können. Um die Möglichkeit zu solcher Selbstkorrektur offenzuhalten, trat sie vermutlich auch mit solchem Nachdruck für Demokratie und Meinungsfreiheit ein und prägte den allen Parteifunktionären verhaßten Satz: »Freiheit ist immer nur die Freiheit des anders Denkenden..., weil all das Belehrende, Heilsame und Reinigende der politischen Freiheit an diesem Wesen hängt und seine Wirkung versagt, wenn die ›Freiheit‹ zum Privilegium wird.«

Auch im Falle dieses wichtigen Textes sollte es lange – bis 1974 – dauern, bevor er in einer Publikation der DDR legal zugänglich gemacht wurde. Unter dem Pseudonym Bernhard Krauß hatte ich 1957 einen Sonderdruck des 1922 erstmals von Paul Levi herausgegebenen Textes »Zur russischen Revolution« unter Berücksichtigung der Korrekturen und Erweiterungen durch Felix Weil veröffentlicht, der in der DDR heimlich vertrieben werden sollte. In einer Einleitung anläßlich des 40. Jahrestags der Oktoberrevolution faßte ich wesentliche Punkte der Kritik von Rosa Luxemburg an der Auflösung der Konstituante durch die Bolschewiki im Januar 1918 und an Lenins Partei- und Diktaturtheorie zusammen und bezog sie auf die jüngsten Ereignisse 1953 in der DDR, 1956 in Polen und Ungarn. Inzwischen hatte Chruschtschow auf dem XX. Parteitag der KPdSU einige Verbrechen Stalins der Parteiführung bekanntgemacht, sie aber höchst unrealistisch allein dessen Charaktereigenschaften zugeschrieben. Dazu merkte ich an: »Despotische Menschen wie Stalin gibt es in jedem Volk, und in jedem Volk kann es passieren, daß sie sich an die Spitze des Staates schwingen; aber nur, wenn in einer Gesellschaft die notwendigen demokratischen Sicherungen gegen Machtmißbrauch fehlen, können sie so lange an der Macht bleiben und derartiges Unheil anrichten wie in der Sowjetunion.«

Deshalb schien mir die Erinnerung an Rosa Luxemburgs Schrift »Zur russischen Revolution« besonders aktuell. Sie hatte schon 1918 die Gefahren einer Entwicklung in Rußland vorausgesehen, die jetzt selbst von Stalins Erben erkannt, wenn auch noch immer nicht richtig verstanden wurden. Bereits 1904 hatte Rosa Luxemburg Lenins Konzepte einer »Partei neuen Typs« und der Diktatur scharf kritisiert und als mechanische Übertragung der Jakobinerherrschaft auf die sozialistische Revolution verurteilt. Paul Levi hatte 1922 scharfsichtig erkannt, daß Lenins Ausdrücke vom »Heranziehen der Arbeiterklasse« durch die Partei und von der Benützung der Gewerkschaften als »Transmissionsriemen« für die Übertragung des Willens der Parteiführung auf die Massen aus dem Gebiet der Mechanik übernommen sind und dem Wesen einer demokratischen Massenbewegung zuwiderlaufen.

Am verräterischsten erschien Rosa Luxemburg Lenins Loblied der Fabrikdisziplin, die den Arbeitern – im Unterschied zu den undisziplinierten, chaotischen Intellektuellen – das notwendige Verständnis für Disziplin und die Geschlossenheit der revolutionären Bewegung beigebracht habe. Dazu merkte sie an: »Die ›Disziplin‹, die Lenin meint, wird dem Proletariat keineswegs bloß durch die Fabrik, sondern auch durch die Kaserne, auch durch den modernen Bureaukratismus – kurz, durch den Gesamtmechanismus des zentralisierten bürgerlichen Staates eingeprägt. Doch ist es nicht eine mißbräuchliche Anwendung des Schlagworts, wenn man gleichmäßig als

›Disziplin‹ zwei so entgegengesetzte Begriffe bezeichnet wie die Willen- und Gedankenlosigkeit einer vielbeinigen und vielarmigen Fleischmasse, die nach dem Taktstock mechanische Bewegungen ausführt, und die freiwillige Koordinierung von bewußten politischen Handlungen einer gesellschaftlichen Schicht?«

Lenins einseitige Auffassung von Disziplin hat sich aber – zusammen mit seiner elitären Konzeption der Führungsrolle durch die Partei und deren Zentralkomitee sowie seiner mechanischen Diktaturvorstellung für die Entwicklung der Sowjetunion – verhängnisvoll ausgewirkt. Schließlich stand ein völlig passives Volk einer – allmählich mehr und mehr erstarrenden und vergreisenden – Führungsschicht gegenüber, die – außer über ihren Geheimdienst – kaum Kontakt mit dem Fühlen und Denken der Bevölkerung hatte.

Genau gelesen, konnte man Lenins Schriften selbst die Verwechslung der Diktatur einer Klasse mit der Diktatur der Partei entnehmen: In »Staat und Revolution« nannte er 1917 »Die Diktatur des Proletariats (...) die Organisierung der *Avantgarde der Unterdrückten* zur herrschenden Klasse zwecks Niederhaltung der Unterdrücker«. Die Avantgarde aber war nur ein anderer Ausdruck für die »Partei neuen Typs«. Eine Partei, die ihrerseits von »den autoritativsten, einflußreichsten, erfahrensten (...) Personen geleitet wird, die man Führer nennt« (Der linke Radikalismus – Die Kinderkrankheit im Kommunismus, 1920).

Im Gegensatz zu Lenin war Rosa Luxemburg überzeugt, daß eine sozialistische Revolution und ihre Klassendiktatur unbedingt »das Werk der Klasse und nicht einer kleinen führenden Minderheit im Namen der Klasse« sein müsse. Sie war ferner überzeugt davon, »daß ohne freie ungehemmte Presse, ohne ungehindertes Vereins- und Versammlungsleben gerade die Herrschaft breiter Volksmassen völlig undenkbar ist«. Und sie hat richtig vorausgesehen, daß ohne diese Freiheiten das Leben in jeder öffentlichen Institution erstirbt – und »schließlich die Bürokratie das allein tätige Element bleibt«. Genauer konnte man die Entwicklung der UdSSR kaum voraussagen.

In meiner Einleitung zur Broschüre Rosa Luxemburgs stellte ich mich 1957 vollständig auf den Boden eines idealen demokratischen Sozialismus, weil ich glaubte, auf diese Weise am besten die Menschen in der damaligen DDR erreichen zu können. Dabei bestärkte mich die Tatsache, daß 1956 in Polen Julian Hochfeld in der rebellischen Zeitschrift »Po prostu« über Rosa Luxemburgs Schrift festgestellt hat, zwei ihrer Ideen seien für die Gegenwart von besonderem Interesse: ihre Voraussagen der Degeneration Rußlands, »wenn im Verlauf der Revolution Recht, Freiheit und demokratische Garantien vernichtet oder auch nur stark beschränkt werden«, und ihre Warnung vor der Verwandlung der russischen Revolution zum allgemeinverbindlichen Muster für alle Länder.

Aus Rosa Luxemburgs Kritik an Lenins Politik der Landverteilung an die Bauern zog ich jedoch andere Folgerungen als sie. Eine sofortige Vergesellschaftung des Großgrundbesitzes hätte den aktuellen Interessen der Mehrheit der Bauern widersprochen, war also demokratisch nicht durchsetzbar. Damit war aber auch die Verwirklichung einer sozialistischen Revolution unmöglich, und die Bolschewiki hätten sich mit der Errichtung einer bürgerlichen Demokratie begnügen und für die Zeit bis zur weitergehenden Industrialisierung des Landes auf ihre, dem Mehrheitswillen und den Mehrheitsinteressen widersprechende Parteiherrschaft verzichten müssen. Für viele Jahrzehnte wäre vermutlich eine Partei der Bauern – wie immer sie sich genannt haben würde – die stärkste politische Kraft geblieben. So weit wollte Rosa Luxemburg aber nicht gehen, auch wenn sie die Chancen der Bolschewiki, sich im isolierten Rußland an der Macht zu halten, skeptisch einschätzte.

Als eine Art populärer Fassung meiner Abhandlung in den »Marxismusstudien« schrieb ich schon 1955 für die »Bundeszentrale für politische Bildung« eine Broschüre mit dem Titel »Von Marx zur Sowjetideologie«, die wenig später als Buch im Diesterweg-Verlag erschien und bis 1987 22 Auflagen erlebt hat. In der Buchfassung trennte ich Darstellung, Gesichtspunkte zur Kritik und Quellentexte voneinander, um insbesondere Schülern die Möglichkeit zu einer selbständigen Auseinandersetzung mit Marxismus und Bolschewismus zu erleichtern. Die letzte Auflage begann mit der Entwicklung »Von Hegel zu Marx« und endete mit dem damals schon niedergehenden »Eurokommunismus«; dazwischen wurde aber auch der chinesische und der jugoslawische Kommunismus charakterisiert. Erst nach dem Sturz von Michail Gorbatschow konnte ich diese Entwicklung nicht mehr unter dem Titel »zur Sowjetideologie« behandeln. Gorbatschows Reformen empfand ich 1987 als einen letzten Versuch, den sozialistischen Charakter der Sowjetunion durch Marktordnung und Demokratisierung zu retten. Dabei ging er offensichtlich auf Konzepte von Nikolai Bucharin zurück, der eine Fortsetzung der »Neuen Ökonomischen Politik« und demokratische Reformen propagiert hatte, bevor er von Stalin entmachtet und 1938 in dessen Auftrag ermordet wurde.

Zehn Jahre lang, von 1957 bis 1968, gab ich die »Marxismusstudien« heraus. In der dritten bis zur sechsten Folge trugen auch Jugoslawen wie Predrag Vranicki und Branko Bošnjak, Tschechen wie Milan Prucha oder Polen wie Leszek Kołakowski zur Abrundung des Überblicks über die vielfältigen Varianten des zeitgenössischen Marxismus bei. Helmut Gollwitzer und Fritz Lieb verteidigten von einem theologischen Standpunkt aus am eindrücklichsten die emanzipatorischen Ziele des jungen Marx. Fritz Lieb war darüber hinaus von dem »eignen Weg« Titos so sehr beeindruckt, daß er ihn in Analogie zur reformatorischen Kritik an der verknöcherten Amtskirche interpretierte. Titos Schrift »Die Arbeiter in Jugoslawien verwalten ihre Fabriken selbst« hielt er für eine Art Reformationsschrift, die – so ähnlich wie die Publikationen von Calvin und Luther – zugleich eine Abkehr von der zeitgenössischen höchsten Autorität und einen Rückgriff auf eine bessere ältere Tradition enthielte.

Als 1953 der erste Band der »Marxismusstudien« erschien, erregte diese Publikation erhebliches Aufsehen. Hier wurde sachlich, ernsthaft und unpolemisch über den Marxismus referiert und ein Gegner ernst genommen, den – ohne vorherige Kenntnis – radikal zu verurteilen damals allgemein üblich war. Für mich war diese Tatsache weit weniger sensationell, weil ich zuvor in Frankreich ein kulturelles Klima angetroffen hatte, in dem ein offener Antikommunismus so selten war wie in Deutschland die sachliche Beschäftigung mit Marx. Auch wenn ein Pater Gaston Fessard SJ den Marxismus scharf kritisierte, gehörte er doch zugleich zu den besten Kennern der Schriften von Marx und konnte als genuiner Hegelianer auch dessen dialektische Kritik angemessen verstehen. Dieser Mitstreiter General de Gaulles und Freund Raymond Arons hatte 1941 – gleich nach dem Waffenstillstand – eine Schrift mit dem Titel »France, prends garde de perdre ton âme« veröffentlicht, in der er vor der verführerischen Gefahr des Nazismus gewarnt hatte. Er gehörte zu den wenigen

Franzosen, die sogleich erkannten, wie nah das Regime von Vichy mit seinen Schlagworten »Arbeit, Familie, Vaterland« dem Faschismus schon gekommen war und wie wenig die Regierung des General Pétain der 1942 einsetzenden Judenverfolgung und der Besetzung ganz Frankreichs entgegenzusetzen hatte. Jetzt rief er wiederum zum Widerstand auf und warnte Frankreich davor, nicht »seine Freiheit zu verlieren«, indem sich tonangebende Kreise völlig unkritisch dem Sowjetmarxismus in die Arme warfen.

Pater Fessard knüpfte mit seiner eigenen dialektischen Geschichtstheologie unmittelbar an Alexandre Kojèves Hegel-Interpretation an. Die »Dialektik von Herrschaft und Knechtschaft« in der »Phänomenologie des Geistes« war für ihn wie für Kojève der Schlüssel zum Verständnis sowohl des Marxismus wie auch des Nazismus, den er – zu Recht – vom italienischen Faschismus unterschied. Während Hegel die »Vermenschlichung des Menschen« durch die beiden Phasen von Herrschaft und Knechtschaft und die Emanzipation des durch Arbeit zum Selbstbewußtsein gelangenden Knechtes sich vollziehen läßt, übernimmt Marx von diesem dialektischen Prozeß lediglich den der Arbeit, während die Nazis ebenso einseitig nur das Moment der Herrschaft sehen. Die vermenschlichende Wirkung der Arbeit ist aber, wie Fessard betonte, auf den Durchgang durch die äußere Knechtschaft angewiesen, weil Freiheit von den bedrängenden animalischen Trieben Selbstdisziplin voraussetzt, die nur auf dem Umweg über erzwungene Askese erreicht werden kann. Arbeit ist nach Hegel »aufgeschobene Begierde«. Dieses Moment fehlt dem Herrn, der sich den reinen Genuß der vom Knecht zubereiteten Speisen und anderer Güter vorbehält. Aber auch der ohne Knechtschaft die Natur arbeitend umgestaltende Mensch ist nicht human. Indem Marx die Reihenfolge von Arbeit und Herrschaft umkehre, verliere er das entscheidende Moment der Humanisierung durch *Selbstdisziplin*.

Man könnte diese Interpretation Fessards gut durch die Freudsche Theorie über den Ursprung des Gewissens aus der verinnerlichten Vater-Autorität ergänzen. Der Nazismus verfehlt ebenso die vermenschlichende Rolle der Arbeit wie der Marxismus die Bedeutung der disziplinierenden Knechtschaft.

In dem Kapitel »Volk und Rasse« von Hitlers »Mein Kampf« entdeckte Pater Fessard die Quintessenz einer Kulturtheorie, die ausschließlich der Herrschaft vermenschlichende Bedeutung zuschreibt.»... für die Bildung höherer Kulturen war das Vorhandensein niederer Menschen eine der wesentlichsten Voraussetzungen, indem nur sie den Mangel technischer Hilfsmittel, ohne die aber eine höhere Entwicklung gar nicht denkbar ist, zu ersetzen vermochten. Sicher fußte die erste Entwicklung der Menschheit weniger auf dem gezähmten Tier als vielmehr auf der Verwendung niederer Menschen.« Die Evolution der Menschheit erfolgt – nach Hitler – analog zu der im Tierreich durch einen Kampf ums Dasein, in dem die kriegerischen Herren über die friedliebenden Knechte stets den Sieg davontragen. Es ist daher für Hitler »kein Zufall, daß die ersten Kulturen dort entstanden, wo der Arier im Zusammentreffen mit niederen Völkern diese unterjochte und seinem Willen untertan machte. Sie waren dann *das erste technische Instrument* im Dienste einer werdenden Kultur« (Mein Kampf, Bd. I, München 1933, S. 323 f., Hervorhebung von mir).

Damit wird aber die historische Rolle des Knechts und seiner Arbeit, wie sie Hegel und Marx schilderten, negiert. Nicht der durch Arbeit zu Selbstbewußtsein und Freiheitsbedürfnis erwachende Knecht, sondern der idealisierte wagemutige Herr ist für Hitler allein Träger des – »von der Natur gewollten« – Fortschritts. Realistischerweise stellt Hitler dabei fest, daß es beim Herrn nicht auf intellektuelle Leistungen ankomme, sondern auf instinkthaften Mut und »Idealismus«. Der Herr »führt die Menschen zur freiwilligen (?) Anerkennung des Vorrechts der Kraft und der Stärke und läßt sie so zu einem Stäubchen jener Ordnung werden, die das ganze Universum formt und bildet« (a.a.O., S. 328).

Dieser Auffassung von der Rolle der Herrschaft entspricht Hitlers Betonung der »führenden Persönlichkeit«. Während auf den Gebieten der Wirtschaft und der Kunst nach wie vor der »harte Lebenskampf« eine Auslese bewirke, habe sich das politische Leben in der Demokratie »bereits restlos von diesem natürlichen Prinzip« entfernt: »Während die gesamte menschliche Kultur nur das Ergebnis der schöpferischen Tätigkeit der Person sei, trete in der gesamten, vor allem aber in der obersten Leitung der Volksgemeinschaft das Prinzip des Wertes der Majorität ausschlaggebend in Erscheinung und beginne von dort herunter allmählich das ganze Leben zu vergiften« (a.a.O., Bd. II, S. 498). Die beste Staatsverfassung und

Staatsform sei diejenige, »die mit natürlicher Sicherheit die besten Köpfe der Volksgemeinschaft zu führender Bedeutung und zu leitendem Einfluß bringt« (a.a.O., S. 500).

Das »Führerprinzip« ist für Hitler der Schlüssel zum Verständnis der Weltgeschichte. Demokratie und Marxismus sind in seinen Augen widernatürliche und schädliche Theorien, die den Weg des »arischen Führermenschen« behindern. Letztlich sind sie »Versuche des Juden ... die überragende Bedeutung der Persönlichkeit auszuschalten und durch die Zahl der Masse zu ersetzen« (a.a.O., S. 498).

Wie die Völker verschiedenwertig sind, sind es auch die Individuen. Zur Herrschaft bestimmt sind diejenigen Völker und Individuen, die den Kampf auf Leben und Tod akzeptieren und in ihm siegen. »Die arischen Herrenvölker werden durch ihren Kampf das Ziel erreichen, nach dem die schwächlichen Pazifisten vergeblich strebten: eine befriedete Welt, die vollständig im Dienst einer höheren Kultur steht.«

Pater Fessard schließt diesen Überblick mit der Feststellung: »Kommunismus und Nationalsozialismus stehen so einander diametral gegenüber – sowohl was den Ursprung der Geschichte als auch was ihr Ziel angeht. Für den ersten ist die Arbeit und die Schaffung einer klassenlosen und staatslosen Gesellschaft Ursprung und Ziel, für den Nationalsozialismus der Kampf auf Leben und Tod sowie die Weltherrschaft des Herrenvolkes. Für beide ist der politische Kampf ausschlaggebend, aber für die einen die Revolte der Sklaven und die Revolution, für die anderen der Krieg der Nationen und der Sieg des Herrenvolkes« (Gaston Fessard, De l'Actualité historique, Brüssel 1960, Bd. I, S. 141).

Diese Gegenüberstellung von Kommunismus und Nationalsozialismus hat mich bei meinen Begegnungen mit Pater Fessard, den ich durch Alexandre Kojève schon während meines Parisaufenthalts kennengelernt hatte, wegen ihrer intellektuellen Brillanz beeindruckt. In der Folge fand ich freilich seine Interpretation der Zeitgeschichte allzu theoretisch. Pater Fessard ergänzte seine Auseinandersetzung mit dem Marxismus und dem Nationalsozialismus durch eine eigne dialektische Theologie, die auch einen liberal interpretierten Hegel noch relativierte. Seine Ausführungen über die Dialektiken von Juden und Heiden, Männern und Frauen, Herren und Knechten beim Apostel Paulus waren für ihn der Schlüssel zum angemessenen Verständnis von Diesseits und Jenseits. Nur die Verbindung dieser drei Dialektiken – so seine These – führe über das Dilemma der beiden Totalitarismen wie über die Ohnmacht des aufgeklärten Liberalismus hinaus.

Pater Fessard hatte sich unter anderem auch mit dem von mir hochgeschätzten Autor Emmanuel Mounier und dessen Zeitschrift »Esprit« auseinandergesetzt. Beide Autoren waren fromme Katholiken, aber Mounier war nicht bereit, die von Pater Fessard behauptete *Notwendigkeit* einer Bindung der Marxschen Ökonomiekritik an dessen Atheismus zu akzeptieren. Er gab zwar zu, daß diese Verbindung bestehe, glaubte aber nicht, daß es sich um mehr als ein kontingentes Zusammentreffen handele. In diesem Disput war ich damals wie die meisten theologischen Mitarbeiter der »Marxismusstudien« auf der Seite Mouniers: Die Ökonomiekritik von Marx konnte auch ein Christ akzeptieren.

Vorträge über den Sowjetmarxismus und über den Nationalsozialismus vor Schulen und Diskussionsveranstaltungen der »Landeszentrale für politische Bildung« in Baden-Württemberg ergänzten meine Arbeit in der »Marxismuskommission«. Dabei hatte ich – vor allem, wenn mein Publikum aus älteren Lehrern bestand – zuweilen Schwierigkeiten, ihnen klarzumachen, daß der Totalitarismus des »Dritten Reiches« ebenso verwerflich war wie der sowjetische. Der Unterschied zwischen dem zum Totalitarismus entarteten Staatssozialismus und dem Nazismus bestand meines Erachtens darin, daß die ursprünglichen Ziele des marxistischen Sozialismus einmal humanistisch waren, während der Nazismus von vornherein inhuman und gewalttätig war. Die Entwicklung von Marx über Lenin zu Stalin war eine Tragödie, die man vielleicht mit Pater Henri de Lubac auch als »Drama des Humanismus ohne Gott« bezeichnen könnte, während die Entwicklung des totalitären »Dritten Reiches« die direkte Verwirklichung von Hitlers rassistischen und sozialdarwinistischen inhumanen Ideen war. Für die Menschen, die unter diesen beiden Regimen leben mußten, war dieser Unterschied vielleicht nicht wichtig, aber für die Prognose der künftigen Entwicklung schien sie mir immer noch relevant zu sein. Schließlich war es wohl auch kein Zufall, daß der Nazismus und sein »Reich« nur gewaltsam überwunden werden konnten, während der Sowjetmarxismus und der durch ihn ideologisch fundierte Staatssozialismus an ihren eignen Zielen radikal gescheitert und in sich zusammengebrochen sind.

Trotz meiner wiederholten Kritik an Lenins Parteitheorie und Stalins totalitärer Diktatur bewahrte ich lange Zeit eine gewisse Sympathie für die idealen Ziele des frühen Marx und mancher Marxisten wie Max Adler und – mit Einschränkungen – sogar Georg Lukács, der 1970 von der Stadt Frankfurt den Goethe-Preis erhielt und für den ich damals die Laudatio hielt. Das war allerdings schon 14 Jahre, nachdem Lukács sich den ungarischen Reformern angeschlossen und 1968 von seinen Genossen eine radikale Umkehr gefordert hatte. Die Tragödie der tschechoslowakischen Reformer hatte den Achtzigjährigen vollends davon überzeugt, daß die »Große Oktoberrevolution« nicht der welthistorische Wendepunkt gewesen war, für den er sie sein Leben lang gehalten hatte. Mit solchem Mut zur Resignation imponierte mir dieser »Pascal des Kommunismus« zuletzt noch einmal.

Wie Pascal hatte er die rationale Luzidität zu bewahren und zugleich seiner »Kirche« – der Kommunistischen Partei – sich gehorsam unterzuordnen gesucht. Am Ende war für ihn beides nicht mehr miteinander vereinbar. Es gehört Mut dazu, anzuerkennen, daß man ein ganzes Arbeitsleben einer Illusion geopfert hat. Da Menschen nicht ganz ohne Hoffnung leben können, setzte Lukács – wie seine Schülerin Agnes Heller mir 1970 berichtet hat – höchste Erwartungen in die rebellische Jugend der westlichen Industriestaaten. Wenige Altkommunisten haben die »68er« so positiv beurteilt wie er. 1971 ist Lukács gestorben, noch bevor seine Erwartungen abermals enttäuscht werden konnten.

Besuch in Jena

Seit Januar 1946 war ich nicht mehr in der sowjetisch besetzten Zone bzw. der DDR gewesen. Da erhielt der Tübinger Rektor im Wintersemester 1953/54 überraschend die Einladung für eine Gruppe von Studenten nach Jena. Später sollte dann eine gleich große Anzahl von Jenenser Studenten Tübingen besuchen. Der Tübinger Rektor, ein katholischer Theologe, nahm die Einladung gerne an und bat mich, die Gruppe – Studierende fast aller Fakultäten – zu begleiten und an einem Wochenende zuvor auf die politischen und kulturellen Verhältnisse der DDR vorzubereiten.

Im »Vorbereitungskurs« referierte ich über Verfassungstheorie und Verfassungswirklichkeit der DDR und der Sowjetunion und informierte über die Eigenarten der Demokratie in der DDR, die keine wirklichen Wahlen kannte, sondern nur die Bestätigung oder Ablehnung eines »antifaschistischen demokratischen Blocks« von Kandidaten, deren relative Stärke in der »Volkskammer« von vornherein durch die SED festgelegt worden war. Unter Führung der »Sozialistischen Einheitspartei Deutschlands« war eine Anzahl anderer – praktisch völlig abhängiger Parteien und gesellschaftlicher Organisationen – zu jenem »Block« vereinigt, der sich zum »Antifaschismus« bekannte, der eine Art Staatsdoktrin der DDR geworden war. Durch entsprechende Personalpolitik und ein Übergewicht von SED-nahen Abgeordneten war dafür gesorgt, daß die »Volkskammer« jederzeit den Wünschen der Parteiführung nachkam und keine Schwierigkeiten machte. Auch auf die Allgegenwärtigkeit der politischen Polizei (damals war die Bezeichnung Stasi noch nicht allgemein bekannt) wurde hingewiesen. Vorsicht im Gespräch mit Jenensern, von denen wir ja nie wissen konnten, ob sie Spitzel waren, schien uns angebracht, zumal wir Wert darauf legten, daß eine Gegeneinladung – die von den DDR-Behörden genehmigt werden mußte – zustande kam.

In Jena wurden wir recht freundlich empfangen. Unser schöner Mercedes-Bus war eine Sensation in der Stadt, die damals nur wenig Westbesuch kannte. Jeder Teilnehmer und jede Teilnehmerin wurde von einem Kommilitonen oder einer Kommilitonin oder auch einer Familie gastlich aufgenommen. Ich kam entsprechend meinem – von DDR-Behörden streng respektierten – »Rang« bei einem »Oberassistenten« unter, einem »Dienstgrad«, den es bei uns gar nicht gab. Die Universität und die Behörden der Stadt waren sichtlich bemüht, unseren Aufenthalt angenehm und interessant zu gestalten. Wir hörten Vorträge über die »großzügige Öffnung der Universität für Arbeiterkinder«, erfuhren aber auch in persönlichen Gesprächen von den großen Schwierigkeiten, mit denen Jugendliche aus »bürgerlichen Familien« zu rechnen hatten, wenn sie studieren wollten. Seit dem Volksaufstand vom 17. Juni 1953 war kaum ein Jahr vergangen und die Erinnerung an ihn noch allgegenwärtig. Als wir an dem Gebäude der »Arbeiter- und Bauernfakultät« vorbeikamen, sagten kritische Studenten uns: »Die sind am 17. Juni zu Hause geblieben und haben sich verschanzt.« Vermutlich glaubten sie sich aus »Dankbarkeit gegen den Staat«, der ihnen ohne Abitur den Weg ins Studium eröffnet hatte, von den aufständischen Studenten distanzieren zu müssen.

Als Höhepunkt unseres Besuches war ein Vortrag mit anschließender Diskussion mit dem amtierenden Präsidenten der Volkskammer, Johannes Dieckmann, vorgesehen, der zu diesem Zweck eigens aus Berlin angereist war. Dieckmann gehörte zu den Gründern der LDPD in der DDR und trat seit 1947 für eine enge Zusammenarbeit mit der SED ein. Von Gründung der DDR an fungierte er als Präsident der Volkskammer. Diese Ernennung auf einen repräsentativen Posten sollte zweifellos zur Verschönerung der demokratischen Fassade des DDR-Parlaments beitragen. Sicher hatte man mit Bedacht ihn und nicht irgendeinen führenden SED-Politiker ausgewählt, um uns zu beeindrucken. Da wir jedoch alle wußten, daß die »bürgerlichen Parteien« in der DDR keinerlei Selbständigkeit besaßen, vermochte uns dieser »Liberale« nur wenig zu imponieren. Ich machte mir in der Diskussion einen Spaß daraus, Dieckmann zu fragen, in welcher Hinsicht sich die Ziele seiner Partei von denen der staatstragenden SED unterschieden. Die etwas gewundene, ziemlich lange Antwort lautete, es sei die Aufgabe der LDPD, Angehörige des kleinen Mittelstands schrittweise zum Sozialismus hinzuführen. Davon abweichende oder darüber hinausgehende politische Ziele konnte er beim besten Willen nicht nennen. Auf meine Frage, ob denn die SED etwas dagegen habe, daß der kleine Mittelstand zum Sozialismus hingeführt wird, und ob sie sich nicht auch selbst darum bemühen könne, wußte er keine befriedigende Antwort. Für die Zuhörer war nur allzu klar, daß es sich bei dieser Partei um eine »Zubringer-Organisation« für die SED handelte. Die Jenenser Studentinnen und Studenten dürften sich amüsiert haben. Sie waren vermutlich froh, daß wir Tübinger ganz naiv solche Fragen vorbringen konnten, die sie zu stellen nicht wagen durften.

An einem Nachmittag fuhren wir auch nach Buchenwald. Das nach 1945 zunächst von den Sowjets weitergeführte Lager, in dem eine große Anzahl von Inhaftierten umgekommen war, bestand nicht mehr. Die Erinnerung an die Nachkriegslager wußte man vor uns erfolgreich zu verbergen. Bei der Führung durch das Lager wurde immer wieder nur auf die kommunistischen Widerstandskämpfer, die dort inhaftiert gewesen und umgekommen waren, hingewiesen, die anderen Verfolgten wurden – wenn ich mich richtig erinnere – kaum erwähnt. Die Ermordung Ernst Thälmanns, der elf Jahre lang im KZ Buchenwald in Einzelhaft verbracht hatte, lag damals gerade zehn Jahre zurück. Natürlich wurde seiner gedacht. Aus diesem Grunde wurde uns auch der eben fertiggestellte Thälmann-Film gezeigt, der diesen populären Parteiführer so einseitig glorifizierte, daß es mir nicht schwerfiel – sogar unter Hinweis auf die jüngsten Ästhetik-Diskussionen in der Sowjetunion –, auf die Fragwürdigkeit dieser »Schwarzweißmalerei« im Sinne der »revolutionären Romantik« hinzuweisen. Zur Verteidigung des Films machte ein Dozent darauf aufmerksam, daß doch gezeigt werde, wie Thälmann Selbstkritik übt, damit werde zugegeben, daß der glorifizierte Held sich auch einmal geirrt hatte. Darauf konnte ich – ganz im Sinne des Leninismus – erwidern, daß jedenfalls in dem Augenblick, in dem Thälmann Selbstkritik übt, er nicht seine Schwäche, sondern im Gegenteil die Überwindung früherer Fehler offenbart. Die Fähigkeit zur Selbstkritik gehöre doch wohl zu den wichtigsten positiven Eigenschaften eines kommunistischen Revolutionärs. Dagegen war kaum etwas einzuwenden, und so hatte ich denn unter Berufung auf die verbindliche sowjetmarxistische Ideologie die ästhetische Qualität des DEFA-Films und seines »revolutionären Romantizismus« kritisiert. Auch diesem Disput dürften die Jensener Studierenden amüsiert zugehört haben.

Ob wir uns damals freilich in jeder Hinsicht richtig verhalten haben, wurde mir nach einem Bericht von Eckhard Mesch nachträglich fragwürdig. Er und einige Freunde von ihm hatten uns aufgefordert, den emeritierten Philosophieprofessor Paul Linke zu besuchen. Da wir nicht genau wußten, ob wir einem von ihnen damit schaden würden, und sogar für möglich hielten, daß die Einladung eine »Falle« war, schützten wir Zeitmangel vor und sagten ab. Erst viel später haben wir erfahren, daß wir die Jenenser Studenten und Paul Linke damit tief enttäuscht hatten. Unsere Haltung war von Unsicherheit und Furcht vor einem »Scheitern« dieses für nützlich erachteten Kontakts geprägt.

Vom Jenenser Abschiedsball zum Briefwechsel mit Irene

Am vorletzten Tag unseres Aufenthalts in Jena fand ein »Abschiedsball« statt, zu dem freilich – wie wir später erfuhren – nicht alle interessierten Jenenser Studierenden »zugelassen« waren. Auf diesem Ball lernte ich Irene kennen, deren Wesen mich auf merkwürdige Weise faszinierte. Ich tanzte – obgleich ich keineswegs ein leidenschaftlicher Tänzer bin – fast den ganzen Abend mit ihr und versuchte – mit Erfolg – die Mauer des Schweigens und der Verstellung, die von beiden Seiten aufgerichtet war, an dieser Stelle zu durchbrechen. Im Rückblick nehme ich an, daß mehr Neugier und das Bedürfnis, wenigstens einem Menschen in der DDR näherzukommen, dabei im Spiel war als Erotik. Ich hatte ja auch in anderen »fremden Ländern« über Mädchen Zugang zum »Wesen der anderen« zu bekommen gesucht: Dabei war es gar nicht entscheidend, ob es zu »intimen Beziehungen« kam – wie in der Ukraine – oder »nur« zu aufrichtigen Freundschaften wie auf Moon oder jetzt in Jena. Wir unterhielten uns – Irene und ich – auf dem Heimweg, und sie versprach, mich in Bälde in West-Berlin zu besuchen. Über die DDR hatte sie mehr skeptische und offen kritische Worte, als ich erwartet hatte. Es sei ein Land voller spießbürgerlicher Opportunisten, aber Bertolt Brechts Theater und der Humanismus des frühen Marx bedeuteten ihr viel.

Bereits einige Monate später kam ein erster Besuch in Berlin zustande, und ich erfuhr zugleich Komisches. Auf einer Versammlung der »Zelle«, der Parteiorganisation der Universität, die den Besuch der Tübinger in Jena diskutierte, wurde der relativ gute Informationsstand der Gäste auf eine Vorbereitung durch das »Bundesamt für Verfassungsschutz« oder den Geheimdienst zurückgeführt und uns der »Auftrag« einer »Destabilisierung« der Studenten in Jena unterstellt. Mein intensives Tanzen mit Irene galt als »Versuch zur Untergrabung der Moral«, da Irene verlobt war und ich obendrein die verbotene Form des »Auseinander-Tanzens« praktiziert hatte. Wie hätte ich wissen können, daß diese Weise des Tanzes in der DDR als besonders anstößig »westlich« galt?

Irene war, wie ich allerdings erst in Berlin erfuhr, in der Tat mit einem jungen Germanisten verlobt, aber von ihren eignen Heiratsplänen nicht überzeugt. Sie brachte mir mehr Zuneigung entgegen, als ich verdiente und zu erwidern imstande war. Dennoch trafen wir uns noch zweimal wieder, und vor allem lernte ich durch sie Brechts Theater am Schiffbauerdamm – mit einer Aufführung des »Kaukasischen Kreidekreises« – und in der Folge Brechts Lyrik kennen und lieben. Eine Zeitlang habe ich später in Deutschland und in den USA Vorträge über Brecht und seinen eigenwilligen – von Fritz Sternberg und Walter Benjamin inspirierten – Marxismus gehalten. In einem Brief kurz vor ihrer Heirat schrieb mir Irene, daß sie den Eindruck habe, Hans – ihr Verlobter – brauche sie doch mehr als ich, und ich durfte ihr nicht widersprechen.

Wir unterhielten uns natürlich nicht nur über Brecht, sondern auch über Politik. Einem Briefentwurf, den ich allerdings nicht gut nach Jena schicken konnte, entnehme ich, wie ich versucht habe, ihr den begründeten Zwiespalt zwischen der berechtigten Kritik an der DDR und der Bewunderung für kommunistische Antinazis zu erklären und zu begründen. Zum Ost-West-Konflikt heißt es da:

»Das Schlimme ist, daß ich die beiden großen Machtgruppen der Welt nicht in dualistischer Einseitigkeit mit dem guten und dem bösen Prinzip identifizieren kann. Auf der einen Seite steht der Machthunger der Reichen, auf der anderen der kommunistischer Volktribune und Bürokraten. Wenn die Mittel der einen mehr im unsichtbaren Zwang der Werbung bestehen, so die der anderen in sichtbarem, blutigem, ja tötendem Zwang.

Nur wenn man überzeugt sein könnte, daß dieser Zwang ›der Geburtshelfer einer neuen und besseren Welt‹ wäre, könnte man ihn mit einer resignierenden Entschuldigung in Kauf nehmen, aber ich habe noch keinen Menschen gesehen, den das Leben unter sowjetischer (oder DDR-)Herrschaft ›befreit‹ hätte. Menschliche Größe hat es im Kampf von Kommunisten gegen die Nazis gegeben, beim Aufstand gegen deren Unmenschlichkeit konnten sie moralisch überlegen sein, aber sobald eine kleine Führungsschicht ›im Namen des Proletariats‹ die Macht erobert hatte, verschleierte ihre ideologische Verbohrtheit ihnen selbst die Realität der von ihnen praktizierten totalen Unterdrückung.

Wenn die ›Massen‹ von oben revolutioniert werden und nicht selbst die Revolution tragen, verwandelt sich die ›Emanzipation der Arbeiterklasse‹ in die totalitäre Herrschaft einer Minderheit über die Gesamtbevölkerung. An die Stelle vieler, einander immerhin sich gegenseitig begrenzender und widersprechender Propagandaapparate der pluralistischen Industriegesellschaft des Westens tritt dann ein einziger zentral gesteuerter Apparat, der obendrein durch polizeistaatlichen Zwang ergänzt wird. Seine Aufgabe ist es, die ›Massen‹ rasch und vollständig von der Richtigkeit der politischen Maßnahmen der Führungsclique zu überzeugen. Das Schlagwort vom ›demokratischen Zentralismus‹ kann diesen Zustand für keinen Klarsehenden verdecken. Man respektiert die reale ›Volksmeinung‹ nur noch insofern, als man sie zum ›Objekt‹ psychotechnischer ideologischer Bemühungen macht. Das Bewußtsein wird nach zentralem Plan manipuliert, während in der pluralistischen Industriegesellschaft westlichen Typs sich das Bewußtsein relativ frei – wenngleich von unterschiedlichen Werbeträgern beeinflußt – entwickeln kann. Die Arbeitskraft mag zwar im bürokratisch geführten Staatssozialismus keine ›Ware‹ mehr sein, dafür aber werden die einzelnen zu Funktionären und ihre Organisationen zu ›Treibriemen‹ einer gigantischen Maschine, an deren Steuer unumschränkte Planer stehen.

Nur übermenschliche Fähigkeiten und moralische ›Heiligkeit‹ solcher Planer könnten ein derartiges System legitimieren. Nur eine entsprechende Gläubigkeit es akzeptabel machen. Aber wir wissen doch, daß alle menschlichen Institutionen – nicht zuletzt Parteien – fehlbar sind. Man müßte schon die ›Unfehlbarkeit der führenden Partei‹ mit der Unfehlbarkeit des Papstes, wenn er *ex cathedra* ein Dogma verkündet, identifizieren und neben die ›real existierende‹ Partei eine ›ideale Partei‹ stellen bzw. sie nach dem Vorbild der idealen Kirche als ›corpus mysticum‹ annehmen. Aber auf diese pseudoreligiöse Weise wird doch ein Kommunist sein ›unfehlbares Zentralkomitee‹ nicht gut rechtfertigen wollen.

Wer vollends Karl Marx' wissenschaftlichen Skeptizismus ernst nimmt, muß jeden Anspruch auf Unfehlbarkeit energisch zurückweisen. In dem Fragebogen, den seine Töchter Marx vorgelegt haben, bezeichnete er den Satz ›de omnibus dubitandum‹ (an allem ist zu zweifeln) als sein Motto.«

Dieser Briefentwurf war auf den 10. April 1955 datiert; da ich einen solchen Brief kaum abschicken konnte, dürfte ich seinen Inhalt Irene bei unserer nächsten Begegnung mitgeteilt haben. Sie war ganz mit mir einverstanden. Besonders aus Briefen, die sie mir später aus Ungarn schickte, wo ihr Mann eine Stelle als deutscher Lektor erhalten hatte, drückte sie ihre politische Überzeugung offen aus. Einmal erwähnte sie den »Schulungsabend«, den sie – auch als Nichtmitglied der SED – in der DDR-Botschaft in Budapest besuchen mußte, und schilderte die gelangweilte, stumpfsinnige Atmosphäre, die dabei herrschte.

Fast zwanzig Jahre lang hielt sich unser Briefwechsel – mit Unterbrechungen – aufrecht. Am intensivsten aber war er in den Anfangsjahren 1954 bis 1956. Irene schätzte die »poetische« Seite an mir, und so war ich genötigt, ihr ältere Arbeiten zu schicken, weil meine neueren allzu prosaisch von philosophischen und politikwissenschaftlichen Texten bestimmt waren. Zuerst brachte ich eine kleine Prosageschichte auf den Weg, die ich während meines Aufenthalts in Soisy-sur-Seine aufgeschrieben hatte und die sie in ihrem nächsten Brief sehr überzeugend zu kritisieren wußte.

Der Tod eines Falters

»An dem schmutzigen Fenster meiner einsamen Kammer saß regungslos ein Falter. Seine samtenen Flügel waren sorgfältig zusammengelegt, und die langen, gebrechlichen Beine klemmten fest in der Ritze zwischen Fensterglas und Rahmen. Es war ein warmer Januarabend, und ich war ein wenig müde vom vorgeschriebenen Nachdenken und von der Fülle schwieriger Begriffe verwirrt. Still gedachte ich mich an der Schönheit dieses Märchentieres zu erfreuen und trug es, vorsichtig, um nichts von der feinen, pulvrigen Farbe seiner Flügel zu verlieren, in mein Zimmer. Wie abgebrochen erschienen mir die Enden der langen Beine und die zuckenden Bewegungen des Insekts wie späte Reflexe eines Organismus, der lange schon gestorben ist.

Doch – auf einmal, als ich mich schon pflichtbewußt wieder meiner Arbeit zuwenden wollte, schwang sich das geflügelte Tier in die Luft und taumelte ohnmächtig und verzweifelt gegen die Scheiben meines Fensters. Vergeblich suchte ich seinem Flug eine andere Richtung zu geben, verbissen kehrte es immer wieder zu dem schwachen Schein des Lichts zurück, den es hinter den Scheiben wahrnehmen mochte. Einen Augenblick lang erwog ich, das Fenster zu öffnen, dann ließ ich mich durch mich selbst dazu überreden, daß ein Tod im Freien, in der Ausgesetztheit des winterlichen Parks, kaum angenehmer sein würde als in der warmen Geborgenheit des Zimmers.

Plötzlich entschloß ich mich, eine Stecknadel zu ergreifen, um damit dem hoffnungslosen Leben ein Ende zu bereiten, dessen vergebliche Versuche, dem Licht entgegenzufliegen, mich beinahe selbst zur Verzweiflung trieben. Doch, ich will die Wahrheit gestehen, im Grunde war es mir wohl damals nur um die bunten Flügel zu tun, die ich leblos vor mir auf dem Schreibtisch auszustellen gedachte, um ihren Anblick noch möglichst lange genießen zu können. Geduldig ließ sich das wehrlose Tier töten. Nein – nicht töten –, aber durchbohren, denn, als hätte meine Nadel ungeahnte Lebensenergien erregt und mobilisiert, begann der Falter nun wild um sich zu schlagen, und als ich erschrocken losließ, flog er mitsamt der Nadel zu Boden.

Es widerstrebt mir, den ›Kampf‹ im einzelnen zu schildern, den ich nun –

von primitiver Jagdlust erfaßt – mit dem Tier, oder vielmehr mit dessen zäher Lebenskraft, ausfocht. Genug, daß am Ende ein zitternder Schmetterlingsleib stundenlang – auf die Holzplatte meines Tisches festgebohrt – seinem Tode entgegenbebte. Weit ausgebreitet hielt er seinen braunen, blauen, gelben und schwarzen Flügel, als wollte er mir – anklagend – noch einmal seine ganze ermordete Schönheit zeigen. Vorsichtig streckte er noch immer seine langen, mit großen Tastorganen versehenen Fühler in die Luft und die Beißzangen, die sich im Todeskampf zuckend bewegt hatten, hielt er – wie betende Hände – gefaltet.

Ich weiß, daß es ›nur ein Falter‹ war. Aber mein Herz ist doch unruhig. Ich fürchte, ich werde heute nacht schlecht schlafen. Vielleicht versuche ich aber auch nur, mit diesen Worten mich selbst zu täuschen. Vielleicht will ich vor mir wieder ›gut erscheinen‹, indem ich das Böse bekenne, von dem ich doch nicht sicher bin, ob es ein Verbrechen war oder nur ein Spiel.

Die Nacht sinkt über die Welt herein, und ich bin einsam. Und wenn es auch nur ein Vorwurf gewesen wäre oder ein Tadel, eine Mahnung – aber keines Menschen Stimme dringt zu mir.

›Ah, Sie sammeln Schmetterlinge‹, bemerkt ein Nachbar, der eben mal bei mir hereinschaut. Als ob es das allergewöhnlichste Ereignis der Welt wäre, daß ein toter Falter auf meinem Schreibtisch liegt. Es ist ein Geheimnis um alles Leben – und wäre es das eines einfachen Tieres. Man sagt, daß Einzeller unsterblich seien, und mein Falter hatte ein zähes Leben. Mag sein, daß der Tod um so leichter eintritt, je höher ein Wesen organisiert ist, und daß deshalb allein uns Menschen das Gesetz gegeben ist: ›Du sollst nicht töten!‹ Wie wir aber die Liebe und die Güte erfunden haben, so haben wir auch das Böse in die Welt gebracht mit dem teuflischen Gedanken, daß alle Schöpfung uns zur Freude dienen müsse.

Traurig und bewundernd betrachte ich den toten Falter. Vielleicht, daß auch unser Leben sich einst wie das seine zusammenfassen läßt: in ein wenig Freude, viel närrische Hoffnung und einen einzigen, zitternd langen, unendlichen Schmerz.«

Auf die Zusendung dieses Prosastücks hatte Irene unverzüglich mit einer ersten, knappen Kritik geantwortet, in der sie die »Widerlichkeit des Ganzen« beklagte. Darauf antwortete ich ihr: »Die Schmetterlingsgeschichte hast Du ganz zu Recht kritisiert. Was die ›Widerlichkeit des Ganzen‹ anlangt – den kalten Ästhetizismus des Bourgeois hast Du richtig erkannt. Aber (...) die Absicht der Darstellung war es ja, diese Widerlichkeit hervorzurufen oder auch den Ästhetizismus als Ursprung der Grausamkeit aufzuzeigen. Vielleicht ist diese Mischung von ›lehrhaftem Zweck‹ und Darstellungsweise nicht glücklich. Deine Empörung gibt mir fast ›recht‹. Aber ich will das kleine Stück Prosa nicht mehr verteidigen, als es das verdient. Wenn es Dich entsetzt hat, daß auch in mir ein Stück dieser ästhetischen Grausamkeit steckt, kann ich Dir nicht helfen: Es ist so, aber ich will mich bessern ...«

Postwendend schrieb mir Irene darauf noch einmal und begründete diesmal ihren Einwand genauer: »Deine Absicht war, deutlich zu machen, daß der Ästhetizismus Ursprung von Grausamkeit ist, ergo verwerflich. *Einwand 1*. Das wird *nicht gestaltet*. Du sagst zwar, daß der Anlaß der Jagd auf den Falter der Wunsch war, sich an seiner Schönheit zu erfreuen. Aber dann bricht die ganze üble Freude am Töten durch, das sagst Du zwar *nicht*, aber gestaltest es ganz ausgezeichnet... *Einwand 2*. Der Chronist, den man getrost von dem in der Geschichte Handelnden unterscheiden darf, schildert diese grausame und böse Episode mit so viel Liebe, daß zwar unbestritten bleibt, daß grausam und böse ist, was geschieht, daß aber gleichzeitig der Eindruck erweckt wird, daß man ›es‹ tun darf, daß nichts dabei ist, daß ›man‹ eben in sich auch Böses hat, und wenn es durchbricht, na ja, dann bricht es eben durch. Die Aussage ist also objektiv: Wir Menschen sind böse Kerle, und unsere Grausamkeit – wenn sie einmal zum Vorschein kommt – ist schlimm, aber interessant ist es doch. Aber – ehrlich – ich habe den Eindruck, daß meine Einwände recht wacklig sind und nur der letzte Versuch, mich gegen den starken Eindruck zu wehren, den die Geschichte auf mich gemacht hat.«

Kaum hat sie aber diesen sympathischen Satz geschrieben, da kehrt sie doch noch einmal zu ihren moralisch-ästhetischen Einwänden zurück: »Du suchst nach der Erkenntnis der eignen bösen Tat einen Ausweg in einer matten intellektuellen Reflexion über das ›Wesen des Menschen‹, dem du die Verantwortung für Deine unschöne Handlung zuschiebst, wobei Du doch gleichzeitig das Ungenügen an dieser Reflexion fühlst und Dir nichts anderes bleibt als eine große Traurigkeit über die Menschen und den armen kleinen Falter. So ist es leider? Aber so ist es.« Nie wieder habe ich eine so treffende und mich beeindruckende Kritik erhalten.

Natürlich enthielten Irenes Briefe – vor allem die aus Ungarn – auch außerordentlich lebendige Schilderungen von Land und Leuten, vom Leben der Intellektuellen und dem Ghetto der DDR-Menschen in diesem etwas freiheitlicheren Land.

Noch oft hat Irene Gedichte von mir analysiert und beurteilt. Da ich keine »neuen« mehr schrieb, mußte ich auf meinen Vorrat zurückgreifen, auf Gedichte, die für Fanette oder in Erinnerung an sie entstanden waren.

Damals war Irene erst 23 Jahre alt. Ich hatte nicht nur in der ersten Zeit unserer intensiven Brieffreundschaft das Gefühl, von ihr weit mehr zu erhalten, als ich ihr geben konnte. Und ich kann noch immer den Tag nicht vergessen, als ich aus Ungarn einen Brief an sie zurückerhielt mit dem Stempel »décédée«. In der Hoffnung, daß es sich um einen Irrtum der Post handele, schrieb ich Agnes Heller, der langjährigen Assistentin von Georg Lukács, die, 1968 aus der Universität verdrängt, als Übersetzerin in Budapest lebte. Am 18. Januar 1975 erhielt ich die Bestätigung. Ein Hirntumor hatte dem Leben dieser hochtalentierten jungen Frau ein grausames Ende gesetzt.

In der Trauer um sie fühlte ich mich mit ihrem Mann und ihrer Mutter verbunden. Sie schrieb mir nur wenige Zeilen, aus denen grenzenloser Schmerz um den Verlust dieses ungewöhnlichen und lieben Menschen sprach. »Sie wissen, was ich verloren habe, und Sie können ermessen, wie schwer ich es trage. Trost kann ich nirgends finden.« Irene hatte mir noch zu meiner Hochzeit und zur Geburt der Kinder gratuliert. Das alles ist nun schon wieder zwanzig Jahre her, aber die Zeit meiner freundschaftlichen Verbundenheit mit Irene ist unvergessen. Auch wenn ich sie seit 1956 nie mehr gesehen habe, spielte das Wissen darum, daß es sie gab und daß wir uns schreiben konnten, eine wichtige Rolle in meinem Leben.

Für die Gleichzeitigkeit verschiedener Beziehungen zu jungen Frauen hatte ich damals eine höchst fragwürdige – der Marxschen Entfremdungstheorie abgeborgte – Entschuldigung. Neben einem intensiven intellektuellen und emotionalen Briefkontakt mit Irene hielt ich einen direkten erotischen Kontakt mit einer »ortsansässigen« oder doch näher wohnenden Freundin für durchaus legitim. Entfremdet heißt ja, daß Intellekt, Gefühl und sexuelle Bedürfnisse nicht unbedingt zusammenfallen müssen. Irgendwann habe ich diese Theorie des Intellektuellen, der sich nicht festlegen will, einmal selbstkritisch ausformuliert, aber ich kann den Text nicht mehr finden, und es bleibt mir nur zu hoffen, daß er verlorengegangen ist und nicht eines Tages von meinen Erben im Nachlaß entdeckt wird. Diese Andeutung sollte genügen.

Im Studentischen Arbeitskreis für Politik

Obgleich ich ja nun wirklich kein Student mehr war, blieb ich noch einige Jahre lang »Vorsitzender« des kleinen Studentischen Arbeitskreises für Politik. Im Unterschied zu den drei »parteinahen« Studentengruppen, aber ohne uns in einen Gegensatz zu ihnen zu stellen, wollten wir politische Kenntnisse und Engagements fördern und zogen vor allem solche Studierenden an, die später als Beamte des auswärtigen Dienstes oder in anderen staatlichen Stellen tätig werden wollten. Die Anregung zur Bildung einer solchen Gruppe war von der »Conférence Olivaint« gekommen, der ich die schönen Tage auf Port Cros verdankte. Im Laufe der Zeit wurde aus dem Arbeitskreis eine feste Institution.

Theodor Eschenburg, der zunächst neben seiner Tätigkeit als Mitglied der Regierung von »Südwürttemberg-Hohenzollern« nur einen Lehrauftrag hatte, später aber den ersten Lehrstuhl für Politikwissenschaft in Tübingen erhielt, betrachtete »uns« quasi als seine Schutzbefohlenen. Wiederholt regte er an, daß wir als »Einladende« für interessante deutsche und französische Politiker auftreten sollten, weil er sich von einer derartigen Initiative mehr versprach als von einer »universitären« Bitte um einen Gastvortrag. Ich erinnere mich an Vorträge des ersten deutschen Botschafters in Belgrad, Pfleiderer, des CDU-Abgeordneten Kiesinger und des Sozialdemokraten Fritz Erler. Einen Einladungsbrief an Robert Schuman, der damals nicht mehr Minister war, fand ich in meinen Papieren; ob er nach Tübingen gekommen ist, vermag ich aber nicht zu sagen. Dagegen erinnere ich mich noch ganz gut an einen Vortrag von André François-Poncet, der damals (1953) noch »Hochkommissar« war, bevor er in der als »souverän« erklärten Bundesrepublik 1954 Botschafter wurde.

Das Thema seiner Rede war die Zukunft der Saar, die er im Sinne einer Beibehaltung des Saar-Statuts gelöst sehen wollte. Saarbrükken, meinte er, könne so zu einer »Brücke an der Saar« zwischen den beiden benachbarten Völkern werden. Meine höfliche Frage, ob nicht in einem vereinigten Europa Grenzprobleme letztlich hinfällig würden, so daß die französische Regierung dem voraussehbaren Votum der Saar Bevölkerung für die Vereinigung mit der Bundesrepublik ohne Schaden stattgeben könne, beantwortete er diplomatisch-vieldeutig. Der Eindruck eines ungemein geschickten Politikers und ausgezeichneten Deutschlandkenners ist mir im Gedächtnis geblieben.

Natürlich war André François-Poncet damals schon beinahe eine Legende. Man kolportierte seine Witze über die hausbackenen Gemälde im »Haus der deutschen Kunst« während des Dritten Reiches, als er eine stramme Bauernmagd im Negligé als »Voilà, la Venus de Berlichingen!« apostrophiert haben soll. Später las ich auch seine Berichte über die Wahl vom 5. März 1933, die keineswegs frei gewesen sei, sowie über die beschämende Abdankung der Reichstagsabgeordneten am 23. März – mit Ausnahme der Sozialdemokraten – und seine nur allzu berechtigte Prognose eines heraufziehenden Krieges in Europa. An diesem Beispiel konnte man zugleich ablesen, wie leicht in entscheidenden Fragen der Sachverstand eines Diplomaten gegenüber dem Willen von Regierungen wiegt. Seine Warnungen während des Dritten Reiches hatten die französische Regierung nicht überzeugt. Frankreichs Deutschlandpolitik blieb zögernd, nachgiebig und unsicher.

Die »Alltagsarbeit« im Arbeitskreis bestand in Referaten über aktuelle Fragen der Innen- und Außenpolitik, wozu eine gründliche Lektüre mehrerer Zeitungen erforderlich war. Der »Lage« entsprechend wurde jeweils ein zentrales Thema bestimmt, und reihum übernahm jeder (es gab gar keine oder allenfalls ein, zwei Studentinnen im Arbeitskreis) diese Aufgabe. Von einem ehemaligen Mitglied unseres Kreises, der an einer deutschen Botschaft als Legationsrat tätig war, hörte ich später, daß er im Grunde die gleiche Aufgabe – nunmehr bei seinem Botschafter – habe und daß ihm die Übung in Tübingen dafür nützlich gewesen sei. Allerdings müsse er jetzt sein Referat jeden Morgen in kürzester Zeit vorbereiten ... Wichtigste Quellen waren für uns damals »Le Monde«, die »Neue Zürcher Zeitung«, die »Stuttgarter Zeitung« und gelegentlich auch »Die Welt«.
Als ich 1963 in Frankfurt meine Professur für Politikwissenschaft

übernahm, setzte ich eine Zeitlang die Praxis dieser »Wochenberichte« fort. Das mit zwei Assistentenstellen und zwei Hilfskräften gut ausgestattete Seminar bildete den »Kern« dieses aktuellen Kolloquiums. Einen Höhepunkt dieser gründlichen Zeitungslektüre erlebten wir im Herst 1963, als wir versuchten, aus den – zum Teil nicht nur unterschiedlichen, sondern sogar widersprüchlichen – Berichten über das Attentat auf J. F. Kennedy Ablauf, Motive und Hintermänner dieser Tat zu eruieren. Damals wurde mir die überragende Zuverlässigkeit der »NZZ« besonders deutlich, auch wenn am Ende die Rätsel über den Tathergang wie über die Tötung des verhafteten Attentäters Lee Oswald nicht gelöst werden konnten.

Einmal veranstalteten »wir« als eine Art Gegeneinladung für die Port-Cros-Seminare für unsere französischen Kommilitonen einen Schiurlaub im Allgäu – kombiniert mit Referaten über die europäische Einigung –, ein anderes Mal eine Besuchsreise durch das damals von den Alliierten verwaltete Ruhrgebiet. Der französische Hohe Komissar Alain Poher und die französische Botschaft in Ernich bei Bonn empfingen die deutsch-französische Gruppe, der auch Pater Huvenne angehörte, und die großen Industrieunternehmen Krupp, Henkel, Phönix-Rheinrohr stellten sich mit ihren Nöten und Hoffnungen geschickt vor. Amüsiert hat mich dabei, daß wir in der Führungsetage einer weltbekannten Firma eine ganze Reihe ehemaliger Mitarbeiter des Auswärtigen Amtes des Dritten Reiches – freilich mit Ausnahme Ribbentrops – wiederfanden.

Wenn man den Arbeitskreis politisch »verorten« müßte, wäre vermutlich am ehesten eine gewisse Nähe zu den Liberalen festzustellen gewesen. Seit meinem Beitritt zur SPD in Dresden, die durch die von Arno Hennig wie von mir abgelehnte »Vereinigung« mit der KPD zur SED praktisch bald darauf hinfällig geworden war, hatte ich keine parteipolitische Bindung mehr gesucht. Theodor Eschenburg riet mir, als ich mich für Politikwissenschaft habilitiert hatte, in gleicher Distanz zu allen demokratischen Parteien zu bleiben und meinen Rat – wenn er gewünscht werde – allen zu geben. Daran habe ich mich – bis 1975 – gehalten. Erst nachdem ich von dem damaligen Bundesgeschäftsführer der SPD, Holger Börner, davon informiert worden war, daß mich der Parteivorstand zum »Mitglied der Grundwertekommission« ernannt habe, hielt ich es für richtig, nunmehr auch »offiziell« dieser Partei beizutreten, die mir – vor allem durch Willy Brandt – besonders sympathisch geworden war und mit deren Programmatik ich mich am ehesten einverstanden erklären konnte.

Während der Jahre 1950 bis 1954 war ich noch immer Assistent am Philosophischen Seminar, einige Zeit lang auch am Seminar für Pädagogik, während der Lehrstuhlinhaber Professor Hans Wenke als »Schulsenator« nach Hamburg gegangen war. Auch wenn ich mich zuvor kaum mit Pädagogik beschäftigt hatte, glaubte Hans Wenke wohl, daß ein Schüler von Eduard Spranger für diese Aufgabe »ohnehin« geeignet sei. In meinen Seminarübungen behandelte ich den Bildungswert der Naturwissenschaften im Anschluß an Georg Kerschensteiner (1854–1932), den Spranger außerordentlich geschätzt hatte, und »staatsbürgerliche Erziehung« auf der Grundlage von neueren Lehrbüchern. Die heute eher altmodisch klingende Bezeichnung war in den fünfziger Jahren noch allgemein üblich. Von dieser theoretischen Beschäftigung mit Pädagogik ist mir immerhin im Bewußtsein geblieben, daß auch ein Hochschullehrer einen »Bildungsauftrag« zu erfüllen hat.

Aus den Mitgliedern des Arbeitskreises sind im Laufe der späteren Jahre nicht nur einige Botschafter, sondern auch Hochschullehrer für Politikwissenschaft hervorgegangen.

Feierliche Verabschiedung der Landesregierung von Südwürttemberg-Hohenzollern

Als am 25. April 1952 der Südweststaat durch den Zusammenschluß der unter französischer und unter amerikanischer Besatzung stehenden Teile von Baden und Württemberg gebildet worden war, mußten die Tübinger Abschied von ihrer Rolle als Bürger einer »Landeshauptstadt« nehmen. Auch ein großer Teil der Studierenden sah die nahe gelegene bescheidene Landesregierung nur ungern scheiden. Als Ausdruck der Trauer wie der Dankbarkeit organisierten Studenten einen Fackelzug zu Ehren des Staatspräsidenten Gebhard Müller und seiner Minister.

Ich hatte den Auftrag, aus diesem Anlaß eine »feierliche Rede« zu halten. Mit einigem Erstaunen lese ich heute – nach mehr als vierzig

Jahren –, was ich damals als staatstreuer (und ziemlich konventioneller) Bürger gesagt habe. Wenn ich diese Rede hier zitiere, dann vor allem, um an den »konservativen Zeitgeist« zu erinnern, von dem ich damals beeinflußt war, und einen »Stil« zu dokumentieren, der heute selbst konservativen Studenten fernliegen dürfte:

»Hochverehrter Herr Staatspräsident,
hochverehrte Herren Staatsminister,
Kommilitoninnen und Kommilitonen,
Tübinger Mitbürgerinnen und Mitbürger,
    ein akademischer Fackelzug ist keine politische Demonstration. Das Feuer unserer Fackeln ist kein Feuer des Unmutes oder gar des Zorns. Jede polemische Absicht liegt uns völlig fern. Ein akademischer Fackelzug ist das höchste Zeichen freudiger Verehrung, Dankbarkeit und Zuneigung, das Studenten zu vergeben haben ...

Unsere Verehrung gilt heute den Mitgliedern der ehemaligen Staatsregierung des Landes Württemberg-Hohenzollern, unter deren fürsorglicher Obhut unsere Alma Mater Tubingensis viele Jahre friedlichen Aufbaus und Fortschritts erlebt hat. Unsere besondere Verehrung gilt aber auch dem Herrn Staatspräsidenten Gebhard Müller, dem unermüdlichen Vorkämpfer des Südweststaates, dem aufrechten und uneigennützigen Politiker, der (...) jene politische und wirtschaftliche Neuordnung des Südwestens erstrebte, die auch uns zur Festigung des bundesstaatlichen Charakters der jungen Republik wünschenswert erschien (...). Aber auch allen Mitgliedern der scheidenden Landesregierung gilt in gleicher Weise unsere Dankbarkeit. Sie haben in einer Zeit, da eben erst die totale Diktatur durch eine totale Niederlage geendet hatte, ein furchtbares Erbe antreten müssen. Zwischen den unabweisbaren Forderungen der Sieger auf der einen Seite und der Not und dem Elend des Landes auf der anderen galt es, einen möglichen Ausgleich zu finden. Ohne populär sein zu können, allein auf kleine Kreise staatstreuer und politisch aufgeschlossener Menschen gestützt, mußten Sie Ihre schwere Arbeit in Angriff nehmen. Wenn wir aber heute auf den Weg zurückblicken, den wir mit Ihnen gemeinsam gegangen sind, können wir nicht anders, als Ihrer Tätigkeit mit anerkennender Dankbarkeit zu gedenken.

Gewiß, seit über zweieinhalb Jahren hat sich das politische Gewicht von den Länderregierungen weg immer mehr nach Bonn verlagert, und gerade in diesen Tagen fallen dort schwerwiegende Entscheidungen, an denen Wohl und Wehe unseres Vaterlandes hängt. In einem gesunden demokratischen Gemeinwesen aber verlieren Zwischeninstanzen wie die Länderregierungen nie ihre Bedeutung. Für viele Gebiete des öffentlichen Lebens bleiben sie sogar weiterhin entscheidend. Gerade für die Universität ist die Landesregierung, auf deren Kultus- und Finanzministerien sie unmittelbar angewiesen ist, von ausschlaggebender Bedeutung. Hier aber hat die ehemalige Staatsregierung von Württemberg-Hohenzollern Vorbildliches geleistet. Kein anderes Land der Bundesrepublik hat pro Kopf seiner Bevölkerung auch nur annähernd den gleichen Betrag für Universitätsaufgaben zur Verfügung gestellt wie dieser kleine Staat, von dem man sagen könnte, er »sei mitnichten der kleinste« unter den Ländern der Bundesrepublik gewesen. Nicht zuletzt hierfür zu danken sind wir heute hier versammelt. Möge das soviel reichere und größere Land Baden-Württemberg, der geistigen Tradition des Südwestens treu, die Bedürfnisse der Stätten des Geistes nicht vergessen, um die Fortsetzung des glücklich begonnenen Werkes zu ermöglichen!

Aus Verehrung und Dankbarkeit (...) wächst aber auch ein Drittes: die Zuneigung. Man möge uns nicht des Byzantinismus oder der Staatsvergötterung zeihen. Nichts liegt uns ferner als das. Wir wissen sehr wohl, daß lebendige Kritik und Kontrolle durch die Staatsbürger und ihre gewählten Repräsentanten zum demokratischen Staat als Wesensbestandteile hinzugehören. Ja wir sind selbst geneigt, zu kritisieren und zu polemisieren, wenn wir im Interesse des gemeinen Wohles andere Wege als die von der Regierung eingeschlagenen für richtig halten. Aber das hindert uns doch nicht daran, einer Regierung, deren Arbeit wir Jahre hindurch verfolgen konnten, der wir Verehrung und Dankbarkeit schulden, auch unsere Zuneigung zu schenken. Eine Zuneigung, die macht, daß wir heute nur mit Schmerzen Männer aus dem öffentlichen Leben scheiden sehen, die so Hervorragendes in schwerer Zeit geleistet haben (...)

Und nun singen wir gemeinsam die zweite Strophe des alten Studentenliedes ›Gaudeamus igitur‹, die mit den Worten ›*vivat et res publica et qui illam regit*‹ beginnt.«

Nachdem das Lied auf Tübingens altem Marktplatz verklungen war, zogen sich die Gefeierten mit einigen Studenten zusammen in das heute nicht mehr existierende Hotel »Lamm« zurück. Bei schwäbischem Wein wurden noch manche Reden gehalten, und Theodor Eschenburg deutete die Stimmung der Tübinger, die noch immer nicht recht verstehen wollten, daß »ihre Regierung« nun gehen mußte, als Folge traditioneller Anhänglichkeit an die Obrigkeit, die früher ihren Ausdruck im Monarchismus gefunden habe. Es gelte aber zu lernen, daß in der Demokratie die Beauftragung mit der Regierungsbildung wie ein »Wanderpokal« ist, der von Hand zu

Hand, von Mannschaft zu Mannschaft weitergereicht wird. Die parlamentarische Demokratie, so hat er auch später immer wieder betont, sei kein »perfektes Ideal«, sondern – wie es Winston Churchill treffend formuliert habe – »die schlechteste Regierungsform außer allen anderen, die je versucht worden sind«.

Die idealistische Überschätzung der Demokratie, so hat er lange vor dem Ausbruch jugendlichen Mißfallens im Jahre 1968 warnend betont, kann zur Enttäuschung und schließlich zur Abkehr von ihr führen. Ich formulierte später etwas vorsichtiger: Entscheidend ist, daß die »Gewalten« innerhalb einer Demokratie genügend Unabhängigkeit und Spielraum besitzen, um das »Ganze« lernfähig und selbst-korrekturfähig zu halten. Bei diesem Prozeß des Lernens muß aber eine aufgeklärte Minderheit der Bevölkerung vorausgehen. Die allzu bequeme Orientierung der Politik an Befragungen der »privaten Meinungen der Mehrheit« führt dagegen leicht in die Irre. Im Medienzeitalter ist die Unabhängigkeit und Vielfalt der Informationsquellen und die entsprechende Bildung der Wähler zur wichtigsten Voraussetzung des Erhalts der Demokratie geworden. Dem »monarchischen Bedürfnis« der Bevölkerung nach emotionaler Bindung an eine Person an der Spitze des Staates entspricht am besten ein – politisch relativ ohnmächtiger – Präsident oder auch ein konstitutioneller Monarch. Diese Person absorbiert gleichsam ein Bedürfnis, das von der abwählbaren und jederzeit kritisierbaren Regierung nicht befriedigt werden kann und darf.

Der französische Soziologe und bedeutende politische Journalist Raymond Aron las im Sommersemester 1954 an der Tübinger Universität gastweise über »Politische Soziologie«. Es war sehr heiß, und Aron litt unter der Tübinger Schwüle. Im übrigen fand er unsere »Miniaturwelt« aber recht amüsant. Im Café Neckartor und in der Buchhandlung Gastl, wo man häufig Kollegen und Studenten traf, meinte er, »erfahre man viel über wenig (»on apprend beaucoup de peu de chose«). Für die Studierenden wie für mich war die Begegnung mit diesem nüchternen Beobachter und Analytiker der Politik höchst anregend. Durch ihn lernte ich in der Politik auch solche Personen schätzen, die nicht durch ihr Streben nach hohen Idealen, sondern vielmehr durch ihre gelassene Beurteilung der Menschen und ihrer – oft auch »bösen« – Strebungen sich auszeichnen.

Raymond Aron erwähnte zustimmend das Buch »Machiavellisten, Verteidiger der Freiheit« von James Burnham. Die Gefahr der moralisierenden Politiker besteht in der »Verketzerung« ihrer Gegner, aus denen leicht »absolute Bösewichte« oder Vertreter des »Prinzips des Bösen« gemacht werden. Die Folge ist dann unter Umständen der totale Krieg und die Aufhebung aller Selbstbeschränkung staatlicher Gewalt (gegenüber »inneren wie äußeren Feinden«).

Auch wenn ich Raymond Aron nicht immer folgen wollte, beeindruckte mich doch seine klare Analyse der Verhältnisse. Anläßlich der damals noch im Gang befindlichen Rückzugsgefechte des Kolonialismus sagte er einmal: »Wenn eine Kolonialmacht moralisch nicht mehr imstande ist, meuternde Untertanen in den Kolonien zu dezimieren, muß sie ihre Herrschaft aufgeben.« Das klang zynisch und wie eine Art Plädoyer für unterdrückende Gewalt, war aber nur als die »sachliche Feststellung« gemeint: Mit unserem zeitgenössischen Ethos ist Kolonialherrschaft nicht kompatibel; alle Versuche, durch einen Kompromiß dieser Schlußfolgerung zu entgehen, müssen scheitern.

Ein Hochschullehrer der juristischen Fakultät suchte damals einen Kontakt zwischen Raymond Aron und Carl Schmitt, der besuchsweise in Tübingen war, herzustellen, aber Aron lehnte – wenn ich das richtig gedeutet habe: trotz einer gewissen Neugier auf den Denker des totalen Staates – ab.

Eines der letzten Bücher Raymond Arons, »Penser la guerre, Clausewitz« (1976), in dem Aron Clausewitz gegen seine einseitigen Interpreten im deutschen Generalstab als politisch-militärischen Denker rehabilitierte, hat Carl Schmitt zustimmend kommentiert. In einer Antikritik auf eine Polemik des rechtsextremen Autors Robert Hepp verdeutlichte Aron seine Absicht. Weil diese Selbstinterpretation für sein ganzes politisches Denken charakteristisch ist, will ich sie hier anführen, auch wenn sie mehr als zwanzig Jahre nach seiner Tübinger Gastprofessur erfolgte:

»Ich nahm mir vor, zwischen den beiden Tendenzen im Denken von Clausewitz ein Gleichgewicht aufrechtzuerhalten, zwischen den beiden Tendenzen des Krieges selbst. Sich selbst überlassen, kann der Krieg stets extrem werden, es genügt, wenn einer der beiden ›Duellanten‹ bis zum Extrem geht, um den anderen ebenfalls dazu zu zwingen. Populäre Leidenschaften, Größe der

Interessen, die auf dem Spiele stehen, usw. bringen diese Steigerung hervor. Aber weder der Kriegsherr noch die Staatsmacht nimmt sich je vor, die gegnerischen Streitkräfte total zu vernichten und dem gegnerischen Staat den Frieden zu diktieren oder ihn zu zerstören. Die Staatsmacht kann ein Prinzip der Mäßigung im wirklichen Krieg sein. Von diesen beiden Tendenzen habe ich den Akzent auf die eine gelegt, Hepp möchte das Übergewicht der anderen wiederherstellen und riskiert damit – wie es der deutsche Generalstab immer getan hat – die Idee, daß die Staatsmacht, als personifizierte Intelligenz des Staats, den militärischen Operationen ihr Gesetz vorschreibt, zu eliminieren« (zit. nach Nicolas Baverez: Raymond Aron, Un moraliste au temps des idéologies, Paris 1993, S. 431).

Herausgabe eines Fragments aus dem Nachlaß des Grafen Paul Yorck von Wartenburg

Zu Anfang des Jahres 1954 erhielt ich ein »Assistentenstipendium« der Deutschen Forschungsgemeinschaft, um den philosophischen Nachlaß des Grafen Paul Yorck von Wartenburg zu edieren. Ein Enkel des Philosophen hatte sich an Eduard Spranger gewandt und gefragt, ob er das fragmentarisch gebliebene Werk für publizierbar halte. Da ich zu dieser Zeit eine neue Einkommensquelle brauchte, war ich dankbar, diese interessante Aufgabe übernehmen zu können.

Bei einem Besuch in Baden-Baden berichtete mir der Enkel des eindrucksvollen Philosophen, was er aus den Berichten seines Vaters vom Großvater wußte. Ein Privatdruck »Klein-Oels«, in dem die Geschichte der Familie und ihrer zahlreichen wissenschaftlichen und literarischen Aktivitäten auf dem schlesischen Rittergut Klein-Oels dokumentarisch dargestellt wurde, veranschaulichte mir das Bild eines ganz ungewöhnlich lebendigen Geisteslebens. Ein Sohn des Feldmarschalls Johann David Ludwig Graf Yorck von Wartenburg hatte die Bibliothek Ludwig Tiecks aufgekauft und damit den Grundstock zu einer am Ende mehr als 100 000 Bände umfassenden Sammlung literarischer, theologischer, philosophischer und historischer Werke, oft in wertvollen Erstausgaben, gelegt. Kontakte zu der benachbarten Universität Breslau und den dortigen Professoren regten zu einem intensiven Gedankenaustausch an, der den Kindern schon früh zugute kam und in Briefen des Studenten Paul Yorck von Wartenburg an seinen Vater deutlich zum Ausdruck kommt. Die

Dilthey — Briefwechsel

Familie war von protestantisch-konservativer Tradition geprägt, dabei aber selbstbewußt und selbständig im Denken, wie schon die historische Tat des Feldmarschalls am 20. Dezember 1812 bewies, als er mit seinem russischen Gegner, dem General Johann von Diebitsch, ohne Wissen und Auftrag des preußischen Königs die »Konvention von Tauroggen« schloß und damit das preußische Hilfskorps aus den Napoleonischen Streitkräften herauslöste. Das Dokument dieser Konvention befindet sich nach wie vor im Besitz der Familie, ich konnte es in Baden-Baden selbst sehen.

Der Name Yorck war mir vor allem durch Peter Graf Yorck von Wartenburg geläufig, der einer der wichtigsten Mitverschwörer des Widerstandskreises um Helmut Graf Moltke war. Jetzt begegnete ich einem anderen Angehörigen dieser Familie und, durch ihn vermittelt, der eindrucksvollen Gestalt eines Privatgelehrten von seltener Unabhängigkeit und Originalität des Urteils.

Die philosophisch Interessierten hatte zuerst Martin Heidegger in »Sein und Zeit« auf den Grafen hingewiesen, dessen Briefwechsel mit dem befreundeten Wilhelm Dilthey 1923 von Sigrid von der Schulenburg veröffentlicht worden war. Heidegger hat aus wesentlichen Äußerungen Yorcks in seinen Briefen an Dilthey geschlossen, daß es ihm letztlich um die – von Dilthey verabsäumte – Herausarbeitung der »generischen Differenz zwischen Ontischem und Historischem« gegangen sei. Die bisherige Geschichtsschreibung bleibe am Gestalthaften, Okularen hängen und dringe nicht zum dynamischen Quell historischen Lebens vor. Der »Geist der Geschichte« aber sei »brüderlich verwandt« und nur auf dem Weg über Selbstbesinnung erfaßbar. Yorck strebte eine »Philosophie der Geschichte« an, die nichts mit der Hegelschen Geschichtsphilosophie zu tun hat, wohl aber ein Verstehen der »Geschichtlichkeit« menschlicher Existenz selbst ermöglichen soll. Auch wenn Heidegger über diesen Ansatz Yorcks hinausgehen wollte, betonte er doch, daß »die vorbereitende existenzial-zeitliche Analyse des Daseins entschlossen sei, den Geist des Grafen Yorck zu pflegen, um dem Werke Diltheys zu dienen« (Sein und Zeit, S. 404). Wenn sich der Enkel des Philosophen Yorck nicht an Heidegger, sondern an Spranger wandte, dann geschah das vermutlich auch wegen Sprangers Nähe zu den Frauen und Männern des 20. Juli und Heideggers zeitweiligen Eintretens für die Nationalsozialisten.

Lebensphilosophie

Das mir vorliegende Manuskript war eine Kopie von Schreiberhand: gut lesbar, aber gelegentlich Diktierfehler enthaltend und durchweg in einem stenogrammartig knappen Stil formuliert. Man hatte den Eindruck, der bereits schwerkranke Verfasser wollte rasch noch einige prinzipielle Thesen seiner Geschichtsauffassung fixieren. In einem Bericht faßte ich diese Philosophie wie folgt zusammen: Im Hintergrund alles historischen Geschehens steht der Begriff des Lebens, das in jeder Epoche ein ihr eigentümliches Lebensgefühl hervorbringt. Dieses Lebensgefühl ist »das letzte fundamentale Datum«. Eine definitive und vollständige Erfassung der Lebendigkeit kann es aber nie geben: »Es kann als die Fatalität aller Geschichtlichkeit ausgesprochen werden, daß die Lebendigkeit in der Unmöglichkeit ist, sich voll und ganz zum Ausdruck zu bringen, weil das Medium stets eine psychische Einzelheit ist.« Entsprechend dem jeweils dominierenden Lebensgefühl wird aber stets eine Position innerhalb des Bewußtseins herausgehoben, »um von hier aus Stellung zu nehmen zu der gesamten übrigen Gegebenheit«. Solche »Positionen« sind auf Grund der psychischen Organisation des Menschen auf drei prinzipielle beschränkt: »Vorstellen, Wollen, Empfinden«.

Für das antike Griechenland war nach Yorcks Eindruck das »Vorstellen prävalierend«, insbesondere »war es die anschauliche Seite der Funktion des Vorstellens, welche in der griechischen Bewußtseinsgegebenheit (…) in dem Griechentum zum Organ des Lebensverständnisses gemacht wurde«. Diesen Charakter griechischen Wesens bezeichnet Yorck auch als »Okularität«. Von diesem antiken Bewußtsein hebt sich das »moderne« ab, dessen Ursprünge Yorck im Christentum erblickt, dessen Wesen freilich erst durch die Reformation aus einer »Amalgamierung« mit okularem antiken Denken gelöst worden sei. Die Spontaneität ist »das historische Merkzeichen der neueren Zeit«, ermöglicht durch »die Weltfreiheit der christlichen Bewußtseinsstellung«. Während die griechische Tendenz auf evidentes, bildhaft erfaßbares Wissen und Gewißheit abzielt, strebt »das moderne, vom Kraftbegriff beherrschte Denken, hinter das Wissen zu kommen«. Leibniz erscheint als der herausragende Repräsentant dieses modernen Denkens. Das Weltgefüge wird jetzt im Einzelnen wie im Ganzen als Anspannung und Tat verstanden. Alle Logik wurde zur Theologik, nämlich aus der Setzung und Tat Gottes stammend, ja mit dieser letztlich identisch. Dagegen war »vom (antiken) substantiellen Standpunkt aus alle Logik ontische Metaphysik« gewesen.

Für alles Denken ist die »Verräumlichung« Grundcharakter. Erst durch die anschauliche Projektion des »Inneren« erhebe »ich mich zum Bewußtsein über (etwas) und ermögliche das Denken eines Gegenstandes«. Umgekehrt besteht aber alles Erkennen in der »Rücknahme der Projekta in den Nexus der Empfindung ... Verinnerlichung des Veräußerten«. Zeit aber entsteht gerade im Empfinden, während das abstrakte Denken – als »zeitlos« erscheint.

Für das antike Rom war der gestaltende Wille Organ der Welterfassung. Die Geschichte aber, die im Element der Zeit sich bewegt, kann erst von einer christlichen Bewußtseinsstellung aus adäquat erfaßt werden, weil in ihr die Empfindung zum Zentralorgan geworden ist. Die geschichtliche Lebendigkeit freilich wird »endgültig und vollständig« nie erfaßt werden können. Historisches Erkennen und Verstehen unterscheidet sich vom bloß antiquarischen Zurkenntnisnehmen und Sammeln vergangener Daten und Monumente. Nur was in der Gegenwart weiterlebt, ist »geschichtlich«. Von der dominierenden psychischen Einzelheit geht historisches Verstehen und Erkennen notwendig aus, und dabei herrscht jeweils eine der drei »prinzipiellen« Positionen vor, während die beiden anderen zwar vorhanden bleiben, aber zurücktreten. Für Yorck ist das Christentum durch seine protestantische Herausgelöstheit aus antiker Okularität am ehesten imstande, Geschichte als Lebendigkeit zu erfassen. In dieser Hinsicht trennt er sich ganz entschieden nicht nur von Leopold von Ranke, dem er eine bildhaft antikische Auffassung von Geschichte vorwirft, sondern auch von Wilhelm Diltheys asketischpantheistischem Weltbild.

Mehr noch als Yorcks Geschichtsphilosophie imponierte mir die ganze Existenz dieses tüchtigen Großgrundbesitzers, konservativen Herrenhausmitglieds und kultivierten Menschen. Die Vorstellung, daß im Gutshaus von Klein-Oels von Angehörigen der Familie zusammen mit dem konvertierten jüdischen Philosophen Christlieb Braniss (1792–1874) Lessings »Nathan der Weise« aufgeführt wurde und die jeweils neuesten philosophischen, literarischen, theologischen und historischen Werke auflagen und gelesen wurden, faszinierte mich. Hier war exemplarisch noch einmal die beste Seite einer der Vergangenheit angehörenden feudalen Lebensform bewahrt gewesen. Daß Graf Peter Yorck von Wartenburg aus dieser Familientradition herkam, bestätigte die Wirkmächtigkeit echter religiöser Bindung und Bildung angesichts der Abdankung liberaler bürgerlicher Demokraten gegenüber dem populären Diktator und seinen brutalen Schlägerkolonnen. In einer Antwort von Graf Peter an den ihn vernehmenden Vorsitzenden des Volksgerichtshofes Freisler erklärte er: »Das Wesentliche ist (…) der Totalitätsanspruch des Staates gegenüber dem Staatsbürger unter Ausschaltung seiner religiösen und sittlichen Verpflichtung Gott gegenüber.« Das war ganz im Sinne seines Großvaters, des Grafen Paul, gesprochen, der lange zuvor im Herrenhaus – aus theologischen Gründen – für eine völlige Trennung von Kirche und Staat eintrat.

Die Grundgedanken der Philosophie des Grafen konnte ich nicht so recht in den Zusammenhang meiner eigenen philosophischen Entwicklung einordnen, bis ich – Jahrzehnte später – einmal die Aufgabe erhielt, einen Vortrag zur Stellung der Reformation gegenüber der darstellenden Kunst zu halten. Die Verdrängung der Heiligenbilder aus den reformierten Kirchen und die gleichzeitige Betonung der Kirchenmusik und des Gemeindegesangs ließen sich gut mit Yorcks Thesen von der Herauslösung des christlichen Glaubens und der religiösen Empfindung aus dem Amalgam mit antiker »Okularität« erklären. Ich selbst behielt mir freilich meine Anhänglichkeit an die bildhaft-ästhetische Seite der Religion weiterhin vor.

Nachdenkliche philosophische Zeitkritik

Ich hielt es nie aus, nur mit einer einzigen Aufgabe beschäftigt zu sein. Außerdem war ich noch nicht sicher, ob ich nicht mein Brot schreibend würde verdienen müssen. Aus diesem Grund – und natürlich auch um einer zusätzlichen Einnahme willen – übersetzte ich unter anderem Raymon Arons »Deutsche Soziologie der Gegenwart«, ein Buch, das eigentlich nur die Soziologie bis 1933 zum Gegenstand hatte, aber als klar zusammenfassende Darstellung in Frankreich wie in Deutschland beliebt war (1953, 1964²), und etwas später Auguste Comtes »Rede über den Geist des Positivismus« (1956, 1966², 1994³). In einer ausführlichen Einleitung verglich ich

Comtes Geschichtsphilosophie mit der des deutschen Idealismus, das heißt Hegels. Comte war für mich mehr als Exponent eines dogmatischen Positivismus denn als eigenständiger Denker interessant. J. S. Mills kritische Äußerung, Comte sei ein Anwalt der »Pedantokratie« gewesen, schien mir ziemlich zutreffend zu sein. Durch ihn wurde ich aber auf Saint Simon aufmerksam, dessen »Nachwirkungen« mir schon bei antihegelianischen, rationalistischen französischen Sozialisten begegnet waren.

Abgesehen von Rezensionen über philosophische Werke wie Georg Lukács' »Der junge Hegel«, »Das französische Descartesbild der Gegenwart« und Karl Löwiths »Weltgeschichte und Heilsgeschehen« (1954) finde ich unter meinen »Nebenarbeiten« der fünfziger Jahre auch moralisch-theologische Reflexionen, etwa zu den Themen »Komfort und Bequemlichkeit« und »Die Einsamkeit der Roulette-Spieler«. Da diese beiden Arbeiten mehr über meinen »Seelenzustand« in jener Zeit wiedergeben als andere, will ich etwas näher auf sie eingehen.

Die Thematik dieser kleinen Essays ist zugleich von Hegels »Phänomenologie des Geistes« und von gegenwartskritischer Religiosität beeinflußt. Karl Löwiths »Weltgeschichte und Heilsgeschehen« deutete ich – sicher nicht ganz im Sinne des Verfassers – als eine Erinnerung an die einzig legitime Quelle neuzeitlichen Fortschrittsglaubens im Christentum. Nur insoweit stimmte ich mit Löwith überein, daß der marxistische Geschichtsoptimismus ohne Basis durch die christliche Erlösungsoffenbarung wenig plausibel wäre. Wenn Löwith schrieb, »der historische Materialismus ist Heilsgeschichte in der Sprache der Nationalökonomie«, so drückte er einen Gedanken aus, der in der »Marxismuskommission« oft diskutiert worden war. Wir fragten uns nur, ob damit auch die kritischen Analysen des »Kapital« schon wertlos geworden seien oder ob man nicht auch als Christ von ihnen lernen könne. Helmut Gollwitzer und Fritz Lieb zumindest vertraten als Theologen ganz entschieden diese Auffassung.

»Komfort und Bequemlichkeit« ist eine Reflexion über die Veränderung menschlicher Verhaltensweisen, die am Bedeutungswandel dieser beiden Begriffe sich leicht illustrieren ließ. »Bequem« bedeutete ursprünglich »was sich ziemt«, dann wurde der Sinn ausgeweitet

tet und galt für alles, was irgendwie »angemessen« oder »passend« erscheint. So sprach Philipp Melanchthon davon, daß die »Apostel das Evangelium mit dem bequemsten Namen genannt haben: eine fröhliche Botschaft«. Erst viel später erhielt das Wort die Bedeutung, die es heute hat: etwas Angenehmes, den körperlichen Bedürfnissen Schmeichelndes; ein bequemer Stuhl, ein bequemes Hemd, eine bequeme Wohnung. Aus dem bloßen Bedeutungswandel, so folgerte ich, gehe zwar noch keine moralische Verurteilung der modernen Suche nach Bequemlichkeit hervor, wohl aber müsse man fragen, ob sich nicht in ihm eine problematische Veränderung des Selbstverständnisses der Menschen spiegele: »Der verbreitete Wunsch nach dem ›Bequemen‹ enthüllt, daß wir unserem sinnlichen Ich einen Vorrang gegenüber dem sittlichen einräumen. Während die Menschen sich einst fragten, ob etwas schicklich oder angemessen sei, und sich damit an einer überindividuellen Norm orientierten, geht es ihnen jetzt nur noch um ihr egoistisches individuelles Wohlergehen.« Früher galt es, das der »sittlichen Person« (natürlich oft auch nur der »Konvention«) Angemessene zu finden, jetzt das dem sinnlichen Menschen »Dienliche«, »Bequeme«. Freilich sei es durchaus nicht zu tadeln, wenn Menschen heute in ihrer Kleidung größeren Wert auf Bequemlichkeit legen und statt gravitätischer Vatermörder lieber weiche Umlegekragen tragen, denn nur allzuoft habe die zur Schau gestellte äußerliche Würde nur eine weit minder würdige innere Haltung verborgen. Wir seien insofern heute im allgemeinen weniger verlogen und gäben ehrlich zu, daß es uns um unsere Bequemlichkeit geht. Bedenken müsse man aber anmelden, wenn diese Bequemlichkeit in den Rang eines höchsten Wertes erhoben werde, wenn der Drang nach einem »bequemen Leben« zur Bequemlichkeit gegenüber dem eigenen sittlichen Selbst führe. In Zeiten hoher Selbstdisziplin sei die Würde und Steifheit der Kleidung dagegen einmal der angemessene Ausdruck eines Inneren und eine Stütze für die entsprechende seelische Haltung gewesen.

Parallel zur Entwicklung der Bedeutung des Wortes Bequemlichkeit hat sich auch die des »Komforts« verändert. »Das Wort stammt aus dem Spätlateinischen und ist bei uns auf dem Umweg über England heimisch geworden. Ursprünglich verstand man unter ›confortare‹ ›stärken‹, ›helfen‹. Noch heute sagt man im Englischen ›to comfort a person up‹, wenn man jemanden trösten oder ermutigen will. Von diesem ursprünglichen Sinn ist im Komfort der Zeitgenossen nichts mehr übriggeblieben.« Wie bei der Bequemlichkeit geht es auch hier um das angenehme Leben des sinnlichen und egoistischen Individuums. Während das Wort einst Stärkung, Ermutigung oder gar Rettung der Seele intendierte, meint der neuzeitliche Komfort allein die Annehmlichkeiten des sinnlichen Menschen, allenfalls noch ein Gefühl, »sich mehr leisten zu können als andere«, denn Komfort vermittelt auch Sozialprestige. Nicht die Seelenkraft, sondern das Ansehen wird gestärkt. »Statt die Widerstandskraft der Seele zu festigen, nimmt der moderne Komfort die Widerständigkeit der Umwelt hinweg und löst damit verweichlichend die Konturen der sittlichen Person auf.«

Einen Schlüssel zum Verständnis dieser Entwicklung fand ich bei Max Scheler, der in seinem Hauptwerk die Hypothese aufgestellt hat, daß Menschen, die in einer tieferen Schicht ihres Seins unbefriedigt, ja unglücklich sind, meist versuchen, in einer oberflächlicheren Seinsschicht Ersatz dafür zu finden, zumal sich ja Lustzustände um so leichter herstellen ließen, je oberflächlicher sie seien. Diese Hypothese scheint mir noch immer einleuchtend. Damals schloß ich meinen Essay mit den folgenden Ausführungen:

»Die krampfhafte Suche nach Komfort und Bequemlichkeit und die Erhebung dieser beiden in den Rang oberster Lebensziele deutet darauf hin, daß die sich so verhaltenden Menschen in einer tieferen Schicht ihres Seins unbefriedigt, ja unglücklich sind und in ihrer Trostlosigkeit wenigstens Komfort suchen – oder sollten wir nicht richtiger sagen: in ihn flüchten? Sind wir aber nicht allmählich am Ende dieser von Max Scheler angenommenen Entwicklung angelangt? In welche noch oberflächlichere Schicht sollen wir ausweichen, wenn uns all der moderne Komfort noch nicht – oder auch nicht mehr – befriedigt? Ich glaube, daß wache Geister hier schon lange begonnen haben, ein Unbehagen zu spüren. Aus der Besinnung auf die Ursachen dieses Unbehagens könnte eine Umkehr hervorgehen, die zur Entthronung der Scheinideale von Komfort und Bequemlichkeit führt, wenn auch der Wert des technischen Fortschritts und der von ihm bereitgestellten Mittel nicht verleugnet werden soll.«

Die kritische Reflexion »Der Spieler und sein Gegenüber« ging auf meine erste Erfahrung mit einem Spielkasino zurück, das ich – von der Evangelischen Akademie in Arnoldshain aus – in Bad Homburg besuchte. Beeindruckt hatte mich die seltsame Einsamkeit der um den Roulette-Tisch herumstehenden Personen:

»Es hat etwas Unheimliches, solch eine Gruppe von Einzelgängern in Frack und Smoking zu sehen. Selbst wer mit Freunden gekommen ist, bleibt bald ganz allein, allein mit seinen Gedanken, die unablässig rechnend das Glück, den Zufall, das Fatum umkreisen. Ein trauriger Ernst spricht aus aller Augen, und selbst der unerwartete Gewinn – doch wann wäre hier ein Gewinn schon unerwartet? – vermag den Gesichtern kein Lächeln abzugewinnen.

Mit wem spielen diese Menschen? Diese Frage drängt sich dem Besucher unwillkürlich auf. Spielen sie mit dem Croupier, dem sie dann und wann einen Anteil an ihren Gewinnen zukommen lassen, wenn sie schon nicht miteinander spielen? Aber auch das tun sie nicht. Ohne Mienenspiel werden diese kleinen Geschenke gegeben und genommen. Formelhaft sind Übereignung und Dank. Eher handelt es sich hier um eine Art sakralen Opfers, das der gerade vom Glück Begünstigte darbringt, um sich ›Fortunam‹ gnädig zu erhalten, und weil auch der Beschenkte den Sinn solchen Opfers kennt, ist er menschlicher Dankbarkeit überhoben. Der eigentliche ›Partner‹ dieser einsamen Spieler ist kein anderer als ›das Glück selbst‹ – das Glück in seiner formalsten Erscheinungsweise: dem reinen Zufall. Um mit ihm ›spielen‹ zu können, muß man das Zufallsglück freilich zu einer Art ›Person‹ hypostasieren. Das unsichtbare Gegenüber jedes einzelnen Spielers ist diese Pseudoperson ›Fortuna‹.

Unser Gegenüber bestimmt, verändert und enthüllt aber stets unsere eigenen Seinsmöglichkeiten, es ist ein Spiegel, mit dessen Hilfe wir uns selbst erkennen. Diese Erkenntnis ist weit mehr als ein bloß Hinzukommendes, sie macht vielmehr das ›Sein des Menschen selbst‹ aus. Indem es uns zur Selbsterkenntnis verhilft, verändert das Gegenüber uns. Durch seine Partnerschaft mit dem rein formalen Fatum wird daher das Wesen des Spielers selbst auf eine formale, blasse, schemenhafte Existenz herabgedrückt.

Wieso kommt es dann, daß sich Menschen von einem derart unmenschlichen, abstrakten Gegenüber faszinieren lassen? Vielleicht enthält schon das Wort ›faszinieren‹ die Antwort auf diese Frage. Es kommt ja vom lateinischen ›fascinare‹, was soviel wie ›behexen‹ heißt. Nicht die Spieler spielen mit dem ›Fatum‹, das Fatum spielt mit ihnen. All ihr Bemühen aber, das fleißige Nachschreiben, das ständige Berechnen von Chancen, die gewagtesten Hypothesen über Serien und Reihen – all das wären dann ebenso viele Versuche, das abgründige Wesen dieser Schicksalsmacht Fatum zu ergründen, hinter seine Geheimnisse zu kommen. Was erwarten die Spieler also von ihm?«

An dieser Stelle ziehe ich Kojèves Hegel-Deutung heran, die in der Phänomenologie des Geistes eine Art Anthropologie gesehen hatte, in deren Zentrum der »Kampf um die Anerkennung« steht. Diese Denkfigur wende ich jetzt auch auf das Verhältnis des Spielers zu seinem Gegenüber an.

»Um zu leben, bedürfen die Menschen der Bestätigung, der Anerkennung durch ein anderes Wesen. Diese Anerkennung und Bestätigung erwartet der Spieler nicht von seinen Mitmenschen, sondern von der dunklen Schicksalsmacht des Zufalls. Jedes Spiel ist eine Art Probe auf seinen eigenen Wert. Vielleicht rührt auch von daher die grenzenlose Verzweiflung derjenigen, die keine Mittel mehr zur Fortsetzung dieser Probe haben, von der sie anerkennende Sinnerfüllung erwarten. Nicht der finanzielle Ruin allein und das meist völlig verdrängte Mitleid mit der Not von Angehörigen treibt den bankrotten Spieler in den Suicid, sondern die Unmöglichkeit, weiter jenes formale und abstrakte ›Gegenüber‹ zur Bestätigung und Anerkennung herausfordern zu können. Im Fatum suchte er vergeblich jenes ›Du‹, aber selbst der Gewinn kann ihn stets nur für kurze Zeit befriedigen.

Wenn man als ›dämonisch‹ solche Mächte bezeichnet, die in übermenschlicher Funktion untermenschliche Verhaltensweisen zeigen, dann muß man die reine Zufallsmacht, mit der es der Spieler zu tun hat, schlechthin dämonisch nennen. Wie der Gläubige von Gott, so erwartet der Spieler von der Zufallsmacht Bejahung, Bestätigung, Anerkennung – ja letztlich sogar Erlösung. Aber seine Sehnsucht bleibt notwendig unerfüllt. Seine Unersättlichkeit entspringt nicht nackter Geldgier, sondern ist die unvermeidliche Folge der ständigen Enttäuschung desjenigen, der seine Erlösung von einer ›dämonischen‹ Macht erhofft. Der Zufall des Glücksspiels kann dem Spieler zwar vorübergehend Reichtum bringen, unheimlich großes, erstaunliches ›Glück‹, aber solch ein Glück vermag nicht wirklich dauerhaft zu beglücken, weil es von einer Macht kommt, deren Fühllosigkeit und Blindheit wir kennen. Deshalb vermag auch der besessene Spieler kaum dankbar zu sein, denn Dankbarkeit setzt ein irgendwie ›gesinntes‹ Gegenüber voraus und auch seine Hoffnung verliert allen menschlich-sinnvollen Bezug und degeneriert zu einem durch nichts zu rechtfertigenden Aberglauben.«

In dem folgenden Abschnitt verbinde ich die Hegel-Kojèvesche Anthropologie der vermenschlichenden Rolle der Anerkennung mit einer theologischen Reflexion, wie sie meiner religiösen Auffassung entsprach:

»Da der Glaube an das Du im Mitmenschen nicht zu bestehen vermag ohne die Gewißheit eines göttlichen Du, muß die Hoffnung auf ein echtes Du in (oder hinter) der Zufallsmacht des Spielglücks zunichte werden, weil hinter ihr kein göttliches Du steht. Die Art und Weise, wie jener das Fatum anredet, wie er ihm entgegentritt, gestattet es Gott einfach nicht, dem Spieler zu ›erscheinen‹, weil er es gar nicht mit Gott zu tun haben will, sondern mit einem durch ihn manipulierbaren Dämon. Das ist nämlich das zweite Merkmal alles Dämonischen (Magischen), daß eine übermenschliche Kraft dem Menschen dienstbar gemacht werden soll. Wie die bloß sinnliche Liebe überfordert wird und zu Enttäuschung und seelischer Not führen kann, so ist auch die verwirrte ›Gottsuche‹ des Spielers ein Symbol für das notwendige Scheitern der Existenz eines areligiösen Menschen. Verfallen an den irrationalen Zufallserfolg, begibt sich der Spieler in jenen Teufelskreis der ›schlechten Unendlichkeit‹, von dem Hegel so oft gesprochen hat. Was aber kann es Schlimmeres geben als in alle Ewigkeit scheiterndes Suchen nach Glück und Erlösung? Welch seltsames Schauspiel, wenn sich der ›Ernst des Lebens‹ scheinbar ins ›Spiel des Glücks‹ verwandelt, in Wahrheit aber das Leben verspielt und aus dem Glücksspiel tödlicher Ernst wird!«

Auch eine durch Charly Chaplins Film »Limelight« ausgelöste Reflexion hat mit der Problematik des »Gegenüber« zu tun. Diesmal ist es das Beifall spendende Publikum, das die Rolle des bestätigenden »Du« zu spielen hat.

Hegel hat »den Kampf um die Anerkennung« als die notwendige und entscheidende Phase auf dem Weg zur Vermenschlichung des selbstbewußten Menschen bezeichnet. Die Rolle, die für den Citoyen die Mitbürger, für den/die Liebende(n) der/die Geliebte spielt, wird hier, im Fall Calvero, vom anonymen Publikum übernommen. Der Schauspieler tritt – nach mühsamer Vorbereitung – mit seiner Darbietung vors Publikum hin und erwartet dessen bestätigenden und erlösenden »Richterspruch«.

Die für die Wirkung des Komischen notwendige kühle menschliche Distanz bedeutet aber auch, daß der Clown mit seinem Werben um das Publikum – wenn er es völlig gewönne und wahrhaft geliebt würde – zugleich schon verloren hätte; er hätte aufgehört, Clown zu sein. Im Wissen um das unvermeidliche Scheitern der souveränen modernen Daseinsweise liegt Calveros Größe, seine Grenze in der Verkrampfung, mit der er an einer heroischen Illusion festhält, die er halb und halb schon durchschaut hat. Die letzten Worte des sterbenden Clowns enthüllen noch einmal diese Selbsttäuschung: Im Rausch des großen Erfolges glaubt er, »das wird jetzt immer so sein«, und verstellt sich damit den Blick auf die Wirklichkeit des nahenden Todes, in dessen unmaskiertes Gesicht er nicht zu blicken wagt.

Zwischen Sozialphilosophie
und Politikwissenschaft

Tübingen hat sich verändert

Seit ich im Spätherbst 1945 nach Tübingen gekommen war, hatte sich die Stadt erheblich verändert. Inzwischen war ich aber fast zehn Jahre lang – wenn auch mit Unterbrechungen – hier »zu Hause« gewesen und ertappte mich dabei, daß ich manchmal den Neckar mit der Elbe verwechselte, wenn ich von einem »heimatlichen Fluß« sprach. Die Veränderungen waren allmählich und langsam vor sich gegangen; doch da Eduard Spranger noch immer meine wichtigste »universitäre Bezugsperson« war, hatte sich für mich auch wieder nicht alles von Grund aus gewandelt. Dennoch fiel mir zuweilen auf, wie viele von denen, die ich anfangs in Tübingen gesehen und gehört hatte, um die Mitte der fünfziger Jahre nicht mehr da waren.

Fanette war nach meinem Frankreichaufenthalt nicht mehr zurückgekehrt. Michel Tournier, der später durch sein Buch »Der Erlkönig« bekannt wurde, hatte 1950 der Stadt den Rücken gekehrt; zusammen mit ihm der bildhübsche siebzehnjährige Thomas Harlan, der seiner Mutter Kristina Söderbaum so ungewöhn ähnelte. Pierre Angel, der freundliche Zensuroffizier des »Schwäbischen Tagblatts«, war inzwischen Germanistikprofessor in Tours, Capitaine Cheval als Direktor des »Institut Français« nach Stuttgart umgezogen. Eines Tages verließ uns auch Gouverneur Widmer mit seinem Stab. Südwürttemberg-Hohenzollern war ja kein eigenständiges Land mehr, und außerdem endete formell die Besatzungszeit. Das war im Herbst 1954.

An die feierliche Verabschiedung vor dem schloßartigen Gebäude auf dem Österberg, das dem Gouverneur neun Jahre als Residenz gedient hatte und das – natürlich – ein »Verbindungshaus« eines Corps war, erinnere ich mich noch gut. Ich war inzwischen Besitzer eines kleinen Motorrades mit Beifahrersitz und nahm, von einigen Gläsern Champagner beflügelt, leichtsinnigerweise eine Kommilitonin mit. Zum Glück war damals der Verkehr noch nicht so dicht wie heute, sonst wäre ich wohl kaum heil in die Stadt »hinunter«-gekommen. Übrigens hatte man damals auch noch keine Schutzhelme, sondern allenfalls Kappen aus Leder oder Stoff, die vor dem Wind schützen sollten. An diesem Abschiedsempfang nahmen deutsche Politiker, aber auch Angehörige des ehemaligen württembergischen Herrscherhauses teil. Und es ging das Gerücht, Gouverneur Widmer habe bei dieser Gelegenheit die Basis für eine hochpolitische deutsch-französische Ehe gelegt: Der Sohn des Grafen von Paris aus dem Hause Orléans und eine Prinzessin aus der württembergischen Königsfamilie haben sich später tatsächlich das Jawort gegeben.

Nachdem im August 1956 die KPD verboten und ihr »nahestehende Organisationen«, zu denen auch die VVN (Vereinigung der Verfolgten des Naziregimes) gehörte, gleichfalls als »verfassungsfeindlich« eingestuft wurden, gingen meine beiden Freunde Ernst Reifenberg und Wolf Weitbrecht in die DDR. Reifenberg wurde Leiter einer Nervenklinik; Weitbrecht, gleichfalls Mediziner, war zuletzt Vizepräsident des Roten Kreuzes der DDR. Ich habe sie nicht wiedergesehen, habe jedoch gehört, daß Ernst Reifenberg, der während der Résistance zur französischen KP gekommen war, über die borniere Spießigkeit der DDR tief enttäuscht war.

Auch von meinen Hochschullehrern hatten – außer Spranger – viele Tübingen verlassen. Romano Guardini hatte einen Ruf nach München angenommen. Wilhelm Weischedel war nach Berlin gegangen und erlebte an der Freien Universität im nachbarschaftlichen Umgang mit Helmut Gollwitzer einen Höhepunkt seines Wirkens. Seine Frau – »Pünktchen« genannt – schmiedete von Berlin aus Pläne für meine Verheiratung und »organisierte« für mich eines Tages ein Mittagessen mit Margarete von Brentano, die ihr Mann als Assistentin nach Berlin geholt hatte. Käthe Weischedel spekulierte nicht ganz zu Unrecht auf meine »Beeindruckbarkeit« durch große Namen und wußte, daß ich Geschmack an intelligenten Frauen hatte. Die »Arrangiertheit« der Begegnung stand aber von vornherein allen ihren Hoffnungen »im Wege«.

Gerhard Krüger, der als Kollege Sprangers den zweiten philosophischen Lehrstuhl innegehabt hatte, ging nach Frankfurt, wo er kurz darauf einen Schlaganfall erlitt, der ihn zwang, seine Lehrtätigkeit aufzugeben. Die durch die Annahme des Rufs von Tübingen weg an eine so »junge« Universität wie Frankfurt gekränkten Tübinger konnten sich hämische Kommentare anläßlich dieses Schicksals nicht ganz verkneifen. Nachfolger Krügers wurde Walter Schulz, den ich schon zuvor kennen- und schätzengelernt hatte. Er war Hans Georg Gadamer von Leipzig nach Heidelberg gefolgt und hatte sich dort habilitiert. Seine Frau Ruth-Eva Schulz war von Gadamer mit einer imponierenden Arbeit über Hegels Logik promoviert worden. Walter Schulz stand mir im Alter sehr viel näher als Eduard Spranger, so daß sich zwischen uns ein beinahe kameradschaftliches Verhältnis entwickeln konnte, das bis zum heutigen Tag angehalten hat.

Ich war von Schulz' Vortrag über »Die Vollendung des deutschen Idealismus in der Spätphilosophie Schellings«, den er im September 1954 anläßlich des 100. Todestages von Friedrich Schelling in Bad Ragaz gehalten hatte, tief beeindruckt gewesen. In diesem Vortrag, der ein Gegengewicht gegen den von Karl Jaspers über »Schellings Größe und sein Verhängnis« bildete, faßte er die These seiner gleichnamigen Heidelberger Habilitationsschrift zusammen. Dabei bildete unausgesprochen eine Auseinandersetzung um Heidegger den Hintergrund: Jaspers hatte Heidegger im Visier, als er Schelling kritisierte. Walter Schulz orientierte dagegen seine Kontinuitätsthese der Entwicklung der Philosophie des deutschen Idealismus bis hin zu Schellings Spätwerk an Heideggers »Kehre«. Walter Schulz ging es nicht nur darum, die übliche »Einordnung« Schellings in den »Spätidealismus« eines Immanuel Hermann Fichte und C. H. Weisse zu korrigieren, sondern er entwarf auch ein völlig neues Bild der Entwicklung Schellings, indem er nachwies, daß dessen Spätphilosophie – wie diejenige Fichtes – den Denkansatz des deutschen Idealismus nicht etwa aufgibt, sondern vielmehr konsequent zu Ende denkt. Die Trennung von negativer und positiver Philosophie, die der späte Schelling einführt, stamme keineswegs aus einer »von außen hereingenommenen« – religiösen – Erfahrung, sondern entspringe einer kritischen Reflexion der Vernunft auf sich selbst.

Die Schellingsche Spätphilosophie sei aus einer ständigen Auseinandersetzung mit Hegel hervorgegangen. Damit habe sie für die gesamte spätere Philosophie des 19. wie des 20. Jahrhunderts geschichtliche Bedeutung gehabt. Schulz ging es nicht um mögliche »literarische Einflüsse«, sondern um die Einsicht, daß die Schellingsche Fragebewegung in charakteristischen Abwandlungen bei Kierkegaard, Marx, Nietzsche und Heidegger wiederauftaucht. Die Aktualität Schellings ergebe sich aus dieser keineswegs zufälligen Analogie der Denkstrukturen. Wenn das Hauptanliegen der Gegenwartsphilosophie die Überwindung des Subjektivismus sei, dann habe uns »die Geschichte gelehrt, daß es nicht unsere Aufgabe sein kann ... ihn ... (nur) moralisch zu überwinden, denn jeder Versuch, uns selbst zu binden, führt uns nur noch tiefer in die subjektivistische ›Selbstherrlichkeit‹ hinein«.

Aber ebenso unangemessen wäre es, »von außergeschichtlichen Mächten eine Heilung zu erwarten«. Was den Subjektivismus als ein geschichtliches Geschick überwinden kann, sei allein er selbst: Der Subjektivismus »beginne sich selbst aufzuheben durch die Vollendung der reinen Subjektivität« (Die Vollendung des Deutschen Idealismus in der Spätphilosophie Schellings, Stuttgart 1955, S. 299). Wir könnten weder 2000 Jahre Geistesgeschichte überspringen und wieder »naiv« werden, noch vermöchten wir uns moralisch zur Nicht-Subjektivität zu zwingen, weil wir in jenem Selbstzwang schon immer subjektiv wären; allein die zu Ende gedachte Reflexion der Subjektivität auf sich selbst vermöge zu jenem neuen Selbstverständnis zu führen, das sich je schon in der grundlosen Freiheit Gottes gegründet weiß. Karl Jaspers hatte dagegen Schellings Anspruch, philosophisch bis zu einer »positiven Philosophie« zu gelangen, als Hybris verurteilt und behauptet, Schellings Philosophie habe zu einem Zusammenbruch geführt, weil sie im christlichen – theologischen – Bereich dem Gebot »Du sollst dir kein Bildnis noch Gleichnis machen« widersprochen habe, indem sie die »unbeantwortbare Frage« »Warum ist überhaupt etwas und nicht vielmehr Nichts?« dennoch mit dem Hinweis auf die »Freiheit der Transzendenz« zu beantworten versucht habe.

Der mit seinem Schelling-Buch gefundene Ansatz blieb auch in den späteren, systematisch-historischen Arbeiten von Walter Schulz hermeneutisch fruchtbarer Ausgangspunkt. Auch wenn ich in den Jahren nach der Promotion nur noch selten Vorlesungen besuchte –

abgesehen von denen, die ich als Assistent mitanzuhören hatte –, ging ich, sooft ich konnte, zu den philosophischen Vorlesungen von Walter Schulz, die sich durch Textnähe und verständliche Klarheit auszeichneten.

Im August 1955 – ein paar Wochen vor dem Kongreß in Bad Ragaz – machte ich zusammen mit Walter Schulz in dem kleinen herrnhutischen Schwarzwalddorf Königsfeld Urlaub. Walter Schulz, der selbst in der schlesischen Brüdergemeine Gnadenfeld geboren war, hatte sich eine – durch ironische Distanz gemilderte – Anhänglichkeit an diese pietistische Glaubensgemeinschaft bewahrt. Gelegentlich gab er gutmütige Spottverse, wie sie daheim kursierten, zum besten: »Schwestern schlagt die Augen nieder, um die Ecke kommen Brüder.«

Königsfeld war ein idealer Ort, um auszuspannen und ein wenig zu arbeiten. Es gab kaum Kurgäste und keinen Luxus. Die Brüdergemeine und ihr Lebensstil beeindruckten. Ihre Friedhöfe dokumentieren den demokratischen Geist durch völlig identische flache Grabplatten, auf denen nur die Namen und die Lebensdaten verzeichnet waren. Nicht erst im Himmel, schon hier auf Erden sind die Toten einander gleich. Der Gottesdienst in der schmucklosen, klassizistischen Kirche am 13. August war der Erinnerung der 1727 an diesem Tag »durch die Wirkung des heiligen Geistes« bewirkten Versöhnung der zwei streitenden Fraktionen der Gemeine in Herrnhut gewidmet. »Bruder Schmidt« hielt hierzu eine »schlichte und eindrucksvolle Predigt«, notierte ich in meinem Tagebuch. Daran schloß ich Reflexionen über den Unterschied der beiden Konfessionen an.

»Unmittelbarkeit zu Gott beim individualistischen Protestanten, der im ›stillen Kämmerlein‹, einsam beten kann. Dabei besteht die Gefahr des ›Einnistens in die Partikularität‹ (Hegels Begriff), des Beharrens auf der zufälligen, individuellen Eigentümlichkeit (›Eigensinn‹). Andererseits verschwimmt das Bewußtsein des einzelnen im Gemeinschaftsgefühl, das durch den Gemeindegesang gepflegt wird. Demokratismus der hierarchiefreien Gemeinde (am vollkommensten allerdings erst in den Freikirchen) widerspricht dem Gefühlsindividualismus nicht. Dagegen kennt der römische Katholizismus den Respekt vor dem Individuum als ›Rechtsperson‹ und vor der sozial bedingten Individualsphäre. Die weltliche Ordnung wird dagegen traditionell bejaht. Der einzelne wird – vermittelt durch alle seine Sinne – herangeführt an die Objektivität der Glaubenswahrheit, die von der kirchlichen Tradition bewahrt wird. Spielraum für individuelle Verhältnisse gegenüber verehrungswürdigen religiösen Vorbildern: Heiligenverehrung, die besondere ›Vorlieben‹ zuläßt. Dabei freilich: Gebundenheit an die von der Kirche angebotenen Möglichkeiten. Immerhin gibt es auch Neubildungen von Mönchs-, Nonnen- und Laienorden. Rechtliche Bindung des Gläubigen an die Kirche als ›Heilsanstalt‹. Zugleich bleibt das Innere, insbesondere angesichts der lateinischen Liturgie, die für die meisten magischen Charakter hat und das Tagträumen erlaubt, ungebunden. Die Gefühlsgemeinde des Protestantismus dagegen belegt gerade auch das ›Innere‹ mit Beschlag. Der Gegensatz der Begriffe Gemeinschaft und Gesellschaft nur im Umkreis des Lutherschen Christentums vorstellbar. Der Katholizismus erscheint mir als eine Religion des Verstandes, die zugleich jedoch den ganzen Menschen – mit allen seinen Sinnen – anspricht. Der Protestantismus als eine Gefühlsreligion, auf deren Grundlage zwar der moderne Individualismus möglich wurde, die aber zugleich die einzelnen im Gemeinschaftsleben der Gemeinde ›aufgehen‹ läßt.«

Bereits längere Zeit war Otto Friedrich Bollnow in Tübingen. Er hatte den Lehrstuhl Eduard Sprangers übernommen, sich aber auf das Gebiet der Philosophie beschränkt, während Hans Wenke, der später als Schulsenator nach Hamburg ging, die »pädagogische Hälfte« des Sprangerschen Lehrstuhls betreute. Bollnow war ein ungemein liebenswürdiger, freilich im persönlichen Umgang scheuer und gehemmter Mensch. Er brachte mir mehr Freundlichkeit entgegen, als ich erwarten konnte, und hat mir später einmal den Rat gegeben, mir als Privatdozent »eine rote Weste« zuzulegen. Damit war gemeint, daß man in diesem Stadium durch eine eigenwillige These »auffallen« muß, um berufen zu werden.

Bollnows Ansehen bei der kritischen jüngeren Philosophengeneration war nicht sehr hoch. Sein Buch »Die einfache Sittlichkeit« und seine Suche nach einer »neuen Geborgenheit« erweckten den Verdacht, daß er den »existentiellen Ernst« eines Heidegger beschwichtigen wolle. Erst als ich sein Buch »Das Wesen der Stimmungen« gelesen hatte, begann ich Bollnows Verdienste etwas gerechter einzuschätzen.

Bollnow entwickelt darin eine Phänomenologie der menschlichen Stimmungen und betonte gegenüber Heideggers einseitiger Hochschätzung von Angst und Vorlaufen zum Tode sowie dessen Entgegensetzung von Eigentlichkeit und »uneigentlichem Leben« das Recht und den Wert positiver Stimmungen: »Ist wirklich alles nicht

›eigentliche‹ Dasein, d. h. alles Leben, das sich nicht zu der ausdrücklichen aktiven Spitze existentieller Entschlossenheit verdichtet, damit schon ein verdorbener Zustand? Gibt es nicht auch eine Ruhelage, die nicht nur Hintergrund des Sich-Abstoßens ist, sondern die einen eigenen Wert hat als tragender Boden, der den Menschen auffängt und trägt? Und gibt es von diesem Boden aus nicht auch einen Zustand des gehobenen und erfüllten Lebens, der völlig anderer Art ist als die Zugespitztheit der echten Existenz?«

Zwar anerkannte Bollnow »die Größe der existenzphilosophischen Anthropologie«, die in »ihrer Unbedingtheit, ihrem Ernst und ihrer Strenge« bliebe, »vor der alle freundlicheren Seiten des Lebens als unernst und unverantwortlich verblassen, vor der sie von vornherein als von geringerer Tiefe erscheinen ... aber: Gibt es nicht auch ein eignes Recht der freundlicheren Seiten des Lebens? Gehören alles Glück, alle Freude schon immer auf die Seite eines bloßen Sich-Verschließens vor der Unheimlichkeit des Daseins? Bei Heidegger heißt es ausdrücklich so: ›Die Angst des Verwegenen duldet keine Gegenstellung zur Freude oder gar zum behaglichen Vergnügen des beruhigten Dahintreibens.‹ Damit ist die Gegenseite natürlich schon von vornherein als etwas Kleineres und Verächtliches gekennzeichnet. Aber entsteht diese Kennzeichnung nicht erst aus der Perspektive der vorausgesetzten Einstellung? Und entsteht nicht eine ganz andere Blickrichtung, wenn etwa Nietzsche im ›trunkenen Lied‹ von der Welt sagt: ›Tief ist ihr Weh – Lust – tiefer noch als Herzeleid.‹« (Das Wesen der Stimmungen, Frankfurt 1943[2], S. 62 f.).

Besonders hat mich damals die Tatsache für Bollnow eingenommen, daß er fast 20 Seiten seines Buches einer höchst sensiblen Interpretation von Marcel Prousts »A la Recherche du Temps perdu« gewidmet hat. Zwar distanziert er sich einleitend zu diesem Abschnitt von Prousts »am weitesten vorgetriebener Möglichkeit eines dekadenten Impressionismus« und »ästhetischen Subjektivismus«, aber nachdem er diese Distanzierung vorgenommen hat, die offenbar vom Zeitgeist des »Dritten Reiches« verlangt wurde, wird er Marcel Proust weithin gerecht.

Mit den beiden Assistenten von Bollnow und Schulz, Johannes Schwartländer und Helmut Fahrenbach, war ich befreundet. Trotz unterschiedlicher philosophischer »Richtungen« waren die Beziehungen der Tübinger Philosophen gelassen und harmonisch.

Nach dem Mauerbau in Berlin am 13. August 1961 kam als weitere Bereicherung des Tübinger Lehrangebotes Ernst Bloch hinzu, der, bereits seit Jahren in Leipzig zwangsemeritiert, zufällig im Westen war, als hinter ihm »die Tür ins Schloß fiel«. Durch Walter Jens ermuntert, blieb er im Westen; und Tübingen, die philosophische Heimat von Hegel und Schelling, schien ihm hierfür angemessen. Walter und Ruth-Eva Schulz kannten Bloch noch von Leipzig her, und ich hatte seine Hegel-Arbeit kurz nach der Veröffentlichung 1951 begeistert begrüßt. Als ich Bloch ein paar Jahre später in Anspielung auf Johann Georg Hamann, den »Magus des Nordens«, einen »Magus des Südens« nannte, hatte er nichts dagegen einzuwenden. Wenn er auch überzeugter Marxist – und lange Zeit sogar Leninist – war, so hatte er doch kaum Berührungsängste gegenüber Mystikern und spekulativen Philosophen. Mit leichtem Amüsement stellte er sogar fest, daß er mit Martin Heidegger immerhin die Liebe zu Johann Peter Hebel, dem »Rheinischen Hausfreund«, gemein hatte.

Entschluß zur Habilitation für das neue Fach Politikwissenschaft

Nachdem meine Bearbeitung des Nachlaßfragmentes von Graf Yorck abgeschlossen war, lud mich Eduard Spranger eines Tages zu sich ein und begann – für mich ganz unerwartet – nach meinen Berufswünschen zu fragen. Da ich immer noch meinte, die Initiative zur Habilitation müsse eigentlich vom Hochschullehrer ausgehen, hielt ich mich mit einer Antwort zurück. Darauf fragte Spranger, was ich von der Tätigkeit als Herausgeber einer anspruchsvollen Zeitschrift hielte. Ich sagte, daß ich mir das zwar zutraute, es aber nicht als optimale Berufsperspektive ansähe. Erst daraufhin schlug er – endlich – eine Habilitation vor. Dagegen hatte ich nichts einzuwenden. Zwar war Eduard Spranger schon seit einigen Jahren emeritiert, aber sein Einfluß in der Philosophischen Fakultät war noch immer groß genug, um mir die Sicherheit geben zu können, daß zumindest der Eröffnung eines »Verfahrens« nichts im Wege stehen würde. Darüber hinaus war inzwischen Walter Schulz ein freundlicher Förderer meines Weiterkommens geworden, und auch O. F. Bollnow würde keine Schwierigkeiten machen. Es galt also nur noch, die Thematik und vielleicht auch das Fachgebiet herauszufinden, für das ich mich habilitieren würde.

Spranger hielt es für wichtig, daß das Thema der Habilitationsschrift nicht »zu nahe« an dem der Dissertation lag. Aus diesem Grunde schieden Arbeiten über Hegelianer oder über einen anderen Philosophen des deutschen Idealismus von vornherein aus. Auch Marx wäre »zu nahe« an der Hegel-Arbeit gewesen. Außerdem hatte ich inzwischen in den »Marxismusstudien« schon einiges zu Marx und zum Marxismus publiziert. Meine Vertrautheit mit der französischen Kultur im allgemeinen und der neueren französischen Philosophie im besonderen führte bald zu Jean Jacques Rousseau, mit dem sich auch Spranger in jungen Jahren intensiv beschäftigt hatte. Außerdem schien mir einer Verbindung von Sozialphilosophie mit dem neuen Fach Politikwissenschaft auf diese Weise gut möglich. Bald wurde Theodor Eschenburg für das Projekt gewonnen, auch wenn er später über den philosophischen Charakter der Arbeit, der ihm einige Schwierigkeiten machte, etwas stöhnte. Zum Glück war Walter Schulz bereit, gleichfalls ein Gutachten abzugeben.

Von 1957 an machte ich mich, durch ein Habilitationsstipendium der Deutschen Forschungsgemeinschaft gefördert, an die Arbeit. Meine vorausgegangene Beschäftigung mit Marx und dessen Beziehungen zum Marxismus kam mir dabei durchaus zugute. Außerdem hatte ich am Beispiel der Schelling-Arbeit von Walter Schulz erkannt, daß es möglich und fruchtbar ist, die Einheit eines philosophischen Werkes herauszuarbeiten. Ich nahm mir vor, alle Schriften und die wichtigsten Briefe Rousseaus zu lesen, um herauszufinden, ob die bis dahin relativ verbreitete These von den zwei »Abschnitten« seines Schaffens – einer negativen Kulturkritik in den beiden »Diskursen« und einer positiven im »Contrat Social« und im »Emile« – sinnvoll sei oder ob man nicht dahinter eine einheitliche Auffassung sichtbar machen könne.

Der wichtigste Erkenntnisgewinn gleich zu Beginn meiner Rousseau-Studien war die Einsicht, daß Rousseau zwar nie den oft zitierten Spruch »retournons à la nature!« (»Laßt uns zur Natur zurückkehren!«) getan hat, wohl aber ein ausgesprochen pessimistischer Entwicklungstheoretiker war. Im Diskurs über den Ursprung der Ungleichheit wie in dem weniger bekannten »Essay über den Ursprung der Sprachen« schildert Rousseau eine – hypothetische – Entwicklung der Menschheit von einem »wilden« Urzustand, in dem vereinzelte tierähnliche Wesen ohne jede seelische Regung, allein von ihren Instinkten geleitet, in den Wäldern lebten, zu einer Hirtenkultur, in der bereits zartere Gefühle, Sprache und Kommunikation zwischen den in großen Stämmen lebenden Menschen eine Rolle spielten. Erst mit dem Seßhaftwerden bäuerlicher Gesellschaften und dem darauffolgenden Übergang zu zivilisiertem städtischem Leben von Völkern wie in Frankreich und England setzt nach Rousseau dann der Niedergang ein.

Das »Goldene Zeitalter«, zu dem die Menschen gern zurückkehren würden, ist das Hirtenzeitalter, das Rousseau vermutlich an Texten wie dem Alten Testament abgelesen hat. In ihm war die tierhafte Primitivität der »Wilden« schon überwunden, aber diese »Barbaren« kannten die meisten Laster der späteren Entwicklung noch nicht. Der weitere Fortschritt, der durch Seßhaftigkeit und Arbeitsteilung zustande kam, steigerte zwar die Produktivität der Arbeit und ermöglichte immer neue Mittel zur Befriedigung differenzierter Bedürfnisse usw., aber zugleich mit der Abgrenzung privat angeeigneter Teile des Bodens und der Teilung der Gesellschaft in Besitzende und Besitzlose begann auch der sittliche Verfall. Immerhin hielt Rousseau autarke bäuerliche Gemeinwesen noch für weit sittlicher und vitaler als die Hochkulturen, in denen immer neue – früher unbekannte – Luxusbedürfnisse und immens große Reichtümer entstehen. Vor dem Hintergrund dieser pessimistischen Auffassung einer – gleichwohl unvermeidlichen – Entwicklung erblickte Rousseau die Hauptaufgabe der Politik darin, die Geschwindigkeit dieser Entwicklung soweit wie möglich zu bremsen. Damit nahm er die direkte Gegenposition zu Adam Smith und Marx ein, die beide die Steigerung der Produktivität der Arbeit und die Vermehrung des Reichtums als entscheidenden Fortschritt ansahen.

Mit Eigentum und Arbeitsteilung tritt nach Rousseau schließlich eine Verwandlung der natürlichen *Selbstliebe*, die allen Lebewesen gemein ist, in die asoziale *Selbstsucht* ein. Dieser Wandel von »amour de soi« in »amour propre« dürfte Rousseau aus der religiösen Literatur des 17. Jahrhunderts vertraut gewesen sein. »L'amour propre« wurde später terminologisch durch den Begriff Egoismus ersetzt, der gelegentlich auch schon bei Rousseau auftaucht.

Der scheinbare Widerspruch, daß Rousseau einerseits die politische Gesellschaft aus einem Vertrag der Individuen – aller mit allen – hervorgehen läßt, andererseits aber als Grundlage des Gemeinwesens einen »Gemeinwillen« (die »volonté générale«) annimmt, ließ sich nur als eine zeitbedingte Inkonsequenz der Argumentationsweise erklären. Eigentlich sollten Gesetze aus spontan in homogenen Gemeinwesen entstandenen Sitten und Gewohnheiten hervorgehen und nicht aus einem rationalen Entschluß deliberierender, den Gesellschaftsvertrag schließender Individuen. Rousseaus Individualismus war ein – unfreiwilliger – Tribut an den Zeitgeist.

Aufschlußreich ist aber vor allem der krasse Unterschied zwischen dem Vertrag, den die Reichen listigerweise ihren ärmeren Mitbürgern vorschlagen, den Rousseau im Zweiten Diskurs schildert, und dem idealen Gesellschaftsvertrag in dem gleichnamigen Werk. Voraussetzung für diesen zweiten idealen Vertrag sollte sein, daß jeder Citoyen wohlhabend genug ist, um unabhängig leben zu können, keiner aber so reich, um einen »anderen kaufen zu können«. Damit war strenggenommen eine Gesellschaft von annähernd gleich begüterten kleinen Warenproduzenten unterstellt. Um Besitzkonzentration und Akkumulation zu verhindern, schlug Rousseau im Verfassungsentwurf für Korsika eine Maximalgröße der bäuerlichen Parzelle und die Übernahme des – auf ein Minimum zu reduzierenden – Außenhandels durch den Staat vor. Um ein Übergewicht der Landwirtschaft gegenüber dem Gewerbe sicherzustellen, sollte der Staat ferner eine Preis- und Import-Export-Politik betreiben.

Rousseaus ideale Republik – davon war er überzeugt – war nur in relativ kleinen, sozial und kulturell weitgehend homogenen Staaten möglich, in denen alle Bürger (darunter verstand er freilich nur die Familienväter) sich versammeln können, um über ihre gemeinsamen Angelegenheiten zu beschließen. Nur unter dieser Voraussetzung, so muß man annehmen, kann damit gerechnet werden, daß in allen (oder doch der großen Mehrheit) der »Gemeinwille« stärker ist als das Bedürfnis, für sich und seinesgleichen Vorteile auf Kosten der übrigen Bürger herauszuschlagen. Die derart beschlossenen Gesetze würden »Ausdrücke des Gemeinwillens« sein und müßten so formuliert werden, daß sie potentiell jeden betreffen. Aus diesem Grunde könnte zum Beispiel auch kein Gesetz eine schon weiter fortgeschrittene Besitzdifferenzierung wieder rückgängig machen. Es wäre ungültig, weil es nicht alle, sondern nur eine benachteiligte Minderheit von Reichen beträfe. Möglich wäre allerdings eine generelle Abschaffung des gesamten Privateigentums am Boden, aber das hielt Rousseau für unerwünscht, weil Grundbesitz für die Regierung der wichtigste Garant für den Gesetzesgehorsam der Bürger sei.

Die drei Schriften, in denen sich Rousseau mit zeitgenössischen Staaten beschäftigt hat – der Verfassungsentwurf für Korsika, die Überlegungen zur Regierung Polens und die in Genfs Verfassungsstreit eingreifenden »Briefe vom Berge« –, sind alle auf Anregungen aus den betreffenden Gemeinwesen hervorgegangen. Sie sind, den konkreten soziokulturellen Umständen entsprechend, variierte Anwendungen seiner Theorie der allein legitimen republikanischen Verfassung. Das gilt auch für das Wahlkönigtum Polen, für das ihn die Adelskonföderation von Bar um Ratschläge gebeten hatte. Am besten wäre es, so regte er an, wenn dieses viel zu große Land in 33 föderierte kleine Republiken aufgelöst würde. Einstweilen könne man jedoch die relative Autonomie der Wojewodschaften fördern und die Diskrepanz zwischen extrem reichen und armen Adligen sowie zwischen Adel und Bauernschaft schrittweise verringern.

Rousseau war alles andere als ein Revolutionär. Da es ja eine Enteignung von Großbesitz auf legalem Wege nicht geben kann, suchte er durch die Übernahme der Erziehung von Kindern des ärmeren polnischen Adels durch die Großgrundbesitzer einen ersten Schritt zum Ausgleich zu schaffen. Im übrigen müsse der Adel nicht abgeschafft werden, man könne auch umgekehrt Bauern allmählich nobilitieren. Diese nur angedeuteten Reformvorschläge erinnern an die im 20. Jahrhundert auftauchende Forderung einer Verbürgerlichung des Proletariats. Es geht dann nicht mehr darum, alle zu Proletariern zu machen, sondern Proletarier zu selbstbewußten Bürgern zu erziehen.

Wenn aber Rousseau als Reformer sogar höchst moderne Züge aufweist, so ist seine Demokratie-Auffassung im strengen Sinne antimodern. Aus diesem Grunde war auch der Versuch der Jakobiner Robespierre, Saint-Just und Marat, in einer so weit entwickelten sozial heterogenen Gesellschaft wie der Frankreichs eine Republik nach Rousseauschem Muster zu verwirklichen, notwendig zum Scheitern verurteilt. Es war für die selektive Rezeption der Rousseauschen politischen Philosophie charakteristisch, daß nur der konservative Marquis Emmanuel-Henri d'Antraigues an Rousseaus Eintreten für den Förderalismus in der Nationalversammlung erinnert hat. Er soll übrigens ein Manuskript Rousseaus zu diesem Thema besessen haben, das – falls es denn existierte – verlorengegangen ist. In gewisser Weise war der Versuch, die Rousseauschen Republik-Ideale in Frankreich zu verwirklichen, ebenso widersinnig wie der Versuch im zaristischen Rußland, die von Marx erhoffte sozialistische Revolution und die »neue Gesellschaft« einzuführen. In dem einen Fall war die Entwicklung längst über die Stufe hinausgegangen, auf der eine homogene, kleinbürgerlich-kleinbäuerliche Republik à la Rousseau noch möglich war; im anderen Fall waren die Voraussetzungen für eine »proletarische Revolution«, wie sie Marx vorschwebten, längst noch nicht vorhanden. In beiden Fällen war die Errichtung einer rigorosen und terroristischen Minderheitsdiktatur »im Namen der Vernunft« oder – bei den Leninisten – der »historischen Vernunft« die Folge.

Als ich etwa zehn Jahre später in Jerusalem einen Vortrag über Rousseaus Demokratie-Ideal gehalten habe, kam es zu einer interessanten Diskussion mit Jacob Talmon, der in seinem Buch »The Rise of Totalitarian Democracy« Rousseau als einen der Vorläufer dieses Systems kritisiert hatte. Ich wies darauf hin, daß totalitäre Konsequenzen nur dann eintreten, wenn man am untauglichen Objekt Rousseaus Demokratie-Modell gewaltsam zu realisieren sucht. Auf der anderen Seite gebe es doch gerade in Israel ein Beispiel für eine »Rousseausche Form der Demokratie«, die sich als lebendig und freiheitlich erwiesen habe: in Gestalt der Kibbuzim. Meine studentischen Zuhörer stimmten mir zu, und Jacob Talmon konnte dem nicht ganz widersprechen.

An Pfingsten 1957 habe ich geheiratet. Dieses Fest »der Ausgießung des Heiligen Geistes« war mir immer als das »philosophischste« unter den hohen christlichen Feiertagen erschienen, deshalb war ich über den Termin besonders glücklich. In den Jahren seit 1955 etwa hatte ich genügend Selbstbewußtsein gewonnen, um mir die Gründung einer Familie zuzutrauen.

Nach einer selbstverschuldeten Enttäuschung mit einer im übrigen sympathischen jungen Französin, die eines Tages ihre Verlobung mit mir im »Figaro« bekanntgab, ergriff ich die Flucht und löste die Verbindung nicht ohne Gewissensbisse wieder auf. Elisabeth Götte kam im richtigen Augenblick aus Frankfurt, wo sie bereits das Staatsexamen für das Höhere Lehramt in Geschichte und Deutsch begonnen hatte. Auch sie hatte eben eine zerbrochene Bindung hinter sich und wollte außerdem in Tübingen ihre Zulassungsarbeit über einen Neukantianer schreiben. Ein Assistent in Frankfurt hatte ihr empfohlen, sich an mich zu wenden, wenn sie Hilfe brauche. Auf diese Weise lernte sie mich kennen. Sie gefiel mir auf den ersten Blick, und ich praktizierte noch einmal meine konventionellen »Werbemanöver«, die zwar ein wenig altmodisch wirkten, aber Elisabeth wohl gerührt haben. Selbstverständlich redete ich sie in meinen ersten Briefen als »Sehr verehrtes gnädiges Fräulein« an. Da ich seit einiger Zeit einen Volkswagen besaß, konnte ich ihr auch etwas »bieten« und holte sie zu Ausflügen, Konzerten und Theaterbesuchen ab, sooft ich Zeit hatte.

Als ich ihr einige Wochen lang bei ihrer Arbeit über den Neukantianer geholfen hatte, fand ich, daß es weit vernünftiger wäre, zu heiraten und Kinder zu kriegen. Inzwischen war ich 35 Jahre alt und hatte das Gefühl, es sei langsam Zeit. Wir heirateten in Frankfurt am Main: in der Mitte zwischen Aachen, wo mein Schwiegervater an der TH einen Lehrstuhl für »Erzaufbereitung« hatte, und Tübingen, wo inzwischen auch meine künftige Frau wieder wohnte. Es gab einige Schwierigkeiten bei der Beschaffung der Dokumente, weil sich herausstellte, daß sie nirgends polizeilich gemeldet war. Bei ihren Eltern nicht mehr und in Frankfurt am Main oder Tübingen auch nicht. Ein gütiger Standesbeamter in Kronberg, wo sie vor vielen Jahren einmal gewohnt hatte, fand endlich in einer Akte ihren Namen und war bereit, ihre amtliche Nichtexistenz zu korrigieren. Da ich mich für einige Wochen in der Evangelischen Akademie Arnoldshain einquartiert hatte, fand dort die standesamtliche Trauung statt – vor einem rührend freundlichen Bürgermeister. Ich richtete mich nach meiner Frau und riskierte damit, wie man das damals obszönerweise noch bezeichnete, eine »Mischehe«. Im Klartext: Wir ließen uns evangelisch trauen. Den Frankfurter Pfarrer Zeiß kannte und mochte ich, weil er gelegentlich als geistlicher Begleiter zusammen mit mir an Wochenendseminaren in Arnoldshain teilgenommen hatte.

Mit viel Glück fanden wir gleich zu Beginn in Tübingen eine schöne Wohnung mit Blick auf den Neckar, richteten uns so preiswert wie möglich ein und begannen uns an ein gemeinschaftliches Leben zu gewöhnen. Mir fiel es vermutlich leichter als Elisabeth, da ich ja nur von einem familialen Hausstand in den anderen überwechselte, während sie viele Jahre für sich allein gelebt hatte. Als 1958 unser erstes Kind, Caroline, geboren wurde, fragte die Krankenschwester meine Frau nach dem Beruf des Mannes. Zögernd antwortete sie: »Er ist Stipendiat der Deutschen Forschungsgemeinschaft.« – »Also Student!« erwiderte die Schwester mit leichter Empörung in der Stimme. Daß ich immerhin schon promoviert war, hat sie dann vermutlich etwas beruhigt. Während ihrer Schwangerschaft hat Elisabeth in dem relativ stillen Tübingen ihren Führerschein gemacht. Ihr Zustand stimmte den Fahrlehrer gnädig, und sie brauchte weit weniger Fahrstunden als später meine Kinder.

Eduard Spranger, der weiterhin seine Hand über mich hielt, sorgte dafür, daß ich durch Lehraufträge an der Landwirtschaftlichen Hochschule in Stuttgart-Hohenheim und zuletzt auch noch an der Hochschule für Gestaltung in Ulm zusätzliche »Lehrerfahrungen« sammeln konnte. Ulm fand ich besonders anregend, weil ich hier zum ersten und einzigen Mal als Soziologe fungierte. Damals gab es gerade noch – jedenfalls in Kleinstädten – private Leihbüchereien. Eine Aufgabe, die ich Studenten stellte, war, zu untersuchen, welche Bücher von welchen Bevölkerungskreisen in diesen Leihbüchereien ausgeliehen werden. In der Regel hatten Zigarettengeschäfte, Zeitungsgeschäfte, zuweilen auch Tante-Emma-Läden nebenher eine Leihbücherei. Sie war fast stets nur noch eine Ergänzung des Betriebs. An das Resultat der Untersuchung kann ich mich nicht mehr erinnern, nur daß es offenbar Verlage gab, die eigens für solche Leihzwecke Bücher produzierten. Bücher, die auf dem Verkaufsmarkt nicht mehr genügend gefragt waren, nahm ich an. Gewiß waren Courths-Mahler und die Marlitt, Ganghofer und Rosegger dabei.

Die berühmteren Ulmer Kollegen wie Max Bill und Friedrich Vordemberge-Gildewart sowie den Architekten Burckhardt lernte ich nur in der Kantine oder bei Hochschulfesten kennen. Der Schwerpunkt der Ausbildung lag beim modernen Design, in der Bauhaus-Tradition. Wir kauften uns damals auch ein in Ulm entworfenes beliebtes Plattenspiel-Radiogerät, dessen schlichte Form mir noch heute gefällt. Max Bill wurde für die Gestaltung der kleinen Dozenten-Appartements verantwortlich gemacht, die – aus ästhetischen Gründen – keinen Schutz gegen das Hinabfallen des Schläfers vorsahen, dessen Bett auf einem um zwei Meter erhöhten Teil des Zimmers am Rande lag. Angeblich gibt es einen menschlichen Instinkt, der selbst noch im Schlaf vor dem Abgrund zurückscheut. Ich zog es jedoch vor, nicht an einem so steilen Abgrund zu schlafen, und fuhr deshalb gewöhnlich abends wieder nach Hause.

Antrittsvorlesung

Am 13. November 1959 hielt ich in Tübingen meine Antrittsvorlesung über »Marxismus und Bürokratie«. Ich wählte ein Thema, von dem ich annehmen konnte, daß es ein größeres Publikum interessieren würde, und das den Anliegen von Theodor Eschenburg entgegenkam. Dabei ging es mir darum, den Gegensatz zwischen der entschiedenen Bürokratiekritik von Marx und Engels und der verhängnisvollen Bürokratisierung der nachrevolutionären sowjetischen Gesellschaft herauszuarbeiten und zu erklären. Auch wenn der resignierte Ausruf des todkranken Lenin: »Was ist aus der Sowjetunion geworden? Ein bürokratisches Utopia!« nicht verbürgt ist, so hat er immerhin in einem Brief an einen Mitarbeiter vor dem Projekt einer »vollständigen einheitlichen Planung« für ganz Rußland als »einem bürokratischen Utopia« gewarnt. Karl Marx hatte 1858 in einem Zeitungsartikel eine vernichtende Beschreibung des preußischen Bürokratismus gegeben, die man gut als eine vorweggenommene Charakterisierung der DDR lesen konnte. Sie lautete: »Bei jedem Schritt, selbst bei der einfachsten Ortsveränderung, tritt die allmächtige Bürokratie in Aktion, diese zweite Vorsehung preußischer Herkunft. Man kann weder leben noch sterben, weder heiraten, Briefe schreiben, denken, drucken, sich Geschäften widmen, lehren oder belehrt werden, eine Versammlung einberufen, eine Fabrik bauen, auswandern, noch überhaupt irgend etwas tun ohne ›obrigkeitliche Erlaubnis‹.« Diese Äußerung steht keineswegs isoliert in den Schriften von Marx und Engels. Beide waren ja Rheinländer, deren bürgerliche

Familien die preußische Annexion und den Einzug der preußischen Verwaltung keineswegs als Befreiung erfahren hatten.

Marx und Engels entwickelten zwei unterschiedliche Theorien über die Verselbständigung der staatlichen Verwaltungsapparate zu einer »bürokratischen Herrschaft«. Historisch führten sie den meist an der Spitze durch Verwaltungsjuristen geleiteten Staatsapparat auf dem Kontinent darauf zurück, daß die sich emanzipierende Bourgeoisie diesen Apparat gebraucht (und aufgebaut) habe, um die Mächte des Ancien régime zurückzudrängen und freie Bahn für Marktwirtschaft, Vertragsfreiheit, Handelsfreiheit usw. durchzusetzen. Sehr bald aber habe sich dieser mächtige Apparat verselbständigt und in Frankreich – am entschiedensten unter Napoleon III. – zum Herrn über die Gesamtgesellschaft gemacht. Das sei, so Marx, dadurch möglich geworden, daß die größte Gesellschaftsklasse Frankreichs, die der Parzellenbauern, auf Grund ihrer kulturellen Zurückgebliebenheit und räumlichen Zerstreutheit außerstande war, »ihre Klasseninteressen im eigenen Namen, sei es durch ein Parlament, geltend zu machen ... Sie konnten sich nicht vertreten, sondern mußten vertreten werden. Ihr Vertreter mußte zugleich als ihr Herr, als eine Autorität über ihnen erscheinen, als eine unumschränkte Regierungsgewalt, die sie vor den anderen Klassen beschützte und ihnen von oben Regen und Sonnenschein schickte. Der politische Einfluß der Parzellenbauern fand also darin seinen letzten Ausdruck, daß die Exekutivgewalt sich die Gesellschaft unterordnete.«

Im Unterschied zu Marx führte Engels 1872 in seiner Schrift »Zur Wohnungsfrage« die Verselbständigung der Bürokratie auf ein labiles Klassengleichgewicht zurück, das es keiner Klasse möglich machte, die eigene Herrschaft demokratisch durchzusetzen. Die Bourgeoisie sei – so schrieb Engels 1866 an Marx – offenbar überhaupt außerstande, ihre Klassenherrschaft anders als auf dem Weg über einen »Bonapartismus« zu errichten. Wo nicht – wie in England – eine traditionelle Oligarchie die Aufgabe übernehmen kann, »Staat und Gesellschaft ... im Interesse der Bourgeoisie zu leiten, ist eine bonapartistische Halbdiktatur die normale Form ..., die großen materiellen Interessen der Bourgeoisie führt sie durch, selbst gegen die Bourgeoisie, läßt ihr aber keinen Teil an der Herrschaft selbst«.

Als Gegenmodell gegen die Bürokratenherrschaft idealisiert Marx 1871 die Verfassung der Pariser Commune. Ihr schrieb er die Fähig-

keit zu, ohne Bürokratie eine Art direkter Demokratie zu verwirklichen. Dafür waren – so seine wichtigsten Thesen – folgende vier Bedingungen zu erfüllen:
1. sollten die Vertreter der Commune, das heißt der Gemeindeleitung, in jeder Gemeinde aus allgemeinen Wahlen hervorgehen und jederzeit durch ihre Wähler zurückrufbar sein.
2. sollte diese gewählte Körperschaft nicht nur Gesetze geben, sondern auch durchführen und die praktische Verwaltung leiten, wozu »Vollzugsausschüsse« zu bilden seien.
3. sollten Polizei und angestellte Beamte »ihre politischen Eigenschaften« verlieren, lediglich einfachen Arbeitslohn erhalten und jederzeit durch die Kommune entlassen werden können. Damit würden die Ämter aufhören, »Privateigentum der Handlanger der Zentralregierung zu sein«.
4. sollten die Richter wie die übrigen Beamten wählbar und absetzbar sein. Da Marx kein Wahlgremium erwähnt, muß man annehmen, daß er an eine direkte Richter-Wahl durch die Bürger dachte, andernfalls wären die Richter ja von der mit Exekutivmacht ausgestatteten Kommune abhängig gewesen.

Dieses Verfassungsideal, das 1871 nur Ansätze einer Verwirklichung in Paris erlebte, erwies sich später als unrealisierbar. Lenins Festhalten an ihm hat sich in Rußland verhängnisvoll ausgewirkt.

Interessanterweise hat Engels einige Jahre nach dem Tod von Marx die Pariser Kommuneverfassung nicht mehr erwähnt, als es galt, die »politische Form« für den Übergang zwischen der kapitalistischen Gesellschaft und der kommunistischen Zukunft, »die Diktatur des Proletariats«, zu definieren. In seiner »Kritik des Erfurter Programms« (1891) erwähnt er zunächst die Möglichkeit, daß die sozialistische Transformation der Gesellschaft in Ländern wie England, USA und Frankreich friedlich, auf dem Weg über Parlamentsmehrheiten zustande gebracht werden könne, weil dort die Volksvertretungen die wirklichen Machthaber seien. Im Deutschen Reich freilich lägen die Dinge noch anders, und aus diesem Grunde sollte die Sozialdemokratie, wenn irgend möglich, die Forderung nach Einführung der »demokratischen Republik« in ihr Programm aufnehmen. Denn hier sei »die Regierung allmächtig«, und der Reichstag und alle anderen Verwaltungskörper seien »ohne wirkliche Macht«. Die »demokratische Republik ... sei sogar die spezifische

Form für die Diktatur des Proletariats, wie schon die große Französische Revolution gezeigt habe«.

Während die französische Kommune-Verfassung zugleich eine weitgehende Föderalisierung des Landes vorsah, da ja überall nach dem Pariser Vorbild gleichartige Körperschaften errichtet werden sollten, hob Engels die Tatsache positiv hervor, daß in den großen Demokratien »die Volksvertretungen (gemeint waren die des Gesamtstaates, I. F.) alle Macht in sich konzentriert haben«. Zugleich warnte er jedoch vor jenem tödlichen Ultrazentralismus, wie er sich namentlich in Frankreich entwickelt hatte. »Von 1792 bis 1798 besaß jedes französische Department, jede Gemeinde vollständige Selbstverwaltung nach amerikanischem Muster, und das müssen wir auch haben. Wie die Selbstverwaltung einzurichten ist und wie man ohne Bürokratie fertig werden kann, das bewies uns Amerika und die erste französische Republik, und noch heute Australien, Kanada und die anderen englischen Kolonien.« Engels hatte nicht umsonst fast ein halbes Jahrhundert im Vereinigten Königreich gelebt.

Während über Eduard Bernstein und sogar über Karl Kautsky die Demokratie-Auffassung und der Selbstverwaltungsgedanke von Friedrich Engels tradiert wurden, griff Lenin 1905 und noch einmal 1917 in »Staat und Revolution« das Marxsche Kommune-Ideal auf und hoffte damit den Schlüssel zu einer unbürokratischen Gesellschaftsordnung gefunden zu haben. Die spontan entstandenen Sowjets der Arbeiter, Soldaten und Bauern sollten ähnlich wie die Kommune-Körperschaft des Jahres 1871 überall im Lande die Macht übernehmen. Zugleich bildete aber die »Avantgarde-Partei« Lenins mit ihrem unbedingten Führungsanspruch und ihrer vermeintlichen »wissenschaftlichen Weltanschauung« eine straff organisierte, disziplinierte, hierarchisch aufgebaute neue politische Macht. Im Konkurrenzkampf zwischen den spontan entstandenen Sowjets und der Avantgarde-Partei mußten die Sowjets bald auf der Strecke bleiben. Lenins Vorstellung, die Sowjets würden sich als lebendige Vermittler des Wollens der in ihnen notwendig zur Mehrheit gelangten Kommunisten erweisen, erwies sich als ein Irrtum. Beim Aufstand in Kronstadt forderte die dortige Sowjet-Mehrheit »freie Wahlen und unabhängige Sowjets«, in denen die Kommunisten nicht mehr das Sagen haben. Damit wollten sie den ersten Schritt zur »endgültigen Befreiung ganz Rußlands« tun. Lenins Partei war jedoch nicht bereit, eine derartige Insubordination zu dulden. Mit der gewaltsamen Unterdrückung des Kronstädter Aufstands wurde das wirkliche Machtverhältnis im Lande offenbart.

Neben den rasch wachsenden neuen Staatsapparat, der vielfach auf zaristische Beamte zurückgreifen mußte und der durch die Verstaatlichung von Industrie, Banken und Verkehrsbetrieben zahlreiche neue Aufgaben erhielt, trat die parallele Großorganisation der »Partei neuen Typs«. Eine Zeitlang kontrollierten sich diese beiden Apparate noch gegenseitig, und Lenin führte – als ein sich als ohnmächtig erweisendes Mittel der Bürokratie-Kontrolle – die »Arbeiter und Bauern-Inspektion« ein. Am Ende aber verschmolzen die Führungsgremien, und unter Stalin bildete sich eine dem Feudalismus ähnelnde, völlig geschlossene neue Führungsschicht heraus, die »Nomenklatura«.

Werner Hoffmann glaubte noch 1956 mit »Die Arbeitsverfassung der Sowjetunion« nachweisen zu können, daß es keine »neue herrschende Klasse« in der Sowjetunion gebe, da jeder Sowjetbürger, und sei seine Stellung noch so hoch, mit Absetzung, Verhaftung und Aburteilung rechnen müsse. Aber die Existenzunsicherheit von einzelnen widerlegt nicht das Fehlen von Herrschaftsmacht einer ganzen Organisation – wie der Nomenklatura-Kaste. Die Angst war sogar ein Mittel, das die Disziplin und Fügsamkeit aller gegenüber dem »Woschd«, dem »Führer«, wie sich Stalin selbst nennen ließ, festigte und damit die Herrschaft der Parteielite garantierte. Lenin, der doch die gefährliche Herausbildung einer Bürokratenherrschaft deutlich erkannte, sprach immer nur vom Kampf gegen den »Bürokratismus« und definierte ihn als »Rangstreit«, was soviel heißt wie: »Die Sache den Interessen der Karriere unterordnen, hinter den Posten hersein und die Arbeit links liegenlassen, sich um die Kooption balgen, anstatt für die Idee zu kämpfen.«

Bürokratismus bezeichnet also nur eine Verhaltensweise von Bürokraten, die mit der absoluten Herrschaft von Beamten und Funktionären gut vereinbar ist. Was Marx 1843 von der Bürokratie gesagt hatte, traf wortwörtlich zuletzt auf die stalinsche Sowjetunion zu: »Die Autorität ... ist das Prinzip ihres Wissens, die Vergötterung der Autorität ihre Gesinnung.« Der Glaube an den Mythos einer bürokratielosen politischen Ordnung hielt die Bolschewiki davon ab, Institutionen zu schaffen, die eine Kontrolle der Bürokratie und eine

Begrenzung ihrer Macht ermöglicht hätten. Meine Antrittsvorlesung sollte zeigen, daß eine scharfe Kritik an der existierenden Sowjetunion durch Aufweis ihres Gegensatzes gegenüber den Intentionen von Marx und Engels geübt werden kann.

Wie wütend die Parteifunktionäre in der DDR über die »Marxismusstudien« und meine Art der Kritik am »real existierenden Sozialismus« waren, ging aus einer Reihe von Publikationen hervor, in denen neben Pater Gustav A. Wetter auch meine Arbeiten weniger kritisiert als vielmehr beschimpft wurden. In einem Band mit dem ominösen Titel »Philosophie des Verbrechens«, der sich als »Gemeinschaftsarbeit des Lehrstuhls Philosophie am Institut für Gesellschaftswissenschaften beim ZK der SED« vorstellte, wird mir vorgeworfen, ich wolle nicht zugeben, daß der Marxismus-Leninismus eine Wissenschaft sei, die der Parteiführung erlaube, die werktätige Bevölkerungsmehrheit unfehlbar in den Sozialismus und schließlich zur vollendeten Freiheit zu führen. »Wenn Fetscher jedoch die menschliche Freiheit individualisiert, dann zu dem Zweck, um mit Hilfe dieser unwissenschaftlichen Konstruktion ›nachzuweisen‹, daß in den sozialistischen Ländern die Herrschaft bestimmter Individuen, nämlich der Funktionäre und Mitglieder der kommunistischen und Arbeiterparteien, über andere Individuen, die nicht diesen Parteien angehören, bestehe, woraus sich für ihn in scheinlogischer Konsequenz dann ergibt, daß in diesen Ländern von einer ›Freiheit des Individuums‹ keineswegs die Rede sein könne.«

Einige Mühe machte es den DDR-Autoren allerdings, einen von mir zitierten Satz von Lenin, daß »eine (Klassen-)Diktatur nicht unbedingt die Aufhebung der Demokratie für diejenige Klasse bedeutet, die diese Diktatur über die anderen Klassen ausübt«, so umzudeuten, daß er nicht mehr das Eingeständnis der Einschränkung der Demokratie auch für die angeblich »herrschende Klasse«, im Sozialismus also das Proletariat, bedeutete. Lenin habe an dieser Stelle nur die Diktatur der Bourgeoisie im Auge gehabt. Wenn aber generell »Klassen-Diktatur« mit einer Einschränkung der Demokratie für die herrschende Klasse verbunden sein kann, dann gilt das – so muß man Lenin verstehen – natürlich auch für die »Diktatur des Proletariats«. An einer anderen Stelle bezeichnet Lenin die »Diktatur des Proletariats als die *Organisation* der Avantgarde (d. h. der Partei, I. F.)

der Unterdrückten zur herrschenden Klasse zwecks Niederhaltung der Unterdrücker«. Damit tritt die Partei als Subjekt der Diktatur an die Stelle der Klasse, in deren Namen sie herrscht. Die Verfasser werfen mir aber vor, daß ich statt »Organisierung« »Organisation« geschrieben hätte. Leider kann man diese beiden Begriffe im Russischen gar nicht genau unterscheiden, beide heißen »organisatsia« und im übrigen ändert »Organisierung« statt Organisation nicht den prinzipiellen Sinn: Die Etablierung der Parteiherrschaft realisiert die Diktatur. Daß es faktisch auch innerhalb der Partei keine demokratischen Verhältnisse gab und die von Marx 1871 als typisch für bürokratische Herrschaftsordnungen bezeichnete »Kooptation« für das Zentralkomitee und andere Führungsgremien der Partei die Regel war, konnten die Verfasser ebensowenig ernsthaft in Frage stellen. Vorsichtshalber haben sie daher dieses Thema ausgespart.

Berufung an die Johann-Wolfgang-Goethe-Universität in Frankfurt am Main

Zum ersten Mal kam ich 1956 in Kontakt mit Max Horkheimer und Theodor W. Adorno, als ich in Frankfurt Vorträge hörte, die anläßlich der »100. Wiederkehr des Geburtstages von Sigmund Freud« gehalten wurden. Besonders interessierte mich dabei Herbert Marcuse, der in seiner Vorlesung die Thesen seines Buches »Triebstruktur und Gesellschaft« vorwegnahm und die Aussagen von Freud über das Triebschicksal der Menschen in der modernen Zivilisation historisch relativierte. Während meiner Beschäftigung mit Hegel war mir Marcuse schon einmal – als Autor einer von Heidegger beeinflußten Monographie über »Hegels Ontologie und die Grundlegung einer Theorie der Geschichtlichkeit« – begegnet; um so neugieriger war ich auf den »Frankfurter Marcuse«. Jürgen Habermas hat mir viel später einmal gesagt, er sei erst durch die Tatsache, daß jemand eigens von Tübingen anreiste, um Marcuse zu hören, auf dessen Bedeutung aufmerksam geworden. Horkheimer/Adornos »Dialektik der Aufklärung« (1947) und die brillanten Essays von Adorno in dessen »Minima Moralia« (1951) hatte ich im stillen Tübingen als Botschaften aus einer anderen, moderneren, kritischeren und aufregenderen Welt begrüßt.

Jetzt kam zur Lektüre dieser Bücher die erste Begegnung mit deren Autoren hinzu. In den »Frankfurter Heften« hatte ich im April 1956 die Festschrift zum 60. Geburtstag Max Horkheimers zum Anlaß für eine Würdigung des Frankfurter »Instituts für Sozialforschung« genommen. Dort hatte ich es »als eine eigentümliche geistige Welt inmitten der selbstzufriedenen westdeutschen Gesellschaft« beschrieben und erklärt, »daß eine Welle beunruhigender und zugleich reinigender Kritik von ihm und seinen Mitarbeitern ausgehe«. Die Schicksale der beiden Direktoren und Friedrich Pollocks, die Deutschland während des »Dritten Reiches« verlassen mußten, um in den USA ein Exil zu finden, gehörten ebenso zum Hintergrund von deren kritischer Theorie wie die Erfahrung mit der amerikanischen Konsumgesellschaft und die Informationen über den sowjetischen Totalitarismus. Eine Verbindung des dialektischen Denkens von Hegel mit der »Kritik der politischen Ökonomie« von Marx und der Freudschen Psychoanalyse war damals für die Universitätswissenschaft in der Bundesrepublik noch neu. Adorno hatte in einem Essay die Notwendigkeit einer Verbindung von Psychologie (Psychoanalyse) und Soziologie begründet und deren isolierte Herangehensweise an die Probleme von Mensch und Gesellschaft, wie sie Talcott Parsons verlangt, entschieden abgelehnt. Diese Trennung »verewige nämlich kategorial die Entzweiung des lebendigen Subjekts und der über den Subjekten waltenden und doch von ihnen herrührenden Objektivität«. Diesem falschen Bewußtsein lasse sich allerdings nicht durch ein bloßes Dekret der Boden entziehen. Die Menschen vermöchten sich in der Gesellschaft nicht wiederzuerkennen und diese nicht in sich, weil sie einander und dem Ganzen entfremdet seien. Auf diese Weise führte Adorno die Trennung von Soziologie und Psychologie ihrerseits auf soziale Ursachen zurück: »Wie die Gesellschaft von der Psychologie, so kapselt sich auch die Psychologie von der Gesellschaft ab und wird läppisch.«

An diesen kritischen Befund knüpfte Marcuse mit seiner Utopie einer nichtentfremdeten und nichtrepressiven künftigen Kultur an. Das gelang ihm, indem er den von Freud konstatierten Gegensatz von »Realitätsprinzip« und »Lustprinzip« historisch relativierte. Das Realitätsprinzip der entwickelten, arbeitsteiligen Industriegesellschaften sei ein rigoroses »Leistungsprinzip«, das von allen (nicht über große Vermögen verfügenden) Individuen weit mehr Anstrengungen verlange, als sie ohne Not und Zwang zu erbringen bereit wären. Im Laufe der Entwicklung der modernen Produktionstechnik und deren gesteigerter Produktivität sei aber ein so hohes Maß an Arbeitsaufwand längst nicht mehr nötig, so daß das »Leistungsprinzip« durch ein anderes, nicht mehr repressives Realitätsprinzip abgelöst werden könne, das dem Eros, dem Lustprinzip, ausreichend Entfaltungsmöglichkeiten erlaubt. Wenn das aber geschähe – und der Stand der Produktivität der Arbeit lasse das längst zu –, könne auch eine Eindämmung der »Destruo«, des Todestriebs, die nach Freud für Gewalt und Kriege verantwortlich ist, durch die gestärkte Libido stattfinden und eine friedliche Gesellschaft entstehen.

Diese Zukunftsvisionen von Herbert Marcuse bezeichnete ich in dem Artikel über das »Institut« als Beweis dafür, daß es der kritischen Theorie nicht nur um klagende und anklagende Kritik gehe.

Etwa ein Jahr später wurde ich zu einem Vortrag ins Institut für Sozialforschung eingeladen. Ich wählte als Thema »Individuum und Gesellschaft im Lichte der Hegelschen Sozialphilosophie«. In der anschließenden Diskussion fragte mich Adorno, wie ich den berühmten Paragraphen 246 der Hegelschen Rechtsphilosophie interpretieren würde. Nachdem Hegel im Paragraph 245 die Dynamik der Marktwirtschaft beschrieben und das Paradox hervorgehoben hatte, »daß bei dem Übermaß des Reichtums die bürgerliche Gesellschaft nicht reich genug ist, ... dem Übermaße der Armut und der Erzeugung des Pöbels zu steuern«, erklärt der folgende Paragraph: »Durch diese Dialektik wird die bürgerliche Gesellschaft über sich hinausgetrieben, *zunächst diese bestimmte Gesellschaft,* um außer ihr in anderen Völkern, die ihr an den Mitteln, woran sie Überfluß hat, oder überhaupt an Kunstfleiß usf. nachstehen, Konsumenten und damit die nötigen Subsistenzmittel zu suchen.« Ich antwortete, daß Hegel hier an den Warenexport von Industrieländern wie England denke, vielleicht auch an die Eroberung von Kolonien, die im Austausch gegen Industrieerzeugnisse billige Rohstoffe ans Mutterland liefern. Adorno war offensichtlich mit dieser Antwort nicht recht zufrieden.

Erst viele Jahre später erfuhr ich, daß dieser Paragraph 246 zusammen mit dem vorausgehenden Horkheimer und Adorno als wichtiges Argument dienten, um schon Hegel, nicht erst Marx die Prognose einer anderen Gesellschaftsordnung jenseits »dieser« (kapitalistischen) unterstellen zu können. Man erzählte sich zur Illustration dieser »Vereinnahmung« von Hegel gern eine Anekdote. Helmut Plessner habe eines Tages eine Ansichtspostkarte aus Trier an Adorno mit dem lakonischen Text »herzliche Grüße aus dem Geburtsort unseres verehrten Georg Wilhelm Friedrich« geschickt. Das war eine freundliche Umschreibung für: »Ihr sagt Hegel, meint aber Marx.«

Ich weiß nicht mehr genau, wann es war, aber eines Tages sprach ich mit Max Horkheimer über die Möglichkeit, mich bei ihm zu habilitieren. Meine Thematik lautete damals etwas pauschal: »Freiheitskonzepte in der neuzeitlichen politischen Philosophie«. Wir unterhielten uns unter anderem kurz über Thomas Hobbes, mit dem sich Horkheimer beschäftigt hatte, und waren uns in der Einschätzung einig, daß für ihn der Staat jedenfalls nur ein Mittel zur Sicherung des friedlichen Nebeneinanderlebens feindseliger Individuen war, nicht ein »Selbstzweck«, womit er in die Ahnenreihe des Liberalismus gehörte. Schließlich meinte Max Horkheimer, er könne sich schon eine Habilitation bei ihm vorstellen, ich müsse aber »in unserem Sinne« schreiben. Diese Formulierung kam für mich überraschend. Der zu Recht als konservativ geltende Eduard Spranger hätte eine derartige Forderung nie erhoben; er war im Gegenteil immer außerordentlich tolerant gewesen. So blieb es denn bei diesem einen sondierenden Gespräch, und die Habilitation fand in Tübingen statt.

Im Herbst 1959 war die Habilitation abgeschlossen, da ich aber nach Beendigung meines Stipendiums der Deutschen Forschungsgemeinschaft ohne festes Einkommen war, half Carl Joachim Friedrich freundlicherweise durch ein weiteres Stipendium aus, das mir die Fortsetzung von Studien zum Wandel des Freiheitsbegriffs bei Demokraten und Liberalen des 19. Jahrhunderts ermöglichen sollte. Da ich nur wenige Monate später eine »Diätendozentur« erhielt, blieb diese Arbeit liegen. Ich war zu sehr von meinen Lehrverpflichtungen in Anspruch genommen, um sie abzuschließen.

Außerdem begannen bald erste Anfragen, die auf eine mögliche Berufung hindeuteten. In Saarbrücken wurde ich zum »Vorsingen« eingeladen, enttäuschte aber die Wirtschaftswissenschaftler, weil ich von der ökonomischen Theorie der Demokratie, wie sie Anthony Downs entwickelt hat, nicht viel hielt. Downs identifiziert nämlich das Verhalten von Parteien mit dem von Wirtschaftsunternehmungen und stellt weitgehende Analogien in deren Verhalten am Markt fest. Supermärkte suchen ihren optimalen Standort bekanntlich dort, wo sie genügend weit von ihren Konkurrenten und doch möglichst nah an den Konsumenten sind; Wahlstrategen von Parteien verhalten sich ähnlich, wobei ihre »Konsumenten« die Wähler sind. Je nachdem, wie die Einkommensverteilung in der Bevölkerung aussieht, rücken die Parteien – bei Gesellschaften mit starkem »Mittelstand« – zur Mitte oder weit auseinander, wenn einer wohlhabenden Schicht eine extrem arme gegenübersteht. Das Verhalten von »dritten Parteien« läßt sich mit dieser Theorie gleichfalls ziemlich exakt voraussagen: Sie müssen Segmente der Wählerschaft aufsuchen, die von den großen Volksparteien nicht oder nur ungenügend »bedient« werden.

Als Beschreibung des Verhaltens von Parteien und Wählern schien mir diese Theorie nicht schlecht, als Demokratietheorie aber problematisch. Einmal, weil sie die Citoyens lediglich als wählerische Konsumenten von Politikangeboten ansieht, und zum anderen, weil bei der kleinen Anzahl konkurrierender Parteien nicht gut von einem »freien politischen Markt« geredet werden könne. Es handle sich vielmehr um oligopolistische Märkte, die dazu zwängen, außerordentlich komplexe »Warenkörbe« zu erwerben, in denen Wirtschafts-, Sozial-, Sicherheits- und Außenpolitik-Angebote fest verschnürt sind, so daß die Wähler zu Kupplungskäufen gezwungen sind.

Meine Frau war ganz froh, daß sich auf diese Weise die Chance oder vielmehr das Risiko eines Rufes nach Saarbrücken erledigt hatte.

Kurz vor Weihnachten 1962 erhielt ich – ziemlich überraschend – einen Brief des hessischen Kultusministers Schütte, der mich auf einen Lehrstuhl für Politikwissenschaft an der Johann-Wolfgang-Goethe-Universität berief. Ich hatte zwar auf den üblichen »informellen« Wegen erfahren, daß ich an zweiter Stelle auf einer Berufungsliste stand, hatte aber keine Ahnung, warum ich – unter Überspringung des »Erstplazierten« – schon so bald die Berufung erhalten hatte. Erst erheblich später erfuhr ich, daß sich führende Angehörige der Fakultät für Wirtschafts- und Sozialwissenschaften eigens nach Stuttgart zu Golo Mann begeben hatten, um ihn zu bitten, einen voraussehbaren Ruf nach Frankfurt anzunehmen. Angenehmerweise ließen es mich meine neuen Kollegen nicht spüren, daß ich nicht ihr »Wunschkandidat« gewesen war.

Erst beinahe drei Jahrzehnte später äußerte sich Golo Mann in einem Fernsehinterview zu dieser Angelegenheit und gab Max Horkheimer die Schuld dafür, daß dieser Ruf – wie schon zwei Jahre zuvor einer auf einen Lehrstuhl für Geschichte – nicht zustande gekommen war. In diesem Zusammenhang bezeichnete er Horkheimer und Adorno als »Lumpen«. Ich hielt es für notwendig, ihm deshalb zu schreiben, zumal ich Golo Mann ein paar Jahre zuvor als umgänglichen »Nachbarn« im Tessin kennengelernt hatte.

Am 18. Januar 1989 erwiderte er: »Nun zu den beiden ›Lumpen‹. Was Sie über Adorno schreiben, mag schon alles ganz richtig sein. Es ist aber eben nur die eine Seite eines sehr komplexen Charakters. Ängstlich mag er gewesen sein; eben darum hatte er einen sehr feinen Instinkt gegenüber Leuten, die seine Gegner waren, Gegner der ›Frankfurter Schule‹, die ja nichts war als Marxismus für feine Leute. Ich hatte aber niemals in der Öffentlichkeit irgend etwas gegen ihn gesagt oder geschrieben.« Trotzdem habe Horkheimer oder Adorno seine Berufung, wie er sicher wisse, hintertrieben. Um den Eindruck, den dieses Verhalten auf ihn – auf Golo Mann – gemacht haben mußte, zu korrigieren, habe Max Horkheimer eines Abends »plötzlich« angerufen und erklärt: »Ich möchte Ihnen heute ... nur wieder einmal sagen, wie hoch ich Sie schätze. Kann ich sonst etwas für Sie tun?« – »Nein, gar nichts.« – »Aber ich habe Ihnen das eben sagen wollen, es kommt mir von Herzen ...« – »Ich hing dann ein. Ein paar Tage darauf schickte mir der Redakteur der ›Neuen Rundschau‹, Hartung, einen Brief, den Adorno ihm geschickt hatte. Natürlich war er für mich bestimmt. Es ging um meinen Angriff gegen das Eichmann-Buch von Hannah Arendt. Adorno: ›Hier stimme ich völlig mit Golo Mann überein. Wir kannten ja Hannah Arendt als Studentin, sie war schon damals nichts als eine ehrgeizige Betriebsnudel. Überhaupt gibt es zwischen Golo Mann und mir trotz tiefreichender Verschiedenheiten in unseren Ansichten auch sehr wesentliche Gemeinsamkeiten.‹ Etc., etc. ...«

Und um mich vollends davon zu überzeugen, daß er genügend Grund gehabt habe, die beiden »Frankfurter« als »Lumpen« zu bezeichnen, fügte er noch eine Erinnerung aus der amerikanischen

Emigrationszeit hinzu: »Mein Vater hatte das – für mein Gefühl – nicht sehr glückliche Buch ›Die Entstehung des Doktor Faustus‹ geschrieben. Darin war von Adorno die Rede, der dem Autor ja in Sachen Schönberg, Zwölfton-Theorie, geholfen hatte. Horkheimer, der der Nachbar meiner Eltern in Pacific Palisades war, kam darin aber nicht vor. Adorno eilte zu meinem Vater: Horkheimer sei tief gekränkt, weil er überhaupt nicht erwähnt worden sei und Adorno reichlich. Unbedingt müsse TM das neuste Buch von H. für die ›New York Times‹ besprechen. Nun rief meine Mutter mich im College an, in dem ich unterrichtete: TM sei völlig verzweifelt. Er habe das Buch zu lesen versucht, aber nichts begriffen, auch nicht begreifen wollen; er habe dann den ersten Satz geschrieben und sei darüber nicht hinausgekommen. Ich müsse unbedingt kommen und helfen. Ich verdarb mir also mein Wochenende, las das Buch am Samstag und schrieb am Sonntag die Besprechung, die dann auf der ersten Seite des ›Literary Supplement‹ der ›New York Times‹ erschien und mir 150 Dollar einbrachte. Taktvoller als die beiden habe ich niemals wissen lassen, wer der Autor der Besprechung gewesen war ...«

Soweit der Brief von Golo Mann, in dem er seinen wütenden Ausfall rührend ausführlich begründete. Um doch auch etwas zur posthumen Versöhnung beizutragen, habe ich dann in der »Weltwoche« einen Artikel zu Golo Manns 80. Geburtstag veröffentlicht, über den er sich sehr gefreut hat. Ich selbst habe nicht nur Max Horkheimer von einer weit angenehmeren Seite kennengelernt, sondern auch von seiner wie Adornos Kultur- und Gesellschaftskritik viel gelernt.

Die beiden Lehrstühle für Politikwissenschaft waren damals in der Wirtschafts- und Sozialwissenschaftlichen Fakultät »untergebracht«, die sich in Frankfurt eines besonders guten Rufes erfreute. Der eindrucksvollste Kollege war der Finanzwissenschaftler Fritz Neumark, der als Jude 1933 Deutschland hatte verlassen müssen und in der Türkei als hochangesehener Berater für die Reform der Verwaltung und als Hochschullehrer tätig gewesen war. Als »Vorsitzender« hatte ich oft an seinen Prüfungen für Diplomvolkswirte teilzunehmen, die auch für mich außerordentlich lehrreich waren, besonders dann, wenn über Geschichte volkswirtschaftlicher Lehrmeinungen geprüft wurde.

Das Leben in einer Großstadt erwies sich als außerordentlich belehrend für die hier tätigen Professoren. Die Gegenwart zahlreicher Banken, Verlage und großer Tageszeitungen, Gewerkschaftsleitungen, von Künstlern und Schriftstellern reduzierte die Bedeutung der Universitätsprofessoren und verhinderte jenen komisch wirkenden Größenwahn, den die Rolle der Hochschule in Kleinstädten bei ihren Mitgliedern zuweilen hervorruft. Amüsiert hat es mich schon während meines ersten Jahres in Frankfurt, daß ein älterer Kollege die Frage stellte: »Was ist eigentlich ein Ordinarius?« Er war aus dem Ausland berufen worden und wunderte sich, weil er zuvor noch nie von diesem Titel gehört hatte. In Tübingen hätte ihm das kaum passieren können.

Als ein Betriebswirt von einer der Großbanken in den Vorstand berufen wurde, schlugen Kollegen – wie üblich – vor, man möge doch durch Beantragung einer Gehaltserhöhung ihn der Universität zu erhalten suchen. Darauf meinte Fritz Neumark, man müsse schon wissen, ob man der Wissenschaft oder dem höheren Einkommen den Vorzug gäbe. Schließlich könnte ja manch anderer Kollege – wenn er nur wollte – auch in einen Bankvorstand überwechseln. Neumark wußte, daß das für ihn jedenfalls zutraf.

Alles in allem war ich dankbar, daß nicht Saarbrücken mein »Los« geworden war, und blieb in der Folge – trotz interessanter Verlokkungen – Frankfurt treu, auch wenn die Studenten hier nicht nur aufgeweckter, sondern auch »unruhiger« waren als anderswo. Aufgrund des Briefes von Golo Mann hatte ich angenommen, daß Max Horkheimers Buch »Eclipse of Reason«, das 1947 in der Oxford University Press erschienen war, von Thomas Mann rezensiert werden sollte. Daß er dazu weder Lust noch Kraft hatte, leuchtete mir ein. Inzwischen bin ich durch das Tagebuch von Thomas Mann eines Besseren belehrt worden. Bei ihm ist lediglich davon die Rede, daß Max Horkheimer nach Tisch zu Besuch da war und gebeten habe, eine »Publikation des Instituts über Demagogie in Deutschland für ›Times‹ zu besprechen«. Es handelte sich um das Buch von Paul W. Massing »Rehearsal for Destruction. A Study of Political Anti-Semitism in Imperial Germany«, das in der Reihe »Studies in Prejudice« 1949 in New York veröffentlicht worden war. Horkheimer war zwar der Herausgeber dieser Reihe, aber nicht der Autor des genannten Buches. Aus diesem Grunde leuchtet auch nicht recht ein, warum ihm durch eine Rezension Thomas Manns »ein Ausgleich« für die Nichterwähnung in der »Entstehung des Doktor Faust« verschafft werden sollte. Es trifft allerdings zu, daß Golo Mann unter dem Namen seines Vaters dann die Rezension geschrieben hat. Schließlich handelte es sich ja auch um ein historisches Buch. Thomas Mann dürfte es vor allem darum gegangen sein, keine Zeit mit der Rezension zu verlieren, und vielleicht hatte er auch keine zu große Lust, an eine Periode erinnert zu werden, während der er selbst nationalistischen und antidemokratischen Tendenzen nahegestanden hatte.

Daß Adorno und Horkheimer nicht einen »Marxismus für feine Leute« vertraten, hätte Golo Mann einer Lektüre von »Eclipse of Reason« (1947) ebenso entnehmen können wie der im gleichen Jahr in Amsterdam veröffentlichten »Dialektik der Aufklärung«, die beide gemeinsam verfaßt haben. Wenn auch nicht immer deutlich erkennbar, verurteilen beide nicht nur die entindividualisierende Massenkultur der USA, sondern genauso den nivellierenden Terror der Sowjetgesellschaft: »Ob ein Bürger das kommunistische Ticket oder das faschistische zieht, richtet sich bereits danach, ob er mehr von der Roten Armee oder den Laboratorien des Westens sich imponieren läßt. Die Verdinglichung, kraft deren die einzig durch die Passivität der Massen ermöglichte Machtstruktur diesen selbst als eiserne Wirklichkeit entgegentritt, ist so dicht geworden, daß jede, ja die bloße Vorstellung vom wahren Sachverhalt notwendig zur verstiegenen Utopie, zum abwegigen Sektierertum geworden ist ...« (Dialektik der Aufklärung, S. 240 f.). Und noch deutlicher stellen die Verfasser fest, »daß Christentum, Idealismus und Materialismus, die an sich auch Wahrheit enthalten, doch auch ihre Schuld an den Schurkereien tragen, die in ihrem Namen verübt worden sind. Als Verkünder der Macht – und sei es der des Guten – wurden sie selbst zu organisationskräftigen Geschichtsmächten und haben als solche ihre blutige Rolle in der wirklichen Geschichte der Menschengattung gespielt: die von Instrumenten der Organisation« (S. 266 f.).

Weit deutlicher als die Ablehnung des sowjetischen Systems kommt in diesen Arbeiten von Horkheimer und Adorno die Gefahr der Zerstörung der Lebensgrundlage der Menschheit durch die Dominanz der »instrumentellen Vernunft« und der von ihr gesteuerten industriellen Produktionsweise zum Ausdruck. Ohne auf eine »objektive Vernunft« zurückgreifen zu können und ohne eine Auffassung, die der Natur einen höheren Wert als dem Menschen zuschreibt, suchen sie nach einem Weg der menschlichen Emanzipation, der nicht jene zwanghafte Dynamik wirtschaftlichen Wachstums in der Natur freisetzt, sondern umgekehrt von diesem Zwang die Menschen befreit.

Theodor W. Adorno hat diesen – letztlich wertkonservativen – Zug seines Denkens in den »Minima Moralia« wiederholt zum Ausdruck gebracht: »Der Doppelcharakter des Fortschritts, der stets zugleich das Potential der Freiheit und die Wirklichkeit der Unterdrückung entwickelte, hat es mit sich gebracht, daß die Völker immer vollständiger der Naturbeherrschung und gesellschaftlichen Organisation eingeordnet wurden, daß sie aber zugleich vermöge des Zwangs, den Kultur ihnen antat, unfähig wurden, das zu verstehen, womit Kultur über solche Integration hinausging« (S. 276). Die vermutlich vom frühen Marx intendierte, aber im späteren Marxismus völlig verschüttete Perspektive war nicht die Perfektionierung einer geplanten Produktion, sondern die Befreiung vom Kampf ums Dasein und von der Feindseligkeit der Individuen gegeneinander und gegen die Natur. Adorno will die Erinnerung daran bewahren, daß Kultur und insbesondere Kunst einmal »promesse de bonheur« war und nicht Mittel für politische Manipulation oder kommerzielle Interessen.

Während die Politikwissenschaft allein in der Fakultät für Wirtschafts- und Sozialwissenschaften angesiedelt war, gab es von vornherein »zwei Soziologien«, eine in dieser Fakultät und eine andere, die dem »Institut für Sozialforschung« verbunden war, in der Philosophischen Fakultät. Meine Sympathien lagen meist bei letzterer.

Natürlich versuchten einige Kollegen, das Institut für Sozialforschung 1968 für die rebellischen Studenten verantwortlich zu machen. Ich hatte aber den Eindruck, daß die Konflikte, die damals zumindest an allen Großstadtuniversitäten – wie an den bedeutendsten amerikanischen Universitäten – aufbrachen, in Frankfurt »relativ moderat« ausfielen, selbst wenn es einmal sogar zu einer »Besetzung« des Instituts für Sozialforschung und zur Störung mehrerer Vorlesungen kam. Adorno sah diesem Treiben mit einer Mischung von Mitleid und kritischer Sympathie zu. Die unreflektierten Versuche, gewaltsam »Befreiung« und »Gesellschaftskritik« zu realisieren, hielt er für widersinnig und kontraproduktiv. Wenn seine studentischen Bewunderer seine Arbeiten besser gekannt hätten, wären sie kaum so weit in die Irre gegangen. Mangel an Höflichkeit, Duzen und Anreden mit dem Vornamen hatte Adorno schon 1951 als Anzeichen einer Verrohung kritisiert, die Kultivierung des Dialekts als barbarisch. Sein früher Tod hat ihn daran gehindert, durch intensive Auseinandersetzung mit seinen Studenten einen heilsamen Einfluß auf sie auszuüben.

Ich hatte insofern wieder besonderes Glück, als ich während des Höhepunktes der studentischen Unruhen gerade an der Graduate Faculty der New School for Social Research in New York lehrte und dort zwar auch kritische Studentinnen und Studenten, aber keine Gewalttaten erlebte. Die von Golo Mann wie Horkheimer so sehr verabscheute Hannah Arendt war dort meine interessanteste und anregendste Kollegin.

Ich hoffe nicht, daß ich mit dem Jahr meines »Amtsantritts« in Frankfurt 1963 aufgehört habe mich weiterzuentwickeln, aber was ich in den Jahren bis dahin »erlebt«, »erfahren«, »gelesen« und »gehört« hatte, bildete doch den Ausgangspunkt für meine Lehrtätigkeit wie für das, was ich darüber hinaus publizistisch getan habe. Bertolt Brecht hat in seinen »Geschichten vom Herrn Keuner« einer alltäglichen Begegnung eine nachdenkenswerte Wendung gegeben, von der ich bleibend beeindruckt worden bin:

Das Wiedersehen

»Ein Mann, der Herrn K. lange nicht gesehen hatte, begrüßte ihn mit den Worten: ›Sie haben sich gar nicht verändert.‹ – ›Oh!‹ sagte Herr K. und erbleichte.«

Wolf Biermann hat dieses erschreckenlassende »Oh« ins Positive gewendet: »Nur wer sich ändert, bleibt sich treu.« So hoffe ich denn, auch künftig nicht lernunfähig und unbeweglich zu sein und gerade damit mir treu zu bleiben.